中国法律文化大写意

武树臣 著

北京大学出版社

图书在版编目(CIP)数据

中国法律文化大写意/武树臣著. —北京:北京大学出版社,2011.8
ISBN 978-7-301-19006-7

Ⅰ.①中… Ⅱ.①武… Ⅲ.①法律-文化-研究-中国 Ⅳ.①D92

中国版本图书馆CIP数据核字(2011)第111234号

书　　　名：中国法律文化大写意
著作责任者：武树臣　著
责 任 编 辑：李　铎
标 准 书 号：ISBN 978-7-301-19006-7/D·2861
出 版 发 行：北京大学出版社
地　　　址：北京市海淀区成府路205号　100871
网　　　址：http://www.pup.cn　电子邮箱：law@pup.pku.edu.cn
电　　　话：邮购部 62752015　发行部 62750672　编辑部 62752027
　　　　　　出版部 62754962
印 刷 者：三河市北燕印装有限公司
经 销 者：新华书店
　　　　　　730 毫米×1020 毫米　16 开本　30.25 印张　609 千字
　　　　　　2011 年 8 月第 1 版　2011 年 8 月第 1 次印刷
定　　　价：58.00 元

未经许可,不得以任何方式复制或抄袭本书之部分或全部内容。
版权所有,侵权必究
举报电话:010-62752024　电子邮箱:fd@pup.pku.edu.cn

序　言

　　《中国法律文化大写意》是在《中国传统法律文化》基础上，经过大量删减和增新而成的一本书。由我和我的同仁共同撰写的《中国传统法律文化》，自1992年定稿，1994年9月由北京大学出版社出版，至今已有十余年了。这是运用国画大写意手法，对中国法律实践活动做出宏观描述的尝试性著作。承蒙北京大学出版社厚爱，提议由我重新修订和增新内容，使我有机会静下心来，对拙著，特别是其中所涉及的学术和现实问题进行反思。同时，对十余年来的中国传统法律文化研究概况进行简洁的回顾，对当今我国十余年来的法律文化建设状况进行宏观的审视。因此，首先应当向北京大学出版社表示由衷的谢意！

　　一、对原版《中国传统法律文化》的自我评判及反思

　　毋庸讳言，拙著《中国传统法律文化》是在十余年前的所谓"文化热"的氛围中诞生的。但是，值得欣慰的是，它并没有伴随着"文化热"的退潮而骤然冷却。书中的许多观点长期以来被学者们所引述，就是证明。我想，这是因为该书的写作经历了长时间的酝酿和琢磨，不是短时间拼搭起来的速成之物，而是作者们多年思考和切磋的集体智慧的结晶。我本人在北京大学法律系读本科时就开始思考这一课题了。临近毕业时，我们七七级四位留校任教的同学李克强、郭明瑞、姜明安和我，就曾经商量要共同写一本书，叫做《法律文化》。[①] 记得当时著名学者、我的恩师张国华教授，曾经找李克强谈话，希望他留下从事中国法律思想史的教学研究。为此，张老师还要我做他的工作。但是由于各种原因，这些计划都没有实现。由于介入这一课题比较早，思考的时

---

① 参见赵蕾：《北大法律系黄埔一期那班人》，载《南方周末》2007年6月7日头版。

间比较长,申报科研项目以及进入写作阶段后都比较顺利。大家胸有成竹、合作默契,丝毫没有仓促应战、七拼八凑的感觉。因此,该书得以提出一些前人所未曾提及的新的东西,包括宏观、中观和微观上的新的观点。

(一)在宏观领域提出的新观点

第一,关于法律文化基本理论。拙著提出了较为系统的法律文化基本理论。该理论包括:法律文化的定义和概念、法律文化的结构和特征、法律文化的运行方式和运动规律、法律文化的传播、法律文化的分类。要而言之,法律文化是由"法统"(即人类法律实践活动的总体精神)和"法体"(即人类法律实践活动的宏观样式)所构成的理论体系和研究方法。运用"法统"、"法体"这两把尺子,可以对人类法律实践活动进行横向(地域)和纵向(历史)的划分,以揭示人类法律实践活动的内在规律,并预见人类法律实践活动的未来走向。

第二,关于中国传统法律文化的起源。拙著用相当的笔墨述及中国"传说时代"的法律文化,把法律文化的起源定格在部落联盟形成的黄帝时代。并提出,中国古代文明具有早熟性特点,致使在国家诞生之前就出现了法律和法律文化的萌芽。

第三,关于中国传统法律文化的历史发展诸阶段。拙著运用"法统"、"法体"两把尺子,把中国传统法律文化史划分为如下诸阶段:"神本位·任意法"时代(殷商)、"家本位·判例法"时代(西周、春秋)、"国本位·成文法"时代(战国、秦朝)、"国、家本位·混合法"时代(西汉至1840)、"中西交错"时代(1840—1911)、"国、社本位·混合法"时代(中华民国1911—1949)、"阶级本位·政策法"时代(1949—1976)、"国、民本位·成文法"时代(1978—当今)、"国、民本位·混合法"时代(当今及未来)。

第四,关于"混合法"、"成文法"和"判例法"。拙著将中国历史上的"判例法"(或判例制度)视为极其重要的内容来加以把握,提出西周、春秋是中国式的"判例法"时代。而且,两千年的封建王朝均十分重视判例的运用。结论是:中国传统法律文化表现在宏观样式上,既不是欧洲大陆的成文法,也不是英国的判例法,而是成文法与判例相结合的"混合法"。

第五,关于"地域文化"的研究方法。拙著引进"地域文化"的研究视角,把孔孟之学视为鲁国文化的代表,把商韩之术视为晋国文化的代表,并从鲁国文化与晋国文化的冲突和融和的历史脉络来描述春秋战国的法制变革。同时指出,荀子之学是齐国文化的代表,是鲁国文化和晋国文化相结合的先行者。荀子学术对两千年封建社会的法律实践活动产生了极其重大的影响。

第六,关于中华民国时期的法律文化。拙著把中华民国时期的法律文化概括为"国、社本位·混合法"时代,首次发掘出中华民国司法院院长、最高法院院长居正先生的"混合法"理论,并对大理院时期的判例法进行历史性的总结,从而极大地丰富了中华民国时期法律文化研究的视野。

第七,关于中国法律文化建设的未来蓝图。拙著提出,中国法律文化的总体精神是单向"集体本位",宏观样式是"成文法"与"判例法"相结合的"混合法"。中国法律文化的未来走向是构建国家与个人相结合的双向"国、民本位",重塑"成文法"与"判例法"相结合的"混合法"。走与人类法律文化共同发展的道路,就是我们的结论。

(二) 在中观领域提出的新观点

除了上述宏观见解之外,拙著在中观上还提出一些新的看法。

第一,关于中国成文法的起源。拙著提出,成文法是规定何种行为系违法犯罪,又当如何处分的新式法律规范。中国的成文法萌芽于春秋末期,而定型于战国。其间,经历了由子产三篇之"刑书",赵鞅四篇之"刑鼎",至李悝六篇之"法经"的发展,至秦律而定型。进而论述,成文法取代判例法是官僚政体取代贵族政体、封建经济取代奴隶制经济、"属地法"取代"属人法"的必然结果。

第二,从"以刑统例"到"以罪统刑"。拙著认为,判例法的体裁是"以刑统例",即在五刑后面分别排列一定数量的处以该刑的判例,叫做"五刑之属三千"。法官审判案件,首先要在五类判例中选择最为妥当的判例,作为法律依据,叫做"议事以制"。随着审判经验的积累,终于出现了"罪名"的概念和"以罪统刑"的体裁。即在各罪名后面开列应当科处的各种刑罚。从"以刑统例"到"以罪统刑"的演进,是从"判例法"到"成文法"的演进的一个侧面。

第三,名辩思潮与成文法的诞生。拙著认为,春秋末期郑国邓析创立的"刑名之学",与子产所作"刑书"、邓析所作"竹刑",有着内在的联系。其"刑名之学"是研究成文法条术语之所谓的专门学问。这门学问与成文法几乎同时问世并同步发展。法家正是以讲求"刑名之学"为其特征的。

第四,关于荀子学术的历史地位。荀子学术简言之盖由两部分组成:一是在立法领域,提出"隆礼重法",将儒家之"礼"和法家之"法"加以改造,使其各有所司——在宗法家族领域适用"礼",在国家政治领域适用"法",使新的"礼"和"法"适应了宗法家族基础上的集权君主政体的需要;二是在司法领域,提出"有法者以法行,无法者以类举,听之尽也"的命题,即在审判中有成文法条时就依成文法条判案,没有成文法条时就运用风俗习惯的"礼"来创制和适用判例。这就是成文法和判例法相结合的"混合法"理论。因此,可以说"二千年来之学,荀学也";"二千年来之法,荀法也"。

第五,关于"春秋决狱"的历史作用。拙著从历史的宏观视野中审视西汉始兴的"春秋决狱",认为它是古老判例法的复活。其历史作用不仅仅在于使儒家思想逐步浸润司法事务,而且在于为古老的判例法构筑了一块坚实阵地,从而初步奠定了"成文法"与"判例法"相结合的"混合法"的雏形。

第六,关于循吏、酷吏与汉代法律文化。汉代的循吏、酷吏分别是儒家、法家精神的践行者。儒法两家思想在先秦是对立的,但在汉代,两者在中央集权的君主专制政体之下却相互靠拢了。酷吏效忠王朝和皇权,维护法制一统;循吏长于德政教化,旨在维护王朝的社会根基。随着儒家知识分子不断融入官僚队伍,循吏渐成封建官僚的主体形象。

第七,关于家法族规和官箴。在封建社会,在人们行为规范当中,除了国家正式颁布的法律之外,还有家法族规和官箴。前者在国家权力鞭长莫及的领域,后者在国家机器运转的深层环节,都发挥着实际的作用。它们是中国封建社会的"民法"(管理百姓之法)和"官法"(管理官吏之法)。

第八,关于中国传统法律文化的文化基因。中国传统法律文化由两大文化基因所构成:一是中原地区的农耕文化,其学术代表是儒家思想;二是西北地区的游牧文化,其学术代表是法家思想。两种生产方式的冲突和融合,造成了两种思想的冲突和融合。农耕文化以其深远的理性和感人的温情独占学术阵地,游牧文化则以岿然不动的集权专制政体和密如凝脂的法网顽强地表现着自己。

第九,关于中国传统法律文化的哲学基础及其对法律实践的影响。中国传统法律文化的哲学基础,在某种意义上可以概括为"人本"主义。然而"人本"的"人"不是一般的个体自然人,而是宗法家族意义上的伦理化的"人"。"礼"正是完成使"人之所以为人"的人生历程。"人本"主义决定了立法的差异性精神和司法中的温情主义,决定了对诉讼的抑制,还造成了法学的晚熟。

第十,关于中国传统法律文化的社会成因。中国传统法律文化成立的原因,不应当从其本身中去寻找,而应当从生产方式、社会组织、政治运行和思想意识四个方面去寻找。自给自足的农耕生产方式、宗法家族的社会组织结构、以权力为核心的政治模式、农耕宗法性的意识形态,这四方面的社会存在共同塑造了中国传统法律文化的性质、特征,并决定了它的发展方向。

第十一,关于中国传统法律文化的历史遗产。中国传统法律文化的历史遗产可划分为三个方面:一是劣性遗产,包括"亲亲"、"尊尊"的差异性精神和"重狱轻讼"的专制主义色彩;二是良性遗产,包括朴素唯物主义辩证法和无神论精神、"人治"、"法治"相结合的"混合法"样式、日臻纯熟的法律艺术;三是中性遗产,包括立足于社会总体利益的"集体本位"行为规范的多元综合结构、司法中的温情主义、统一完备的法律设施。

第十二,关于"阶级本位·政策法"时代的法律文化。拙著将建国至文化革命结束的27年,概括为"阶级本位·政策法"时代。"阶级本位"作为占统治地位的法律观,是当时的政治理论所决定的。"政策法"是当时立法司法的基本特征。"政策法"有两种发展趋势:一是成文法,二是判例法。特别是判例法曾经一度获得了发展的机会,但两者都未最终完成。

(三) 在微观领域提出的新观点

拙著除了宏观、中观领域之外,还在微观领域提出一些新的见解。

第一,关于古"法"字的本义。拙著对古"法"字中的"去"字进行了新的解释,即许慎所谓"人相违也"。法是人们产生纠纷时由法官判断的特殊社会现象和人们必须遵从的行为准则。

第二,关于"廌"的沿革。拙著认为,"廌"是蚩尤部落的图腾,由于蚩尤发明了"五刑"和"法",故古"法"字中才有了"廌"字。尔后,"廌"成了世代主管司法的部族的特殊徽记,亦即皋陶、咎繇、爽鸠、蓐收。楚王以"廌"为冠,称"楚王冠",秦汉以之为御史冠。

第三,关于"御事"和"中"的解释。拙著认为,"御事"是先例、故事、判例之义。《尚书·召诰》:"先服殷御事,比介于我有周御事。"法官亦称"御事",如《左传·文公十年》:"华御事为司寇。"拙著认为,"中"是书刻在竹简上的成事和判例,代表一种正确的行为准则。如《尚书·尧典》:"允执厥中",《吕刑》:"观于五刑之中",《周礼·秋官司寇·士师》:"狱讼成,士师受中"。

第四,关于"仁"的阐释。经过孔子的加工和改造,"仁"被赋予了全新的内涵。"仁",从人从二,讲的是人与人的关系。如果说欧洲文艺复兴时代的人文主义,是通过神的折射来发现"人"的价值的话,那么,孔子的"仁",就是一个人通过对方的瞳孔来发现自己的存在。"仁者爱人",一个人,只有实践对他人的爱时,才能使自己成为"人",才能完成"人之所以为人"的过程。

第五,关于"议事以制"。拙著提出,《左传·昭公六年》的"议事以制",即选择适当的判例故事来判案。与《周礼·地官·遂师》"比叙其事而赏罚"同义。

第六,关于"不富以其邻"。《易·谦》谓"不富以其邻",即不得通过侵害邻人利益的手段来致富。否则,将得到惩罚。这是一则古老的法条。

第七,关于"无平不陂,无往不复"。《易·泰》"无平不陂,无往不复"是一条古老的关于交易的原则。意即:买卖双方未达成协议,卖方则无义务送货。卖方不送货,买方亦无义务支付价金。

第八,关于"迷遹复归"。这是一则古老的法条。意谓得到跑失的牛、马、羊和逃跑的奴隶,应当归还原主,并可以从主人那里得到报偿。否则将引起诉讼。

第九,关于"明夷"。"明夷"即出示弓矢,这是古代诉讼中的证据制度。与《尚书·洪范》的"明用稽疑"同义。"夷"古文即由矢、弓两字重叠而成,意谓弓于矢上的徽记符号是一致的。《易经·明夷》记载了古老的证据原则。

第十,关于神判。《易经·大壮》记载了神羊裁判的故事。《易经·履》记载了神虎裁判的过程。这些都是关于古代神判法的十分宝贵的记录。

第十一,关于《尚书·吕刑》一段原话的注释。拙著对《尚书·吕刑》"蚩尤惟始作乱"一段话做了新的注释。说明,蚩尤部落认为过去只有杀刑,就会戮及无辜,因而增加了四种肉刑,以区别对待。故发明了"五刑"并称之为"瀍"。

第十二,对秦简中"法律令事"和"有恐为败"的解释。《睡虎地秦墓竹简》:"凡良吏明法律令,事无不能也。"《秦简》注释者解释为:"凡良吏都通晓法律令,没有不能办理的事务。"拙著则以为应断句为:"凡良吏明法律令事,无不能也"。"法律令事"指四种法律规范:国家制度、部门规章、临时命令、判例故事("廷行事");《睡虎地秦墓竹简》:"治狱,能以书从迹其言,毋笞掠而得人情为上,笞掠为下,有恐为败。"《秦简》注释者将"有恐为败"解释为"恐吓犯人,是失败。"拙著则解释为:担心造成错案。

当然,提出新观点和论证新观点的成立是两件不同的事情。况且,新的观点仍有待实践检验才能获得学术界的认可。在这方面,作为著者毫无沾沾自喜之意,而常怀如履薄冰之情。

笔者清醒地意识到,拙著在许多方面还存在不足和疏漏。主要有以下诸方面:第一,在使用诸如"成文法"、"判例法"等"舶来"的有着特定概念的名词术语来描述中国法律实践活动时,应当有一个恰如其分的说明,以防引起混淆或误解;第二,由于本人史学功底有限,在古文字学和古文献学方面的功底十分薄弱,在这些领域不过是坐井观天;第三,在传说时代的历史方面,只有极小的发言权,尚无功力去运用和把握考古学的最新成果;第四,在论及国家法律起源这些重大理论课题时,深感理论功夫远远不够;第五,在再现历史上判例法或判例制度的真实面貌方面,尚觉文献不足;第六,没有涉及红色政权时代的法律实践活动;第七,在当今审判制度改革方面,还缺少大量的第一手资料及其定量分析。如此等等,不胜枚举。因此,当年拙著问世时,我毫无如释重负的快慰,仍然真诚地恭候学界的批评。今天,当拙著得以再版之际,我仍然因为上述诸多不足未能完全克服而感到遗憾。因此,我的心情依旧是战战兢兢,汗不敢出。

二、回眸一瞥:对十余年来中国传统法律文化研究状况的简洁回顾

任何一种新的研究方法都有可能导致一种新的学科分支或学科领域的诞生。而任何一种新的学科分支或领域的科学性都要接受实践的检验。于是,一些学科曾经红极一时却很快销声匿迹了;一些学科悄悄问世又悄悄离去,在短时期内完成了自生自灭的旅途;而还有一些学科受到学人们经久不息的关注,使它们不断完善不断深化,终于在学术园地赢得一席之地。

1994年,拙著《中国传统法律文化》出版时,正值中国传统法律文化研究经数年之储备酝酿,走向峰巅之际,也许正是由于这个原因,每年一度的专文《中国法律史学研究的回顾与展望》从这年开始把"中国传统法律文化"列为重要的研究领域来加以介绍。《1994年中国法律史学研究的回顾与展望》这样评论道:

> 武树臣等著《中国传统法律文化》一书以法律实践活动的总体精神和宏观样式为标准,将具有数千年历史的中国传统法文化之发展历程划分为六大时期,并以这种时代划分为基本线索对中国传统法文化给予了国画大写意式的总体性扫描。此外,该书对中国传统法文化的起源、文

构成、哲学基础、社会成因、历史遗产和现代历程等课题也做出了有益的探索。全书长达68万字,且在许多方面提出了新的论点,是近年来法史学界重要成果之一。①

那么,纵观十余年来的《中国法律史研究回顾》,我们能够得出什么启示呢?

首先,我们可以看到,学界同仁对于将中国法制史和中国法律思想史结合起来研究的新方法,是普通赞同的。既然如此,我们完全不必以"中国传统法律文化"冠名的研究成果之多寡来论兴衰、道长短。而且换一个视角来看,作为一种学术成果,中国传统法律文化本身就包含了法律思想、法律规范、法律设施、法律艺术。在此范围内的任何研究成果,都可以被看做是中国传统法律文化的研究成果。重要的不在于名称,而在于研究的方法和角度。同时,也要时刻注意不要穿新鞋、走旧路,不要新瓶装旧酒,不要依然故我,用旧的画地为牢式的思维模式去思考和处理问题。作为历史学者,当然应当十分重视微观的再现式的研究,因为有了这些研究作基础,才能去从事宏观研究。然而,最有价值的微观研究应当具有理论内涵,即有利于揭示人类实践活动的内在规律性。在如何运用宏观的综合的研究方法去催生有分量的学术成果方面,我们仍需提倡"十年磨一剑"的精神。

其次,在中国法史学界,新的观点、新的理论框架、新的史料(或旧史料的新角度运用),三者合一,是理论创新的必备条件。而象牙塔式的"文字游戏"其生命很难长久。新的学术观点或概念,如果没有相应的理论框架和论据加以支持,其合理性自然难以成立。只有三者结合起来,才能形成一家之言。舍此而只在概念上精心雕琢,尽情发挥个人的主观创造力,最终很难被学界认同,其生命力自然难以持久。

再次,在中国法史领域,宏观研究与微观研究并重,议论的史学与再现的史学并立,写意画与工笔画并行的研究资源分配架构,已经被学界所认同。史学研究风格,不外乎是重在讲道理还是再现史实,是描述宏观大局还是再现细微末节,两种风格都各有其长短。我曾与日本的中国法史学者讨论过此事,他们说,日本学者大都注重微观的再现历史原貌的研究,每个学者都约定俗成地有自己的研究领域,长此以往,成果越积越多、越全面,可供人参考。而宏观研究有难度更有风险,很容易被人批评。中国法史是我们的"国学",而且又有那么多学者以此为业,理应有个分工。然而,宏观研究并不天然忽视微观研究,微观研究也非本能地蔑视宏观研究,最为合理的格局是:宏观研究的理论要以微观研究的成果为支持,而微观研究又在宏观理论的指导下进行,只有这样才能更好的再现历史,才能探讨人类法律实践活动的总体特征和规律性。

---

① 曾宪义、郑定、赵晓耕、胡旭晟:《1994年中国法律史学研究的回顾与展望》,载《法学家》1995年第1期。

最后，中国法史研究只有遵循从历史走到今天，从今天回溯历史，历史研究与现实研究相结合，历史研究为当今社会发展服务的原则，才能实现自己的价值。"历史是不能割断的"，是说历史上必然存在的东西是有道理有规律的（凡存在的都是合理的——黑格尔语）。我们不是为研究历史而研究历史，而是为着探讨其中的规律性，从而为当今社会发展提供有益的建议。当我们真正做到这点的时候，我们就会融会贯通，乃至感受不到历史研究与现实研究的天然差别。这也许正是史学工作者始终追求的最高境界。

三、对十余年中国法律文化建设状况的宏观描述

《中国传统法律文化》于1994年出版，至今已有十六年了。这十六年是我国政治经济社会飞跃发展，也是我国法律文化建设取得长足进步的重要历史阶段。在邓小平理论和"依法治国，建设社会主义法治国家"的思想指导下，国家立法活动成果卓著，司法实践向纵深发展，依法行政蔚为风气，法学研究和法学教育硕果累累。这里仅就当今法律文化的两个最重要的方面——"法统"和"法体"进行简洁的回顾。

（一）在"社会主义民主政治"和"建设社会主义和谐社会"的理论框架下，"国家·个人本位"法律观得到新的更加深刻的阐释

发展社会主义民主政治，构建社会主义和谐社会，是中国共产党十五大和十六大分别提出的两项重大理论。1997年9月12日，江泽民同志在中国共产党第十五次全国代表大会上所作题为《高举邓小平理论伟大旗帜，把建设有中国特色社会主义事业全面推向二十一世纪》的报告中对"建设社会主义民主政治"作了概括的论述：

> 发展民主必须同健全法制紧密结合，实行依法治国。依法治国，就是广大人民群众在党的领导下，依照宪法和法律规定，通过各种途径和形式管理国家事务，管理经济文化事业，管理社会事务，保证国家各项工作都依法进行，逐步实现社会主义民主的制度化、法律化，使这种制度和法律不因领导人的改变而改变，不因领导人看法和注意力的改变而改变。依法治国，是党领导人民治理国家的基本方略，是发展社会主义市场经济的客观需要，是社会文明进步的重要标志，是国家长治久安的重要保障。党领导人民制定宪法和法律，并在宪法和法律范围内活动。依法治国把坚持党的领导、发扬人民民主和严格依法办事统一起来，从制度和法律上保证党的基本路线和基本方针的贯彻实施，保证党始终发挥总揽全局、协调各方的领导核心作用。①

2002年11月8日，江泽民同志在中国共产党第十六次全国代表大会上所

---

① 参见《江泽民文选》第2卷，人民出版社2006年版，第28页。

作题为《全面建设小康社会,开创中国特色社会主义事业新局面》的报告中对"加强社会主义法制建设"问题又作了更具体的阐发:

> 加强社会主义法制建设。坚持有法可依、有法必依、执法必严、违法必究。适应社会主义市场经济发展、社会全面进步和加入世贸组织的新形式,加强立法工作,提高立法质量,到二〇一〇年形成中国特色社会主义法律体系。坚持法律面前人人平等。加强对执法活动的监督,推进依法行政,维护司法公正,提高执法水平,确保法律的严格实施。维护法制的统一和尊严,防止和克服地方和部门的保护主义。拓展和规范法律服务,积极开展法律援助。加强法制宣传教育,提高全民法律素质,尤其要增强公职人员的法制观念和依法办事能力。党员和干部特别是领导干部要成为遵守宪法和法律的模范。[①]

2005年2月19日,胡锦涛总书记在《在省部级主要领导干部提高构建社会主义和谐社会能力专题研讨班上的讲话》中,在构建社会主义和谐社会的更高的理论框架下,集中论述了发展社会主义民主政治和建设社会主义法治国家的内在联系:

> 马克思、恩格斯创立了唯物史观和剩余价值学说,提出了无产阶级革命的理论和战略策略,实现了社会主义由空想到科学的历史性飞跃。马克思、恩格斯对未来社会的发展方向作出了科学设想。他们在《共产党宣言》中明确提出:"代替那存在着阶级和阶级对立的资产阶级旧社会的,将是这样一个联合体,在那里,每个人的自由发展是一切人的自由发展的条件。"按照马克思、恩格斯的设想,未来社会将在打碎旧的国家机器、消灭私有制的基础上,消除阶级之间、城乡之间、脑力劳动和体力劳动之间的对立和差别,极大地调动全体劳动者的积极性,使社会物质财富极大丰富、人民精神境界极大提高,实行各尽所能、各取所需,实现每个人自由而全面的发展,在人与人之间、人与自然之间都形成和谐的关系。
>
> 发展社会主义民主政治,保证人民依法行使民主权利,使人民群众和各方面的积极性、主动性、创造性更好地发挥出来,促进党和人民群众以及执政党和参政党、中央和地方、各阶层之间、各民族之间等方面关系的和谐,是构建社会主义和谐社会的重要保证。要把坚持党的领导、人民当家作主和依法治国有机统一起来,积极稳妥地推进政治体制改革,进一步健全民主制度,丰富民主形式,扩大公民有序的政治参与,不断推进社会主义民主政治的制度化、规范化、程序化,更好地发挥社会主义政治制度的特点和优势。要切实加强和改进党对人大工作的领导,支持人民代表大会依法履行职能,密切各级人民代表大会同人民群众的联系,保证人民

[①] 参见《江泽民文选》第3卷,人民出版社2006年版,第553页。

依法实行民主选举、民主决策、民主管理、民主监督。要通过广泛发扬民主,拓宽反映社情民意的渠道,完善深入了解民情、充分反映民意、广泛集中民智、切实珍惜民力的决策机制,形成能够全面表达社会利益、有效平衡社会利益、科学调整社会利益的利益协调机制。要充分发挥统一战线争取人心、凝聚力量的作用和优势,坚持和完善中国共产党领导的多党合作和政治协商制度,支持人民政协围绕团结和民主两大主题履行政治协商、民主监督、参政议政的职能。要全面贯彻党的民族政策、宗教政策,认真做好党的民族工作、宗教工作,巩固和发展平等、团结、互助的社会主义民族关系,鼓励和支持宗教界继承和发扬爱国爱教、团结进步、服务社会的优良传统,在积极与社会主义社会相适应方面迈出新步伐。要全面贯彻党的侨务政策,进一步做好海外侨胞和归侨侨眷工作,努力促进海内外中华儿女的大团结。要进一步扩大基层民主,进一步完善城乡基层政权、基层自治组织、企事业单位的民主管理制度,最广泛地动员和组织人民群众开展基层民主实践,努力实现广大群众自我管理、自我服务、自我教育、自我监督。要充分发挥工会、共青团、妇联等人民团体的桥梁和纽带作用,广泛密切地联系各方面群众,调动社会各方面的积极性。

构建社会主义和谐社会,必须健全社会主义法制,建设社会主义法治国家,充分发挥法治在促进、实现、保障社会和谐方面的重要作用。要进一步加强和改进立法工作,从法律上体现科学发展观的要求,制定和完善发展社会主义民主政治、保障公民权利、促进社会全面进步、规范社会建设和管理、维护社会安定的法律。要全面推进依法行政,坚持严格执法、公正执法、文明执法,建设法治政府,建立有权必有责、用权受监督、违法要追究的监督机制。要落实司法为民的要求,以解决制约司法公正和人民群众反映强烈的问题为重点推进司法体制改革,充分发挥司法机关维护社会公平和正义的作用,促进在全社会实现公平和正义。要加强法制宣传教育,传播法律知识,弘扬法治精神,增强全社会的法律意识,形成法律面前人人平等、人人自觉守法用法的社会氛围。[①]

2007年10月15日,胡锦涛总书记在中国共产党第十七次全国代表大会所作题为《高举中国特色社会主义伟大旗帜 为夺取全面建设小康社会新胜利而奋斗》的报告中强调:

科学发展观,第一要义是发展,核心是以人为本,基本要求是全面协调可持续,根本方法是统筹兼顾。

必须坚持以人为本。全心全意为人民服务是党的根本宗旨,党的一切奋斗和工作都是为了造福人民。要始终把实现好、维护好、发展好最广大人民的根本利益作为党和国家一切工作的出发点和落脚点,尊重人民

---

① 参见《十六大以来重要文献选编》(中),中央文献出版社2006年版,第702、706页。

主体地位，发挥人民首创精神，保障人民各项权益，走共同富裕道路，促进人的全面发展，做到发展为了人民、发展依靠人民、发展成果由人民共享。

人民民主是社会主义的生命。发展社会主义民主政治是我们党始终不渝的奋斗目标。改革开放以来，我们积极稳妥推进政治体制改革，我国社会主义民主政治展现出更加旺盛的生命力。政治体制改革作为我国全面改革的重要组成部分，必须随着经济社会发展而不断深化，与人民政治参与积极性不断提高相适应。要坚持中国特色社会主义政治发展道路，坚持党的领导、人民当家作主、依法治国有机统一，坚持和完善人民代表大会制度、中国共产党领导的多党合作和政治协商制度、民族区域自治制度以及基层群众自治制度，不断推进社会主义政治制度自我完善和发展。

人民当家作主是社会主义民主政治的本质和核心。要健全民主制度，丰富民主形式，拓宽民主渠道，依法实行民主选举、民主决策、民主管理、民主监督，保障人民的知情权、参与权、表达权、监督权。加强公民意识教育，树立社会主义民主法治、自由平等、公平正义理念。

人民依法直接行使民主权利，管理基层公共事务和公益事业，实行自我管理、自我服务、自我教育、自我监督，对干部实行民主监督，是人民当家作主最有效、最广泛的途径，必须作为发展社会主义民主政治的基础性工程重点推进。

依法治国是社会主义民主政治的基本要求。要坚持科学立法、民主立法，完善中国特色社会主义法律体系。加强宪法和法律实施，坚持公民在法律面前一律平等，维护社会公平正义，维护社会主义法制的统一、尊严、权威。尊重和保障人权，依法保证全体社会成员平等参与、平等发展的权利。各级党组织和全体党员要自觉在宪法和法律范围内活动，带头维护宪法和法律的权威。①

中国共产党人，自从1921年中国共产党成立之际，以马克思、恩格斯《共产党宣言》打破旧世界，挣脱铁锁链的造反精神，号召工农大众起来推翻帝国主义、封建主义、官僚资本主义三座大山，建立独立、自由、民主的新国家。到二十一世纪初，在领导全国人民建设社会主义小康社会之际，又一次重温《共产党宣言》中关于"人的全面发展"的原理②，并将之概括为"以人为本"，真是一个巨大的理论飞跃！

在"以人为本"、"构建社会主义和谐社会"、"发展社会主义民主政治"、"建设社会主义法治国家"的理论下，公民作为个体自然人的一系列权利和利益得到前所未有的重视，并且在国家政府活动中得到更为广泛的确认，在政府执行活动中逐步得以实现。在社会主义中国的当代法律观中，"国家·个人本

---

① 参见《中国共产党第十七次全国代表大会文件汇编》，人民出版社2007年版，第14、15、27、30页。
② 《共产党宣言》，载《马克思恩格斯选集》第1卷，人民出版社1972年版，第273页。原文为："每个人的自由发展是一切人的自由发展的条件。"

位"是最宏观、最高位的法观念。在这个观念当中,重视公民个人权利的意识则是最为重要的一翼。只有这个方面被巩固加强了,才能构成坚实的双向的"国家·个人本位"法律观。"国家·个人本位"双向法律观的巩固和发展,是十余年来中国法律文化建设的最重大收获。可以想见,在"国家·个人本位"法律观的指引下,我国的社会主义法律文化建设,将会沿着科学正确的道路继续前进。

（二）判例意识的觉醒和判例机制的萌芽,催动着"混合法"的历史脚步

今天,当我们研究法这一特殊社会现象的时候,我们也许很少意识到,我们远非在中国传统法律文化的氛围中,而是在西方大陆法系的思维模式和理论氛围之中来思考问题的。这种影响无声无息而又无时不在,竟使我们常常忽略它的存在。当我们为中国法制的进步和成功欢呼时,也许不太注意,我们的法典、法条、名词、概念、原理的"落款",都印着"舶来"的标记。由于时代的局限性,肩负挽救危亡重任的近代法律家们,来不及深入观察世界法律文化的全部成果（包括中国的）及其发展大势,便定出了向西方大陆法系行进的航标。就这样,一个世纪过去了。这是一个热衷成文法而忽视判例法的世纪。

在进入近代之前,中华民族对于法这一现象的思索,是在"自然"的环境中进行的。中国先贤对法的见解本来就没有像一个世纪前西方两大法系那样针锋相对的观念。在中国先哲看来,法作为人们必须遵从的行为规范,不仅表现为无处不在、无时不在的传统风俗习惯——礼,不仅表现为在王宫前面定期颁布的并妥为保存的"象魏之法",还表现为有具体文字形式的案例。到了战国末期,人们对法的表现形式的认识已空前清晰。它们被称作"礼"、"法"和"类"。《荀子·劝学》:"礼者法之大分而类之纲纪。"《荀子·君道》:"有法者以法行,无法者以类举,听之尽也。""礼"是历史形成的深植心中的传统风俗习惯;"法"是国家制定并颁布的有法条法典形式的法律规范;"类"是具体的判例故事及其所包含的法律原则。荀子把战国的成文法制度与西周春秋的判例法传统有机结合起来,提出,审判案件时,有法律明文规定的,就按法律条文来断案;没有明文规定的,就运用"礼"来创制判例,这些判例成为尔后审理同类案件的法律依据。在整个封建时代,在成文法典阙如或不适于社会生活之际,判例的创制与适用实际上起着拯救法、延续法、发展法的作用。它们不断产生出来,与法典并行不悖,最终又被新的法典所吸收。这就是中国独有的混合法。中华人民共和国成立初期,在重要法典暂时空白的情况下,判例与其说是政策的外衣,不如说就是法。而法官的政策水平正是靠判例意识来维系的。改革开放以来,判例的价值开始被人们重新认识。今天,现代法律意识的成熟,离不开判例意识的觉醒。

所谓判例意识就是承认、肯定、尊重判例在法律实践活动中的地位、作用和价值。一般而言,判例的价值表现在两方面:一是法的约束力,即它对特殊案件当事人及法官的规范力;二是法的自生力,即修正法、创制法、完善法的能

力。如果我们囿于大陆成文法系的传统见解,把法仅仅理解为国家立法机关的产物,那么,法的发展就过于古板了。实际上,法并不只是立法家们的艺术作品,法就发端于人们的社会交往之际,定型于社会行为之中。它的生命力就在于它应当而且也能够不断被发现、发展和描述。而以法官、律师、法学家为代表的法律实践者们便充当了完成这一使命的历史角色。即使是在成文法的运行机制下,由于其自身永恒的欠缺(既不能包揽无遗又不能随机应变),使法的生命和正义不得不仰仗法官来维系。中外历史证明,法的发展和飞跃,常常靠着法官群体默默无闻的持之以恒的工作。他们从琐碎纷乱的案牍入手,来推动法的宏观变革。从中国西汉的"春秋决狱",到美国大法官的著名判例;从中国古代的"决事比例"、"断例",到英美法系的判例汇编;从中国不绝如缕的律学,到美国法官和律师对法的诠释,无不履行着这一历史使命。

"社会变革呼唤着法的变革,法的变革仰仗法律意识的更新。这种更新正期待着判例意识的复兴和成熟。当人们不囿于成见,按法律实践活动本身的规律性来思考法和操作法的时候,判例意识就会生成。而只有当判例的创制与适用成为一种自觉过程时,判例的价值才会社会化。"①

据不完全统计,从1986年开始的十年间,我国法学界在判例制度的问题上,曾发表论文30余篇。② 至2003年2月,共发表论文135篇。③ 其中大部分文章力主积极借鉴和引进判例制度。这些意见大致上从法理学(成文法与判例法各有优劣)、中国法史学(中国古代的判例法传统)、比较法学(西方两大法系逐渐靠拢的发展趋势)、法律实践(当今法制建设和司法改革的实际需要)等四个方面,论述了引进判例制度的理论和实践依据,并探讨了引进判例制度的具体操作方法。

改革开放三十余年来我国法学界出现的关于借鉴判例的讨论,有其特殊的背景和原因。首先,它是法学研究深入发展的必然产物。法理学、法史学、比较法学等领域在十余年间获得长足发展,开阔了研究者的视野,从而具备了从理论、历史、国际诸角度讨论判例制度的特征、优劣及实用价值的客观条件;其次,它是我国法制建设现实状况和内在要求的必然结果。三十余年间,一方面是重要法律相继问世,基本告别了"无法可依"的历史;另一方面,法制建设尚不完备,许多法律法规仍付诸阙如。改革开放加快了社会生活发展变化的速度,社会生活日益多元化复杂化,而现存法律明显不适应新的形势。正是在这种情况下,最高人民法院开始定期公布典型案例。这一措施给司法界和法学界都带来新的气息。人们不约而同地意识到:引进判例制度也许是一个绝妙的好办法。在引进判例制度问题上,人们提出了什么观点和如何表述它,以

---
① 武树臣:《判例意识与判例价值》,载《判例与研究》1995年第3期。
② 武树臣:《对十年间大陆法学界关于借鉴判例制度之研讨的回顾与评说》,载《判例与研究》1997年第2期。
③ 武树臣主编:《判例制度研究》,人民法院出版社2004年版。

及这些观点正确与否,都并不重要。重要的是,这一课题在法律界受到如此持久的关注,这本身就是中国法制建设从直觉走向自觉的一个标志。

从1986年开始,判例问题受到法律界(包括法学界和法务界)的普遍关注。这主要表现在:第一,最高人民法院不仅继续通过发表典型案例的方法来指导全国的审判活动,而且最高法院乃至各级法院都十分重视典型、疑难案例的研究和总结工作,这一类内容的读物和著作不仅得到出版发行,而且受到法律界的普遍欢迎。与此同时,全国各种法学杂志也更为重视案例方面的研究并刊登这类文章;第二,我国各级法院在审判活动中普遍重视专业化分工和案件的评查工作。在这个过程中,法官们更为关注某一审判领域的案例,同时也更为审慎地对待案件的审理和裁判文书的制作。因为随着审判活动的公开与透明,法律文书最终成为社会的共同财产而被社会随时检验和研究;第三,通过各种方式的国际交流,我国法律界对英美法系国家的审判活动有了更多的更深层次的理解,这种交流无疑加强了对借鉴判例制度的信心;第四,法律院校的教师们开始并持续地运用判例教学的方法来教育学生们。教师要给学生们一个真实的知识、实践的知识,这样才能使学生们更好地适应法律职业的要求。这样一来,从法条到法条、从原理到原理、从书本到书本的传统教学方法便走到了尽头。教师走出书斋,更多地了解审判实践的问题。作为教师,他们用一系列案例来填充他们的授课提纲;作为法学研究者,他们更从审判实践中发现新的研究课题。第五,计算机网络技术的广泛运用,使编纂大量案例并对之进行各种技术处理成为可能。任何一名法官、律师、教授或学生,都可以靠着计算机很方便地查阅各类案例。今天,我们的教授们已经熟练地运用计算机来研究问题。明天,我相信,全国的法官们也许会运用计算机来为自己的审判插上双翼。

2001年9月22日至23日,这是值得记住的日子。由国家法官学院和北京大学法学院联合举办的"案例研究与法治现代化高层论坛"在北京大学举行。最高人民法院副院长、国家法官学院院长曹建明及来自全国法院系统的高级法官、法学专家及资深律师约120余人出席了会议。

曹建明同志在开幕致辞中就案例研究的意义和作用发表七点意见:(1)案例是审判活动的反映,是法律与实践结合的产物,具有鲜明的社会现实性和实际性,是将抽象、原则的法律条文变成形象、具体的行为规范的解释过程。案例是法律原则和法律规范具体化、实在化的重要载体。它可以使审判人员更好地理解和执行法律,从而达到指导审判实践的目的。(2)案例研究是法院司法解释工作的重要基础。司法解释在一定程度上弥补了成文法的不足。在法无具体规定的情况下,审判实践中既能充分体现法律规范的公平、正义基本原则,又具有创新精神的典型案例,就起到了弥补成文法不足的作用,成为修订法律和制定新的法律的基础材料,并对法的发展产生重大影响。(3)案例是人民法院审判水平的真实反映。(4)案例是法学研究的重要对象。(5)案例是进行法制宣传教育的生动教材。(6)案例研究可以改进法学教育方法。(7)案例研究有助于推动裁判文书的改革,促进司法公正。

经过讨论,与会者形成以下共识:我们清醒地认识到,我国是具有成文法传统的国家,不宜照搬英美法系的判例制度,我国目前还没有严格意义上的可供后来者遵循的判例。但是,我们不应排斥判例在司法实践中的作用。我们应当加强案例研究,充分发挥案例在各方面的作用,推进法治现代化的进程。通过研究案例,将那些事实清楚、说理充分、适用法律正确,并能体现一定法律原则的案例经过法定程序上升为判例,赋予其与司法解释同等效力,可以弥补成文法的不足,这对统一司法、促进司法公正具有重要意义。判例的创设要有严格的程序,如最高人民法院应成立专门机构,负责判例的收集筛选、编辑整理、审核批准、公告发布工作。判例的审批要经最高人民法院审判委员会讨论决定,以最高人民法院公告的形式向社会发布。创制判例要注意法的统一性,要坚持及时与审慎相结合的原则。要注意保持判例的稳定性、权威性和约束力,不可随意撤销或者变更。应当注意处理好判例的可操作性与法官的自由裁量权。此外,这次会议还就案例教学与法学教育改革、案例研究与律师实务等议题进行了热烈的讨论并形成共识。①

如果说判例意识是人们关于判例价值的一种看法的话,那么,判例机制则是在审判活动中实现判例价值的一种制度或措施。从判例意识的觉醒到判例机制的诞生,是一件顺理成章的事情,也是中国司法界的具有历史意义的大事件。

2002年8月,河南省郑州市中原区人民法院经过一年的试行,正式推出"先例判决制度"。② 所谓"先例判决",就是说,人民法院和法官做出的正确的生效判决,对今后同类案件的审判具有约束力,从而规范法官的自由裁量权,实现一定范围内的司法统一。

"先例判决制度"的具体操作办法是:(1)案例遴选。由人民法院各审判庭挑选符合条件的裁判文书报研究室初审,经审判委员会讨论批准后发生法律效力(一审生效或二审维持原判)的典型案例,在人民法院内部公布,成为本院的先例判决;(2)先例判决的发布和汇编。先例判决不仅向法院审判人员公布,而且也向社会公布。在先例判决达到一定数量时,由法院定期汇编成册;(3)新旧先例判决的更替。随着新法律的颁布、修订和最高人民法院新司法解释的发布,人民法院审判委员会要及时产生新的先例判决并废止旧的先例判决。同时,经再审改判过后,原先的先例判决亦应废止。

实行"先例判决制度"的目的是:一、试图在本法院范围规范法官的自由裁量权,以统一法律在某一地区的适用,从而杜绝同类案件得到不同判决的现

---

① 樊军:《加强案例研究 推进法治现代化——案例研究与法治现代化高层论坛综述》,载《法律适用》2001年第11期。

② 参阅《人民法院报》2002年8月17日、20日,《中国青年报》2002年8月19日,《工人日报》2002年8月21日等报道。

象,同时也节约审判资源,提高审判的质量和效率;二、将审判委员会的工作制度化和统一化;三、接受社会的评判和监督,实现司法公正。中原区人民法院经过一年的试行,取得了明显的成效。比如,减少了改判和发回重审的情况,缩短了办案时间,提高了调解率和撤诉率,减少了上诉率,等等。① 尽管中原区法院的新措施还有值得商讨和总结完善之处,但其大方向是无可非议的。如果每一个人民法院都能这样做,先在自己辖区内统一法律的适用,那将是一件十分伟大的业绩!

特别应当指出,案例的作用已经被最高人民法院以工作报告的形式正式加以确认。2002 年 12 月 22 日,最高人民法院在第 18 次全国法院工作会议上所作的题为《认真贯彻党的十六大精神 大力推进人民法院各项工作 为全面建设小康社会提供有力司法保障》的报告中指出:"加强案例研究,发挥案例的参考作用,不断拓宽审判业务指导的新渠道"。据悉,在最高人民法院的部署下,天津市高级人民法院曾经积极进行在民商事审判中实行判例指导的新举措。即将经审委会讨论通过的具有普遍实用性、新类型、适用自由裁量权案、在法无明文规定或规定较为原则情况下产生的具有指导意义的案例,在杂志上公布,以指导全市的审判活动。②

北京市第二中级人民法院 2003 年度工作计划中要求:在实行专业化分工之后,本年作出的民事判决裁决均应编写"判决要旨"、"裁定要旨",以便总结提高,便于查找参酌。可以预见的是:北京大学法学院主持开发的《北大法宝》和《法意》案例数据库,将使这项工作变得更为简洁明快。面对这种生机勃勃的大好形势,我们似乎可以大胆预言:如果进展顺利,我国的审判制度就获得了一次重大的发展机遇,最终将有可能重新塑造中国古已有之的成文法与判例相结合的"混合法"样式。

在改革开放以来短短的三十余年间,我国法制建设获得突飞猛进的发展。先是通过大量的立法活动告别了"无法可依"的时代。紧接着就是立足解决"有法必依"即司法公正问题。在司法界,成文法的永恒欠缺使人们想到了判例。于是,判例这个似乎陌生的事物,不断从学者的头脑走到法官的法台,从一种观念演变成为一种机制。它涉足审判实践,并顽强地表现着自己的生命力。作为一个新生事物,让我们对它多一点宽容,少一点固执;多一点关爱,少一点指责。让它有机会为构筑共和国的司法大厦贡献一份力量。

武树臣
2011 年 3 月 18 日于
北京昌平北七家蓬莱寓所

---

① 李广湖:《谈先例判决制度》,载《人民法院报》2002 年 9 月 20 日。
② 参见中国法院互联网:http://www.chinacourt.org,访问日期:2002 年 10 月 17 日。

目 录

绪　论　中国古代社会与中国法律文化 ……………………………… 001
  第一节　法统·法体·法相·法态——法律文化四维说 ……… 003
  第二节　中国法律的产生和进化 ………………………………… 007
  第三节　中国法律文化史素描 …………………………………… 014
  第四节　中国法律文化的社会成因 ……………………………… 026
  第五节　中国法律文化的文化构成 ……………………………… 036
  第六节　中国法律文化的哲学基础 ……………………………… 045
  第七节　中国法律文化的发展规律 ……………………………… 051
  第八节　中国法律文化的历史遗产 ……………………………… 054
  第九节　全球视野中的中国法律文化 …………………………… 066

第一章　中国法律文化的起源 ………………………………………… 089
  第一节　关于传说时代 …………………………………………… 091
  第二节　关于古老先民及其划分 ………………………………… 095
  第三节　关于中国国家的起源 …………………………………… 100
  第四节　关于中国法律的起源 …………………………………… 103

第二章　寻找最初的独角兽——对"廌"的法文化考察 …………… 123
  第一节　廌的名称、形象、身份和所处的时代 ………………… 126
  第二节　廌与蚩尤、五兵、五刑 ………………………………… 131
  第三节　廌与玉琮、战神、礼 …………………………………… 133
  第四节　廌与刑、辛、文身 ……………………………………… 137
  第五节　廌与旄舞、战鼓、律 …………………………………… 146

第六节　廌与皋陶、弓矢、灋 …………………………………… 149
　　第七节　廌与饕餮、蓐收、爽鸠 ………………………………… 155
　　第八节　廌与夔、西王母 ………………………………………… 157
　　第九节　廌与象刑、筆 …………………………………………… 159
　　第十节　廌与神明裁判、法冠 …………………………………… 162
　结语 …………………………………………………………………… 164

第三章　"神权本位·任意法"时代的法律文化 ……………………… 165
　　第一节　图腾·祖先神·至上神 ………………………………… 167
　　第二节　"任意法"的思想基础和工作程序 …………………… 172
　　第三节　"神权本位·任意法"时代的衰落 …………………… 175
　　第四节　"神本位·任意法"时代的遗产："刑名从商" ……… 178

第四章　"家族本位·判例法"时代的法律文化 ……………………… 179
　　第一节　从"迷信鬼神"的时代到"注重人事"的时代 ……… 181
　　第二节　中原文化与原始儒学 …………………………………… 186
　　第三节　贵族精神与判例法传统 ………………………………… 200
　　第四节　"判例法"的总体风貌 ………………………………… 207
　　第五节　《易经》中的古老法条 ………………………………… 215
　　第六节　"家族本位·判例法"时代的法律规范样式 ………… 225
　　第七节　"家族本位·判例法"时代的终结及其遗产 ………… 226

第五章　"国家本位·成文法"时代的法律文化 ……………………… 231
　　第一节　"法治"思潮的源头及其归宿（上）…………………… 233
　　第二节　"法治"思潮的源头及其归宿（下）…………………… 245
　　第三节　"成文法"的萌芽与定型 ……………………………… 251
　　第四节　名辩思潮与成文法的诞生 ……………………………… 260
　　第五节　劲士精神与成文法传统 ………………………………… 268
　　第六节　秦成文法的基本精神和样式 …………………………… 274
　　第七节　"国家本位·成文法"时代的功过与遗产 …………… 285

第六章　"国家、家族本位·混合法"时代的法律文化 ……………… 287
　　第一节　无冕之圣——荀子的学说及其贡献 …………………… 289
　　第二节　礼法合治：鲁、晋文化从对立走向融合（上）……… 294
　　第三节　礼法合治：鲁、晋文化从对立走向融合（下）……… 299
　　第四节　"成文法"与"判例法"在相互消长中走向平衡 …… 317
　　第五节　"国家、家族本位·混合法"时代的法律规范样式 … 344
　　第六节　"混合法"的一翼：家法族规与官箴 ………………… 353

第七章 "欧法东渐"时代的法律文化 …………………………… 363
  第一节 "国家、家族本位"的衰落与民主宪政、
     "个人本位"思想的介入 ………………………… 365
  第二节 "个人本位"与"家族本位"的交锋 ……………… 376
  第三节 清末修律的历史遗产:近代化的法律规范群 …… 383
  第四节 "欧法东渐"时代的法律样式 …………………… 385

第八章 "国家、社会本位·混合法"时代的法律文化 ………… 389
  第一节 胡汉民"国家、社会本位"法律观 ……………… 391
  第二节 "混合法"的初建:大理院的"判例法" ………… 397
  第三节 居正的"混合法"理论 …………………………… 406
  第四节 "混合法"的繁荣阶段 …………………………… 414

第九章 "阶级本位·政策法"时代的法律文化 ……………… 421
  第一节 "阶级本位"法律观 ……………………………… 423
  第二节 "政策法"的法律样式 …………………………… 427
  第三节 "阶级本位·政策法"时代的历史遗产 ………… 434

第十章 "国家、个人本位·混合法"时代的法律文化 ………… 437
  第一节 "国家、个人本位"法律观 ……………………… 439
  第二节 "混合法"法律样式 ……………………………… 441
  第三节 "国家、个人本位·混合法"的理论启示 ……… 445

结束语 走向东方,走向混合法 ……………………………… 447

后 记 ………………………………………………………… 458

绪 论

中国古代社会与中国法律文化

看莽莽环球,生生未已,有几多先民存灭?唯烈烈中华,代代相继,在崇山沃野之际,在长江黄水之间。

"中国,在其历史的黎明时分,同埃及和巴比伦一样,都是源于大河文明的帝国。埃及和巴比伦影响了希腊和犹太的文化,因而间接地成为我们文化的源泉。正如这些文明产生于尼罗河、幼发拉底河和底格里斯河肥沃的冲击土壤一样,黄河造就了中华文明。"①中国与古埃及、古巴比伦、古印度并称四大文明古国。古者,昔也,远也。古埃及、古巴比伦、古印度者,俱往矣。它们曾经在人类历史的长河中开拓了伟大的业绩,闪现过辉煌的光芒。但是它们毕竟停住了脚步。它们或是由于外族入侵,或是由于内部分裂,或是由于归化于他种文化,从而中断了自己的历史。灿烂一时的古老文明变得黯然失色,无影无踪。他们只为后世留下了斑驳的文化遗存,供后人寻找、挖掘、研究、凭吊。独有我中国,自从盘古开天地,千朝百代到如今,有今有古,万世一系,虽经磨历劫、坎坷艰辛而百折不挠,未曾衰绝。这在世界人类史上是仅存的奇迹。中华民族始终傲然屹立于世界民族之林,并以自己特有的民族精神和聪明才智为人类做出卓绝的贡献。回首往昔,每一个炎黄子孙无不为此感到骄傲和自豪。

中华民族是具有独特性的民族。这是其特定生活方式、生活环境、民族心理、民族性格、历史传统等一系列因素造成的。正是在这一特定的文化背景下,形成了独特的中国古代文明。在中华民族奉献给人类的众多文明成果当中,还包括法律文化成果,或云中国法律文化。中国法律文化以其特有的精神或样式立异于世界法律文化园地,并对当今的法律实践活动发挥着潜在的影响力。深入研究中国法律文化成果,去其糟粕,存其精华,不仅对于评价历史,放眼世界,而且对于服务当今,特别是正确把握建设社会主义法治国家的方向,加快建设社会主义法治国家的历史进程,无疑都具有重要的理论和实践意义。

第一节 法统·法体·法相·法态
——法律文化四维说

我理解的"法律文化",是指人类法律实践活动表现在宏观上和微观上的一种状态。就宏观而言,"法律文化"是指支配人类法律实践活动的价值基础和这一价值基础被社会化的运行方式;就微观而言,"法律文化"标志着法律实践活动所达到的程度或取得的成果。为了论述的方便,这里姑且提出四个微观范畴:"法统"、"法体"、"法相"和"法态"。

---

① 〔英〕罗素:《中国问题》,秦悦译,学林出版社1996年版,第147页。

一、"法统":"法律文化"的内核

"法律文化"的内核是支配社会的法律实践活动的价值基础,即"法统",就性质而言,它与在社会中居支配地位的一般价值观念并无不同。在社会中,居支配地位的一般价值观念指导着社会生活的各个方面。而"法统"则是一般价值观念在法律实践领域(主要包括立法、司法和对法这一社会现象的思维认识活动)的集中反映。"法律文化"研究的不是社会一般性的价值观念——如果是这样的话,"法律文化"学就与文化学、社会学、哲学等社会科学没有什么区别了——而是进入法律实践领域因而被初步具体化、专门化了的价值观念。事实上这种价值观念已经凝结在法律思维、法律规范、法律实施过程之中,因而是可以通过定量分析加以把握的。"法律文化"学所要研究的价值观念,不是一般地通过人们的社会实践活动及其成果去探讨,而主要是通过具体的有形的法律实践活动及其成果去探讨。这就使支配法律实践活动的价值观同社会一般价值观区别开来,从而也使"法律文化"学不仅同其他社会科学学科,也同法学领域的其他分支学科(比如法理学和实践法学)区别开来。

支配法律实践活动的价值基础(即"法统")同社会中居统治地位的价值观念一样,具有以下特性:

首先是历史的纵向的稳定性。一个民族或国家的"法统"是长期社会实践的文化结晶,它经过人们世世代代的思考、加工、完善和沉淀,深深植入该民族的心灵,成为该民族的文化历史传统和民族心理的精神产物,它一旦形成便带有极大的历史惯性而极难改变。其次是社会的横向的普遍性。"法统"作为一种在社会中占统治地位的价值观念,常常作为一种社会公认的正义原则受到社会各集团的承认。再次是民族的相对独立性。人类因分布在世界不同地域而形成众多民族和国家,它们又在各自不同的地理环境中,经过长期社会实践而形成各自的价值观。当这些不同的价值观在同一场合出现时,人们会感受到它们之间令人惊异的差别性。然而这种差别性已经作为不可逆转的历史事实无法轻易变更了。最后是人类的普遍一致性。这种一致性是人类社会实践活动具有的一致性的反映。尽管就目前看来,各民族、国家"法统"的差别性是主要的,其一致性是潜在的,但唯其具有一致性,才使不同国家之间的"法律文化"的交流、传播成为可能。

以"法统"为标准,可以将人类法律文化分为三种类型:宗教主义型、伦理主义型和现实主义型。

宗教主义型法律文化的代表是古代印度法律文化、阿拉伯国家的伊斯兰法律文化和中世纪欧洲教会法律文化。其主要特征是:政教合一,国家君主即是宗教领袖,教徒等于臣民,国家意志就是神祇意志,宗教教义、教条等于国家法律。如:《摩奴法论》、《古兰经》、《圣训》、《新旧约》是法律的直接渊源,《律戒》、《五功》、《十戒》则等同于法条,宗教权利义务等同于法律权利义务。

伦理主义型法律文化即中国传统法律文化。根植于自然经济土壤上的宗法社会组织,是古代社会的基本细胞。要维护国家的安宁,首先必须维护宗法家族的稳定。于是,宗法伦理观念即"礼"渗透到国家法律,所谓"出礼则入刑"。(《后汉书·陈宠传》)君臣关系与父子、夫妇、兄弟、朋友一起称为"五伦",且以"忠"、"孝"为重。在家孝父母,出门忠君长,叫作"移孝作忠"。法律精神本于伦理,故同罪不同罚,父母打、杀子女可减免刑罚,子女骂、打、杀父母则为大逆不道,诛死不赦。"凡有诉讼,必先论其尊卑上下长幼亲疏之分,而后听其曲直之词。"(《礼记·王制》)伦理等于法律,"礼"的作用类似于宗教教义和风俗习惯。

现实主义型法律文化即没有宗教、伦理色彩的法律文化。现在世界大多数国家都属于这一类型。其特征是以现实的社会关系为基础,其中主要包括财产关系和政治关系。资本主义国家以"私有财产不可侵犯"和资产阶级民主政治为基本原则,社会主义国家以"公有财产不可侵犯"和无产阶级民主政治为基本原则。"法律面前人人平等"的精神取代了宗教的伦理的等级不平等精神。

二、"法体":"法律文化"的外壳

"法律文化"的外壳"法体",是"法统"社会化过程中的重要组成部分。"法体"的内容是立法、司法实践活动的基本工作程序或方法。其实质是,在社会中居于支配地位的社会集团或阶级,采取什么样的工作程序或方法,将符合"法统"的意志上升为国家意志,并赋予法律规范的形式,又通过什么样的工作程序或方法,将这些法律规范在现实社会生活中加以推行。"法体"与"法统"一样,具有以下特征:

首先是历史的纵向的稳定性。"法体"作为立法、司法的基本工作程序和方法,是经过长期的实践而形成的,它一经形成便具有相对独立性。加之相对稳定的国体、政体以及相对稳定的立法、司法工作机构的设置,专门工作人员的长期经验的积累,民众的普遍适应等因素,使"法体"能够在相当长的历史时期内不断完善、保持不变。"法体"同法律规范不同。法律规范随着社会生活的变化而不断变动,但它们对"法体"并无直接影响,就好像一架车床可以加工出各种零件一样。其次是地域的横向的统一性,一般说来,在统一的民族和国家里,"法体"在地域上是统一的,这是国家政权形式的统一性和立法、司法的统一性所造成的。当然,这并不排除在特殊地域允许特殊"法体"存在,但这必须经过国家认可。再次是民族的相对独立性。一个民族、国家的"法体"作为自己长期法律实践活动的产物,带有浓厚的民族特征。同是"判例法",中国式的"判例法"同英国式的"判例法"就有很多不同之处;同是"成文法",中国封建时代的成文法典与大陆法系国家的成文法典也有很多差别。因此,"法体"在不同国度间的移植比法律规范、法律技术、法律设施的移植困难得多。清末"仿行立宪",五大臣出洋考察后指出,英国的君主立宪政体虽然可取,但其"判例法"不合中国国情。正是素来重视成文法的传统导致近代中国做出吸收大陆法系的历史性选择。而战后日本移植英美的"判例法"正是在美军占领的特殊背景下完成的。最后是人类的普遍一致性。"法体"的相对独立性远不如"法统"那样强烈。同一类型的"法体",尽管因其国别而具有种种差异,但它们毕竟属于同一类型,因而在其基本特质上是一致或接近的。在"法体"上,不同的国家常常有着共同的术语和类似的见解。而"法体"的广泛适应性是跨越国境的。因此,"大陆法系"国家可以吸收"判例法"机制,而"英美法系"国家也可以移植"成文法"模式。

以产生、实现法律规范的基本程序和方式为标准,也可以将人类法律文化分成三种类型:成文法型、判例法型和混合法型。

成文法型即国家指定专门的立法机关依据法定程序制定统一的实体法和程序法(多采用法典形式),审判机关根据实体法和程序法进行审判,而不参考以往的判例。遇到法无明文规定的特殊情况,或则采取法无明文规定不为违法犯罪的原则不予追究,或则采取适用类似条文的"类推"原则予以追究。待到法律明显不适宜社会生活时,再依法定程序进行新的立法。欧洲大陆法就属于这种类型。

判例法型即国家一般不制定成文法典,审判机关依据有关政策和原则并结合具体案件事实作出判决,是为判例。下级审判机关必须遵从上级审判机关的判例,现时审判必须遵从以往的判例,这就是"遵守先例"的原则。法官在审判时,首先从以往判例中概括出某种原则,作为现时审判所依据的准则。法官的主观作用得到充分发挥,他可以根据现行政策和变化的形势作出新的判决,以作为以后审判的依据。英国、美国法就属于这种类型。

混合法型即国家一方面依据法定程序制定成文法典,作为审判的根据。另一方面,国家机关又核准一些根据新情况做出的判决,成为审判的另一依据。这样,既维护了立法、司法的统一,又弥补了成文法典不能包揽无遗的缺欠,使法律不断适用于时变。在审判中,遇到法无明文规定的情况,则运用统治阶级的法律政策和意识,进行审判,形成判例。这些判例是未来制定成文法典的根据。中国传统法律文化即混合型的法律文化。

三、"法相":"法律文化"的横截面

"法律文化"作为客观存在物,表现为法律实践活动所取得的成果。它标志着人类实现有利于自身生存发展的特殊社会秩序的能力,和对社会生活进行有目的的设计、控制、引导的水平。"法律文化"虽然是统一完整的一种文化成果,但是为了研究上的方便,可以将其内容划分成四个主要方面:

(一)法律思想

法律思想即人们关于法这一社会现象的见解、要求和评价,它由法理学(主要指对法的宏观理论性评价)和法律意识(主要指对法的微观现实性评价)组成。在阶级社会,法律思想带有阶级性。不同阶级的法律思想可以源于

共同的价值观念,如先秦儒法两家(实际分别代表贵族阶级和新兴地主阶级)均承认忠、孝等宗法伦理观念,只是实现的手段不同而已。

(二)法律规范

法律规范即由社会权威机构创制、认可并保障实现的特殊行为规范。它的社会功能在于创建或维持某种社会秩序,这种社会秩序在特定场合下可以给一般社会成员带来一般利益,也可以给特殊社会集团带来特殊利益。法律规范的社会价值在于通过把特定的法律思想法律化的手段,来实现社会的特定价值观。

(三)法律设施

法律设施即保障法律规范得以产生并加以实现的一系列工作机构。它们是保障立法、司法等法律实践活动得以正常进行的客观条件。

(四)法律艺术

法律艺术即从事立法、司法等实践活动的能力、技术和方法,包括立法艺术、司法艺术、法律文献管理艺术等。它们是保障立法、司法活动得以正常进行的主观条件。

随着社会物质生活的发展,一些愿望和要求产生了,它们被加工成法律,并通过法律设施加以推行,借以确立和维系某种社会状态,如此循环往复,便构成了社会的法律实践活动。

四、"法态":"法律文化"的运行状态

所谓"法态"是指法律实践活动的运行状态。即法律规范通过何种运行方式演变成一定的社会秩序。这种运行方式,在判例法条件下表现为某种法律原则怎样从既有判例中被发现,又怎样适用于当时的审判活动;在成文法条件下表现为怎样选择成文法条以适用于当时的审判过程。当上述运行方式出现弊病时,又将如何补救。从某种意义上可以说,法态即法律适用的形态。它不仅与立法、司法活动息息相关,而且还表现为法律文献的编纂方式。应当注意,"法态"所涉及的内容与"法体"有局部重叠。这是因为,"法体"的特征,常常通过"法态"来显示。但是,"法体"是个宏观概念,"法态"是个微观概念。形成"法体"时,必有相应的"法态";而形成"法态"时,未必有相应的"法体"。在人类法律实践活动中,在"法体"尚处于朦胧状态时,"法态"的现状及其发展方向,就具有典型性和预见性。

第二节 中国法律的产生和进化

法律是社会权威机构以强制力保障实现的特殊行为规范。中国法律产生于原始社会的部落联盟时代。部落联盟的领导集团由各个部落首长组成。其中,最有实力因而也最有威信的部落首长兼为联盟的最高领袖。这一切条件

在传说的黄帝时代就已具备。根据传说史料和古代文献,在以黄帝为首的部落联盟中,东夷的蚩尤部落世代兼管军事和司法。他们曾经发明了"五刑"并称之为"法"。(《尚书·吕刑》)"法"自从诞生之日起,在此后的岁月里,向我们展现了如下进化和演变的轨迹:

一、"众议法":部落联盟确认的法

所谓"众议法",是部落联盟最高权力机构的领袖们通过联盟议事会议,以集体议决通过决定、命令的形式,赋予既存的习惯、禁忌、先例等以法的地位。就这些决定、命令的产生途径及其内容本身来看,与其说其近似于后世的立法,还不如说它们是认可法和发现法。正如穗积陈重所说:"在国家发展之初期,统治权之观念中,无所谓立法权。原文化低级之国家,从无所谓作法之观念,以法乃可发见而非可制作者,故当时亦无所谓立法者。法律发见者,非必为其元首,即精通其民族之传说、惯习、先例、仪式等长老、诗人,或为神意启示之机关之祭司、僧侣、卜者、巫女是也。"①这些决定、命令所涉及的内容十分广泛,包括如下内容:首先是禁忌。在原始社会各个氏族都有自己的禁忌。这些禁忌通过人们对神秘力量的恐惧心理而发挥制约作用。这些禁忌和图腾信仰联系密切。但是各个氏族、部落的禁忌有时是矛盾的。比如婚姻禁忌,有的禁止族内婚,有的禁止族外婚。在氏族与氏族、部落与部落的交往中,一些带有公共性的禁忌经部落联盟议事会议议决,被赋予更广泛的适用性和更高的权威性,他们也成为"法"的一部分。这种公共性禁忌的产生,实际上是完成了原始禁忌的再发现和再确认。因为这些公共性的禁忌不只靠内心的恐惧,而主要靠着权威机构甚至刑罚来施行了。这实际上又完成了原始禁忌的一次裂变或升华。其次,就是各氏族、部落的习惯。这些习惯通常也存在诸多差别。比如,允许或禁止某些具有血缘或姻亲关系的人们通婚,财产的分配、转移、继承,因伤害行为所引起的复仇或者赔偿,赔偿的方式和数量,对损害他人物品、牲畜的赔偿,战争的纪律,对俘虏的分配和买卖,对实施巫术损害他人的制裁,等等。为了维护部落联盟的共同利益和秩序,部落联盟议事会逐渐赋予具有公共性的习惯以更高的权威。再次,也是最重要的组成部分,是部落联盟会议在处理日常公共事务中产生的决议和命令。如果某个氏族或部落违犯了公共性的禁忌、习惯和部落联盟会议制定的决议、命令,将受到部落联盟的严厉制裁。这种制裁常常是通过两种方式完成的:一是军事征讨;二是审判和刑罚。在军事征讨的场合,军法军令和军事赏罚便发达起来;在审判和刑罚的场合,财产赔偿和刑罚制度便发达起来。特别是一些刑罚措施逐渐定型化,这就是蚩尤发明的五种刑罚。于是,"众议法"逐渐丰满和发展起来,并形成约定俗成的一些政策、原则或新的习惯。当氏族或部落之间发生争议时,也由部落

---

① 〔日〕穗积陈重:《法律进化论》,黄尊三等译,中国政法大学出版社1998年版,第10页。

联盟会议集体议决,根据已往的政策、原则或习惯做出裁判,是为判例。这些判例成为以后裁判同类案件的依据。这就是"判例法"。

二、"神判法":神灵裁判的法

"神判法"是"众议法"当中的重要组成部分。原始人类素来崇敬神灵,深信天地之间存在着支配一切的神奇力量。部落联盟议事会在处理日常重大事项或争讼案件难于决断时,往往求得神灵的启示。其具体方法或者由神职人员通过卜筮求得神意,或者通过以图腾动物为裁判官的神明裁判,或者采取诸如赴汤蹈火之类的神判方式,以定曲直。这种方法就是"假神之威,以强法之力,籍以统治不习于法律生活之野蛮人民。"不管是日常政事还是疑难案件,凡经神灵决断的,都形成一种先例,并对以后产生指导作用。比如"古代色米基克人,有困难问题发生,告之预言者、长老及酋长,请其裁判,即以其裁断为先例,判决以后类似事件,称其判例,成为法规";"关于君权、君权之继承、婚姻、继承、刑罚事项,有神祇立法,为将来人民行为之规范。若关于争讼事件,有神托时,其托宣即为神裁,尔后成为判例,为人民行为之基准"。① 《墨子·明鬼》所载神羊裁判的故事,就是我国古代神判法的遗迹。

三、"先例法":遵循先例的法

在原始社会,氏族或部落内部的争讼由长老出面裁断。"在原始社会,潜势法之主体之民众全体,固不能自己宣言而发表之,即在文化社会,亦为难能。故关于法律事项有问题发生,民众中之长老等依其经验,记忆其经过之惯例、故实、传说,以为解决。此长老等之活动,固非新造法规,不过阐明既存之法,适用之于事实而已。"随着人们生活空间的扩大,原来属于长老的职权被部落联盟议事会取代。一些涉及对违反公共准则行为人们的制裁,以及人们的争议等,成为部落联盟议事会的日常事务。后来,随着这些事务的日益繁杂而且数量不断增加,如果再沿用以往的部落联盟议事会来处理,就显得十分不便。于是,部落联盟议事会就将这类政务交给专人负责。于是就产生了最早的"法官"。最早的法官很可能是从世世代代专门熟记历史典故的专职人员中产生的。这些知识成为这一氏族或部族的共同财产。于是便产生了"法律记忆之专门家系"。正如穗积陈重先生所指出的:"法律记忆之公职,为中世纪北欧各国之通制";"夫法律记忆之家系、门流、公职或民级,实初期文化低级之国家普通之现象也";"凡关于祭祀、宗教、政事、社交、惯习、法律等事项,苟能记忆特种之传说、先例、故实、礼式者,不仅受一般之尊敬,为社会之权力者,并可取得显要之职司及其他物质上之利益。故不欲轻易传其记忆于他人,以自减杀其权力。故记忆之专有者,视其记忆为秘密,或传之子孙,或授之门徒,此法

---

① 〔日〕穗积陈重:《法律进化论》,黄尊三等译,中国政法大学出版社 1998 年版,第 17 页。

之记忆遂成独占的秘传之目的,至生法律记忆之专门家系。"①遇到争讼,法官熟练地比照过去的先例来做出裁判。这种法律就叫作"先例法"。"先例法"也可以称作"判例法"。正如日本法学家穗积陈重所云:"在半开化之国,君主不自定法规,仅任命裁判官,授以听讼断狱之权,以依自由裁判为常例,即所谓有法司无法规,任人不任法之时代。此时裁判官所下之裁判,基于当时之惯习宗教者为多,有时仅依裁判官自由之考虑,然其裁判之职权,为君主所授,故其裁判,在形式上可视为关于法律事项之君意之间接宣言。其裁判为后之裁判之规范,至生判例法。"②

四、"定式法":简约概括的法

所谓"定式法",是与判例不同的一种简洁明白的法律规范形式。它来源于两个方面:第一是判例、故事。法官们是专业人员,在没有文字或"结绳记事"的情况下,他们最基本的工作是背诵以往的判例、故事,并且一代代地传递下去。为了整理这些知识,法官们就对一个个具体的判例进行加工,把其中最关键的意思用尽可能简短的语言抽象出来。久而久之,伴随着"合并同类项",这些抽象的条文变得更为凝炼,而且逻辑性也更为合理。关于"定式法"的产生,穗积陈重先生说:"原始时代之社会关系极为简单。故先例典故之数甚少,个个而记忆之,亦无特别之困难。社会发展,人事关系日益复杂,岁时既久,先例典故之数亦日增,后虽有任何之强记者,亦难悉为谙记。"由于"记忆目的之事项乃单个判例处分例之集积,未成定式之法则,欲记忆之精确无误,实所难期。"解决的办法是:"为记忆之便利计,自类例之集积中抽出普通之要素而记忆之,以代个个之谙记,或作定语以便复诵。由是而开定式法则之端绪";"法之记忆者,记忆是等之定式语,以代个个之事实之记忆,乃将记忆之客体,从事实移于法则,实为法律进化史上之一新期"。③ 第二是部落联盟议事会的决议、命令。部落联盟议事会经常对具体事项作出指令。这些指令数量繁多,而且在时间上和地域上的效力亦不同,有的长有的短,有的宽有的窄。久而久之,那些经久不息的命令被保留下来,并对后来的行为产生约束力。这种约束力往往是带有预见性的。这些指令也是比较抽象简洁明白的,成为"定式法则"的重要组成部分。在远古社会,这些"定式法则"常常以格言、谚语、诗歌等形式被人们口耳相传。比如"昏墨贼杀,皋陶之刑","无平不陂,无往不复","覆公餗,其刑渥","有亡荒阅","毁则为贼,掩贼为藏,窃贿为盗,盗器为奸","盗所隐器,与盗同罪","马牛其风,臣妾逋逃,五敢越逐","夫征不复,妇孕不育","直钩幼贱有罪","董逋逃,由质要,治旧洿,本秩礼",等等。这些后来用文字记录的法律谚语,也许经过口耳相传延续了千百年之久。

---

① 〔日〕穗积陈重:《法律进化论》,黄尊三等译,中国政法大学出版社1998年版,第13、86、83页。
② 同上书,第48页。
③ 同上书,第87—88页。

五、"成文法":精心雕琢的法

"成文法"又称"制定法",它是由社会权威机构制定、认可的用完整而抽象的文字形式表述的分散的或者集群式的法律规范。它明确地规定什么行为是被禁止的,什么行为是被保护的,什么行为是违法,什么行为是犯罪,同时还规定应当承担什么后果及责任。"成文法"一般都向民众公布并加以宣传,以期民众知晓且自觉遵守。"成文法"由专门立法机关以严格程序制定,不得随时或随意更改。"成文法"要求法官严格依照成文法条来进行裁判,不得援引以往的案例。在法无明文规定的情况下,或者不予受理,或者依严格程序实行类推,或者求助于最高权威机关。从某种角度而言,"成文法"是对"定式法则"群体的再加工、再整理、再发现、再确认。在这之前的"定式法"尚处于彼此之间没有逻辑关系自然无序的状态。这种状态常常带有"刑不可知,威不可测"的"秘密法"的色彩。其原因在于,"古来对于人民如有命令或禁令,皆公布其命令之一部分,至于制裁犯罪之部分,则不加规定,或严守秘密";"古来法令之中,有仅警告人民不得犯法,而不明示如何制裁之方法者";"反之,古代法律,又有仅规定刑罚,而不定其罪者";这样,"罪刑皆各独立,其间无法规上之对当关系,惟由裁判官之自由裁量,使罪刑二者之间,生出关系而已。"① 从"定式法"群体到"成文法"是一个漫长的进化过程。此间,社会的物质精神文明均已达到相当成熟的阶段。"成文法"的外在表现形式常常是集约式的法典和法规。它们是立法者们的象牙塔似的艺术品,体现了立法者的集体智慧,表达了立法者们的席卷天下般的雄心壮志。但是,"成文法"具有的先天欠缺——难以包揽无遗,艰于随时应变——终于使它低下高昂的头。

六、"混合法":成文法与判例法相互衔接的法

"混合法"是指"成文法"和"先例法"(即"判例法")某种程度和方式相结合的一种状态的法。"成文法"的不足是它做不到包罗无遗和随机应变;"判例法"的不足是有时过于灵活不容易把握。"混合法"则克服了两者的缺点,吸收了两者的长处。中国的"混合法"也许就是美国法学家 E. 博登海默所界定的——把法律的僵硬性和灵活性结合起来的法律是"真正伟大的法律制度"②。如果换一个说法,"混合法"亦即日本法学家穗积陈重先生所谓"人法兼用"的状态。穗积陈重先生对这种状态十分赞赏,认为这种制度不仅可以"继续颇久",甚至能够"永久存续":"于法规之所无者,得开新判例,法规之不足者,则得任意补充";"人法兼用者,即为第二次发见之制,于有法规时,则据之。法规所无者,则一任执法者之自由裁断。此人法兼用时代,于进步的社

---

① 〔日〕穗积陈重:《法律进化论》,黄尊三等译,中国政法大学出版社1998年版,第144—146页。
② 〔美〕E.博登海默:《法理学——法哲学及其方法》,邓正来、姬敬武译,华夏出版社1987年版,第392页。

会,继续颇久,于或意义解之,即谓永久存续,亦无不可。"①社会权威机构在处理日常政务时,在有现成的成文法条可以依照之际,自然可以依照之。如果没有,就在适当时机制定新的成文法条。这是十分自然的事情。法官在裁断诉讼案件时,有现成的成文法条和先例得以依照,则依照引用之。如果没有,就依照当时的政策和原则,对案件作出判决,创制新的判例。对于那些已经过时的判例,只要长时间地不去援引它们,就等于宣布废弃。同时,一些具体的判例不断被加工抽象为"定式法则"。这样,在当时的"混合法"状态下,出现了两个活动的运行的场合:在"判例法"领域,一些新的判例产生了,另一些陈旧的判例被遗忘了;而那些经久不息的判例则改变了它们原有的具体详细的色彩,被加工成为抽象的"定式法则";在"成文法"场合,来源于社会权威机构的指令、决议不断扩大;一些新的法条、法令不断产生,另一些陈旧的法条、法令被舍弃了。同时,来源于判例的抽象的法条、法令又不断加入进来。而那些经过长期实践被证明最有价值的法条、法令,经过社会权威机构认可而上升为法律政策、法律原则。有的最终被成文法典所吸收,并且在未来漫长岁月中始终发挥着指导作用。

在中国法律文化史上,由于"先例法"("判例法")还没有强大到足以囊括全部法律领域,并宣布非我莫属的地步。同时,没有形成坚不可摧的"遵循先例"的刚性原则。自然也没有法官如何从判例中发现规则的一整套操作规程,像我们在英国"判例法"中看到的那样。同时,"成文法"也没有强大到足以囊括全部法律领域,并宣布舍我其谁的境地。它没有形成牢不可破的"立法至上"的原则。自然也没有要求法官严格"缘法而制"那样的操作程序,像我们在大陆"成文法"中看到的那样。在中国法律文化史上占主导地位的是"成文法"与"判例法"相结合的"混合法"。

在中国法律文化史上出现的"混合法",曾经有过三个轮回:第一个轮回是从西周春秋的"判例法",到战国秦朝的"成文法",再到汉朝的"混合法";第二个轮回是从清末的"成文法",到中华民国初期大理院的"判例法",再到国民党时期的"混合法";第三个轮回是从中华人民共和国初期的"政策法",到改革开放以来的"成文法",到现在的案例指导制度的筹划期,由于案例指导制度的未来方向,即是中国特色的判例制度,因此,其发展方向仍然是"混合法"。

中国远古时代的法,不论是其精神还是样式,都对后世的法律实践活动产生了重大影响。不管是夏商的"神权法",还是西周春秋的"判例法",不管是战国秦朝的"成文法",还是封建历朝的"混合法",都能够从古老的法律实践活动中找到它们的原型和身影。中国法律的进化过程,是对人类法律进化史的最独特也是最为精彩的诠释。

---

① 〔日〕穗积陈重:《法律进化论》,黄尊三等译,中国政法大学出版社1998年版,第53页。

结束语　为什么使用约定俗成的法学术语

在描述中国法律文化史之际，我们很想使用纯中国式的名词术语。因为，中国法律文化从黄帝的传说时代始，至公元1840年鸦片战争止，是在中国大陆自然发生发展的。如果能用中国本土的名词术语来描述它们，当然是再好不过的。比如，我们完全可以不用舶来的"判例法"而生造出"断事法"、"故事法"、"先例法"、"成事法"、"断例法"、"行事法"、"决事法"之类的本土术语。但是，在世界文化交流日益发达融合的今天，在法律文化领域业已形成了约定俗成的堪称完整的术语群的情况下，如果我们只是出于尊重本土文化的考虑，再生造一些生硬的偏冷的术语出来，便显得十分执拗，也没有必要。而且，在中国历史上，的确存在过创制适用判例的过程，尽管它与西方有诸多相异之处。正是出于这种考虑，我仍然使用了诸如"判例法"、"成文法"这样的术语，来描述中国法律文化。笔者认为，在世界文化日益融合的今天，发现异国文化的共同点，比起描述异国文化的差异性来，显得更有意义。在这方面日本老一辈法学家穗积陈重先生开了一个好的先例。

众所周知，中国古代的"判例法"、"成文法"，与西方两大法系相比较，不论在理论层面还是实践层面，都存在着许多甚至有的甚至是深刻的本质上的差别。就拿"判例法"来说，中国古代的"判例法"就有中国独有的特点。比如，它是在王权直接支配之下运作的，只有经过朝廷严格确认的案例才成为判例，才可以被作为法律渊源加以引用；它是在已经具备相当数量的成文法典和成文法条的背景下，在法无明文规定的特殊情况下来操作的；它在操作规则方面显得十分模糊，缺少关于创制适用判例的具体规则，我们至今还没有发现这方面的详细规定；判例的权威性有时被社会认可，有时则受到社会的诟病，也就是说，判例的权威性是或然的而不是必然的；判例的编纂方式不十分科学，有时显得杂乱无章；大量断例、判例以被抽象化为法条并最终被成文法例、法典所吸收为其终极目标，因此它常常表现出临时性的特征；法官群体缺乏判例操作的训练；缺少关于创制适用判例的具体经验；缺乏关于判例制度的完整理论；在创制适用判例时常常出现随意性的偏差，这种偏差有时又和一些官员徇私枉法行为交织在一起，等等。但是，尽管如此，中国的"判例法"毕竟是与成文法既相区别又互为因果、相辅相成的一种客观存在的法律样式。汉代的"决事比"已经积累到一万多件，可谓洋洋大观。在汉武帝时代，大儒董仲舒曾经援引《春秋》"许止进药"的古老判例，从中概括出"原心论罪"的原则，来对当时的"殴父"案作出正确的令人信服的裁判。我们读一读这段历史记载，就可以感觉到，这种裁判方法与英国的"判例法"实无本质上的区别。正确合理的法律意识和法律原则开始时常常是无形的、潜在的，但它深深植根于我们民族的风俗习惯之中，需要人们去发掘、发现并应用它们。正如英国前首相温斯顿·丘吉尔所说："英国人的自由并不依靠国家颁布的法律，而是依靠长期逐渐形成的习惯"；"法律早就存在于国内的习惯之中，关键是需要通过潜心研究去发现它,把见诸史集的判例加以比较,并在法庭上把它应用于具体争端"。① 中国古代的法官们不正是这么做的吗？正是在这个意义上,我们放弃了法学术语的本土式生造,而沿用了法学国际大家庭早已约定俗成的"判例法"一词。因此,本书中出现的"判例法"始终都是在中国法律文化土壤上生长的一棵树,从头到脚都体现着中国特色。理论总是滞后的,而实践却义无反顾。

第三节 中国法律文化史素描

中国法律文化是中华民族数千年来一脉相承的法律实践活动及其成果的统称。中国法律文化作为人类法律文化的一支,是世界法律文化宝库中独树一帜不可多得的瑰宝。中国法律文化是对中华民族长期以来的法律实践活动的整体描述和宏观概括。它作为一种文化成果,凝结着中华民族不屈不挠、勇于实践、善于探索的胆识与智慧。

但是,长期以来,由于种种原因,中国法律文化未能得到客观的阐释,而得到两种显失公正的待遇：一种是把它渲染得美不胜收、一尘不染,视其为中华民族数千年之国粹,要求全部继承、大力发扬；一种是把它批得一无是处,视其为中华民族的毒疮赘瘤,一言以蔽之曰："死的法系"。我们既不能陶醉于"国粹"的美妙旋律,也不能盲目相信一纸"死亡宣判书"。正确的态度是,以历史事实为根据,进行实事求是的观察和分析,描述中国法律实践活动的客观过程,揭示中国法律实践活动的规律性。

其实,中国法律文化是一个完整的历史运动过程,它有承继,也有变革。它留给我们的既有千斤重负,又有万两黄金。对于历史包袱,我们应当予以科学地清算,以便轻装上阵；对于宝贵的实践经验,应当借鉴、吸取和发扬,以促进当今中国的法律文化建设。

如实再现和剖析具有数千年历史的中国法律文化,是一件十分困难的事情。首先,中国法律实践活动的历史长久而未曾中断；其次,法律实践活动的范围广、内容多；再次,法律实践活动常常与社会上层建筑的其他领域联系密切、不可分割。因此,必须事先选择一个适当的描述方法。

在传统国画中有两种基本绘画方法：一种是"工笔画",即一丝不苟、细致入微、淋漓尽致；一种是"写意画",即不求工细、意在神态、高度概括。笔者选择了"写意画"的方法,即以中华民族数千年法律实践活动的时间、空间为背景,以法律实践活动的两个基本方面——法律实践活动所体现的基本精神和法律实践活动所遵循的宏观样式——为线索,来勾勒出中华民族法律实践活动的总体风貌。

---

① 〔英〕温斯顿·丘吉尔：《英语国家史略》,薛力敏等译,新华出版社1985年版,第208页。

法律实践活动的基本精神,是指在社会中占统治地位的法律观念以及立法、司法活动所体现的基本原则。从某种意义上来说,法律实践活动的基本精神就是在社会中占统治地位的法律观念。这种法律观念常常通过立法渠道加工成为具体的法律规范,包括实体性法律规范和程序性法律规范,并进而通过司法活动来制约或支配人们的行为与思考。

法律实践活动的宏观样式,指创制法律规范和实现法律规范的一系列工作程序和方法。也就是说,在社会中居于领导地位的社会集团,通过什么组织形式和工作程序,把社会中居于统治地位的法律思想、原则加工成为具体的具有普遍约束力的法律规范,并把这些法律规范社会化,以实现对社会的管理职能。

中国法律文化的基本精神是与"个人本位"相对应的"集体本位",即法律规范的社会功能在于通过对个人行为的制约来维护某种社会团体的利益与秩序,或者说,是从维护社会整体安宁的角度出发,来设计个人的权利。中国法律文化的宏观样式是"成文法"与"判例法"相结合的"混合法"。

一、中国法律文化的总体精神:单向"集体本位"

就法律文化的基本精神而言,具有数千年悠久历史的中国法律文化经历了漫长的发展历程,形成了独特的"集体主义"精神。这种"集体主义"精神是中国经济、政治、历史、文化和民族心理共同作用的必然结果。在这种"集体主义"精神的支配下,中国的法律实践活动既维系了中华民族的生存与发展,又对社会文化的演进施以巨大的阻力。如何剖析和对待中国法律文化的传统精神,并且在这块精神的土地上培育科学合理的法律观念和法律思想,是今天全体中国人民的艰巨而光荣的历史使命。

(一)中国法律文化基本精神的历史发展

中国传律文化的基本精神是单向"集体主义"。它不是从天上掉下来的,也不是个别人头脑中的派生物,它是古代社会生活的客观反映,并经过一个漫长的历史过程才形成的。

1. "神本位"

殷商是"迷信鬼神、不重人事"的时代。《礼记·表记》说:"殷人尊神,率民以事神,先鬼而后礼,先罚而后赏,尊而不亲,其民之敝,荡而不静,胜而无耻。"神的权威扭曲了人们的思考,压抑了人们的自主精神。神成了人间立法和司法的最高主宰。甲骨文中的"贞王闻不惟辟(法),贞王闻惟辟"(《殷虚文字乙编》4604),"兹人井(刑)不"(《殷契佚存》850),就是证明。神是"上帝神"和"祖先神"的化身。于是,神成了人间和民族最高利益的代表。服从神,就等于服从了人间和民族的整体利益。随着政治法律实践经验的积累,先是"祖先神"与"上帝神"相互制约,继而便是"人意"(人的主观能动性)制约了"神意"。古老的"神治时代"即告终结。

2. "家族本位"

"不崇鬼神,注重人事"是西周始立的时代风尚。周人对殷人的胜利,标志着人对神的战胜。但是当时的"人"不是个体的自然人,而是宗法家族意义的人。于是,"礼"作为宗法家族制度的化身登上政治法律舞台,获得空前的社会价值——它不仅是区分统治阶级与被统治阶级的标准,也是在统治阶级内部实行权力再分配的尺度。当时的政体是宗法贵族政体,其支柱是嫡长继承制、土地分封制和世卿世禄制;其特征是亲贵一体,即政治等级与宗法血缘等级合而为一。宗法贵族政体在意识形态领域的反映是"礼治",即按宗法等级精神来塑造和支配社会生活的各个方面。"礼治"的基本原则是"亲亲"、"尊尊"。"亲亲父为首",故推崇孝道;"尊尊君为首"(《史记·太史公自序》),故力倡忠君。君父一体,故忠孝合一。家族是社会的基本细胞,国家是家族的扩大。宗法家族规范与国家法律毫无二致。任何损及家族秩序的行为无不兼有违反国法的性质。于是,"不孝不友"成了"刑兹无赦"的大罪。(《尚书·康诰》)"直钧,幼贱有罪"(《左传·昭公元年》),即争讼双方理由、情节和证据相等,则辈分低的一方有罪,便成了神圣的审判原则。在法律活动中处处表现着贵贱、尊卑、亲疏、长幼、男女之间的不平等精神。

3. "国家本位"

战国、秦朝是我国中央集权的君主专制政体确立的时代。一家一户的土地私有制取代了贵族土地所有制;官僚制取代了世卿制;地域性行政组织取代了宗法血缘纽带;中央集权的君主专制政体取代了宗法贵族政体;"后天"的功利取代了"先天"的身份制度……出现在中原大地上的是一个挣脱了血缘链条的国家。"国家本位",即一切以国家利益为最高原则,是新兴地主阶级法律的基本精神。为此,必须用强制手段冲决家族的外壳,把个人从家族的小圈子里拉出来,把个人利益同国家利益联系起来。用赏罚两手驱使人民去做有利于国家的事情,同时个人也将获得官爵和田宅。皇帝成为国家的代名词。因此,"国本位"的出发点和归宿必然是确立和维护中央集权的君主专制政体。不管是什么人,只要违反皇帝的命令和国家的法律,必将受到无情的制裁。

4. "国家、家族本位"

中国封建社会的基本特征是:在自然经济土壤上宗法家族制度与集权专制政体的密切结合。无数个孤立的宗法家族需要超社会的权威实体的庇护,而专制皇权也需要家族的效忠和拱卫。这就使维护宗法家族秩序的儒家"礼治",同维护集权专制政体的法家"法治"携起手来,形成"国家"与"家族"的统一(即"礼法合治"),并进而实现"法家法律的儒家化"和"儒家思想的法典化"。封建法律以维护集权专制政体和宗法家族制度为最高原则。为了维护自己的统治,封建阶级一方面对侵害专制皇权的行为予以无情镇压;另一方面又把半立法权、半司法权交给家族首长,让他们帮助朝廷来治理人民,并以此换取家族首长对朝廷的效忠。但是,国家利益与家族利益并非毫无矛盾。比如,"亲属相隐"(《论语·子路》:"父为子隐,子为父隐。")、血亲复仇必然带来蔑视国法的副作用;而禁止"亲属相隐"和血亲复仇,又伤害伦理精神。经过长期的探索与总结,封建统治阶级用"小罪可隐,告者有罪"、"大罪不可隐,隐者连坐"和既不禁止又不提倡复仇的具体分析、区别对待的方法,将"国法"与"宗法"调和起来。

5."国家、社会本位"

在国民党政府统治期间,法律实践活动的基本精神是"国家、社会本位",即国家与社会本位,以国家和社会的利益为最高原则。"国家、社会本位"法律观认为,国家和社会是高于个人之上的统一体,是社会全体成员共同利益的集中表现。法律的价值和社会功能不是维护个人的权利和自由,而是确认和维护国家、社会的权利与自由。因此,为了维护社会整体利益,必须对个人的权利和自由进行必要的限制。同时,个人应当为了社会的生存与发展自觉地放弃和制约自己的权利、自由。"国、社本位"分为两个主要观点:一是"国家至上"的公法观,其口头禅是:个人无权利,个人无自由,只有国才有权利有自由;人民"要享受自由平等,必须经过不自由不平等的训练"。① 其具体表现是用法律手段限制和剥夺人民各项政治权利,维护国民党一党专制。另一个是"社会至上"的私法观,其口号是:"以全国社会的公共利益为本位,处处以谋公共的幸福为前提。"②其具体表现是用法律干预和限制一般私人的财产使用权、收益权、处置权,其实质在于维护官僚大资产阶级的利益。

(二)对中国法律文化基本精神的历史评价

中国法律文化基本精神的共同特点是程度不同地忽视个人的价值,用制约个人权利的方法来维护特定的社会秩序。在阶级对抗社会(即剥削阶级社会)中,这种社会秩序常常给社会的统治阶级带来直接的最大利益。而广大劳动人民则在沉重的义务压迫下失去应得的权利和利益。在强调社会总体利益的招牌下,忽视和压制了劳动人民的个性、个人的价值、个人的权利和自由,就必然会大大限制和阻碍人民群众的积极热情和首创精神,从而迟滞社会的发展。这是剥削制度的必然结果。

在久远的古代社会,"神本位"观念曾经作为一种至高无上的权威,激发人们的无限热情,促使人们团结起来,结成社会,共同生产、生活、战斗。然而,一旦神成为立法、司法活动的主宰,那就必然压抑人的主观能动性,使法律实践活动的内在规律性淹没在神圣的鼓号声中。

"家族本位"取代"神权本位"是古代社会的一大进步。它等于宣布:法律实践活动基于人们的现实生活,与神祇无关。"家族本位"是由当时生产力、生产关系和文化发展程度所决定的。它对于自然经济的发展,对于维护社会

---

① 胡汉民:《今后教育上的四个要求》,载《革命理论与革命工作》,上海民智书局1932年版。
② 胡汉民:《三民主义的立法精神与立法方针》,载《革命理论与革命工作》,上海民智书局1932年版。

的安定和促进人们的交往,对于民族国家的形成,无疑具有重大意义。但是,它铸造了一张使人生而不平等的宗法血缘网,给每一个人事前安排确定了多元的位置:你是父,应当慈;你是子,应当孝;你是兄,应当良;你是弟,应当悌;你是夫,应当义;你是妻,应当顺……总之,你不是你自己,你不过是宗法网络中的一个结。在这种文化环境的锻炼和熏陶下,个人的价值被家族首长的特权淹没了。个人与个人,个人与社会,个人与国家的正常联系被斩断了。个人利益和社会利益同样成了虚无茫远的东西。国家的形象被扭曲了,它成了一个膨胀的家族;个人的形象被扭曲了,他成了家族的缩影;法律的形象被扭曲了,它成了宗法教条的翻版。自然经济得到专制皇权的庇护,私有制与商品经济受到沉重压抑。和谐的田园风光和脉脉温情的宗法薄纱掩盖着专横暴虐与屈辱服从。

"国家本位"取代"家族本位"是历史的一大跃进。它以神圣不可侵犯的国家权威冲决了家族的古老外壳,捣乱了宗法血缘链条,在"礼崩乐坏"的废墟上筑起了超血缘的国家;它把个人从家族的小圈子里拉将出来,使个人得以同社会、国家建立尽可能直接和简洁的权利、义务关系,从而多少承认了个人的价值,并为个人提供发挥聪明才智的机会;统一而庞大的官僚机器一经开动,就产生强大的惯性力,它与中华民族的向心力是合拍的。但是,"国本位"以维护中央集权的君主专制政体为最高目的,为此,不惜以残酷无情的刑罚和暴力措施来驱使人民就范。个人要无条件地服从国家法律和君主的命令,即使是恶法暴君,也不准人民议论批评。人民要承担繁重的义务,为国家的强盛而尽忠效命。专制王权为了一己之私而推行"重农抑商"、愚民禁学的文化专制主义政策,这就使它难以形成自我更新的机制,难以获得自我调整的新鲜气息,最终走向自己的反面。

"国家、家族本位"是"国家本位"与"家族本位"在新的历史条件下的合二为一。它是在自然经济基础上专制政体与家族结构相结合的产物。"国家、家族本位"既是对"家族本位"的一次回顾,又是对"国家本位"的一种修正。由于家族首长充当了国家的无俸之吏,这就使个人与国家的联系被大大压抑了,个人又重新回到家族的古老栅栏中去。个人首先是家族的成员,其次是国家的臣民。个人由过去的分别对家族、对国家尽义务,变成同时对家族和国家尽双重义务。家族既不可能把个人与国家的联系完全截断;国家也无力把个人从家族中完全拉出来。这种局面培育了古代人们的多种面目、多重人格、多层义务的心理格局。在社会生活中,个人的存在和价值被撇在一边,国家为自身的安全而念念不忘关照家族;家族为自身的生存而尽力效忠王朝。两者又本能地携起手来,共同对付它们的天敌——商品经济。这也许就是造成封建社会长期稳定和发展迟滞的原因。

"国家、社会本位"是中国资本主义发展进程中的特殊产物,是中国传统法观念在特定历史条件下的再一次组合。"国家、社会本位",是对"国家、家族本位"的否定。它要求取代君主专制政体和宗法家族制度,因此在形式上也确认了人民的一系列政治权利。但是,"国家、社会本位"同时又是对"个人本位"的否定,它认为西方的"个人本位"只知维护个人的自由而忽视社会整体利益,必然会造成贫富过于悬殊和社会动乱。因此,必须从国家、社会的整体利益出发来制约个人的权利、自由。人民应当无条件服从国家、社会的利益,自觉奉献出自己的权利和自由。这种法律观实质上否定了个人的权利与自由,因此也就暗地里否定了民主制度。正是在"国家至上"、"社会至上"的美妙口号下,人民的一系列权利被合法剥夺,专制独裁和法西斯政治得以借尸还魂、泛滥成灾。

在阶级对抗社会中,占统治地位的剥削阶级,总是把自己的特殊利益打扮成社会整体利益,要求被统治的广大人民自觉制约自己的言论行为,不得冒犯。以维护社会整体利益面目出现的法律,是天经地义神圣不可侵犯的。谁侵害了统治阶级的利益,便是犯法,便是大逆不道,即使刑以刀锯,也是罪有应得,丝毫不值得怜惜。于是,广大人民的正当权利、利益被巧取豪夺了。统治阶级的既得利益却收到无微不至的合法庇护。"集体本位"的法律观不管听起来多么顺理成章,但毕竟充当了社会少数统治集团的护身符和社会前进的绊脚石。

中华人民共和国建立之后,人民做了国家的真正的主人。此后才结束了中国传统法律文化的单向的"集体本位"精神,第一次显示了双向的"国家、个人本位",即社会主义国家与公民个人本位的法律精神。这一新型精神的确立,标志着中国法律文化走上新的历史发展阶段。

二、中国法律文化的宏观样式:"混合法"

就法律文化的宏观样式而论,中华民族经过数千年的法律实践活动,摸索并总结出了独树一帜的法律工作程序——"混合法"。"混合法"样式概括了中国法律实践活动的总体姿态,它是中华民族智慧的结晶,也是法律实践活动客观规律的体现。"混合法"样式预示着世界法律文化发展的共同趋向。今天,加强社会主义法制建设,应当总结本土的优秀成果和经验,重建"混合法"的科学样式。

(一)中国法律文化宏观样式的历史演变

中国独有的"混合法"样式,并非一开始就有的,也不是一出现就完而备之的,它经历了数千年的反复实践过程。

1. "任意法"

殷商的"任意法"是"神本位"法律观在立法、司法领域的产物。"任意法"的"意"是"神意"与"人意"的巧妙结合。当时的法律实践活动在很大程度上带有偶然的主观随意性的色彩,还没有也不可能自觉依照法律实践自身的规律办事。但是,只要有立法、司法活动,就一定会产生相应的法律规范和司法实例。它们对国家的立法、司法活动必然要产生反作用。这种日积月累的法律原则、法律规范和司法实例发展到一定程度,必然会大大制约"神意"和"人意",从而减少法律实践活动的随意性。如果说,当时的法律原则、法律规范带有"成文法"的某些特征,而司法实例又类似于"判例"的话,那么,依法律原则、法律规范去审判案件,和依司法实例审判案件并行的格局,正是最古老的"混合法"。

2."判例法"

西周、春秋的"判例法"是当时宗法贵族政体的必然产物。法官同其他官吏一样是世袭的。敬祖孝宗、"帅型先考"的观念,必然导致遵循先辈故事的传统。当时的审判方式被概括为"议事以制,不为刑辟","临事制刑,不豫设法"。(《左传·昭公六年》及孔颖达疏)"事"就是判例故事,意即选择并依据已往的判例成事来审判裁决,不预先制定包括什么是违法犯罪又当如何处罚内容的成文法典。因此,当事人无法预先知道自己行为是否违法犯罪又当受何处罚,颇具"刑不可知,威不可测"的意味。判例是司法的结果,又是立法的产物。这使法官处于十分关键的地位。优秀法官的标准是"直"和"博":"直能端辨之,博能上下比之"。(《国语·晋语八》)"上下比之"即全面参酌已往判例之义,即《礼记·王制》所谓"必察小大之比以成之"。"判例法"的条件是:第一,社会上存在着一种普遍公认的法律意识,这在当时就是"礼";第二,具有一批善于思考并在司法中立法的法官;第三,一个允许法官独立进行立法、司法活动的政体,即贵族政体。

3."成文法"

"成文法"是当时集权政体的产物。为实现国家对法律实践活动的统一控制,必须结束贵族政体及其副产品"判例法"。唯一的办法是由国家选派法官,并把法律制定得详而备之,使法官执行起来有如作加减法一样方便和准确。这就是秦代"皆有法式"、"事皆决于法"(《史记·秦始皇本纪》)的原因。国家禁止法官抛弃法条去参酌已往判例,更不允许法官发挥个人主观能动性。秦代优秀法官的标准是"公"和"明",即具备"公端之心"和"明法律令"[①],用现在的话来讲,就是公正无私和熟悉法律条文。遇到法无明文规定的情况要逐级上报,听候上裁。如果说"判例法"时代造就了一批善于思考和立法的法官的话,那么,"成文法"时代则培育了一批博闻强记、长于操作的执法工匠。

4."混合法"

西汉以后,历代王朝都重视制定以刑为主,民事、行政、实体与程序法诸法合体的综合法典。但是,由于成文法典不可能包罗无遗,又难于随时应变,而社会生活的节奏日益加快,故常常出现法典与现实生活脱节的现象。为此,封建王朝除随时颁布大量法令之外,还创制和适用判例。西汉的"春秋决狱"与其说是儒家思想支配司法的开端,勿宁说是对古老"判例法"的一次回顾。尔

---

① 《睡虎地秦墓竹简·语书》,文物出版社1978年版,第19页。

后,历朝的决事比、故事、法例、断例、例等,都标志着"判例法"一脉相传、经久不衰的独特地位。由于判例是在法无明文规定或法条明显不宜于适用的条件下创制和适用的,又常常经过皇帝的御批,因此,在特殊历史条件下,判例一般具有比成文法更为有效的作用。封建朝廷在无条件立法和修订法典的情况下,也自觉运用"判例法"来弥补"成文法"之不足。在整个封建时代的审判活动中,始终贯穿着这样的原则:"法所载者,任法;法不载者,任以人";"法所不载,然后用例。"(丘濬:《大学衍义补·慎刑宪·定律令之制》)这就实践了《荀子·君道》所说的"有法者以法行,无法者以类(判例及法律意识)举,听之尽也。""混合法"是"成文法"与"判例法"的统一。当成文法典宜于社会实际时,封建统治者往往推崇"成文法"而排斥判例的创制与适用;当成文法典尚未出现或现行法典明显不宜于社会生活时,封建统治者则创制和适用判例,以此指导全国的司法活动。判例积累到一定程度,经国家的加工后上升为法条。以统治阶级法律意识为核心,"成文法"与"判例法"周而复始,循环运动。

"混合法"的另一含义是法律规范和半法律规范相结合。半法律规范主要指家族法规和官箴,它们在社会生活中发挥着实际的作用。

鸦片战争特别是辛亥革命以后,中国结束了漫长的封建时代,进入新的历程。但"混合法"却一直被延续下来。比如,北洋政府统治时期制定了大量的单行法规,同时还编纂大理院判例和解释例,同样具有法律效力。据不完全统计,从1912年到1927年,大理院汇编的判例有3900多件,解释例2000多件。① 足见判例在司法中的意义。国民党统治时期,同样在制定大量成文法典、法规的同时,编纂最高法院判例要旨、司法院解释例和判例汇编,作为司法审判的依据。中华民国司法院院长居正先生(1876—1951)曾指出:"中国向来是判例法国家,甚似英美法制度。"在1928年颁布民法之前,"支配人民法律生活的,几乎全赖判例。"②

中华人民共和国成立以后,配合法律领域的中心工作,国家先后制定颁布了《惩治反革命条例》、《惩治贪污条例》等单行法规,也曾制定了《婚姻法》和《宪法》。但是,由于诸如刑法、民法、程序法等一系列重要法律一直没有制定出来,致使当时的审判工作基本上靠党和国家的政策,这就使国家对全国司法活动的控制和指导成为一件很困难的事。1955年,在总结肃反工作时,人们已经初步认识到判例的作用,并设想对判例进行分类选择,编成案例汇编,来指导审判工作。为了有效克服审判工作中普遍存在的量刑畸轻畸重的现象,1962年最高人民法院规定,运用案例的形式指导审判工作。由高级人民法院和最高人民法院选定案例,经中央政法小组批准,发给地方各级人民法院比照援用,并注意根据新形势选择新的案例来代替旧的案例。按照这一方向发展下去,无疑将最终完善"成文法"与"判例法"相结合的"混合法"格局。但由于

---

① 肖永清主编:《中国法制史简编》下册,山西人民出版社1982年版,第193页。
② 《司法党化问题》,载《东方杂志》1935年第32卷第10号。

种种原因,这一进程没有完成。此间的立法、司法活动都置于党和国家的政策的指导之下。党和国家的政策是法律的灵魂,具有比法律、法令、判例更高的权威。政策是经常被调整的。政策一变,原来与之违背的法律、法令、判例便立即失去效力。在没有法律、法令、判例的情况下,政策便成了最高法律。这一时期的法律实践活动的状态,与其称为"混合法",不如称为"政策法"。

（二）对中国法律文化宏观样式的思考

中国传统法律文化宏观样式的基本特点是"混合法"。这不仅是因为中国的"混合法"历时最久远,也不仅是因为它在现实法律实践活动中仍在发挥着作用,而在于它贯穿于中国数千年法律实践活动的始终。前面谈到,"任意法"带有"成文法"与"判例法"自然交错的色彩,这可以说是中国"混合法"的雏形。即使是在"判例法"一统天下时,"成文法"也或隐或现地表明着自己的存在与价值。周文王的"有亡荒阅"（《左传·昭公七年》）、周公所作的"刑书九篇"（《逸周书·尝麦》）、《易经·鼎》的"覆公餗,其刑渥",乃至春秋末期的"刑书"、"刑鼎"（《左传·昭公六年》）,都程度不同地带有"成文法"的色彩。同样,在"成文法"支配一切的秦朝,"廷行事"（即判例）更以"成文法"的补充成为法官审判量刑的参照物。当时,知不知"事"（即判例）也同明不明"法律令"一样,成为区分"良吏"、"恶吏"的一个标准。① 事实上,很难存在一种纯而又纯的法律样式。在人类法律实践发展的各个阶段,总是以各种方式巧妙地实现了"成文法"与"判例法"的有机结合。这应该是人类法律实践活动的普遍规律。

中国的"混合法"尽管有一个漫长的逐渐形成的历史过程,但是在其发展的每一个特定阶段,都始终保持着自己不衰不败的生命力。因此,从这一角度而言,中国古代的"任意法"是最早的"混合法";"判例法"是以判例为主体以"成文法"为辅助的"混合法";"成文法"则是以"成文法"为主体以判例为辅助的"混合法",而"混合法"时代则把"成文法"和"判例法"有机地结合起来,使两者并驾齐驱、并行不悖、互为因果、相辅相成,中国"混合法"时代的"混合法"是中国"混合法"发展的峰巅。即使是暂短的过渡型的"政策法",也兼容了"成文法"和"判例法"的特征,成为政策式的"混合法"。因此,可以说,"混合法"是中国传统法律文化宏观样式的主体姿态。

中国的"混合法"是中华民族数千年法律实践活动的结晶,是中华民族聪明智慧的集中体现,也是人类法律实践活动内在规律性的反映。中华民族创造的"混合法"样式是对世界法律文化作出的卓越贡献。

中国历史上的法律家、思想家曾经为如何建立合理的法律样式,进行了长期的有时是激烈的论争。这种论争主要分三个历史阶段：

首先是战国时代。由于新兴地主阶级与宗法贵族的阶级斗争,演成了两

---

① 《睡虎地秦墓竹简·为吏之道》,文物出版社1978年版,第19页。

种政治法律观的截然对立。这又反映在以下几个方面：一是政体之争。法家主张建立中央集权的君主专制政体；儒家则要求继续维持分封世袭的贵族政体。二是治国方法之争。法家主张治国靠着强制性的法律和刑罚，叫作"以力服人"；儒家则注意协调统治阶级与被统治阶级之间的矛盾，以减轻剥削压迫和对人民施行教化的手段，来维系其统治地位，叫作"以德服人"（《孟子·公孙丑上》）。三是法律样式之争。法家主张统一的集权中央的"成文法"；儒家则一方面不完全否定"成文法"的职能，另一方面又抬高"判例法"的支配作用。这种关于法律样式的论争，是当时所谓"法治"与"人治"相对立的重要内容。这种论战大大深化了当时的法律思想和法理学研究。

其次是自汉至清末整个古代社会。由于"成文法"和"判例法"同时成为国家法律的渊源，在立法、司法活动中各自均发挥着不可替代的作用；又由于在特定的历史条件下两种法律样式又都暴露了各自的局限性，因此便酿成了长期连绵未绝的关于"法"与"人"、"法"与"例"的辩论。一般规律是，当时代骤然变革或社会政治经济生活步伐加快，使原有的"成文法"显然不合时宜之际，重视"人"的作用和强调判例价值的呼声便一声高似一声。相反，当成文法典基本上宜于社会现实生活时，那种强调法典的尊严，强调严格依照法典办事，要求限制法官主观能动性的舆论便甚嚣尘上。而当两种法律样式在良好的社会环境中结合得比较成功的时候，那种公允的"人"、"法"兼重，"法"、"例"并行的理论便大放异彩。

最后是中国的近现代。以救亡图存、保国保种为大任的中国人，在变革中国封建落后的法律精神、法律观念的同时，也曾经思考过这样的问题：中国应当建立什么样的法律样式？这时，在他们眼前出现了西方的两大法系——"英国法系"和"大陆法系"，即判例法体系和成文法体系。由于中国引进西方的法学著作、法典、法律制度，都是以日本为转运站的，而日本大量引进的正是西方的"大陆法系"；又由于中国素来就形成了偏爱成文法典的潜在意识，对英国的"判例法"颇有一点本能的抵触。这样，近代中国在吸收西方法律文化时便历史地选择了欧洲，并最终使大陆成文法在中国古老的国土上扎下根来。在中华民国时期，一些具有远见卓识的法律家看到"大陆法系"一边倒所带来的消极因素和局限性，开始注意"英国法系"的价值，并对中国法律样式以反思。他们提出了重视"判例法"的口号，要求建立一种适合本土的更为合理科学的法律样式。

"混合法"是中国法律文化的基本样式。古代的中国人尽管对"混合法"中的"成文法"有程度不同的偏爱，但毕竟把"成文法"和判例都视为国家法律的渊源。然而，近代以后，在西方"大陆法系"的熏陶下，在中国的法律界无形中造成了这样一种偏见：判例不是法律的渊源。这在很大程度上受"三权分立"学说的影响。按"三权分立"理论，司法机关无权创制法律，只有执行立法机关制定的法律的义务。这样，法官适用或者创制判例就等于干涉立法事务。于是才演成了在一定历史时期内朝"大陆法系"一边倒的局面。然而，随着法律实践经验的积累,判例的价值又一次被人们所认识,它终于东山再起,并与"成文法"再度携手同行了。

"混合法"是中国传统法律文化的骄傲,也是世界法律文化的宝贵财产。200年来,世界法律文化不仅在内容上而且也在形式上出现并持续着新的动向,这就是成文法型的"大陆法系"与判例型的"英国法系"的相互靠拢。这两大法律体系在保持各自传统风貌的同时,正发生着日益增长的"局部异化"。在"英国法系"国家,有越来越多的法律规范是以法律条文、法规和法典的形式出现的。原先被视为次要的法律渊源的判定法已经跃跃欲试,向"判例法"的正统地位挑战。19世纪对"英国法系"国家来说,是"一个法典编纂和司法审判成文化时代"①。与此相呼应,在"大陆法系"国家,有日益增多的法律规范从未写成条文,而是由法院的审判活动创制出来的。② 他们甚至"公布并援用司法判例"。③ 西方两大法系之间的交融,使原先两种迥然不同、针锋相向的法律观念逐渐由对立转向趋同:"当代普通法国家和大陆法国家两者的发展趋向已使这两种法律体系的法律家的思想模式比过去更为接近"。④

世界法律文化的共同趋势是"混合法",这是人类法律实践活动从单一型走向融合型的必然规律。我们面对世界法律文化发展的大势,回顾中国传统法律文化的漫长历程,应当提高民族自尊心和自信心,努力挖掘和总结中国古已有之的宝贵财富,使之发扬光大,为当今法律文化建设事业服务。在这个问题上全盘否定中国传统和照搬西方的作法是不科学的,也是行不通的。

三、中国法律文化历史发展诸阶段

对中国传统法律文化进行时代划分,其目的在于描述中国传统法律文化历史演进的诸阶段,进而探讨其发展的客观规律性。

如前所述,中国传统法律文化依两种标准可有两种划分方法。

依法律实践活动所体现的总体精神为标准,可划分如下:

"神权本位"时代(殷商),或称"神治"时代;

"家族本位"时代(西周、春秋),或称"礼治"时代;

"国家本位"时代(战国、秦),或称"法治"时代;

"国家、家族本位"即国家与家族本位时代(西汉至清末),或称"礼法合治"时代;

"国家、社会本位"即国家与社会本位时代(国民党政府时期)。

依法律实践活动的宏观样式为标准,可划分如下:

"任意法"时代(殷商),或称"习惯法"时代;

---

① 〔英〕R.L.沃克:《英国法渊源》,西南政法学院外国法制史教学参考丛书,第72页。
② 《不列颠百科全书》第15版第4卷,转引自《法学总论》,知识出版社1981年版,第191页。
③ 〔美〕约翰·亨利·梅利曼:《大陆法系》,西南政法学院外国法制史教学参考丛书,第165页。
④ 〔英〕J.A.约洛维奇:《法律式样论》,载《法学译丛》1985年第4期。

"判例法"时代(西周、春秋);
"成文法"时代(战国、秦);
"混合法"时代(西汉至现代)。

中国历史上的法律实践活动是一个统一的有机整体。因此,应当寻求一个结合点,把法律实践活动的总体精神和宏观样式纳入完整的运动过程。同时,如果以历史的实际情况为依据,就不难发现,中国传统法律文化的两个方面——总体精神与宏观样式——其发展演化的各阶段之间,有着内在的必然联系。正是基于这种联系,同时也为着研究和描述的方便,这里对中国传统法律文化做了如下的划分:

"神权本位·任意法"时代(殷商);
"家族本位·判例法"时代(西周、春秋);
"国家本位·成文法"时代(战国、秦);
"国家、家族本位·混合法"时代(西汉至清末);
"欧法东渐"时代(鸦片战争至辛亥革命);
"国家、社会本位·混合法"时代(国民党政府时期);
"阶级本位·政策法"时代(中华人民共和国1949—1979);
"国家、个人本位·混合法"时代(中华人民共和国1979—今)。

应当指出,首先,这种划分方法只是概括性的粗线条的方法,它不能等同更不能代替法律文化其他要素发展的历史阶段。比如,中国法律规范沿革史、中国法律设施发展史、中国法律艺术演化史,等等。它们都有着各自的独特性,应按自身发展的实际情况来予以划分。其次,在依以上方法所划分的时代之间,并不存在截然分裂、不可逾越的天然鸿沟。实际情况是,即使在风格迥异的不同时代之间,在法律实践活动的诸方面,都存在着千丝万缕的联系,其关系是"你中有我,我中有你",只不过要看谁占居主导地位而已。再次,在前后相接的两个时代之间,存在着特殊的过渡时期。这个时期有时是漫长的和曲折的。此间,不同的法律文化要素(法律思想、法律规范、法律设施、法律艺术等)各自朝着不同的方向,以其特有的方式完成着由量变、局部质变到全部质变的转化过程。复次,中国法律文化发展的阶段性和中国传统法律文化发展的一贯性是对立的统一。前者是后者在不同历史背景下的特殊表现形式,后者又以潜在的、深层的、不以个人意志为转移的必然性,决定着前者的表现形态和发展方向。最后,中国传统法律文化之所以能够作为"自然的过程"被划分为各个历史阶段,应当归功于中华民族数千年一脉相承的伟大经历,这一得天独厚的、古今一系的民族,在世界上是仅见的一例。"一个民族和国家,其所以能够存在,总有它一些长处。尽管以往的社会制度一再改变,但人民是永生的,不同时代不同民族的人民总是有自己的优秀的东西"。① 作为一个普通

---

① 《周恩来选集》下卷,人民出版社1984年版,第197页。

的中国人和学者,面对着灿烂的中国文化,应当为之倾倒和自豪。

第四节　中国法律文化的社会成因

中国法律文化是中华民族数千年法律实践活动的结晶。它以其独有的伦理主义精神标新立异于世界法律文化之林。这种伦理主义精神的历史"合理性",不仅表现在它曾经为中华民族的生存与发展作出过巨大贡献,而且还表现在它是中国古代社会的必然结果。因此,探讨中国法律文化产生的原因,不能限于支配法律实践活动(立法、司法和思维)的价值基础本身,而应当着眼于其所以产生并影响于其间的整个社会存在。这种社会存在主要从生产方式、社会组织、政治运行和思想意识四个方面制约着法律文化的内容、性质及其发展方向。

一、步入文明社会的早熟性

一般认为,原始社会解体,阶级产生,国家出现,人类便进入文明社会。文明社会诞生的方向和道路是多种多样的,不可能存在一个既定的模式。由于民族的、生产的、历史传统的原因,当文明社会的婴儿出世的时候,它可能是足月的,也可能是不足月的。马克思认为希腊的文明婴儿是发育正常的婴儿。他说:"有粗野的儿童,有早熟的儿童。古代民族中有许多是属于这一类的。希腊人是正常的儿童。"①

我们认为,世界范围内的各种文明婴儿,就其各自生活的物质与文化条件、环境而言,毫无例外都是正常的婴儿。很难说谁早熟、谁晚熟,谁正常、谁不正常。在这个问题上,我们反对独尚某一地域文明而不及其余,并且以其为置之四海而皆准的文化中心论。因为这种文化中心论既不公平,也有悖人类共通的普遍价值观。尽管如此,我们仍认为,作为一种客观的比较分析的研究方法,即仅仅在学术研究范围内,仍然可以借用诸如"早熟"、"晚熟"这样的描述,借以探索人类文明的原生态及其多样性。我们正是在这个意义上使用这些字眼儿的。如果以希腊的文明婴儿作为参照物来看中国文明婴儿,那么,中国文明婴儿也不妨说是早熟的婴儿。其理由如下:

生产力状态。古希腊罗马是在"野蛮时代"的高级阶段(军事民主制时代)经历了"铁器时代"以后才进入文明社会的;中国是在夏朝(公元前 21 世纪)进入阶级社会的,当时的生产工具是木器、石器和极少量的青铜器。这是由于中原气候温和、雨量适中、土壤松软、灌溉方便。可以说中国是在手无寸铁的情况下进入文明社会的。

土地所有制。古希腊雅典是经历了土地个人私有制后,由于贫富分化,阶

---

① 马克思:《政治经济学批判·导言》第 2 卷,载《马克思恩格斯选集》,人民出版社 1972 年版,第 114 页。

级形成,从而产生国家进入文明阶段的;中国没有经过完全的土地私有制阶段,占统治地位的是土地王有或土地国有制。直至西周仍是"普天之下,莫非王土"。(《诗经·小雅·北山》)各级贵族只有土地使用权没有土地所有权。

劳动力形态。在古希腊罗马,奴隶劳动构成社会生活的基础,奴隶主要来源于本氏族的债权。奴隶主与奴隶形成阵线清晰的两大对立集团。在中国古代,奴隶的主要来源是战俘。整族的战败者沦为集体奴隶。其次才是本族的罪犯成员。在古希腊罗马,奴隶是经济活动的产物,正如恩格斯所说:"后世的立法,没有一个像古雅典和古罗马的立法那样残酷无情地、无可挽救地把债务者投在高利贷债权者的脚下。"① 而在中国,奴隶是政治活动的产物,正如城邑不是经济活动的产物而是政治活动的产物一样。中国古代的奴隶被吸收在家族里面,一身而二任,既是奴隶,又是家族成员。在家长、族长的淫威下,一般家族成员的实际地位无异于奴隶。

跨进文明的途径。古希腊、罗马是在氏族纽带因私有制发达、贫富分化而被冲破,在阶级矛盾和对立中形成国家的;中国古代是在原始社会末期,由于部落间的战争而形成种族奴役,战败的部落以向胜利者交纳贡赋来谋求自己的生存,从而形成国家的。氏族纽带依然被保留下来并发挥着新的功用。"前者是新陈代谢,新的冲破了旧的,这是革命的路线;后者却是新陈纠葛,旧的拖住了新的,这是维新的路线。前者是人惟求新,器亦求新;后者却是人惟求旧,器惟求新。"②

国家的标志。依据马克思主义理论,按地域划分居民是国家诞生的标志之一。在古希腊、罗马,由于血缘纽带失去一般的社会价值,财富成了衡量人们身份以及权利、义务的主要标准,于是只能按地域来划分居民。在古代中国,当它步入文明时代之际,既没有经历过充分的土地私有制阶段,又没有冲破氏族血缘纽带,它还来不及也没有条件和力量去清算氏族制度,反而在氏族的基础上轻而易举地建立了国家。血缘仍保留着自身的社会价值并拓展到社会生活的各个方面。因此,古代中国是既按地域来划分居民,更按血缘来确定阶级。

正如同婴儿的最初经历在很大程度上决定着他未来的生活道路一样,中国古代文明的早熟性也给它的整个古代历程带来不可逆转的巨大影响。笼罩着整个中国古代社会的自然经济、宗法结构和君主政体等一系列基本特征,无不可以从它的童年生活中找到它的原型。中国文明婴儿的早熟极大地影响着他的体质、营养和行为方式。

在中国古代社会,国民意识的晚出正好与古代文明的早熟遥相呼应。国民,即指在国家政治生活中享有一系列权利并承担一定义务的个人;国民意

---

① 恩格斯:《家庭、私有制和国家的起源》第4卷,载《马克思恩格斯选集》,人民出版社1972年版,第163页。
② 侯外庐等著:《中国思想通史》第1卷,人民出版社1957年版,第10页。

识,即指包括平等、自由、权利观念在内的民主意识。中国古代文明的早熟及其所铸就的既定模式与传统惯力,沉重地压抑着国民意识的萌发与生长,造成中国古代社会国民意识先天不足、后天脆弱的基本特征。

中国古代文明的早熟所带来的第一个直接后果,是使本来应当打破的以父系血缘为纽带的宗法家族结构大大膨胀起来。它在国家、政治、法律的外衣下面得到空前的发展,宗法血缘的社会价值与社会职能空前提高,它不仅成为划分统治与被统治阶级的标尺,而且还成了确定统治阶级内部成员权利、义务的尺度。宗法家族成为社会的基本细胞,家长、族长成为家族的代表。社会与个人的关系,国家与臣民的关系,实际上不过是君主与家长、族长的关系。家长、族长是全体家族成员的最高领袖,又是国家的无衔的官员。在家长、族长的淫威下,一般家族成员毫无独立的人格和权利,个人的自由、意志、权利统统被淹没在父系家长特权的洪涛之中。在这种社会结构中,民主意识是很难正常萌发、成长的。

中国古代文明的早熟带来的第二个直接后果,是宗法家族规范直接上升为法律规范。既然家族是社会的基本细胞,那么家族的安定便成了国家与社会安宁的基本前提,为此,国家不得不赋予家族首长以特殊的法律特权,即半司法权或准司法权,让他们共同维护社会的秩序。这样,法律规范就不能不把维护宗法制度和父系家长特权当作自己的重要内容。这种法律处处浸透着宗法等级精神,任何危及尊卑、上下、长幼之序的行为,都被视为违反国家法律的犯罪行为而施以严厉的制裁,"出礼则入于刑"(《后汉书·陈宠传》),家法、族法等于国法。法律以强制的手段惩治违反宗法等级秩序的"犯上作乱"的行为,自然也就压抑着人们"犯上作乱"的思考。所有损及宗法秩序的思想、学说、观点都被视为异端邪说而大加诛伐。在这种法制结构中,民主意识是很难萌发、成长的。为了维护宗法家族的稳定,必须创造并保持一个平静的生存环境,这就是自给自足的自然经济。

二、自给自足的农耕生产方式

中华民族很早便完成了由游牧向农耕的转移,此后,农业生产成为社会实践活动的主体。这一社会分工的划时代意义,不仅使自黄帝至大禹的传说时代的英雄人物,无不因其对农业的卓越贡献而彪炳史册,而且使以农为业的中原地区始终成为中华民族大家庭的重心。农耕民族在同其他民族的交往与融合过程中,发挥着核心作用。而任何游牧民族的"入主中原"都意味着被"同化"的开始。在中国历史上,以农耕为中心以游牧为辅助的经济态势,极大地影响着古代社会的政治格局和政治变迁。

农业生产活动天然要求稳定的社会环境。经过长期对时(四季变化)与空(经度纬度)的体验与选择,人们一旦在远离猛兽、近靠水源、气候温和、土壤适宜的土地上定居下来,便会长久地居住下去。只有在稳定的地域中人们才能总结出时令节气的变化规律,并用之于指导农事活动。而迁徙则意味着冒险、欠收和灾荒。农业生产周期长,对时令的摸索、耕作技术的总结等,均需要长时间的积累和传递过程。这自然使年长者居于优越地位。同时,农业生产时令性强,播种、收割、兴修水利等都需要一种绝对权威把所有劳动人口集中起来使用。这一切都使男性长者居于领导地位。

随着生产力的提高,中国历史上的农业生产活动曾经历了以家族为单位(西周、春秋)向个体家庭(战国、秦)的转化。后者在整个封建社会中占主导地位。农业生产的目的不是将产品社会化、商品化,而是自己消费。粮食成为最重要的财富。积蓄粮食就是积累财富。积蓄粮食不仅成了度过灾荒的谋生手段,而且还是确定人们身份地位的政治手段。正如《逸周书·文传》所载:"《夏箴》曰:小人无兼年之食,遇天饥,妻子非其有也;大夫无兼年之食,遇天饥,臣妾、舆马非其有也。"这种以积蓄农产品为终极目的的生产方式必然是内向的、封闭的。这种内向性、封闭性表现在:第一,对内要求把劳动人口牢牢固着在土地上。为了维持人口与土地的平衡状态,必须既限制劳动人口外流,又阻止社会人口的流入,极力限制土地、劳动力和农产品的商品化、社会化。第二,对外要求抵御商品的介入。因为任何商品的输入都意味着对交换关系和平等价值的侵蚀,它们最终将打破农业社会的安宁和秩序。

这种稳定、内向、封闭性的生产方式带来一系列后果。首先是宗法家族式的社会组织成为社会基本细胞并形成一整套以"礼"为形式的宗法家族制度。其次是对凌驾于社会之上的绝对权威的乞望。作为农业生产者的家族或家庭是彼此孤立隔绝的,他们既然不可能通过平等的经济交换手段来实现自己的权利并进而走向"市民社会",便只能仰仗至高无尚的专制王权,从它那里获得安宁秩序,接受雨露阳光。再次是限制生产者的积极、主动、进取精神,塑造了固步自封、循规蹈矩、缺少个性的群体形象。总之,自给自足的自然经济是造成中国宗法社会结构、专制王权和封建性意识形态的基本原因。

农业社会内部具有抑制商品经济发展的天然免疫力。那么它的外部环境又怎么样呢?因此我们不能不论及农业民族与游牧民族的关系问题。农业与游牧业是两种截然不同的生产方式。它们具有某种天然的排斥性。就地域角度而言,牧草繁茂之地正是宜于稼穑之所。田地的荒芜是充作牧场的条件,而"一切土地的种植对于游牧民族都是意味着放牧权的限制,这种权力在他们看来是所有权利中第一位的和最重要的"①。就农业生产者看来,土地是最重要的财产,它是生产粮食的基本条件。在游牧者看来,牛羊等牲畜是最重要的财产,土地上生长的牧草似乎比土地更重要。这种观念,从春秋时北方"戎狄荐居,贵货易土,土可贾焉"(《左传·襄公四年》)和元初曾有蒙古贵族建议将中原耕地夷为牧场(《元史·耶律楚材传》),可略见一斑。当农耕民族和游牧民族各居一处之后,两者本应建立平等互利的贸易关系,以其所有易其所无,相安无事。

---

① 〔法〕拉法格:《宗教和资本》,王子野译,三联书店1963年版,第19页。

但是，由于农耕社会的封闭性和游牧民族的掠夺性，两种民族间的经济交往关系十分脆弱，却往往诉诸流血的政治——战争。其结果，或者是农耕民族赶走游牧民族，如汉武帝击败匈奴；或者是互不往来，如秦筑长城；或者是游牧民族入主中原，如金、元、清诸朝。因此可以说，两种文化的交融不是通过经济而是通过政治渠道完成的。这种以民族战争为表现形式的政治行为甚至可以上溯到中国古老的传说时代。然而，战争不仅没有改变农耕社会的封闭性，反而促使它们更加凝聚起来以共保安宁。这也许就是为什么在分散隔绝的农耕组织之上出现高度政治集权的原因之一。

就总体意义上的经济角度而言，农耕民族和游牧民族未能通过经济交往而共同发展，可以说是中华民族的一大悲剧。因为战争虽然使游牧民族被农耕民族同化，却没有给农耕社会带来质的飞跃，而农耕社会内部自发的商品经济幼芽往往被战争和社会动乱所摧毁。这是问题的一个方面。另一方面，这种战争又促进中华民族的融合和传统文化的形成，中国的封建文化正是经过战国时代儒法合流、礼法统一之后才确立的，而儒家、法家从某种角度上正是中原农耕文化和西北游牧文化的学术性代表。

三、宗法家族的社会组织结构

在封闭式的自然经济土壤上，宗法家族发展起来了。宗法家族或家庭不仅是物质生产和人类自身再生产的基本单位，还是社会保障、社会保险的基本组织。一个人从出生到死亡完全依靠家族、家庭而非其他社会机关。如同在原始社会中个人不能离开氏族一样，在整个古代社会，个人也不能超越宗法家族而独立。宗法家族在对外复仇、对内抚育赡养等方面发挥着重要职能。在这种环境中，个人的权利、利益是靠家族首长来维护的，个人既不能因为据有独立的私有财产而自由，也不可能通过交换走上社会。在个人眼中，只有家族的整体权利、利益是实在的，而个人的权利和社会、国家的整体利益则都是渺茫的无法理解的。

自然经济造成的私有制和商品交换关系的不发达，以及宗法家族传统惯性力量的强大，使中国国家起源的途径不是内部"一分为二"的革命，而是外部"合二而一"的维新。① 这就使宗法血缘纽带在国家外衣下不仅未被削弱，反而更加强化了。即使是到了西周初期，周天子把天下土地及土地上的居民，以及殷之遗民整族整族地分封给姬姓亲属和异姓功臣，而同姓与异姓贵族又以联姻形式结成政治同盟，因此，宗法血缘纽带已获得空前的社会价值，它不仅是划分统治与被统治阶级的标准，也是在统治阶级内部实行权力再分配的标准。在这种宗法血缘性的"亲贵一体"的宗法贵族政体下，与其说是按地域来划分居民，不如说是依血缘来区分阶级。

---

① 侯外庐等：《中国思想通史》第 1 卷，人民出版社 1957 年版，第 11 页。

战国时代,以土地个体家庭私有制为特征的新兴地主阶级,曾经冲决宗法家族的古老栅栏,并试图把个人从家族的束缚下解放出来,使个人通过功利与法治的途径同国家建立尽可能简洁的权利义务关系,从而在传统的血缘制度的废墟上构筑超血缘的真正意义上的国家。这就是法家高唱"公义"、"公法"、"公民"一类口号的真意之所在。新兴地主阶级按照自己的形象改造了世界并建立了集权式的专制政体。但是,他们基于"民农则朴,朴则易用"(《吕氏春秋·上农》)的见解,出于维护政权和王朝一统的需要而推行"强本抑产"的国策,把人口重新固定在土地上。从而使宗法家族势力在稳定的自然经济的环境中再度膨胀起来,进而形成不可逆转之势。法家的一进一退,演成了时代的光荣与悲剧。

战国、秦汉以后,"亲贵相分",土地所有权与地域行政权分立。原先贵族以土地所有者身份对土田人民的世袭统治权,已被非世袭的官僚所取代。然而,宗法家族仍然是王朝的社会基础,家族的安宁对于王朝的安全具有头等重要的意义。于是,王权与族权达成默契:家族首长在王权鞭长莫及的领域充当皇帝的半官僚、半立法司法者,帮助皇帝管理臣民;作为一种回报,王朝用法律和行政措施确认家族首长的一系列特权。这一契约就写在唐律的"十恶"里。十种"常赦所不原"的重罪之中,四条半是维护皇权的,四条半是维护族权的,皇权与族权结合得天衣无缝。①

家对于国,族权对于皇权的重要价值,使宗法伦理行为规范具有了普遍的社会职能。这种被称为"礼"的行为准则,在西周、春秋是以刑罚为后盾的法律规范的代名词。在秦汉以后则作为立法、司法的指导原则,一方面在立法领域不断被法典化、条文化,另一方面在司法领域做为创制和适用判例的法理依据。中国古代社会中的以成文法典与判例相结合为特征的"混合法"运行状态,就是在"礼"的指导下形成的。

家族对于社会、"礼"对于法律实践活动的特殊意义,使中国传统法律浸透伦理主义精神。这种以父权为核心的差别性和等级色彩并不仅见于中国古代。古代罗马的"家父权"与中国古代的父家长特权并无不同。但由于私有制和商品交换关系的发展程度不一样,两者的前途也截然相异。比如,古代罗马法学认为"家父权并不触及公法",当时的法律"禁止在父权下子和父分开而持有财产"。② 这与秦律中"非公室告"的制度③以及唐律禁止"祖父母、父母在别籍异财"(《唐律·名例·十恶·不孝》)如出一辙。但是,在古罗马,"子被父三次出卖,就可以消灭家父权",同时,儿子可以因有功于公共事务而获得报

---

① "十恶"之中,"谋反"、"谋大逆"、"谋叛"、"大不敬"是维护皇权的;"恶逆"、"不孝"、"不睦"、"内乱"是维护族权的,"不义"则两者各半。唯"不道"指一般杀人犯罪。
② 〔英〕梅因:《古代法》,沈景一译,商务印书馆1959年版,第81页。
③ 《睡虎地秦墓竹简》,文物出版社1978年版,第195、196页。

酬,从而拥有个人的"特有产"。① 于是,年轻的"家父权"获得了与老"家父权"抗衡的物质力量。在中国古代,父系家族首长对土地财产的支配是终生的,因此父对子的人身支配也是终生的。子女在家族内部没有与老一辈权力相抗衡的物质基础,又没有获得个人财富的外部条件,他们唯一的前途是仰仗岁月的流逝而实现新"家父权"对老"家父权"的自然更替。于是,我们看到,在古罗马,私有制和交换关系制约着"家父权"并最终取代之;而在古代中国,在自然经济的支配下,以父系特权为核心的宗法家族秩序被加工成神圣永恒的法律。

四、以权力为核心的政治模式

最早的政治恐怕是伴随着如何处理氏族间关系的策略而来的。在父系家族制度确立之后,在氏族内部,家族首长的特权淹没了平等精神,从而窒息了原始民主。在部落联盟中,有势力的氏族成为领袖。促成部落联盟的既不是血缘纽带,也不是经济交换关系,那么就只有是战争和实力。在追述传说时代史影的《尚书》诸篇中,我们既看到氏族首领之间互相荐举的民主风格,更看到联盟首长居高临下的特殊地位。而当时的政治分工不过是依据各氏族的战功和实力进行的最早的权力再分配而已。在战云弥漫的政治氛围中,自上而下的集中的权力格局得以确立并牢牢地扎下了根。于是,在传说时代的文献中,我们很难看到古希腊式的民众大会、个人的主动精神和由于平民与贵族间的政治斗争而造成的民主习惯。《周礼·秋官·小司寇》所谓"询国危"、"询国迁"、"询立君"也许是尧、舜询"四岳"的遗风。而《孟子》所谓"民贵君轻"、"人皆可以为尧舜",正是原始平等、民主精神之绝唱,尽管孟子的本意还在于替"治人者"打算。在私有制和交换关系不发展的古代社会,实力便是权势,权势便是政治的基础。这不仅决定了政体也决定了法律的形象。

当文明出现的时候,我们看到国家不是氏族内部贫富分化导致社会分裂的必然结果,而是一个部族对另一个部族的支配。战争无论是出于维护社会安宁还是"入主中原",都是以保族保种的民族斗争为形式的政治行为。战争的胜败决定着双方在国体中的地位。不妥协的你死我活、"成者王侯败者贼"是最高的政治原则和政治艺术。这样,政治似乎成了与经济活动无直接关系的脱缰之马,它反过来却要支配经济生活。如果说,在西方,城市和奴隶是私有制和交换关系的产物,那么,在古代中国,城邑和奴隶则是政治活动的副产品。在西方,债务造成奴隶,金钱可以改变人的身份,这种交换关系正是民法(或私法)的基础;在中国,战争和犯罪产生奴隶,政治行为决定人们的地位和身份。于是,以暴力为后盾的刑法便自然地发达起来了。

在以权力为核心的一统天下,经济活动与政治活动间的内在和谐关系很

---

① 〔英〕梅因:《古代法》,沈景一译,商务印书馆1959年版,第81页。

难确立起来。经济发展的内在规律性和正当要求很难变成自觉的政治行为。相反,政治行为却总是以自己的形象去干预、支配经济生活。西周的禁酒,战国的"强本抑末",汉武帝的盐铁官营等,就是明显的例证。政治支配经济的结果,是政治价值高于经济价值,权势高于财势。一方面,民间采矿、冶炼金属、煮盐、烧炭、长途贩运和边关交易等纯属经济性质的活动,常常被贬为"啸聚山林"、"滋扰一方"、"资敌"等罪名而严加禁止;另一方面,王朝不允许在权势之外存在与之对抗的民间财势。为此,官府可以采取禁的一手,如商鞅所谓"虽富无所芬华"(《史记·商君列传》)的措施;也可以采取纳的一手,如晁错的"纳粟拜爵";还可以采取压的一手,即找个借口来个籍没充公。对王朝的统治来说,民间财势总是个不利的因素,这不仅表现为恃财而藐视官府,和其富足以"行诸侯之贿"(《国语·晋语八》),以及助长地方割据势力,更表现在,财富的集中等于土地的集中,而这又往往导致流民和社会动乱。在这方面,"平均"主义既是农民的美好理想,也是封建阶级的政治需要。这正是"重农抑商"政策的政治价值之所在。

政治与权力的支配,足以决定法律实践活动的价值方向。这里仅以赎为例。在古希腊罗马,赎是原始血亲复仇的终止符。它是双方当事人因伤害等侵权行为而实施的经济赔偿,是一种横向的私人之间的经济性的法律行为;而在古代中国,赎是一种纵向的政治行为和司法行为。《管子·山权数》:"汤七年旱,禹五年水,民有无饘卖子者。汤以庄山之金铸币,而赎民之无饘卖子者;禹以历山之金铸币,而赎民之无饘卖子者。"《盐铁论·力耕》:"昔禹水,汤旱,百姓匮乏,或相假以接衣食。禹以历山之金,汤以庄山之铜,铸币以赠其民,而天下称仁。"《吕氏春秋·察微》记载鲁国之法:"鲁人为臣妾于诸侯,有能赎之者,取其金于府。"可见统治者以赎的措施扭转或抑制了民间正常的买卖、借贷行为。在司法中,赎是在定罪量刑发生疑问时采取的一种权宜之计,它既惩罚了违法犯罪者,又平息了受害人心中的不平,还点缀了统治者不滥杀无辜的仁慈形象。更不必说管仲以甲、矢为诉讼费以充国用的措施了。(《国语·齐语》)

说到这里,我们似乎看到了中国古代法律的经济和政治价值,这就是,中央集权的专制政体作为自然经济和宗法家族社会的产物,又反过来维护它们的安宁。所有行之有效的行政行为、法律制度、道德教化等,都从不同方向将个人固着在土地上、束缚在家族中,把个人融化在农业生产过程里,并把个人镶嵌在宗法血缘的网络间。专制政体、自然经济与宗法社会的"三结合",构筑了足以抵御商品经济侵袭的天然屏障。正因如此,中国古代社会虽然缓慢发展,却一再失去飞跃的机会。

五、农耕宗法性的意识形态

自然经济与宗法社会不仅是集权政体的根基,也是中华民族传统文化的沃土。农业生产活动使人们敬畏"天",服从"天"。但是,"天道有常"(《荀子·天论》),天的运行规律是可以探索和可以利用的。当古代先民利用"天道"而喜获丰收之际,便充满了自信和自尊。这种自信和自尊集中反映在对祖先的崇敬上面。《礼记·表记》:"夏道尊命,事鬼神敬而远之";"殷人尊神,率民以事神,先鬼而后礼";"周人尊礼尚施,事鬼敬神而远之"。在鬼神并立的二元神观念中,祖先神的作用与其说是沟通天与人的联系,勿宁说是缩短了人与神的距离。由于祖先神与现实人之间的血缘联系把神拉向人间。于是,在祭祀活动中产生的"礼"的社会价值,与其说是培养人对神的畏惧,不如说是陶冶人对祖先的追思与崇敬之情。古代先民对现实生活的关心与对祖先的崇敬,从根本上摆脱了盛行一时的神权法和神判法。而"世界上只有一二个民族由于奇异的命运才能使它们免除了这种不幸"。① 这一转变不仅使中国传统法律文化成为世俗的而非宗教的,而且还使后世人民避免了宗教狂热、宗教迫害、宗教战争以及对未来"彼岸世界"的恐惧。人们从现实生活本身来探讨和评价法律实践问题,正如《淮南子·主术》所云:"法者,非天堕,非地生,发于人间,而反以自正。"这对于法律的进步无疑是大有好处的。

春秋以降,当"礼不下庶人"(《礼记·曲礼上》)的贵族政体式微之后,礼便演变成适用于所有人的宗法伦理观念或规范。孔子把它概括为"克己复礼"所达到的境界:仁。"仁"是以人与人之间关系为研究对象的学问,又是宗法性"人文主义"的代名词。如果说,欧洲中世纪文艺复兴时代的"人文主义"是通过神的折射来发现人的价值的话,那么,孔子的"仁",则是一个人通过对方的瞳孔发现自己的存在。但是,这里的人不是个体的自然人,而是集体的宗法家族意义上的人,"仁"是通过"爱人"的过程来实现的。但是爱的内容取决于爱者和被爱者的关系:父爱子是慈,子爱父是孝,君爱臣是仁,臣爱君是忠,等等。"人之所以异于禽兽者"(《孟子·离娄下》)并非因为人"二足而无毛"(《荀子·非相》),而是因为人有伦理规范而禽兽没有。为此,人要完成"人之所以为人"的神圣过程,就必须具备人的环境,这个环境就是由其亲属构成的家族社会。个体的人在人的本质上离不开人的集体,因为它是作为宗法家族的一个环节一个网结而存在的。正如梅因所说:"古代法律几乎全然不知有个人,它所关心的不是个人而是家族"。② 可以说,孔子的"仁"是中国法律文化的集体本位的理论原型。

这种以宗法家族为基础的集体主义精神是靠着对个人的束缚来实现的。其中最有效的手段是家族首长对财产的独占,使个人离开家族便无法谋生。家族首长从封建王朝那里获得了半立法权和半司法权,这些权力足以使个人就范。家族一方面成为朝廷的得力助手,另一方面又为朝廷培养忠实奴仆,即所谓"寻忠臣于孝子之门"。在这种文化环境中,个人的权利、自由被忽视了,个人的主动精神被淹没了。自然经济和宗法社会是天然稳定的世界,而任何充满个性色彩的能动精神都会破坏它们的安宁。于是,在王权鞭长莫及的领

---

① 〔英〕梅因:《古代法》,沈景一译,商务印书馆1959年版,第44页。
② 同上书,第146页。

域,族权大施淫威;而在族权力所不及之处,王权支配一切。前者用温情脉脉的血缘纽带,后者用冰冷无情的法律锁链,从内部和外部两个方向把个人牢牢束缚在土地上、家族中。

自然经济、宗法社会再加上伦理道德的灌输,这些足以支配人们的行为和思考。在西方古代,私有财产和交换的发达,使赎金熄灭了血亲复仇的怒火和神圣责任,"财产的感情钻入人类的心中动摇了一切最根深蒂固的感情、本能和观念,激起了新的欲望。只有私有财产才抑制和减弱了复仇欲——这古老的统治着半开化人心灵的欲望"。① 而个人对个人的侵害则演变成通过民事诉讼完成的,以损害赔偿为终结的"不法行为法"或"侵权行为法"。② 而在中国古代,私有财产制度和交换关系的不发达,无法减弱血亲复仇的神圣感情,及至整个封建时代,舆论仍赞许复仇,而复仇者每以手刃其凶为一大快事,虽力所不及仍勉而行之。封建王朝长期彷徨于家礼与国法之间:"不许复仇则伤孝子之心,而乖先王之训,许复仇则人将倚法专杀,无以禁止其端。"③于是才有了折衷式的法律规定,如《晋书·刑法志》所谓"贼斗杀人,以劾而亡,许依古议听子弟得追杀之,会赦及过误相杀,不得报仇,所以止杀害也"。这正是古代的原始复仇法则。中国古代法律既不提倡复仇,又不禁止复仇,却明令禁止"私和"。《唐律·贼盗·亲属为人杀私和》规定:"诸祖父母、父母及夫为人所杀,私和者,流二千里。"其理由是:道德伦理性质的"忘大痛之心"和"窥求财利"。这种见利忘义的行为被视同不齿于人的禽兽行径。另一方面,人与人、家族与家族间的侵害行为,既然不能通过双方的协议以经济赔偿告终,那么就只有仰仗官府了,于是刑法和刑事诉讼发达起来,官府用刑罚手段平息受害者的不平之心。那些违犯道德伦常的行为则更不在话下。

在宗法伦理精神支配下的法律实践活动,以确认家属成员间不平等的权利义务为手段,来维护宗法社会的秩序。这就使中国传统法律津透着尊卑、长幼、男女之间的差异性精神。于是,任何违犯国法的行为兼而具有悖逆伦常的恶性,对这种禽兽行径即使严厉制裁也是合理的正当的。同时,违法犯罪或争讼又被视为一种"不幸",它们是官吏和家族首长"德教不彰"的结果,也是犯罪者被邪念侵蚀的结果。于是,在中国古代的法律实践中,我们既看到严刑峻罚,又看到恤刑和宽仁之举。伦理精神给古代法律带来差异、酷烈和脉脉温情。而温情主义作为一种文化杠杆,曾促进中国古代法不断从野蛮走向文明。

在中国古代社会的意识形态领域,农耕宗法的伦理观念的支配地位,是在与中原周围游牧文化的冲突和融和过程中逐渐确立的。如果说在春秋战国时代,以法家"法治"理论为代表的西北游牧文化处于攻势的话,那么,秦汉以后,以儒家"礼治"为代表的中原文化则东山再起并被确立为官方学术。游牧

---

① 〔法〕拉法格:《宗教和资本》,王子野译,三联书店1963年版,第79页。
② 〔英〕梅因:《古代法》,沈景一译,商务印书馆1959年版,第208页。
③ 韩愈:《复仇状》,载《韩昌黎文集》,中国书店1991年版,第445页。

文化作为中国传统文化的组成部分之一,曾经给中国传统法律文化注入新鲜血液并带来生气。这主要表现在:先秦时代注重个人后天努力的功利主义和"刑无等级"(《商君书·赏刑》)所透露的平等精神,在"尊君"旗帜下形成的"皆有法式"、"事皆决于法"(《史记·秦始皇本纪》)的成文法样式;北魏对妇女的尊重以及通过"均田制"所再现的原始平等;元代"禁溺婴"、"禁堕胎"(《元史·刑法志》)所反映的对生命的重视,以及具有民族特色的判例法传统,等等。因此可以说,中国传统法律文化的两个重要侧面——以维护君权和族权为特征的总体精神,成文法与判例制度相结合的"混合法"样式——都是中原文化和游牧文化相融合的历史产物。

第五节 中国法律文化的文化构成

中国法律文化是中国传统文化在法律实践领域的特殊表现形式,并成为中国传统文化的有机组成部分。它深深植基于中国传统文化的沃土中,不论在总体精神还是宏观样式上,都洋溢着中国传统文化的浓烈气息。

一、中国法律文化的两大文化基因:农耕文化与游牧文化

中国是个版图辽阔的国家,中华民族是由多种民族融合、组合而成的。但是,统一的多民族的国家是经历长期的冲突、交融之后才形成的。在这之前,我们的祖先就已经分别在不同的地域,在不同的自然地理条件下休养生息。正是在这样的社会历史条件下,形成了两大地域性文化,它们构成了中国传统法律文化的两大文化基因。

(一)中原地区的农耕文化

气候宜人、土质松软的中原大地,培植了自给自足的自然经济,养育了"亲亲"的宗法社会,并在此基础上建造了宗法贵族政体。这一切都成为中原文化的社会基础。中原文化的重心是周文化和鲁文化,它们在思想上的代表是春秋时代出现的儒家学说。

儒学的要义,在于肯定和谐宁静的生产方式即自然经济,推崇"亲亲"、"尊尊"、"长长"、"男女有别"的宗法家族秩序。用调和感化的措施来处理各种社会关系(君臣关系、亲属关系),使人们虽然各居于差异性的社会地位之上,却由于各自履行相对应的差异性道德规范,而相互和解、互相同情,既无虐行,也无暴乱,从而使全体人群真正像"人"一样地生存繁衍下去。

儒学之所以能被视为农耕文化的代表,是因为儒学的最高理想是这样一幅社会蓝图:在这种社会里,人们各有不同的地位与责任,并依血缘链条传递下去:君君、臣臣、父父、子子、兄兄、弟弟、农农、士士、工工、商商。每个人的权利义务都是被规定好了的,这就是"与天地同理、与万世同久"(《荀子·王制》)的礼。在礼的制约下,人们有亲疏而无纷扰,有尊卑而无争斗,彼此相安无事。

这种社会正是自给自足的农耕社会。

儒学又可以称为"人"学。它强调人与禽兽的差别性和人的社会性亦即宗法家族的属性,比如《孟子·离娄下》说:"人之所以异于禽兽者几希,庶民去之,君子存之。"《荀子·非相》说:"人之所以为人者,非特以其二足而无毛也,以其有辨也。……辨莫大于礼。"他们都认为人是产生和存在于宗法家族之中的。人只有严格履行宗法道德规范,才可以称为真正的人。人生的价值不在于追求物质享受,而在于使自己成为"人",从而完成"人之所以为人"的神圣历程。儒学的全部内容,不外乎用道德感化和仁政措施来实现"人之所以为人"的社会目标,亦即"仁"的境界。

儒学又是君子之学。在它看来,君子的确切含义是:具备特定道德观念且居于支配地位的"人上之人"。君子的实践路线是:正心、诚意、修身、"刑于寡妻"、治国安邦,乃至"仁及草木"。君子的社会责任是建立并维护"人之所以为人"的社会秩序。这就必须以身作则,用"富而后教"的措施把人们的言行纳入礼的轨道。礼就是差异性的名分,有了名分人们才能合作,才能组成人的社会,即《荀子》的《礼论》、《王制》诸篇所谓"明分使群","群居和一"。君子的社会价值就在于实现这一理想。

(二)西北地方的游牧文化

草木丰茂、气候寒冷的西北莽莽高原,养育了群处徙居、以牧猎为生的游牧民族。一年四季都处在游动的生活环境之中,冲淡了人们的血缘纽带和血缘观念。当他们为了共同的放牧、获猎,或战争的目的而合作时,仅仅依靠宗法家族规范已不可能,于是不得不创造新的行为规范,这就是"军法"。从而形成与中原文化迥异的游牧文化。这种文化在思想上的代表是战国时产生的法家学说。

法家学说的要义在于:个人首先是作为社会的一员而存在的,这个社会就是按地域(而非依血缘)来划分居民的国家。个人应当同国家建立直接的权利义务关系,而确认这种关系的就是国家制定的法律。这种法律靠着国家强制力,把个人从宗法家族的狭小圈子里拉出来并赋之以新的社会地位,从而在宗法家族的废墟上创建超血缘的国家——中央集权的专制国家。

法家学术是法律之学。法律是社会正义和公平的集中体现,是确定人们社会地位与权利义务,并实行权利再分配的唯一标准。因此,一切行为规范必须经过国家的筛选和认可,才能具有社会权威。社会生活的各个领域应"皆有法式",并做到"天下事无小大皆决于法"。(《史记·秦始皇本纪》)同时还要"以法为教","以吏为师"。(《韩非子·五蠹》)

法家之学又是功利之学。它认为,每个人,不论古人、今人、君子、小人,都是"好利恶害"和自私自利的,这种本性是天生如此而又不可改变的。在这种冷冰冰的"人性"面前,儒家的道德说教已黯然失色。法家把个人的功利和国家功利统一起来,通过赏罚两手驱使人民去做有利于国家的事,不做有害于国家的事,同时,个人也可以得到良田美宅、高官厚禄。

法家之学还是强力之学。他们认为,治理国家不能靠仁政和教化,只能靠国家法律的强制性。国家不能希望人人都成为品质高尚的正人君子,却完全可以靠着法律和刑罚使人们不敢为非。他们高举"重轻罪"、"以力服人"、"以刑去刑"的旗帜,视刑罚刀锯为无所不能的法宝,从而使理论上的法家成为实践中的"罚家"。

(三) 两种文化基因的联系

两种诞生在不同社会历史条件下的地域文化,其差异性是主要的。农耕文化是宁静的、和谐的、温情的君子型文化;游牧文化则是运动的、奔突的、豪迈的斗士文化。前者重在内向的伦理感情,后者重在外向的行为表现;前者重视先天的血缘身份,后者则看重后天的人为努力。在前者那里,我们看到自上而下的、无始无终的纵向链条;在后者那里,我们则看到在皇权的阳光之下,人人平等。

当然,两种文化也不是截然异旨、毫无相通之处。比如,农耕文化也承认法律的作用,只是把它视为教化的辅助手段;游牧文化也承认宗法等级差别,只是不强调伦理感情。至于等级差异性,则是两者皆有。正是基于两种文化的总体差异性与局部相通性,才得以在不同的社会条件下,演出冲突、融合的历史剧幕。

二、两种文化的冲突与融合

中原文化与西北文化,作为中国传统法律文化的两大文化基因,曾伴随着生产方式的变革和民族的交往,在很大程度上决定着中国古代法律实践活动的方向和进程。

(一) 冲突与融合的宏观轨迹

1. 第一次冲突与交融

第一次文化冲突与交融发生在夏、商之交,其特征是农耕文化取代游牧文化。

夏朝的社会情况究竟如何?苦于文献缺乏,很难确定。但根据历史文献所载,亦可揣测到一点信息。《左传·定公四年》谓:晋国"封于夏虚","启以夏政,疆以戎索"。《战国策·楚策一》:"陈轸夏人也,习于三晋之事。"可见战国时人们仍习惯于称晋人为夏人。《荀子·儒效》谓:"居楚而楚,居越而越,居夏而夏,是非天性也,积靡使然也。"晋人生活在夏虚,自然承继和保留了夏人的文化传统。从晋人轻宗法、尚武力、重国法的风格中,可以窥见夏人的风采。而大禹集合部落首长时,处死迟到的防风氏,以及能够率领大批部众共同防御水患,都说明当时的军法已具有极大的权威。晋人继承的"夏政",就是"戎索",而"戎索"正是军法。这是游牧文化的标志。

商朝代夏而立,标志着农耕文化取代游牧文化。稳定的生产方式使宗法家族逐渐发达起来。由"兄终弟及"到"父死子继"的王位传递法,就是突出的标志。周人原是西北部的游牧民族,在向农业生产方式转化的同时,入主中原。周人敬服于商人的典章文物:"惟殷先人,有册有典"。(《尚书·多士》)并在自己原有的宗法制度基础上"制礼作乐",完成了"周因于殷礼"(《论语·为政》)的社会改革。商人、周人都先后生活在中原一带,他们是农耕文化的共同创造者。而真正继承和发扬商、周文化的,正是"启以商政,疆以周索"(《左传·文公四年》)的鲁国。儒家文化就是在这块土地上诞生的。其文化上的精神就是"商政"、"周索",亦即"礼"。

2. 第二次冲突与交融

第二次文化冲突与交融发生在战国,其性质是游牧文化冲击农耕文化。

在中国文化史上,"后来居上"的情况并不少见。如果说"后来居上"的周人是捍卫农耕文化的英雄,那么,"后来居上"的秦人便是发扬游牧文化的豪杰。秦人的先祖是夏人(《史记·秦本纪》),秦人与晋人为邻,生活环境与生产方式大致相同。与晋人相比,秦人受中原文化影响更小,曾被中原"夷狄遇之"。一张白纸,没有负担,正好写新的文字,画新的图案。于是,秦人肩起时代的使命,用铁骑和弓箭摧毁了古老的宗法社会,在中原大地上建造了统一的超血缘的国家。

应当注意,游牧文化战胜农耕文化是社会上层建筑领域的变革,其实质是用土地私有制取代土地贵族所有制;用地域性官僚机关和集权专制政体,取代世卿世禄的宗法贵族政体,而不是用游牧生产方式取代农业生产方式。这是因为:第一,秦人高举的游牧文化旗帜本身,已经包含着农耕文化的因素。商鞅变法,改变"父子同穹庐卧"的故习,"令民父子兄弟同室内息者为禁","为男女之别,大筑冀阙,营如鲁卫"(《史记·商君列传》),就是最好的证明。第二,秦人的旗帜已经不是狭义的地域文化的旗帜,因为它实质上正代表了各诸侯国内部新兴地主阶级的意志和愿望。秦人的刀剑则自觉不自觉充当了历史掘墓人的工具。因此,透过阳光,我们可以从秦人的旗帜上看出"新兴地主阶级"的字样。

这是一次伟大的变革,新兴地主阶级终于按照自己的形象缔造了新的国家,改变了社会的整体风貌。同时,这也是一次悲剧性的变革。新兴地主阶级确立的土地私有制自然经济,不仅无力清除宗法社会的根基,反而还使它在新的条件下继续生存和发展下去。当时机成熟时,它们便会举起双手,呼唤"礼"的幽灵。

尽管如此,一个伟大的中华帝国毕竟诞生了。在这个国度里,皇帝支配一切,法律具有无上的权威。法律涤荡了血缘身份的不平等,又确立了新的等级制度;但它毕竟给一般平民提供了某些前所未有的机会,而这些机会在贵族制度下是一般平民无法染指的。刑上大夫,血缘的神圣光环荡然无存;刑无等级,在皇帝和法律面前人人平等;除皇帝之外,任何人不能违法犯罪而逃避追究。

3. 第三次冲突与交融

这是一次漫长的过程,从西汉开始,至唐代告一段落。主要特征是:第一,这一变革主要发生在政治法律制度和思想领域,既非根源于土地所有制和生产方式的革命,亦非伴随着民族战争;第二,农耕文化逐渐完成了历史性转移,即由宗法贵族政体转移到中央集权的专制政体上面,而宗法家族制度的恢复与发展又为此提供了社会基础;第三,中央集权的集权政体被沿续下来。同时封建统治阶级意识到,宗法家族不是王朝的敌对势力。恰恰相反,它们作为王朝的社会基础,在官府鞭长莫及的广阔领域发挥着巨大作用。这一切都使集权政体与宗法家族携起手来,以拱卫和庇护为交换条件,结成神圣同盟,以共同抵御商品经济的侵袭。于是,文化交融带来了法律的蜕变,这就是法家法律的儒家化和儒家思想的法典化。

在中国古代社会后期,虽然也曾发生少数民族入主中原的事情,但由于军事上的胜利与文化上的被"同化"几乎同时进行,因此并没有演成实质意义上的文化冲突。少数民族作为中华民族大家庭的一员,同样是中国传统文化的继承者和传播者,它们曾给传统文化注入新鲜血液。比如,元代禁止杀婴、堕胎的法律和判例制度等,就是证明。

(二) 文化冲突、融合与学术之演变

文化冲突、融合对学术思想的影响是十分明显的。下面分两个阶段简要说明。

1. 春秋战国

春秋末期,鲁国孔子创立儒家学派,其宗旨是"礼",实践方法是"仁"。儒学是中原文化的忠诚捍卫者。其后产生的墨家、道家是传统学术的批判者。墨家批判宗法世袭制,主张君主集权制,重视法律的作用。道家则从哲学角度揭露宗法伦理道德对人类自然本性的扭曲,以及这些道德教条的虚伪性。墨家指出传统学术的最大弊端,而道家则把批判旧世界的勇气留给世人。

齐国、郑国受鲁文化影响较大。但为了生存,它们又程度不同地打破礼的束缚,在治国方法上实行新的政策。管仲任用有才能的平民,子产"铸刑鼎"公布新的法律,都是时代的新生事物,也是最初的"尚法"精神。

齐国在自己特殊的历史条件下,形成了兼重礼和法的学术思想。这一思想成果经后来的荀子加工整理,发展成"隆礼重法"的荀学。就实质而言,荀学已冲出了儒学的框框,并融合了法家的思想原型。荀学是整个封建社会真正的官方学术,正如谭嗣同《仁学》所说:"二千年来之学,荀学也。"[1]要而言之,荀学是齐国化的儒学。

齐、郑的改革精神在晋国(后分为韩、赵、魏三国,故称三晋)得到广泛传播。三晋的文化传统是法治思想的肥沃土壤。而"管子之法"又为社会变革

---

[1] 《谭嗣同全集》,中华书局1981年版,第337页。

提供了可资借鉴的模式。《韩非子·五蠹》说:"今境内之民皆言治,藏管商之法者家有之。"此其证也。三晋是礼治的薄弱环节,又是法家和法治思潮的根据地。经过反复的政治斗争,三晋不仅培育了大批法家人物,还总结了新的法典:《法经》。

秦国受礼的影响比三晋更少。于是,三晋的法家人物在秦国找到了真正的用武之地。商鞅带着《法经》入秦,主持变法,干出一番大事业。应当指出,三晋法家的思想并非原封不动地搬入秦国。商鞅以"帝王之道"说秦孝公而不得赏识,后改以"强国之术说君,君大悦之"。(《史记·商君列传》)这正是晋法家思想迎合或适应秦国文化传统之一例。也是法家三派(申不害重"术"、慎到重"势"、商鞅重"法")中独商鞅"重轻罪"、崇尚暴力、主张"以刑去刑"的原因。要而言之,商鞅之学,秦国化之晋学也。

秦经变法而强盛,随即操戈东向,扫平六国,统一天下。毫无疑问,秦朝的统治思想是法家思想。但由于维护统治的需要,亦曾开始吸收儒家的某些思想因素。公子扶苏就赞同儒家的某些主张。而秦简《为吏之道》则公开宣传"君怀、臣忠、父慈、子孝"之类。这都是儒家思想开始浸润的迹象。但因秦朝"二世而亡",这一过程没有完成。

2. 封建社会(汉至清)

封建社会的总体风貌是:土地私有制自然经济、宗法家族社会、中央集权专制政体的"三合一"。在此基础上,儒家思想和法家思想互相妥协让步和相互吸收,终于握手言和。其大致过程是:儒家思想由主张宗法贵族政体转而歌颂集权专制政体,董仲舒的学说就标志着儒学的一次嬗变。法家思想则由维护集权专制政体变成兼而维护宗法家族首长的特权,秦简中的"非公室告"便已显其端倪。而贾谊首倡的"黥劓之罪不上大夫"被制度化,更显示着法家法律由"刑无等级"到"刑不上大夫"的转变。此后,法家法律儒家化、儒家思想法典化,其异曲而同工,殊途而同归,其共同结晶是"一准乎礼"的唐律。以后宋元明清各朝皆袭唐律。

总之,在整个封建社会,农耕文化以其深远的理性和感人的温情独占思想学术阵地。而游牧文化则以岿然不动的集权专制政体和密如凝脂的法网顽强地表现着自己。家族内部尊卑亲疏等级森严的礼治精神,和社会政治生活的法治色彩——比如平民可以通过考试、推荐而跻身社会上层——配成和谐的二重奏。而这一切都构成了统一的实体:中国传统文化。

三、中国传统文化对法律实践活动的影响

中国传统文化对法律实践活动的影响是深刻的和多方面的。这里仅举其要而简述之。

(一) 差异性的"礼"和军事性的"法"

同样是父系家长制度,但在农耕与游牧的不同环境,其发展方向也不同。

在前者那里,其发展是内向的。自然经济把氏族隔成一个个孤立的群体,稳定的生活又使父系家长制得到充分发展,其职能主要是调节氏族内部成员间的关系。在后者那里,其发展却受到抑制:一方面,不稳定的游牧生活时刻冲淡着氏族内部的血缘纽带;另一方面,战争又加强了氏族的外部联系,促进了军法的形成。而军法正以氏族间的平等为主要特征。这种平等的军法开始主要用于调节氏族间的关系,后来又侵入氏族内部。当军法的强制性、平等性和"任人为能"联系在一起时,原先的父系家长制便被挤压到无足轻重的地步。

西周是宗法制度亦即礼治的鼎盛时代。礼具有无尚的政治职能——宗法贵族政体和宗法意义上的法律。血缘不仅是区别社会两大对立阶级的标志,而且还是在统治阶级内部实行权力再分配的尺度。礼既是法律化的道德,又是道德化的法律。春秋以降,与铁制工具携手同来的土地私有制摇撼着礼治的基础,而"任人唯亲"的世卿世禄制又窒息了当权者自我调节的可能性。于是,古老社会在"礼崩乐坏"的叹息声中走向衰落。

给中国大地带来新鲜气息的是法。这时的法已不只是军法意义和氏族平等意义上的法了。它由于以土地私有制为后盾,并同个人挂上了钩而显得威力无比、雄心勃勃。正是在法的大旗下,一个新的国家诞生了。然而,还是在法的旗帜下,这个强大的帝国覆灭了,这就使法披上了浓烈的悲剧色彩。

法的悲剧在于:第一,法没有促进工商业的发展,反而错误地选择了"重农抑商"的政策。这就使自然经济在土地私有制基础上重新发展起来,使宗法家族社会得以休养生息以致尾大不掉,从而唤回古老的礼来同具有平等精神的法分庭抗礼;第二,在尚无力量根除旧社会根基的时候,新兴地主阶级的首批政治家反古过烈、过猛、过急,从而伤害了民众的传统感情,招致社会的普遍抵触。

西汉以后,专制皇权与宗法族权达成谅解:皇权把一部分权力(半立法权和半司法权)交给族权,让它协助王朝共同治理人民,族权则甘心效忠皇帝以换取皇权的庇护。当家族的安定等于社会的安定时,赋予宗法家族行为规范以国家法律的地位,则是顺理成章的事了。此刻,法倒退了。这不仅是因为它逐渐返回到差异,而且还因为由调节个人与社会的关系返回到调节家族内部的关系了。封建社会后期,当市民阶层用"天下之法"来批判"一家之法"①时,这个"一家之法",既包含皇权的专制政体之法,又包含族权的宗法之法。

(二)政体之变与法体之争

一般来说,中国古代经历了两种政体:西周、春秋的宗法贵族政体和秦朝以后的中央集权专制政体。

宗法贵族政体的特征是:各级贵族在各自领地内享有相当独立的政治、经济、军事、法律等方面的权力,并依嫡长继承制世世代代传递下去。这一政体

---

① (清)黄宗羲:《明夷待访录·原法》,中华书局1981年版。

在思想上的反映是"人治",即君主的贤否是决定一切的,亦即《礼记·中庸》所谓"为政在人:其人存则其政举,其人亡则其政息"。该政体在法律工作程序上的反映是"判例法",亦即《左传·昭公六年》所谓"议事以制,不为刑辟"。法官依照先辈的故事来审理案件,成为支配立法和司法的重要角色。

集权专制政体的特征是:各级官吏包括法官均由皇帝任免而不得世袭,他们从皇帝那里获得俸禄并对皇帝负责。这一政体在思想上的反映是"法治",即"以法治国"、"缘法而治"。该政体在法律工作程序上的反映是"成文法",即由国家制定包括实体法和程序法在内的成文法典,法官必须依法审判,既不能曲解法条,也不必参照以往判例。为了维护司法的统一,国家把法律尽量制定得具体而精确。

春秋战国时"人治"、"法治"之争的实质是政体之争,即宗法贵族政体与集权专制政体之争。作为副产品也涉及对"人"与"法"的评价问题。

西汉以后的整个封建社会,其法体(即法律工作程序或法律样式)是"成文法"与"判例法"相结合的"混合法"。当社会稳定时,"成文法"起支配地位;当社会生活发展加快,原有法典明显不适用时,"判例法"则(表现为故事、决事比、断例、例等)起支配地位。而判例又常常被法典所吸收。封建社会的"人治"、"法治"之争已不包含政体的内容,而仅涉及对"成文法"、"判例法"的评价了。当"判例法"占上风时,便有人出来赞颂"议事以制"的古老传统;相反,则有人出来强调法律的统一性和尊严。后来,"议事以制"被制度化了,即法官遇到疑难案件不得擅断,须上报朝廷,由皇帝裁决。而"人治"、"法治"之辩也偃旗息鼓,变成了"任法而不任人,则法有不通,无以尽万变之情;任人而不任法,人各有意,无以定一成之论"①;"法所不载,然后用例"(丘濬:《大学衍义补·慎刑宪·定律令之制》)。终于实践了荀子的预言:"有法者以法行,无法者以类(判例和法律意识,笔者注)举"。(《荀子·君道》)

(三) 民本主义与皇权主义

民本主义源于儒家"民为邦本,本固邦宁"的主张。它要求统治阶级从其整体、长远利益着眼,严格约束自己的行为,通过道德修养,具备"仁民爱物"的情操,从而"爱民"、"博施于民"、"使民以时"、"富而后教",达到天下大治。

皇权主义是法家的主张,与墨家"天子之所是,必皆是之;天子之所非,必皆非之"(《墨子·尚同中》)的主张如出一辙,都认为皇帝至高无上的权威是不可侵犯的;皇帝个人品质再坏他也是皇帝,臣民不得反抗。儒家则认为,人民对像商纣王那样的暴君是有权推翻的。法家则批评这是"大乱之道"。法家虽然有时也劝皇帝为长远利益考虑而遵守法律,不要"以私害法"、"以情坏法"。但是,他们既然奉行"皇权高于一切"的信条,就不可能建立一个行之有效的制约机制。这就使法家的法治出现逻辑上和实践上的漏洞,使无限制的皇权

---

① 苏轼:《东坡续集·王振大理少卿》,载《东坡七集》,《四部备要》本。

常常成为率先破坏法制的最大危险因素。即商鞅所谓:"法之不行,自上犯之。"

在封建社会,民本主义与皇权主义各自发挥着不同的作用。一般而言,民本主义实际上成为王朝施政的主要杠杆:当民本主义制约皇权主义时,社会就安定、就发展;反之,社会就停滞、就动乱。民本主义常常导致立法与司法的冷静与宽容,这不仅有利于保护生产力和社会生产的恢复与发展,而且还推动古代法律由野蛮走向文明。其副作用是麻痹劳动人民的反抗意识,使他们常常寄希望于仁慈的统治者。皇权主义并非毫无积极意义,比如,维系中华民族的完整性,实现法律活动的统一性;在社会大变革之际,皇权主义可以加快变革的进程。当然,皇权主义作为一种制度,总是体现统治阶级的整体意志。而作为一种观念,它不仅属于封建统治阶级,而且也极大地影响着农民阶级。起义农民先是用革命的无政府主义摧毁旧的皇权,接着便经营起新的皇权。

为了维护宗法家族的稳定,必须创造并保持一个平静的生存环境,这就是自给自足的自然经济。中国古代的统治者,或则用"重义轻利"的道德说教,或则运用"强本抑末"(《史记·商君列传》)的暴力措施,借以驱使人们安居乐业,"死徙无出乡"。(《孟子·滕文公上》)生于斯,长于斯,死于斯,用自己的身体去消耗掉自己生产的农业、手工业产品,贱视或不敢从事正当的工商活动。古代的统治者,或者出于"民农则愚,愚则易治"(《商君书·垦令》)的考虑,或者出于对工商大贾独揽财富的忌妒,他们宁可由国家垄断工商活动,也决不容许民间工商活动自由发展。在自然经济的条件下,由于分工单一,生产过程一样,产品也一样;又由于农业生产与手工业生产密切结合,因此,交换成为可有可无的东西。人们生活在彼此隔绝的村落中,没有交换似乎也能够世世代代地生存下去。没有商品观念、交换观念,便不会产生以个体自然人为单位的平等观念。在这种经济结构中,民主意识是很难正常萌发、成长的。

宗法家族制度这一客观存在在意识形态领域的反映,就是宗法意识。由于国民意识的薄弱,使中国古代社会的意识形态领域成为宗法观念的统一天下。宗法意识与宗法家族制度一起制约着人们的行动与思考,严重束缚着生产力和商品经济的发展,压抑着人们私有观念、平等观念、权利观念、交换观念、价值观念的正常发展。古代社会的统治者用宗法道德观念对人民进行灌输和教化,他们把人生的第一要义概括为"人之所以为人",即是完成宗法伦理意义上的"人"的过程(参见《孟子·离娄下》及《荀子·非相》),把臣民驯化成"入则孝悌,出则忠敬",冻死不造反,饿死不犯上,"可生可杀不可使为乱"(《春秋繁露·为人者天》)的愚民。宗法意识扭曲了宗教观念的形象,并把宗教宗法化。通过宗法的透镜,宗教世界原有的在神面前人人平等的精神荡然无存。在中国古代,神权是为皇权服务的。在神与鬼的二元神理论中,帝王已经被半神化,所以用不着再在皇权之上构筑一个凌驾一切的教权。因而中国古代的任何政治革命都没有采取宗教革命的形式。正如同宗法家族是皇权的基础一样,宗法意识也成为皇权意识的支柱。在整个古代社会,皇权庇护家族,而家族也拱卫皇权。皇帝的权威与家长、族长的权威同样是不得违逆的,只不过其权力范围有别而已。总之,宗法意识渗透一切、支配一切,左右着社会生活的各个方面。在这种思想结构中,民主意识很难正常萌发、成长。

中国古代社会所固有的宗法组织、自然经济、皇权政治三位一体的文化背景与土壤,是国民意识薄弱与晚出的基本原因,中国传统文化为国民意识和民主思想预先准备了一块不毛的盐碱地。由于商品经济和市民阶层的软弱性,民主思想找不到一块经济的和阶级的坚实阵地。农民不是新的生产力和生产关系的代表,农民战争的真正价值在于或多或少地松动一下封建专制主义机器,在客观上造成多少有利于商品经济发展的社会政治条件。农民阶级与地主阶级一起构成了封建社会关系的基础,农民的皇权主义、平均主义等思想,究其实仍属于封建主义的思想范畴。因此,农民起义的失败与成功,均不能改变封建制度的质的规定性。中国历史上虽不缺乏与正统制度、思想"对着干"的异端思想家和启蒙者,但是,他们的带有民主主义光芒的思想,在漫漫长夜一闪即逝。这些思想被写在纸上,藏在山洞里,以逃避封建法制的摧残。这是一些苦闷而孤独的"先觉"者,人民群众并不理解他们,顶多不过对他们的怀才不遇投以同情的目光。因此,带有民主色彩的思想根本不可能社会化——批判的武器因找不到战斗之士而沉默、锈蚀。

我们相信,在封建社会后期,随着商品经济的缓慢发展,资产阶级民主思想也会逐渐成熟,中国必然会经历资产阶级大革命的战斗洗礼。但是,人类社会的发展规律没有特别照顾中国古代社会的特殊性。资本主义生产关系伴随着商品、资本输入和掠夺战争而走遍全世界。正是在这种外界刺激下,中国的商品经济才获得了前所未有的加速度,中国的思想学术界才出现了前所未有的新气象。资本主义世界给中国带来苦难和屈辱,但也带来了蒸汽机、发电机和系统的民主制度、民主思想。这些东西都是中国本无的"舶来品"。但是,由于中国传统文化的惯性,使传入中国的资产阶级思想、制度不得不披上中国传统的外衣。康有为的《孔子改制考》《新学伪经考》《大同书》便是借古人的服装演出新的剧目。中国传统文化固有的科学民主性精华只有在新的思想体系中才能够重放光明,否则很容易走回头路,重新投入专制主义的怀抱。善于独立思考的中国人,他们并没有盲目崇拜和照搬外国的东西,而是努力辨别选择,并同中国具体国情相结合,完成外国思想与制度的"中国化"。这样一来,便宣告中国古代社会的终结和新时代的开始。

第六节 中国法律文化的哲学基础

中国传统法律文化的哲学基础,在某种意义上可以概括为"人本"主义。"人本"主义作为一种价值观念,不仅全面地支配着中国数千年来法律实践活动的方向与进程,而且还牢牢地左右着人们的思维活动。在"人本"主义浓烈的文化氛围中,法律思想和法学无不与"人本"思想融而为一,很难取得独立的形象。故而在中国历史上,任何重要的法律思想家首先是一个哲学家、思想家或政治家,以至于后来的学者只能从先哲的片言只语中去探讨他们的法律思想。

在这里,笔者想用简洁的方式来描述"人本"主义的内容及其对传统法律实践活动的影响。

一、"人本"主义价值观

作为法律思想意义上的"人本"主义,其主要内容可以简单地概括为:伦理化的人性,人性化的天道,天道派生道德,道德外化为法律。

(一)伦理化的人性

中华民族的先民同其他古老文明民族一样,都曾经历了神权统治的阶段。但是,中国的祖先们很早就开始摆脱了神的支配,把眼光从虚无可畏的"上帝"转移到身边的现实生活中来。当然,这一转变过程比我们想象的要漫长得多。完成这一伟大转折的社会原因主要是:首先,相对稳定的农耕生产方式,使代代相续的人们得以认识并利用自然规律,以取得借以生存的物质生活资料,从而在大自然面前坚定了生活的勇气和自信心。其次,相对稳定的环境又导致宗法家族结构的充分发展与完善,从而使宗法观念不断被强化,以致冲淡了神权观念,形成神与鬼并存的二元神观念。再次,长期的政治实践,使人们逐渐认识到,政治生活是社会生活的一部分,故应当从社会生活本身去寻求答案,而不能迷信鬼神。这一思想演变过程,正好是同从商代的"迷信鬼神、不讲人事"到西周的"既信鬼神、兼重人事",再到春秋时代的"不信鬼神、注重人事"的发展过程相合拍。

当我们的祖先在温饱之余得以思索人类重大问题之际,便毅然把目光投向身边的现实社会。这时,他们便发现了真正的"人"。应当注意,当他们思索"人"这一重大课题时,在思考方式上带有两大特点。

首先,他们把"人"放在自然界之中,通过与其他自然物特别是动物进行比较的方式,来思考"人"这一问题。正如《孟子·离娄下》所谓:"人之所以异于禽兽者几希,庶民去之,君子存之。"又《荀子·非相》:"人之所以为人者,非特以其二足而无毛也,以其有辨也。"正是基于"人"与其他自然物的差别,人们才看到了男人、女人、老人、小孩等一系列具体个人的共通性。也正是基于这一见解,孔子才豪迈地宣布:"性相近也,习相远也。"(《论语·阳货》)孔子怒斥"始作俑者",也是基于"人"非一般自然物这一立场的。冯友兰先生称孔子发现了"人"的"类"概念。他说:孔子的"仁"是"人类自觉的一种表现"。[①] 诚如是也。

其次,他们又是在宗法家族的生活环境中来探讨"人"的。"人"一生下来

---

① 冯友兰:《中国哲学史新编》第 1 册,人民出版社 1962 年版,第 117 页。

就在宗法家族中获得了一个特定的位置。之后,他长大成人、结婚生育、抚养子女,直至死亡。在"人"成长的每一个阶段,都要完成特定的行为,尽特定的义务,享受特定的权利:你是子,应当孝;你是兄,应当友;你是夫,应当义;你是父,应当慈。这样,一个"人"当他刚刚从其他自然物中脱离出来并踏入人群的一瞬间,他就同时成了一个宗法家族意义上的"人",而不是其他意义上的"人"。

标志着这一思想飞跃的,就是孔子的"仁"。"仁"字从人、从二,讲的本是人与他人的关系。从甲骨文与"人"相关联的文字来看,"仁"源于东夷民族抵足而眠的生活习惯,由此派生出互相尊重、相互友爱的观念。孔子的"仁"就是在这一精神上面发展升华而成的。如果说欧洲"文艺复兴"时代的"人文主义"是通过神的折射来发现"人"的价值的话,那么,孔子的"仁"则是从对方的瞳孔中发现自己的存在。就是说,一个人是仰仗他人的存在而存在的。因此,人首先应当爱他人。这就是"仁者爱人"的要义。但是,"爱"的方式和内容又取决于爱的主体(爱人的一方)与爱的客体(被爱的一方)之间的血缘亲疏关系。比如,爱父则为孝,爱子则为慈,爱妻则为义,爱夫则为顺,爱兄则为悌,爱弟则为良,等等。一个人只有完成了宗法伦理所规定的行为,才真正可以成其为"人"。在人们都不过是作为宗法结构网络中一个特定的"结"而存在的条件下,"人"的形象也就必然是也只能是宗法的形象了。

既然"人"是宗法意义上的人,那么,要想使自己成为真正的人,唯一的途径便是履行宗法伦理所规定的义务。同时,人生的价值似乎不在于谋取什么功名利益或物质享受,而在于完成使"人之所以为人"的伟大过程。"人之所以为人",成了人们终生进取的唯一目标,也是道德、法律的社会职能之所在。

(二) 天道与道德

古代先民通过辛勤劳作和勇敢拼搏,获得了改造自然界的一系列成果。他们站在大地之上,面对无边的原野,摆脱了对自然力的无声恐怖和屈辱感,心中充满了自豪感。只有在这时,他们才意识到人不是自然界的奴仆,而是自然界的主人,也只有在此刻,人们才能够不按大自然的形象来描绘"人",而是用"人"的形象来描绘大自然。这样,"人"就潜入大自然之中,并进而成为大自然的中心。

《吕氏春秋·情欲》:"人与天地也同";"天地之性,惟人为贵。"《礼记·礼运》:"人者,天地之心也。"《鹖冠子·博选》:"神明者,以人为本者也。"这些论述都说明这样一个见解:"人"来自大自然并成为大自然的最高表现形式。

用"人"的形象来描绘大自然,其结果便是使大自然被"人"化为"天道",即宗法伦理观念的本源。《孝经·三才》:"夫孝,天之经也,地之仪也,民之行也,天地之经而民实则之。"《左传·昭公二十五年》:"礼,上下之纪,天地之经纬也,民之所以生也。"《礼记·礼器》:"礼也者,合于天时,设于地财,顺于鬼神,合于人心,理万物者也。"又《三年问》:"上取象于天,下取法于地,中取则于人,人之所以群居和一之理尽矣。"

人们常常产生违背礼的思想和行为,原因主要是内在的物质欲望和外在的物质生活环境。所以,必须用礼来加以限制和教育。《荀子·富国》:"天下害生纵欲,欲恶同物,欲多而物寡,寡则必争矣。……离居不相待则穷,群而无分则争。穷者患也,争者祸也,救患除祸则莫若明分使群矣。"又《礼论》:"人生而有欲,欲而不得则不能无求,求而无度量分界,则不能不争,争则乱,乱则穷。先王恶其乱也,故制礼义以分之,以养人之欲,给人之求,使欲必不穷乎物,物必不屈于欲,两者相持而长,是礼之所起也。"《礼记·乐记》:"人生而静,天之性也。感于物而动,性之欲也。物至知知,然后好恶形焉。……夫物之感人无穷,而人之好恶无节,则是物至而人化物也。人化物也者,灭天理而穷人欲者也。于是有悖逆诈伪之心,有淫佚作乱之事。是故强者胁弱,众者暴寡,知者诈愚,勇者苦怯,疾病不养,老幼孤独不得其所,此大乱之道也。是故先王之制礼乐,人为之节。"

从孔子的"性相近也,习相远也"的命题,衍生出两种人性说——孟子的"性善"论和荀子的"性恶"论。孟子认为人生而具有仁、义、礼、智等道德伦理观念,人们一旦丢掉了这些品质,就会变成"小人";荀子认为人生而具有自私自利的恶性,只要加强思想改造就能成为"君子"。其实两者都强调这种思想改造的意义——前者强调改造的可能性,后者则强调改造的必要性。而这种改造的合理性正来自伦理化的天道。毫无疑问,凡符合天道的,便都是正义、公平、合理的。

(三)礼与法律

礼与法律,二者分别作为内在的行为规范和外在的行为规范,其社会价值和职能是一致的,都在于保障实现"人之所以为人"的人生理想,和维护"人之所以群居和一"的社会生活秩序。因为"人之所以为人"的"人",是宗法伦理化的"人",所以,"人"必须作为宗法链条之一,附着在宗法伦理网上面。换言之,在一个"人"周围,必须具备典型的宗法家族环境。即孝的对象、慈的对象、友的对象、义的对象等,从而使"人"真正成为"人"。而"人"必须生活在"人"的群体之中,也不仅仅出于抵御野兽侵扰和谋取生活资料的需要;更重要的是,只有在宗法群体中,"人"才能作为"人"而存在。中国法律文化的总体精神"集体本位",正是从这里起步的。

但是,表现为礼的宗法伦理规范,与国家制定的法律,毕竟不一样。其差别或联系主要表现在:

首先,礼是法律的本源。中国古代社会曾经历了漫长的父系家长制阶段,进入文明国家以后,宗法血缘纽带不仅没有被贫富分化的阶级对立所冲毁,反而在新的历史条件下被赋予新的政治价值和社会价值。这就使具有悠久传统的宗法行为规范始终发挥着实际有效的社会职能。同时,礼还不断被国家上升为法律,从而获得更高的权威。在西周和春秋,礼在很大程度上发挥着法律的作用,只不过常常以习惯法的形式出现而已。即使在新兴地主阶级开始登上政治舞台的战国、秦朝,某些礼的原则也被确立为法律制度,如"非公室告"即是证明。汉代以后,礼的原则逐渐被法典化,这一过程直至唐律产生始告一段落。

其次,礼高于法律。礼作为习惯性行为规范,其涉及的范围比法律要广泛得多。就是说,那些尚未有现成法律加以调节的社会生活领域,实际上是由礼来调节的。在礼不断法典化的形势之下,仍给礼留有极大的空间。在国家政权和法律鞭长莫及的无数乡野村落,实际发挥作用的仍是礼,有时礼还被赋予家法族规的形式。在立法领域,违背礼的精神的内容自然是不可能上升为法律的。礼与法也有发生矛盾的情况,比如"复仇"问题,依国法则"杀人者死",依礼则"父死,子不复仇,非子也"。在这种情况下,统治者宁可绕过立法程序,不采取法律明文规定的形式,而听凭法官在司法审判中灵活掌握。其实质,还是尊重礼的精神。在法无明文规定的情况下,实际上全靠法官依据礼(风俗习惯)来创制判例。即使在有明文规定的情况下,法官仍然可以根据具体情况酌情宽严,其依据就是"情理",究其实仍是礼。

再次,法律是维护礼的屏障。法律的价值有两点:一是把礼的伦理道德教条法典化,从而增强礼的权威;二是以强制力为后盾,驱使人民不得不接受礼的教化。要使人们具备宗法道德观念,光靠法律和刑罚是远远不够的。基本的措施是"富而后教",即改善人民的物质生活条件,在此基础上进行教化。但社会上总有不服从教化的顽凶,对这些人施以刑罚,一方面可以使他们改恶从善;另一方面又可以惩戒广大人民自觉接受教化。

最后,当我们讨论礼与法的关系时,应当注意:两者各源于不同的文化传统,后来在特定的历史条件下逐渐融合了。礼源于中原的农耕文化,即自然经济基础之上的宗法家族结构;法源于西北的牧猎文化,是从军法演变而来的。战国、秦朝的法,正是中央集权的君主专制政体的象征。在整个封建社会,在自然经济、宗法社会、集权政体三合一的结构下,礼与法从对立走向统一,构成中国法律文化的两大基本要素。

二、"人本"主义对法律实践活动的影响

"人本"主义对古代法律实践活动的影响是极大的,主要表现在立法、司法和法学研究三个方面。

(一) 立法:差异、酷烈与温情

伦理主义的法典化无异于向世人宣布:人与人之间的"亲亲"、"尊尊"的差别是天经地义神圣不可侵犯的。于是,即使是完全一样的法律行为,也要因为行为人和行为所涉及的对象身份的差别,而得出迥然不同的结果。比如:父殴子致死,可以得到宽减,子殴父则要处以极刑;亲属之间的盗窃行为要根据

亲疏的关系,给以不同的处罚,亲者轻而疏者重。这种伦理主义的差异性精神充斥着封建法典的字里行间。

为了维护"人之所以为人"的信条和秩序,法律对严重违反伦理规范的行为,不仅冠以"大逆不道"的朱批,而且还要施以极为残酷的刑罚而毫不怜惜。因为,"人"是作为伦理意义上的"人"而存在的,当他犯了"十恶"重罪,无异于表示他已经跳出"人群"的界限,成为衣冠禽兽。对"乱伦"的禽兽又怎能怜悯呢!因此,法律规定对"十恶"重罪处以严厉的刑罚,并不惜株连无辜,甚至鼓励人们对"乱伦"者处以私刑。比如,丈夫在奸宿之处杀死奸夫和妻子,是不构成杀人罪的。

然而,对那些危害性不大的轻罪,却往往表现出一系列的宽容与温情。比如,"三复奏"、"五复奏"的死刑复核制,慎刑恤狱,大赦,犯罪存留养亲,"原情定罪",等等。产生这种温情主义的原因主要是:第一,"天人合一"的"灾异"说。依照这种学说,人世间的刑杀无辜会干扰"天道"的正常运行,从而产生灾变。所以,要谨慎司法,宁肯放纵有罪者,也切勿诛及良善。第二,出于对犯罪社会现象的较深刻的认识,比如,人们生活无着,官吏的肆意压迫,教化不力等,都可能成为人们犯罪的直接原因。因此,不能把怒火全部发泄在犯罪者身上。第三,这种温情主义既可以美化统治者的形象,又有利于使犯罪者悔过自新,从而有效地预防犯罪。

(二) 司法:德主刑辅与息事宁人

在司法审判中,法官并非简单地使用刑罚手段,而是极力运用教育手段来达到审判的目的。《论语·颜渊》:"听讼,吾犹人也,必也使无讼乎。""无讼"才是审判的目标。"无刑"才是司法的最高境界。遇到母亲告儿子不孝或母子相讼者,法官不是立即追究儿子的罪责,而是以儒家经典加以开导,终于使儿子"深自痛悔","母子感悟",以致使原来不孝的儿子变成了孝子,相讼的母子被人们称赞为"孝慈"的榜样。有些地方官自以为"为民父母",当境内出现"兄弟争田"、"亲属争财"、"骨肉争讼"的案件时,便自认为无德无才、教化不行,从而引咎自责,解印去官。在社会舆论和宗族势力的干预下,诉讼当事人"感泣求解","知争田为深耻","终死不敢复争"。① 有更多的诉讼案件在报到官府之前,就在宗法家族的多方解劝说教之下化为乌有了。从本质上讲,宗法伦理道德不是"利己"的,而是"利他"的。这就要求人们尽力抑制"私欲"以实践伦理之大义。因此,道德教化是根绝诉讼、息事宁人的天然屏障。

(三) 法学研究:晚熟的法学与纯熟的谶学

法学是对法律现象或立法司法活动的理论评述。可是,当法律深陷于礼的沼泽之中,立法、司法活动实际上围绕礼而运行的时候,法学在很大程度上成为礼学,法律思想也就实际上等同于礼的思想了。法律,当它把自己的绝大

---

① 参见瞿同祖:《中国法律与中国社会》,中华书局1981年版,第291页。

部分身躯屈折在礼的树荫下面的时候,它最闪光的地方就剩下赤裸裸的刑罚了。在自然经济、宗法社会、集权专制三合一的社会土壤上面,商品经济步履艰难,与之携手而来的平等、交换、权利、自由、私有等观念无法正常萌发和成长。这一切都使宗法伦理观念始终居于牢固的统治地位而未曾动摇。专制王朝不惜用刑罚和行政的强制手段来钳制人们的思想,用道德教化来禁锢人们的思考,以拱卫礼的一统天下。在这种情况下,任何新的质的观念很难萌生,即使萌生了,也难于生存下去。这就使古代法学在很长的历史阶段实质上成为礼学与刑罚之学的混合物,而未能成为独立的学科。

但是,中国古代"理论法学"的落后只是问题的一个方面。另一方面,"实践法学"却得到长足的发展,这就是谳学。谳学即审判的学问。狭义的谳学包括对法律条文之法理和法言之所谓的注释之学,如秦简中的《法律答问》和《唐律疏议》等;广义的谳学还应当包括立法、司法技术,如立法组织与工作程序,司法审判技术、法医检验技术等属于法律实践层次的内容。中国法律文化在法医学领域曾为人类做出了卓越贡献,并在域外广为传播。

总之,中国法律文化的"人本"主义,是"集体本位"的哲学支柱。它塑造的"家本位"(即家族本位)始终极大地支配着传统法律实践活动。它宣布这样一条真理:个人不是作为个体自然人而存在的,他只不过是某一社会团体的组成部分之一。个人只有作为这一社会团体的缩影而存在时,才成其为真正的人。要使人真正成为人,必须具备使人成其为人的环境即社会团体。法律的社会职能不是从确认和维护个人的权利出发,并进而维护有利于实现个人权利的社会秩序的。恰恰相反,法律从维护社会团体的整体利益和秩序出发,来考虑个人的地位、责任和义务。实际上,在法律的天平中间,权利的指针总是倒向社会团体(或整体),义务的砝码则总是落在个人一方。法律的价值在于实现社会的安宁与和谐。至于如何才能促进个人发挥聪明才智以推动社会政治、经济、文化的发展,它几乎是漠不关心的。

然而,正是仰仗着"人本"主义的雄威,中华民族才世世代代地凝聚在东方的大地之上,艰苦卓绝地走过极其漫长的道路。为中国人,也为全人类留下了一份独特的无以伦比的文化遗产。其中也包括法律文化遗产。

我们今天的任务,决不是对"人本"主义简单地评头品足,或者贴上各色各样的标签。而是双脚踏在历史的坚实土地上,寻找一条走向未来的实实在在的道路。

第七节　中国法律文化的发展规律

法律实践活动作为人类改造客观世界和主观世界的自觉活动,总是沿着一定的方向和途径进行的。这种方向性和阶段性体现了法律文化的内部联系的必然性,这就形成了法律文化运动发展的规律性。尽管描述中国法律文化运动发展的规律性是一件困难的事情,笔者仍试图努力做好这件事。中国法律文化运动发展规律可从以下三个方面来把握。

一、微观规律

所谓微观规律,指"法相"即法律文化四要素之间相互联系的必然性,这种必然性主要表现在:

首先,法律文化四要素的统一性。法律文化四要素总是相互影响并向着同一目标发展的。一般说来,在某一社会形态下,有了一种新的法律思想(特别是其中的法律意识),它一旦进居主导地位,便会衍生出与其相适应的法律规范、法律设施和法律艺术,从而使法律思想得以实现。中国传统法律文化的发展过程也是这样。比如在西周,"礼治"思想一经成为统治思想便逐渐演化成相应的维护宗法贵族特权的法律规范、法律制度。所谓"八辟"之法,"命夫命妇不躬坐狱讼"等,都是"礼"的差异性精神的具体化、法律化。又如,战国时新兴地主阶级的土地私有观念,经过国家的确认,成为相应的法条、法律制度。秦律中的"盗徙封(田界)",就是这一观念的法律化。在中国古代社会,宗法观念、皇权观念、自然经济观念一直占居主导地位,它们共同决定着中国法律文化的发展方向。

其次,法律文化四要素的相对独立性。法律文化四要素各有其相对独立性,它们之间并不存在"彼一变,此必变"的机械联系,而总是沿着各自固有的规律运动发展的。中国传统法律文化的运动过程也是这样。比如,尽管秦朝与西周、春秋的法律规范、法律设施有极大的差别,但仍相对保留了"君仁臣忠父慈子孝"等旧的宗法观念。又如,整个封建时代,不管法律思想、法律规范、法律设施发生了多大变化,而法律艺术则自西周至清末一气相传、日臻精熟。

再次,法律文化四要素的相互制约性。这是四要素相对独立性的延伸。它们的相对独立性,决定了其中的某一因素不可能无视其他三因素的制约,这是显而易见的。比如,在伦理思想的制约下,人体解剖是被禁止的,这就直接阻碍了法医检验艺术的发展。又如,"灾异"、"因果报应"之说,在一定程度上扼制了司法专横。立法、司法实践活动也直接影响着法律思想的发展。比如,当社会需要"判例法"时,重"人"思想就会红极一时;当社会需要"成文法"时,重"法"思想就会充斥朝野。法律设施的状态、工作效率和法律艺术的发展水平,也都直接和间接地制约着法律规范的内容。因为,制定那些实际上无法实行的法条是毫无价值的。

二、中观规律

所谓中观规律,指法律文化与上层建筑其他领域相互联系的必然性。法律文化作为社会上层建筑的一部分,必然与诸如道德、哲学、宗教、风俗、国家、政治等因素发生联系。中国法律文化的发展过程也是这样。这主要表现在三个方面:一是中国法律文化与社会统治思想的一致性。作为统治阶级的思想,无论是西周宗法贵族的"礼治",战国新兴地主阶级的"法治",还是西汉以至清末的"礼法合治",它们都直接成为统治阶级的法律思想,指导着立法、司法活动。二是中国法律文化与国家政体的一致性。中国法律文化的内容与样式在很大程度上取决于政体。比如,贵族政体是"判例法"的基础,而集权政体则是"成文法"的前提。同时,不同的政体总是决定着当时法律设施的确立和工作程序。三是中国法律文化与中国文化的一致性。中国法律文化是中国文化的组成部分。因此,它不可能脱离中国文化的土壤而独立存在。中国文化所具备的民族心理、价值观念、人生态度等,直接决定着中国法律文化的总体面貌。

三、宏观规律

所谓宏观规律,指中国法律文化在社会实践活动中所体现的总体意义的必然性。这主要表现在以下三个方面:

首先,由一元结构到多元结构。由一元结构向多元结构发展,是中国法律文化历史发展的规律之一。从法律思想的组成成份来看,中国法律思想先后经历了神权法、"礼治"、"法治"阶段,到西汉以后,则形成了兼容"礼治"、"法治"和神权思想的封建正统法律思想;从法律规范的内容来看,中国法律规范先后经历了以"礼"为主和以"法"为主的阶段,西汉以后则既有"礼"又有"法",既维护宗法家族秩序,又维护君主集权政体;从立法、司法实践的样式来看,中国古代的立法、司法活动主要经历了"判例法"、"成文法"阶段,西汉以后则形成了"成文法"与"判例法"相结合的"混合法"样式。这些过程都说明了中国法律文化由一元结构向多元结构发展的特点。

其次,变革性与连续性的统一。中国法律文化经历了多次重大变革,就法律思想而言经历了"礼治"对"神权"的变革,"法治"对"礼治"的变革,"礼法合治"对"法治"的变革。就立法、司法实践的样式而言,经历了"判例法"对"任意法"的变革,"成文法"对"判例法"的变革,"混合法"对"成文法"的变革。这一系列变革构成了中国法律文化发展的层次性或阶段性。但是,虽经多次变革,中国法律文化仍保持了它的完整性或稳定性。这主要表现在:法律思想的稳定性,宗法等级观念始终居于主导地位而未曾动摇;法律规范的稳定性,维护宗法秩序的法律一脉相传未曾断绝;法律设施的稳定性,这是中央集权的君主专制政体的必然产物;法律艺术的稳定性,这是立法、司法实践活动的自身规律性所决定的。上述稳定性自然决定了中国法律文化历史发展的连续性。

再次,从内向融合到外向融合。中国法律文化的发展史,实际上是在中国大陆上进行的诸民族法律文化的融合史。这种融合从地域和性质而言有两种:一种是中华民族内部的融合。这主要有如下突出事件:在传说时代,"法"是东夷集团的创造物,后来在民族大融合中成为华夏集团的共有财富;在春秋战国,西北诸戎的"法"与中原民族的"礼"开始从对立走向融合;在封建时代,北方少数民族如鲜卑族、女真族、蒙古族、满族等法律文化与中原汉族法律文化从冲突走向融合。少数民族法律文化中的原始平等等观念,曾给中国法律文化带来新的气息。这类事例颇多。如北魏的均田制,元代禁止堕胎、溺婴等法律。这个问题有待进一步研究。另一种是中华民族与外部法律文化的融合。这又分域外融合和域内融合两方面。前者指中国法律文化在中国域外的传播。中国古代法律思想和法律制度曾在越南、朝鲜、日本等东南亚国家扎下根。中国法律艺术特别是其中的法医学甚至冲出亚洲,传播于欧洲大陆。后者指中国法律文化与西方法律文化的冲突与融合。这是中国法律文化从对外传播到对外吸收的转折点。这是两种不同质的法律文化的融合。因此,这种融合是与中国法律文化的解体与再生过程同时进行的。中国法律文化是从内向融合走向外向融合的。内向融合表现了中国法律文化的扩展力,而外向融合则标志着中国法律文化的适应力。

第八节　中国法律文化的历史遗产

具有数千年悠久文明史的中华民族,经过生生不息、艰苦卓绝的奋斗,为人类创造了灿烂的文化,其中也包括法律文化。中国传统法律文化作为中华民族长期社会实践的成果之一,是特定社会历史条件的必然产物,具有"不得不然"的历史"合理性"。就历史的宏观眼光来看,中国传统法律文化的历史遗产大致上可以概括为三大类:第一类即在当时对社会发展基本上起过阻碍作用并对后世产生了消极影响;第二类即在当时对社会发展基本上起过进步作用并对后世产生过积极影响;第三类是芮者得兼,既起过进步作用,又起过阻碍作用,既有积极影响,又有消极影响。

当然,这种划分仅仅出于论述上的方便。严格说来,任何文化遗产都具有哲学意义上的"合理性"和历史意义上的局限性。它们常常是正误混合、是非参半的。对历史文化遗产采取贴标签式的方法,是十分不妥的。尽管如此,我们仍然坚信,一种历史文化成果,对当时社会乃至对后世的作用,大体上总可以概括为积极、消极和既积极又消极这三大类。最麻烦的问题是:把什么遗产归入哪一类。因此,这种划分常常带有某种主观性。事实上,即使是最优秀的文化遗产也不可避免其局限性,而最落后的文化遗产也总含有其"合理性"。经过上述说明之后,再进行分类,就可以避免歧义了。于是,这里把中国传统法律文化遗产大体分为如下三大类:一、中国法律文化的劣性遗产;二、中国法律文化的良性遗产;三、中国法律文化的中性遗产。

一、中国法律文化的劣性遗产

中国法律文化属于剥削阶级的上层建筑,是为维护不合理的剥削制度服务的。因此,它不可避免地带有反人民性、反进步性的糟粕。其中最主要的表现体现在以下两个方面:

（一）"亲亲"、"尊尊"的差异性精神

"亲亲"，即亲爱自己的亲人，这是植基于自然经济土壤上的宗法家族制度在社会意识形态领域的投影。它要求人们用与自身血缘亲疏的尺度评判事物的曲直，并指导自己的言行。"亲亲父为首"，故独崇孝道。"尊尊"，即尊敬服从地位比自己高的人，这是等级制度在人们意识中的反映。它要求人们在采取行动或评判事物时放弃个人主见，无条件地服从上级。"尊尊君为首"，故力倡愚忠。

"亲亲"、"尊尊"两者携手并肩共同维护古代王朝及其社会基础。两者的共同精神是"别"，即差异性。这种"差异"精神从整体上决定了中国古代法律文化的面貌。"亲亲"使人们只爱其亲、其家、其族，无视他人和社会的利益。法律就其本义而言应当是普遍适用的行为准则。但是，通过"亲亲"的透镜之后，法律形象被扭曲了。同属打、骂、杀的行为，长辈施于幼辈则无罪或减免刑事责任，反之则为大逆不道而处以极刑。为了维护"亲亲"原则，法律允许"亲属相隐"，即允许亲属互相包庇罪行而不受法律追究。法律还对为亲属复仇杀人者采取宽容态度，叫作"不许复仇则伤孝子之心"。刑罚最酷者莫过于"族诛"，一人犯罪，亲属连坐，用这种残酷手段迫使亲属互相规劝制约，以达到预防犯罪的目的。"亲属相隐"与"族诛"形式上是矛盾的，但统治者用"小罪可隐，告者有罪"和"大罪不能隐，隐者同罪"的区别对待方法，使两者协调起来。当人们的行为威胁到统治阶级根本利益时，便只准揭发不准隐瞒，这叫作"不以亲亲害尊尊"。

"亲亲"把个人的存在和权利淹没在父系家长、族长的淫威里，它割断了个人与社会、国家的正常联系，使人们对自己的正当利益和社会整体利益均抱以麻木的态度，他们目睹王朝的兴衰如同看待四季更替一样无动于衷。人们的热情、智慧和勇气被抹煞了，国家如同座落在茫茫的荒野之上，难以获得奋然向上的新的气息。

如果说"亲亲"是血缘等级，那么"尊尊"便是政治等级了。"尊尊"要求人们服从权势和官位。最高的权威莫过皇帝，故皇帝具有凌驾一切、决定一切的神圣权力。一个人之所以应当被别人尊敬服从，不在于他的智慧和品德，而在于他有权势。一个有权势的人自然有理、有德，正如《庄子·胠箧》所谓"诸侯之门而仁义存焉"。既然真理和正义永远站在有权势者一边，那么，服从权势也便服从了真理。正如《墨子·尚同》公开要求的："上之所是，必皆是之；上之所非，必皆非之。"皇帝再坏，也不准反抗。正如《韩非子·外储说左下》所谓："夫冠虽贱，头必戴之；屦虽贵，足必履之。"帽子再破也不能穿在脚上，鞋子再新也不能戴在头上。

"尊尊"使法律成为公开的等级的法律。有权势者在法律上是特殊人物，他们享受一系列特权。如西周贵族的"八辟"之法（即后来封建社会的八议制度）和"命夫命妇不躬坐狱讼"、"黥劓之罪不及大夫"、"有罪不即市"等特权。

新兴地主阶级曾标榜"刑无等级",但并非否定等级制度。当他们取得政权之后便把特权制度一一完善起来。自西汉贾谊公开提倡"刑不上大夫"后,直至唐代,议请、官当、八议一一入律,无不是"尊尊"原则的法典化。

"尊尊"培育驯服,酿造暴政。人们敬畏权力,屈从权力,崇拜权力,权力成为可以换取金钱、名誉、学识、品德的一般等价物。有志青年不惜历尽寒窗之苦去渴望作"人上之人"。"尊尊"建造统治阶级内部的等级网,使尊君卑臣成为天理,天子至高无上,口含天宪,一贯正确。天子做错了事自有臣下承担,叫作"天王圣明,为臣该死"。中央集权的君主专制政体扼杀了统治阶级内部的一切活力,使王朝失去自身变革的机会,从而无可避免地招致改朝换代的暴风骤雨。浸透着"尊尊"精神的古代法律实质上为这种社会动乱悄悄地起着催化作用。

(二)"重狱轻讼"的专制主义色彩

古代"狱讼"不同义,按郑玄的说法:"狱谓相告以罪名者","讼谓以财货相告者"。(《周礼·秋官司寇·大司寇》注)"重狱"即重视刑法或刑法严酷之义,"轻讼"即轻视或抑制民事诉讼之义。不难理解,要维护一个公开不平等的专制特权制度,除了严酷的刑法手段之外,不会有什么更好的措施。虽然中国古代刑法发展的总趋势是从野蛮而至文明,但从整体而言,其刑网之繁苛,刑罚之酷烈,也是举世皆知。历代酷吏虽不乏"不避贵戚"的气度,但毕竟以典刑深刻著称于世。纠举式的审判,重口供的偏见,残酷的刑讯,造成多少冤魂;贪婪的胥吏,污秽的狱政,又使多少无辜者法外受诛。官府衙门居高临下的专横气势,足以使当事人望而生畏;无休止的审判,无止境的勒索,在民众心中铸起警世格言:"屈死不打官司。"

在中国古代,自然经济支配着社会的整体面貌。它无言地而又沉重地压抑着人们的财产观念、私有观念、交换观念、平等观念等一系列与民法携手同来的观念。这些观念在自然经济的土壤上既艰于萌生又难于发展。古代社会的统治者,一方面用"重义轻利"、"尊农贱商"、"无讼"、"儿女无私财"、"存天理灭人欲"等道德说教,来筑起一道伦理长堤,以扼止"非分"思想的产生。这种道德灌输颇为奏效,它使人们误以为个人的正当物质利益是可耻的罪恶之物。"求利言利者为小人,求道言道者才是君子"。另一方面又用独崇农桑、重赋工商、禁止"别籍异财"、"籍没"等法律手段严厉控制工商活动,维护自然经济秩序。商品生产者的正当要求无法得到法律保障,如春秋战国时有人出卖预防手指冻裂的药方(《庄子·逍遥游》),南北朝有人卖李子而钻其核,恐优良树种外传。(《世说新语·俭啬》)这些都反映了古代人们的原始"专利"要求,但都因未得到商品交换关系的支持以及国家法律的保护而自生自灭。中国古代法律既然以维护中央集权政体、自然经济、宗法家族制度为己任,那么,它具有"重刑轻民"的色彩便是十分自然的了。

二、中国法律文化的良性遗产

中国法律文化是经过中国各民族数千年的法律实践活动才形成的。由于历史、民族和文化等原因,使中国古代法律文化具有许多优秀传统。主要表现为:朴素的唯物主义、辩证法和无神论精神、"人治"与"法治"相结合的"混合法"样式和日臻纯熟的法律艺术。

(一)朴素唯物主义、辩证法和无神论精神

任何一个古老民族都经历过神权主宰的时代。这种时代往往具有如下特征:神权高于政权,神意即法律,神明裁判。在我国殷商时代,神权法思想曾发展到顶峰。但从西周开始,神权法思想便不断受到冲击。"天听自我民听,天视自我民视"的重民思想和与此相联系的"以德配天"、"明德慎罚"(《尚书·周书》诸篇)的重德思想,逐渐占居主导地位。从而构成中国古代社会"罕言鬼神,注重人事"的传统基调。

中国法律文化中的朴素唯物主义、辩证法和无神论精神是异常突出的。这主要表现在以下两方面:

1. 立法领域

古人清楚地认识到,法律不是神的意志,而是基于社会现实生活的需要制定的行为规范。历代统治者总是清醒、自觉地根据现实生活的需要和可能,并参考以往法律实践经验来制定法律,而不是消极地期望从神那里得到启示。在法律起源问题上,古代思想家曾比较正确地指出:法律是为维护财产私有制和社会分工,即确认"土地货财男女之分"(《商君书·画策》)和"明分使群"(《荀子·富国》)而产生的。有的思想家还从物质生活资料与人口的比例关系和人的"本性"(性善、性恶、好利恶害)的角度来描述法律的本质和职能。古代的中国人没有那种"人生即有罪"的赎罪感和禁欲主义倾向,人的物质欲望得到某种程度的肯定;也没有视犯罪为对神的凌渎的观念,殷商的平民就以"攘窃神祇牺牲"表示了对鬼神的大无畏精神。西周虽有"覆公餗,其刑渥(剭)"(碰翻贵族祭祀的食物,处以墨刑)的条文(《易经·鼎卦》),但其目的与其说是维护神的尊严,勿宁说是维护贵族的尊严。战国时的韩非曾明确指出:"治世之民,不与鬼神相害也","恃鬼神者慢于法"。(《韩非子》的《解老》、《饰邪》)这就完全排除了鬼神在立法中的支配地位。至于唐律有保护神象的规定,其目的也无非是保护私有财物或制止宗教之争而已。基于这种唯物主义传统,历代统治者总是通过对现实生活的冷静思考来制定法律,以维护有利于统治阶级的社会秩序。在立法上,他们总结出"唯齐非齐"、"世轻世重"的原则,正确处理了继承与创新的关系。总之,立法领域的朴素唯物主义、辩证法和无神论精神始终未给鬼神留下立足之地。这就使包括立法时机的选择、立法机构的组成、立法程序、立法原则、法律规范的体裁及法律解释等内容的立法艺术十分发达。

2. 司法领域

经过长期的实践,中国古代司法养成了谨慎求实的科学态度,尽管古代也曾有过神明裁判的做法,比如古代的"法"字就记录了独角神兽裁判的遗迹。然而在春秋时代,如《墨子·明鬼》所记载的神羊裁判的故事,已被当做凤毛麟角一般的珍闻郑重记载在"齐之《春秋》"了。中国古代司法早在夏代就实行了"与其杀不辜,宁失不经"的刑事政策。西周时已形成了"罪疑唯轻"的司法原则。当时的法官在犯罪事实、适用罪名、科处刑罚遇到疑问时,果断选择了"宁失有罪,勿诛无辜"的做法,而拒绝乞求神助。在司法上,战国法家主张"循名责实"和"参伍之法"。韩非强调:"似类之事,人主之所以失诛,而大臣之所以成私也"。(《韩非子·内储说下》)荀况则提出"有法者以法行,无法者以类(判例和法律原则)举"(《荀子·王制》)的命题,正确处理了适用法条和适用判例的关系,把"法"和"人"的作用统一起来。秦律《封诊式》指出:"治狱,能以书从迹其言毋笞掠而得人情为上,笞掠为下,有恐为败"。① 以刑讯为下策,担心铸成错案。汉代董仲舒还提出"本其事而原其志"(《春秋繁露·精华》)的原则,主张全面合理地评判犯罪的客观要件和主观要件。当然,我国历史上也有一种看法,认为司法枉滥会干扰天道造成"灾异"。但其中的真意并非赞颂神力,而无非是说,身为"民之父母"的官吏而草菅人命,乃是一种"伤天害理"的大罪过。从西周"两造具备,师听五辞"、"上下比罪"的审判方法,到秦的收集证据、检验证据的制度和技术,乃至整个封建社会以法医学为代表的刑事勘验技术的成熟,等等,无不说明中国古代的司法艺术在当时已早早走在世界的前列。

(二)"人治"、"法治"相结合的"混合法"样式

《尹文子·大道下》曾有这样一段对话:问:"圣人与圣法何以异?"答:"圣人者,自己出也,圣法者,自理出也。"梁启超解释说:"谓治由圣人出者,具体的直觉是也,谓治由法出者,抽象的研究是也。"并指出:"儒家者非持简单肤浅的人治主义,而实合人治法治以调和之者也。"② 从法理学角度而言,"法"是经过立法程序法典化了的统治阶级集体的法律意识;"人"是常常以个人评判为表现形式的并非完全法典化的统治阶级个体的法律意识。"法"是国家对一切行为规范的宏观设计;"人"则是对具体案件事实的微观评判。在礼法大对立的春秋战国时期的特殊背景下,"人"与"法"的关系因其各自隶属于不同的政体(贵族政体和中央集权专制政体)而显得对立多于和谐。礼法统一、儒法合统的先行者荀子则更着眼于它们的内在联系。他指出,"法者治之端也,君子者法之原也";"法不能独立,类不能自行"。在他看来,真正的法官应"依乎法而又深其类","辨异而不过,推类而不悖,听则合文,辨则尽故",既能严

---

① 《睡虎地秦墓竹简》,文物出版社1978年版。
② 梁启超:《中国法理学发达史论》,《饮冰室合集·文集》之十五,中华书局1989年版,第72—73页。

格依法办事,又能在特殊情况下"以类行杂,以一行万","推类接与,以待无方"。这样才能熔立法、司法于一炉,"有循于旧名,有作于新名"(分别见《荀子》中《君子》、《君道》、《修身》、《正名》、《王制》、《臣道》、《正名》),从而把"法"的作用与"人"的作用统一起来。我国古代有真知灼见的思想家、政治家大多没有"法律至上"的幼稚偏见。他们既重视"法"的整体控制作用,又重视"人"的微观调节作用。正如南宋朱熹所说的:"大抵立法必有弊,未有无弊之法,其要只在得人。"(《朱子语类》卷一零八)明代丘濬也说:"法者存其大纲,而其出入变化固将付之于人。"(丘濬:《大学衍义补·慎刑宪·谨号令之颁》)这种"法"与"人"相结合的思想成为中国法律思想的重要支柱。它在法律实践活动中的反映,就是"成文法"与"判例法"相结合的"混合法"。

"混合法"的基本特征,曾被新兴地主阶级的伟大预言家荀子概括为:"有法者以法行,无法者以类举"(《荀子·王制》)。即在司法审判中,对于有法律明文规定的,依法判例;对于没有法律明文规定的,则适用以往的判例或遵循统治阶级的法律意识来判决之。在古代统治阶级看来,成文法典的作用是巨大的,它维护全国立法、司法的统一,规范全体臣民的行为,为社会全体成员指明了判别言行是非曲直的基本准则。故荀子说:"法者治之端也"。没有这个"端"则无由达到"治"。但是,统治阶级也认识到"三尺律令,未穷画一之道"(《隋书·刑法志》),"刑书之文限而奸违之故无方,故有临时议处之制,诚不能皆得循常也"(《晋书·刑法志》)。因此,在特殊情况下,应结合具体案件,运用统治阶级的法律意识和政策精神来做出判决,是为判例。这种判例既是司法的结果,又是局部领域里的立法,即"有作于新名"。它的价值在于:其一,为后来的审判所援引,以弥补立法之不足;其二,为发布较抽象的法令和法典修纂创造条件。这样,相对稳定的成文法典、应变而生的判例和源于判例的法令三者循环往复,无有穷期。就动的一面来看,判例沟通了立法和司法的联系;就静的一面而言,判例内容较具体,可比性强,可以注释成文法条,故封建后期常将律文与法令、判例合为一典。中国的"混合法"既不同于西方的大陆法系(成文法),又不同于英美法系(判例法),它兼具两者的长处而别具一格。这种法律样式大体上反映了法律实践活动的本质特征及其运动规律,较好地维护了有利于统治阶级的社会秩序。

"混合法"的另外一层含义是法律规范与半法律规范相结合。半法律规范即未经国家正式制定颁布并保障实施,但在实际生活中具有某种特殊规范性的行为准则。半法律规范在民间表现为家法族规。家法族规由家长族长制定,并对本族本姓成员具有约束力。正如龚自珍所云:"子也弟也不可教,以家法死之,死之而不明之于有司,不暴于乡党国人。"(《春秋决事比·律目》)这种行为规范与国家法律规范在本质上是一致的,故得到国家的首肯和关照。此外家法族规中也有不少进步的内容,如清代有些地方的族规中有禁溺女婴的条文,这实际上起到了法律起不到的作用。与家法族规相联系的还有"家训"、"遗训"之类,借助于家长、族长或祖先神灵的权威,对后辈进行说教和制约。

在封建社会,封建道德信条也具有半法律规范的作用,但它们大多已法典化了,其独立的作用反而显得不那么突出了。半法律规范在官方则表现为"官箴"。官箴是对为官者的规劝、告诫、勉励之辞。它由部门首长制定,对部门员吏具有约束力。官箴历史悠久,从西周的《诰》、秦简中的《语书》、唐的《臣轨》,乃至清代的《入幕须知》之类,不胜枚举。它教导官吏如何修身养性,谨慎处事,廉洁奉公,体察民情,兢于职守,审判案件,等等。由于这些《官箴》常常出自最高统治者或部门顶头上司之手,其对属员的约束力是可想而知的。

社会生活是复杂的,人类的行为也是多层次的。人不是只屈从于鞭打和怒斥的牛羊,人的行为要受来自外界和内心两个方面因素的制约。因此,要维护社会的安定秩序,不能仅仅凭借单一的具有特殊强制性的法律规范,还需要靠人们内心的道德评判力和外界舆论调整的其他行为规范。以法律规范与半法律规范相结合的"混合法"正适宜于多层次的复杂的社会生活,它对于稳定一定的社会秩序的确发挥了巨大作用。

(三) 日臻纯熟的法律艺术

法律艺术是法律文化中最具有连续性和适用性的因素。它包括立法艺术、司法艺术和法律文献管理艺术。中国古代法律艺术十分发达,主要原因是:其一,中国古代社会史连绵数千年而未曾断绝,使法律艺术获得传播、继承、发展的稳定环境;其二,法律实践中朴素唯物主义、辩证法、无神论精神,使法律艺术得到较为科学的世界观与方法论的指导;其三,中国所独有的"混合法"对法律艺术提出多方面的要求并为其提供广阔的用武之地。中华民族数千年的社会实践是法律艺术的生命源泉。立法艺术是国家制定、认可、颁布法律的技术和方法,包括立法机构的组织及其工作程序,立法指导原则,立法时机的判断与选择,法律颁布的方式,法律规范的体裁或样式,法律规范的表达方法,立法解释艺术等内容。司法艺术是法律专门机构实施法律的方法和技术,包括司法机构的设置与协调,审判艺术,证据检验与法医检验技术,法条适用、判例适用和法律意识适用艺术,司法解释艺术,调解艺术,狱政管理艺术等内容。法律文献管理艺术指保存、整理法律文献资料的方法与技术,它与立法艺术、司法艺术密不可分。

我国古代文献浩如烟海,其中关于法律艺术的记载可信手拈来:《尚书》有"师兹殷罚伦"、"刑罚世轻世重"、"轻重诸罚有权"的立法、司法原则;有"两造必备,师听五辞"的审判方法;有"五辞简孚,正于五刑"、"明启刑书胥占"、"上下比罪无僭乱辞"、"上刑适轻下服,下刑适重上服"、"父子兄弟罪不相及"的定罪量刑方法和区别故意、过失、累犯、偶犯的司法技术。《易经》有"有孚改命"、"有孚比之"、"有孚在道以明何咎"的审判方法。《逸周书》有"淫文破典"、"淫权破故"、"贿无成事"的司法精神。《周礼》有"悬刑象之法于象魏,使万民观刑象"的法律公布方法;有"凡以财狱讼者,正之以博别约剂"的民事证据制度;有"期内之治听,期外不听"的诉讼时效观念;有"岁终则令群士计狱弊讼登中于天府"的法律文件管理制度。《管子》、《商君书》、《韩非子》有关于立法、司法、法律宣传教育、法律解释、法官培养考核等丰富内容。《秦简》有"治狱能以书从迹其言毋笞掠而得人情为上"的审判精神;有犯罪现场勘验和文书制作制度;有关于"贼死"、"经死"、"穴盗"、"出子"的勘验方法和"岁仇辟律于御史"的法律文件管理制度。唐以后关于司法专门技术和法医学的著作不断增多,如五代和凝、和矇父子的《疑狱集》,宋郑克的《折狱龟鉴》,桂万荣的《棠阴比事》,宋慈的《洗冤集录》,元王与的《无冤录》,明吴讷的《棠阴比事续编》,丘浚的《大学衍义补》,清胡文炳的《折狱龟鉴补》及官修《刑案汇览》、法律大家沈家本的《沈寄簃先生遗书》等。历代正史、子书等亦可发掘大量的法律思想和法律艺术方面的宝贵素材。中国法律艺术史应成为中国法律史研究的一个新领域。

三、中国法律文化的中性遗产

中国法律文化的良性遗产和劣性遗产,是指在当时并对后世发生过带有明显倾向性的历史作用,意即大体上是积极的或消极的作用。除了上述两类遗产之外,还有一类遗产,它们在当时并对后世发生的历史作用的倾向性是不太明显的,因而也是难以把握的。如果说,所有法律文化遗产都含有优劣两种成分,那么,良性遗产是优的成分占主导地位,劣性遗产是劣的成分占主导地位,而中性遗产则优劣各半。下面笔者从几个方面对中性法律文化遗产进行论述。

(一) 立足于社会总体利益的"集体本位"

"本位"意即具有实际支配价值的基本原则。在法律实践活动中,"本位"的意义在于如何确认和维护某种特定的社会秩序,并在此前提下塑造人们的权利与义务。

中国法律文化的总体精神是"集体本位"。简言之,就是在确认社会总体利益的前提下来规定一般个人的权利和义务,而不是从确认个人的权利义务出发,来维护某种社会秩序。"集体本位"的哲学基础是"人本"主义。而"人本"主义又植基于伦理主义的"人生"观。在古人看来,"人"并非一般意义上的自然人,"人"的本质表现在两个最基本的方面:一是"人"与其他自然物特别是动物的差异性。如《孟子·离娄下》:"人之所以异于禽兽者几希,庶民去之,君子存之。"《荀子·非相》:"人之所以为人者,非特以其二足而无毛也,以其有辨也。"正是基于"人"与其他自然物的共同差别,人们才看到了男人、女人、老人、小孩等一系列具体个人的普遍一致性。也正是基于这一见解,孔子才豪迈地宣布:"性相近也,习相远也。"(《论语·阳货》)孔子怒斥"始作俑者",也正是基于"人"非一般自然物的人类尊严而发出的;二是"人"的社会性亦即宗法性。"人"一生下来就在宗法家族中获得了一个确定的位置,之后,他长大成人、结婚生育、抚养后代,直至死去。在"人"成长的每一阶段,都要完成特定的行为和特定的义务：你是子,应当孝；你是兄,应当友；你是夫,应当义；你是父,应当慈……这样,一个"人",当他刚刚从其他自然物特别是动物脱离出来,并踏入"人"的社会的一瞬间,他就同时成了一个宗法意义上的"人",而非其他意义上的自然人。

标志着这一思想飞跃的,就是孔子继之前代并赋予全新意义的"仁"。"仁"字从人从二,讲的是人与他人的关系。"仁"经过孔子的改造而具有划时代的哲学内涵。如果说欧洲文艺复兴时代的"人文主义",是通过神的折射来发现"人"的价值的话(人是神的产物,人的自私自利与欲望当然也是神的产物,因而也是天然合理的),那么,孔子的"仁"的意义,则是从对方的瞳孔中发现自己的存在。一个宗法家族意义上的"人",必须是仰仗他人(亲属)的存在而存在的。因此,"人"首先要爱他人,而不是利己。"仁者爱人",一个"人"只有爱他人(即孝、友、恭、义等),才能使自己成为"人"。人的价值不在于谋求物质利益,而在于完成"人之所以为人"的神圣过程。

既然"人"在本质上是宗法意义上的人,那么,要使"人"成为真正的人,唯一的途径便是确立和维护使人得以成为人的社会环境,即宗法社会。因此,道德与法律的价值就在于确立和维护宗法社会秩序。这样,立法、司法活动便从宗法社会利益出发,来塑造个人的权利与义务,而不是相反。换言之,当"人"是作为宗法意义上的人而存在时,维护"个人"的权利,便也是维护了宗法社会的整体利益。

在中国历史上,宗法家族具有举足轻重的社会价值。西周春秋的社会基本风貌是：土地贵族所有制的自然经济、宗法家族结构、宗法贵族政体的"三合一"；整个封建社会则是土地私有制自然经济、宗法家族结构、集权专制政体的"三合一"。可以说,"国之本在家",在任何历史阶段都是放之四海而皆准的真理。这种社会存在,使得任何时代的统治者深切意识到,家族是国家政权的社会基础,国家是家族的扩大,个人是家族的缩影。因此,确立和维系宗法家族的秩序是至关重要的。正因如此,宗法家族行为规范便天然具有国家法律的潜在价值,而国家法律又天然与宗法道德混然一体。

中国传统法律文化的"集体本位"精神,常常忽视个人的权利和自由。个人既是家族成员,又是国家臣民,他要尽双重的义务。特别是在商品经济萌芽的封建社会后期,"集体本位"的道德与法律严重阻碍了商品经济的正常发展,延缓了社会前进的速度。但是,作为一种社会意识,它是中国古代社会的产物,并反过来维系中华民族的统一,促进人民的团结以改造自然界和社会。特别是当处于民族危难之际,"天下兴亡,匹夫有责"、"先天下之忧而忧"、"人生自古谁无死,留取丹心照汗青"等"精忠报国"的豪情壮志,曾深深地打动每一个人,并激励全体成员义无返顾地为民族大义而英勇捐躯。

(二) 行为规范的多元综合结构

在中国固有的文化土壤上,很难产生近代西方国家的"法律至上"的观念。即便是战国时代新兴地主阶级的"以法治国"的"尚法"精神,究其实也只是独尚中央集权的专制政体。就总体而言,中国古代并不以法律为衡量人们言行正确与否的唯一标准,也不以法律为治国安民的唯一手段。这正是中国根深蒂固的宗法观念和"人本"主义的副产品。但其中不乏某些合理的因素。在古人看来,决定人们言论行为的社会因素是多方面的,因此,衡量人们是非曲直的行为准则也是多方面的。主要包括三个层次:

1. 非法律规范(道德规范)

道德规范亦即宗法伦理规范,它是靠人们主观的自我修养和道德觉悟来实现、靠社会舆论来加以调整的内在的行为规范。在古人看来,这种行为规范具有两大特点:一是充分的有效性。一个人只要具备伦理道德觉悟,就必然自觉约制自己,循规蹈矩,在家尊亲长,出外顺官府,决不会"犯上作乱"。这种境界叫作"可杀不可使为乱",意即宁肯被杀死也不做"犯上作乱"的事。于是,根本用不着用法令去驱使人民,用刑罚去恫吓人民。"君子之德风,小人之德草",统治者稍加指点就足够了。二是奏效的艰难性。要使人民达到上述道德境界,必须对人民进行教化,使道德观念在百姓心中牢牢扎下根。为此,又必须改善人民的物质生活条件,使人民有条件接受教育,同时又从感情上愿意接受教育。为了教化的需要,统治者必须以身作则,身教胜于言教,以发挥表率的道德感召力。而这一切实践起来又谈何容易。但是,这毕竟是古代有识之士伟大而真诚的理想。

2. 半法律规范(家族法规和官箴)

在中国古代,除了国家正式制定颁布的法律之外,在社会生活的深层领域发挥着特殊而有效作用的,还有大量的半法律规范(或称准法律规范)。它们得到国家的默许或公开支持,在国家鞭长莫及的真空地带,为维护统治阶级的社会基础和提高统治效率,肩负着特殊的社会职能,这就是家族法规和官箴。它们是中国特有的"民法"和"官法"。作为半法律规范,它们与法律是有区别的:其一,创制的主体不同。前者是家族首长和国家机关的部门首长制订的,后者是国家制定的。其二,产生的渠道不同。前者无明确的程序,带有个人色彩,并与习惯紧密结合;后者则有法定的创制程序。其三,效力范围不同。前者仅限于本家族或本官府内部;后者则对全体臣民具有约制力。其四,实施手段不同。前者主要靠领袖人物的道德感召力和表率作用;后者则靠国家强制力作后盾。尽管如此,两者的法源却是一致的,都是统治阶级的法律政策和法律意识。两者的社会职能也是统一的。家族法规中诸如禁止溺婴、铺张浪费、崇信鬼神;官箴中诸如为官道德、为政要则、施政艺术等,都是国家法律既难涉及、又难奏效的领域。

3. 法律规范(法律、法令)

法律规范是国家最高行为规范,具有最广泛的效力和强制性。凡违犯法律者,必然要受到严厉的制裁。

在古人看来,非法律规范、半法律规范、法律规范这三种行为规范是相互辅助、互为因果的。首先,道德教育的结果,使人们具备道德观念而自觉制约自己。一部分不自觉者在舆论的压力下也不敢胡作妄为,少数顽凶以身试法则必然受到刑罚的制裁。其次,刑罚以残暴手段惩诫人们,使人们不敢轻易越轨。法律又明确告诉人们应当做什么和不应当做什么。在这种前提下,舆论将发挥应有的作用,最后使道德教化得以施行。社会上的人总是有差别的,"物之不齐,物之情也"(《荀子·王制》),人之不齐,天之道也。对待不同的人群,施以不同的行为规范,正是有的放矢、对症下药。中国封建社会秩序的长期稳定和多元综合的行为规范结构有着必然的内在联系。它告诉人们,确立和维护某种社会秩序,单靠法律规范的孤军作战是远远不够的。

(三) 司法中的温情主义

在古代,凡是有见识的政治家、思想家和一般官吏,大都具有这样的统治意识:第一,统治阶级与被统治阶级两者间是相辅相成的(相互依存和相互转化),"水则载舟,水则覆舟"。(《荀子·王制》)为了统治阶级的长治久安,必须关心和改善人民的物质生活条件,既不能竭泽而渔,也不能滥施淫威。他们念念不忘秦朝横征暴敛、专任刑罚,终于激化矛盾导致"二世而亡"的历史教训,努力制约统治阶级内部成员的恣意妄为。第二,犯罪不是个人的行为,而是复杂的社会现象。犯罪的原因有两点:一是"无食",人民生活无着,被迫无奈而啸呼山林、铤而走险;二是"无耻",即不具备道德伦理观念,还未达到"可杀不可使为乱"(宁肯被杀也不肯犯上作乱)的境界。故而对待犯罪者不能采取报复主义,一味诉诸刑罚。第三,"天人合一"。人是大自然的一部分。人类社会的运动必然影响自然界的运行。枉杀无辜会干扰天道,导致"灾异"。在古人看来,天是否具有人格是不重要的,重要的是:枉杀无辜是天理不容的"大凶德"。

正是这些统治意识决定了古代司法中的宽容与温情主义色彩。主要表现在:其一,司法政策。诸如:宽容初犯和过失犯罪,严格确认责任能力,"三宥"(宽免因不知法、过失、遗忘而犯罪者),"父子兄弟,罪不相及","恶恶止其身","罪疑从轻","与其杀不辜,宁失有罪","原情定罪","志善而违于法者免",等等。其二,司法制度。诸如:废止肉刑代之以笞、杖、徒、流,限制刑讯,赎刑之制,大赦之制,慎刑恤狱,死刑复核制,热审,秋审,朝审,犯罪存留养亲,等等。

注重教育、息事宁人,也是司法中温情主义的表现之一。在审判中,法官并非简单地使用刑罚手段,而是极力运用教育手段来达到"无讼"的目的,遇到母亲告子不孝或母子相讼的案件,法官不是立即惩办儿子,而是用儒家经典加以开导,使儿子深深自责,并终于变成孝子。有些地方官因当地出现"兄弟争田"、"亲戚争财"的案件,深感自己无才无德,引咎自责、解印去官,终于使当事人"感泣求解","终死不敢复争"。这些法官实际上起着社会教育家的职能。

尽管温情主义的司法是统治阶级治国治民的手段之一,其实质是为统治阶级长治久安服务。但是,它在客观上毕竟有利于保护生产力,有利于社会生产的恢复与发展。更重要的是,它作为传统文化的杠杆,有力地推动着中国古代法律文化由野蛮向文明发展的历史进程。

(四) 统一完备的法律设施

法律设施是保障法律活动得以正常进行的客观条件,是国家为实现法制、指导法律活动而建立的一系列专门工作机构的总和。没有法律设施,法律规范既不能产生,也不能实现。

出于对立法、司法的审慎与重视,我国从相当早的时代开始,就产生了立法特别是司法的专门机构,而且形成了由地方到中央的完整体系。进入封建社会以后,法律设施日趋完备,终于形成了包括立法、司法、行政、督察、考核、弹劾、审判、监狱、法律教育、法律宣传、法律文献整理等在内的专门机构。这些法律设施之完备,运行之精密,在世界历史上是绝无仅有的。

四、善待本土的法律文化遗产

在博大精深而又良莠混杂的法律文化遗产面前,我们应持何种态度呢?

首先,不应割断历史。历史是割不断的,今日中国是历史中国的一个发展阶段。它既区别于历史,又与历史保持着千丝万缕的联系。今天的法律文化建设正是以古往今来的中国实际情况为起点的。我们不可能把国土抛进大海,更不可能用方外的五色土重构中原大地。因此,我们必须基于中国现实的国情来制定法律文化建设的总体方案。

其次,不要忘记自己的优势。在世界范围内的法律文化交融中,一个十分重要的问题是:不要忘记自己的优势。在这方面,中国近代的第一批法律家不是没有过失的。比如,"混合法"本来是中国传统法律文化的优秀遗产,可是,他们在西方"三权分立"思想的影响下,以为法官"援引比附"(即适用和创制判例)是司法干涉立法事务,有悖于宪政原则,故对"判例法"采取否定态度,在一定程度上造成了向大陆成文法系一边倒的形势。但事隔不久,中国固有的"混合法"又东山再起。

最后,注重改造,反对照搬。我们反对照搬历史上的经验,而主张对这些经验加以改造,为我所用。因为,现代的中国与历史的中国既有密切联系,又有着质的差异性,把历史上的东西不加分析地当作国粹大力推崇,或是不加分析地当作糟粕一概抛弃,都是武断的,不科学的。比如,对待古代息事宁人的"无讼"主义,我们既不能无视公民或法人的正当权利,去片面追求和解,又不能把人们推向无谓的诉讼泥沼之中。又如,对待传统的"集体本位",我们既不能把它混同于共产主义的集体主义精神,从而忽视公民个人的一系列合法权利;又不能把它连根挖掉,代之以西方资本主义的"个人本位"。这是因为,社会主义国家的"集体本位"中本身就含有公民一系列合法权利,因而社会主义法律的精神实质已不再是剥削阶级的单项本位,而是集体与公民个人的双向本位。西方资本主义的"个人本位"是私有财产制度和契约自由的产物,中国没有经过私有财产制度和契约自由的阶段,西方的"个人本位"即使移植到中国土壤上,也会很快枯萎的。尽管如此,我们仍不能简单排斥中国历史上的和外国的有益经验。正确的方法是:经过科学分析和改造,去其糟粕,取其合理的内容或外壳,为今天的法律文化建设提供有益的营养。

第九节　全球视野中的中国法律文化

中国传统法律文化曾经在世界法律文化园地中独树一帜,并以其特有的样式和精神预示着世界法律文化的未来。当我们面对中国传统法律文化成果时,常常感受到她的古老、光荣和旺盛的生命力。

一、世界三大法律样式

世界范围的法律样式有三种:成文法型的法律样式、判例法型的法律样式、混合法型的法律样式。

(一)成文法型的法律样式

成文法法律样式,即以创制和适用成文法典和法规为立法、司法实践活动主体内容的一种运行方式。这种形式的法律实践活动,实际上被划分为相对独立互不相扰的两个部分:一是国家的立法活动。即国家设置专门的立法机构,依一定法律程序创制出成文法典或法规。二是国家的审判活动。即国家设立专门的审判机构,严格依照成文法典或法规对具体案件做出裁判。在审判中法官既不能脱离法条,发挥个人的主观能动性,又不能参照以往的判例。遇到法无明文规定的情况,应依照法律的规定,或者不予受理,或者比照最相近似的法条来裁判,但是要报经上级审判机关审核。待到法律明显不适合社会实际情况时,国家立法机关再依法定程序对旧法律进行修订或制定新法。

从某种角度而言,采用成文法法律样式的国家主要是大陆法系国家。其中,最具代表性并对其他国家或地区影响较大的是法国和德国。但是,这只是个相对的命题。说大陆法系国家采用成文法法律样式,并不等于说,在这些国家或地区,成文法法律样式是唯一的法律样式,不包含一定程度的判例法因素。而只是说,在这些国家和地区,占支配地位的法律样式是成文法法律样式。同理,也不能排除某些别的国家或地区,在其历史发展的某一阶段,也曾经适用过成文法法律样式。事实上,无论从横向或纵向角度看问题,都不存在纯粹的唯一的法律样式。严格说来,说某国家采用成文法法律样式,只是说在那里形成了以成文法法律样式为主体、以其他因素为辅助的法律实践方式。

某一国家地区的成文法法律样式,是其民族文化历史传统和经济政治生活的共同产物,并与其国家政体和政治法律思想有着直接的联系。

成文法法律样式有其自身的优点,也有其不可逾越的局限性。一部成文法法律样式的发展史,正是其努力发扬优点、克服缺点以期适用于社会生活的历史。而自身缺点的克服,不得不借助自身以外的因素。

1. 成文法型法律样式的理论基础

某一国家或地区的成文法法律样式,是以其政体为依托,以相应的政治法律观念为先导逐渐形成的。这些政治法律观念构成了成文法法律样式的理论基础。

(1) 国家主权说

国家主权说认为,国家是最高主权的代表者,也是法律的唯一派生者。法律的权威来自国家主权的权威,而后者又是为前者服务的。关于法的概念、定义、基本特征、法律渊源等理论,都与国家主权说有着密切联系。

古代罗马法的法律一词,拉丁语写作 Lex 或 jus。前者本指罗马古代国王所制定的法律;后者指主权者的具有约束力的要求人们必须服从的命令。可见,法律、法令都是以国家主权者为载体的特殊行为规范。当然,罗马法学家对法律一词的解释各不相同,更不必说它还含有权利、公平之义。无论如何,古代罗马法的法律一词所包含的文化内涵,都随着罗马法在欧洲大陆的传播而被人们广为接受。

中国古代的法字写作"灋",其中的"廌"正是国家强制力的象征。在中国的"成文法"时代(战国、秦代),法家对法又作了精辟的诠释。《韩非子·定法》:"法者,宪令著于官府,赏罚必于民心";《管子·法法》:"夫生法者君也,守法者臣也,法于法者民也";《管子·重令》:"令虽出自上,而论可与不可者在下,是威下系于民者也。"这些理论指出:法律是从国家最高主权代表者君主派生出来的,法律具有文字表述形式,法官必须严格依照法律审判案件,不能自论是非。

博丹宣称:"主权和绝对权力的关键主要在于对臣民颁布法律而不需要他们的同意。"①卢梭认为:"社会公约也赋予了政治体以支配它的各个成员的绝对权力。正是这种权力,当其受公意所指导时,如上所述,就获得了主权这个名称。"②这是君主主权和民主主权的典型论点。国家主权需要法律来维护。正如查士丁尼所说:"皇帝的威严光荣不但依靠武器,而且须用法律来巩固。"③他继位后立即编纂罗马法,其动机与他意欲恢复罗马帝国是相联系的。他的编纂工作所取得的成果,对后世影响十分深远。

成文法典的编纂运动常常服务于民族国家的形成或政治革命的需要。在中国的战国时代,各诸侯国都先后制定和颁布成文法典。它们连同各诸侯国

---

① 〔法〕博丹:《国家论》英文本第98页,转引自沈宗灵:《比较法总论》,北京大学出版社1987年版,第134页。
② 〔法〕卢梭:《社会契约论》,何兆武译,商务印书馆1982年版,第41页。
③ 《法学总论》,商务印书馆1989年版,第1页。

的政治制度、礼俗文化一起,成为新式国家的象征。秦统一中国后,又制定大量成文法律,颁行天下,与民更始。19世纪欧洲大陆上兴起的法典编纂运动也是当时资产阶级革命和民族统一运动的产物。此间产生的各种法典成为大陆法系成文法典的基础。如果没有资产阶级革命和民族统一运动,这些法典的出现是难以想象的。

国家主权是产生法律的唯一源泉。这一命题排除了国家主权者以外的权力者创制法律的可能性,杜绝了审判机关或法官染指立法事务的途径,确立了国家立法机关创制的法律(成文法典和法规)在国家法律渊源中的优越主导地位。

(2)理性主义

古典自然法学的理性主义认为,法律应当是人类理性或人性的体现。要用体现人类理性(自由、平等、博爱)的新法律来取代封建专制主义的旧法律。人类要求并且也有能力制定完备的法律。这种法律足以指导社会生活的各个方面。它们是人类理性的产物,又是人类理性的捍卫者。人们有能力用分类明确、结构严谨、合乎逻辑、表述清晰、内容详尽的文字形式即成文法典的形式,来表述法律。这些用文字表述的法条能够预见和概括社会生活的各个环节,并为法院和法官将要面临的一切法律问题预先提供了准确无误的答案。这些法条能够被一般社会成员所理解和掌握并用以指导自己的行为。"编纂法典正好符合了理性主义思潮对法律的要求。法国民法典的编纂者曾设想这一法典应该是像圣经一样放在每个家庭书架上的一部书籍。"①十九世纪欧洲大陆的法典编纂运动就是在这种理性主义思潮的影响下形成的。它创造并确立了法典编纂的体系、结构、体裁、风格、词汇、概念、原则、立法技术等。但是,由于民族文化传统和社会政治条件的差异,英国并没有产生这种法典编纂运动。

(3)分权说与立法至上

在西方,三权分立的分权说是推行法治和宪政的前提。正如《人权与公民权宣言》所说:"任何社会,如果在其中不能使权利获得保障或者不能确立权力分立,即无宪法可言。"②1787年美国宪法规定:立法权属于参议院和众议院组成的合众国国会;行政权属于合众国总统;司法权属于最高法院及下级法院。③

分权说是近代西方资产阶级法治理论的重要内容。从博丹、洛克,乃至孟德斯鸠、杰佛逊,都曾对三权分立学说集中加以论述。孟德斯鸠认为,当立法权和行政权相结合时,它便可以制定和推行暴虐的法律,人民的自由就不复存在;当立法权和司法权结合在一起的时候,就产生了对人民的专断权力,因为

---

① 沈宗灵:《比较法总论》,北京大学出版社1987年版,第85页。
② 王家福、刘海年主编:《中国人权百科全书》,中国大百科全书出版社1998年版,第499页。
③ 同上书,第379页。

法官就是立法者;当司法权同行政权相结合时,法官便握有压迫人民的力量。如果三种权力合并在一处,那一切便都完了。① 可见权力分立的目的是为了使权力相互制衡,以保障人民的自由权利。

然而在欧洲大陆,分权说则与立法至上是相通的。"对于一个美国人来说,权力分立使他想到各自具有独立的宪法基础的三个并列的政府机构——立法、行政、司法——之间的制约与平衡。而对一个欧洲人来说,它却是一个更为僵硬的学说,并与立法至上的概念密不可分。"② 立法至上的真意是对司法权的控制。而这种想法似乎源于大革命时代的法国。当时旧法院对资产阶级革命的阻碍作用,使人们对法院和法官产生了普遍的不信任。立法至上原则的实际价值在于,它不仅否认法院通过对法律条文的解释而具有实际的造法功能,否定判例作为法律渊源的地位和作用,还排除了法院对行政行为的合法性进行司法审查,以及由普通法院对政府机关之间的纷争进行裁判的可能性。此外,"法无明文规定不为罪"的罪刑法定原则,其含义除了限制法官司法擅断之外,也包含有法官必须服从立法机关制定的法律这一层意思。

2. 成文法型法律样式的总体特征

与判例法法律样式相比较,成文法法律样式具有很多不同之处。这里运用对比的方法简要概括成文法法律样式的最基本的特点。

(1) 成文法典的地位

在成文法法律样式中,成文法典、法规(或曰制定法)是法律渊源的主体。它们由国家专门的立法机关制定并颁布,在指导社会生活上具有极高权威。它们用简明的文字并依一定体裁写出来,具有完整的形式。由于立法机关的不同和法律所调整的社会生活领域的不同,这些法典或法规又被分成不同类别,并共同组成一个完整的合乎逻辑的结构。成文法典法规所涉及的内容广泛而详细,它们由明白易知的文字组成,因此,为整个社会成员包括司法人员提供了有效的行为准则。在成文法法律样式下,人们说某行为"合法"、"违法"或"犯罪",都是基于成文法典法规中的具体法条。法官也是依照这些法条来审理案件的。

在中国的"成文法时代"(战国、秦),各诸侯国都相继制定和颁布成文法。及至秦代,社会生活的各个领域已"皆有法式","事皆决于法"。(《史记·秦始皇本纪》)19世纪欧洲大陆的法典编纂运动则留给后世一个完整的成文法典群,即包括实体法和程序法在内的六法体系。这些成文法在指导社会生活和审判活动上发挥着最基本的和广泛的作用。

(2) 判例的价值

在采用成文法法律样式的国家,判例作为法律渊源的价值常常是被否定的。《查士丁尼法典》规定:"案件应在法律基础上而不是在判例基础上进行

---

① [法]孟德斯鸠:《论法的精神》上册,张雁深译,商务印书馆1987年版,第156页。
② [美]格伦顿等:《比较法律传统》,米健译,中国政法大学出版社1993年版,第37页。

判决"。① 1804年《法国民法典》第 5 条规定:"审判员对于其审理的案件,不得用确立一般规则的方式进行判决"。② 这就禁止法官通过司法来立法,同时也就排除了判例作为法律渊源的可能性。于是,判例对法官便失去约束力:"大陆法的传统观念是,任何法院都不受其他法院判决的约束,至少从理论上说是这样要求的,即使最高法院已对同类案件所涉及的问题表示了意见,它的下级法院仍然可以作出与之不同的判决"③。就是说,法官在审判案件时只能依照并援引成文法典,即使以前已经对同类案件做出过判决,但这些判决是不被考虑和参考的,因为在成文法法律样式中,根本不存在"遵循先例"的原则。更不必说"判例不是法律渊源"的传统见解了。但是,事实上判例也曾或多或少发挥其有限作用:"判例是在立法者为法确立的框框之内活动,而立法者活动的目的正是为了确立这些框框。由于这个事实,判例法的影响是有限的";"判例确立的法律规范没有立法者确立的法律规范那样的威力。它们是不稳定的规范,在审理新案件时随时可被否定或变更。判例不受它已提出过的规范的约束,一般说,它甚至不能引用这些规范为它即将作出的判决辩解"。④

（3）法官的职能

在成文法法律样式下,法官的作用是有限的,他们的主观能动性受到种种限制。法官的作用仅仅是依照成文法条来审理案件,他们既无权表述自己的见解,也不得援引以往的判例,更不得通过司法来立法。甚至在法律解释方面也受到种种限制:"立法权同司法权分立的原则不允许法官对立法机关制定的法规中有缺陷、互相冲突或者不明确的地方进行解释。这些问题总是留待立法者作权威性的解释。"法官审判要严格依照法条,其判决"很大程度上是照本宣科"。因此,"法官的形象就是立法者所设计和建造的机器的操作者,法官本身的作用也与机器无异",大陆法系中的伟大人物不出于法官而是那些立法者和法学家。"在典型、正统的大陆法系国家中,法官被视为一个由法学家和立法者所设计、建造的法律机器的操作者,扮演着次要的或是无足轻重的角色。"⑤

（4）法学家的作用

在成文法法律样式下,由立法机关创制的成文法典法规构成了法律渊源的主体。这些法律不仅有简洁明确的文字和逻辑严谨的结构,而且还包含一系列言之成理的理论、原则和专门的法律术语。法律制定颁布之后,还要由立法机关加以解释并回答种种咨询。这就使法学家处于十分重要的优越地位。

在法国,"法典编纂的基础理论很大一部分来自法学和哲学思想,包括孟

---

① 沈宗灵:《比较法总伦》,北京大学出版社 1987 年版,第 142、143 页。
② 《法国民法典》,李浩培等译,商务印书馆 1979 年版,第 1 页。
③ 〔美〕约翰·亨利·梅利曼:《大陆法系》,顾培东等译,知识出版社 1984 年版,第 52 页。
④ 〔法〕勒内·达维德:《当代主要法律体系》,漆竹生译,上海译文出版社 1984 年版,第 127 页。
⑤ 〔美〕约翰·亨利·梅利曼:《大陆法系》,顾培东等译,知识出版社 1984 年版,第 29、41、40、53 页。

德斯鸠和卢梭这些人的思想。这些思想后来又支配着法国各种法典的解释和适用,并为大陆法系中那些以法国法典为模式编纂本国法典的国家所接受";"法学家们把丰富的时代思想溶于法律概念,并建成一个系统化、概念化的法学结构。直至今天,这个法学结构还是大学法学院系的授课内容,并且它始终限制和支配着那些力求使这一结构永存不朽的法学家的思想,也为司法实践解释和适用法律、判例、法律行为等提供理论根据。总之,它支配着整个法律程序";"法学家是大陆法系中的重要人物。立法者、检察官、司法行政官员、法官以及律师无一不受法学家思想的影响。法学家们把大陆法系的历史传统和形式上的法律条文溶于法律制度的模式之中,传授给学生们,并著书立说加以论证。立法者和法官接受了法学家的法律思想和概念,在立法和执行中加以运用。因此,尽管法学不是一个正式的法律渊源,但它却有巨大的权威性";"法学家们不仅创造了近代民族国家理论、法律实证主义和权力分立学说,而且还创造了法典编纂的内容、形式和风格,提出了具有决定意义的关于审判职责的观点。于是,法学家成了大陆法系中真正的主角,大陆法也就成了法学家的法"。①

3. 成文法型法律样式的优劣

成文法法律样式作为人类法律实践活动的重要工作方式,有其优越之处,也有其不可逾越的局限性。

(1) 成文法法律样式的优点

成文法法律样式的优点主要表现在以下几个方面:

① 成文法典、法规尽管是用抽象的文字和术语写成的,但它们总是简洁明确的,使一般民众读起来虽然不深谙其意,但总能得出与法条大致相同的粗略印象。这就使人们预先知道合法、违法、犯罪行为的大体界限,从而使法律带有普及性和预防性的作用。

② 成文法是由国家立法机关统一制定的,这就使成文法在国家政权所及的范围内是一致的和同时有效的,从而实现法在地域上和时间上的统一。成文法的权威使它能够在国内各个法院得到同样的适用。

③ 成文立法的灵魂是法学家。法学家从社会最新思潮中汲取营养,并有机会把它们输入新法当中,从而推动社会的进步。更不必说成文法在社会革命(废除旧政权建立新政权或推行新政策)中所起的巨大作用。

④ 成文法立法是统一的有组织的立法。法律被分门别类地制定出来,分别调整一个个不同的社会生活领域,且包括实体法和程序法。这就为立法者、司法者和民众提供了方便。甚至一般民众也可以运用成文法典的法条对国家司法活动实行监督。

---

① 〔美〕约翰·亨利·梅利曼:《大陆法系》,顾培东等译,知识出版社1984年版,第66、75、69、65页。

（2）成文法法律样式的缺欠

成文法法律样式还有其无法克服的局限性,甚至可以说它的优越之处同时也是不足之处。这主要表现在以下几个方面:

① 成文法典或法规毕竟是用抽象的文字和术语写成的,藏在这些文字背后的真实立法意图或宗旨是不容易被人们准确把握的。特别是一些本身就模糊的概念,如"情节严重"、"数额较大"、"态度恶劣"、"正当理由"、"公共道德"等,很难使人们得出准确的解释。

② 法官依照成文法条的规定对案件事实做出评价并作出判决。在这种活动中,成文法条的抽象性,给法官的主观能动性留有极大的用武之地。在这种场合下,法官实际上是凭着他内心的标准（良心、正义、公平）来审判的。而不同的法官,其文化素质、个人阅历、道德观念等总是存在差别的,这样,很难保证同类案件在不同法官审理中达到同等的结果。

③ 成文立法是一种很正式的严肃的国家行为,它本身要依照一系列严格的程序才能进行。而且,成文法典、法规一经制定颁布,就不能在短时期内更改或废除,即使发现法典的毛病或不足之处,也不可能立即更改。即使法典已经不适于变化发展了的社会生活,为了维护法律的严肃性和威严,也只能将错就错,不能立即更改。

④ 成文法典的内容总是有限的,而社会生活的内容却是无比丰富的。法条再详细也不可能包揽社会生活的所有方面和各个细节。因此,法律的漏洞和真空总是存在的。在没有法律规定的地方和领域,由于"罪刑法定"原则,使应当保护或应当限制的行为不能有效地得到保护或限制。从而使相当一部分争议或纠纷被关在法院大门之外。

（二）判例法型的法律样式

判例法法律样式,即以通过审判活动发现并适用法律原则为法律实践活动主体内容的一种运行方式。这种形式的法律实践活动,实际上把立法活动和审判活动融为一体。审判机关和法官处于十分重要的中枢地位。在审判活动中,法官依据某种共知的法律原则对某个案件做出裁判,是为判例。判例不仅对案件当事人具有约束力,而且对法官本身也具有约束力。以后,法官在审理同类案件时,必须以上述判例为法律依据。其方法是,从以往判例中概括出某种法律原则,并适用于当时正在审理的案件。一些典型的判例被依一定形式编纂出来,以便寻查。待到社会生活发生巨变,旧的判例不宜于时用之际,法官可以创制新的判例以取代旧的判例,从而完成法律的更新。

从某种意义而言,采用判例法法律样式的国家主要是英美法系国家。其中,最具典型意义并对其他国家或地区施以较大影响的是英国和美国。但是,这只是个相对的说法。说英美法系国家采用判例法法律样式,并不等于说,在这些国家或地区,判例法法律样式是唯一的法律样式,不包含一定程度的成文法因素。而只是说,在这些国家或地区,占支配地位的法律样式是判例法样式。此外，也不能排除在该法系以外的国家或地区，在其历史发展的某一阶段，也曾经适用过判例法样式。事实上，与成文法法律样式同样，并不存在纯粹的唯一的判例法法律样式。无论从地域的横向还是历史的纵向角度看问题，都是如此。严格而言，说某处采用了判例法法律样式，不过是说，在那里形成了以判例法法律样式为主体、以其他因素为辅助的法律实践方式。

某个国家或地区的判例法法律样式，是其民族文化历史传统和经济政治生活的共同产物，并与一定的国家政体和政治法律思想紧密关联。

判例法法律样式也有其自身的优劣。一部判例法法律样式的沿革史，正是其努力扬长避短，以期适合于社会生活的历史。而其自身缺欠的完全克服，不得不从自身以外去寻找良方。

1. 判例法型法律样式的理论基础

某一国家或地区的判例法法律样式，是在一定的政体之下，并在一定的政治法律思想支配下逐渐形成的。这些政治法律观念或思想成为判例法法律样式的理论基础。

（1）遵循先例

遵循先例，其拉丁语的原意是：遵守先例，不要扰乱既定的原则。它是实行判例法的英国法系的最普遍的原则。也是判例法法律样式的理论基石。"遵循先例意味着，某个法律要点一经司法判决的确立，便构成了一个日后不应背离的先例。如果用另一种方式来表述，那就是说，一个恰好有关的先前案例，必须在日后的案件中得到遵循。"① 也就是说，法官在审理当前的案件时，必须考虑上级法院或本法院以前对同类案件所做出的判决，并依照这些判决中所体现的某种法律原则或规则，来对案件做出判断。简单说，判例具有约束力，判例是切实有效的法律。

英国在没有现成法律可以借鉴的情况下，在中世纪逐渐形成了判例法法律样式。直到 19 世纪才确立了遵循先例的原则。卡里顿·阿兰爵士在《论法律的制作》（1964 年第七版）中这样表述道："高级法院所作的现行判决，或者一般地说（虽然并非总是如此）同级法院所作的现行判决，如果它所规定的原则是清楚的、确定的，并且可以适用于眼前处理的案件事实的话，这些判决不论审判官们喜欢与否，都是具有拘束力的。"②

博登海默在他的著作中列举了遵循先例原则的五个优点：

（1）该原则将少量的确定性与可预见性引入了私人活动与商业活动的计划之中。它能使人们在进行贸易和安排他们个人的事务时具有某种把握，即他们不会被卷入诉讼之中。它给予了他们预测社会其他成员可

---

① 〔美〕博登海默：《法理学——法哲学及其方法》，邓正来、姬敬武译，华夏出版社 1987 年版，第 521 页。
② 转引自〔英〕克里夫·施米托夫：《英国依循判例理论与实践的新发展》，潘汉典译，载《法学译丛》1983 年第 3 期。

能会如何对待他们的某种根据(假定这些社会其他成员是遵守法律的)。没有这种可预见性要素,人们便无法确定他们的权利、义务和责任,从而也不能确定他们干什么事是不用担心会受到强制制裁的。

(2)遵循先例的那些给私人以咨询的律师进行法律推理和提供法律咨询提供了某种既定根据。如果一个律师不具有一些可以帮助他预测诉讼案可能会导致的结果的可以利用的有益工具,那么他对于他的当事人来讲便不会有什么用处。

(3)遵循先例原则有助于对法官的专断起到约束作用。它对于那种容易具有偏袒和偏见的既软弱而又动摇不定的法官来讲,可以起到后盾作用。通过迫使他遵循(作为一种规则)业已确立的先例,它减少了使他作出带有偏袒和偏见色彩的判决的诱惑。

(4)遵循先例的惯例可以促进办理司法业务的速度,从而促进有效的司法管理。遵循先例可以节约时间并保养法官的精力,与此同时还可以减少当事人的诉讼费用。它使法院在一个法律问题每次重新提出时就重新考察该问题的作法成为不必要。

(5)先例原则还得到了人类正义感的支持。用卡尔·卢埃林的话来讲,先例在法律中的效力得以提高,乃是通过"那种奇妙的几乎是普遍的正义感而实现的。这种正义感强烈要求,在相同的情形中,所有的人都完全应当得到同样的对待"。①

总之,遵循先例原则不仅确立了判例作为法律渊源的统治地位,而且也为法院审判案件提供了得以依据的法律,同时还形成了相应的诉讼程序。

(2)司法至上

按照三权分立的原则,立法、行政、司法三权本来是相互平等而互相制衡的。然而,由于有了遵循先例的原则,法院做出的判决即判例成为主导性法律渊源,从而使司法机关兼理立法之事。不仅如此,司法机关还享有法律解释权和司法审查权(像美国那样)。这就使法院或司法权处于优先的地位。司法至上的思想就是这样产生的。

关于法院、法官的职能问题,在法学家中间曾引起长期的争论。英国法律史上有许多人比如科克、黑尔、培根、布莱克斯通都坚持认为:法官的职责是宣告和解释法律,而不是制定法律。其理由是,先例本身只是关于法律存在的一种证明。法官适用先例时,只是通过先例来发现和宣告法律,而并非创造法律。当法官推翻了某个先例时,也只是宣告该先例是对法律的误解。到了19世纪,上述观点受到激烈抨击。英国法学家边沁、奥斯丁、美国法学家格雷宣称,"宣告说"是虚构的东西,法官在适用、修正、推翻先例时都在创造法律,而

---

① 〔美〕博登海默:《法理学——法哲学及其方法》,邓正来、姬敬武译,华夏出版社1987年版,第522—524页。

大部分衡平法原则都是法官通过判例创制的。格雷指出:"法官们所立的法甚至要比立法者所立的法更具有决定性和权威性,因为法规是由法院解释的,而且这种解释决定了法规的真实含义,其重要意义要比其原文更大。"①

法院和法官的优先地位表现在以下三个方面:一是法律解释。一些成文法规则所要表述的真实含义,如不通过一系列具体判例来说明的话,那么它们的作用就等于零。"从历史上看,英国法官在解释制定法方面的权力是相当广泛的。当他们发现法律在实际生活中会导致不利时就不拘泥于文字"。② 二是制定法律。法官在适用、修正、推翻先例时都在起着实际立法的功能。但是这种功能并不是毫无限制的。正如法官霍姆斯指出的:"我毫不犹豫地承认,法官的确而且必须立法,但是他们只能在隙缝间进行立法"。③ 第三是法院行使的"司法审查权"。自19世纪初开始,美国逐步形成了最高法院有权审查法律是否违宪的传统,而这些法律正是联邦或各州的立法机关制定的。最高法院通过受理并判决某些有关案件的形式,来宣告有关法律(包括各州的宪法)是否符合联邦宪法。这种判决一经公布,便作为先例对一切法院具有约束力,而被宣布为违宪的法律便失去效力。

2. 判例法型法律样式的总体特征

与成文法法律样式相比较,判例法法律样式具有很多不同之处。这里运用对比的方法简要概括判例法法律样式的最基本的特点。

(1) 判例的地位

在判例法法律样式中,由于奉行"遵循先例"的原则,使判例成为法律渊源的主体。这些判例被汇编成书,数量极为庞大,定期出版,以供人们特别是法官和律师援用。尽管也有法学家提出质疑:"先例并不是一种法律渊源,而在判例中得到正确陈述的法律原则才可被视为法律渊源";"并不是先例本身,而是隐藏于其后或超越于其上的某种东西赋予了判例以权威性和效力";"法官通常都制定溯及既往的法律,而且他们在判决中所规定的规则不仅是法律渊源,而且就是法律本身"。④ 不过这都无碍于判例作为主要法律渊源的优越地位。这种地位还可以从同成文法规的比较中表现出来。

(2) 成文法典的价值

在判例法法律样式中,仍然给成文法典法规留有一席之地。但国家最重要的法律并不像成文法系国家那样采用成文法典的形式,"在大多数普通法法系国家,法典形式很少使用,甚至是罕见的"。即使产生了一些成文法典法规,它们也受到判例的影响:"制定法也是在判例法的基础上制定的,因而制定法

---

① 〔美〕博登海默:《法理学——法哲学及其方法》,邓正来、姬敬武译,华夏出版社1987年版,第539页。
② 沈宗灵:《比较法总论》,北京大学出版社1987年版,第264页。
③ 〔美〕博登海默:《法理学——法哲学及其方法》,邓正来、姬敬武译,华夏出版社1987年版,第542页。
④ 同上书,第416—417页。

就不可避免地带有判例法的痕迹"。同时,制定法的实施也离不开法院通过判决来加以解释:"制定法一般要通过法院的解释才能实现,而在这一过程中,判例法往往就在不同程度上改变了制定法。"①因此,在英国,"法律的各项规定终于迅速地淹没在一大堆法院判决中,后者的权威取代了法律条文的权威。这些判决各有自己要解决的特点细节问题,在这众多的判决中,法律的总的精神和它原来力求达到的目标有被遗忘或掩盖的危险。由于在这个问题上接纳了先例规则,法院实施英国法律的方式一般说使新法律的倡导者感到失望。"在判例法法律样式中成文法因素受到种种限制。因此,对该样式中的成文法的作用既不能无视——因为制定法可以否定先例,同时也不能估计过高。"在今天的英国,法律所起的作用不低于判例。然而在现有的情况下,英国法仍然基本上是判例型的法,这有两点原因:判例在某些仍然非常重要的领域继续引导法的发展,另一方面英国法学家习惯于判例的多少个世纪的统治,直至现在未能摆脱传统。对于他们来说,只有透过一个案件的事实,并缩小到解决一项纠纷所必要的范围,才有真正的法律规范。这种对于传统的留恋构成制定法的不利条件,使我们对于英国法律与欧洲大陆的法典及法律不能等量齐观。"②这些都说明成文法因素只充当了次要的配角。

(3)法官的职能

在判例法法律样式中,法院或法官处于十分关键和优越的地位。他们解释法律、创制法律,推动法律的发展。"在普通法历史的大部分时间中,法官们在经常而适当处理早期判决方面拥有巨大自由"③;而且,"从历史上看,英国法官在发现法律在实际生活中会导致不利时就不拘泥于文字"④。在美国有一句家喻户晓的名言:"法官所说就是法。""应该说,这句话并非全无道理。法官对于提交给他审理的案件,可以决定其性质,有权选择应适用的法律以及运用法律作出判决。无论他选择的法律规定来自立法机关的成文法规,还是来自司法判例,它们的实际意义只能存在于具体案件之中,而这些又必须通过法官加以运用才能确定。"⑤从这个意义上讲,把判例法称为"法官创造的法律"、"法官法"是有道理的。

(4)法学家的作用

在判例法法律样式中,就其所起的作用来说,英国法系国家中法官与法学家的差别,比大陆法系国家中法官与法学家的差别要小得多。因为,在大陆法系,法学家是立法和法律解释的灵魂,而法官不过是成文法机器旁谨慎操作的司法工匠。在英国法系的人们看来,大陆法系的法学的价值是大可怀疑的:

---

① 沈宗灵:《比较法总论》,北京大学出版社1987年版,第257、266、261页。
② 〔法〕勒内·达维德:《当代主要法律体系》,漆竹生译,上海译文出版社1984年版,第357、361页。
③ 〔美〕博登海默:《法理学——法哲学及其方法》,邓正来、姬敬武译,华夏出版社1987年版,第419页。
④ 沈宗灵:《比较法总论》,北京大学出版社1987年版,第264页。
⑤ 〔美〕约翰·亨利·梅利曼:《大陆法系》,顾培东等译,知识出版社1984年版,第69页。

"法学是法学家的创造物。是法学家们的辛劳的拙作,在我们法官起统率作用的普通法系来说,法学根本不屑一顾。普通法系的法官是实际问题的解决者而不是理论家。大陆法系强调科学方法、系统结构和形式主义,并使之成为有效解决问题的方法。大陆法系还抑制法官在法律活动中的作用,抬高立法者和法学家的地位。与抽象化、形式主义和纯粹主义相对立的应用法学,以及同科学方法、系统化相对立的法律实在主义,都强调审判活动的重要性和复杂性,它们已在普通法系国家尤其是在美国得到繁荣和发展。"①正因如此,在英国法系,法学家大都是出身法官拥有丰富司法经验的人物。他们的著作之所以具有影响也完全是因为其内容源于实践又有利于解决实际问题。比如英国法学家、教授和法官布莱克斯东所著的《英国法释义》,美国法学家、教授和法官肯特所著的《美国法释义》,及美国法学研究所组织著名法学家编写的《法律重述》等。可以说,英国法系的法学家是与法官肩并肩,为着解决一系列具体的司法问题而从事学术研究的。

3. 判例法型法律样式的优劣

判例法法律样式作为人类法律实践活动的工作方式之一,有其优点,也有其不可克服的缺欠。

(1) 判例法法律样式的优点

判例法法律样式的优点主要有以下几个方面:

① 以判例形式表述的法律规范具有具体、细致、明确的特点,可比性强,易于被人们理解和掌握,因此也更具有预测性,使人们可以预先知道何种行为是合法的或违法的以及又应承担何种法律责任。

② 从判例的内容来看,它包含案件事实、对事实性质的评价、对当事人的处分以及理由等。法官在审理同类案件时可以迅速通过比较而得出结论,不必再一次耗费时间和精力,从而提高审判的效率。

③ 判例作为审判的依据,已给法官提供了事实、理由、处分等方面的明确具体的评价和意见,这就使法官很难背离判例所体现的客观标准去发挥个人的见解,从而有助于限制法官的专断与偏见。

④ 判例的详细内容和较强的可比性、可参照性,使律师能够较好地为当事人服务,预先评价案件的审判结果和理由,回答当事人提出的各种咨询,律师还可以通过查阅以往判例为当事人提供有利的建议。

⑤ 判例法的审判活动,是以过去的判例所体现的法律原则规则为依据,来审理新受理的案件。此后,这个新产生的判例又可能成为今后审理同类案件的依据。这样有利于实现法律的平等精神,使同类案件不论过去、现在和将来,都得到同样的处理。

⑥ 法官可以用创制新判例的方法来修正或废除旧判例,用渐变的方式使

---

① 〔美〕约翰·亨利·梅利曼:《大陆法系》,顾培东等译,知识出版社1984年版,第70页。

法律适应变化了的形势。

（2）判例法法律样式的缺欠

判例法法律样式因其具有上述优点而获得极强的生命力并保持至今。但是，任何事物总是包含正反两个方面的因素。也就是说，判例法还有其自身不可逾越的局限性。这主要表现在以下几个方面：

① 判例法中的判例是法律渊源的主体。历史上积累的判例已经汗牛充栋，而现实生活中又产生大量的新的判例。这些判例虽然被编辑成册，标上分类和番号，但由于其内容庞杂，使一般非专业人员望而却步难以掌握。

② 判例是法官对具体案件作出的具体判决，带有一定的独特性。世界上的事物是千差万别的。在生活中很难找出两个绝对相同的事件。因此，判例的可比性又是相对的、大略的而非严谨的，这就使判例法带有片面性或不准确性。

③ 判例法的审判操作过程，似乎是沿着一个标准，自古及今乃至将来一气呵成不许走样的。这就使判例法带有僵化的保守倾向，使变化发展了的社会生活屈从古老的原则。这就不利于法律变革，尽管它具有自我更新局部量变的机制。

④ 判例法重视过去、现在、将来这种时间上的纵向平等，使同类案件不管它发生在什么时间都得到同等的处理，但是它忽视了地域的横向的平等，即保证同一时期发生的同类案件的同等处理。而且，由于平等、正义观念本身是随着时代变化的，这样，维持时间上的平等、公平也并非总是没有问题的。

⑤ 法官通过司法来立法这种作法，同立法机关的立法总还是存在着互相协调的问题。如果立法机关制定的不好的法律，被法官在具体司法中加以纠正，这总还是一件好事。但如果情况正相反的话，就不能不说是个问题了。

（三）混合法型的法律样式

混合法法律样式，即将成文法和判例法两种法律样式在某种格局中有机融为一体的一种法律实践运行方式。从不同角度可以概括混合法法律样式的主要特征。从动态角度来看，混合法法律样式是这样一种运行方式：在有成文法典法规且这些法律宜于时用之际，则依照成文法条来审理案件；在无成文法律或现存成文法律不宜于时用之际，则由法官依照某种法律政策创制判例，这种判例经国家权力机关的审核批准，对以后同类案件的审判具有约束力。这种判例被编辑成汇编形式，成为国家正式颁行的法律渊源。而后，当国家大规模立法之际，这些判例又被抽象加工成为成文法条，被新的成文法典、法规所吸收；在国家前后两次立法活动中间，判例起着拾遗补缺和预备立法的独特作用。从静态角度来看，成文法法律样式与判例法法律样式各有其领域，两者互不干涉、并行不悖。往往是，在稳定的社会生活领域，成文法起着主导作用；而在变化较快的社会生活领域，判例法则起着主导作用。这种两种法律样式并行的状态，是初级状态的混合法，只有判例不断被成文法吸收的动态运行方式,才是高级状态的混合法。以上两个方面正概括了混合法法律样式的基本特征。

从某种意义而言,采用混合法法律样式的国家是中国。在中国数千年的法律文化史上,既有"判例法"时代,又有"成文法"时代,而占主体地位的则是两者有机结合的混合法法律样式。在中国混合法法律样式中,在成文法、判例法的实际作用之间,很难再使用主和辅的字眼,因为它们各自的作用都是他方无法替代的。这是与其他国家法律样式最大的不同之所在。中国的混合法法律样式,是中国民族文化传统和经济政治生活的共同产物,并与中国历史上形成的国家政体和政治法律思想有着直接的联系。

混合法法律样式吸收了成文法法律样式和判例法法律样式的优点,同时又排除了它们各自的缺欠和不足之处。它是人类法律实践活动自身规律性的体现。一个多世纪以来,西方两大法系的相互借鉴与靠拢的事实告诉人们,成文法法律样式和判例法法律样式各自的欠缺以及各自蕴含的混合法因素,为它们各自的完善提供了动力和机会,这就是中华民族经过数千年实践活动总结出来的混合法法律样式。走向混合法,这就是人类法律实践活动共同发展的道路。

1. 混合法型法律样式的理论基础

中国的混合法是在判例法和成文法样式更迭和交融的基础上形成的。因此,在理论上也经历了判例法理论、成文法理论更迭和交融的过程。

在"判例法"时代(西周、春秋),由于当时的政体是宗法贵族政体,贵族的爵位官职是世袭的,贵族事实上兼立法、司法、行政权于一身,从而使法官在司法中适用和创制法律成为可能。当时的理论是:①"议事以制",即选择适当的判例做为依据来审判案件。②"仿上而动",即依照以往的判例、先例来审判案件。这两个观点相互联系。"仿上而动"即"遵循先例"原则,它保证法律在时间前后上的一致性;"议事以制"则承认法官在运用判例上的主观能动性,以保证法律的适应性。

在"成文法"时代(战国、秦),由于当时的政体是中央集权的君主专制政体,法官同官吏一样都由国王委派并向国王负责。当时的理论是:①"两权分立","君权至上"。即国家的立法权与司法权分别由君主和官吏执掌,两权是分开的,但法官的司法权要无条件服从君主的立法权。②"皆有法式","事皆决于法"。即国家制定无所不包的详细的成文法,法官在司法中严格依法律规定,不得援用判例,更不能自作主张。法官不能正确掌握法条之所谓(指法条的具体内容),或增损法条一字以上的,都要受到严惩。

西汉以后乃至清末,从政体上看,仍是中央集权的君主专制政权。但由于中国国土辽阔,使各地方官享有实际上的相对独立的行政权,且兼行政、司法于一身。从思想上看,西汉以后,宗法家族日渐强大,儒家的礼治思想抬头并被奉为官方正统学术。而原来主要体现法家思想的法律不得不渐渐儒家化。在这个过程中,使运用礼的原则指导司法成为可能。以上两方面原因,构成了封建社会中成文法与判例法制度相互冲突、补充、并行不悖的格局,即混合法的格局。

至于混合法法律样式的理论,主要有以下几点:①"有法者以法行,无法者以类举,听之尽也。"(《荀子·君道》)②"大抵立法必有弊,未有无弊之法,其要只在得人。"(朱熹:《朱子语类》卷一零八)大意是说,凡是成文法都有其缺欠和不足,重要的是选用水平高的法官,以便灵活掌握。③"人法并重,法例并行"。即成文法典的作用和法官的能动作用相结合,成文法典和判例相结合,两者相互辅助、互补其短、不可偏废。

2. 混合法型法律样式的总体特征

中国的混合法是经历了"判例法"时代、"成文法"时代之后逐渐形成的。它一经形成便以其广泛的适应性和有效性被社会所接受。它不仅是中国封建社会占支配地位的法律样式,而且还极大地影响着中国近代、现代的法律实践活动。

(1)成文法典是基本的法律渊源

在中国封建社会的历朝历代,占统治地位的法律是成文法典。其原因很简单,那就是成文法典是皇帝主持编纂并批准颁行的。而且,一般来说,在同一朝代,先朝皇帝制定的法典还得到后辈皇帝的遵从。成文法典的制定或废除、修订,往往带有明显的政治色彩,并为达到政治目的而发挥作用。

(2)判例是实际有效的法律渊源

由于成文法典本身带有不可避免的局限性和缺欠,这就使判例得以发挥其独特作用。判例的创制和适用在不同情况下有不同表现形式。首先,在无成文法典或现行成文法典不宜于实际的情况下,法官得以依照国家法律原则或政策创制适用判例,以补成文法之不足。其次,用判例的形式注释成文法条之所谓,弥补成文法条过于笼统和难于修订的欠缺,以指导法官的司法。

(3)法官在司法中兼有局部立法之职能

在封建时代,虽然君主之立法权与法官之司法职能是分开的,但事实上,不仅皇帝兼领最高司法之权,而且法官也具有局部的立法职能。这主要表现在创制和适用判例上面。这种做法有时是很普遍的和自由的,但是在总体上受到皇权的严格限制。

(4)法学家的作用

在中国的"成文法"时代,法家式的法学家同时还是改革家和立法家,他们的学术思想通过立法和司法表现出来。在封建时代,法学家开始属于经学家的分支,而后实际上更多是法律注释学家。他们的私人注释经朝廷批准而具有约束力。虽然在封建时代从未形成与市民社会相联系的"法学家阶层",但是在具体司法活动中,法学家的理论曾经发挥重要影响。

(5)成文法典与判例相结合

在中国封建时代,成文法典和判例之所以能够并行不悖相辅相成,其重要原因是皇权对立法和司法的统一控制。在法无明文规定的情况下,创制和适用判例;判例积累到一定程度之后又上升为法条,最后被成文法典所吸收。

3. 混合法型法律样式的评价

从理论上说,成文法与判例法相结合的混合法同时排除了成文法和判例法的缺欠,又集中了两者的优点,是理想的法律样式。而且中国数千年的法律实践也证明混合法是可行的。但是,应当注意,混合法是一个更高层次的法律实践样式,它不仅需要一个有力的理论作指导,以摒除以往的种种偏见;而且还需要一个集中的统一有序的指挥和协调机构;同时还需要一批素质优良的立法司法人员。可以说,混合法的构筑是一个庞大复杂的社会工程,在没有混合法传统只有单一法传统的国家或地方,混合法的实现就更为艰巨。

无论如何,中华民族以自己的经历告诉世界,中国式的混合法是成功的。它之所以成功倒不仅仅是因为中华民族的聪敏,而更重要的是它是人类法律实践内在规律性的反映。

二、中国法律文化的古老光荣

从事比较法学研究的学者曾经把世界范围的法律文化划分为若干"法系"或"法族"。如日本法学家穗积陈重(1856—1926)提出五大法族,即:印度法族、中国法族、伊斯兰法族、英国法族、罗马法族(后又加日耳曼法族、斯拉夫法族)。德国法学家柯勒尔和温格尔将世界法系分为三种:原始民族法、东洋民族法、希腊罗马民族法。其中东洋民族法又分为半文明民族法和文明民族法,中国属于文明民族法。美国韦格穆尔分世界法系为十六种:埃及、巴比仑、中国、希伯莱、印度、希腊、罗马、日本、日耳曼、斯拉夫、穆罕默德、海洋、大陆、寺院、英美、爱尔兰。① 法国比较法学家勒内·达维德认为,当代世界主要有三个法律体系:罗马—德意志法系(即大陆法系),普通法(即英美法),以苏联和东欧社会主义国家为代表的社会主义法,此外还有穆斯林(即伊斯兰)法、印度法、中国、日本以及非洲各国等法。② 各国学者都没有忽视中国法系的存在价值,是因为它具有独特的地方。中国法系在世界法律文化中占有一席之地,这是一种古老的光荣。

正如前述,著者认为,划分世界法律文化的标准有两条:一是法律规范的内容所依据的基本精神,二是产生和实现法律规范的程序。且这两条标准只能单独使用。就第一条标准而言,可以把世界法律文化分成三种:宗教主义的法律文化、伦理主义的法律文化、现实主义的法律文化。运用第二条标准也可以产生三种类型的法律文化:判例法型、成文法型、混合法型的法律文化。中国法律文化处于这样的地位:不论用第一种还是第二种划分标准,中国法律文化都必居其一。也正由于有了中国法律文化,才使世界法律文化园地显得更加多彩多姿。

---

① 参见杨鸿烈:《中国法律在东亚诸国之影响》,商务印书馆1937年版,第12—13页。
② 〔法〕勒内·达维德:《当代法律主要体系》,漆竹生译,上海泽文出版社1984年版,第29页。

同世界范围的其他类型的法律文化相比较,中国法律文化具有以下鲜明的特点:

其一,起源早。中国法律文化起源于距今5000余年的黄帝时代,略早于古埃及、古巴比伦和古印度这三个文明古国。李钟声先生所著《中华法系》谓:"中华法系起源于距今七千年前,在今天所知的世界古今各法系中,历史最早。"又谓:"自七千年前开始的新石器时代,由于文物显示,先民们于陶器上画太极图案,及刻数字符号和陶文。以与文献记载,伏牺氏画八卦,造书契,二者足以互相照映;至于伏牺氏到神农氏的年代,近代史学家章嵌的《中华通史》,列伏牺氏系,十七主,一千二百六十年。神农氏系,八主,五百二十年。均在黄帝之前。则黄帝于公元前二六八九年开国,由此年代上溯,伏牺氏为公元前约四千五百年,即距今约六千五百年。以与新石器时代出土陶器、有太极图案与陶文,为距今七千年至六千九百年者,相去非远。"[①]诚如是,则中国法律文化的起源就遥遥领先于全世界。

其二,历史长。就其经历而言,中国法律文化自诞生时起,直至今天,其固有的精神与样式虽历经世代变革而未曾中止,其他诸种法律文化,或者产生较晚或者产生虽早却由于种种原因而中断。唯独我中国法律文化,数千年一脉相承,未曾断绝,直抵当今,而且生机盎然。这在世界文化史上是仅见的一例。

其三,内涵深。中国传统法律文化深深植基于"人本"主义实践哲学之中,视"人"与"人"的生存为宏大宗旨,视法律与道德相表里。法律与道德都不过是一种途径,其目标是达到"人之所以为人"的和谐境界。这就使中国传统法律文化在哲理层次上既高于神权法,又高于以调整人们财产关系为首务的现代法,故而显示出中华民族独有的民族智慧和坦荡襟怀。经过数千年的实践活动,中国传统法律文化博大精深的哲理和观念,早已深深注入中华民族的躯体,它哺育着古代的中华民族,也塑造着现代的中国人。

其四,程度高。中国传统法律文化是中华民族长期实践的结晶。由于它较早同时又较彻底地摆脱了"神"的羁绊,从而充分发挥人的主观能动性,在法律思想、法律规范、法律设施、法律艺术等领域都取得了为世人惊叹的灿烂成果。这些成果对于今天的法律实践仍具有极大的借鉴意义。

其五,影响广。中国传统法律文化不仅熏陶着中国土地上众多的民族,并以强有力的文化机制凝聚着中华大家庭,而且还广布于海外。中国传统法律文化曾在很早的时候,就被移植到朝鲜、日本、琉球、安南等东南亚地区,从而形成实际意义上的中国法律文化圈。[②] 作为一种哲学观念,中国传统法律文化曾对欧洲的启蒙运动和革命运动施以潜在的影响。而中国的文官制度,曾使西方人士叹为观止并争相效法。诚如李钟声先生所言:"中国法律文化为古

---

① 李钟声:《中华法系》(上),台北华欣文化事业中心1985年版,第20页。
② 参见杨鸿烈:《中国法律在东亚诸国之影响》,商务印书馆1937年版,第20页。

代的东亚诸国所吸收,亦为新兴的西方诸国所吸收。"①

其六,预见远。作为中国法律文化的基本特征,"集体本位"和"混合法"在某种程度上体现了人类法律实践活动的合理价值和内在规律性。任何个人都是作为社会意义上的人而存在的。任何个人的权利与自由,也都必须在社会总体的权利与自由的条件下才能得以实现。因此,社会乃至人类总体利益应当成为法律实践活动的起点和终点,中国的"混合法"兼取"成文法"和"判例法"之长而又避其短,是最为科学的法律实践样式。可以预言,人类的法律实践活动终将沿着中国传统法律文化树立的路标前进。

三、中国法律文化的世界意义

中国法律文化是中华民族数千年来法律实践活动的结晶,是人类实践活动所取得的光辉成果之一。它的世界意义不仅在于过去曾为人类文明作出巨大贡献,而更为重要的还在于为人类当今以致未来的法律实践活动提供新的精神和样式。

(一)"集体本位"与当今世界

中国法律文化的总体精神是单向的"集体本位"。即从某一特定形态的社会整体秩序的立场出发,来塑造个人的权利与义务。从历史的角度而言,单向的"集体本位"法律观是落后的、不科学的,它曾起过阻碍社会进步的消极作用。这是问题的一个方面。另一方面,我们也不能否认这一观念经过改造之后,可以在新的社会条件下发挥其独有的积极作用。比如,新中国成立之后,经过艰难曲折的社会实践,终于选择了双向的"国家·个人本位"法律观。而这种双方的法律观,正是在传统单向法律观的基础上创立的。社会主义新型的"国家本位"虽然与传统的单向"集体本位"有着本质上的差别,但又不能否认,两者在文化深层领域具有"暗合"之处。可以说,新中国之所以能够比较顺利地建立起生产资料公有制,使民族资本家敲锣打鼓欢迎社会主义改造,亿万农民兴高采烈地把土地、牲畜、农具交出来走上农业生产合作化的道路,在某种意义上不能不说是由于受到传统文化的影响。社会主义新型的"国家本位"就是建立在生产资料公有制(国家公有制和集体公有制)基础之上的。我们看到,正是中国古代社会的某些特征——私有制不发达,"集体本位"等,作为一种潜在无形的传统惯性力,悄悄地帮助贫穷的中国顺利地走上了社会主义道路。这是一场与旧世界彻底绝裂的伟大革命,却没有也不必采取有些社会主义国家那种激烈措施(镇压资本家和地主富农),就比较顺利地完成生产资料的社会主义改造。可以相信,中国古代社会留给我们的某些遗产,不仅帮助我们走上社会主义道路,而且也会帮助我们实现更美好的"大同之世"。

在社会主义中国,人民是国家的真正主人。这是由国家本质所决定的。

---

① 李钟声:《中华法系》(上),台北华文化事业中心1985年版,第298页。

因此,确认和认真保护公民个人的一系列权利、自由,尊重人民的自主性和首创精神,是社会主义国家和法律天经地义的首要任务。在社会主义新型"国家本位"基础上,只有循序渐进地不断解决好如何确认和保护公民个人合法权利的问题,才能够真正建立双向的"国家·个人本位"法律观。毫无疑义,建立双向"国家·个人本位"的法律观,是一个由单向到双向,由不平衡到平衡的长期实践过程。在这一过程中不可避免地会发生种种偏差、过失和思想争论。但是,正因为我们事先已经具备了社会主义新型"国家本位"的坚实基础,只要不断发展社会主义经济、政治、文化事业,不断清理封建主义单向"集体本位"和西方资本主义"个人本位"的残余影响和侵袭,就能够顺利地达到我们的目的,而避免大的社会动荡。

从字面上看,中华民国时期的政治家就曾经涉及双向的"国家·个人本位"精神:"以全中国社会或全国人民的共同福利为立法的目标,对于个人利益与社会利益,兼重并顾,以同时解决我国的民族、民权、民生问题,故谓之三民主义的立法。"①这一原理曾被胡汉民先生多次阐释,②从理论的形式本身而言,这种立法精神与我们主张的双向"国家·个人本位"并不矛盾。而且,我们常常从中华民国时代及台湾学者对西方"个人本位"的批判中得到有益启示。中国台湾地区实行的制度毕竟是在中国传统文化基础上建立的,因此,海峡两岸具有许多共通之处。

在西方,"个人本位"思想曾经充当批判旧世界开创新世界的理论武器。但是,"个人本位"的合理性是有限度和有条件的。"个人本位"把个人视为目的,把社会视为达到个人目的的条件。也就是说,只有在赋予个人以权利、自由和热情,去做有益于他人、社会、民族、人类的事情时,在个人的行为与社会发展方向相一致时,才是积极的和有价值的。如果不是这样,而是把"个人"绝对化,就会走向反面。20世纪以后,西方的"个人本位"得到修正,"社会本位"、"国家本位"思想有所发展。但是,从基本价值观角度而言,西方的精神仍然是"个人本位"。

西方的"个人本位"和中国的"集体本位"是两种截然相异的价值观。与其说"个人本位"、"集体本位"各自代表了不同的国度,不如说其各自代表了不同的时代和不同的文化传统。不同空间和时间所造就的精神成果之间有多少兼容性,是值得人们认真思考的。在这里,难道不应当从历史的宏观角度对西方"个人本位"和中国"集体本位"的现代价值加以重新认识吗?

中国传统文化是"早熟"的然而又是"高层次"的文化。它作为一种生活态度,主张道德情操和人格的自我完善。它推崇一种非宗教的利他主义、奉献精神和道德理性。它强调他人的存在和人群整体的价值,主张相互谦让、互相

---

① 李钟声:《中华法系》(下),台湾华欣文化事业中心1985年版,第775页。
② 参见胡汉民:《社会生活之进化与三民主义的立法》,载《革命理论与革命工作》,上海民智书局1932年版。

合作与谅解,使个人伴随群体的发展而发展,个人为群体而献身是最高尚的行为。即使是到了近代,当中国人被西方列强的长枪大炮所惊醒,并透过硝烟发现西方高度的物质文明之际,仍然对西方的贫富悬殊、弱肉强食、自私自利和种种不公平,表示了坚决的否定态度,并千方百计寻找更好的救世良方,以绕过苦难的险滩,避免重蹈覆辙。中国人追求更理想化的更为完美的东西,并愿意为之奋斗不息。在这个意义上可以说,康有为的《大同书》不仅是写给中国人的,而且是写给全人类的。

如果说中国传统文化(包括传统法律文化)曾经通过德国的莱布尼兹、法国的伏尔泰和卢梭、荷兰的斯宾诺莎等贤哲的传播,从而掀起欧洲 18 世纪的思想启蒙运动,进而奠定了西方近代文明的基础的话;①那么,中国传统文化还将在未来的人类发展当中做出更大的贡献。正是在这一意义上,英国的历史学家汤恩比说:21 世纪可能是中国世纪。他在接受日本朝日新闻社记者采访时说:现在是世界的战国时代,这是一个失掉了共同目标和共同价值观的世界。能够收拾这一局面的,恐怕就是中国。②

(二)"混合法"与当今世界法律文化

中国法律文化所独有的"成文法"与"判例法"相结合的"混合法"样式,是智慧的中国人经历数千年辛勤实践才取得的宝贵财产,是中国法律文化不死不衰的灵魂。我们骄傲地看到中国法律文化所固有的"混合法"样式,其价值已经超越国境,成为世界法律文化发展的共同方向。

今天,世界法律文化出现一种新的动向,就是"成文法"类型的"大陆法系"同"判例法"类型的"英美法系"已经并正在日益靠拢。它们在保持各自传统风格的同时正在发生"局部异化"。正如国内学者指出的:在民法法系国家,从法律上或理论上说,判例并没有"约束力",不是法律渊源之一,但在实践中,它具有"说服力"。从这一意义上讲,它可以列为法律渊源之一。现在在普通法法系国家中,制定法和判例法是两个主要的法律渊源,整个法律的发展是两者相互作用的产物。③ 国外的比较法学家十分注意这种动向。《不列颠百科全书》说:在英国法系国家"有很大一部分普通法同样是载在法规甚至法典内的,而在法国、德国以及其他大陆法国家,却有一部分法律从未写成条文,而是经由法院逐步产生出来,并且有许多法规和法典的条文已被法院的意见和解释所掩盖,以致这些条文实际上是被法官制定法所支配……在实际上,普通法法院,特别是美国的那些法院,逐渐发展了一些区分新旧案例的技术,以便为了维护社会生活的稳定性而适当地减少求助于判例的需要。至于大陆法法院那一方面,则倾向于遵循先例办事。这不仅仅是为了法律的连续性和

---

① 参见李钟声:《中华法系》(下),台湾华欣文化事业中心 1985 年版,第 801 页。
② 〔日〕深代淳郎:《天声人语·伟大的预言》,朝日新闻社昭和 51 年 11 月第 6 版,第 349 页。原文为日文。
③ 沈宗灵:《比较法总论》,北京大学出版社 1987 年版,第 145、261 页。

社会的稳定性,同时也是因为各地的法院都一致倾向于认为这样可以节约时间和精力,以免在判决时对各个问题每次都要重新思考。"①

美国斯坦福大学教授约翰·亨利·梅利曼指出:"确实,大陆法系绝非固定不变,而是处在不断的变革之中。……自从19世纪初期以来,大陆法系越来越脱离极端的法律程序的革命模式。普通法院法律解释权的扩大,就是一个开始的征兆。而在审判实践中公布并援用司法判例又进一步加速了这一进程;审查行政行为合宪性的行政法院或宪法法院的创立,则是另一个重要步骤。即使像法国那样,这种法院在历史上只是作为行政机关的一部分,但现在无论从外观上看还是从内容上看,都与一般法院没有什么两样。尽管服从先例的原则在理论上并未得到承认,但法院实际上已在坚持同类案件同样处理的做法。……今天在整个大陆法系,判例的作用正在逐步扩大。"②

爱尔兰都伯林大学教授G.J.汉德和英国安格里亚大学教授G.J.本特利说:"在19世纪,制定法逐渐开始作为一种英国法律的渊源与已判决的案例相匹敌。我们已经看到,英国司法制度和程序在19世纪进行的改革,是制定法促成的结果,但制定法也影响法律的实质。……过去一百多年来,制定法对于英国私法的发展,起了重要的作用。而且,在将来,在这一领域所起的作用,明显地肯定会越来越重要。在英国公法领域,制定法所起的作用甚至更为明显。英国地方政府的整个结构是根据19世纪的制定法做出改革的。同时,我们大部分公共行政法是制定法。"③

英国高级律师R.L.沃克指出:"19世纪预示着一个法典编纂和司法审判成文化时代的来临。在这个时代,制定法从一种主要用于引导普通法发展的完全次要的法律渊源而跃居为一个凌驾于普通法和衡平法之上的主要法律渊源。"④

日本原东京帝国大学(现东京大学)教授高柳贤三说:"在英国,与德国的情形相反,边沁从合理主义的立场出发,对历史主义的判例法进行批判。他的影响从19世纪起直到今天,导致了判例法的部分法典化。……所谓'法典化法律',是指不仅把制定法而且也把判例法统一于一个制定法形式中去的法律。从19世纪末起到20世纪,在很多法律领域中都出现了这样的法典化过程。……虽然有了这些法典化的法律,但在内容上仍尽量依据现行判例法行事,带有一种只不过将其加以制定法化的强烈倾向。并且,在解释法典化法律中发生疑问时——只限于发生疑问时——依旧要追溯旧判例。"⑤

---

① 《不列颠百科全书》第15版第4卷,转引自《法学总论》,知识出版社1981年版,第191—192页。
② 〔美〕约翰·亨利·梅利曼:《大陆法系》,顾培东等译,知识出版社1984年版,第171—172页。
③ 〔爱〕G.J.汉德、〔英〕G.J.本特利:《英国的判例法和制定法》,刘赓译,载《法学译丛》1985年第1期。
④ 〔英〕R.L.沃克:《英国法渊源》,夏勇、夏道虎译,西南政法学院外国法制史教学参考丛书,第72页。
⑤ 〔日〕高柳贤三:《英美法源理论》,杨磊、黎晓译,西南政法学院外国法制史教学参考丛书,第33、95、96页。

英国剑桥大学比较法教授 J. A. 约洛维奇写道:"今天,谁也不否认,无论对法国或是对德国来说,法律的广大领域实际上都是法院判决的成果;如果任何普通法法学家仍然设想大陆法系中不存在判例法的话,那么,他只要看一看大陆国家大量引证案例的教科书,就会很快相信自己是大错特错了。……在今天,法官辨别一项不合宜的判决因此常常防止这种判决发生的能力,越来越使得人们认为法官只是在他愿意受约束的范围内受约束,如果这是正确的话,这意味着在一个普通法的国家里,判例的根本力量同样与其说在于其权威,不如说在于它的理性。大陆法和普通法对这个问题明面上的处理方法虽然十分不同,但在外表的下面事情毕竟并非大相径庭。"……毫无疑问,当代普通法国家和大陆法国家两者的发展趋向已使这两种法律体系的法律家的思想模式比过去更为接近。这种动向,在各处,都是比较法研究的发展所促进的。"①

美国伊利诺斯大学比较法教授彼得·哈伊认为:美国现在的法律制度既不是一个纯粹的判例法制度,也不是仅由法律或法典编纂构成的,倒不如说它是一种混合制度。联邦德国汉堡大学教授 K. 茨威格特和康斯坦茨大学教授 H. 克茨指出:"现在有某些'混合的'法律体系,要把它们放在正确的法系里面是不容易的,例如希腊、美国的路易斯安那州、加拿大的魁北克省、苏格兰、南非、以色列、菲律宾、波多黎各、中华人民共和国和其他一些法律体系。对于它们,问题是它们在式样上最接近的是哪一个法系。这就要求细致对待。人们往往发现,在一个法律体系里面某些领域具有某一'母法'的标志,而别的领域却有着另一个标志。在这种情况下,要完全归到这一个法系或另一个法系是不可能的,除非对于特定的法律领域如关于家庭法、继承法或者商法方面。有时一个法律体系正处在向着特定法系移转的过程中;在这种情况下,什么时候完成这种法系的改变,往往是非常成问题的,也许不可能确定一个确切的时刻。总之,如同那些'混合的'法系的例子所表明的,把法律世界分为'系'或者'集团'是一个粗略的可以达到的办法。"②

很遗憾,国外法学家虽然注意到有一些无法归于大陆法系和英国法系的"混合的"法系的存在,但是,他们固守两大法系的成见,没有也不愿意承认"混合的"法系正代表着世界法律文化发展的未来。因为它正是世界法律文化从冲突走向融合的必然归宿。而这一规律性正是中国法律文化早在两千年前就已经表明了的。

我们自豪地看到,中国法律文化,不管是传统法律文化,还是近现代法律文化,都始终以其特有的法律式样标新立异于世界法律文化之林。我们要努力挖掘中国法律文化的历史遗产,使之发扬光大,让它在中国现代法律文化建设中发挥威力,让它在世界法律文化园地中争妍斗艳,再领风骚。

---

① 〔英〕J. A. 约洛维奇:《普通法和大陆法的发展》,潘汉典译,载《法学译丛》1983 年第 1 期。
② 〔美〕彼得·哈伊:《法系式样论》,潘汉典译,载《法学译丛》1985 年第 4 期。

第一章 中国法律文化的起源

中国法律文化自产生直至今日,虽经数度变革与演进,但仍承前启后、不绝如缕、延数千年而未曾断绝,这在世界法律文化史上是仅见的。中国法律文化曾以其独特的内容和样式自立于世界法律文化之林,极大地丰富了人类法律文化宝库,并在中国及域外长期发挥着影响力。

我们首先要接触的问题是中国法律文化的起源问题。这是一个与中国国家起源和中国原始社会与奴隶社会分期诸问题密切关联的问题,又是在基本理论、史实和研究方法等各方面颇具难度的问题。我们知道,法律文化是人类法律实践活动及其成果的真实记录。而法律实践活动的实质是一种特殊的社会行为规范的创制与实现。因此,法律规范成了法律实践活动的直接标志和中心内容。我们可以这样说:哪里有了法律规范,哪里便有了法律实践活动。但是,法律规范不同于其他社会行为规范,它是由社会权威机构确认、派生并保障实施的特殊行为规范。于是,社会权威机构存在与否,成了法律规范能否产生以及法律实践活动是否存在的必要前提。当我们试图说明中国法律文化的起源时,必须弄清中国古代史上的社会权威机构是何时又在怎样的环境下产生的?当时创制并实施了什么样的法律规范?为解决这些问题,我们不得不叩开我国传说时代的迷宫之门,去捕捉迷离扑朔的史影。

第一节 关于传说时代

一、何谓传说时代

一般来说,人类的文明史是指有文字直接记载的翔实可考的经历。但是,文字的发展本身就经历了由简单到复杂、由偶然到必然、由低级到高级的漫长过程。事实是,在文字产生之前,人类社会已经存在并发展了相当长的历史时期。因此,没有文字直接记载的历史也是历史。它被称为人类的早期史或史前史。这段历史是被古老的人类用"口耳相传"的方法流传下来的,故尔又称为"传说时代"。

中国有文字记载的历史最迟是从商代开始的。商以前的历史,从炎帝、黄帝、蚩尤到唐尧、虞舜、夏禹,都未曾用文字直接记载下来。它们存在的证据,仅仅是后来古代文献中保留的对古老传说的描述。这段漫长的虽无文字直接记载但看来又确实存在的历史,就是中国古史的传说时代。

二、传说时代的特点

传说时代在形式上有如下特点:第一,传说时代的经历是靠古代人们祖祖辈辈口耳相传保留下来的,因此,传说中所描述的历史人物和事件常常缺乏时间和空间的连贯性和准确性。中国自古又是个多民族的大家庭,各民族的传说因彼此对立、吸收而不断改变,故传说中的人物与事件常常以彼此矛盾的面目出现;第二,我们今天所接触到的古代传说,不是"口耳相传直到今"的材料,而是古代史籍对前代的追述,而这种追述常常因为作者的主观动机而加以改造和渲染,其中也难免有误解或以讹传讹之处,从而使我们难以观察到古代传说的原貌;第三,古代传说往往同神话纠缠在一起,人的世界常常同神的世界混为一谈。如《韩非子·十过》说,黄帝合鬼神于泰山之上,"蚩尤居前,风伯进扫,雨师洒道,虎狼在前,鬼神在后,腾蛇伏地,凤凰覆上,大合鬼神,作为清角"。表面看来,这些记载纯属无稽之谈。但是,古代民族都信仰图腾,那些虎狼凤蛇不过是氏族的图腾。而"大合鬼神"即是部落联盟大会或战前誓师。这就是神话告诉我们的史料。神话自有其合理的内容。正如拉法格在《宗教和资本》中所说的:"神话既不是骗人的谎言,也不是无谓的想象的产物。它们不如说是人类思想的朴素的和自发的形式之一。只有我们猜中了这些神话对于原始人和它们在许多世纪以来丧失掉了的那些意义的时候,我们才能理解人类的童年。"①

中华民族是崇尚祖先和怀念自己历史的民族。西周人"敬天法祖",孔夫子"祖述尧舜",直至康有为"托古改制",都借用先代事迹来论证现实主张的合理性。商王盘庚发布命令,首先征引"古我先王"之例;周穆王下令立法时亦溯及"若古有训";历代君臣议处疑事,亦每每称引古事,西汉"春秋决狱"便是突出的一例。这种崇古法祖的气质和风尚有利于古史原料的传播和记录,使浩如烟海的古代典籍,无论经、史、子、集,均不乏追述、转引先代史实的文字,从而为我们研究传说时代的历史提供了较为有利的条件。

三、传说时代的史料

对待传说时代的史料究竟持以何种态度,这是个首先必须明确的问题。笔者的态度是:对传说时代的史料要进行科学的去伪存真的分析,如无可靠的证据,便不轻易否定它们。其原因如下:

首先,中华民族的历史一气相传、未曾中绝。这漫长的历史过程是以众多氏族、部族的延续和变更为基础的。各氏族、部族的历史正是靠着他们世世代代的口耳相传才得以保存的。其内容虽有褒贬和渲染之处,但毕竟不失其历史的真实性。

其次,各古老民族大都是先有语言而后有文字的。汉字是象形文字,最先变成文字的可能是图腾。可以推测,图腾和图腾崇拜活动是中国文字走上象形文字道路而非拼音文字的重要原因之一。古人在造字过程中,还把与某个字有关的历史事件或观念也熔化进去,而这些事件或观念在该文字出现之前既已存在了相当长的时间。比如《韩非子·十过》记载:"昔者黄帝合鬼神于泰山之上,驾象车而六蛟龙,毕方并辖。蚩尤居前,风伯进扫,雨师洒道,虎狼在前,鬼神在后,腾蛇伏地,凤凰覆上,大合鬼神,作为清角。"以《山海经》、《帝

---

① 〔法〕拉法格:《宗教和资本》,王子野译,三联书店1963年版,第2页。

王世纪》等文献相对照,可知这幅情景是对黄帝战胜蚩尤后举行部落联盟大会的追述。其中所说的象、龙、蚩尤、风、雨、虎、狼、蛇、凤凰等等,不过是古老氏族的图腾。

再次,当语言初步演化为文字之后,就使用文字记载重大事件成为可能。社会权威机构(部落联盟机关)中产生了专门记录政事的人员,他们先是凭记忆,后是靠诸如"结绳"或图画等原始方法,最后是凭借文字来记载重要的活动。氏族之间交往的扩大又促进了这个造字工作,此间所创造的关于各氏族图腾的符号以及代表各种事物的符号,都是文字的前身。

最后,当文字积累到一定程度之后,便开始了将口耳相传的历史变成文字书写的历史的伟大转折。领袖们在讨论重大政治和立法问题时常常援引先代的经验或教训,从而用文字再现古老的历史,这情况如同《尚书》中的《尧典》、《吕刑》。随着官方政治法律活动、民间经济交往活动和民间学术教育活动的发展及积累,越来越多的口耳相传的史料被再现为文字史料。相对来说,口耳相传的史料是一个相对有限递减的恒量,而文字史料是一个相对无限递增的变量。就是说,社会生活越进步,文字越发达,传说史料被变成文字的机会也就越多。对这一本来正常的社会现象是不能简单地一言蔽之为"后人作伪"的,民间学术研究和教育活动常常以注释说明某些内容的形式,把口耳相传的史料演变成文字,正如孔子、墨子、孟子等思想家所作的一样。他们所援引的古人、古事、古训必有所本,因为他们没有理由欺骗学生,更不会故意败坏自己的声望。下面试以《尚书·甘誓》为例来说明这个道理。《甘誓》一般被认为是关于夏初社会的可靠记载。但是夏初时尚无如此发达的文字。如何解释这个矛盾呢?顾颉刚、刘起釪先生认为:《甘誓》"大概在夏王朝是作为重要祖训历世口耳相传,终于形成一种史料流传到殷代,其较稳定地写成文字,大概就在殷代。"① 而夏代负责保存这类誓命的恐怕就是后人所说的"太史令"。《吕氏春秋·先识》:"夏太史令终古,出其图法,执而泣之。"《淮南子·泛论》:"夫夏之将亡,太史令终古先奔于商。"太史令的责任是记录和保存重要史实。其"图法"很可能是更为古老的文字。

除了文字史料之外,还应当注意古文字具有的特殊价值。我国汉民族的象形文字本身就是人类集体意识的图形描绘,具有如实保存历史信息的独特功能。在某种程度上可以说,每一个简单的汉字都蕴含着非常丰富的文化信息。研究中国法律文化,不涉及古汉字是说不通的。下面试举例而说明之:

其一,"家"字。传说伏羲氏作家室。《世本·作篇》:"伏羲以俪皮制嫁娶之礼";《白虎通义》:"伏羲仰观象于天,俯察法于地,因夫妇,正五行,始定人道"。《说文解字》:"家,居也。""按豕为家畜。屋下复豕,实为私产之起源。有私家之观念,于是有私产之制度。家字虽未起于伏羲之时,然后世造字之观

---

① 顾颉刚、刘起釪:《尚书甘誓校释译论》,载《中国史研究》1979年第1期。

念,必根于前人之思想,可断言也。"①大汶口文化晚期墓葬中有猪头骨,正是私有财产的象征。而家畜之驯养以定居为条件,它标志着古代社会由游牧向农业的过渡。

其二,"私"字。《世本·作篇》:"苍颉作书",据传苍颉是黄帝时史官。《韩非子·五蠹》:"古者苍颉之作书也,自环者谓之厶,背厶谓之公,公厶之相背,乃苍颉固以知之矣。"柳诒徵先生指出:"人类之有私心,其来固以久矣。降而至于神农之世,由渔猎进而为农田,人有定居,益爱护其私产。""游牧之民无定居,农业之民则有定居。有定居则爱护私产之念益深,此定理也。由田土而有疆界。""渔猎之时,无界限也。由居宅而有公私"。"自环者,人私其居,筑为垣墉,以自围匝也。字起苍颉,而人之有私意,必在苍颉之先。又按后世以私为厶?而嫁字从禾,家声;稽字从禾,啬声。可见农业之人,各私其家,务为吝啬,胜于他业矣。"②

其三,"法"(灋)字。《说文解字》:"灋者,刑也;平之如水,从水,廌所以触不直者去之,从廌从去";"廌,解廌兽也,似山牛,一角。古者决讼,令触不直,象形从豸省";"薦,兽之所食草,从廌从草。古者神人以廌遗黄帝。帝曰:何食?何处?曰:食薦,夏处水泽,冬处松柏。"又《尚书·吕刑》:蚩尤作五刑曰法。蚩尤乃黄帝时九黎之君主。为黄帝败而收编之,仍使主兵。《论衡·是应》言,皋陶以神羊决疑难案件。甲骨文中有御廌,是商代司法官吏的名称。据此,廌可能是传说时代世袭司法事务的部族的图腾。可见,古代"法"字已经凝入了古代人们关于法律活动的某些认识,既带有刑罚的强制性,又带有宗教禁忌的神圣性,同时还在一定程度上又带有某些超血缘色彩的原始公平性。"法"字之所以如此,决非偶然。这些内涵,是不能仅凭金文"法"字借为"废"意而一笔抹杀的。

当然,我们对传说时代的史料不应盲目迷信,慎重的做法是通过比较而去伪存真。为此,借鉴古文字学和考古学的成果是必不可少的。

四、如何使用关于传说时代的史料

如何研究传说时代的历史?这里就有一个研究方法的问题。研究传说时代历史的方法大致上有三种:

第一种是文献学的研究方法。这种方法就是以传说史料为中心,将所有现存文献中有关传说时代的文学集中起来,进行梳理、比对、联系,从而再现传说时代的本来面目。在研究分析过程中不涉及考古学的新发现和研究成果。比如吕思勉、童书业编的《古史辨》(上海古籍出版社 1982 年)、袁珂的《中国古代神话》(中华书局 1960 年)、徐旭生的《中国古史的传说时代》(文物出版社 1985 年)等等。

---

① 柳诒徵:《中国文化史》上册,东方出版社 2008 年版,第 15 页。
② 同上书,第 16 页。

第二种是考古学的研究方法。这种方法就是以考古史料为中心,对史前各历史阶段的文化遗址、文物进行分析,从而再现传说时代的本来面目,在讨论和分析过程中基本上不涉及传说史料。考古学研究成果当中有不少是属于这种研究方法。

第三种是将考古史料与传说史料结合起来,"力求以考古史料与传说史料相印证"。这种研究方法既克服了传说史料的混乱、重复、夸张、离奇等不足之处,又避免了考古史料的静止、片段、零星、孤立的缺点,在一个新的层面上将两种史料的合理内核拼接起来,借以再现传说时代古老先民的心灵意识、行为特质和社会背景。李学勤主编的《中国古代文明与国家形成研究》(中国社会科学出版社 1997 年)、张福祥的《东夷文化通考》(上海古籍出版社 2008 年)等,都属于这一类。

当然,还有一些研究方法也值得借鉴,比如,以古文字为对象,再现远古社会状况。如周清泉的《文字考古》(四川人民出版社 2003 年)。此外,将古文字学、文化学和民族学的研究成果也吸收进来,无疑可以增强说服力。总之,只有运用合理的多元的研究方法,充分使用现有的史料,才能开拓史前史研究的新局面。

第二节　关于古老先民及其划分

关于传说时代古老先民的划分,各种文献记载不一,故学者持论亦异,有二分、三分、四分之说。

一、古老先民二分说

王献唐先生于 30 年代即提出炎、黄两族东西回环之论:"黄帝以前,中国民族在黄河流域先后分两大部分,各有其特殊之社会。伏羲一族,原处东方齐鲁一带,以渔业为其主要生活,游猎副之。由东而西,沿黄河流域直至陕甘。迄至陕甘以后,环境气候种种之需求,其主要生活渐变游牧,为羌戎诸支。又后神农崛起姜水,以其新发明之农事,且植且牧,分布广衍,又由西而东,复回齐鲁,积演成为农业社会。前则从东徂西,后则从西徂东,沿黄河流域一循环之间,而社会生活之状态,递变演进。故原始之民族,只可谓东西回环之民族,其文化亦可谓为东西回环之文化。中国社会之基础,殆建树于此二大时期矣。"以黄河流域而论,神农之后炎帝族世代居之,同为神农之后的黄帝族则外来而夺之,故"炎裔为其土著,黄裔为其君主","炎族之强项,当时既被驱出黄河流域以外,化为四夷。"其结论是:"三代华夷之界,即炎黄二族之别。"①

---

①　王献唐遗书:《炎黄氏族文化考》,齐鲁书社 1985 年版,第 420、54 页。

二、古老先民三分说

上世纪30年代蒙文通先生著《古史甄微》，提出上古民族三分说。他在《略论山海经的写作时代及其产生地域》一文（该文原载《中华文史论丛》第一辑，1962年8月上海出版）中回忆道："作者在三十多年前曾写过一本《古史甄微》，探讨中国古史传说的问题，认为上古居民约可划分为三个集团，分布在北（河洛）、东（海岱）、南（江汉）三个地域。先秦的学术文化也大体可划分为北（三晋）、东（齐鲁）、南（楚）三个系统。对于古史的传说，也由于文化系统的不同而有很大的差异。当时曾以《韩非子》、《竹书纪年》所记古史作为北系的代表，以儒、墨、六经所传古史作为东系的代表，而以《庄子》和《楚辞·天问篇》所传古史作南系的代表。"①

持三分说的还有徐旭生先生。他在《中国古史的传说时代·叙言》中说："我国古代的部族的分野，大致可分为华夏、东夷、苗蛮三集团。一仔细分析也未尝不可以分为六部分：因为西北方的华夏集团本来就分为黄帝、炎帝两大支：黄帝支居北，炎帝支居南，近东方的又有混合华夏、东夷两集团文化，自成单位的高阳氏（帝颛顼）、有虞氏（帝舜）、商人。接近南方的又有出自北方的华夏集团，一部分深入南方，与苗蛮集团发生极深关系的祝融等氏族。这三个亚集团，除了华夏分黄、炎两大支很清楚外，其余两部分我经过相当长期的慎重考虑，觉得必须这样划分才能与古代情势适合。虽然如此，这三个亚集团是由原来的三集团中细分，不能同它们平列。这三个集团相遇以后，开始互相斗争，此后又和平共处，终结完全同化，才渐渐形成将来的汉族。"至于三集团的成分，即发祥于今陕西黄土高原的华夏集团，由黄、炎二部组成；活动于今山东、河南、安徽一带的东夷集团，包括太暤、少暤、蚩尤、皋陶各部；以今湖南、湖北、江西为活动中心的苗蛮集团，包括三苗、祝融、欢都各部。徐旭生先生认为此三分法与蒙文通先生大体一致："蒙文通在《古史甄微》中把我国古代民族分为三族：一、江汉民族，二、河洛民族，三、海岱民族。他所说的一大致等于我们所说的苗蛮集团，二大致等于华夏集团，三大致等于东夷集团。他的书于1933年初版。"②

此外还有四分说。以为古代先民分四大系：（1）古夷人各部，包括太暤、少暤、皋陶、伯益、颛顼、帝喾、蚩尤和后羿；（2）古羌人各部，由烈山氏、共工氏、四岳、缙云氏、有逢氏组成；（3）古戎狄各部，主要有黄帝、唐尧和夏后氏；（4）古苗蛮各部，其成员有三苗和后来的巴郡、南郡蛮。③

古代氏族部落之所以不易划分，是因为他们处于相对的变动之中，包括血

---

① 蒙文通：《古学甄微》，载《蒙文通文集》第1卷，巴蜀书社1987年版，第44—45页。
② 徐旭生：《中国古史的传说时代》，文物出版社1985年版，第37—126页。该书初版为20世纪40年代。
③ 田昌五：《古代社会断代研究》，人民出版社1982年版，第35—52页。

缘（母系、父系）的延续与变更和活动地域的变更。战争又加剧了这种变动。氏族称号的延续与变更本身就已十分复杂，加之又与地名相混同替代。"地愈远者迁愈晚，地愈近者迁愈早。地虽不同，名无不同，字虽不合，音无不合。即或少有转移，而终无不符。初时有音无字，随其音而书之，人各异体，既有其字，又无人为之确定。音有转移，字亦随之改书。故异地同名而字或不同，即一地之名，先后音字亦或有别。"①凡此种种，都使古代部族之划分变得十分困难。尽管如此，这些都无碍我们探讨国家与法律的起源问题。

三、东夷民族的特殊贡献

王国维在《殷周制度论》中指出："自五帝以来，政治文物所自出之都邑，皆在东方"；"自上古以来，帝王之都皆在东方太皞之虚"，"少皞与颛顼之虚皆在鲁卫。"②

《史记·五帝本纪》记载的以黄帝、颛顼、帝喾、帝尧、帝舜为代表的"五帝"时代，相当于考古学上的龙山文化时期，"五帝"时代的东夷民族，均出自太昊、少昊两集团。其中重要的代表人物有蚩尤、颛顼、祝融、帝喾、帝舜、皋陶、伯益等。东夷民族对中华民族的伟大贡献和这些代表人物的作为是分不开的。

首先是蚩尤。《尚书·吕刑》孔传云："九黎之君，号曰蚩尤。"马融说："少昊之末，九黎君名。"《国语·楚语下》韦昭注："九黎，黎氏九人，蚩尤之徒也。"蚩尤生活的地方是"少昊"，亦即今山东一带。《逸周书·尝麦》说："命蚩尤宇于少昊，以临四方"。"九黎"即生活在今山东、河北、河南交界处的一个部落，其酋长就是蚩尤。③"九黎"亦即后来所称的"九夷"。蚩尤部可能原出于今胶东一带的古莱夷。尔后势力不断扩大，据传说："蚩尤兄弟八十一人"（《史记·五帝本纪》正义引《龙鱼河图》），其势力范围可能涉及整个东夷了。④ 蚩尤部落的贡献很多。其一是制造金属武器——"五兵"。《太平御览》卷三三九引《兵书》云："蚩尤之时，铄金为兵，割革为甲，始制五兵。"《中华古今注》说：蚩尤"造立兵杖、大弩"。《管子·地数》说，蚩尤利用火山爆发产生的金属制造剑、铠、矛、戟、戈，相兼诸侯凡二十一部。由于蚩尤能征善战，故被后世尊为战胜之神而加以祭祀。其二是"五刑"。《尚书·吕刑》说："蚩尤惟始作乱"，"作五虐之刑曰法"。"五刑"即劓、刵、椓、黥、杀。黄帝战胜蚩尤后沿用"五刑"，并仍使蚩尤部落"主兵"。"五刑"成为中国古代刑制的雏形。

其次是颛顼。"颛顼是蚩尤的直接继承者，二名只不过一音之转。《山海经·大荒东经》说他是'少昊孺帝'，这是颛顼部落出于少昊集团的基本口传

---

① 王献唐遗书：《炎黄氏族文化考》，齐鲁书社1985年版，第51页。
② 王国维：《观堂集林·殷周制度论》，中华书局1959年版，第451—452页。
③ 徐旭生：《中国古史的传说时代》，文物出版社1985年版，第48—53页。
④ 张富祥：《东夷文化通考》，上海古籍出版社2008年版，第201页。

史料。《国语·楚语下》说蚩尤之乱后'颛顼受之',这是他继承蚩尤的最好文献依据。"①《吕氏春秋·古乐》:"帝颛顼生自若水,实处空桑,乃登为帝。"《路史·后纪八》引《尚书大传》:"穷桑,颛顼所居。""空桑"即"穷桑",指今山东曲阜一带。一说在阳谷县景阳冈一带。② 因此,"可以推定颛顼也属于夷人的一个分支系统"。③ 颛顼部是在蚩尤战败后发展起来的,后来取代皇帝做了部落联盟的盟主。他曾采取"依鬼神以制义"(《史记·五帝本纪》),"绝地天通"的宗教改革,并且"正五帝之官",促进了多民族统一融合的进程。《淮南子·齐俗》说:"帝颛顼之法,妇人不辟男子于路者,拂之于四达之衢。"颛顼即高阳氏。《搜神记》说:"昔高阳氏有同产而为夫妇,帝放之于崆峒之野,相抱而死。神鸟以不死草覆之,七年男女同体而生,二头四手足,是为蒙双氏。"可证,颛顼时代严格推行族外婚,禁止兄弟与姐妹为婚。《吕氏春秋·古乐》说,颛顼喜好"八风之音"故创作了音乐,"以祭上帝"。

再次是祝融。祝融是颛顼的孙子。亦即重黎。《尚书·吕刑》说颛顼帝"乃命重黎绝地天通,罔有降格。"《国语·楚语》将重黎分化为二:"颛顼受之,乃命南正重司天以属神,命火正黎司地以属民。"《左转·昭公二十九年》说"火正"曰祝融。"火正"是掌管历法、农业事务的官职。"火"可能指太阳,古人以观太阳运行轨迹来定时令,指导农业生产。远古的日历可能就是这样产生的。可见"司天"与"司地"是不可分的职务。故《国语·郑语》说:"夫黎为高辛氏火正,以淳燿敦大天明地德,光照四海,故命之曰祝融,其功大矣。"《礼记·月令》郑玄注:"祝融,颛顼氏之子曰黎,为火官。"《淮南子·时则》高诱注:"祝融,一名黎,为高辛氏火正,号为祝融,死为火神也。"黎实即重黎,亦即祝融。"火正"所掌管的历法即东夷民族的"火历"。④ 如《尚书·尧典》所谓"历象日月星辰,敬授民时"。联想到大汶口文化出土陶器上面的符号中有"炅"形者,也许正是东夷民族发明太阳历(即火历)的一个旁证。

再次是帝舜,又称虞舜。"虞"为掌田猎之官职。《孟子·离娄下》说:"舜生于诸冯,迁于负(夷)夏,卒于鸣条,东夷之人也。"舜对农业、渔业生产做过突出的贡献。故《墨子·尚贤下》说:"昔者舜耕于历山,陶于河滨,渔于雷泽,反(贩)于常阳。尧得之服泽之阳,立为天子。使接天下之政,而治天下之民。"《史记·五帝本纪》也说:"舜耕历山,渔雷泽,陶河滨,作什器于寿丘,就时于负(夷)夏。……一年而所居成聚,二年成邑,三年成都。尧乃赐舜絺衣与琴,为筑仓廪,予牛羊。"舜作了部落联盟的领袖后,在各方面都颇有建树。据《尚书·舜典》记载其功绩主要有以下几个方面:其一,建立祭祀制度,"受终于文祖",行"上帝"之祭,四时寒暑之祭,山川群神之祭,这些内容,可以从

---

① 张富祥:《东夷文化通考》,上海古籍出版社2008年版,第202页。
② 张学海:《张学海考古论集》,学苑出版社2000年版,第240页。
③ 郭沫若:《中国史稿》,人民出版社1976年版,第115页。
④ 张富祥:《东夷文化通考》,上海古籍出版社2008年版,第269页。

龙山文化遗址出土的礼器来证明；其二，建立礼乐制度；其三，建立朝觐巡狩制度，统一"律度量衡"；其四，划分行政区域，征收贡赋，对下级官员实行升贬；其五，完善刑法："象以典刑，流宥五刑，鞭作官刑，扑作教刑，金作赎刑。眚灾肆赦，怙终贼刑。"

最后是皋陶。又称咎陶、咎繇，"实即昊字的缓读"。① 皋陶是古代著名的大法官，在尧舜时执掌刑法。史称"皋陶作刑"、"皋陶作律"。最早的"律"当是乐律。《吕氏春秋·古乐》就记载"皋陶作为夏籥九成"。《尚书·舜典》说："蛮夷猾夏，寇贼奸宄，汝作士，五刑有服，五服三就，五流有宅，五宅三居，惟明克允。"皋陶执掌用"一角之羊"来裁判疑难案件。《论衡·是应》载："皋陶治狱，其罪疑者，令羊触之。有罪则触，无罪则不触。盖天生一角圣兽，助狱为验，故皋陶敬羊，起坐事之。"《墨子·明鬼》详记神羊裁判的事迹，并说"著在齐之《春秋》"。齐地即今山东一带，正是皋陶的故乡。

东夷民族对中华民族的杰出贡献还表现在诸多文明成果上面。据《世本·作篇》所载，这些发明创造主要有：

伏羲制以俪皮嫁娶之礼。
伏羲造琴瑟。
夷作鼓。
巫彭作医。
芒作網。
芒氏作羅。
蚩尤以金作兵器。
蚩尤作五兵：戈、矛、戟、酋矛、夷矛。
宿沙作煮盐。
羲和占日，常仪占月，臾区占星气。
夷牟作矢，挥作弓。
奚仲作车。
祝融作市。
咎繇作耒耜。
巫咸作筮，巫咸作鼓，巫咸作医。
毋句作磬。
舜始陶。
舜造箫，夔作乐，垂作钟，叔（均）造磬。
仪狄始作酒醪，变五味。
逢蒙作射。
昆吾作陶。

---

① 张富祥：《东夷文化通考》，上海古籍出版社 2008 年版，第 218 页。

王国维所谓"自五帝以来,政治文物所自出之都邑,皆在东方",表面上说的是"都邑",而实质上说的是"政治文物"。而"政治文物"就包括上述种种发明创造。因此,可以说远古时代的发明创造大多出于东夷民族。其中最重要的文明成果就是法律。

第三节 关于中国国家的起源

国家与法律是密不可分的。在探讨中国法律起源问题时,必然涉及中国国家起源的问题。

一、以往关于中国国家起源的研究成果

由于史料和地下发掘物的欠缺,以及研究方法的不同,致使中国国家起源问题,包括中国国家形成的时间、标志,中国国家形成的原因、途径等问题,成为长期聚讼的学术难题。

半个多世纪以来,学术界关于中国国家起源的时间曾有过不同的论述。1929年,郭沫若在《中国古代社会研究》一书中提出,中国国家形成于商周之际,商代以前是原始公社社会。这一观点得到一些学者的赞同。① 40年代,郭沫若、吕振羽、翦伯赞、吴泽等人先后提出新观点:商代是奴隶社会,夏代仍属于原始社会。建国以后,郭沫若主编的《中国史稿》、范文澜主编的《中国通史》都把夏朝定为中国国家的起点。这一观点得到学术界普遍的承认。尔后,唐兰提出中国国家出现于五六千年前的少昊时代。② 田昌五先生则认为黄帝时代就出现了部落奴隶制国家。③

看来,中国国家的起点似乎得了加速度,向前越跑越快。这一有趣的学术现象大约与考古资料的增加和研究方法的变化有直接的关系。但是,至今在学术界占支配地位的观点仍然是:中国国家产生于夏代。

在探讨中国国家起源的问题时,国家形成的标志问题似乎具有关键性的意义。国家形成的两大标志,即恩格斯提出的按地域划分国民和公共权力机关的设立,已为学术界普遍承认。不仅如此,一些学者还把文字、城市、铜器,甚至世袭制和寄生虫阶级的出现,视为国家诞生的附加标志。这样一来,就使国家起源问题变得更加丰富多采。

中国国家形成的原因和途径问题,对于研究中国国家的起源,具有特殊的意义。因为这些问题最能表现中国国家起源的独特性。对此,一些学者提出

---

① 参见侯外庐:《中国古代社会史论》,人民出版社1957年版。
② 参见唐兰:《中国奴隶制社会的上限远在五六千年前》,载《大汶口文化讨论文集》,齐鲁书社1979年版。
③ 参见田昌五:《中国奴隶制的特点和发展阶段问题》,载《人文杂志》1982年增刊;《古代社会断代新论》,人民出版社1982年版。

了以下观点:(1)贫富分化与阶级斗争。中原地区在大汶口文化晚期已发生贫富分化,出现私有财产,从而导致阶级矛盾和阶级对立,最终导致国家权力机关的出现。(2)部落间的防御或掠夺战争。各部落之间的旨在防御或掠夺财富的战争活动,促进了奴隶制的形成和发展,也促进部落的迁徙、分化和组合,其结局是部落联盟机关的权力不断扩大和地域性组织的发展。(3)共同治理洪水和兴修水利。尧舜时代的治理洪水,使管理公共事务的部落联盟机关获得空前的权威,共同治水活动一方面冲破原先氏族的界限,一方面在洪水之后重新划定疆界,这些都促进了地域性关系的发展。

二、关于中国国家起源研究的最新成果

李学勤先生主编的中国社会科学出版社2007年出版的《中国古代文明与国家形成研究》一书,对中国古代国家形成的标准、途径、特点作了新的全面的阐释。首先,在国家形成的标志问题上,作者主张将恩格斯在《家庭、私有制和国家的起源》中所提出的两个标志:一是按地区划分国民,二是凌驾于社会之上的公共权力的设立,修正为:一是阶级或阶层的存在,二是强制性权力系统的设立。并认为恩格斯提出的标准只适合于古希腊,而"各古文明的形成途径是有差异的,适合于各地特点的具体的标志物也应该进行具体的分析"。① 其次,在中国古代国家形成途径的问题上,作者提出了三段论的主张:

第一阶段是大体平等的农耕聚落期,即公元前7100—前4000年的历史时期,包括公元前7100—前5000年的彭头山、磁山、裴李岗、老官台、河姆渡等农耕聚落遗址,和公元前5000—前4000年的半坡、姜寨农耕聚落遗址。此间,在生产力方面,农业生产已进入"锄耕"或"初级耜耕"的阶段,石铲、石镰、石刀、石斧、石磨盘广泛应用。在农业生产上实行集体劳动和家庭劳动相结合,在农产品分配和储存上,也实行集中储存和分散储存相结合的方式。家畜饲养成为农业的附属生产领域,烧陶手工业取得长足发展。在社会组织形式方面,发现了稳定的聚落群体,并逐渐形成了家庭—家族—氏族的结构。由数人或十几人组成的家庭是聚落的基本细胞,也是基本的生活、生产、消费单位。若干家庭组成家族,若干家族组成氏族。聚落内部的房屋形成圆形向心的格局,其中心是公共活动的中央广场。聚落四周用壕沟围起来,用于防卫。家庭之间和家族之间的贫富差异不明显,也并不稳定。"全聚落定期的土地重新分配将是消除这种差别的有力手段,从而使家族间财富占有不均的现象得到一定的调节"。②

第二阶段是初步分层与分化的中心聚落期,即公元前3500—前3000年,相当于仰韶文化后期、红山文化后期、大汶口文化后期、屈家岭文化前期、崧泽文化和良渚文化早期。在此之前,即公元前4000—前3500年的仰韶文化中

---

① 李学勤主编:《中国古代文明与国家形成研究》,中国社会科学出版社2007年版,第9页。
② 同上书,第21页。

期、大汶口文化中期、大溪文化后期,则属于过渡阶段。中心聚落的第一个特点是聚落的规模成倍扩大,形成了中心聚落和普通聚落的分别;第二个特点是中心聚落成为贵族的聚集地,具有政治、军事、宗教诸方面的领导地位,并建有太庙大室之类的庙堂,和贵贱有别的墓葬区。"似乎在公元前 4000—前 3000年间,中国史前聚落内的族共同体,已由家族—宗族结构代替了原来的家族—氏族结构。所以,这一时期聚落内外的分化与不平等就是家族、宗族间的分化和不平等,而其契机则是父权及父权家族的出现";"这种父家长权的出现,首先造成了家族长与多类家族成员的地位和财富占有上的悬殊,而地位与财富上的差别当然会形成阶层、阶级和等级上的差别,因而我们说中国古代社会中经济政治的不平等、人们不同的身份地位乃至阶级、阶层和等级的产生,都与父权家族或父家长权的出现相关联。其次,这种父家长权的进一步发展,并与家族—宗族结构相结合,还会造成同一宗族内家庭与家族之间的严重不平等"。① 实力雄厚的强大家族终于确立其在部落中的领导地位,成为宗族长或酋长并世袭下去。他们握有最高"行政权"、军事指挥权和祭祀权,其命令自然被披上神圣的外衣。

第三阶段是早期国家即都邑国家的确立期,即公元前 3000—2000 年夏王朝之前的方国崛起时代,大体相当于考古学上所称的龙山文化、良渚文化和古史传说中的颛顼、尧、舜、禹时代。"中心聚落的进一步发展,就是城邑即都邑的出现。如果说筑城的目的主要是出于军事防御上的考虑,那么在筑城过程中所显示的人力、物力之集中和行政控制与组织管理之强有力,也是颇为明显的。而这种比过去更强的组织机构和带有某种强制性的公共权力,若与阶层和阶级的分化相结合,则此时的城邑形态就属于一种都邑国家形态";"当初全聚落乃至全社会的贫富分化是由父权家族内财富占有的悬殊及其等级阶层体现的;阶级的发生绝非仅仅是因为社会生产的分工以及个人或个体家庭的生产技能所致,也不必依赖于商业和商品经济的发展,而是与父权组织结构以及父权的上升有着密不可分的关系。当时还不存在土地的个人或家庭所有制,而为宗族和家族所有,因而社会的财富只能通过家族来积累,而家族则是由父权家长控制和掌握的,随着父权的上升,家族内的等级地位和财富占有不均现象的发生和发展,也就势所必然。根据经典作家们的研究和民族学资料,这种父权家族还包括非自由人在内,也就是说,在当时的家族结构中,除了含有支配家族经济的家长外,也包含着虽说是自由的但又处于无权地位的其他家族成员及家族中的劳动奴隶。这些自由民和非自由民,以耕种土地和照料牲畜及从事手工业生产为目的,而在父权下组成了家族。……这种父权家族结构代表了一种新的社会机体,即奴役制,也标志着最初的阶级结构和身份等级的出现";"我们所强调的是,第一,龙山时代的城邑,就其大部分地区来讲,

---

① 李学勤主编:《中国古代文明与国家形成研究》,中国社会科学出版社 2007 年版,第 32—33 页。

都是与阶层和阶级的生产结合在一起的,因而这种城邑所显示出的权力系统,应带有强制性质。第二,即使同样属于强制性质的权力机构的所在地,也会因城邑的规模、城内建筑物的结构和性质、城与城之间的关系等因素,使得某一城邑所代表的有可能就是一个方国,而某一城邑所代表的则可能只是某一方国内的一个都邑";"以目前的考古发现而论,在古代中国大陆这个大的文明发祥区域内,最早出现的都邑文明是一批而非孤独的一个,这种众多小国分立与抗争的事态以及夏代之前即已形成万国的历史传说,都说明中国文明起源既是本土的亦是多中心的";"万邦、万国只是表示一种邦国林立的格局。在这种格局中,夏代之前尚无统一的政治中心,到了夏代及其之后,才形成了以王朝为中心的多元一体的政治局面"。①

以后,农牧业生产的稳步发展,手工业如制陶、漆木、纺织、石器、玉器以及铜器的冶铸等技艺的进步,早期符号文字的出现,战争以及王权的形成等,都最终叩响了古代国家文明的大门,拉开了古代国家的序幕。而第一个国家就是夏王朝所代表的中央集权的国家政权。

国家不是在某一天突然形成的。国家的诞生经历了长期的量变积累过程。世界各古老民族无有例外。从黄帝时代到夏代国家确立的漫长过程,是我国原始社会到奴隶制社会的过渡阶段。此间,伴随着生产力的提高,社会分工的发展,私有财产的出现,战争对土地、人口和牲畜的掠夺,共同治理和防御洪水等等,古老的氏族制度和生活方式越来越不适宜新社会生活的需要,它的被取代只是时间问题了。而部落联盟机关则顺应时代的要求,以社会共同利益代表者的姿态登上历史舞台。这种日益扩大的公共权力机关正是国家的前身。这一漫长的过渡时代对于描述国家起源是必不可少的,而对于描述法律起源则同样是至关重要的。

第四节　关于中国法律的起源

有了作为阶级统治工具的国家,便也就有了作为阶级统治工具的法,这也许是合乎常情的事。但是,细想起来,这个命题不无逻辑上和事实上的矛盾。有了国家同时也就有了法,是否等于说没有国家就没有法?或者说,在国家成立之前的原始社会末期不可能产生法?如果说国家是阶级斗争不可调和的产物,那么法和阶级斗争之间是一种什么样的关系?如果我们通过研究,发现在自黄帝至夏代的原始社会末期,的确产生了法,那么,是应当把中国国家的产生时间上推到黄帝时代呢,还是把中国法律的起源下移到夏代?看来,正视某种理论同正视历史事实一样需要勇气。

---

① 李学勤主编:《中国古代文明与国家形成研究》,中国社会科学出版社2007年版,第35、43、44、52页。

一、部落战争与刑的产生

秦朝末年,刘邦率沛县子弟三千人起事响应陈涉吴广,共同抗击秦朝数十万虎狼之师。当时特举行仪式,杀牲涂鼓,"祭蚩尤于沛庭"。(《史记·高祖本纪》)他们的心情是:沉默就是死亡,发难吉凶未卜,但有蚩尤神的庇护,或可转危为安。这一义举表现了刘邦和沛县子弟的无畏气概,也表示了他们对蚩尤的无限信赖和期望。于是,钟鼓齐鸣,香烟缭绕,众口一词,人们向英勇无敌的战神跪拜默祷。这个战神就是蚩尤,他是兵、刑、法的创造者。

古老人类的进化大约从原始人群发展到氏族,尔后随着父系氏族的出现和发展,产生了部落和部落联盟。炎帝、黄帝、蚩尤时代正是中华民族进入部落联盟的时代,也是我国传说时代的开端。当时,本出一源的各部族生活在辽阔的中华原野上。其中居住在中原一带的华夏集团由两个部落组成:一是炎帝部落,一是黄帝部落。《国语·晋语》说:"昔少典氏娶于有蟜氏,生黄帝、炎帝。黄帝以姬水成,炎帝以姜水成。成而异德,故黄帝为姬,炎帝为姜。"与华夏集团并存的有生活在中国东部地区的东夷集团,即九黎集团。其首长即是蚩尤,它的"嫡系"是苗民部落。

炎帝、黄帝二部不断向东南发展,炎帝部走在前头。这样,终于与东夷集团遭遇。经过长期战争,炎帝部力所难支,于是分划出两派——主和部落和主战部落。后来主和部落占了上风,导致炎帝、蚩尤两部言归于好,并议定了势力范围。和平实现了,炎帝部却付出了沉重的代价——内部分裂。《逸周书·尝麦》记载:"昔天之初,□作二后,乃设建典,命赤帝分正二卿,命蚩尤于宇少昊,以临四方。"二后,指炎帝、蚩尤二首领;建典,指达成协议;赤帝,即炎帝;二卿,指炎帝部分划成不同政见的两派;于宇:即宇于,居住之义;少昊即《左传·定公四年》所说的"少昊之虚",是东夷集团的大本营,相当于春秋时鲁国的领土,大约属于今山东省境。炎帝部与蚩尤本系同源,现在两部相安无事,久而久之,两部便混然而一。故《路史·蚩尤传》说:"蚩尤姜姓,炎帝之裔也";"(蚩尤)封禅号炎帝"。连他们的图腾也都一致起来:"炎帝神农氏人身牛首"(《绎史》卷四引《帝王世纪》),蚩尤则"人身牛蹄,四目六手"(《述异记》)。后来蚩尤便公开打起炎帝的旗号了。《逸周书·史记》谓:蚩尤"自立号炎帝,亦曰阪泉氏"。原来炎帝部主战的那个部落一怒之下返回故乡,准备东山再起。

和平带来了安定,交触促进了繁荣。炎帝部本来擅长农业生产,故号称"神农氏",他们进入农业社会比其他部落要早。在先进生产方式和生产技术的促进下,蚩尤部的经济得到迅速发展。经济实力的扩充与领土的扩大同步发展。于是,蚩尤部同原来主战的炎帝部的一支又一次遭遇了。

《逸周书·尝麦》载:"蚩尤乃逐帝,争于涿鹿之阿,九隅无遗。赤帝大慑,乃说于黄帝。"那个好战的炎帝旧部被蚩尤部打得大败,丢了领土,无处藏身,只得乞求黄帝部的庇护。

蚩尤部打败了原来主战的炎帝旧部,扩大了领土,一时声威大振,四方恐惧。蚩尤部之所以能打胜仗,主要是兵器优良。《吕氏春秋·荡兵》说:"蚩尤作兵。"《世本》说:"蚩尤作五兵。"《尸子》说:"造冶者蚩尤。"兵就是兵器,据说是用火山爆发形成的金属锻造而成的。《管子·地数》载:"葛卢之山发而出水,金从之,蚩尤受而制之,以为剑铠矛戟。是岁,相兼者诸侯九。雍狐之山发而出水,金从之,蚩尤受而制之,以为雍狐之戟芮戈。是岁,相兼者诸侯十二。"于是,手执利器、身着铠甲的蚩尤部落的勇士,便俨然成了战无不胜的神人。《龙鱼河图》说:"蚩尤兄弟八十一人,并兽身人语,铜头铁额,食沙石子,造立兵杖刀戟大弩,威振天下。黄帝仁义,不能禁止蚩尤,乃仰天而叹。"黄帝面对所向披靡的铁甲军,竟束手无策了。

在远古社会,战争是个伟大而神圣的事业,它关系部族每一个成员的生存和发展。战胜者永载史册,失败者淹没无闻,这似乎成了铁的规律。蚩尤部是战争之神的宠儿,战争给他们带来领土、财富、荣誉和周围部族的臣服,同时还带来了新的礼品——刑。

古代"兵刑不分"。《国语·鲁语》记载鲁国大夫臧文仲的一段话:"大刑用甲兵,其次用斧钺;中刑用刀锯,其次用钻凿;薄刑用鞭扑,以威民也。故大者陈之原野,小者致之市朝。"《汉书·刑法志》重复了这段话,并叹道:"其所由来者上矣!"

至于兵与刑的联系,主要分为两个方面:其一,兵是刑的手段。用甲兵、斧钺去征服敌对部族,尸横旷野,血流漂杵,这是最大的刑罚;用刀锯、钻凿去截人肢体、毁人器官,这是中等的刑罚,这是针对所辖部属的统治手段;鞭打是最轻的惩罚,是施于内部集团成员的。其二,刑是兵的条件。为了组织军事行动,必须创制和实施一些号令。正如《易经·师》所追述的:"师出以律。"意即军队行动要遵守号令。律指乐律,即钟鼓发出的高低不同、频率各异的声音,如后世"鸣金收兵,击鼓进军"之类。《周礼·春官·大师》载:"大师执同律以听军声而诏吉凶。""同律"即关于金鼓号角的节奏频率的规定。这些号令具有极大的权威,任何人不得违反,否则便施以刑罚。"内行刀锯,外用甲兵"(《商君书·画策》)的黄帝就曾以军法杀人。《汉书·胡建传》载:"黄帝李法:壁垒已定,穿窬不由路,是谓奸人,奸人者杀。"大禹也曾以"军法"大开杀戒。《国语·鲁语》载孔子的话:"丘闻之:昔禹致群神于会稽之山,防髀后至,禹杀而戮之。"

据传,最古老的战鼓名叫"皋陶",是由不同长度、直径和弧度的鼓木蒙以皮革而制成的。鼓的大小长短不等,击打时发出声音的频率、传播的距离也不相同:"鼓大而短,则其声疾而短闻;鼓小而长,则其声舒而远闻。"(《周礼·冬官·考工记》)由一组型号不同的战鼓发出的声音就是指挥军队作战的军令,"师出以律"的"律"。久而久之,战鼓的名字"皋陶"也就被借代为军令的代名词。于是,蚩尤发明的"五兵"和军令"皋陶",便成了密不可分的同一宗遗产而留传于后世了。

在频繁的战争中,蚩尤部的刑罚手段也逐渐完善起来,最后定型为"五刑",即《尚书·吕刑》所叙述的蚩尤"作五虐之刑曰灋"。

蚩尤部既然能用火山爆发形成的金属来锻造兵器,自然也能用它制造工具。金属工具的运用和推广,大大提高了生产力,从而增加了部落的财富。凭借着经济上的优势,蚩尤部不仅用武力"相兼诸侯",而且还将战败的部族纳入自己的领域,逐渐加以"同化"。这就使蚩尤部所辖领域内的居民成分空前复杂起来了。

财富使各氏族具有各自的特殊利益,战争需要供给兵器和粮食,新扩充的领地需要军队去固守,被征服的部族需要弹压和疏导,部落内部出现的互相欺诈、抢夺财物、违反传统礼仪的行为也需要制裁和整肃。一句话,旧的传统习惯显然已不宜于时用了,必须创制新的行为规范以维护现行秩序。这个新的行为规范就是"法"。而创造"法"的正是蚩尤。

《尚书·吕刑》载:"蚩尤惟始作乱,延及于平民,罔不寇贼、鸱义、奸宄、夺攘、矫虔。苗民弗用,灵制以刑,惟作五虐之刑曰法。杀戮无辜,爰始淫为劓刵椓黥。"乱即治。《说文解字》:"乱,治也。"《论语·泰伯》:"关雎之乱,洋洋乎盈耳哉。"朱熹集注:"乱,乐之卒章也。"王逸注:"乱,画也。"《尔雅·释诂》:"乱,治也。"《尚书·顾命》:"其能而乱四方。"蔡沈集传:"乱,治也。"《尚书·泰誓》:"予有乱臣十人。"孔颖达疏:"乱,治也。"《尚书》中乱字多作治字解。又《左传·昭公六年》:"夏有乱政,而作禹刑","商有乱政,而作汤刑","周有乱政,而作九刑"。乱亦作治解。开国大治,始立法制。延,波及;平民,指所辖领域内不同部族;寇贼,抢劫杀伤人;鸱义,违反礼仪;奸宄,邪恶作乱;夺攘,抢夺财货;矫虔,矫诈骗取;用,奏效;灵,令;虐,猛;淫,增加;劓,割鼻;刵,割耳;椓,即刻,毁坏生殖器官;黥,刺面。全段文字大意是:蚩尤开始整肃社会秩序,制定新的行为规则,施及所辖领域内的各类部族,将各种坏的行为总括为寇贼、鸱义、奸宄、夺攘、矫虔五种类型,以此来制约大家。蚩尤的嫡系苗民积极地加以实施,但未能奏效,蚩尤便命令他们用刑罚加以惩制,这种惩罚手段同上述五种类型的坏行为相对应,于是产生了五种无情的刑罚,称为"法"。原先只运用杀戮这种手段,恐怕诛及无辜,才开始增加了割鼻、割耳、宫、刺面四种刑罚。

"法"的产生无疑是一大进步。但是,背叛古老的传统是不能不受到报复的。当时,人们"罔中于信,以覆诅盟",大家都不讲信用,不相信盟誓了。加之蚩尤部的嫡系——苗民在推行"法"时采取了过分的举动——"丽刑并制",即"法"外加刑,故尔引起骚动。无辜的受难者纷纷向上帝控诉蚩尤、苗民的罪恶——改革遇到了普遍的抵制。

战败的炎帝部的一支逃往黄帝部乞求援助,于是酿成了黄帝部与蚩尤部的空前大战。《山海经·大荒北经》:"蚩尤作兵伐黄帝,黄帝乃令应龙攻之冀州之野。应龙畜水,蚩尤请风伯,雨师,纵大风,黄帝乃下天女曰魃,雨止,遂杀蚩尤。"黄帝利用蚩尤部的内部混乱,终于打败了他们。但是,在当时的历史条件下,黄帝部无法完全控制蚩尤部。于是采取分别对待的办法,将苗民部赶到南方,选择少昊氏作蚩尤旧部的首领,最终以结盟而告终。《逸周书·尝麦》:"赤帝大慑,乃说于黄帝,执蚩尤,杀之于中冀,以甲兵释怒。用大正顺天思序,纪于大帝,用命之曰绝辔之野。乃命少昊清司马鸟师,以正五帝之官,故名曰质。天用大成,至于今不乱。"

新的更大规模的部落联盟出现了。于是,黄帝在泰山召开部落联盟大会。《韩非子·十过》:"昔者黄帝合鬼神于泰山之上。驾象车而六蛟龙,毕方并辖,蚩尤居前,风伯进扫,雨师洒道……"蚩尤旧部连同他的同盟军"风伯"、"雨师"一并臣服于黄帝的麾下。尽管蚩尤旧部中不乏顽抗到底的氏族,但已难以掀起大浪了。

蚩尤死了,他的"法"却活着,这是因为"法"适应了当时社会发展的需要,从而得到社会的承认。"法"一经产生,便打破氏族部落的狭小界限,成为当时社会的共同财产。就连战胜者黄帝也不能无视这一事实。《龙鱼河图》载:"蚩尤殁后,天下复扰乱不宁。黄帝遂画蚩尤形象,以威天下。天下咸谓蚩尤不死,八方万邦,皆为珍伏。"蚩尤的形象,与其说是"铜头铁额"、"人面兽身"的独角兽廌的图腾,不如说就是以五刑为后盾的"灋"。

二、东夷民族与中国法律的起源

在史前的传说时代,在黄河流域生活着东夷、西夏、北狄三大集群。皇帝代表北狄集群,炎帝代表西夏集群,太昊少昊代表东夷集群。东夷民族是与西夏民族、北狄民族相对应的重要民族。其发端于传说的皇帝时代,历经尧、舜、禹、夏、商、周诸阶段而来。其生活领地是以泰山为中心的中国东部地区,其代表人物或部落主要有蚩尤、颛顼、祝融、帝喾、虞舜、皋陶、伯益等。东夷民族同北狄、西夏民族一样为中华民族做出过杰出的贡献。在这些贡献中,最为突出的是古代法律文化成果。

在传说中的黄帝时代,属于东夷人集团的蚩尤部落,已经拥有八十一个氏族。他们凭借锐利器侵凌他族,横行天下。他们为了统一号令和奴役战败的异族,创制了五种残酷的刑罚,并把它们称为"灋"(法)。① 蚩尤部落的嫡系苗民在施行刑罚上采取了过于激烈的行动,即将五种刑罚广泛地施于内部,从而遭到普遍的抵制,以致削弱了自己的力量。

黄帝部落战胜了蚩尤部落,建立了空前规模的部落联盟机构,《管子·五行》说:"黄帝得六相而天地治"。这"六相"分管兵、虞、士师、司徒、司马、李诸职,而蚩尤部的酋长虽被黄帝杀死,其部民却被吸收进来。蚩尤部仍主兵,他们创造的五种刑罚也被继承下来了。其实,"六相"不过是六个部落酋长,他们之间的分工被相对稳定地固定下来,并世袭下去。

以黄帝为旗帜的部落联盟的确立,正是中华民族形成的原始起点。正因

---

① 分别参见《史记·五帝本纪》注引《龙鱼河图》、《管子·五行》、《尚书·吕刑》。

如此,及至春秋时人们总结道:"唯有嘉功,以命姓受氏,迄于天下。及其失之也,必有滔淫之心闲之,故亡其姓氏,踣毙不振,绝后无主,湮替隶圉。夫亡者岂繄无宠,皆黄炎之后也。"(《国语·周语下》)

然而,以黄帝为首的部落联盟是通过长期战争后形成的。部落联盟的确立以参战各部落间的"权利再分配"为条件。这样,为了维系部落联盟的权威,就很难仍然仰仗原有的氏族制度而不得不求助新的行为规范,这就是蚩尤部落创制的"法"。而蚩尤部落所创制的"法"正是针对"寇贼、鸱义、奸宄、夺攘、矫虔"(《尚书·吕刑》)等行为采取的制裁措施。

及至尧、舜、禹时代,部落联盟机构得到进一步的扩大和完善。当时已有"四岳",即"四方诸侯"。(《汉书·百官公卿表》)实际上是四方之部落酋长。联盟的重大事情均要"咨四岳"然后决定,实际上是召集部落酋长议事会。尧、舜、禹即以部落酋长的身份被推选为联盟最高军事首长的。① 一些著名的"群牧"、"群后",如稷、契、皋陶、垂、益、伯夷、朱、虎、熊、罴、夔、龙等二十二人(《尚书·尧典》),都是世袭的部落酋长。他们在部落联盟中分别担任职务,这些职务则由该部落世袭下去。

当时主持司法事务的是皋陶。《尚书·尧典》载:"帝曰:皋陶,蛮夷猾夏,寇贼奸宄。汝作士,五刑有服,五流有宅,五宅三居。""象以典刑,流宥五刑,鞭作官刑,扑作教刑,金作赎刑,眚灾肆赦,怙终贼刑。"又《皋陶谟》:"皋陶方祗厥叙,方施象刑惟明";"天讨有罪,五刑五用"。总的来看,当时的刑法制度已相当完备,包括五刑、五流、象刑、赎刑、鞭扑诸项,下面分别说明。

其一,五刑,指五种刑罚:杀、宫、刵(一说刵为劓)、劓、墨。《尚书·吕刑》:"杀戮无辜,爰始淫为劓、刵、椓、黥。"原义似为:只有杀刑,恐诛及无罪者,故扩展为割鼻、割耳、破坏生殖器、刺面四种刑罚。肉刑盖源于原始社会的同状复仇习惯。"只有那种与所受损伤恰恰相等的伤害,——以命还命,以烙还烙——才能满足原始人追求平等的精神";"同等报复是为代替流血复仇而创造和施行,它能为原始人所承认是因为这能满足他们的复仇欲,同等复仇一经成为风俗就应当像一切风习一样作出具体规定"。但是,当部落联盟成立之后。氏族之间、部落之间的复仇行为便受到限制,本来在氏族社会中享有的"权利"现在却由部落联盟机关代为行使了。刑罚制度由是产生。这种刑罚的社会意义冲破当事人的范围,带有现代刑法理论的"特殊预防"和"一般预防"的色彩。正如拉法格指出的:"埃及人把强奸自由妇女的犯罪者的睾丸割去,通奸的犯罪者则受割鼻之刑","伪造货币或关防者砍手","小偷小窃谈不到死刑,只是砍断他们的手。"②其作用是"去其为恶之具,使夫奸人无用复肆其志,止奸绝本,理之尽也。亡者刖足,无所用复亡。盗者截手,无所用复盗。淫者割其势,理亦如之。除恶塞源,莫善于此,非徒然也"。(《晋书·刑法志》)这

---

① 金景芳:《中国奴隶社会史》,上海人民出版社1983年版,第5页。
② 〔法〕拉法格:《思想起源论》,王子野译,三联书店1963年版,第75—76页。

种刑罚手段还起着"一般预防"的作用,使别人出于畏惧或耻辱感而不敢违法犯罪。没有区别,就没有法律。如果对违法犯罪者统统处以死刑,就不会产生专门执掌司法事务的法官了。

五刑中的黥刑,最早不是刑罚手段。它来源于蚩尤时代的文身。文身施于不同性别不同年龄的人们,有文额、文乳、文臂、文胸、文趾等等。文身来源于两性及婚姻的禁忌。违反这些禁忌是要受到严惩的。如《路史·前纪》载:有巢氏时有人"其性喜淫,昼淫于市,帝怒,放之于西南。"《搜神记》有:"昔高阳氏有同产而为夫妇,帝放之。"《淮南子·齐俗》载:"帝颛顼之法,妇人不辟男子于路者拂之于四达之衢。"文身的作用正是为了逐渐杜绝父女之间、母子之间、兄弟与姐妹之间的性行为。蚩尤部落由于最早施行了文身禁忌而强健了体魄提高了智力,并率先完成了由母系氏族向父系氏族的转变,形成由"兄弟八十一人"组成的部落。后来,东夷民族的文身习惯传播到其他民族,成为推动中华民族由野蛮向文明发展的有力杠杆。以文身为载体的禁忌制度,成为礼的重要内容。而礼作为重要的行为规范,最终成为法的重要组成部分。

其二,五流,即以距离远近为五等的流放之刑。流放是原始社会对待氏族内部"违法犯罪"者的最残酷的刑罚。原始人必须处在氏族集体之中,才能抵御来自各个方面的威胁和伤害。"放逐是原始氏族最可怕的惩罚之一"。①"凡是部落以外的,便是不受法律保护的。在没有明确的和平条约的地方,部落与部落之间便存在着战争,而且这种战争进行得很残酷。"②一个被驱出氏族的原始人,或许还有机会被别的氏族收容而生存下去,但他一旦被驱出他所属的部落,就无异于死刑了。当部落联盟成立之后,各部落都有了相对稳定的生存空间,这时,原先那种驱出氏族、驱出部落的以血缘亲疏为标准的放逐之刑,就演变成以距离(地域)为标准的流放之刑了。《尚书·尧典》所载的"流共工于幽州,放欢兜于崇山,窜三苗于三危,殛鲧于羽山,四罪而天下咸服",就是古老的流刑。不过,被放逐的对象可能不是个人,而是一个氏族,否则他们一经流放便会永远消失的。

其三,象刑。对象刑历来有不同解释。有一种意见认为,象刑即以社会舆论为后盾、以羞侮为手段的象征性刑罚。这种刑罚是以原始社会的特殊背景为基础的。须知,原始人的集体荣誉感是极强的。"带给一个野蛮人的侮辱,整个氏族都会有所感觉,好像它是带给每个成员一样。流一个野蛮人的血等于流全氏族的血,氏族的所有成员都负有为侮辱复仇的责任。"③随着社会生活的变化,个人的荣誉感也发达起来:"在野蛮期的低级阶段,人类的高级属性开始发展起来;个人的尊严、雄辩、宗教的情感、正直、刚毅、勇敢,此时已成为

---

① 〔法〕拉法格:《思想起源论》,王子野译,三联书店1963年版,第70页及注。
② 恩格斯:《家庭、私有制和国家的起源》,载《马克思恩格斯选集》第4卷,人民出版社1972年版,第94页。
③ 〔法〕拉法格:《思想起源论》,王子野译,三联书店1963年版,第71页。

品格的一般特质";"每个人都承认印第安人所具有的那种强烈的独立意识和自尊心"。① 孟德斯鸠在论述古代决斗风俗时曾指出:"一个人看重了荣誉,就终身从事一切获致荣誉所不可或缺的事情";"在野蛮人的法典里,是有一些不解之谜的。佛里兹人的法律对受到棍子打的人只给赔偿金半个苏。但对极轻微的伤害,它却规定要给付比这还要多的赔偿金。……荣誉观念的特别准则已在产生与形成。……日耳曼各民族在荣誉的观念上,同我们是一样敏感的;不,他们甚至是更为敏感些。对于各种侮辱,就是最疏远的亲属也猛烈地感同身受;他们所有的法典都建立在这个基础之上"。②

关于尧、舜时代的象刑,《尚书大传》、《荀子·正论》、《慎子》(佚文)、《论衡·四讳》等文献均有记载。大致是说,令受上刑中刑下刑者身着非常之服饰,以示羞侮。这种羞辱性的措施,从圜土之法中亦有反映。《竹书纪年》载:"夏帝芬三十六年作圜土。"圜土是监狱的雏形。关于"圜土之法",《周礼·秋官·司圜》这样追述道:"司圜掌收教罢民。凡害人者,弗使冠饰,而加明刑焉,任之以事而收教之。能改者,上罪三年而舍,中罪二年而舍,下罪一年而舍。其不能改而出圜土者,杀。虽出,三年不齿。凡圜土之刑人也,不亏体;其罚人也,不亏财。"其中的"罢民",是指"恶人不从化、为百姓所苦而未入五刑者";"弗使冠饰",意即以黑巾蒙其首;"加明刑",是"书其罪恶于大方版,著其背";"任之以事"即从事劳役;"不齿",不齿于人,为舆论所轻贱;"不亏体"是不受肉刑,保全肢体;"不亏财"即以劳役折抵赔偿金。这些人被释放出来以后,仍要穿"不齿之服","垂矮五寸",即冠缨比常人多垂下五寸,以示身份。"圜土之法"是将象刑与强制劳役相结合的一种新的刑罚措施,其威慑力自然比象刑大得多。但其"不亏体"、"不亏财",仍表现了氏族的脉脉温情。随着生产力的发展和社会结构的不断分化,氏族纽带的某些环节已经被贫富之分和统治者与被统治者的鸿沟所冲破,原来那层温情脉脉的薄纱终于被扯破,露出了血淋淋的刀锯来。至于辱侮性的刑罚,陕西岐山县出土的西周铜器《朕匜铭文》、《周礼·司圜》、《礼记·玉藻》等亦有表述。封建刑制中仍有其遗迹。由是观之,象刑者必有所本而非臆造。其时之象征性刑罚,盖针对轻微违法犯罪者。刑其一人,全族受侮,受刑者深受族人舆论之谴责,其威力仅次于流放。后来,个体家庭或小家族渐多,原先以氏族、部落为单位的集体荣誉感日渐衰落,象征性刑罚渐失其威力,最终代之以肉刑。

其四,赎刑。即以财产或货币抵免刑罚的一种制度。赎刑是血亲复仇传统与私有财产权观念的混合物,也是缓解血亲复仇的一剂良药。孟德斯鸠写道:"从塔西佗的著作,可以知道日耳曼人只有两种死罪。他们把叛徒吊死,把懦夫溺死。这就是他们所仅有的两种公罪。当一个人侵犯了另一个人,受冒犯或受伤害的人的亲族就加入争吵;仇恨就通过赔偿来消除。双方当事人之

---

① 马克思:《摩尔根〈古代社会〉一书摘要》,人民出版社 1965 年版,第 54、86 页。
② 〔法〕孟德斯鸠:《论法的精神》下册,商务印书馆 1982 年版,第 233、240、241、242 页。

间成立一种协议,来履行赔偿。因此,野蛮民族的法典就把这种赔偿称为和解金。所有这些和解金都用货币的数额规定。但是这些民族,尤其是在日耳曼的时候,几乎是没有货币的,所以他们可以用牲畜、麦子、家具、武器、狗、猎鹰、土地等等给付。法律本身又常常规定这些东西的价值;这说明,为什么他们的金钱那么少,而罚金的种类却又那么多。"①梅因认为:"古代社会的刑法不是犯罪法,这是不法行为法,或用英国的术语,就是侵权行为法。被害人用一个普通民事诉讼对不法行为人提起诉讼,如果他胜诉,就可以取得金钱形式的损害赔偿。这个特点,最有力的表现在日耳曼部落的统一法律当中。它们对杀人罪也不例外有一个庞大的用金钱赔偿的制度,至于轻微损害,除少数例外,亦有一个同样庞大的金钱赔偿制度。"梅因还引用垦布尔在《盎格鲁—撒克逊》中的一段话:"根据盎格鲁—撒克逊法律,对于每一个自由人的生命,都可以按照他的身份而以一定金钱为赔偿,对于其身受的每一个创伤,对于他的民权、荣誉或安宁所造成的几乎每一种损害,都可以用相当的金钱为赔偿;金额按照偶然情势而增加。"②拉法格强调私有财产制对于赎刑的决定性意义:"复仇欲虽然受到同等报复和仲裁会议的约束,始终没有停;只有私有财产才能拔掉它的爪和牙。财产负有消灭由私人的复仇所引起的混乱的使命,但它自身就是在家庭内部,在纠纷和犯罪的血泊中降生";"财产的感情钻入人类的心中,动摇了一切最根深蒂固的感情、本能和观念,激起了新的欲望。只有私有财产才抑制和减弱了复仇欲——这古老的、统治着半开化人心灵的欲望。自私有财产建立起来之后,流血不再要求用血来抵偿:它要求的是财产。同等报复法也改变了";"于是,代替以命偿命、以牙还牙,人们要求以家畜、铁和金子来抵偿生命、抵偿牙齿和抵偿其他的伤损。卡佛列人要牛,斯堪的纳维亚人、日耳曼人和半开化人已经要货币——他们在与更文明的民族接触中学会了使用货币";"血仇的惩罚起初取决于受害一方的意志,他们按照自己的意见决定物品的数量和质量,……过分的赔偿使这种赎罪方法实际上成为不可能而引起无休无止的争吵。为了防止这种困难,半开化人不得不规定可行的赎金数目。半开化人的法典详细地规定了一条自由人的生命,按其出身和等级,要罚多少赎金,用自然物或金钱支付,手、臂、腿等处受伤又罚多少赎金,对他的荣誉的一切侮辱和对他的家庭安宁的一切破坏又罚多少赎金"。③

尧、舜时代的赎刑只针对轻微的犯罪。《尚书·尧典》谓"金作赎刑"。马融注:"金,黄金也。意善功恶,使出金赎罪,坐不戒慎者。"系指过失犯罪。而朱熹认为赎刑适用于"罪之极轻,虽入于鞭扑之刑而情法犹有可议者。""后世始有赎五刑法,非圣人意也。"(朱熹:《朱文公文集·答郑景望》)赎刑之制被夏朝所承继,故《书序》谓:"训夏赎刑";《尚书·吕刑》谓"五刑之疑有赦,五罚之疑

---

① 〔法〕孟德斯鸠:《论法的精神》下册,张雁深译,商务印书馆1982年版,第332、334页。
② 〔英〕梅因:《古代法》,沈景一译,商务印书馆1959年版,第208—209页。
③ 〔法〕拉法格:《思想起源论》,王子野译,三联书店1963年版,第79—83页。

有赦,其罚百锾、二百锾、五百锾、六百锾、千锾。"意思是说,对本应处以五种刑罚的犯罪者,因证据不足难以定罪的,可以赦免,但以一定数量的铜纳赎,或者是对特殊案件以罚金代替五种刑罚。我们还没有发现由血亲复仇转向赎制的原始证据,及至两汉,为亲属复仇的行为还得到舆论的赞扬和官府的通融,而《唐律》则禁止"私和",即私下与凶手和好。中国远古的赎制主要不是来源于民间的协议(以钱财赔偿伤害),而是发端于官府的慎刑主张。这恐怕是由于宗法家族观念的深厚和私有财产观念的淡薄所造成的。

其五,鞭扑。鞭扑是针对官员的体罚手段,当然也带有辱侮的性质。《朕匜铭文》中有"鞭汝千",可见其伤害程度并不很酷烈。《尚书·尧典》有"三载考绩,三考黜陟幽明"。据此可证舜时已有对公职人员的考查制度,鞭扑之刑恐怕就是针对失职者的。又谓"鞭作官刑"。"官刑"即关于公职人员的专门法律规范。夏朝承而继之,故有"官师相规,工执艺事以谏"。(《左传·襄公十四年》引《夏书》语)而商朝又沿而用之,故有"汤之官刑"。(《墨子·非乐上》及《尚书·伊训》)

总之,尧舜时代的刑罚制度已十分完备,这说明,以此为后盾的法律规范也已经达到相当发达的水平。因为刑罚本身不是目的,维护某种社会秩序才是目的。当时法律活动的代表人物是皋陶,一些对后世有重大影响的法律总是与皋陶的名字联在一起。正如马克思所说的:"雅典人处在出现立法家的阶段,立法不论表现为纲要的形式或表现为详细拟制的形式,都和某人的名字联系着。"①于是,我们从众多文献中不仅看到关于皋陶的事迹,也看到了"皋陶之刑"。《左传·昭公十四年》载叔向曰:《夏书》曰:昏、墨、贼,杀。皋陶之刑也。"总之,中国的法律自黄帝时代产生萌芽以后,至尧舜时代便初步确立了。尽管夏朝以后,国家诞生,法律亦发生大的变化,但是,进入文明以后的中国法律,不论其内容或特征,都可以从传说时代那里找到它最原始的雏型。

三、关于法律起源问题的比较分析

在法律起源方面各古老民族既有其共同之处,又有其独特之处。前者是人类法律文化共同规律的反映,而后者则是人类法律文化多样性的原始起点。总的来看,法律产生于国家诞生之前的原始社会末期。这一特定时期被马克思主义经典作家称为"由氏族制度向政治制度的过渡阶段","由氏族制度向国家的过渡时期","野蛮期高级阶段"②或与罗马人的"王政时代"、希腊人的"英雄时代"相当,与"部落联盟"和"军事民主制"时代相当的"野蛮时代高级阶段"。在中国历史上,则相当于黄帝、尧、舜、禹的时代。

此间,随着私有财产的出现和由此导致的贫富分化,战争的扩大和奴隶的增加,前所未有的超越狭小氏族部落范围的部落联盟机关终于诞生了。在新

---

① 马克思:《摩尔根〈古代社会〉一书摘要》,人民出版社1965年版,第186页。
② 同上书,第238、183、216页。

的社会条件之下,原先的氏族制度和习惯逐渐失去作用,部落联盟机关肩起创制、认可并保障实施新的行为规范的历史使命,这种以强制力为后盾的、在部落联盟范围内普遍有效的新式行为规范,就是最初的法律。

及至原始社会末期,父系家长制度已得到空前的发展。以父系血缘纽带为基础,以父系家长特权为中心的宗法制度及其特征,自然也会渗透到当时的法律之中,并在此后的社会生活中依然保留着它的某种影响力。在这方面,中国古代以"亲亲"、"尊尊"为特征的礼制,与被称作"原始父权的典型"的古罗马的"家父权"①之间没有本质的差别。但是,由于所处的社会条件不同,特别是私有财产制和商品经济发展程度不同,从而使父系家长制走上不同的发展道路。可以说法律文化从父系家长制这个相同的起点出发,踏上各不相同的发展道路。

各古老民族在最原始的法律方面有着惊人的相似之处。这种特点甚至可以从文明时代的法律制度中表现出来。比如:

其一,根据中国的礼制,父子之间是不能诉讼的,即《国语·周语中》所谓"父子无狱"。而根据古罗马的"家父权"精神,"父和在父权下之子相互之间不能提起控诉"。②

其二,根据中国古代法律,父家长对所属卑亲属或家庭奴隶的伤害行为被认为是与国家秩序无关的"非公室告",③国家不予干预。而根据罗马法学家的格言:"家父权并不触及公法"。④

其三,根据中国古代的礼制和法律,禁止"父母在别籍异财"。(参见《唐律·名例·十恶》、《唐律·户婚·子孙别籍异财》)而"古代罗马法禁止在父权下之子和父分开而持有财产"。⑤

其四,根据中国古代法律,父家长有权将其卑亲属送交官府并要求给予刑罚。⑥ 在罗马的帝政时期,"家内惩罚的无限制的权利已变成为把家庭犯罪移归民事高级官吏审判的权利"。⑦

其五,父家长对子女拥有无限支配权:"父对其子有生死之权,更毋待论的,具有无限制的肉体惩罚权,他可以任意变更他们的个人身份,他可以为子娶妻,他可以将女许嫁,他可以令子女离婚。"⑧在这方面,中国古代法与古罗马的"家父权"毫无二致。

但是,在古罗马,发达的"家父权"遇到了它的掘墓者,这就是私有财产制

---

① 〔英〕梅因:《古代法》,沈景一译,商务印书馆1959年版,第142、140、160页。
② 同上书,第83页。
③ 《睡虎地秦墓竹简》,文物出版社1978年版,第195页。
④ 〔英〕梅因:《古代法》,沈景一译,商务印书馆1959年版,第79页。
⑤ 同上书,第81页。
⑥ 《睡虎地秦墓竹简》,文物出版社1978年版,第195、261、263页。
⑦ 〔英〕梅因:《古代法》,沈景一译,商务印书馆1959年版,第79页。
⑧ 同上。

和商品经济。私有财产制度和商品经济巩固了个体家庭的地位,其结果是"家族依附的逐步消灭以及代之而起的个人义务的增长。个人不断地代替了家族,成为民事法律所考虑的单位"。① 血亲复仇是维系父家长制度的重要链条,当私有观念取代血缘观念时,财产充当平息复仇欲火的清凉剂。当复仇行为被纳入国家法律轨道时,人们就从仰仗家族团体的庇护转而求助于国家法律:"氏族制度的基本特点,就是氏族成员相互依赖以保护个人权利。政治社会建立以后,这个特点就首先消失了,因为每个公民现在请求法律和国家保护"。② 另一方面,原始民主制传统为个人留下通向社会政治生活的天然途径:父亲和儿子在城中一同选举,在战场上并肩作战。当儿子成为将军时,可能会指挥其父。成为高级官吏时,有可能要审判其父的契约案件和惩罚其父的失职行为。儿子因为有功于社会公利而得到的赏金,被称作"军役特有产"、"准军役特有产"而独立于"家父权"之外。③ 总之,金钱关系腐蚀了高尚的血缘感情,古老的氏族制度无力反对货币的胜利进军。为了金钱,父亲可以卖掉子女。"如果子经过三次出卖,就可以消灭家父权"。④ 因为获得赎金,父子可以放弃为对方复仇的神圣权利。金钱交易关系把父子的纵向权力关系转变成横向的契约关系。以确认私有财产制和商品交换关系为内容的罗马法就是在这样的原始土壤上诞生的。

  在中国的传说时代,生活在中原的先民已经由游牧转为农耕。中原地区土地肥沃松软,气候温暖,为农业生产提供天然条件。在生产工具尚不发达的条件下,农业生产不可能以个体家庭为单位而必须以氏族为单位。一方面,农业生产周期长,生产经验、技术的积累和传播,需要较长的时间和稳定的生活环境;另一方面,农业生产的季节性极强,短时间内的播种、收割以及水利工程的兴修,加之对自然灾害的防御等等,都需要把人力物力集中起来,统一支配。这一切都使父系家长、族长处于优越地位。当维护家长、族长的特权有益于氏族整体的生存时,人们是无权排斥它的。中国古代的礼制就是这样发展起来的。

  当生产力水平低下,人们不得不集体耕作时,氏族内部的个体家庭私有制和商品交换关系是无法萌生的。他们的财产观念是集体主义的,而且最重要的财产是粮食,粮食与其说是财产不如说就是生命。有了粮食才能渡过长时间的水荒。因此,他们不愿意用粮食同中原周围的游牧部族交换牛羊。而这些游牧部族或者不愿意用牛羊交换粮食,或者认为这些东西完全可以用武力来获取。这样,中原地区的农耕部落与四周的游牧部落的关系一开始就是政治性的而非经济性的,纤弱的交换关系远远不能软化战争的锋芒。于是,我们

---

① 〔英〕梅因:《古代法》,沈景一译,商务印书馆 1959 年版,第 96 页。
② 马克思:《摩尔根〈古代社会〉一书摘要》,人民出版社 1965 年版,第 205 页。
③ 〔英〕梅因:《古代法》,沈景一译,商务印书馆 1959 年版,第 79—80 页。
④ 同上书,第 80 页。

看到了中华民族融和过程中的奇妙的民族单向循环运动:四周的游牧部落入主中原以取得对土地人民财产的支配权,然后就被中原的农耕文化所同化。接着再来一次入侵,再来一次同化,战胜者"逐渐地被被征服的人民所同化"。① 中原农耕文化持久不衰的优越地位是中华民族数千年一脉相传未曾中绝的重要保障。

在稳定的农业社会条件下,以父系家长特权为标志、以家族亲属间相互对应的权利义务关系为内容的宗法礼制,成为最基本的社会制度。个人的生存离不开家族,令个人利益完全溶化在家族集体利益之中。亲属间的复仇义务或权利把人们紧紧团结在一起。在中国古代,在私有财产制和商品交换关系十分薄弱的条件下,像古罗马那种父亲出卖儿子,交出犯罪的儿子以赔偿损害,收养没有血缘关系的外人、用获取赎金(和解金)的方法放弃复仇②,等等,都是完全不可理解的事情。儒家颂扬复仇行为,《礼记·曲礼》:"父之仇弗与共戴天,兄弟之仇不反兵,交游之仇不同国";《公羊传·隐公十一年》:"父弑,子不复仇,非子也。"

唐律无明文禁止复仇而追究"私和者"的刑事责任(参见《唐律》及其中的《贼盗·亲属为人杀私和》条),以及司法审判中对复仇者的宽容③,无一不表示了宗法血缘意识的强大力量。《周礼·秋官·朝士》:"凡报仇雠者,书于士,杀之无罪。"又《周礼·地官·调人》:"掌司万民之难而谐和之。凡过而杀伤人者,以民成之。鸟兽亦如之。凡和难父之仇,辟诸海外;兄弟之仇,辟诸千里之外;从父兄弟之仇,不同国。……弗辟则与之瑞节而以执之。凡杀人有反杀者,使邦国交仇之。凡杀人而义者,不同国,令勿仇,仇之则死。凡有斗怒者,成之,不可成者,则书之,先动者,诛之。"可见,官方的干预并没有更改以血还血、以命抵命的古老原则。这一切都使氏族间的横向联系采取了纵向运行的方式,而社会权威机构的权威便植根于此,刑法和刑罚亦由此派生出来。古代的"法"字正是氏族间的公平性与部落联盟机关的权威性的绝妙嫁接。总之,微弱的财产私有制和商品关系远远未能伤害宗法血缘世界的筋骨,当前者问世的时候便不得不纳入后者的坚实轨道。正是由于这个原因,当财产私有制和商品交换关系初步发展起来的时候,它们的影响力仍然非常渺小,它们既不能取代复仇的古老而神圣的感情,也远远不足以诱使父亲出卖子女。相反,人们却用它们来赎回那些不幸在异国沦为奴隶或战俘的族人,并得到国家财政的支持。如《吕氏春秋·察微》:"鲁国之法:鲁人为人臣妾于诸侯,有能赎之者,取其金于府。"这种高尚行为似乎曾经被人们普遍效法,如秦人以五张羊皮从楚人手里赎回虞国大夫百里奚(《史记·秦本记》);齐人晏婴以马赎回越石父(《史记·管晏列传》,并见《晏子春秋》、《吕氏春秋·观世》);宋人以车马赎华元于郑。(《左传·宣

---

① 〔法〕孟德斯鸠:《论法的精神》上册,张雁深译,商务印书馆1987年版,第314页。
② 参见〔英〕梅因:《古代法》,沈景一译,商务印书馆1959年版,第79、83页。
③ 参见瞿同祖:《中国法律与中国社会》,中华书局1981年版,第77—84页。

公二年")于是,赎的社会价值便大大萎缩了,它仅仅成为政治上的一种措施。统治者用它来点染国法的宽容,或者用它来渲染等级的差别。

这就是中国法律最初诞生时遇到的社会条件。这些条件中的最基本的方面发生得很早并延续了很久。因此,中国传律文化的最基本的特征都可以从法律起源的时代找到它们的原型。

四、结束语:由史到论

"上古之世,若存若亡";传说之史,似非似是。试图从传说时代的云雾之中理出一条中国传统法律文化起源的轨迹来,实在是一件十分困难和冒险的事。不管这条轨迹是多么粗糙、暗淡,甚至前后抵牾、漏洞频出,但是,它毕竟是一条朦胧的脉络和轨迹。这条轨迹被我们的祖先们世世代代用口头语言追述、描绘、润色、加工,成为一种公认的为人们确信无疑的事实和真理,存在于人们的脑海中。特别是随着社会分工的发展,出现了专门记忆和叙述历史的人员,这条脉络和轨迹才更加可靠和清晰。《古老非洲的再发现》说,布雄哥人长老可以滔滔不绝地列出120个国王的名字及其故事,因为,"记住过去的事情是他们的分内工作"。当他讲到第98位酋长包·卡马·包曼恰拉时,说他执政时没有发生什么特别的事,只是有一天中午,太阳突然没有了,一片漆黑。经学者考据,那是发生在1680年3月26日的日全蚀。① 《文化与个人》指出,在原始的澳大利亚部落,两个陌生人见面时,首先要弄清对方的血统,一代一代地向前推算。如果两者同出于一个祖先,他们自然知道如何相待;"如果找不到血统上的关系,他们都只有一个念头——杀死对方"。② 质朴无华的远古人绝无炫耀自己出身的动机,记住自己祖先的经历实在是出于生存的需要。凭着这些神圣的记忆和知识,他们可以辨别自己的朋友或敌人,近亲或远亲,可以在一场混战中决定站在哪一方,可以在危险的困境中寻求援助,乞灵祖先。

长期以来,在史学界似乎存在着这样一种偏见,认为传说时代的历史即便存在过,那也是完全靠不住的。其实,我们的远祖是不会、也没有理由去伪造历史的。他们可以把大地震动、火山爆发、洪水滔天说成是天神的发怒;把各个不同图腾的部落战争转述为虎豹豺狼牛鬼蛇神的大混战。但是,那些事情确实发生过。如果在若干世纪后,有人追述说:1976年中国的三位伟人逝世,曾发生地震、陨石雨和南方大雪,是"伟人逝世,天显其征"。这种说法无疑是迷信的。但是,自然灾害的发生的确是事实。问题是,我们要善于透过迷雾,辨别真相。远古的先民是纯朴的,他们的心是诚实的,他们的口、耳也是诚实的。因此,对他们口耳相传的历史是不应当随便怀疑的。

随着文字的发展,使用文字的人逐渐增多,人们表达某种愿望、主张和要

---

① 〔英〕巴兹尔·戴维逊:《古老非洲的再发现》,屠尔康、葛佶译,三联书店1981年版,第12页。
② 〔英〕克莱德·克鲁克洪:《文化与个人》,高佳等译,浙江人民出版社1986年版,第104页。

求的场合在扩大,先前凭口耳相传的史事转换为文字材料的机会也不断增加。于是,关于传说时代的文字材料便沿着"顺行"的方向出现得越来越多了。这种文化演进的方式本是自然的和合乎规律的,不能简单以"后人作伪"四字一言以蔽之。在"史居王官"、"学在官府"的商周时代,专职的文字工作者不敢去杜撰史事。即便是到了"百家争鸣"的春秋战国,人们虽可自由地高谈阔论,却也可以无情地互相指摘。诸子百家怎会编造假的史事以授人口实呢?越来越多的地下发掘物已经并将继续证实古代典籍的真实性,从而使疑古过猛之风顿然失色。

但是,描述中国法律文化起源的轨迹,并不是目的本身。真正的目的,在于说明法律是什么?它是在什么样的历史条件下产生的?又是沿着什么样的轨迹发展的?

(一)行为模式·行为规范·法律规范

行为模式是人类活动所遵循的既定轨道。正如蛇爬行一样,蛇头的轨迹就是蛇身每一个点所必由的轨道。人类最初的行为模式几乎同动物一样,都是为协调本身与外界自然的关系并出于生存、衍续后代的生理本能而产生的。这种行为模式在动物界屡见不鲜:在"前辈"的教育下,幼兔学会钻进灌木丛中以逃避鹰隼的空袭;小狐狸学会不声不响地接近它的猎物;狼崽们学会互相配合对猎物形成包围圈;小狗学会用撒尿的办法防止迷路,等等。最初的人类也是从前辈那里学会了生存的一切本领。比如辨别人们不同的吼声,以决定集中御敌或四散逃命。这些行为模式之所以有权威,就在于它是经过先辈反复实践并证明是有效的东西。前辈们之所以能够一代代活下来,就是雄辩的证明。人们从来没有怀疑它们。人们自然而然地遵循着它们,以致于没有感觉到它们的存在。

行为规范是人类自觉地处理人与人关系的一种行动准则。它是人类经过长期实践和选择而产生的。一个人在某种情境中这样做了,便产生了一种结果;第二个人在同样的情境中那样做了,产生了另外一种结果;第三个人在同样情境中经过思考,选择了折衷两者的第三种做法,于是又产生了第三种结果;后来,越来越多的人都照第三者的样子去做。久而久之,人们习惯了这种做法,便形成了一种"约定"。大家只容忍第三者的做法而不容忍第一、二者的做法,那么被容忍和习惯的做法便成了一种行为规范:合于此的就是好的、道德的,否则便是坏的、不道德的。比如,有一个氏族甲捕获了一头野象,这时有氏族乙由于饥饿前来索取一部分象肉,甲便分给乙一半的肉。可是,连日大雨,使甲氏族有人被饿死。以后,甲氏族又遇到这种情况,便拒绝赠送象肉,从而招致一场厮杀,甲氏族死了更多的人。再后来,甲氏族又遇到同种情况,鉴于前两次的教训,这次他们既同意赠与象肉,又提出条件,要求乙氏族捕到野象后如数归还,乙氏族欣然同意,因为他们也有遇到象肉一时吃不完的时候。于是,以后临近各氏族都如法炮制,好借好还,相安无事。这种做法就变成了一种行为规范,因为事实证明它是有效的和有益的。类似的这种行为规范一经产生,便在两个方向上扩大着它的功用:在氏族内部,任何成员都必须服从这种行为规范,这就潜移默化地使氏族的人成为社会的人;在氏族之间,大家都必须照此执行,不得违反,否则将导致残酷的战争。这就使这种行为规范从一个群体传播到另一个群体。这个过程,实质上是社会生活的规范化或行为规范的社会化。

但是,这种社会化的范围和程度是极为有限的。几个联系密切的具有共同行为规范的氏族结成一个部落,他们之间常常具有血缘或姻亲关系。在部落内部,凭着传统的习俗,舆论的调节和长辈们的威信,一切活动都井然有序。即使出现纷争,他们也都知道如何去解决:"历来的习俗就把一切调整好了"。

由于地域的、传统的和经济生活的因素,使散布于辽阔地区的各个部落形成了自己独特的行为规范。随着社会的发展,经济活动领域的扩大和交往的增加,人们的足迹已经冲破部落的樊篱。于是,便产生了这样一种局面:一方面,各个部落都有自己的经济方式,渔猎的、采集的、畜牧的和农业的。因此,各个部落需要交往,需要取得对方的物品或劳动力。另一方面,各个部落又都有自己的经济利益和行为规范,这个规范往往是对立的、冲突的。于是,部落之间便常常由于局部纷争而酿成战争。他们都指望用战争的暴力来使对方屈服,以推行对自己有利的行为规范。一些部落联合起来孤立、打击另一个部落,把他们杀掉或赶走。过了若干年后,另一些部落又联合起来打击一个新的敌人。长期的野蛮战争给人们都带来灾难。为了避免在战争中同归于尽,一些部落终于建立了相对稳定的联盟,叫作"部落联盟"。它的作用是协调各个部落的关系,制定和推行一些大家都能接受的行为规范。如果某一个部落违反了这些规范,便由部落联盟组织其他部落共同实施惩罚。这种行为规范就是最初的法律。在较为安定的环境中,部落的功用下降了,而氏族间的交往扩大了。当时的生产力状况使氏族成为最合适的经济单位。于是,在部落联盟的治理下,氏族成为起码的"法人"或"公民"。在当时的情况下,行为规范开始分成两个层次:一是由部落联盟制定并负责推行的法律规范,它调节氏族与氏族之间的平等关系;二是氏族内部的行为规范,它调节氏族内各家族之间的关系;这两种行为规范的关系是:前者容忍后者或不干涉后者,而后者必须服从前者。

以后,随着生产力的提高,家族、父系大家庭成为相对独立的经济单位。对生产资料的使用权逐渐演变为生产资料的家族私有制。于是,各个部落、氏族内部出现了贫富差别。一些富有的家族世代占据着部落、氏族公共事务管理者的位置。富人要维护自己的特殊利益,而这样做又是违背传统道德和行为规范的。于是,所有富有的家族走出各自氏族、部落的围栏,在新的场合下逐渐靠拢了;他们的意志慢慢影响并支配了部落联盟的活动,他们的意志越来越多地以法律规范的形式被部落联盟创制出来。法律由维护氏族的平等权益转变为或多或少地照顾富有家族的利益,这是一个"堕落"的起点,也是"文明"的起点。

(二) 广义的法律和狭义的法律

广义的法律是由社会权威机构制定、认可并保障施行的强制性的行为规范。这是法律的一般定义。在我国传说时代的黄帝时期,就已形成了这样的社会权威机构——部落联盟,并制定了特殊的行为规范——法律。后世追记这一事实,便成了如下的文字:"黄帝之治也,置法而不变"(《管子·任法》);"黄帝内行刀锯,外用甲兵"(《商君书·画策》);"黄帝治天下,法令明而不暗"(《淮南子·览冥》);《黄帝李法》曰:"壁垒已定,穿窬不由路,是谓奸人,奸人者杀。"(《汉书·胡建传》)

狭义的法律是阶级对抗社会(奴隶社会、封建社会、资本主义社会)的法律,它是由国家制定、认可并保障实施的强制性的行为规范。这是法律的特殊定义。狭义的法律是与阶级的产生、阶级对抗发展到不可调和的程度,乃至国家的出现同步的,携手同来的;它与国家一样,充当着统治阶级、剥削阶级压迫和统治被统治阶级、被剥削阶级的强制性的工具。关于狭义法律的起源、本质、特征、职能之消亡,马克思主义经典作家曾进行了广泛而深刻的论述,从而奠定了马克思主义法学的理论基石。

狭义的法律是统治阶级的工具这一命题应当这样理解:统治阶级掌握着立法、司法和法学教育研究的支配权,他们很自然地要运用法律来维护自己的特殊利益。但是,统治阶级与被统治阶级作为矛盾的两个方面又共同生活在一个社会空间里。因此,统治阶级的意志不可能是主观任意的、无所顾及的。它必须时刻注意使被统治阶级处于最良好的状态以确保社会的安宁;也只有在社会安宁的条件下统治阶级才会获得最大的利益。这就使统治阶级制定的法律往往以维护社会整体利益的面貌出现。

阶级自始至终都具有这样的本质属性:两大社会集团的对立性。一个阶级的存在是以和它对立的另一阶级的存在为条件的。正如"性别"一样,没有女便没有男,没有男也无所谓女。因此,所谓阶级社会自始至终便是阶级对抗社会。因此,国家自始至终也就成了阶级对抗社会的特殊的社会权威机构。今天的社会主义社会既然没有阶级对抗(或对抗的阶级),也就成了无阶级的社会。"阶级"一词早已失去原来的本质特征,成为人们评价某种事物和观念的一种学术的、政治的术语。"阶级"的真实含义正潜移默化地被职业集团(农民、工人、职工、干部、知识分子等)所取代。这正是所谓社会经济基础变了,社会意识形态也随之改变的规律在起作用。与此同时,社会主义国家也质变为"新型国家"、"半国家"。它实质上成了一种新型的社会权威机构。于是,法律便水到渠成地完成了由"狭义的法律"到"广义的法律"的转变。马克思主义经典作家对阶级对抗社会的国家与法律进行了卓越的研究,并形成完整的理论体系。这些光辉成果是人类文化的瑰宝,也是我们研究阶级、国家、法律的指导原则。运用马克思主义的基本原理来研究社会主义新型国家和新型法律,是马克思主义后继者的历史使命。

马克思、恩格斯在描述原始社会时多次使用了"法律"、"诉讼"、"审判"、"判决"、"氏族法庭"等字眼。这实际上已经明确指出了有两种法律:原始社会的法律和阶级对抗社会的法律。这是一个伟大的启示。然而,很可惜,人们已经习惯于把不是习惯的习惯仍旧称作习惯,从而阻塞了探讨国家与半国家、狭义法律与广义法律的大门。

真正的研究不是文字游戏,而把别人的研究贬为文字游戏,也称不上是真正的研究。笔者把部落联盟时代的习惯称作法律(广义的法律),正是为了在一个更广阔的平面上探讨法律发生、发展、消亡的一般途径及其规律。在阶级对抗社会的前面和后面,有一对颇为相似的社会形态,故且称之为"原始社会主义社会"和"现代社会主义社会"。两者的社会权威机构和行为规范的形式也是相似的。然而,我们习惯于称"现代社会主义"的社会权威机构为国家,称国家制定、认可的行为规范为法律,却不愿意用同样的名称去描述"原始社会主义"社会。笔者的看法是,只要有利于认识事物的真实面目,名称是次要的。但是,如果有必要,换换也无妨。

(三) 早出的法律文化与晚出的国家

我们敢于涉足中国法律文化起源这个领域,是基于这样一种信念:第一,我们的祖先是质朴的,他们的心、口、耳是诚实的,因此,口耳相传的史事也是真实的;第二,当文字发达以后,这些"口头的史料"越来越多地转变为"文字的史事",他们虽经著者润色,但必有所本且不失其真;第三,在繁多庞杂的史料中,肯定能找出一些带有连贯性的东西来。我们这样做了,居然绘制了一条看起来也许显得蹩脚的轨迹。由于受到种种限制,我们无法使这条轨迹丰满起来。我们无法详尽地描述中国法律文化最初的情况。也无法指明它在公元前多少世纪、多少年代正式产生。

我们能够说明的只是:第一,在传说中的蚩尤、炎帝、黄帝时代,由于经济交往和战争,一个具有支配力的社会权威机构诞生了,这就是以黄帝为首的部落联盟;第二,当时产生了新型的行为规范——法律,它包括军法(律)、维护宗法的传统规范(礼)、禁止欺诈和抢夺的法令,还形成了较为稳定的刑罚制度;第三,司法事务被当作"家族专业"世世代代由某一氏族担任,蚩尤、颛顼、祝融、咎繇、皋陶、蓐收、爽鸠,无非是这一氏族的图腾或族徽在不同时代、不同地区的称呼。而古代的"法"字,虽然最早见于西周的钟鼎之器,但它的含义在传说时代就已形成,它不过是对原始古义的"迟到的"记录。这一切都构成中国法律文化原生态的内容。

据有关学者分析,从黄帝到夏朝建立,时间约当公元前30世纪到公元前22世纪。在距今5000年前的黄帝时代,在我国中原大地上便形成了庞大的部落联盟,初奠了华夏民族的雏型,并产生了初级形态的法律文化,这在世界人类史上是罕见的一例。因此,可以说中国法律文化是"早熟的婴儿"。

一般认为,夏朝是第一个国家形态。但是,按照马克思主义原理,国家形成的三项标志之一,是按地域来划分居民。然而在中国古代,即使是到了夏朝之后1000年的西周,与其说是按地域来划分居民,毋宁说是按血缘来区分阶级。氏族内部贫富分化和阶级对立没有发展到完全冲破血缘纽带和氏族躯壳的程度。血缘不仅成了区分统治阶级与被统治阶级的大标尺,还成了区分两大阶级内部不同权利义务的小标尺。只是到了战国和秦代,新兴地主阶级才第一次在宗法家族的废墟上缔造了超血缘的国家。因此,我们又不得不承认,我们古代的国家又是"晚出"的。

　　"早熟"、"晚出"都是一些相对的概念。严格说来并不科学、严谨。用早熟、晚出的一般标准来衡量世界各民族的先进与落后,更是失之简单武断。每一个伟大民族都具有自己的活力和独特的经历,它的存在本身就足以证明它的伟大。中国的法律文化和国家,是在中国这样一块独特的地理的、民族的、文化的环境中成长起来的,没有受到外来因素的干扰。因此,中国法律文化自始至终都散发着自然而淳朴的气息,充满着中国特色。正因如此,中国法律文化才具有独特的理论价值。

第二章 寻找最初的独角兽——对『廌』的法文化考察

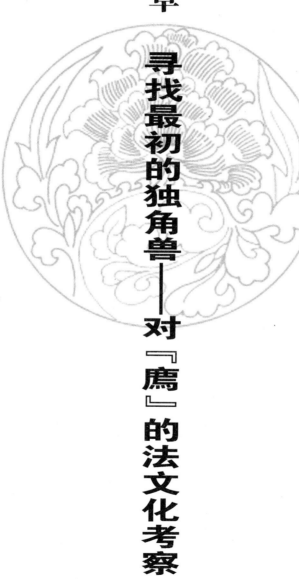

在中国传统法律文化研究中,对典型古汉字的研究别具一番意义。这是因为,首先,中国的汉文字是象形(表意)文字。英国哲学家罗素先生曾经指出:"中国文化能如此历久不变,足以让后人追根溯源,或许就是由于使用了表意文字";"表意文字自然要比表音文字更能显示优越性"。① 甚至曾有人认为:"象形文字是一些神圣的符号,不但能够指示事物的名称和形式,甚至能够传达事物最本质、最为神秘不可测的含义。"②它们像一尊尊活着的化石,凝结了真实而丰富的历史文化信息,蕴含着一帧帧古代社会生活(包括法律实践活动)的真实画卷。我们不应忘记,在文字诞生之前,口耳相传的历史对后人的影响也许异乎寻常地强烈。况且,对部落长老来说,"记住过去的事情是他们的份内工作。"③当文明的旭日升起之际,当某一特定的文字诞生的那一刻,它已经远不是造字者个人主观创造的艺术品了。因为它已具备了如此刻划、如此构造、如此表现的内在必然性。换言之,某一文字所期标识的某一社会现象、事物或行为,已经历过多少代先民的口耳相传,形成共识和具象,姑称之为约定俗成的"群体印象",一旦有机会将它付诸刀尖笔端,便非如此表示不可了。符合这一共同规律的文字便长久地活了下来。反之,便消失在历史长河中。这样,深究某些典型汉字的字形字义,前可探其源头,后可迹其流轨。况且,其字义之中正沉淀了先民的思想意识、风俗习惯。这些内容无不与中国传统法律文化的深层价值观紧密相联、水乳交融。其次,中国以汉文字为代表的象形(表意)文字历史十分久远。象形文字盖起源于图画。即今所见岩画是也。在古代传说中,上古结绳纪事,伏羲作龙书,神农作穗书,黄帝史官仓颉作云书,河图洛书云云,均与图画有关。文字学家唐兰先生在《中国文字学》中指出:"文字起于图画,愈古的文字,就愈像图画。图画本身没有一定的形式,所以上古的文字,在形式上是最自由的。"又在《古文字学导论》中说:"我们在文字学的立场上,假定中国的象形文字,至少已有一万年以上的历史,象形、表意文字的完备,至迟也在五六千年以前。而形声字的发轫,至少在三千五百年前。"甲骨文字学家董作宾先生在《中国文字的起源》中说:"我所认为原始文字的,以前大家把这种文字叫做文字画、图腾、族徽。我们现在的看法是:殷代有通用的符号文字,如甲骨文是他们的今文,而刻在精美花纹铜器上的文字,是他们的古文。殷人爱美,用在艺术品上的字,是远古传下来的原始图画文字,可能是甲骨文字的前身。甲骨文是线条的象形文字,我国早期青铜器的金文,才是原始的图书文字,其年代可以上推到公元前二千八百八十四年,大约距今四千八百多年。"④因此,今天我们看到的甲骨文文字系统已经是一个相当成熟的文字系统。毫无疑问,甲骨文系统确立于殷商。但是,在殷商之前,甲骨文文字系统应当经

---

① 〔英〕罗素:《中国问题》,秦悦译,学林出版社1996年版,第25页。
② 乐黛云、〔美〕勒·比雄:《独角兽与龙》,北京大学出版社1995年版,第4页。
③ 〔英〕巴兹尔·戴维逊:《古老非洲的再发现》,屠尔康、葛佶译,三联书店1973年版,第12页。
④ 转引自李钟声:《中华法系》,台北华欣文化事业中心1985年版,第20—21页。

历了数千年的发生、演化、沟通、修正、综合、定型的漫长历史。"据中国社会科学院考古研究所所长王巍介绍,山西陶寺大墓发掘出的陶器上出现毛笔朱书文字,这种文字与甲骨文相似,可在时间上却早了一千年,可以说是现今发现最早的汉字系统文字。但是这种文字一直没有正式发布,因此在国际上还没有被正式认定为比甲骨文更早的文字。"①如果远在殷商时代用刀在龟甲兽骨上面刻划的文字之前,还存在着用毛笔书写的文字系统,而且这两种文字之间还存在着内在联系,那么,这两种文字也许可以统称为"陶骨文字"或"笔刀文字"。这无疑是一个划时代的考古事件。我们中华民族的文明史或史前史也许应当重写了。于是,甲骨文文字所反映的历史就远远不只是殷商时代的历史了。因此,商殷的甲骨文不仅对今天的人们来说是文化的活化石,就是对商殷时代的人们而言,也已经是老古董了。今天,我们完全应当有信心通过甲骨文去挖掘、发现和重塑公元前十六世纪之前数千年的史前史。

在这里,笔者试图以一种新的视角来描述中国法律文化起源的课题。即以独角兽廌的起源、沿革、作用、贡献以及社会历史背景为基本脉络,以与廌相关的甲骨文文字为线索,以传说史料为佐证,对中国远古时代的法律文化作出全新的大写意式的诠释和描述。廌是东夷蚩尤部落的图腾,又称"夷兽"。东夷部落是文身、五兵、五刑(灋)、战鼓的创造者。廌成为战胜之神和刑神的象征。廌与礼、律、刑、法(灋)有着不解之缘。

古代的"法"写作"灋"。在该字中,"廌"是个核心角色。廌的读音是蚩尤、颛顼、祝融、咎繇、皋陶。张富祥先生指出:"颛顼之名实由蚩尤转来";祝融"或者就是蚩尤、颛顼之名的分化"。② 在甲骨文和金文中,与"廌"字相关的字还有薦、"廌土"、"心廌"(即"慶"字)、"廌彡"、"獻"、"嫣"、"麒"、灋等。③ "廌"一经产生,便与远古时代的法律实践活动结下不解之缘。因此,考察"廌"的原型及其历史沿革,不仅对于探讨古人对"法"(灋)这一社会现象的理解和概括,而且对于客观再现远古时代的法律实践活动,都具有十分重要的意义。

第一节　廌的名称、形象、身份和所处的时代

一、廌的名称

廌又称为解、獬、觟、解廌,解豸,獬廌,獬豸,鮭觟。与廌相匹配的名字或读音是蚩尤、颛顼、祝融、咎繇、皋陶。他们都是以独角兽廌为图腾并且世代执掌司法的部族。

---

① 王岐丰:《400余件珍贵文物月底亮相首博》,载《北京晨报》2010年7月23日A09版。
② 参见张富祥:《东夷文化通考》,上海古籍出版社2008年版,第252、206页。
③ 刘兴隆:《新编甲骨文字典(增订)》,国际文化出版公司2005年版,第616—618页。沈建华、曹锦炎:《甲骨文字形表》,上海辞书出版社2008年版,第81页。白冰:《青铜器铭文研究》,学林出版社2007年版,第305页。

二、廌的形象

廌的形象,历来说法不一。总的来看,有以下几种说法。在介绍既存说法的同时,笔者斗胆做出新的推测,以乞教于大方。

其一,似牛说。《说文解字》:"廌,解廌兽也,似山牛,一角。"(段玉裁注:"《玉篇》、《广韵》、《太平御览》所引皆无山字"。)《神异经》:"东北荒中有兽,如牛,一角,毛青,四足似熊,见人斗则触不直,闻人论则咋不正,名曰解豸。"徐中舒《甲骨文字典》:"《说文》谓廌似牛近是","牛与廌所以别者,以廌有多毛之尾,此殆上古野牛之特征"。①

其二,似羊说。《后汉书·舆服志下》:"解豸神羊,能别曲直,楚王尝获之,故以为冠。"《金楼子·兴王》:"常年之人得神兽若羊,名曰解豸。"《论衡·是应》:"觟䚦者,一角之羊也,性知有罪。皋陶治狱,其罪疑者,令羊触之,有罪则触,无罪则不触。斯盖天生一角圣兽,助狱为验,故皋陶敬羊,起坐事之。"

其三,似鹿说。《汉书·司马相如传》注引张揖曰:"解廌,似鹿而一角。人君刑罚得中则生于朝廷,主触不直者。"

其四,似麟说。《隋书·礼仪志》引蔡邕曰:"解豸,如麟,一角。"《说文解字》:"麒,仁兽也,麋身,牛尾,一角,从鹿其声。"

其五,似马。即独角马。《山海经·西山经》:"西三百里,曰中曲之山,其阳多玉,其阴多雄黄、白玉及金。有兽焉,其状如马,而白身黑尾一角,虎牙爪,音如鼓,其名䭾。"《说文解字》:"䭾,兽,如马,倨牙,食虎豹。"独角马盖即原始部落的图腾。与廌十分接近。

其六,似豹。即独角豹。《山海经·西山经》:"西二百里,曰长留之山。其神白帝少昊居之。其兽皆文尾,其鸟皆文首。……有兽焉,其状如赤豹,五尾一角,其音如击石,其名如狰。"独角豹盖即原始部落的图腾。与廌有相似之处。少昊与蚩尤同源,都是东夷的领袖。独角豹出现在少昊的故乡,也许并非偶然。

其七,独角鸟身。商代晚期出土的两件玉器值得注意:一件是头上戴着花苞形独角的玉鸟,另一件是头上戴有尖状圭形独角的玉鸟。② 红山文化出土文物中,亦见独角鸟首形象。东夷民族多以鸟类为其图腾。自然界罕有独角鸟,独角鸟可能是某种图腾符号,盖独角兽图腾之民族与鸟图腾之民族相结合的产物。

其八,似犀牛。又称"犀兕。"甲骨文"犀"字"象头上长一个大角。后世分作犀兕两类,实一兽也。犀兕两字同音同义同为象形字,当是一字"。③《山海经·南山经》:"东五百里,曰祷过之山,其上多金玉,其下多犀兕。"郭璞注:

---

① 徐中舒主编:《甲骨文字典》,四川辞书出版社1989年版,第1077—1078页。
② 〔日〕林巳奈夫:《神与兽的纹样学》,常耀华等译,三联书店2009年版,第113、115页。
③ 刘兴隆:《新编甲骨文字典》,国际文化出版社2005年版,第51页。

"犀似水牛……兕亦似水牛,青色一角,重三千斤。"又《海内南经》:"兕在舜葬东,湘水南,其状如牛,苍黑一角。苍梧之山,帝舜葬于阳。"《孟子·离娄下》说:"舜生于诸冯,迁于负夏,卒于鸣条,东夷之人也。"王应麟《困学纪闻》说:"舜葬苍梧山野,……苍梧山在海州界,近莒之纪城。"看来兕与舜生活在同一个地方。通过这些信息,可以猜测兕与舜之间似乎存在着某种关联。红山文化出土文物中,亦有犀牛造型作品,它们与独角兽之间可能存在某种联系。

其九,似独角龙。朱骏声《说文通训定声》:"龙,雄有角,雌无角。龙子,一角者蛟,两角者虬,无角者螭。"红山文化出土文物中,有许多独角龙的形象。比如,内蒙古翁牛特旗三星他拉村出土的"中华第一龙",身体呈"C"字形。其额及颈上面的"长鬣",其末端上卷而尖锐。① 我猜测,"长鬣"很可能就是从长长的独角逐渐演化变形而来的。独角龙可能就是独角兽的原型。或者相反,独角兽是独角龙的原型。

其十,似独角虎。1987年河南濮阳西水坡仰韶文化遗址墓葬被发掘,墓主人身长1.84米,"曾是原始部落国家的国王或酋长"。其东西侧各有一蚌壳堆塑的龙和虎的图形。"虎头微低沉,作喘气状,微张嘴,面目清秀,有虎视眈眈的神态,小耳,额上支生出小角,虎有角,应有其特殊的寓意。……这是健步行动中的虎,与龙相配。"② 龙和独角虎盖即原始部落的图腾。独角虎与廌也许存在某种联系。而且,龙与虎并列,可能反映着部落联盟的形成。

此外,《山海经》还记有许多独角怪兽,如似豹一角五尾的狰,似马一角虎足喜食虎豹的狡,似马一角的胐疏,似马牛尾一角的䮤马,似羊独角独目的辣辣等,它们或许与廌有着某种联系。

最后,还应当说明,廌与神人的形象有关。浙江余杭反山出土的玉钺上面的神徽即神人兽面纹,其人像头顶有一凸起物,盖即独角。在远古时代,钺是武器,又是权力的象征。其中的神人与权力可能有关。江苏南京江宁笪庙出土的玉冠状饰,有两眼一口,似人面,头顶亦有一凸起之物,似独角。③ 其像盖即蚩尤。

当初,以独角兽"廌"为图腾的蚩尤部落生活在我国广大的东部地区。今江苏省昆山市的甪直镇,以独角兽为地方标志。据《吴郡甫里志》与《吴县志》中甪直部分的记载,甪直原名甫里,又名六直,因当地有大直、小直、上直、下直等六条河道而名(甫直亦是因为"甫"字由六条直划组成)。后因"六"同"甪"音近,所以被讹称"甪直",其官方正式称为甪直在清朝。历史上曾归属吴县,离太湖不远。又称民间流传独角兽到此地而得名甪直。县志中还记载甪直周边村镇之名有"甪头镇"和"甪村镇"等。春秋时期,吴国曾于此建行宫等。据考古发现,甪直当地曾经发现良渚文化时期墓葬,出土玉琮等物。玉琮上面的

---

① 杨伯达主编:《中国玉器全集》(上),河北美术出版社2005年版,第24页。
② 陆思贤:《神话考古》,文物出版社1995年版,第306页。
③ 参见杨伯达主编:《中国玉器全集》(上),河北美术出版社2005年版,第59、44页神人兽面纹。

神人兽面纹饰盖即蚩尤。①

以上,是关于廌的形象的既存说法,和笔者的大胆推测。在文献资料不足的情况下,搞清楚廌的形象,对于进一步探讨与廌有关联的甲骨文文字以及金文"灋"字的内涵,都具有重要意义。

廌的形象,似牛、似羊、似鹿、似马、似豹、似鸟、似虎、似龙者,皆形似也。而独如麒麟者,乃神似也。麒与麟同类。《史记·司马相如传》注引张揖说:"雄曰麒,雌曰麟。"《说文解字》:"麒,仁兽也,麇身,牛尾,一角,从鹿其声。""仁兽"之说源于《春秋公羊传·哀公十四年》:"麟者仁兽也,有王则至,无王者则不至。"何休注:"状如麇,一角而戴肉。"古代"仁"与"夷"二字多通用。②故"仁兽"当为"夷兽,非中原之兽也"。③ 此处之"夷"即指古义之"夷"。王献唐《炎黄氏族文化考》指出:"小篆夷字从大从弓,为今夷字所出。大为人,人即夷,夷人善弓矢,字从人从弓,正为指事";"从矢从弓,矢弓为夷人所造故也";"夷人一字,人仁通用";"夷仁意,相表里"。④

古夷人居住在今山东一带,正是蚩尤、皋陶的故乡。《说文解字》羊部:"东方貉从豸","夷,东方之人也,从大从弓"。"豸"即"廌";"大"即"矢"。"夷人"发明了弓矢,"弓"、"矢"二字的重叠便是"夷"字。麒麟似鹿,廌亦为鹿属。两者均长着独角,触不直而主公正。麒麟则如《说苑·辩物》所谓"含仁怀义,音中律吕,行步中规,折旋中矩,择土而践,位平然后处"。如此,则廌即麒麟也。《春秋经·哀公十四年》:"西狩获麟。"《史记·封禅书》载,武帝时,"郊雍,获一角兽,若麃然。有司曰:陛下肃祗郊祀,上帝报享,锡一角兽,盖麟云"。《论衡·指瑞》说:汉武帝"西巡狩,得白麟,一角而五趾"。《淮南子·览冥》说:"昔者黄帝治天下",由于"法令明而不暗",故"麒麟游于郊"。是由于法制清明则麒麟显灵呢?还是由于麒麟显灵则法制清明呢?但是事实上黄帝正是沿用了蚩尤的五刑,才平定了天下。这里隐约道出法律与麒麟的深层联系。麒麟者,其廌乎!

综上所述,可见廌是一个形如牛、羊、鹿、麟、马、豹、虎、龙一样的动物,其特点是独角,其功用是别曲直、正刑罚、赏善罚恶。其实,廌既不是神奇的动物,也不是一个传奇式的古代人物,而是自黄帝时起世代主管军事和司法事务的东夷集团蚩尤部落的名称和图腾,即"一角圣兽"廌,又称作"夷兽"。其读音或名称为蚩尤、颛顼、祝融、咎繇、皋陶。

三、廌的身份

以廌为图腾的蚩尤部落是东夷集团的重要组成部分。东夷集团"起源于

---

① 以上关于角直镇的材料由北京大学法学院中国法史博士生李任同仁提供,特表谢意。
② 于恩泊:《释人、尸、仁、夷》,载《天津大公报·文史周刊》1947年1月29日。
③ 史树青:《麟为仁兽说——兼论有关麒麟的问题》,载《古文字研究》十七辑,中华书局1989年版。
④ 王献唐:《炎黄氏族文化考》,齐鲁书社1985年版,第38—39页。

河北燕山山脉一带,这里自古以来是燕、雁和各种鸟类集栖与候鸟迁移停留的好地方,故夷人以捕鸟为食,以鸟羽为衣,处处依赖鸟类作为主要生活来源,由以长弓善射飞鸟而称作夷人"。"东夷集团的始祖是太皞氏和少皞氏"。其中的"太皞氏虽属西羌族团,但由于他们由甘青高原最早迁到燕山、泰山一带,与当地土著人结合,其一部分演变为东夷集团"。"东夷族自甘青高原最早迁到燕山山脉与土著人融合后,由于渗入新生血液,更使东夷族团朝气蓬勃,支系繁多,于是,东夷族宣告形成"。①

廌是蚩尤部落的名称和图腾,同时也是部落首长的名字。部落首长"同样也是军事首长、最高祭司和某些法庭的审判长。"②廌虽然是蚩尤部落的图腾,但由于蚩尤是东夷集团的领袖和中坚力量,故廌也被全体夷人所祭拜。甲骨文有"薦"字。该字字形是:廌在中央,四方为草。《说文解字》:"薦,兽之所食草,从廌,从草。古者神人以廌遗黄帝,黄帝曰:何食?何处?曰:食薦。夏处水泽,冬处松柏。"廌不茹毛饮血而食草,正是东夷部落由游牧转为种植的写照。氏族内部的婚姻禁忌是通过文身来完成的,廌主管文身,又是青少年的监管者,文身工具是"井",即"黥刑"的前身,这正是甲骨文"䇂"字的本义。尔后,由于廌执掌军法而与社神联系密切,社神即土地之神,亦即《尚书·甘誓》"弗用命戮于社"的"社"。因此,我们在甲骨文中发现了"廌土"字。执掌军法的重要内容之一是论功行赏,于是,甲骨文出现了"慶"字,即庆赏的"庆"字。执掌军法离不开审判,审判又离不开证据,即弓、矢、匕。故而甲骨文才有了"彘"和"猒"字。而金文中便出现了"灋"字。该字就含有"廌"、"去"(弓、矢)、"水"。但是,廌在鬼神世界的最高身份是战胜之神。廌和蚩尤的形象最早见于新石器时代文化遗址出土的玉琮上面的神人兽面纹,亦即后来流行于三代的饕餮纹。

以廌为图腾的蚩尤部落和东夷集团,经过一场大规模的战争之后,最终臣服于黄帝集团。黄帝建立了规模空前的部落联盟并设立职官,仍以蚩尤主兵。古时兵刑不分,主兵与司法兼于一职。主兵、主刑者便为某部族所世袭,这便是蚩尤。其后代有颛顼、祝融,至尧舜禹时即咎繇、皋陶。其主要职责是司法裁判。据传蚩尤作五兵,又作五刑曰法。古法字写作灋,其核心便是廌。商代的法官被称为"御廌"。③ 西周金文出现了"灋"字,其主角就是廌。廌的艺术形象是饕餮,常铸于三代礼器之上。廌是正义、公平、威严的象征。廌自产生之日起,便与法律、司法审判活动结下了不解之缘。东汉时,当繁体的"灋"简化为"法"时,被隐去的"廌"的形象,仍在各种建筑物上宣示着自己的存在。而这只古老的东夷之"夷兽",最终成为整个中华民族的"一角圣兽"。

---

① 何光岳:《东夷源流史》,江西教育出版社1990年版,《前言》第1—3页。
② 恩格斯:《家庭、私有制和国家的起源》,载《马克思恩格斯选集》第4卷,人民出版社1972年版,第123页。
③ 郭沫若:《出土文物二三事》,人民出版社1972年版,第26页。

第二节 廌与蚩尤、五兵、五刑

一、蚩尤与五兵

蚩尤是黄帝、炎帝时代东夷部落的领袖,他是兵、刑和法的创造者。关于蚩尤的形象,《述异记(上)》说:"蚩尤氏耳鬓如剑戟,头有角,与轩辕斗,以角牴人,人不能向。"蚩尤的形象,盖即山东海岱龙山文化遗址出土的玉琮上面的神人兽面纹,亦即蚩尤部落的图腾——独角兽廌。

炎帝、黄帝、蚩尤时代正是中华民族进入部落联盟的时代,也是我国传说时代的开端。当时,居中原一带的华夏集团由两个部落组成。一是炎帝部落,一是黄帝部落。《国语·晋语》说:"昔少典氏娶于有蟜氏,生黄帝、炎帝。黄帝以姬水成,炎帝以姜水成。成而异德,故黄帝为姬,炎帝为姜。"与华夏集团并存的有生活在中国东部地区的东夷集团,即九黎集团,其首长即是蚩尤,它的"嫡系"是苗民部族。

炎帝、黄帝二部不断向东南发展,炎帝部走在前头。这样,终于与东夷集团遭遇。经过长期战争,蚩尤部取得胜利,炎帝部力所难支。《逸周书·尝麦》:"蚩尤乃逐帝,争于涿鹿之阿,九隅无遗。赤帝大慑,乃说于黄帝。"炎帝部丢了领土,无处藏身,只得乞求黄帝部的庇护。蚩尤部之所以能打胜仗,主要是兵器优良。《吕氏春秋·荡兵》说:"蚩尤作兵。"《世本》说:"蚩尤作五兵。"《尸子》说:"造冶者蚩尤。"兵就是兵器,据说是用火山爆发形成的金属锻造而成的。《管子·地数》载:"葛卢之山发而出水,金从之,蚩尤受而制之,以为剑铠矛戟。是岁,相兼者诸侯九。雍狐之山发而出水,金从之,蚩尤受而制之,以为雍狐之戟芮戈。是岁,相兼者诸侯十二。"于是,手执利器、身着铠甲的蚩尤部落的勇士,便俨然成了战无不胜的神人。《史记·五帝本纪》引《龙鱼河图》说:"有蚩尤兄弟八十一人,并兽身人语,铜头铁额,食沙石子,造立兵仗刀戟大弩,威振天下……黄帝仁义,不能禁止蚩尤,乃仰天而叹。"黄帝面对所向披靡的铁甲军,竟束手无策了。

二、蚩尤与五刑

蚩尤部落之所以强盛,除了发明先进武器之外,更为重要的是,他们率先实行两性及婚姻之禁忌,并完成了母系氏族向父系氏族的转化。于是,凭借着强健的体魄和经济上的优势,蚩尤部不仅用武力"相兼诸侯",而且还将战败的部族纳入自己的领域,逐渐加以"同化"。这就使蚩尤部所辖领域内的居民成分空前复杂起来了。财富使各氏族具有各自的特殊利益,部落内部出现的互相欺诈、抢夺财物、违犯传统礼仪的行为也需要制裁和整肃。一句话,旧的传统习惯显然已不宜于时用了,必须创立新的行为规范以维护现行秩序。这个新的行为规范就是"法",而创造"法"的正是蚩尤。当古"灋"字产生的时候,关于蚩尤造法的故事已经传播了不知多少个世纪,为古人家喻户晓。从而使"法"字一旦产生便非有"廌"不可了。

《尚书·吕刑》载:"蚩尤惟始作乱,延及于平民,罔不寇贼、鸱义、奸宄、夺攘、矫虔。苗民弗用,灵制以刑,惟作五虐之刑曰法。"大意是说:蚩尤开始整肃社会秩序,制定新的行为规则,施及所辖领域内的各类部族,将各种坏的行为总括为寇贼(抢劫杀人)、鸱义(违反礼仪)、奸宄(邪恶作乱)、夺攘(抢夺财物)、矫虔(狡诈骗取)五种类型,以此来制约大家。蚩尤的嫡系苗民积极地加以实施,但未能奏效,蚩尤便命令他们用刑罚加以惩治,这种惩罚手段同上述五种类型的坏行为相对应,于是产生了五种无情的刑罚:劓、刵、椓、黥,加上杀刑,即为"五虐之刑曰法"。

"法"的产生,无疑是一大进步。但是,背叛古老的传统是不能不受到报复的。当时,人们"罔中于信,以覆诅盟"。大家都不讲信用,不相信盟誓了。加之苗民在推行"法"时采取了过分的举动:"丽刑并制",即"法"外加刑,故尔引起动乱,无辜的受难者纷纷向上帝控诉蚩尤、苗民的罪恶……改革遇到了普遍的抵制。

战败的炎帝部一支逃往黄帝乞求援助,于是酿成了黄帝部与蚩尤部的空前大战。《山海经·大荒北经》:"蚩尤作兵伐黄帝,黄帝乃令应龙攻之冀州之野。应龙畜水,蚩尤请风伯、雨师,纵大风雨。黄帝乃下天女曰魃,雨止,遂杀蚩尤。"黄帝利用蚩尤部的内部混乱,终于打败了他们。但是,在当时的历史条件下,黄帝部无法完全控制蚩尤部。于是采取分别对待的办法。《路史·国名纪·己》:"(黄)帝戮蚩尤,迁其民善者于邹,屠恶者于有北。"将苗民部赶到南方,选择少昊氏作蚩尤旧部的首领,以结盟而告终。《逸周书·尝麦》:"赤帝大慑,乃说于黄帝,执蚩尤,杀之于中冀,以甲兵释怒。用大正顺天思序,纪于大帝,用命之曰绝辔之野。乃命少昊清司马鸟师,以正五帝之官,故名曰质。天用大成,至于今不乱"。

新的更大规模的部落联盟出现了。于是,黄帝在泰山召开部落联盟大会。《韩非子·十过》:"昔者黄帝合鬼神于泰山之上,驾象车而六蛟龙。毕方并鎋,蚩尤居前,风伯进扫,雨师洒道。"蚩尤旧部连同他的同盟军"风伯"、"雨师"一并臣服于黄帝。尽管蚩尤部中不乏顽抗到底的氏族,但已难于掀起大浪了。

蚩尤死了,他的"灋"却活着。《龙鱼河图》载:"蚩尤殁后,天下复扰乱。黄帝遂画蚩尤形象,以威天下。天下咸谓蚩尤不死,八方万邦皆为珍伏。"(《史记·五帝本纪》集解引)因为"法"适应了当时社会发展的需要,从而得到社会的承认。"法"一经产生,便打破氏族部落的狭小界限,成为当时社会的共同财产。就连战胜者黄帝也不能无视这一事实。

《商君书·画策》说:黄帝"内行刀锯,外用甲兵",靠着蚩尤创造的兵器和刑罚统一了天下。同时,黄帝又从蚩尤部落选拔出新的领导者,继续主兵。故《管子·五行》说"黄帝得六相而天地治;"《管子·四时》说:"黄帝得蚩尤而明乎天道,遂置以为六相之首。"《龙鱼河图》说:(黄帝)"制服蚩尤,帝因使之主兵,以制八方"。蚩尤所创造的兵、刑、法和他的图腾一起作为一种公共财产,被重新组合的华夏民族吸收、融合并延续下来了。于是,黄帝与蚩尤的统一便被披上了神奇的色彩,正如《说文解字》所说:"古者神人以廌遗黄帝。"人间的变革和进步,得到了神的承认。

第三节 廌与玉琮、战神、礼

一、蚩尤与战胜之神

蚩尤是五兵的发明者,又善于征战。故被后人当作战神加以祭祀。廌是蚩尤部的图腾,因此,便成为祭祀的对象。独角兽盖即"蚩尤形象"(《史记》注引《龙鱼河图》)、"蚩尤旗"(《史记·五帝本纪》,集解引《皇览》)、"蚩尤之旌"(《十大经·正乱》,载马王堆帛书《黄帝四经》)。

从目前掌握的文献来看,西周即以蚩尤为战神而加以祭祀。《周礼·春官·肆师》:"肆师之职常立国祀之礼。……凡四时之大甸猎,祭表貉,则为位"。郑注:"貉,师祭也,为十百之百,于所立表处为师祭,祭造军法者,祷气势之增倍也,其神盖蚩尤,或曰黄帝。"黄帝、蚩尤都是善于征战的英雄,黄帝是战胜的英雄,蚩尤是战败的英雄。惟蚩尤生得勇武,死得悲壮,故更得后世的青睐。

秦以"尚武"名世,自然敬奉战神蚩尤。《史记·封禅书》:秦朝祭祀东方八神,"三曰兵主,祠蚩尤。蚩尤在东平陆监乡,齐之西境也。"蚩尤在重法贵武的秦朝受到尊奉,实在是十分自然的事。

《史记·高祖本纪》载,刘邦率沛县弟子三千人起义,当时举行仪式,杀牲涂鼓,"祭蚩尤于沛庭"。《史记·封禅书》说,刘邦统一天下后,"令祝官立蚩尤之祠于长安"。可见,廌(即蚩尤)是被当作战争之神而加以祭祀的。

然而,起码在夏商二代,蚩尤就被视为战神加以祭祀。其证据有二:一是红山文化、良渚文化出土的骨琮、玉琮上面的神人面纹和兽面纹,可能就是蚩尤和廌的形象;二是甲骨文的礼(豊、豐)字,礼的原始含义是对玉琮即战胜之神的崇拜。

二、玉琮与礼的起源

甲骨文的"礼"字写作"豊"、"豐"。《说文解字》:"豊,行礼之器也。从豆象形,读与礼同";"豐,豆之丰满者也,从豆象形"。"豆,食肉器也。从口象形"。王国维《观堂集林·释礼》:(礼)"象二玉在器之形。古者行礼以玉";"古𤣩玨同字","盛玉以奉神人之器谓之豊,推之而奉神人之酒醴亦谓之醴,又推之而奉神人之事通谓之礼"。① 可见,"礼"与祭祀活动相关,祭祀又与玉

---

① 王国维:《观堂集林·释礼》,中华书局1959年版,第291页。

相关。玉是探讨礼的一把钥匙。裘锡圭先生认为:礼是一种"用玉装饰的贵重大鼓";①郑杰祥先生认为:礼"意即古人在鼓乐声中以玉来祭享天地鬼神之状"。②"豊"代表一器物盛有玉形,玉是下届苍生和上天神灵上下沟通之媒介。在甲骨文的"豊"、"豐"字,象豆中盛有一对并列的"丰",即"玨"。《易·丰》说:"丰,亨,王假之。"是说王用"丰"来祭享鬼神。"丰"字"象玉成串之形,为玉之本字"。③

可见甲骨文的"丰"就是"玉"字。"丰"代表什么呢?代表一串玉。《说文解字》说:"玉,石之美者。……象三玉之连,丨其贯也。"用一根绳索或细木棍儿穿上三块玉,就是玉字。这里就出现一个有意思的问题,三块玉穿起来就是玉字,那么这三块玉中的每一块玉又是什么样子呢?它又叫做什么呢?似乎历来都没有说清楚。

笔者认为,那块玉就是"琮",读从。《说文解字》说:"琮,瑞玉,大八寸。似车釭。"大八寸,是后来不断扩张尺寸的结果,开始没那么大。"釭",是用来固定车轴的铁圈儿。这个铁圈儿很可能是内圆而外方的。对于"琮"的作用,历来的学者有许多遐想,比如把它定性为柄饰,旄柄斧柄尾饰,宗教礼器法器,神与祖先的象征。还有学者把琮和天圆地方、交通天地联系起来,把琮说成"贯通天地"的象征、手段和法器。④

关于玉琮的用途,《周礼·春官·大宗伯》说:"以玉作六器,以礼天地四方。以苍璧礼天,以黄琮礼地。"但有学者列举《左传》所载史实,证明"礼地"并不用琮。⑤夏鼐先生认为:"《周礼》是战国晚年的一部托古著作。……这些用途,有的可能有根据,有的是依据字义和儒家理想,硬派用途";"汉代经学家在经注中对各种玉器的形状几乎都加以说明,但这些说明有许多是望文生义,有的完全出于臆测。"夏鼐先生对琮有专门论述:"第四种瑞玉为琮。……今天我们看到的有一种中央圆孔、外周四方的玉器,《古玉图谱》(伪托宋龙大渊撰)称为'古玉釭头',吴大澂考定为'琮'。又将一种扁矮而刻有纹饰的称为'组琮'。这种玉器可能是琮。妇好墓中出土这类型的玉器14件,一般都是比较扁矮的。……从前在殷墟和别处的商代墓中也发现过玉琮,也都是扁矮型的。至于较早的二里头遗址中曾发现过据云是琮的玉器";"《周礼》的六器中,璧、琮、圭、璋四者似乎是核心……这四者中,璧、琮出现较早,已出现于新石器时代。玉璧似源于石镯或环状石斧。琮的渊源和用途,还不清楚。"⑥

张富祥先生在论及大汶口文化的骨牙琮时指出:大汶口文化的骨牙琮与良渚时代的玉琮很相似且稍早,"但二者流行的时间大体一致"。"出土骨牙

---

① 裘锡圭:《甲骨文中的几种乐器名称》,载《中华文史论丛》1980年第2辑。
② 郑杰祥:《释礼、玉》,载《华夏文明》第1辑,北京大学出版社1987年版。
③ 赵诚:《甲骨文简明词典》,中华书局2009年版,第221页。
④ 张富祥:《东夷文化通考》,上海古籍出版社2008年版,第177—178页。
⑤ 孙庆伟:《出土资料所见的西周礼仪用玉》,载《南方文物》2007年第1期。
⑥ 夏鼐:《商代玉器的分类、定名和用途》,载《考古》1983年第5期。

琮的墓葬以大中型居多,可证这部分墓主的身份地位较高,……骨牙琮也就成为他们身份与地位的象征。"而且,"墓主仍绝大多数为成年男性,女性和少年很少。"可见,骨牙琮与成年男性有着某种特殊关系。墓葬中的骨牙琮,"摆放位置一般在死者腰部,可见骨牙琮在死者生前也是可以佩戴的"。他认为,尽管"贯通天地之说是目前最好的假说,而典型的骨牙琮刻有三组纹饰带,可能正好代表了天地祖三个神灵的世界",但是,"骨牙琮究竟怎样用法,它的象征意义是什么,在原始礼仪中占有什么样的地位,这些都还需要继续研究,暂难以找到公认确实的答案。"①刘斌先生在列举关于玉琮起源用途的各种推断之后指出:居主流地位的"天圆地方"说证据不足,因为"天圆地方"的宇宙观形成于周汉之际。他的结论是:"这些观点无论哪种说法我们都不能从中找出琮所包含的宗教信仰方面的本质内涵。"②

  笔者认为,玉琮的前身即俗称的扳指,后来因为以玉成之,又称班指。玉琮是古代射箭时用的辅助用具。古人射箭,一般是左手握弓,右手拉弦,在弓身与弓弦之间搭箭。箭尾与弓弦相接,箭杆就搭在左手大拇指上方。但是,箭射得多了,就免不了磨伤手指。而且手指也会增加对箭杆的摩擦的阻力。于是古人就发明了扳指。射箭时左手大拇指戴上扳指,既保护了手指,又大大增加射箭的精度。扳指一开始可能是竹筒做的,也可能有陶制的,但都不结实。后来用骨头制成,又美观又结实,上面还可以刻上族徽、花纹。大汶口文化出土的"骨牙雕筒"盖其雏型。"骨牙雕筒与玉琮之间存在着许多相似之处",它们上面均刻有"神人兽面纹"。它们所随葬的墓主,"绝大多数为成年男性",且其摆放位置"多数在腰部及其周围"。③ 因此,可以推测,它们很可能是被戴在手上的器物。良渚时代的墓葬就多产骨质的琮,有学者称之为骨琮或骨牙琮。骨琮也可能源于被射杀的猛兽的骨头,是战利品,也是英雄的证据,或许还和被当作图腾的动物有关。后来出现玉琮。玉琮一开始可能是简单的筒状,管状,一头开口稍大,有点喇叭口的样子,以便于戴上和摘下,另一头稍小。大头挨近左手大拇指的根部,也就是虎口之处。玉琮不是一开始就是"内圆外方"的,而是经历了圆形向多边形,再向内圆外方形演变的过程。内圆的特征始终未变,变的是外方。即从圆管状变成长方形。原因可能有两个:一是便于摆放,避免四处滚落;二是便于在琮的四个平面上雕刻纹饰。这个纹饰一开始可能就是氏族的图腾或其他符号。今天常见玉琮上面的神人面兽纹和鸟形纹,当即由此发展而来。那么,古人为什么又要拿扳指来祭祀呢?扳指是弓的一部分,而且是弓的很重要的一部分,用于瞄准。如同现代步枪的准星。因此,古人用扳指来祭祀,求神来保证他们射得准,以获得生存所必需的猎获物。也可能是源于对神箭手的赞颂和纪念。因为"典型的骨牙琮刻有三组纹饰",

---

① 张富祥:《东夷文化通考》,上海古籍出版社2008年版,第176、179、182、181页。
② 刘斌:《神巫的世界》,浙江摄影出版社2007年版,第104页。
③ 王永波、张春玲:《齐鲁史前文化与三代礼器》,齐鲁书社2004年版,第466—469页。

这种带有三组纹饰的玉琮,其实就是甲骨文"玉"字的原型。因此,可以推测,琮的图案的简洁化,便是三横一竖的"王"字。况且,"丰"字的基本型也是"王"字。可以说,玉、王、琮三个字是同源的,它们的原始含义是一致的。赖炳伟先生认为,甲骨文中没有琮字,曾被释为玉、珏、朋的三个字形(丰、亚、王),应该是琮的本字。① 因为琮带有神圣性,因此它成为祭祀的对象;又因为它同时还是武器,因此它还被当作随葬品。王国维以为"丰王同字"。"王"可能就源于战功卓著的射猎高手、战斗英雄或军事领袖。故《韩非子·五蠹》说:"王者,能攻人者也。""王"字到了汉代才被神化了。如《说文解字》所谓:"王,天下所归往也。董仲舒曰:古之造文者三画而连其中谓之王,三者天、地、人也,而参通之者王也。孔子曰:一贯三为王。"此说与汉代"天人合一"的神学思想是一致的。游牧部落平时靠射箭捕获猎物,以保证基本的食物来源。战争时则靠弓箭杀敌立功,以保证氏族的生存。"国之大事,在祀与戎"。战争具有掠夺性:"以前进行战争,只是为了对侵犯进行报复,或者是为了扩大已经感到不够的领土;现在进行战争,则纯粹是为了掠夺,战争成为经常的职业了";"卑劣的贪欲是文明时代从它存在的第一日起直至今日的动力。"② 东夷部落可能最早用玉来制作扳指,故又称班指,即玉琮。同时,东夷部落可能最早将玉琮作为战胜之神来进行祭祀的。后来,玉琮被通称为玉器。如《史记·殷本纪》载:"殷之太师少师持其玉器奔周。"证明起码在商代,玉器就被视为宝玉即国家权力的象征。这些观念也许都起源于远古人们对玉琮的崇拜。

三、玉玦与玉韘的用途

在远古时代,被后来视为神圣的礼器,最初大多都是武器或工具。其原因很简单,"人们首先必须吃、喝、住、穿,然后才能从事政治、科学、艺术、宗教。"③玉琮、玉玦和玉韘也不例外。它们最初都是与弓箭配套的专门器具。"环而不周",中有缺口者为玦。韘型似扳指,其侧面有一个突起,像步枪的扳机。它们的用法大概是这样的:左手持弓,左手拇指戴玉琮,箭杆搭在玉琮上,箭尾稳着于弦上,右手握玦,纳弓弦于玦内,右手握玦以拉满弓弦,同时瞄准,右手拇指戴韘,放箭时用韘侧面突起部位将玦内的弓弦推动,使弓弦一瞬间从玦的缺口处弹出。用这种设备射箭,比起用右手姆、食、中指拉弦或用右手食、中指勾弦放箭,更稳更准更方便而省力。这种设备如果用于今天的射箭比赛,一定能够提高成绩。这些器具,只有古代贵族在重大祭日举行射箭比赛时才使用。当年孔子教学生射箭时也许会拿它们作教具,可惜后来被遗忘了。连

---

① 赖炳伟:《说琮》,载《古文字研究》第25辑,中华书局2004年版,第273页。
② 恩格斯:《家庭、私有制和国家的起源》,载《马克思恩格斯选集》第4卷,人民出版社1972年版,第160、173页。
③ 恩格斯:《在马克思墓前的讲话》,载《马克思恩格斯选集》第3卷,人民出版社1972年版,第574页。

著名的儒学大师和儒家经典都不知所云了。《仪礼·乡射礼》："释弓说（脱）决拾。"决即玦。拾即皮制护袖。射箭比赛完毕，摘下弓弦，脱下玉玦、护袖。正因为弓箭与玉琮、玉玦、玉韘均为武器，故它们被联称为"宝玉弓矢"，被视为权力的象征——国之利器。《左传·定公八年》载："阳虎说甲如公宫，取宝玉大弓以出。"《左传·定公九年》载："阳虎归宝玉大弓。"可证玉与弓矢密切相联。《左传·闵公二年》载："冬十二月，狄人伐卫。……公与石祁子玦，与甯庄子矢，使守。"可见，玦同矢一样属于武器。《易·夬》之"夬"可能就是"玦"。该卦有"告自邑不利即戎"，"惕号莫夜有戎"。"戎"即军队、战争。"夬"与"戎"相联系，也许是玦为武器的一个间接佐证。至于玉玦所象征的"决断"、"诀别"之义，与玉环所象征的"归还"一样，都是后世衍生出来的，非其原义。

玉琮上的人面和兽面纹饰可能就是"饕餮"纹，"饕餮"纹的原型可能就是蚩尤和独角兽。它们是战斗英雄和战胜之神的象征。因此，蚩尤之人面纹饰和廌之兽面纹饰同时出现在玉琮上面，两者上下搭配，交相辉映，则是十分自然的事。而最初的礼正是在对战胜之神的祭祀仪式中和战争之舞旄舞的节拍中产生的。正如《礼记·乐记》所谓："钟、磬、竽、瑟以和之，干、戚、旄、狄以舞之。此所以祭先王之庙也，所以献、酬、酢也，所以官序贵贱各得其宜也，所以示后世有尊卑长幼之序也。"礼离不开乐，乐又离不开律。那个场面即《尚书》所谓"击石拊石，百兽率舞"。隆重的仪式伴以庄严的舞乐，形之舞与音之律融为一体。《说文解字》："礼者履也。"此时，在我们眼前出现了古代武士们矫健整齐的舞步，耳旁传来了激昂的钟鼓之音，我们似乎看到了远古"礼乐"的最初形态。

第四节　廌与刑、辛、文身

一、井与囚具校

谈到"刑"字，首先涉及"井"字。"井"是一个很古老的字。二里头遗址出土陶器上面就有符号"井"。① 商代武丁时期甲骨文有一"井"字，距今有3300多年的历史。② 王襄先生认为"古井字，又古刑字"。商承祚先生归"井"为"刑"，并提示："毛公鼎作井，与此同。"③对于金文中的"井"，学者有各种理解。有人认为："井为型之初文"，后"被借为水井之井，久而失去本义。"④学者多以"井"为水井之"井"，"井田"之"井"。或以为乃"井"上面的栏杆。西周

---

① 孙淼：《夏商史稿》，文物出版社1987年版，第224页。又见李学勤主编：《中国古代文明与国家形成研究》，中国社会科学出版社2007年版，第107页。
② 白冰：《青铜器铭文研究》，学林出版社2007年版，第295页。
③ 于省吾：《甲骨文字诂林》第4册，中华书局1996年版，第2857页。
④ 王文耀：《简明金文词典》，上海辞书出版社1998年版，第40页。

前期的金文仍作"井"。到了中期"井"中加·成为"丼"字。学者们对这个·有各种解释,比如释为井口,汲水之器,汲水之人,汲水之绳,或挖井时用的专门工具"木槌球"。到了西周后期,"丼"又返回到没有·的字形即"井"。①

关于金文中的"井"字,陈梦家先生认为:"西周金文隶定为丼者,可分为两式:第一式是范型象形,井字两直画常是不平行而是异向外斜下的,中间并无一点。……第二式是井田象形,井字两直画常是平行的,中间常有一点。"②

日本学者白川静先生认为:"井有二义:用于刑罚时作首枷之形,用于铸造时作模型的外框之形。……刑罚的刑和范型的型原本均作井、刑,都是作外框之用,为同一语源。"③将"井"释为"模型"、"首枷",颇具创意。

《说文解字》引《易经》:"井,法也。"这当然是后人的注释,但必有所本。《易经》有"何校灭耳","履校灭趾","劓刖,困于赤绂","噬肤灭鼻","困于株木,入于幽谷","困于金车","其刑剭","其人天且劓",等等。俨然是一本行刑教科书。其中的刑罚可以分为两类:一个是用刀锯施行的刑罚,如割耳、鼻、脚;另一个是墨刑,即黥刑,刺额。"其人天且劓"的"天",也是刺额。"臀无肤"是刺臀。"噬肤",刺皮肤,范围较广,如胸,乳,额,臀,臂。施行这些"刑罚"(其实当初还不是刑罚)所用的用具,除了刀锯之外还有"校"。《说文解字》:"校,囚具也。"是用木头制作的,可以活动用来固定被刑人身体各部位的专用工具。也就是《易经》里面说的"困于株木"的"株木","困于金车"的"金车"。"金车"大约是铜木结构的囚车。还有"赤绂",红色的绳子,用来捆扎囚具的绳索。红色概因其辟邪,或因为染上了血色。

那么,"校"是什么样子的呢?"校"的样子就是"爻"、"交"、"井"。"爻"、"交"的甲骨文近似于"井",只不过是斜向的"井",这几个字是通用的。④"井"象征四根木柱构成的,用红色绳索固定的,可以改变尺寸的"行刑"工具。这种"校"可能是用枫木制成的,如《山海经·大荒南经》所谓"蚩尤所弃其桎梏,是谓枫木"。为什么用枫木制作桎梏呢?因为桎梏上面常常沾有血色,如同秋天的枫叶一般。这种象征性意义也许是辟邪。甲骨文中的"井"除了用于地名、姓氏之外,用于器物的可能有三个:一个是水井的井,其形如木结构的井栏杆;一个是铸造器物时的模型;再一个就是刑法的刑,刑字的原型是"井"。但是,最初的"井"并不是刑罚,而是文身的用具。

二、校与文身

在人类前行的历史中,文明的脚步,不仅与生产力发展水平相适应,而且还与两性及家庭生活的进化相合拍。后者的文明进化,正是伴随着并仰仗着

---

① 白冰:《青铜器铭文研究》,学林出版社2007年版,第296—297页。
② 陈梦家:《西周铜器断代》,载《古文字诂林》第5册,上海教育出版社1999年版,第267页。
③ 白川静:《字统》,日本东京平凡社1994年版,第226页。
④ 周清泉:《文字考古》,四川人民出版社2003年版,第666、669页。

禁忌来实现的。禁忌的设立与实施,又离不开宗教仪式。这种仪式,就是最初的礼。而在两性与家庭生活领域,礼的载体就是文身。

最先发明文身的是东夷部落。《礼记·王制》说:"东方曰夷,被发文身。"就是证明。其首领是蚩尤,亦即咎繇、皋陶。其图腾是独角兽廌。东夷部落曾经是十分强盛的部落,他们发明五兵和弓箭,夷字就是弓与矢两字的合体。发明了五刑并将五刑称之为法。古代的"法"字写作"灋",其中的"廌"就是东夷部落的图腾。而"去"字正由上"矢"下"弓"两部分组成。在东夷部落发明的五刑中,就有"黥"。"黥"开始时并非刑罚,而是文身。或者说,"黥"的本义即是文身。文身的产生与两性及家庭生活的进化有关。而这种进化大约源于相应的禁忌:对父亲们与女儿们之间,对母亲们与儿子们之间和兄弟们与姐妹们之间性行为的排斥。

三、文身与礼的起源

文身作为特殊标记与图腾崇拜有关。在中国远古时代,这种与图腾相联系的禁忌和习惯就是最初的礼。

唐杜佑《通典·礼典》谓:"自伏羲以来,五礼始彰,尧舜之时,五礼咸备";《论语·为政》:"殷因于夏礼","周因于殷礼";《礼记·礼器》:"三代之礼一也。"①礼的定型化便是"五礼"。《尚书·尧典》:"舜修五礼。"伪孔传:"修吉、凶、宾、军、嘉之礼。"《周礼·春官·大宗伯》:"五礼:吉礼、凶礼、宾礼、军礼、嘉礼。"《礼记·昏义》:"夫礼,始于冠,本于昏,重于丧祭,尊于朝聘,和于乡射。此礼之大体也。"诸礼之中的冠、婚、祭祀大约是东夷之夷礼的基本内容。而后不断完善。后起的夏民族因于东夷之夷礼,继承了东夷部落的文明成果。而商民族又因于夏礼,继承了夏民族的文明成果。这些文明成果从甲骨文中可以窥见一斑。故王国维说:"夏商二代文化略同"。②"商族和夏族在文化上应是同源的。……夏商之间既然其礼制是因袭关系,他们的语言、文字也应是同一的。"③而且,"商人原出于东夷","原始的商族可能是山东地区东夷族之一支","商部族当源出于上古东夷太昊集团的帝喾部",或该部的"帝舜族系"。④

三代之礼的连续性还表现在艺术上面。《路史后记·蚩尤传》注:"三代彝器多著蚩尤之象。"蚩尤之象概即饕餮。而商代礼器花纹以饕餮为尚;商人以鸟为图腾,而周人礼器花纹竟以鸟凤为尚。这种尊崇前朝遗迹的做法,无非是在表明自己政权的正统性和包容性。因此,商人理所当然地继承了东夷的文身习俗,并把他们定型化,成为"殷礼"的重要组成部分。"商"字的上部即

---

① (唐)杜佑:《通典》,中华书局1988年版。
② 王国维:《殷周制度论》,载《观堂集林》,中华书局1959年版,第451—452页。
③ 杨升南:《夏时期的商人》,载《夏文化研究论集》,中华书局1996年版,第147页。
④ 张富祥:《东夷文化通考》,上海古籍出版社2008年版,第321、431页。

"辛",作为商人鸟图腾的"鳳"字的上部也是"辛"字,并非偶然。这些文字并未创造历史,而只是再现了大量经久未绝的口耳相传的古老传说。

殷礼中的文身之礼可以从甲骨文字中略见一斑。文身的工具是"井"、"辛"和"笔"。"井"即"校"。《说文解字》说:"校,囚具也。"大约是由四根木棍构成的可以活动的用来固定人们身体的器具。《易经》有"履校灭趾","何校灭耳",可证。"辛"是用来刺破皮肤,填以墨汁的小刀,有直刀、曲刀之别。"由其形以判之,当系古之剞劂也。"①《说文解字》:"剞劂,曲刀也。"《楚辞·哀时命》:"握剞劂而不用兮,操规矩而无所施。"王逸注:"剞劂,刻镂刀也。"此处当指刑法或刑罚,与规矩相呼应。《淮南子·俶真》高诱注:"剞,巧工钩刀;劂,规度刺墨边笺也,所以刻镂之具。""辛"最早是文身工具而非黥刑刑具。当然,在古代可能存在文身与黥刑并用的时期。正如《周易》的"噬肤"。但最初普遍适用的文身不是黥刑,这是可以肯定的。把最初的文身视为黥刑是不妥的。周清泉先生说:"在这里须得指出的,是至今的甲骨文字学家,没有一人把殷时的辛看作是商人成童巫礼仪式中用来作黥额变形手术的工具的,而全都是把辛看作是对罪犯施黥刑的刑具。"其原因就是"囿于《说文》,难脱窠臼"。又谓:"辛原是商人黥额的工具和通灵的题誌,被周灭亡后,就被周人改为黥刑的刑具和'隶民'、罪犯的表识。""隶民亦称刀墨之民。"②"笔"是用来填抹墨汁和颜料的工具。新石器时代陶器上面的图案、符号大约都是用笔绘画而成的。《韩非子·十过》:"禹作为祭器,墨漆其外而朱画其内。"据说,最早的笔是用"鹰之毛"做成的。③虽然在出土文物中未发现笔,但妇好墓中有一个"调色盘"之类的器皿,也许是个连带的旁证。④"山西陶寺大墓发掘出的陶器上出现毛笔朱书文字,这种文字与甲骨文相似,可在时间上却早了1000年,可以说是现今发现最早的汉字系统文字。"⑤"毛笔朱书文字"的发现,是毛笔存在的确证。因为文身与"辛"字密不可分,故与文身有关的字大都有"辛"符。文身之礼主要有以下诸种:

其一,成童之礼。幼男八岁行成童之礼。在商代,"除了孺子之外,全族人在八岁以上,都是经过了黥额成童的变形巫礼的,故而八岁以上的商人,个个都是刑天、颛顼。""商人黥额的刀为辛,故商、童字上部从辛,即以此作黥额的标志。"天干十位中辛为第八,表示八岁要用辛行文身礼,即刺额。八岁文额为"童",是成童之礼。"在兽类中有角的,都是已成年成兽,如牛、羊、鹿等。幼兽则无角。""蟠龙是未成年而无角的童龙,与山无草木的童山相同。"⑥《释名·释长幼》:"牛羊之无角者曰童,山无草木曰童,言未巾冠似之也。女子之未

---

① 郭沫若:《甲骨文字研究·释支干》。
② 周清泉:《文字考古》,四川人民出版社2003年版,第590、594、595页。
③ (清)桂馥:《说文解字义证》,齐鲁书社1987年版,第250页。
④ 夏鼐:《商代玉器的分类、定名和用途》,载《考古》1983年第5期。
⑤ 王岐丰:《400余件珍贵文物月底亮相首博》,载《北京晨报》2010年7月23日A09版。
⑥ 周清泉:《文字考古》,四川人民出版社2003年版,第568、429页。

及笄者亦称之也。""童"的本义是尚未生出角来的牛羊。没长草的土堆也叫童。童字上面是"辛"字,文身的工具。甲骨文"童"字"象头有曾受黥刑标志,足有足械之童奴形。"①文额的图案可能是在前额上的中间偏上的部分,文一只牛角之类,表示长出了角,成熟一些了。

其二,成笄之礼。幼女十四岁行成笄之礼。"因女子成年时要在成人礼中举行以笄插发的及笄仪式,笄插头上如牛羊成兽的生角。"②《素问·上古天真论》:女子"二七而天癸至"。女童十四岁出现月经,可生子,故行成人礼。先是把头发束起来,象一支独角的样子。同时还要文乳。日本古汉字学者白川静先生在二十世纪六十年代就指出:"爽字形以两乳为主题,显示女性的纹身。"③周清泉先生在《文字考古》中则列出与文乳(即"爽"字形)有关的十七个甲骨文。④ 天干十四即丁。《玉篇》:"丁,强也,壮也。"《易·姤》:"女壮,勿用,取女。"男女成年之后就可以"私奔"即谈对象了。即《周礼·地官·媒氏》所谓"以仲春之月合男女,于时也,奔则不禁"之义。女子十四行礼之后为"妾"。"妾"字的另一种写法是婧,左"女"右"辛"。俗谓"聘则为妻,不聘为妾"。女子因为文乳而显得文静妖冶,故女、井合一为"妍",表示文静漂亮之义。《说文解字》:"妍,静也。"《广韵》:"妍,女人贞洁也。"女、交合一为"姣","姣,好也。"《玉篇》:"姣,妖媚。"真可谓妙龄淑女,君子好逑。

其三,成人之礼。男子二十岁行成人之礼。包括冠礼,把头发梳成一个突起的角型。还有文胸、文额。天干二十为"癸",该字上半部即古"樊"字。⑤ 中间有个井字,代表"校"。下面的"天"即黥额,即《易经》"其人天且劓"的"天"。男人由于文了额文了胸而显得美丽,"彦"字就是辛和彡组成的。彦,男子之美称也。《说文解字》:"彦,美士有文。"《尔雅·释训》:"美士为彦。"男子二十岁在文胸时,再在额上文一只角。这个角在原来的小角的基础上扩大了,表示最终成年。东夷人额上有一只角,源于独角兽的图腾。可能最初是有独角兽这样的动物,以后绝迹了。但东夷人,蚩尤后代,世世代代在额上文一个角,就把这个传统延续下来了,表示它没有死。也许到了以后的某个时代,东夷人集体地做了俘虏和奴隶,这样,额上的独角图案便成为奴隶的符号,才慢慢地把文身变成了黥刑。

四、文身与御廌

文身是一个专业活动,执掌文身的职官盖即"御廌"。郭沫若先生认为他是"执法小吏"。⑥ 商代甲骨文中的"廌"字和金文中的"瀳"字一样,都是继承

---

① 刘兴隆:《新编甲骨文字典》,国际文化出版社2005年版,第127页。
② 周清泉:《文字考古》,四川人民出版社2003年版,第429页。
③ 白川静:《金文通释》第6辑,日本神户白鹤美术馆1964年版,第303页。
④ 周清泉:《文字考古》,四川人民出版社2003年版,第46、73页。
⑤ (清)桂馥:《说文解字义证》,齐鲁书社1987年版,第229页。
⑥ 郭沫若:《出土文物二三事》,人民出版社1972年版,第26页。

东夷文明的铁证。文身又是一种教育活动。"教"字的甲骨文写作"𤕝",左鹰右爻。爻即井,囚具也。执法小吏兼管教育是很自然的事情。在原始社会,对幼童和青年人的教育除了语言和身教,可能更多依靠强制性措施。古代的"学"字、"教"字、"孝"字都带有"井"、"爻"字,这就是"校"。春秋时子产"不毁乡校","乡校"就是集中进行教育的场所。"执法小吏"兼着民间教育的职能,这跟前些年我国在中小学校设法制副校长有些相似。教育的方法免不了粗暴,这就是"鞭作教刑"。"教"字的古文写作"𢻰",盖即"𩫸"字。《说文解字》:"教,上所施下所效也。"把坏孩子脱光了打他个体无完肤——"臀无肤","噬肤",身上出现鞭痕:××,这就是爻字。井、㐅、爻、文都是相通的字。① 正因为御鹰是"法制副校长",所以身边离不开"井"。于是甲骨文才出现了一个有意思的字"𩫸",左鹰右井,亦即"𩫸"。② 开始是教育坏孩子,后来是教育违法者,开始是文身,后来是黥刑,还有其他残酷的刑罚。当"刑"这个字出现时,它只是宣扬其暴力无情的一面。而它的前身,那些促使我们的先民从野蛮走向文明的,在齐鲁原野上的夕阳余辉中闪动的美丽动人的文身图案,早已荡然无存,只露出血淋淋的刀锯来。

远古的文身还施于马匹。《周礼·夏官·校人》:"春祭马祖,执驹。"郑玄注:"郑司农曰:执驹勿令近母";"二岁曰驹"。《大戴礼记·夏小正》:四月"执陟攻驹。"戴德释曰:"执也者,始执驹也。执驹也者,离之去母也。"小马二岁当文身。甲骨卜辞中有"马𠦂"、"马不𠦂"、"贞马其𠦂"、"贞七白马一𠦂惟丁取。"③对二岁小公马进行文身,是为了便于管理,避免母子交配,弱化良种马匹。也许乱伦的禁忌意识已在起作用。

古代文身并不是一件轻松的事,特别是给儿童文身,他们会哭闹的。而且文身是较长时间的工作,有复杂的程序。因此需要"校"即"井"来固定人的身体。《易经》里说的"噬肤",就是文身的过程。"噬",咬也。亦即"肴"。文身是一件痛苦的过程。意志薄弱的年轻人免不了要大呼小叫。于是便有了"俏"字。《说文解字》说:"俏,刺也,从人肴声,一曰痛声。"《广韵》:"俏,痛而叫也。"这个字反映了用"井"把人固定起来在皮肤上刺青的情景。

说到文身的"文"字,也是由于文身而得来的。"文"字本身即来源于"文身"。《说文解字》说:"文,错画也,象交文。"《史记·越世家》:"剪发文身,错臂左衽。"注:"错臂亦文身。谓以丹青错画其臂。"以刀割肤,令血出,又填之以墨,赤青相交,于是有"彣"字。《广韵·文韵》:"彣,青与赤杂。"又《礼记》:"青与赤谓之文。"《礼记·王制》所谓"南方曰蛮,雕题交趾",孔疏:"雕谓刻

---

① 周清泉:《文字考古》,四川人民出版社2003年版,第666、669页。
② 刘兴隆:《新编甲骨文字典(增订)》,国际文化出版公司2005年版,第616—618页。沈建华、曹锦炎:《甲骨文字形表》,上海辞书出版社2008年版,第81页。白冰:《青铜器铭文研究》,学林出版社2007年版,第305页。
③ 胡厚宣:《释𠦂》,载《甲骨学商史论丛初集》上册,河北教育出版社2002年版,第515页。

也,题谓额也,谓以丹青雕刻其额";郑玄注:"交趾,足相向然。"两足相向,如何走路? 笔者认为,"交"应当是"文"之误写,"交趾"应为"文趾",即文其足部。《山海经·海外南经》:"交胫国在其东,其为人交胫。"郭璞注:"言脚胫曲戾相交,所谓雕题交趾者也。""交趾"也许是对"交胫"的误读。因为"趾"与"胫"本来就相差很远。《楚辞·招魂》:"雕题黑齿,得人肉以祀。""黑齿"即文齿,可能源于食人的禁忌。从措辞习惯(即两个动宾结构并列)上而言,"雕题黑齿"是"雕题文趾"而非"雕题交趾"的一个佐证。这种措辞习惯又见于《逸周书·王会》:"正西昆仑……闟耳、贯胸、雕题、离丘、漆齿。"注:"西戎之别名,因其事以名之也。"原文盖指文耳、文胸、文额、文头顶、文齿。文身,施行于不同的年龄不同的人群。其目的是规范人们的行为,变野蛮无序为文明有礼。有礼的外化就是有形,形字就是"井"与"彡"的合一。文身启自额,"天"也,又扩至胸,"人"也。故有"侀"字。甲骨文中的"文"字就是类似"爻"字中间有各种符号图案,表现的正是男子二十岁文胸之义。于是,联想到颇有争议的"丼"字,爻中加点和井中加点的字,这几个字都是相通的。如果是这样的话,"井"字的最初含义便是文身。周清泉《文字考古》中列出了十个甲骨文的"文"字。① 其字形是斜立之"井"中有各种图案。如果我们把这个字摆正的话,那就是"井"字。

五、文身的文化功能

文身的文化含义十分丰富,主要包括对外和对内两个方面。对外的功能与图腾相关,主要是标明个人与氏族之间,氏族与氏族之间,氏族与部落之间表现在血缘或姻亲上的联系,同时还标明氏族、部落与神祈世界的关系。其目的是保证集体的安全。如《史记·周本纪》:"亡如荆蛮,文身断发。"应劭注:"常在水中,故断其发,文其身,以象龙子,故不见伤害。"对内主要是确立与性行为相关的行为规范,即禁止某些性行为。其目的是保证集体生存必不可少的秩序。主要包括:其一,男童八岁应离开母亲们,由舅舅们集中教育培训。反之,年轻的母亲们要远离那些有着文胸符号的少年们。其深意是母亲们与儿子们性关系的禁忌。俗称"儿大避母"。人类的哺乳期比较长。且"母子之间,同床共食,裸裎相对,肌肤相亲,休戚相关,相依为命,不仅在物质生理上获得肉体的快感满足,而且在情绪的体验中获得心理情欲的情感满足。"② 古代早婚早育,儿子八岁时,母亲也才二十多岁。自制力相对较弱,容易发生问题;另外,年轻的母亲在哺乳期里是不容易怀孕的,较长的哺乳期不利于增加人口。故断乳有利于繁殖后代。其二,女童十四岁文乳。女子到了十四岁不仅可以结婚而且应当尽快结婚生子,因为晚婚容易难产而引起死亡。同时,父亲辈们看到有特定文乳符号或图案的少女则应当约束自己的行为。其深意是父

---

① 周清泉:《文字考古》,四川人民出版社2003年版,第680页。
② 同上书,第480、488页。

亲们与女儿们性关系的禁忌。女儿十四岁时,父亲也就三十多岁,也容易发生问题。其三,女童十四岁文乳与男子二十岁文胸,是兄弟们与姐妹们之间性行为的禁忌。女十四,男二十,正是事故多发的时期。必须用有力手段使他们或她们到族外去寻找伙伴。远古人类的行为受制于他们的身份,他们的身份又取决于他们的血缘,而他们的身份与血缘都被复杂的文身图案明确无误地标识出来。

　　文身是原始人一生中最重要的仪式。"这类仪式在非洲、澳洲的土人中都有,而且这仪式中也时常包括着身体上极痛苦的处置";这种"社会性的断乳和生理性的断乳一样,是一件不得不实行、可是又不愿意实行的手术";"澳洲的男孩子经过成年仪式就搬到公房里去";从而完成了从父母的心肝宝贝到部落的战士的转变过程。① 在美国人类学家 E. 霍贝尔所著的《原始人的法》中,北极地带的爱斯基摩人、菲律宾北吕宋岛的伊富高人、北美印第安人、南太平洋的特罗不里恩人、非洲的阿撒蒂人,都有着大致相同的两性禁忌和风俗习惯。② 而且,这种两性之间的禁忌和风俗习惯在我国今天的少数民族比如彝族当中依然存在。③

　　文身的社会职能是用特定的图案符号,来确定个人与图腾(祖先)之间,个人与他人之间关系,个人与集体之间的社会关系,从而派生出个人对他人、个人对集体的行为模式。《淮南子·齐俗》说:"帝颛顼之法,妇人不辟男子于路者,拂之于四达之衢。"颛顼即高阳氏。《搜神记》说:"昔高阳氏有同产而为夫妇,帝放之于崆峒之野,相抱而死。神鸟以不死草覆之,七年,男女同体而生,二头四手足,是为蒙双氏。"可证,颛顼时代严格推行族外婚,禁止兄弟与姐妹为婚。《尚书大传·甫刑》:"男女不以义交者,其刑宫。"这些刑罚措施最早源于文身禁忌。通过对违反文身禁忌者的制裁,慢慢衍生出最早的刑罚。而最早的刑罚就是黥刑。文身的文化含义,最早可能源于两个方面:从消极方面来说,是避免近亲通婚产生畸型儿,以为这是神祇对这种行为的惩罚,将给集体带来灾难;从积极方面来说,是促进人类自身体力和智力的发达,保证人类群体的生存和发展。"杂交不但可以使从变异中得来的优良特质易于推广和保留,而且,杂交的直接后代常表现出一种较强的活力。"④后来演化成"同姓不婚"、"男女有别"(《礼记·昏义》)、"男女辨姓"(《左传·襄公二十五年》)、"男女授受不亲"(《孟子·离娄上》)、"男女不杂坐"、"男女非有行媒不相知名"(《礼记·曲礼上》)、"男女之别,国之大节"(《左传·庄公二十四年》)、"男女无辨则乱升"(《礼记·乐记》)之类的风俗习惯和行为禁忌。而"同姓不婚"的依据则是:"男女同姓,其生不蕃"(《左传·僖公二十三年》);"同姓不婚,惧不殖也";"娶妻

---

① 费孝通:《乡土中国　生育制度》,北京大学出版社1998年版,第211、219页。
② 〔美〕E. 霍贝尔:《原始人的法》,严存生译,贵州人民出版社1992年版,第五、六、七、八章。
③ 参见孙伶伶:《彝族法文化》,中国人民大学出版社2007年版,第50页。
④ 费孝通:《乡土中国　生育制度》,北京大学出版社1998年版,第139页。

避其同姓,畏灾乱也"(《国语·晋语》);"不娶同姓者何?重人伦,防淫佚,耻与禽兽同也"(《白虎通·嫁娶》)。这种源于生理健康繁衍后代和宗教信仰行为禁忌的理论,最后被儒家提升概括为"仁者人也","人之所以异于禽兽","人之所以为人"(《荀子·礼论》)的理论。这也是后来所谓华夷之别的依据。古代的礼就是在这种理论的基础上发展起来的。然而,《易经·贲卦》象辞的概括则似乎更为精到:"天,文也。文明以止。人,文也。观乎天文以察时变,观乎人文以化成天下。"(引文顺序有调整)文即文身,包括文额、文胸、文臂、文趾等;明即标明、明示;止即行有所止、禁止。在远古社会,在那些被后世儒家渲染的玄妙理论的背后,曾经是先民平常而朴实的生活经历。

以蚩尤为首领的东夷部落,由于发明了文身,施行了禁忌从而强健了人种优势,故形成了由九个血亲集团、八十一个氏族组成的强盛的父系部落,这就是《龙鱼河图》所谓"蚩尤兄弟八十一人","铜头铁额",横行天下的真实含义。但是,也许正因为父系氏族制度取代了母系氏族制度而触犯了古老传统,故引起内部纷乱,从而被黄帝部落乘机征服。但蚩尤部落的文明成果包括五刑之法都被后世继承和延续下来了。

殷商民族继承了东夷民族的文身习惯。这个过程很可能是在"殷因于夏礼"和因袭地域风俗习惯的形式下悄悄完成的。后来,殷商政权被周人推翻,殷人整族整族地被降为奴隶。这时,殷人额上的墨痕便又一次成了奴隶的象征。而当着执法小吏给奴隶或罪人文额之际,文身习俗便寿终正寝,而真正意义的"黥"刑便问世了。

中国古代的文身与欧洲中世纪的烙印有着某种相似之处。马克思曾经专门论述当时的烙印制度。比如,依丽莎白执政时曾经下令严惩行乞者,"在左耳打上烙印";詹姆斯一世时,对行乞者"在左肩打上 R 字样的烙印"。① 它们都用显著的标志来宣告人们的特殊身份,并且都以社会强制力为后盾。但是,中国古代的文身,是靠着内心的道德伦理观念和外部强制力来实现的。而欧洲中世纪的烙印则完全靠着国家暴力来实现。于是,中国古代的文身便逐渐演化成风俗习惯,而欧洲中世纪的烙印则逐渐演化成赤裸裸的刑法制度。

中国古代的文身之礼源于古老氏族中两性及家庭生活中的禁忌。这些禁忌以文身为载体,并仰仗着鬼神巫术的威力而被强制推行。以上两点可以概括礼的本原和基本功能。礼的这项基本功能,凝聚了古代先民对人种健康繁衍的关注。正如恩格斯所指出的:"根据唯物主义观点,历史中的决定性因素,归根结蒂是直接生活的生产和再生产。但是,生产本身又有两种。一方面是生活资料即食物、衣服、住房以及为此所必需的工具的生产;另一方面是人类自身的生产,即种的蕃衍。一定历史时代和一定地区内的人们生活于其下的社会制度,受着两种生产的制约:一方面受劳动的发展阶段的制约,另一方面

---

① 马克思:《所谓原始积累》,载《马克思恩格斯选集》第 2 卷,人民出版社 1972 年版,第 240—242 页。

受家庭的发展阶段的制约。"①在漫漫的历史长河中,凡是实行两性及婚姻禁忌的氏族、部落,便得以永葆青春活力和强健体魄,反之便黯然失色、屈居人下。中华民族之所以被称为"礼仪之邦",就是因为在礼的指导下,在不断改造客观世界的同时,不断改造自己的主观世界,即不断"修身养性","自强不息",从而不断从野蛮走向文明。

第五节　鹰与旄舞、战鼓、律

一、战争之舞——旄舞

古文"豐"字与"無"字同义。《说文解字》:"無,豐也。"②而"無"与"舞"为一字。③"卜辞無当为舞之本字"。④ 故"豐"与"舞"同义。马叙伦《说文解字六书疏证》说:"舞为武之转注字,亦夾之后起字。盖夾从大,象执旄尾而舞,亦武之后起字。"于省吾《甲骨文字释林》说:"后起的舞字为独体象形字,其上部既象左右执武器,同时也表示着舞的音读"。⑤ 这些信息向我们披露了远古的礼与舞蹈之间的神秘联系。恩格斯在《家庭、私有制和国家的起源》中曾说到原始人的祭祀与舞蹈的关系:"这是一种正向多神教发展的对大自然与自然力的崇拜。各部落各有其正规的节日和一定的崇拜形式,即舞蹈和竞技。舞蹈尤其是一切宗教祭奠的主要组成部分。"⑥

在中国远古社会,礼与舞蹈之间的联系及其内涵,就是以舞求豐。即用乞求神灵保佑之舞,获神灵降之以豐——丰厚的猎获物。这些猎获物被抽象为玉琮置之于礼器"豆"中,复以歌舞音乐答谢神灵。而"礼者履也"的"履",也许指的就是众人舞蹈时在音乐指挥下的齐整而虔诚的舞步。

古人最重大的事情就是祭祀和战争。而能够把祭祀和战争联系在一起的活动,就是与战争有关的祭祀活动。这个活动内容丰富,包括对战神——黄帝或蚩尤——的祭拜,颁发信符、兵器、号角、战鼓,宣读战争的誓词,其中有奖赏和惩罚的内容。战争胜利之后还有献俘、颁赏、行罚。这些活动常常伴随着战士们的舞蹈,叫作旄舞,即执牦牛之尾而舞。恩格斯在《家庭、私有制和国家的起源》中接着说到原始人战前舞蹈的习惯:"这些战士发起一个战争舞蹈,凡

---

① 恩格斯:《家庭、私有制和国家的起源》,载《马克思恩格斯选集》第4卷,人民出版社1972年版,第2页。
② (清)桂馥:《说文解字义证》,齐鲁书社1987年版,第521页。
③ 周清泉:《文字考古》,四川人民出版社2003年版,第489页。
④ 赵诚:《甲骨文简明词典》,中华书局2009年版,第62页。
⑤ 于省吾:《甲骨文字释林》,载《古文字诂林》第5册,上海教育出版社1999年版,第686页。
⑥ 恩格斯:《家庭、私有制和国家的起源》,载《马克思恩格斯选集》第4卷,人民出版社1972年版,第88页。

参加舞蹈的人,就等于宣告加入了出征队,队伍便立刻组织起来,即时出动。"①这情景有如《尚书·尧典》之"击石拊石,百兽率舞"。即以石磬之音率百兽之舞。《牧誓》载:周武王右手"秉白旄以麾"。即用"白旄"指挥队伍。"在我国古代的习俗里,本来作为统帅指挥部队军事行动之用的黄钺和白旄,也就成为指挥舞蹈的用具,而战士们手中的干戈矛等,除作为武器外,也是战争舞蹈中所执的舞具。"②在这里,牦牛之尾与麃之尾的作用完全一致。

远古社会有执兽尾而舞的习俗。如《吕氏春秋·古乐》:"昔葛天氏之乐,三人操牛尾投足以歌八阕。"盖即周礼六舞中的旄舞。《说文解字》:"旄,幢也,从方从毛。"段注:"以牦牛尾注旗竿,故谓此旗为旄。"《玉篇》:"旄,旄牛尾,舞者持。"牦牛之尾是系在旗杆上端的饰物,相当于乐团指挥用的指挥旗,战士们手执盾牌刀枪,随旄而舞。这个旄尾之旗就是"旄旗"。牦牛之尾的原型可能是麃之尾。那么,麃尾之旗就是"麃旗"。于是,我们发现,礼起源于战争之祭祀,祭祀的对象是战神,即蚩尤。蚩尤的图腾是独角兽麃,故指挥旗尖头系着麃之尾。而且祭祀的物品是班指,即玉琼,它是弓矢的辅助用具,也是武器的一部分。而且琼上的人面和兽面纹饰就是蚩尤和独角兽。但是,仅用旗帜来指挥军队还是不够的。因为人们夜间看不到旗帜,于是才出现了全天候的战鼓之音。

甲骨文的舞字,写作夾。有如一人两手各执一麃尾而舞。这也许是原始部落出征打仗之前颁布古老"法令"的仪式。而远古社会最重大的立法活动就是蚩尤创制法(五刑)。更为奇异的是,蚩尤与皋陶都是麃的代名词。于是,在口耳相传的纷繁的史影中,一些看似风马牛不相及的历史碎片神奇地嵌合在一起,而且天衣无缝。此刻,我们终于有机会透过数千年的尘雾,去直面我们的先民——用眼睛去看,用耳朵去听。于是,我们便发现了战胜之神、舞蹈之乐和战鼓之音的三向重迭,这就是最初的"律"。

二、战鼓与律

中国古代的"律"字可能像"刑"(井)字一样久远,并长期成为封建历朝法典之名。但"律"字的法律含义是如何形成的?这始终是一个未解之谜。

"律",东汉许慎《说文解字》:"律,均布也。从彳聿声"。段玉裁注:"律者,所以范天下之不一而归于一,故曰均布也"。"律"的第一个含义是音律、声律、乐律,即音之高低、快慢。《尚书·舜典》:"声依永,律和声。"孔传:"律谓六律六吕,……言当依声律以和乐。""律"的第二个含义是古代用来校正音乐标准的管状仪器。共有十二支,成奇数的六支称为"律",成偶数的六支称为"吕",统称十二律。《礼记·月令》:"律中大蔟"。蔡邕注:"律,截竹为管

---

① 恩格斯:《家庭、私有制和国家的起源》,载《马克思恩格斯选集》第4卷,人民出版社1972年版,第88—89页。

② 臧克和:《尚书文字校诂》,上海教育出版社1999年版,第228页。

谓之律。律者清浊之率法也,声之清浊以律长短为制"。《史记·律书》:"壹秉于六律"。司马贞索隐:"古律用竹,又用玉,汉末以铜为之"。

在甲骨文中,"律"字的基本字形是"ㄒ"。该字由两部分组成:"丨"和"又"。丨代表木棍,又代表手。该字表示以手执木之义。木即木制的鼓槌。这样,"律"字的本义是击鼓、击鼓者、击鼓之音。在远古时代,正如《左传·成公十三年》所谓"国之大事,在祀与戎"。战争是非常重大的事情。鼓声成为指挥军队或沟通情报的重要手段。《易经·师》:"师出以律"。甲骨文资料中有"师唯律用"。(《屯南》一一九)

"律"即鼓之音调和频率。《诗经·小雅·采芑》:"征人伐鼓"。在古代传说中,黄帝曾经用夔的皮制作鼓,"声闻五百里"。(《山海经·大荒东经》)黄帝打败蚩尤后召开部落联盟大会,"合符釜山"(《史记·五帝本纪》),统一兵符和量器,并"作为清角"(《韩非子·十过》)。此举与舜"同律度量衡"(《史记·五帝本纪》)性质相同。当文字诞生之际,这些古人耳熟能详的故事,便自然成为文字创作的既定素材,并具有了非如此表示不可的必然性。

古代的战鼓或许像编钟一样是一组或一套的。最古老的战鼓名字叫"皋陶",而最古老的法官和司寇也叫"皋陶",这也许不是简单的巧合。《竹书纪年》:"咎陶作刑";《风俗通义》:"咎陶谟,虞始造律";《急就篇》说:"皋陶造狱法律存";《后汉书·张敏传》:"皋陶造法律";《路史·后纪·少昊》:"立犴狱,造科律,……是皋陶"。可证,皋陶与律有着密切联系。姑且称其为"皋陶造律"。这些战鼓是由不同长度、直径的鼓木蒙以兽皮而制成的。西周时已有专门制作鼓的工匠。鼓的规格不同,击打时发出的声调和传播的距离也不同。《周礼·考工记》载:"鼓大而短,则其声疾而短闻;鼓小而长,则其声舒而远闻。"《周礼·春官·大师》说:"大师执同律以听军声而诏吉凶"。这里说的"同律"即事先约定好的鼓点儿——鼓声的高低和频率。能听懂并说出鼓音所表达内容的人,就是"圣",即聪明的军事首长。这种鼓点儿就是指挥军队行动的号令,具有极大权威,任何人不得违反,否则将受到严惩。这些内容在古代战前的誓词中并不少见。如《尚书·甘誓》:"用命,赏于祖;弗用命,戮于社。"战鼓皋陶的权威兼而受到刑官皋陶的拱卫。而皋陶则由于严明赏罚而被后人歌颂:《诗经·鲁颂·泮水》:"矫矫虎臣,在泮献馘。淑问如皋陶,在泮献囚。"献即谳,献馘、献囚,即核实战功以行赏赐之义。至此,古代的"律"字便由击鼓者演变成战鼓,进而演变成战鼓发出的声音,即军令、军纪。

聿字加上彳便演化为律。①

"彳"是行字的半边,表示街道、路口、村落。当"聿"演变成"律"时,也许古老的社会生活已发生了巨大变革。古老氏族也许由游牧转为定居。原先的军事组织演变成半军事半行政的村落。这时的战鼓被固定安放在村中央的某

---

① 徐中舒主编:《甲骨文字典》,四川辞书出版社1989年版,第165页。

处。而这时的鼓声除了军令之外,更多地是通知众人开会、纳粮、出丁之类,如同当年生产队的钟声一样。

战鼓发挥功能须具备两个条件:一是鼓音的节拍要一致,其节拍所表示的内容须统一而明确。《礼记·投壶》即记载鲁鼓的节拍为:○□○○○○○□□○○○;薛鼓的节拍为:○○○○○□□○。郑注:"此鲁薛击鼓之节也。圜者击鼙,方者击鼓。古者举事,鼓各有节,闻其节而知其事矣。"按《释文》的解释,鼙鼓之音为○,音榻;大鼓之音□,音堂。《周礼·大司马》:"中军以鼙令鼓。"鼙鼓是用来指挥的小鼓。相当于"击石拊石,百兽率舞"中的"击石",或者今天京剧伴奏的板鼓。上述节拍用今天的方法来表示分别是:榻堂、榻堂、榻榻榻、堂堂榻、堂榻;榻堂、榻榻榻、堂堂榻。这些鼓点的节拍和含义,击鼓者和听鼓者必须精确地掌握。二是鼓的设置地点要合理。太近了没有必要,太远了听不到。由中央领袖发出的鼓点儿像波纹一样一波一波地传出去,又一波一波地反馈回来。"山下旌旗在望,山头鼓角相闻。"上级下级通过鼓音全天候地准确无误地传递信息。这也许就是"均布"的本义。许慎的解释必有所本,但其古义当时或已失传。

"律"通"率"。两个字是同义字。祝总斌老师指出:率的法律含义产生得比律字还要早些。① 率就是标准、尺度。商鞅变法后,制定了杀敌若干、晋爵何级、授田几许的标准,就是率。及至汉代,仍沿用此义。《汉书·李广传》:"诸将多中首虏率为侯者,而广军无功。"颜师古注:"率,谓军功封赏之科著在法令者也。"此"首虏率"与《史记·商君列传》所谓"有军功者各以率受上爵"亦即商鞅的"军功率",也许有着内在联系。青川木牍载:"二年修为田律"。其中"二年",系秦武王二年,即公元前309年。② 这是律字以法律字义出现的首例。立功受赏之率变成授受田土之律,是十分自然的事情。在这里,我们依稀嗅到了秦人"改法为律"的文化气息。

第六节　廌与皋陶、弓矢、灋

一、廌与法官皋陶

在传说中皋陶是尧舜时的大法官,其图腾就是廌。《说苑·君道》:"当尧之时,皋陶为大理"。《春秋元命苞》:"尧为天子,梦马啄子,得皋陶,聘为大理"。《淮南子·主术》:"皋陶瘖而为大理,天下无虐刑"。《尚书·尧典》载帝舜曾任命皋陶为法官执掌刑政:"皋陶,蛮夷猾夏,寇贼奸宄,汝作士,五刑有服"。《尚书·皋陶谟》又详载皋陶与禹的对话。《大戴礼记·五帝德》:"皋陶作士"。可见,皋陶成了历经尧、舜、禹三个时期的超级寿星。其实,皋陶不是

---

① 祝总斌:《律字新释》,载《北京大学学报(文)》1990年第2期。
② 于豪亮:《释青川秦墓木牍》,载《文物》1982年第1期。

一个人,而是鹰图腾部落的后裔,因长于断讼,工于刑政而世代因袭司法职务,这在当时是极自然的事。

皋陶能够世袭刑政之职,还有一个原因,就是图腾部落一直较为稳定地居住在中原(今山东)一带。当年黄帝打败蚩尤,命少昊氏统率旧部,蚩尤旧部便在山东一带居住下来。故《帝王世纪》说"少昊邑于穷桑,以登帝位,都曲阜"。《左传·昭公十七年》载郯子言少皞(昊)氏以鸟名官,命"爽鸠氏司寇"。《左传·定公四年》子鱼追述云:周天子"命以伯禽而封于少之虚"。"少之虚"便成了鲁国的封地。《左传·昭公二十年》载晏子说"昔爽鸠氏始居此地",亦指今山东一带。《帝王世纪》说"皋陶生于曲阜",亦在山东。《左传·昭公二十九年》记蔡墨云:"少皋氏有四叔(弟),曰重、曰该、曰修、曰熙,……该为蓐收……世不失职,遂济穷桑","金正曰蓐收"。《尸子·仁意》说:"少昊金天氏邑于穷桑",穷桑即在山东。《国语·晋语》载,虢公梦见"有神人面白毛虎爪,执钺立于西阿",史官占之,对曰:"如君之言,则蓐收也,天之刑神也。"《史记·周本纪》正义引《帝王世纪》云:"炎帝自陈营都于鲁曲阜,黄帝自穷桑登帝位,后徙曲阜,少昊邑于穷桑,以登帝位,都曲阜,颛顼始都穷桑,徙商丘。"如是,则历代著名司法官皆居于齐、鲁,岂偶然哉!

随着时代的变迁和氏族的融合,鹰的形象也忽明忽暗,逐渐模糊起来。后世描述它的时候,便有似牛、似羊、似鹿、似麒麟诸说。皋陶的形象也是如此,《荀子·非相》说:"皋陶之状,色如削瓜";《淮南子·修务》说:"皋陶马喙";《白虎通·圣人》则说:"皋陶鸟喙,是谓至信,决狱明白,察于人情"。大约是少昊氏以鸟名官,才使皋陶的脸上生出鸟嘴来。然而,皋陶始终与独角兽鹰保持着特殊的联系。《论衡·是应》说:"獬豸者,一角之羊也,性知有罪。皋陶治狱,其罪疑者,令羊触之,有罪则触,无罪则不触。斯盖天生一角圣兽,助狱为验,故皋陶敬羊,起坐事之"。这个"獬豸",就是鹰。它曾在最初的神明裁判中大显身手,故而成为蚩尤部落的图腾和法官的代名词。

以鹰为图腾族徽的氏族,虽经百般曲折,辗转流离,然而终于历尽艰辛,绵绵不绝,直到夏商。尽管关于夏代的史料寥若晨星,但我们仍能看到夏代确是皋陶之法的直接继承者。《隋书·艺文志》:"夏后氏正刑有五,科条三千。"《周礼·秋官·司刑》:"司刑掌五刑之法",郑玄注:"夏刑大辟二百,膑辟二百,宫辟五百,劓、墨各千"。夏的"五刑"正是从皋陶的"五刑"那里继承的。《左传·昭公十四年》记载晋大夫叔向的话说:"《夏书》曰:'昏、墨、贼、杀'。皋陶之刑也。"《尚书·皋陶谟》载皋陶的话:"天讨有罪,五刑五用哉!"《甘誓》载夏启的誓词:"天用剿绝其命,今予惟恭行天之罚"。可见,夏代不仅继承了皋陶的"五刑"和刑法原则,还继承了皋陶的神权法思想。

甲骨文里不仅有夏代五刑诸如劓(墨)、劓、刵、刖、刵、剕、刻(宫)、伐(杀,大辟)等文字,而且还出现了"鹰"字。这正是关于神奇的独角圣兽的最早真实记录。在一块卜骨上还同时出现了"御臣"、"御众"、"御鹰"的字样。郭沫若先生在《出土文物二三事》中指出:"御廌"即商代的"执法小吏"的名称。①在"廌"这个用尖刀划刻在卜骨上面的并不复杂的字上面,凝结了多少个世纪的人们凭口耳相传的实实在在的历史!

二、弓、矢与灋

古代"法"字写作灋,这已为出土的钟鼎文和秦墓竹简所证实。说到"法"字的本义,人们常常引用东汉许慎《说文解字》的说法,即:"法者,刑也,平之如水,从水,廌所以触不直者去之,从廌从去。今省作法。"这种解释无疑是高度凝结了汉代学者关于"法"这一社会现象的传统认识,但尚有进一步斟酌的余地。

古代"灋"字由三部分组成,现分述如下:

其一,氵,即水。水有两重含义:一是它的实践性含义。远古人群的生活范围常常以山谷河流为界限,它们约定俗成地被视为此氏族活动的终点和彼氏族活动的起点。当时,个人不可能离开它的氏族而"离群索居","放逐是原始氏族最可怕的惩罚之一"。② 正如恩格斯的《家庭、私有制和国家的起源》中指出的:"凡是部落以外的,便是不受法律保护的。在没有明确的和平条约的地方,部落与部落之间便存在着战争,而且这种战争进行得很残酷"。③ 因此,放逐是无异于死刑的严酷惩罚之一。人们把违背公共生活准则的"罪犯"驱逐到"河那边"去,就是死刑宣告。这样,久而久之,就使河流带有刑罚的威严,并进而被赋予一种文化的意义,因为它成了当时公共生活准则的化身。二是宗教信仰上的含义。古人认为,违反公共生活准则的行为是对神的亵渎,是"不洁"的罪行,一定会招致神灵对整个氏族的惩罚。因此,除了把罪犯流放之外,还要清除这种"不洁"的余毒,勿使其流传散布。这个清洁剂就是水。《周礼·秋官·掌戮》:"凡杀其亲者焚之。"《礼记·檀弓下》:"臣弑君,凡在官者杀无赦;子弑父,凡在宫者杀无赦。杀其人,坏其室,洿其宫而潴焉。"是说不仅要把杀亲弑君弑父的罪犯处死,还要火焚其尸,毁坏他的住所,用水淹之,以除不洁。《睡虎地秦墓竹简·法律答问》有"疠者有罪","定杀水中"的规定,即将患麻风病的犯罪者活活淹死在水中。这样,水便与火一样充当了观念上的"清洁剂"。古人对死是恐惧而厌恶的,即使死者是君王亦不例外。《周礼·春官·小宗伯》:"王崩,大肆,以秬鬯"。即以黑黍香草造的酒浴尸。民间丧礼,则以洗米水加热浴尸。水和酒成了特殊的"清洁剂"。古代的大傩礼便是在驱逐疫鬼、祈求平安的原始巫术的基础上形成的。《周礼·夏官·方相氏》:"帅百隶而时傩,以索室驱疫。"《礼记·月令·季春》:"命国傩,九门磔攘

---

① 郭沫若:《出土文物二三事》,人民出版社1972年版,第26页。
② 〔法〕拉法格:《思想起源论》,王子野译,三联书店1963年版,第70页及注。
③ 恩格斯:《家庭、私有制和国家的起源》,载《马克思恩格斯选集》第4卷,人民出版社1972年版,第94页。

以毕春风。"《论语·乡党》:"乡人傩,朝服而立于阼阶。"可见,大傩礼其由来者上矣。《续汉书·礼仪志》载东汉大难礼仪式:众人列队,执戈扬盾,作十二兽舞,把想象中的疫鬼投入洛水中。宗懔《荆楚岁时记》亦载民间傩仪:"作金刚力士以逐疫,沐浴转除罪障"。水同样起了消灭疫鬼、保障平安的双重作用。古代"法"字中的"水",并无公平之义。其本义是消除犯罪和确保平安,是强制性行为规范的符号。至于公平、公正之义,是战国法家为了以平民之"法"取代贵族之"礼"而给"法"字新加上去的"添加剂"。

其二,廌。廌是蚩尤部落的图腾。而蚩尤、颛顼、祝融、咎繇、皋陶等不过是廌的读音和文字表达符号。据《尚书·吕刑》记载,蚩尤是"法"的缔造者,他"惟始作乱,延及于平民","惟作五虐之刑曰法"。黄帝战胜了蚩尤,很快将他们"同化",并吸收了蚩尤创造的"法"。正如《龙鱼河图》所谓:"蚩尤殁后,天下复扰乱不宁。黄帝遂画蚩尤形象,以威天下。天下咸谓蚩尤不死,八方万邦,皆为殄伏。""蚩尤形象"与其说是"廌",勿宁说就是"灋"。于是,《韩非子·十过》载:"黄帝合鬼神于泰山之上,……蚩尤居前,风伯进扫,雨师洒道"。蚩尤部族臣服了黄帝并在新的部落联盟机构中世世代代主管司法。正如《论衡·是应》所说:"皋陶冶狱,其罪疑者,令羊触之","斯盖天生一角圣兽,助狱为验,故皋陶敬羊,起坐事之"。可见,廌是黄帝建立部落联盟之后世代主管司法的部族的图腾。在古"灋"字中,廌是社会权威机构的象征。

其三,去。许慎视之为动词,取弃去之义。但他在《说文解字》中又指出:"去,人相违也,从大,凵声"。这一解释必有所本,可惜语焉未详。段玉裁注:"违,离也,人离故从大,大者,人也。"朱骏声《说文通训定声》:"一说去亦古凵字,大,其盖也,象形。"商承祚《殷契佚存》:"凵以象器,大其盖也。"徐中舒《甲骨文字典》:"甲骨文凵当为坎陷之坎本字,大为人之正面形。故疑去象人跨过坎陷,以会违离之意。"裘锡圭《再谈古文字中的去字》认为,去分二形,"前一字为从大从口,会意,即离去之去;后一字为象器盖相合,即盍之初文。""去"字的古文作大、弓。其实,去字由矢、弓两部分组成。上者为矢,下者为弓。还有一个字可以证明弓、矢合而为去。《管子·轻重甲》:"三月解匋,弓弩无轊移者。""匋"是"装弓箭的器具"①,有隔潮的功能。弓、矢置之三个月后取出来,都没有变形走样。有人认为"匋"字是"医"的讹字。《说文解字》:"医,盛弓弩矢器也,从匚从矢。""匋"字至迟在《管子》成书年代就存在了。医字倒可能由该字转化而来。医字通行而"匋"字遂废。弓矢是原始人重要的生产工具和武器。"弓箭对于蒙昧时代,正如铁剑对于野蛮时代和火器对于文明时代一样,乃是决定性的武器。"②人们常常在弓、矢上面刻上记号或族徽。如《国语·鲁语下》:"铭其栝曰:肃慎氏之贡矢。""去"字的本义表示

---

① 徐中舒主编:《汉语大字典》第一册,四川辞书出版社1986年版,第258页。
② 恩格斯:《家庭、私有制和国家的起源》,载《马克思恩格斯选集》第4卷,人民出版社1972年版,第19页。

弓与矢相离,两者的记号不相合。该字与"夷"字的本义正相反。古代"夷"字乃"弓矢之合书",正由弓、矢二字重叠而成:"卜辞雉从隹,或从弓矢之合书,即雉,省作夷。《说文》以夷为从大从弓,误矣。"①因此,"夷"的古字字形表示矢、弓合一,意即弓与矢符号相同,正好是一套。原始人常常因为猎获物的归属问题发生纠纷,解决的办法是看猎获物身上中的矢与人们手中的弓之间记号是否一致。《易经·明夷》:"明夷,夷于左股,用拯马壮,吉。"一只马的左股被射伤,在伤口处发现箭头,据此查到箭的主人并责令医治马伤,这是对的。"明夷于南狩,得其大首,不可疾,贞。"射伤了一只野兽,一直尾随追到南方村落,因为野兽身上有箭头,当地人不敢拒绝归还。"入于左腹,获明夷之心,于出门庭。"一个猎人追到别人家索要一只猎物,从猎物左腹发现箭头,终于满意而归。"不明,晦,初登于天,后入于地。"不肯把弓交出来验证,太暧昧了,这猎物不是你射的,就好像朝天射了一箭,又落到地上,你的箭还在那里插着呢!正因为弓矢是最可靠的证据,所以诉讼双方都要出示证据,即"明夷"。《周礼·秋官·司寇》载:"以两造禁民讼,入束矢于朝,然后听之。"《国语·齐语》:"坐成以束矢"。韦注:"两人诉,一人入矢,一人不入则曲"。《睡虎地秦墓竹简·为吏之道》:"听其有矢,从而则之。"至于"入矢"、"有矢"的意思,有人认为是发誓,有人认为是证明自己已像矢一样正直,还有人认为是交"诉讼费"。这些也许都不符合其本义。其实,它们正是从古老习俗"明夷"即出示证据——弓、矢、匕演变形成的。

三、德与臣:"以弓缚首,牵之以祭"

在战后论功行赏之际,弓本身就是捕获俘虏的直接证据。以弓缚首便是"臣"字。"臣"即战俘。甲骨文"臣"字即由外部、内部两部分组成:内部长形半环象人首,外部半圈象弓。甲骨文弓字有两形:一为张弦之弓,二为弛弦之弓。古人狩猎或临战时张弦,此后脱弦,与矢一起妥为保藏。《易经·睽》:"先张之弧,后说之弧,匪寇婚媾"。"弧"即弓弦。此是说,有一路人马远道而来,可能是强盗,遂张弓备战。走近一看,不是强盗,而是娶亲的队伍,遂脱下弓弦。战争之后,胜利者将弓弦脱下,并用弓弦捆缚战俘之脖项,牵之以返。此时,弓还有另外一层作用,就是证明俘虏是属于自己的战利品,别人不能争议。其目的是等待论功行赏。《诗·鲁颂·泮水》:"矫矫虎臣,在泮献馘,淑问如皋陶,在泮献囚。"这是"既克淮夷","淮夷卒获"之后论功行赏的情景。馘,《毛传》:"馘,获也,不服者杀而献其左耳曰馘"。献即讞,讯问。讞囚不是审问战俘,而是论功行赏。这是古老军法的重要职能之一。《睡虎地秦墓竹简·封诊式》中载有两战士战后相互争首级而致诉讼的内容,长官只得"诊首",凭借创口的特征来判断。这是战国时代的事情。但是在远古时代,这种

---

① 黎祥凤:《周易新释》,辽宁大学出版社1994年版,第185页。

矛盾早已经被解决了。因为古人的弓矢上面刻有族徽或记号,挂在俘虏上的弓便是直接的证据。久而久之,以弓弦捆缚他人的脖项,便带有统治、打败或奴隶身份的特定的含义。因此,以弓缚首是带有侮辱性的动作。《左传·襄公六年》载:"宋华弱与乐辔少相狎,长相优,又相谤也。子荡怒,以弓梏华弱于朝。"杜预集注:"张弓以贯其颈,若械之在手,故曰梏。"杨伯峻注:"用弓套入华弱颈项,而已执其弦。"华弱与乐辔(即子荡)从小一起长大,亲匿无间,常戏闹无礼,致子荡翻了脸,竟在朝堂之上取弓弦捆华弱脖颈以羞耻之。这段文字的价值并不在于批评贵族们的言行有失检点,而在于再现了一段被人们遗忘或忽略的古老典故。而"以弓套入颈项,而已执其弦",正是古代"臣"字的本义——"以弓缚战俘首"。子荡对华弱的羞侮之义便在于此。当《左传》的作者将这段文字记载下来之际,也许知道其原始的含义,可惜后来被人们遗忘了。《说文解字》:"臣,牵也,事君也。象屈服之形。""牵"字用如动词者,如《尚书·酒诰》:"肇牵车牛远服贾,用孝养厥父母"。用如名词者,特指用来祭祀的活的牛、羊、豕。《周礼·天官·宰夫》:"飧牵"。郑玄注引郑司农曰:"牵,牲牢可牵而行者。"《左传·僖公三十三年》:"脯资饩牵竭矣。"杜预注:"牵谓牛、羊、豕。"孔颖达疏:"牛、羊、豕可牵行,故云牵谓牛、羊、豕也"。笔者以为,以牛、羊、豕为牺牲的是一般的祭祀,而战胜后的祭祀则用战俘。"以弓缚首","牵之以祭",这就是"德"字的本义。①

四、弓、矢、匕与证据制度

与古老神明裁判相对应的审判方式是依证据裁判。发明这种证据制度的就是鹰即皋陶。《诗经·鲁颂·泮水》:"淑问如皋陶,在泮献囚。"郑玄笺:"善听狱之吏如皋陶者。""淑",善也,又同"叔"。《说文解字》:"叔,拾也"。郭沫若先生认为:叔字"以金文字形而言,实乃从又持戈以掘芋也"。②"问",审讯,考察,追究。"淑问",意即刨根问底彻底调查清楚。献,谳,审判。皋陶之所以善于听讼,与其说是仰仗着神羊,不如说是靠着证据,即弓矢。"献囚"的手段靠证据即弓矢匕,故甲骨文出现了"猷"字和"嘼"字;"献囚"的目的是行赏施罚,故甲骨文出现了"鹰",即庆赏的庆(慶)字。皋陶是以证据即弓、矢、匕来断案的第一位大法官。后来,这种做法被商人继承,并最终被箕子所确立。故《易经》有《明夷》一卦,谓"箕子之明夷"。《尚书·洪范》载箕子言治理国家的九项措施,即"洪范九畴"。其七为"明用稽疑"。"稽",《广雅·释言》:"稽,考也"。即考核、调查。甲骨文的"疑"字,左部是上匕下矢,右部即匕字。《玉篇》:"匕,矢镞也"。《左传·昭公二十六年》:"射子,匕入者三寸。"甲骨文"疑"字即由匕、矢、匕三字所组成,正表示在证据上出现了疑问。"明用稽

---

① 武树臣:《寻找最初的德——对先秦德观念形成过程的法文化考察》,载《法学研究》2001年第2期。
② 陈初生编纂,曾宪通审校:《金文常用字典》,陕西人民出版社2004年版,第328页。

疑"就是"明夷",就是搞清楚弓与矢或矢与匕上面的符号的关系。甲骨文"疑"字即由匕、矢、匕三字所组成。东夷部落的发明并非被商人抢先注册了专利,在那些被刻划成的文字背后,正是人所共知的口耳相传的古老故事,其中就不乏皋陶神判的传说,如同后来的包公案、狄公案一样。古代"灋"字的产生与第一代大法官皋陶相联系,决不是偶然的。①

甲骨文尚未发现"灋"字。金文始见。大盂鼎铭有:"天翼临子,法保先王。""法",效仿;"保",褒扬。青铜器铭文有惯用语"勿法朕命"。法,借为废义。秦墓竹简亦有此例。今天的法,古代称为刑。广义的刑是从多种刑罚集约扩展而成的。远古的"灋"与蚩尤密切相连。蚩尤是东夷的领袖。"灋"中之"廌"是东夷部落的图腾。在黄帝主宰中原之后,东夷文化受到贬抑。故文物典章只见"刑"而不见"灋"。"灋"字在西周出现,并不是周人的创造,而是周人对先民成果的追忆。周人的创造是"礼"。战国法家的创造才是"法"。汉代学者给"法"加上了神性。

综上所述,可见古"法"字凝结了古代先民关于"法"这一社会现象的最朴实最可靠的见解,即:"法"是由社会权威机构行使的,通过查明证据来解决纠纷判明是非曲直并对违法者施以刑罚的特殊社会活动,同时,也是通过这一社会活动来体现的人们必须遵守的公共生活准则。在西周的金文资料中,"灋"有用作"废"的例文。这也许是因为"灋"字的发音和"废"字相同,而且"灋"字包含流放之义。西周用"刑"字而不是"灋"字来表示法。但是,这些因素都未能掩盖"法"的生命力。古代"灋"字以其象形文字的独特方式,为我们今天探讨"法"的定义和起源,提供了许多有益启示。

第七节 廌与饕餮、蓐收、爽鸠

一、神徽与饕餮

良渚文化玉器特别是玉琮上面的神人兽面纹饰,又称"神徽",盖即蚩尤形象和廌图腾的合体,亦即后来的"饕餮"纹饰。正因如此,那些带有"饕餮"纹饰的玉环被定名为"蚩尤环"、"雕玉蚩尤环"。② 有学者推测:"商周青铜器的主题纹饰饕餮纹或许正是良渚文化玉器上神徽发展的结果"。③ 李学勤先生明确指出:"良渚玉器和商代铜器的饕餮纹,它们之间显然有着较密切的联系";"山东龙山文化和二里头文化的饕餮纹确实可以看成良渚文化与商代这种花纹的中介";"商代继承了史前时期的饕餮纹,还不仅是沿用了一种艺术传统,而且是传承了信仰和神话,这在中国古代文化史的研究上无疑是很重要

---

① 瞿同祖:《中国法律与中国社会》,中华书局1981年版,第253页。
② 李学勤:《走出疑古时代》,长春出版社2007年版,第63页;刘斌:《神巫的世界》,浙江摄影出版社2007年版,第137页。
③ 《浙江余杭反山良渚文化墓地发掘简报》,载《考古》1988年第1期。

的问题";"饕餮纹在西周初仍然流行"。①

　　西周礼器上多铸有"饕餮"纹,这是从商代礼器继承而来的。这个结论不仅被出土文物所证实,也与古代文献记载相一致。《吕氏春秋·先识》:"周鼎著饕餮,有首无身,食人未咽,害反及身,以言报更也";《史记·五帝本纪》:"缙云氏有不才子,贪于饮食,冒于货贿,天下谓之饕餮。"《集解》:"贾逵曰:'缙云氏,姜姓也,炎帝之苗裔,当黄帝时任缙云之官也'。"《正义》引《神异经》云:"西南有人焉,身多毛,头上戴豕,性很恶,好息,积财而不用,善夺人谷物,强者夺老弱者,畏群而击单,名饕餮。"《路史后纪·蚩尤传》注:"三代彝器多著蚩尤之象,为贪虐者之戒,其状率为兽形,傅以肉翅。"由上可知:饕餮即是蚩尤之后,蚩尤亦称炎帝、姜姓。《路史后纪·蚩尤传》:"蚩尤姜姓,炎帝之裔也";(蚩尤)"封禅号炎帝"。其形状正是"廌"的形象,"头上戴豕"。"豕"即矢、箭。头上竖着一支箭,这正是独角兽的特征,两旁的"肉翅"正是蚩尤"耳鬓如剑戟"之状。

　　西周铸造礼器的动因大致有三:一为有功于王室,被册封赏赐,铸其文辞于器而留传后世;二为贵族间争讼由法官裁决,将判词铸之鼎器之上以为见证;三为征讨不廷者,火其礼器而铸新器。如《国语·周语》:"王无亦鉴于黎苗之王,下及夏商之季。上不象天而下不仪地。中不和民而方不顺时,不供神祇而蔑弃五则。是以人夷其宗庙,而火焚其彝器,子孙为隶,下夷于民。"

　　铸饕餮之形的礼器当属第三种情况。对那些"贪于饮食,冒于货贿","积财而不用,善夺人谷物"的方国、贵族,来个"大刑用甲兵",捣其庙堂,夺其礼器,永远开除他们的贵族身份,然后将礼器焚而铸之。这种新铸的带有饕餮之形的礼器之所以具有威慑力,就在于它上面有"廌"的形象,这是一种有形的刑器,无文的法典!

二、廌与蓐收

　　蚩尤与蓐收实际上是一事而二名。其理由是:其一,蚩尤"作五兵","造冶",而蓐收亦金神也。《左传·昭公二十九年》:"金正曰蓐收"。其二,蚩尤是刑官,主兵,而"蓐收,天之刑神也";《山海经图赞》说他"专司无道,立号西阿,恭行天讨"。其三,两者都属于少昊氏。"蚩尤宇于少昊",少昊氏后裔中的"该为蓐收"。《国语·晋语二》韦注:"少昊氏有子曰该,该为蓐收。"其四,两人使用的兵器是一样的:"蚩尤秉钺",蓐收则"执钺"。故有学者认为:"蚩尤之传说与蓐收之神话实最相类","蚩尤与蓐收之相类如此,不敢臆断为一神之分化,惟蚩尤之为刑神可无疑也"。② 两者何其相似乃尔。

---

①　李学勤:《走出疑古时代》,长春出版社2007年版,第58、60页。
②　吕思勉、童书业:《古史辨》七(上),上海古籍出版社1982年版,第206页。

三、廌与爽鸠

爽鸠,即鸷。《说文解字》:"鸷,击杀鸟也"。又称作鷞鸠。《说文解字》:鷞鸠,"五方神鸟也。东方发明,南方焦明,西方鷞鸠,北方幽昌,中央凤凰"。《左传·昭公十七年》:少昊以鸟名官,"爽鸠氏司寇也。"杜注:"爽鸠,鹰也,鸷,故为司寇,主盗贼。"《左传·昭公二十年》:"昔爽鸠氏始居此地。"杜注:"爽鸠氏,少昊氏之司寇也。""此地"指穷桑,今山东一带。可见,爽鸠即蚩尤、皋陶,亦即廌。只因它变成了刑神,才生出双翅来。《淮南子·天文》说:"西方金也,其帝少皋,其佐蓐收,执绳而治秋。"如此,则蓐收亦司寇也。可证,蓐收、爽鸠皆为刑神,亦皆本于廌矣。

第八节　廌与夔、西王母

一、廌与夔

甲骨文中的夔,"象人头插羽毛,手拿牛尾巴,独角跳跃的模样。大约是示范性动作"。① 金文中的夔,"象一个人头上戴着角,手中执着牛尾而舞的样子。古代夔是乐师,因为象人操尾而舞之形,故转以名乐师也"。② 夔其状如牛,一足,无角(一说有角),其声如雷。后被黄帝所获,杀之,以其皮为鼓。《山海经·大荒东经》说:"东海中有流波山,入海七千里,其上有兽,状如牛,苍身而无角,一足,出入水则有风雨,其光如日月,其声如雷,其名曰夔。黄帝得之,以其皮为鼓,橛以雷兽之骨,声闻五百里,以威天下。"也许夔曾帮助过蚩尤,故被黄帝处死。《初学记》卷九引《归藏·启筮》说,黄帝杀死蚩尤之后,"作掆革置缶而鼓之,乃挬石击石,以象上帝玉磐之音,以致舞百兽"。《淮南子·泰族》说:"夔之初作乐也,皆合六律而调五音,以通八风。"故《列子·黄帝》说:"尧使夔典乐"。《孔丛子·论书》则说他"为帝舜乐正"。

其实,夔不过是部落联盟中世代主管乐律的部族的图腾。乐律并不是今天的音乐,在远古社会,乐律实际上起着军法、军令的作用。正如《易·师》所追述的:"师出以律",意即军队行动要遵守号令。律指乐律,即钟鼓发出的高低不同、频率各异的声音,如后世"鸣金收兵,击鼓进军"之类。《周礼·春官·大师》:"大师执同律以听军声而诏吉凶","同律"即关于金鼓号角的节奏频率的规定。这些号令具有极大权威,任何人不得违反,否则便施以刑罚。

据传,最古老的战鼓名叫"皋陶",是由不同长度、直径和弧度的鼓木蒙以虎革而制成的。鼓的大小长短不等,击打时发出声音的频率、传播的距离也不相同。《周礼·考工记》:"鼓大而短,则其声疾而短闻;鼓小而长,则其声舒而

---

① 刘志琴:《中国歌舞探源》,载《学术月刊》1980年第10期。
② 吴泽:《中国历史大系》,棠棣出版社1953年版,第581页。

远闻"。郑注:"皋陶,鼓木也"。一云:"鼓名也"。由一组型号不同的战鼓发出的声音就是指挥军队作战的军号,即"师出以律"的"律"。久而久之,战鼓的名称"皋陶"也就被借代为军令的代名词。于是,夔发明的六律和战鼓"皋陶"便成了密不可分的同一宗遗产而留传于后世了。

二、鳶与西王母

鳶可能还是西王母的原型。鳶是图腾,而西王母与蚩尤、咎繇一样是它的发音。蚩尤与西王母都出现于黄帝时代。《云笈七签》卷一《轩辕本纪》说,西王母"慕黄帝之德,乘白鹿来献白玉环";《绎史·黄帝内传》说:"(黄)帝既与王母会于王屋"。此后又见于尧舜禹时代。《新书·修政语上》:(尧)"身涉流沙,西见王母,地封独山"。《竹书纪年》:"帝舜有虞氏,……九年,西王母来朝"。《论衡·别通》:"禹使益见西王母"。此后,据《竹书纪年》载:(周穆)"王西征昆仑,见西王母。其年,西王母来朝,宾于昭宫。"

《山海经·大荒西经》、《西山经》载:西王母生活在"昆仑之丘","人面虎身,有文有尾皆白","戴胜,虎齿,有豹尾,穴处,名曰西王母";"玉山,是西王母所居也。西王母其状如人,豹尾、虎齿而善啸,蓬发戴胜,是司天之厉及五残"。那么,西王母所居的昆仑山在那里呢?这是古往今来聚讼的难题。不少学者认为古昆仑山即今新疆西藏交界处的昆仑山脉。但是,有学者雷广臻推出新说,认为"古昆仑山即今燕山","《山海经》之海确是渤海","古昆仑文化即红山文化"。①

西王母"蓬发戴胜"。郭璞注:"蓬头乱发,胜,玉胜也"。"司天之厉及五残"。郭璞注:"主知厉及五刑残杀之气也"。西王母的"蓬头乱发",与《述异论(上)》所说:蚩尤"耳鬓如剑戟,头上有角",和《文选·西京赋》所谓:"蚩尤秉钺,奋发被般"的形象,十分相似。西王母头上戴的胜,可能是玉制的装饰物,用它来把头发束成一个角型。这个"玉胜"很可能就是象征蚩尤头上的独角。有学者认为戴胜为东夷鸟夷的图腾:"西王母头戴戴胜,乃是以戴胜鸟为图腾。这种习俗,后被中原女子于发髻上插玉鳳为饰所取代。西王母既以鸟为图腾,乃东夷族鸟夷的一支,虽西迁至羌人区,仍不忘旧俗"。② 西王母掌管天灾和刑罚,而蚩尤也主掌兵刑。故西王母与蚩尤也许本同一事。

西王母住在石洞里,故世传有"西王母石室"。《汉书·地理志》:"西北至塞外,有西王母石室。"《淮南子·地形》高注引《地理志》:"西王母石室在金城临西北塞外。"《太平御览》卷38引《十洲记》:"赤水西有白玉山,山有西王母堂室。"刘歆《上山海经表》中说:《山海经》所载,"皆圣贤之遗事,古方之著明者,其事质明有信。"他举例说:"孝宣帝时,击磻石于上郡,陷得石室,其中有

---

① 雷广臻:《古昆仑山即今燕山考》,载《科学中国人》2007年第6期。《红山文化区原是诸沃之野》,载杨博达等主编:《古玉今韵》,中国文史出版社2008年版。
② 何光岳:《东夷源流史》,江西教育出版社1990年版,第473页。

反缚盗械人。时臣秀父向为谏议大夫,言此贰负之臣也。昭问何以知之,亦以《山海经》对。其文曰:'贰负杀窫,帝乃梏之疏属之山,桎其右足,反缚两手'。上大惊,朝士由是多奇《山海经》者。"①汉宣帝时发现的石室是不是西王母的石室呢?如果是的话,就可以证明,西王母的石室其实就是牢狱。如此,则西王母便是司狱之神了。

第九节　廌与象刑、筆

一、廌与象刑

历史上有没有"象刑"?"象刑"究竟是怎么回事?它与廌有什么联系?这可以说是自古以来争而未决的一宗公案。

"象刑"一词源于《尚书·益稷》:"皋陶方厥叙,方施象刑,惟明。"又《尚书·吕刑》"象以典刑"。由于对"象"字的不同解释,就造成"象刑"的歧义。这主要有三种说法。其一,"依照刑"说。意即依从法律。象,法式、效法。如《楚辞·九章·橘颂》:"行比伯夷,置以为象";《尚书·微子之命》:"殷王元子惟稽古崇德象贤";《墨子·辞过》:"左右皆法象之"。刑、典刑是典则、法律的意思。"象刑"、"象以典刑"是依照法律进行审判、定罪、量刑。其二,"象征刑"说。意即象征性的刑罚。象,服饰、象征。《诗经·鄘风·君子偕老》:"象服是宜"。《易·系辞下》:"易者象也,象也者像也"。孔颖达疏:"谓卦为万物象者,法像万物,犹若乾卦之象法像于天也"。"象刑"、"象以典刑"就是用"画衣冠、异章服"的办法代表肉刑和死刑,以羞辱性的服饰来制裁犯罪的人。其三,"颁布刑"说。意即颁布法典。"象",图象、魏阙。即《周礼·天官·大宰》、《周礼·秋官·大司寇》所谓"治象之法"、"刑象之法"。即把犯罪、刑罚的情状用绘画的形式表示出来,悬示于魏阙,公之于众,让不识字者知所避就。笔者以为,三说之中,以第三者为近是。

"象刑"盖即远古时代公布法律的一种形式。肇始于黄帝颁布蚩尤之五刑。《尚书·吕刑》载:"蚩尤惟始作乱,延及于平民,……苗民弗用,灵(令)制以刑,惟作五虐之刑曰法。"《逸周书·尝麦》:"赤帝大慑,乃说于黄帝,执蚩尤,杀之于中冀,以甲兵释怒。用大正顺天思序,纪于大帝,用命之曰绝辔之野。乃命少昊清司马鸟师,以正五帝之官,故名曰质。天用大成,至于今不乱。"《龙鱼河图》载:"帝因使之主兵,以制八方。蚩尤殁后,天下复扰乱不宁。黄帝遂画蚩尤形象,以威天下。天下咸谓蚩尤不死,八方万邦,皆为殄伏。"这个"蚩尤形象",与其说是廌,毋宁说是五刑,即五种肉刑之形象。后世继承了这一做法,如《史记·武帝纪》元光元年诏:"朕闻昔在唐虞,画象而民不犯。日月所烛,莫不率俾(服从)"。在远古社会,以绘画五刑之形象来公布法律,

---

① 袁珂:《山海经全译》,贵州人民出版社1991年版,第353—354页。

此亦远古"象刑"之初义,其绘画的工具就是筆。而最古老的筆是用麕之尾或麕之毛制成的。

二、麕与筆

古代的"笔"字写作"聿"。《说文解字》:"聿,所以书也。楚谓之聿。吴谓之不律。燕谓之弗。"桂馥《义证》:"所以书也者,《释名》:笔,述也。述事而书之也。《急就篇》:笔研筹筭膏火烛。颜注:笔所以书也。一名不律,亦谓之聿。徐广《车服杂注》:古者贵贱皆执笏,有事则书之,常簪笔。《说苑》:王满生说:周公藉草牍书之。《殷代家传》:殷泰善书记:上叹曰:非惟秋兔之毫,乃是鹰鹍之爪。楚谓之聿,吴谓之不律,燕谓之弗者,《释器》:不律谓之笔。郭注:蜀人呼笔为不律也。语之变转。馥案:不律,犹令丁为铃,终葵为椎,俾倪为陴,不疑之不是也。"《说文解字》:"笔,秦谓之笔,从聿从竹。"桂馥《义证》:"秦谓之笔者,《赵策》:臣少为秦刀笔。《史记》:蒙恬筑长城,取中山兔毛造笔。《古今注》:牛亨问曰:自古有书契已来,便应有笔,世称蒙恬造笔何也。答曰:蒙恬始造笔,即秦笔也。古以枯木为管,麕毛为柱,羊毛为被,所谓苍毫,非兔毫竹管也。《广志》:汉诸郡献兔毫。书鸿门题,惟赵国毫中用。蔡邕《筆赋》:惟其翰之所生,于季冬之狡兔,性精亟以摽悍,体遄迅而骋步。削文竹以为管,加漆系之绳束,形调博以直端,染元墨以定色。"①

今见西晋崔豹《古今注》谓"鹿毛为柱"②。唐苏鹗《苏氏演义》引《古今注》亦为"鹿毛为柱"③。然而桂馥义证独为"麕毛为柱"。盖"鹿"为常见字,"麕"为罕见字。从传写之误的可能性而言,将罕见字误写为常见字则易,极少将常见字误写为罕见字。古本《古今注》早佚。或许桂馥独见另一版本之《古今注》?或许桂馥于某古籍中抄录《古今注》佚文?无论如何,将麕与笔联系起来绝非偶然。因为麕与皋陶、律本来就有内在联系。

在远古社会,在岩壁上作画,在陶器上绘图的工具,盖即用兽之尾或兽之毛做成的笔。用笔蘸颜料并涂抹之。"山西陶寺大墓发掘出的陶器上出现毛笔朱书文字,这种文字与甲骨文相似,可在时间上却早了1000年,可以说是现今发现最早的汉字系统文字。"④这种"毛笔朱书文字"正是毛笔存在的一个证据。远古的生产活动或艺术创造可能都离不开狩猎。普列汉诺夫曾指出:"原始狩猎者几乎总是具有独特风格的、聪明的、有时是热情的画家和雕刻家。……原始人只要一天还是猎人,他的摹仿的冲动顺便就使他成为画家和雕刻家"。⑤《韩非子·十过》:"禹作为祭器,墨漆其外而朱画其内。"上漆作画没有

---

① (清)桂馥:《说文解字义证》,齐鲁书社1987年版,第250页。
② (晋)崔豹:《古今注》,焦杰点校,辽宁教育出版社1998年版,第17页。
③ (唐)苏鹗:《苏氏演义》,张秉戍点校,辽宁教育出版社1998年版,第22页。
④ 王岐丰:《400余件珍贵文物月底亮相首博》,载《北京晨报》2010年7月23日A09版。
⑤ 参见刘城淮:《中国上古神话》,上海文艺出版社1988年版,第611页。

相应的工具是不可想象的。与此不同,以廌之尾涂抹五刑之图象,是一种公布法律和秩序的政治行为,因其威力巨大,使人们经久不忘。当廌之尾成为笔的初形——聿的时候,用聿在村头街口的建筑物上涂抹五刑之图象时,不正是在向人们展示律字问世的一幅最古老最原始最直观的图画吗?

即使到了有文字的时代,这种在固定建筑物上面绘画法令、刑罚之图象,用来向普通民众公布法律政令的古老方式,仍然一直流传到后世。这种法律政令被称为"教象之法"、"政象之法"、"刑象之法"。如《周礼·天官·大宰》:"县(悬)治象之法于象魏"。郑玄注:"大宰以正月朔日,布王治之事于天下,至正岁,又书而县于象魏,振木铎以徇之,使万民观焉。"《地官·大司徒》:"县教象之法于象魏";《夏官·大司马》:"县政象之法于象魏";《秋官·大司寇》:"县刑象之法于象魏"。象魏是诸侯国君宫前一对高的对称的建筑物。定期把刑象之法令公布其上,又定期收而藏之。《左传·哀公三年》:鲁宫失火,"季桓子至,御公立于象魏之外。……命藏象魏,曰:旧章不可亡也。"可见这些有刑象或文字内容的"旧章",可以张贴悬挂或书写在象魏上面,又可以取下来收藏。以图画形式公布法律是古老民族常用的方法。日本著名法学家穗积陈重指出:"以图画形法规晓谕人民,是盖文字未兴或已兴而未通行于世之际,对于不识字人民,示法以禁,而警诫之之最有效方法也";"以绘画发布,正与成文法之以文书发布者相同"。①

在远古社会,除了公布重大法令之外,更为频繁的是战争。而指挥战斗的号令就是鼓声,鼓声便是军令,不可违犯。击鼓者具有至高无上之权威。且赏罚之率,又可以用简单的图画来表现。如五刑之画象。至此,我们似乎看到了鼓槌"聿"与画笔"聿"之间神奇的暗通之处!

战鼓皋陶之音律节拍是通过传写记录来发布的。《韩非子·十过》载:卫灵公"夜分,而闻鼓新声而说之,……子为我听而写之。"《淮南子·本经》:"雷震之声,可以钟鼓写也。"战鼓的鼓点儿也是可以"写"的,以此传布全军上下。写字古作寫。其中的舄字,上部为臼,似捣制和配制颜料的器皿,下部即廌之尾或廌之毛。该字表示以廌尾或廌毛之笔蘸颜料书写之义。听而录之是写,读而录之也是写。古人就是靠着这种摹写的方法,把最古老的法律,从鼓音之律乃至成文法典,从中央传布至全国。而"皋陶造律"与廌尾寫刑则是同源同路,异曲同工,而皋陶战鼓之音与蚩尤所作"五刑"则更是殊途同归。以廌尾为筆绘画五刑之形象,此亦远古"象刑"之初义。在口耳相传的纷繁的史影中,一些看似风马牛不相及的历史碎片终于有机会神奇地嵌合在一起,向现代的人们诉说着往昔的岁月。

因此,当我们仔细端详诸如劓、劘、刵、刖、㓷、刻等表示肉刑的甲骨文的字形时,我们也许会突然强烈地意识到,这些甲骨文与其说是被殷商先民所创

---

① 〔日〕穗积陈重:《法律进化论》,黄尊三等译,中国政法大学出版社1997年版,第109页。

造,不如说是被殷商先民所临摹。因为,在这些殷商时代业已十分成熟的文字出现之前,它们也许已经被殷商先民的先民刻画在草原的山崖上,书写在村落的墙壁间,不知已经默默无语地存在了多少世纪!

第十节　廌与神明裁判、法冠

一、廌与神明裁判

大凡古老民族都曾经历过神明裁判的阶段。中国远古社会也不例外。但是,中国古代神明裁判的历史可能比较短,其影响也很有限。因此,史料中关于神明裁判的记载有如凤毛麟角。

《周易》筮辞保留了神羊裁判和神虎裁判的古老习俗。《易·大壮》:"羝羊触藩,羸其角","藩决不羸,壮于大舆之车","羝羊触藩,不能退,不能遂,无攸利,艰则吉"。即用公羊冲决篱笆,看是将篱笆冲倒,还是篱笆卡住羊角,来判断诉讼的成败。《易·履》:"履虎尾,不咥人,亨";"履虎尾,咥人,凶";"履虎尾,愬愬,终吉";"履道坦坦,幽人贞吉"。《颐》:"虎视眈眈,其欲逐逐,无咎。"在无法决定是否判处罪犯死刑时,让罪犯去踩笼中老虎的尾巴。虎如用尾横扫人,则处死,否则不处死。

《诗经·小雅·巷伯》:"取彼谮人,投畀豺虎,豺虎不食,投畀有北,有北不受,投畀有昊。""有昊"概泛指蚩尤部落的领地。蚩尤长于司法审判,曾信奉独角兽神判。因此,"有昊"可能是"古夷人图腾审判而遗留下来的古老熟语。"①

春秋时,齐国曾经用羊来裁断疑难案件。《墨子·明鬼》载:"昔者齐庄君之臣有所谓王里国、中里徼者,此二子者讼三年而狱不断。齐君由谦杀之,恐不辜,犹谦释之,恐失有罪。乃使之人共一羊,盟齐之神社。二子许诺。于是泚洍,㓒羊而漉其血。读王里国之辞,既已终矣。读中里徼之辞,未半也,羊起而触之,……殪之盟所。当是时,齐人从者莫不见,远者莫不闻。著在齐之《春秋》。"大意是说,齐国史书《春秋》中载有这样一件事:有两家贵族争讼,法官长期不能决断曲直,于是就请一只羊来裁决,其方法是让争讼双方站在盟所的两旁,分别宣读他们的讼辞,结果,读第一位当事人的讼辞时,羊用角把那个当事人当场刺死了。

齐、鲁即今山东一带,正好是皋陶的故乡。这种奇妙的审判方法,与其说是古老神明裁判的遗留,不如说是对先祖皋陶(即廌)的乞灵和怀念。

二、廌与法冠

《史记·夏本纪》:"皋陶卒,封皋陶之后于英、六,或在许。"《史记·楚世

---

① 张富祥:《东夷文化通考》,上海古籍出版社2008年版,第220页。

家》:"六,蓼,皋陶之后。"许即舒,称群舒(舒鲍、舒蓼、舒龚、舒庸、舒龙、舒鸠)。英、六、蓼、舒当在山东,后受周人的压迫而南迁,春秋时居住在今安徽六安、舒城一带,与原土著民族友好相处。皋陶的后裔自然以为图腾或族徽,世世供奉,香火未绝。

然而好景不长,北边避狼,西边进虎,楚国的刀戈日日逼近了。经过一个世纪的围追堵剿,皋陶之后与土著庭坚族终于失国,归顺楚国。《左传·文公五年》载:"臧文仲闻六与蓼灭,曰:皋陶、庭坚,不祀忽诸。德之不建,民之无援,哀哉!"忽:于;诸:此。是说皋陶,庭坚之神位从此无人祭奉了。

其实,楚国与庭坚本属同源,皆奉颛顼高阳为始祖。屈原《离骚》的首句为:"帝高阳之苗裔兮,朕皇考曰伯庸。"《左传·文公十八年》说:"昔高阳氏有才子八人","明允笃诚,天下之民谓之八恺"。其中就有庭坚。庭坚族与皋陶之后长期相处,融和如一。鉴于这些因素,战胜的楚国对他们并不忌恨。

楚王灭掉皋陶之后,便把战利品陈列在王宫里,时时把玩。其中有一种嵌着独角兽廌的形象的帽子,很是奇特精美,便常常戴在头上。久而久之,这帽子便称为"楚王冠"。楚人喜戴此冠。《左传·成公八年》"南冠而絷者",即"郑人所献楚囚也",可证。《汉书·舆服志下》:"法冠,一曰柱,高五寸,铁柱卷,执法者服之。……或谓之獬豸冠。獬豸,神羊,能别曲直,楚王尝获之,故以为冠。"《晋书·舆服者》:"獬豸,神羊,能触邪佞"。《异物志》云:"北荒之中有兽,名獬豸,一角,性别曲直,见人斗,触不直者,闻人争,咋不正者。楚王尝获此兽,因象其形,以制衣冠"。廌的形象于无意之间从皋陶之后的祭台上转到楚王的头上,真是一次绝妙的"升华"。

秦以"尚法"著称,自然深知廌为何物。秦王政二十三年(公元前224年),秦灭楚国,尽获楚宫宝物,那些嵌有廌形的冠便被送进秦都。秦,嬴姓,伯益之后,奉少昊为白帝。皋陶,偃姓,据段玉裁考证,嬴、偃本为一字。故皋陶亦为秦之先世。如今于楚宫中发出皋陶之后的遗物,直如获至宝。鉴于是蚩尤(亦皋陶)的图腾或族徽,又是善于决讼的独角兽,故秦王将嵌有廌形的冠赐给执掌司法事务的御史。《史记·淮南王安传》:"于是王(刘安)乃令官奴入宫,作皇帝玺……汉使节法冠。"《集解》:"蔡邕曰:'法冠,楚王冠也。秦灭楚,以其君冠赐御史'。"嵌有廌形的冠便成为法冠而登上大雅之堂了。

秦亡汉兴,汉承秦旧。汉兵据秦都,如萧何辈有卓识者,尽取秦宫中所藏文籍典册图书,以为治国之具。为治理泱泱大国,汉不仅沿用了秦的法律、官制,还承袭了舆服之制。故汉代执法官吏仍戴嵌有廌形的法冠,或称獬冠,豸冠。《淮南子·主术》:"楚庄王好獬冠,楚效之也",汉高诱注:"獬豸之冠,如今御史冠"。《初学记·职官部》:"汉官仪曰:御史四人皆法冠,一名柱后,一名獬豸。獬豸,兽名。知人曲直。"不仅如此,皋陶与廌的形象还被画在官署正墙上面,以渲染皋陶端庄正义之气,东汉王充所撰《论衡·是应》:"今府廷画皋陶"。"觟𧣾者,一角之羊也,性知有罪"。东汉许慎撰《说文解字》说:

"灋",今省作"法"。当廌从古老的法字上面遁去的时候,它已经在执法之吏的法冠上和官府衙门的影壁上悄悄地存在了几个世纪,为寻常百姓见惯不惊。它是一帧五彩的画卷,无言的史诗,向人们诉说着往昔的岁月。

直至唐代,豸冠仍为御史之冠。岑参有诗:"闻欲朝龙阙,应须拂豸冠。"①《唐会要·御史台·弹劾》载:"乾元二年四月六日敕御史台:所欲弹事,不须先进状,仍服豸冠。……(旧制)大事则豸冠、朱衣、熏裳、白纱中单以弹之,小事常服而已。"此其证也。

尔后,廌的形象出现在更多的场合:在已故司法官员的墓壁上,在帝王陵墓的神道旁,它还被当作吉祥之兽座落在皇宫的飞檐上,俯瞰人间烟火,世态炎凉。

结　　语

二千多年前的孔子曾经寻找过独角兽,那就是他心目中的麒麟。《史记·孔子世家》载:"鲁哀公十四年春,狩大野,叔孙氏车子鉏商获兽,以为不祥。仲尼视之,曰:'麟也。'取之。曰:'河不出图,洛不出书,吾已矣夫!'"孔子作《春秋》,止于获麟。二年后,孔子卒。

欧洲人也曾寻找过独角兽。"独角兽是西方神话传说中的一种动物。它像马或小羊,额上有一只美丽的独角。这一形象最早出现于美索不达米亚的绘画中。后来,在西方一直是幸福圆满的象征";"整个中世纪传统使欧洲人相信存在着一种叫做独角兽的动物。经过多次周游欧洲之后,人们认为独角兽不大可能生活在欧洲。于是,传统认定,它应该是生活在一个奇特的异国。马可·波罗游历中国时,他也在寻找独角兽。"但是,他始终没有找到。②

人们寻找的独角兽其实就是廌,它一直活跃在肥田沃土的东夷平原上,生活在整个中华民族的记忆中。廌,这个被称为"夷兽"、"仁兽"、"圣兽"的神奇而古老的图腾,从它产生的时代开始,便作为正义、公平与威严的象征,在漫长的法律实践活动中发挥着无与伦比的作用。廌被中华各民族视为共同的法律文化财产而继承延续下来。它的形象、英名与功勋将永远被深深地刻画在中华民族的历史长卷上面,供生生不已的后来者景仰、追思和怀念。

---

① (唐)岑参:《岑嘉州诗·送韦侍御先归京》。
② 乐黛云、〔美〕勒·比雄:《独角兽与龙》,北京大学出版社1995年版,第1—3页。

第三章

「神权本位·任意法」时代的法律文化

人类法律实践活动是一种有目的、有意识的复杂活动。在夏商时代,由于"神权"思想的支配,当时的法律实践活动还没有按照其自身的内在规律进行。因而往往带有偶然性的"任意"色彩。法律实践活动的内容和方向并未呈现出稳定的状态,而在很大程度上受到来自两个方面的因素的左右:统治者的个人意志和在当时被视为独立于人们意志之上的"神意"。这种状态是必然的,也是"合理"的。这不仅由于当时人类较低的认识水平所致,而且还由于当时的法律实践活动还没有积累起足够的能量,还没有显现非如此不可的惯性力和规律性。故而给"人意"和"神意"预备了太多的用武之地。这一时代的法律文化就总体面貌而言可以概括为"神权本位·任意法"时代,简称为"任意法"时代。

所谓"任意法"之"意",是"人意"和"神意"的混合体。其中的"人意"尽管往往以个人意志的面貌表现出来,但它又常常受到统治集团整体意志的制约。同时,以鬼神意志为内容的"神意",虽然具有神圣不可侵犯的权威,但它实质上也受到"人意"的限制。这种限制恐怕比我们想象得要多。某一项具体的立法、司法活动正是"人意"与"神意"的巧妙结合。这是夏、商法律文化的整体性特征。这一历史阶段不仅是中国也是世界古老民族法律文化最初发展的必由之路。

第一节 图腾·祖先神·至上神

"历史从哪里开始,思想进程也应当从哪里开始"。① 社会生活是什么样,人们的思维也应当是什么样。

在远古时代,最重要的思想是宗教。宗教是在最原始的时代从人们关于自己本身的自然和周围外部的自然的错误的、最原始的观念中产生的。原始人类对自身的生存状态(生、老、病、死、梦)和自然界的存在形式(风、雨、雷、电、地震、灾害)均无法理解而又试图寻求答案,于是便产生了原始宗教观念。

一、图腾崇拜

最原始的宗教观念是图腾崇拜。"图腾"(totem)本是北美印第安人奥日贝部落的土语,意思是"他的亲族"。马克思说:"图腾一词表示氏族的标志和符号。"② 奥地利学者佛洛伊德论述道:"图腾遍及同种类的每一个体。""大抵说来,图腾是宗族的祖先,同时也是其守护者。他发布神谕,虽然令人敬畏,但图腾能识得且眷怜它的子民。同一图腾的人有着不得杀害(或毁坏)其图腾的神圣义务。不可以吃它的肉或者用任何方法来取乐。任何对于这些禁令的违背者,都会自取祸应。"而且,这种源于图腾崇拜的禁令,与婚姻禁忌有着密

---

① 恩格斯:《卡尔·马克思〈政治经济学批判〉》,载《马克思恩格斯选集》第2卷,人民出版社1972年版,第122页。
② 马克思:《摩尔根〈古代社会〉一书摘要》,人民出版社1965年版,第134页。

切的联系。"几乎无论在哪里,只要有图腾的地方,便有这样一条定规存在:同图腾的各成员相互间不可以有性关系。亦即他们不可以通婚。这就是与图腾息息相关的族外通婚现象。"在远古社会,甚至可以说,"整个社会结构就是为了这个目的而设立。"①

（一）图腾崇拜产生的原因

首先,由于生产力水平低下,原始人类无法摆脱外界自然力的威胁和束缚,只能任其摆布,人与自然力之间是对立的支配与被支配的关系。因此,在原始人看来,自然力是某种异己的、神秘的、超越一切的东西。

其次,在原始人的意识里,还不能把自己和自然界分别开来,他们常常把两者视为一个整体。因而相信自己也具有唤起和创造某种自然现象的能力和可能性。于是便把人的想象力加到自然界上面。

最后,由于原始人类生活领域十分狭小,对周围的外界缺乏全面的了解,因此往往习惯于按自己的面貌来揣测自然界。于是,人们相信他们和某种动物、植物或某种自然现象有着一种超自然的联系。于是,这些东西便成了他们氏族的亲族,成了他们的保护神和氏族通用的名称与符号。

（二）图腾崇拜产生的途径

第一种情况,在临近饿死的关头,某种动物或植物意外地成了人们的食物,从而把他们从死亡边缘拯救过来;在森林大火的包围中,一场暴雨把即将被烧死的人们营救出来;某种动物、植物成了人们平日赖以生存的主要食品;某种动物和人们建立了特殊的关系,在生活中帮了人们不少忙,等等。人们相信这些动物、植物和自然现象是某种神灵派来帮助他们的,这个神灵向他们表示了特殊的善意,如同母亲关怀保护孩子一样。于是它们便成了人们崇拜的图腾。

第二种情况,某种猛兽或自然现象曾经给人们带来十分可怕的损害和威胁,人们在无法抗拒之际,除了顺从之外,还主观地设想自己的氏族也来源于这种猛兽和自然现象,并通过膜拜来同它们建立亲密的联系,从而摆脱它们的威胁。这些东西便成了他们崇拜的图腾。

第三种情况,人们看到某种动物凶猛无敌,比如鹰隼、虎、豹、野象等,又如龟鳖长时间饿不死,就以为这些动物具有神奇的力量。人们渴望获得这种超人的本领,于是这些动物便成了人们崇拜的图腾。②

（三）中国远古的图腾

自然物崇拜与图腾崇拜之间是有差别的,有著者专门论及两者之间存在四点差别:(1)图腾崇拜的对象不是个别个体而是物类全体;(2)图腾崇拜的

---

① 〔德〕佛洛伊德:《图腾与禁忌》,杨庸一译,中国民间文艺出版社1986年版,第14—15页。
② 参见〔法〕拉法格:《思想起源论》中《灵魂观念的起源和发展》一章,王子野译,三联书店1963年版。

对象是本族的祖先或与本族有血缘关系;(3)图腾崇拜的对象是本族的名称或标记;(4)图腾崇拜有种种禁忌,特别是禁止同一图腾内部通婚。① 尽管如此,自然物崇拜与图腾崇拜两者具有密切的联系,区别它们常常是比较困难的。从我国古代文献记载来看,自然物崇拜与图腾崇拜常常是搅和在一起的。现择要罗列如下:

伏羲山准龙颜。(《白虎通·三皇五帝》)
伏羲龙状。(《春秋纬元命苞》,《北堂书钞》引)
伏羲龙身牛首。(《春秋纬合诚图》,《广博物志》引)
神农宏身而牛头,龙颜而大唇。(《孝经纬援神契》,《广博物志》引)
神农人面龙颜。(《春秋纬元命苞》,《路史》注引)
黄帝龙颜。(《春秋纬元命苞》,《初学记》引)
黄帝有天下,号曰有熊。(《白虎通·三皇五帝》)
黄帝乘龙飞天。(《史记·封禅书》)
黄帝氏以云纪。(《左传·昭公十七年》)
黄帝教罴熊貔貅䝙虎,以与炎帝战于阪泉之野。(《史记·五帝本纪》)
黄帝黄龙。(《淮南子·天文》)
炎帝人身牛首。(《绎史》卷四引《帝王世纪》)
炎帝朱鸟。(《淮南子·天文训》)
炎帝氏以火纪。(《左传·昭公十七年》)
太皞苍龙。(《淮南子·天文》)
太皞氏以龙纪。(《左传·昭公十七年》)
少皞氏以鸟名官,凤鸟氏历正,玄鸟氏司分,伯赵氏司至,青鸟氏司启,丹鸟氏司闭,祝鸠氏司徒,鴡鸠氏司马,鳲鸠氏司空,爽鸠氏司寇,鹘鸠氏司事。(《左传·昭公十七年》)

少皞白虎。(《淮南子·天文》)
共工氏以水纪。(《左传·昭公十七年》)
蚩尤人身牛蹄四目六手。(《述异记》)
颛顼玄武。(《淮南子·天文》)
颛顼蛇鱼。(据《山海经·大荒西经》)
舜龙颜。(《洛书·灵准听》,《路史》引)
鲧化为黄熊以入于羽渊。(《国语·晋语》,一说熊作能,三足鳖,见《左传·昭公七年》注)
鲧化为黄龙。(《山海经·海内经》郭璞注)
禹身长九尺有六,虎鼻貊目骈齿鸟喙。(《洛书灵准听》,《路史》引)
皋陶鸟喙。(《春秋演孔图》,《太平御览》引)

---

① 朱天顺:《中国古代宗教初探》,上海人民出版社1982年版,第112页。

皋陶马喙。(《淮南子·修务》)
皋陶马喙。(《白虎通·圣人》)
契玄鸟。(《史记·殷本纪》)
鸟身龙首。(《南山经》、《中次十二经》)
龙身鸟首。(《南跃二经》)
龙身人面。(《南次三经》、《中次十经》)
人面马身。(《西次二经》、《北次三经》)
人面牛身四足一臂。(《西次二经》)
羊身人面。(《西次三经》)
人面蛇身。(《北山经》、《北次二经》)
彘身八足蛇尾。(《北次三经》)
人身龙首。(《东山经》)
兽身人面戴角。(《东次二经》)
人身羊角。(《东次三经》)
人面鸟身。(《中次二经》、《中次八经》)
人面兽身。(《中次四经》)
豕身人面。(《中次七经》、《中次十一经》)
人面三首。(《中次七经》)

在原始社会,狩猎是人类赖以生存的重要活动。人类与动物朝夕相处,密切接触,动物自然成为人类最关心最感兴趣的对象。正如费尔巴哈所说:"动物是人不可缺少的必要的东西。人之所以为人,要依靠动物,而人的生命和存在所依靠的东西,对于人类来说就是神。"①因此,各种动物成为原始人类自然物崇拜和图腾崇拜的对象,是十分自然的事情。

二、祖先神崇拜

图腾崇拜是氏族全体成员对氏族以外的东西的崇拜,崇拜的主体与对象之间还是保持一定距离的。随着时间的推移,人们对其所崇拜的图腾的敬畏心理逐渐淡漠,而亲切感日益加强。当人们试图用生命血缘的链条把氏族和图腾联结在一起的时候,图腾便摇身一变成了氏族的祖先,而图腾崇拜便演变成祖先神崇拜。

远古人类不理解生命现象,不明白生与死的原因,也不理解肉体与精神的关系。他们不仅梦见了死去的人,而且,在梦境中,人们通过自己朦胧的双眼又看到了一个异己的"我",这个"我"与死去的亲人在一起交谈,这个"我"比真实的自己高超百倍……于是,人们便幼稚地深信:人死之后还有灵魂存在,在人们的现实世界之外还有一个更为美妙的世界。人死之后,他的灵魂便走

---

① 〔德〕费尔巴哈:《宗教的本质》,载《费尔巴哈哲学著作选集》下卷,汪耀三译,三联书店1962年版,第438—439页。

进这个世界,重回到祖先周围,在祖先领导下继续着现实世界的一切活动。氏族的祖先往往是对氏族作出重大贡献的非凡人物。人们相信祖先具有同图腾一样的威力,他不仅创造了子孙后代,而且还时时刻刻关怀和保护着他的后裔。当人们怀着感激、虔诚的心仰望着他的时候,他实质上已经成了图腾化了的灵魂和血缘化了的图腾。

随着时间的延续和人类生活领域的扩大,祖先神的地位也不断提高。原来氏族的祖先神因氏族扩展为部落而上升为部落的祖先神。尔后,部落联盟乃至国家产生,其祖先神便是占统治地位的那个部族或种族的图腾。

三、至上神崇拜

从图腾崇拜到祖先神崇拜是以血缘纽带为杠杆的一次蜕变。是人们生活领域初步扩大在思想意识中的折射。但是,祖先神崇拜只回答了人们自身起源的问题,而没有解释自然界万事万物的起源问题。随着人们交往的扩大,人们除了自己的祖先神之外,还看到别的部族都有他们自己的祖先神。于是,他们忽然觉悟到:自然界万事万物如果没有它们自己的相应神祇,是多么不公平。正如同相信祖先神创造了子孙后代一样,人们还相信自然界每一事物都有一个创造它的神灵,都受它支配。如风有风神,雨有雨神,雷有雷神,山有山神,等等。而在众神之上还存在着一个创造并支配一切的最高神。这个最高神不属于某一个部族,而是整个自然界和人类社会的主宰。这就是"天"或"上帝"。在商人的意识中,"上帝"是至上的人格神。它是众神之首,具有无比的威力,它支配着自然界的风云雷雨霜雪阴晴,还掌管着人间的祸福。在"帝"周围有众神"帝史"、"帝臣"、"帝五臣"、"四方"神。他们是"帝"的下属和臣佐。天神内部的等级不过是人间等级的折射。因为,人们总是依照现实世界的模样来塑造神的世界。

商人把自己的祖先神称作"王帝"。"王帝"在"上帝"左右,共同主宰人类社会。但由于商人与"上帝"没有血缘关系,所以商人占卜都是向"王帝"请示,由"王帝"向"上帝"转告。祝、史是主掌占卜的神职人员,他们和商王一起独揽着人间与鬼神交通的道路。

夏商的宗教观念是二元的,既信"鬼",又信"神"。《论语·泰伯》说大禹"菲衣食而致孝乎鬼神"。"鬼"是死去的先辈或祖先,"神"是至上的人格神。这是中国古代宗教观念的一大特点。从某种角度而言,"鬼"是对"神"的一种束缚。当人间的帝王凭借祖先神已经被"半神化"时,就用不着在王权之上再塑造一个至高无上的神权。因此,在中国古代,神权总是为王权服务的,而王权常常是凌驾一切、难以制约的。

商朝后期,祖先神与上帝神合而为一,祭祀祖先与祭祀"上帝"在仪式上几乎没有区别。到了西周初期,又开始恢复了传统的二元神观念。不管是一元神观念还是二元神观念,统治集团都把自己的统治权和立法、司法权说成是神的意志。在这种情况下,任何触犯现存政权和法律的行为,都被视作悖逆鬼神天帝的元恶大罪。

第二节 "任意法"的思想基础和工作程序

一、"任意法"的思想基础

"任意法"的思想基础是"受命于天"、"恭行天罚"的神权意识。夏商统治者都把自己的统治说成是天的意志。比如《尚书·召诰》就说"有夏服从天命","有殷受天命"。并把自己的立法、司法说成是禀受天命而行的。

夏启讨伐有扈氏,作《甘誓》:"有扈氏威侮五行,怠弃三正,天用剿绝其命。今予惟恭行天之罚。左不攻于左,汝不恭命;右不攻于右,汝不恭命;御非其马之正,汝不恭命。用命,赏于祖;弗用命,戮于社。予则孥戮汝"。

这里出现了三个神:一是"天",是天下的主宰,夏启讨有扈便是承受了"天"的命令;二是祖先神,服从命令征讨有功的,在祖先神位前受赏庆功;三是社神,不服从命令打了败仗的要受到严惩。这种败类不齿于祖先,死后不得葬于同族之墓地,只能处死在中土之神的坛前。而且还要诛及其亲属。可见,夏人的祭祀活动已存在场合上和对象上的差异。

商王盘庚迁殷,作《盘庚》:"古我先后既劳乃祖乃父,汝共作我畜民。汝有戕则在乃心,我先后绥乃祖乃父。乃祖乃父乃断弃汝,不救乃死。兹予有乱政同位,具乃贝玉。乃祖乃父丕乃告我高后曰:'作丕刑于朕孙。'迪高后丕乃崇降弗祥。"(《尚书·盘庚》)大意是说:从前我的先王,既然役使过你们的祖先,你们自然应当做我的顺民。你们如果怀有恶毒的念头,我就会告知我的先王,我的先王便告诉你们的祖先,你们的祖先就会抛弃你们,不把你们从死罪中拯救过来。我有治理政事的大臣,掌握着交通神祇的贝玉,一旦告到我的先王那里,你们的祖先会一致赞同说:"快惩罚我的子孙"。于是我的先王便把不祥降到你们头上。

在商人心目中有两个世界:神的世界和人的世界。在人的世界,帝王统治着畜民;在神的世界,商王的先王统治着畜民的祖先,而畜民又服从他们的祖先神。畜民违背商王,等于违背自己的祖先神。其结果是既受到商王的惩罚,又失去了将来步入彼岸世界的权利。这是一幅多么阴森可怕的情景啊!

二、辟·御鹰:"神意"与"人意"的合一

某一时代的思维活动及其成果常常以巧妙的方式凝结在那个时代的文字上面。这一文化沿革史的规律在中国象形文字中显得尤其突出。

商代甲骨文辞中多见"辟"字。《说文解字》:"辟,法也,从尸从辛,节制其罪也,从口,用法者也。"《尔雅·释诂》:"辟,君也。"可见,"辟"有二义:一是"法",二是"君"。二义有内在的密切联系:法者君之令也,君者用法者也。一个"辟"字,含二义而兼有之。

甲骨卜辞中"辟"字用作"法"字的例子,如"惠王又作辟",(《殷契粹编》487)"王闻惟辟"。(《殷虚文字乙编》4604)西周春秋时亦沿用之,如《诗经·大雅·板》:"无自立辟。"《左传·昭公六年》:"昔先王议事以制,不为刑辟。"《左传·襄公二十五年》:"唯罪所在,各致其辟。"商代"辟"字用作"君"的例子,如《尚书·洪范》载箕子之语:"唯辟作福,唯辟作威,唯辟玉食。"

甲骨文"辟"字由三个部分组成:一是尸。尸是祭祀祖先神时,用来代替祖先神接受祭祀的同族的活人。二是口。《说文解字》:"口,人所言食也。"这里的口代表语言。三是辛。《说文解字》:"秋时万物成而熟。金刚味辛。辛,痛即泣出。从一从辛。辛,罪也。"许慎的解释稍嫌暧昧,然必有所本。盖暗指青年男女进入成熟年龄时所行之文身。文身造成痛苦,故痛而泣出。文身后来演化为黥刑。目前学术界大都以辛为黥刑的刀具。但是,黥的前身是文身的风俗习惯。可见,"辟"是尸在对本族儿童或年轻人施行文身之前,向祖先神汇报、请示并获得祖先神的命令和启示的宗教祭祀活动的缩影。当文身演化成黥刑时,原来的祭祀活动就变成了神判法的外在形式。它是统治者在祭祀祖先神时,通过"尸"的媒介而传达的祖先神的指示和命令,这种指示和命令就是"法"。久而久之,这位居庙堂之上、祖先神灵位之下,专司汇报请示和传达命令的"尸",便成了统治者即"君"的化身。"辟"字作为"法"的代名词,兼容"君"与祖先神二义,正是对"人意"与"神意"相混合的"任意法"的绝妙概括。

甲骨卜辞中有"御廌"。1971年12月,考古工作者在安阳小屯殷虚发掘出一批完整的牛胛骨卜骨。上面刻有卜辞的凡10枚。其中有"御臣"、"御廌"、"御牧"、"御众"。郭沫若先生考证云:

> 所谓"御臣"、"御廌"、"御牧"、"御众"的"御"则是治字义,即是整顿、料理之意。"牧"和"众"是从事生产的劳动者,都是被统治的奴隶,"众"主要是农民。"廌"或作豸,是莫须有的一种怪兽——"解廌"的省称。《说文》"解廌,兽也,似山牛,一角,古者决讼令触不直者"。盖古时奴隶主于判处罪状时,将牛角去其一,以神乎其事。故后世司法官所戴之冠名"解廌冠"。字音读如宰,在此即读为宰,当是执法小吏。"臣"、"廌"同是管理"牧"、"众"的统治者的爪牙。值得注意的是:"臣"、"廌"合刻在一枚,"牧"、"众"合刻在另一枚,这里显明地有阶级的划分,奴隶制度是相当森严的。①

在这里,我们需要说明的是:第一,"廌"不是"将牛角去其一,以神乎其事"的简单的人为产物。人为所至,反倒不神。廌是世世代代专职司法的氏族或部落的图腾符号。自黄帝乃至尧舜,一脉相传。它作为显赫氏族的图腾,难免不被涂画在皮革上,刻画在岩壁上,保存在记忆中。及至文字诞生,这个古

---

① 郭沫若:《出土文物二三事》,人民出版社1972年版,第26页。

老图腾符号才被约略为"廌"字。而甲骨文的这个字,与其说是文字,勿宁说是一幅图画。这图画正是那只独角神兽。在它身上凝结了古人世代相继的忠实记忆。第二,商代司法官称"御廌"而非"廌"。即然"廌"是历代主管司法的氏族的图腾,那么"御廌"便引申为治理司法之意,便自然成为司法官的名称。第三,商代以"御廌"为法官之名,并非偶然。这说明商人继承了前代法律实践的成果,当然其中自然也包含神判法习俗在内。春秋时仍有神羊裁判的事情,其必有所本,皆非英雄人物一时的即兴创作。同时还说明商代产生了司法专职人员,这正是当时法律文化进一步发展的标志。

三、"任意法"的工作程序

在"任意法"时代,立法、司法活动在形式与程序上是与卜筮合而为一的。故后世儒家经典《礼记·曲礼上》追述道:"龟为卜,策为筮。卜筮者,先圣王之所以使民信时日、敬鬼神、畏法令也。所以使民决嫌疑、定犹豫也。故曰:疑而策之则弗非也,日而行事则必践之。"

商人凡事无不通过祭祀向鬼神请示。祭祀的对象如山川河岳、日月星辰、风雨雷电、高祖先公、先王先妣;祭祀的内容包括年成丰歉、战争胜负、迁徙筑城、自然灾害、官吏任免等等。其中就应当包括定罪、量刑、刑罚和强制措施。现择要罗列如下:

胡厚宣先生所撰《殷代的刵刑》一文对与实施刵刑有关的甲骨卜辞进行了集中分析。现择要介绍如下:

"壬午囗,囗,囗桎。"(《合》5926)

"贞桎。"(《合》5928)

"丁未卜,囗,贞幸(梏)。"(《合》5845)

"乙卯卜,辰,贞禽弗其幸。"(《合》5843)

"巳未卜,囗,贞乎执(拘捕)。"(《合》5966)

"丁寅卜,囗,贞圉(牢狱)。"(《合》5977)

"任辰卜,执于圉。"(《前》4·4·1)

"馘(刵)。"(《合》6457)

"丁巳卜,亘,贞劓(割鼻)牛囗。"(《铁》250·1)

"庚辰卜,王,朕刵(宫)羌不卌。"(《前》4·38·7)

"囗寅囗,囗,贞刵。"(《合》5996)

"庚辰卜,王,朕刵羌不囗卌。"(《合》525)

"乙酉卜,榖,贞刖(断足)。"(《粹》257;《京》749)

"辛卯卜,榖,贞刖。"(《前》7·10·1)

"贞其刖。"(《续补》172)

"囗寅卜,榖贞其出刖。"(《续存》上1194)

"丁巳卜,亘,贞刖若。"(《京人》S0334)

"囗囗卜,亘,贞囗囗刖其卌。"(《续补》6898)

"戊午卜,辰,贞刖不㞢。"(《续补》1560)
"贞刖百。"(《续补》6899)
"□□卜,□,贞其刖百人㞢。"(《京》1688)
"□其出刖百人其出㞢。"(《续存》上 1178)
"刖十宰。"(《前》6·30·6)
"贞刖宰不㞢。"(《前》6·55·5)
"贞刖宰八十人不㞢。"(《续补》335)
"□□卜,争,□刖步不□。"(《前》6·20·1)
"兹人井不。"(《佚》850)
"甲辰,贞,又祖乙伐(杀)十羌。"(《粹》246)
"上甲三牛伐十羌。"(《合》162)
"贞勿乎途(屠)。"(《合》6034)
"贞王途首勿。"(《合》6031)
"施(割裂)圉一人。"(《合》5988)
"辛酉卜,㱿,贞醢(磔)。"(《合》6025)
"□□卜,□,卜醢。"(《合》6026)①

　　甲骨卜辞是占卜的记录,其中出现上述文字,正好说明当时进行定罪、量刑、刑罚和强制措施时是经过占卜的。这种法律实践活动大体上是由三个枢纽并经三个程序进行的:(1)造意阶段。由商王就立法、司法问题提出倡意,或是就某一项具体政事、案件提出初步处理意见。(2)决策阶段。由卜史按照特定的方式和程序占卜,以得出可行与否的结论,并由商王发布之。(3)实施阶段。由御鹰依照商王发布的命令执行之。如果是一项立法的话,则由御鹰或其他官员传达到各级政权机构。

　　"任意法"的存在,有其历史的必然性。其存在的原因,与其说是过分依赖神明,勿宁说是无力把握自己。随着法律实践活动的反复进行和经验的积累,一种相对独立的惯性力量日趋显明了,这就是"任意法"的异己因素。它悄悄地增长起来,最后敲响了"任意法"的丧钟。

第三节　"神权本位·任意法"时代的衰落

　　法律实践活动的核心问题,不外乎设计出一种最佳而可行的特殊行为模式,并把它推行到社会生活领域中,以实现它的社会价值。因此,法律实践活动本质上就是一种现实的社会化的活动,它涉及社会各个领域,施及每一个社

---

① 以上参见胡厚宣:《殷代的刖刑》,载《考古》1973年第2期;李力:《出土文物与先秦法制》,大象出版社1997年版,第40页;胡留元:《卜辞金文法制资料论考》,载《中国法制史考证·甲编第一卷》,中国社会科学出版社2003年版。

会成员。正因如此,它从始至终由外而内不可能不受到社会各方面因素的影响和制约。一种行为模式,不管它是以何种神圣的方式被派生出来,而又被何等威严的强制力保障推行着,一旦它违背社会生活的客观规律性,悖逆人们普遍的愿望、要求、习惯和心理,那么,它或迟或早必然死亡。

"任意法"就其形式而言是与法律实践活动的客观规律性相悖逆的。当一项正常的立法、司法活动即将进行时,它实际上面临着两种选择:其一,不经过占卜而直接进行;其二,经过占卜以决吉凶可否。而在当时的条件下,第一种选择是不可思议的。而一经占卜,必然出现两种结局:凶则否、吉则可。这样,法律实践的客观规律性便被拖进神秘的偶然性的泥沼之中,难以显示自己本来的面目和力量。

但是,在"任意法"中,无论是"人意"还是"神意",它们作为社会存在的一种反映是不可能凌驾一切的。开始,"人意"、"神意"相互赞助,互相制约,循环往复,相安无事。后来,随着社会生活的复杂化和生活经验的积累,"人意"逐渐受到社会环境越来越多的限制。这个因被制约而变了型的"人意"一旦喘过气来,便接过制约这根接力棒,去压抑和扭曲"神意"。这常常导致王权与神权的摩擦与矛盾。于是,"人意"与"神意"之间的平衡被打破了。这正是"任意法"走向衰落的第一步。"任意法"的神圣城堡终于出现了一个缺口,通过这个缺口,一系列新的因素不断涌了进来。

一、"人意"的量变:"谋及乃心,谋及卿士"

《尚书·洪范》载箕子之言:"汝则有大疑,谋及乃心,谋及卿士,谋及庶人,谋及卜筮。"意思是说,在施政中遇到重大疑难问题时,首先要多加思考,然后再和卿士、庶民商量。这样做的意义是:在占卜之前首先要拟出一个最好的方案,这就必须谋于众,否则,商王独揽倡议权而直接进入决策阶段(占卜),就会使本来不好的方案经占卜通过之后硬性执行。这无异于是对"人意"的一种限制和校正。

二、"人意"对"神意"的挑战:"与其杀不辜,宁失不经"

《左传·襄公二十六年》引《夏书》曰:"与其杀不辜,宁失不经。"《尚书·大禹谟》载皋陶之言:"罪疑唯轻,功疑唯重,与其杀不辜,宁失不经。"可见,夏人在司法中曾面临这样的选择:一个被告,经占卜后结论是处以死刑,但司法者又明知被告无死罪,不当处死刑。怎么办呢?是杀之以奉"神意",还是纵之以违"神意"?夏人果断地选择了后者。于是,"人意"战胜了"神意"。在行罚施赏之际,遇到"罪疑"、"功疑"时,干脆不谋求"神意"而以"人意"从轻判罪、从重行赏。

三、"人意"对"神意"的规避:明则问人,疑则问卜

箕子言:"汝则有大疑,谋及乃心,谋及卿士,谋及庶人,谋及卜筮。"经过

与人讨论之后而确定的方案,是没有必要再向神请示的,所请示的只是方案实施后的不可逆转的情况。比如,统治者经反复讨论决定对某被告处以肉刑,就这一明确的方案是不必再行占卜的。所占卜的只是处肉刑以后的情况,如被告会不会逃跑,处肉刑会不会引起死亡,等等。《尚书·盘庚》载商王盘庚之言:"乃有不吉不迪,颠越不恭,暂遇奸宄,我乃劓殄灭之,无遗育。"大意是:如有行为不端,不走正道,猖狂放肆,欺诈奸邪,我就把你杀掉,诛戮你的后代。这一命令显然不是占卜之后的结论,也不必再行占卜的。这样,在"人意"、"神意"共管的空间里,"人意"的领域不断扩充,而"神意"的领域逐渐被限制。

四、"神意"的危机:"三人占,则从二人之言"

《尚书·洪范》载箕子之言:"立时人作卜筮,三人占,则从二人之言。"是说,任用卜、史官占卜,三个人占卜,结论不一样,则采取两个一样的结论。就概率而言,三组吉凶,肯定有两个以上是一致的。这是一种权宜之计,严格说来,既然"神意"是圣明的,那么,即使是一百个人同时占卜,其结论也应当是一样的。三占从二,舍其一。那个被舍弃的结论难道就不是"神意"的真实表示?这种做法,形式上是尊从"神意",而实质上却暗含着否定"神意"的潜能。

还有一种情况,过去对某一案件经占卜而处理了,现在又遇到同样情况的案件,经占卜却是另一种处理方案。那么,哪种处理办法是正确的呢?如果第二次占卜仍与第一次占卜的结论相同,那么,第三次遇到同类案件时,还需要占卜吗?第三次的结论如果与前两次都不同,又该怎么办呢?"三占从二"乎?于是,"人意"在困惑中开始独立思考了。

五、"人意"的质变:"昏墨贼,杀","有咎比于罚"

《左传·昭公十四年》载:"《夏书》曰:'昏、墨、贼,杀',皋陶之刑也。"又载叔向的解释:"己恶而掠美为昏,贪以败官为墨,杀人不忌为贼。"可见,在夏代,已经形成了对某种严重犯法的行为处以确定刑罚的相对稳定的模式,这种模式不管是通过怎样的渠道诞生的,都已经成为不经占卜而自明的无人质疑的普遍定论。

《尚书·盘庚》:"有咎比于罚。"即:有了罪过,要比照以往对同类罪行进行处罚的先例来处理。这种先例不论是通过何种方式产生的,它一经成立,就具有明白无误的可资比较参酌的价值。特别是当着这种判例是经占卜被"神意"肯定了的场合,直接参照这种先例来行罚则而不再祈求"神意",则完全是正当的和可以容忍的事情。当时的人们不会视此为触犯"神意"的违规行为。

不管"人意"和"神意"如何用神秘的偶然性来加以干扰,法律实践活动的自身规律性,毕竟通过量的充分积累而无可扼止地显示了出来。它曾受惠于"神意"的点染,堂而皇之地走到人们面前。人们也在服从"神意"的不自觉之中,无意地顺从了法律实践活动的客观规律性。这种顺从一旦由不自觉转变为自觉,就意味着"任意法"时代的灭亡和一个新时代的诞生。

第四节 "神本位·任意法"时代的遗产："刑名从商"

《荀子·正名》云:"后王之成名:刑名从商,爵名从周,文名从礼。其民莫敢托为奇辞以乱正名,故壹于道法而谨于循令矣。"照荀况的说法,法律制度的基本轮廓初奠于商代。"刑名从商"的"刑名",大致上包含两个内容:一是刑罚制度,二是司法原则。这些成果应当是在承继夏代法律文化遗产的基础上发展而成的。

《晋书·刑法志》说:"夏后氏之王天下也,则五刑之属三千。殷因于夏,有所损益。"《隋书·艺文志》载:"夏后氏正刑有五,科条三千。"《周礼·秋官·司刑》"五刑之法",郑玄注云:"夏刑大辟二百、膑辟三百、宫辟五百,劓、墨各千",总为三千之数。从古文献及甲骨文来看,商代的确沿用了夏代的刑罚制度,这正是"殷因于夏礼"的重要内容之一。

夏代曾产生"与其杀不辜,宁失不经"的司法原则,虽然这一原则在"迷信鬼神"的商代曾经被压抑或舍弃,但它对后世毕竟产生了积极的影响。

商代不断完善了任人唯亲的宗法世袭制。《盘庚》载:"古我先王亦惟图任旧人共政","人惟求旧,器非求旧,惟新"。这一精神被周人继承和发扬,形成了完整的以"亲亲"、"尊尊"为特征的"礼治"思想。

商代在司法中曾实行"有咎比于罚"的原则,即有了罪过,应比照对同类罪过进行处罚的先例来处理。这就产生了一系列判例和故事。周人取商之后,曾获得了商朝的大量判例、故事,并在司法审判中加以引用。故《尚书·康诰》云:"陈时臬事,罚蔽殷彝","师兹殷罚有伦"。这正是西周遵循先例原则的肇端。

总之,"神权本位·任意法"时代曾经创造了丰富的法律文化成果,尽管这些成果披着神秘的外衣并带有某些盲目的色彩,然而,它们一旦落到了更为聪明能干的继承人手中,便会焕发其生命的活力,去迎接一个新的时代。

第四章 "家族本位·判例法"时代的法律文化

中国法律文化发展到西周、春秋，便结束了"神本位·任意法"时代，而进入"家族本位·判例法"时代。"家族本位"即家族主义或"礼治"。以宗法家族制度为核心的"礼"，此时获得了空前的政治价值。这表现在：首先，"礼"不仅成了划分统治阶级与被统治阶级的标准，而且还成了统治阶级内部实行权力再分配的尺度；其次，"礼"不仅成了占统治地位的意识形态，支配着人们的思维方式，塑造着人们的心理结构，而且还决定了当时的国家形式，即宗法贵族政体；最后，"礼"成为立法、司法的指导原则，宗法等级观念借助于国家政权的强化而具有法律的权威，这就使"礼"常常以法律或高于法律的面貌出现。正因如此，西周、春秋又可以称为家族主义时代或"礼治"时代。

"礼治"思想在政治生活领域的集中体现就是贵族政体。贵族政体对法律实践活动施以直接的巨大影响，从而决定了立法、司法领域的诸如"单项立法"、遵循先例等一系列特征。从而构成了法律实践活动的独特样式，我们称之为"判例法"。

如果说"家族本位"是对"神本位"的否定，那么"判例法"便是对"任意法"的扬弃。"家族本位"、"判例法"的确立，标志着"人"对"神"的战胜，尽管此时的"人"只是宗法家族意义上的"人"而非个体的"自然人"；标志着古代人们对法律实践活动客观规律性的初次觉悟；标志着古代人们驾驭法律实践活动的主观能动性的一次升华；一句话，标志着中国法律文化已经进入新的发展阶段。春秋后期，随着经济、政治变革的深入，一个新的思潮——"法治"兴起了，一种新的法律实践样式——"成文法"也随之崛起。这一切都预示着"家族本位·判例法"时代的衰落和终结。但是，在后来漫长的岁月中，"家族本位·判例法"时代的历史遗产仍然顽强地保留着它的生命力。它们不仅没有根绝，反而逐渐复元壮大，终于酿成了一个稳定型的法律文化结构。

第一节 从"迷信鬼神"的时代到"注重人事"的时代

商代"任意法"的思想基础是"神治"观念。尔后，神权动摇，一蹶不振。如果商代是"迷信鬼神，不重人事"的时代，那么，西周则是"既信鬼神，兼重人事"的时代。而春秋则是"不信鬼神，注重人事"的时代。在西周、春秋，传统的鬼神观念受到"德"和"仁"的思想的冲击和批判，这就在意识形态领域同"任意法"的思想基础实行初步的绝裂。与此同时，"礼"乘虚而入，占据了鬼神的宝座，成为当时社会意识形态的重要基础。它不仅塑造了当时的政体——贵族政体，而且还支配着法律实践活动的内容和方式。

一、三个时代，三种风貌

一个时代的精神风貌，即那个时代的基本思想，极大地影响并制约着当时的法律实践活动。如果说商代的"神治"思想是"任意法"的思想基础的话;那么,西周、春秋的"判例法"正是与轻鬼神、重人事的基本精神相适应的。

(一)殷商:"迷信鬼神,不重人事"

"殷人尊神,率民以事神。"(《礼记·表记》)所有大事,如年成的丰歉、战争的胜负、城邑的兴建、居民的迁徙、官吏的任免、奴隶的逃亡、刑罚是否执行等等,都要通过占卜向祖先神和至上神请示。特别是当一元神观念产生之后,商王以至上神的儿子自居,以为只要顺从神意,就能毫无问题地维系其统治,故不重人事,"不知稼穑之艰难,不闻小人之劳,惟耽乐之从"。(《尚书·无逸》)对"小民方兴,相为敌仇"(《尚书·微子》)的严峻形势熟视无睹,乃至兵临城下,仍坚信"我生不有命在天?"(《尚书·西伯戡黎》)终于覆亡。

(二)西周:"既信鬼神,兼重人事"

周人以臣下和"西土之鄙人"的身份取代作为上帝之子的商人的统治之后,在意识形态领域里却遇到了一个难题:究竟有没有天命?如果有,那拥有天命的商人何以败亡?本无天命的周人何以取而代之?以周公为代表的西周贵族统治集团,目睹了万邦族众力量的伟大,从商人迷信鬼神而亡国的教训中悟出这样的道理:"天不可信"(《尚书·君奭》),民不可轻。于是,他们提出了"以德配天"(《尚书·蔡仲之命》)的君权神授说:天(上帝)是至上神,它不属于某一民族,它为天下各族人民所共有;上天把天命交给哪个民族,要看这个民族是否有"德",即是否获得天下人民的拥护;天把天命交给有"德"的民族,这个民族的祖先神便得以匹配上帝、"在帝左右"。于是,若要长久保有天命,就必须有"德"。而要有"德",又必须获得天下人民的支持。这样便构成周人"敬德保民"、"明德慎罚"(《尚书·康诰》)的"德治"思想。周人以"德"为法宝,把天命从商人手中夺了过来。但他们同时又受到"德"的束缚。"神"和"德","天"和"民"构成了周人意识的两个重要支柱。

(三)春秋:"不信鬼神,注重人事"

春秋以降,政权下递,天子失位,政在诸侯,大夫执国命,政在家门。人间帝王的失势与天上神祇的失威携手同行、互为因果。上帝既不能确保君上之位,又不能造福百姓,故上下务其实而不务其虚。在政治变乱中,"国人"发挥了举足轻重的作用,故"重民"思想兴:"国将兴,听于民,将亡,听于神"(《左传·庄公三十二年》);"夫民,神之主也,是以圣王先成民而后致力于神"(《左传·桓公六年》);"未能事人,焉能事鬼"(《论语·先进》);"务民之义,敬鬼神而远之"(《论语·雍也》)。而以"富民"、"博施于民"、"教民"为主要内容的"仁"的学说,和"以德去刑"的思想,则标志着当时统治阶级关于统治与被统治阶级的同一性(互相依存、相互转化)的认识,达到了空前的高度。

二、"三代之礼一也"

"三代之礼一也"。(《礼记·礼器》)孔子说:"殷因于夏礼,所损益,可知也;

周因于殷礼,所损益,可知也。"(《论语·为政》)又说:"周监于二代,郁郁乎文哉。"(《论语·八佾》)孔子经过对古代典章文物的整理和研究,得出这样的结论:周礼承继夏商之礼而又发扬光大之。

礼是父系家长制时代的产物。它的社会价值在于维护父系家长特权和宗法等级制度。"礼"字本义为祭祀祖先神的宗教仪式,后引申为具有神权色彩的行为规范。在"迷信鬼神"的夏商二代,"礼"是神权化了的行为准则。周公"制礼作乐"(《逸周书·明堂》,又《尚书大传·周书·归禾》),鉴于二代而有所更革,使"礼"的社会内容不断扩大。并最终从神权的束缚下相对地独立出来,成为不亚于神权思想的占统治地位的社会意识——"为国以礼"的"礼治"。

"礼治"是一种社会意识,它要求按照礼的面貌来支配国家的政治、经济、文化活动。"礼治"虽然曾经借助"神"来提高自己的权威。但究其实"礼治"不同于"神治"。"神治"是按"神"的面目来描绘社会。而"礼治"则是按照"人"的形象来说明人间。"礼治"思想进居为社会的统治思想,正是"注重人事"的社会思潮的必然结果。

"礼"的基本精神是"亲亲"、"尊尊"。(《礼记·大传》)"亲亲"即亲爱自己的亲人。而亲爱的程度与方式,取决于爱的主体与爱的对象之间的血缘联系。要最爱你最亲近的亲属,而最亲的亲人莫过于自己的父亲,故"亲亲父为首";"尊尊"即尊敬服从地位尊贵的人。尊敬的程度取决于彼此双方的社会地位。要最尊敬最尊贵的人,而最尊贵的人莫过于国君,故"尊尊君为首"。(《史记·太史公自序》)

"礼治"在国家政治生活中的集中体现,是"亲贵合一"的宗法贵族政体。西周初期,封建天下,"封侯树屏"。周天子把全国土地连同土地上的居民按照与周天子血缘亲疏标准分给同姓诸侯和有功的异姓诸侯,让他们各自在自己的封地内掌握最高的政治、经济、军事、法律等一系列大权。同姓贵族与异姓贵族又在"同姓不婚"的原则下通过联姻结成政治联盟。各个诸侯又如法炮制,将与诸侯血缘亲疏等级与政治尊卑等级合而为一,"亲亲"与"尊尊"毫无二致。在名义上,下级要服从上级,诸侯要服从天子。天子是全国土地与臣民的最高主宰:"普天之下,莫非王土,率土之滨,莫非王臣。"(《诗经·小雅·北山》)但实际上,由于各级贵族实权在握,如有纷争,也决非一纸法律、法令所能奏效。故每每兵戈相见。这就是"刑不上大夫"(《礼记·曲礼上》)的本义之一。

"礼治"成为当时政治生活的最高准则,叫作"政以礼成"。诸侯对周天子有朝觐之礼,诸侯之间有相聘之礼,祭祀祖先有宗庙之礼,军事活动有军礼,寻常百姓也有相见之礼……因此,"礼也"、"非礼也",几乎成为当时辨别是非曲直的唯一而普遍适用的词汇。春秋以后,"礼崩乐坏","非礼"之事渐多。如:"初税亩,非礼也";"以臣招君,非礼也";"铸刑鼎,非礼也"。"非礼"之声盈耳,正是"礼治"时代衰败的写照。

"礼治"在法律领域的反映是法律规范的宗法化。如"不孝不友"即"子不孝父"、"父不字子"、"兄不友弟"、"弟不恭兄"等行为,被视为"远恶大憝"(即罪大恶极），必须予以严厉制裁，"刑兹无赦"。(《尚书·康诰》)这正是后世《孝经》所谓"五刑之属三千，罪莫大于不孝"(《孝经·五刑章》)的开端。

周天子一统天下的宗法贵族政体，决定着当时法律实践活动的一系列特征。其中，最重要的特征是：宏观统一与微观独立并存。即全国法律实践活动在重大的基本原则上的统一性，和各诸侯国立法、司法的相对独立性同时存在。这一特点是西周作为统一的国家政权，各诸侯国频繁的相互往来，以及各诸侯国具有相对独立的统治权和各自民族历史文化传统，以及不同的地理环境等因素造成的。在当时的具体条件下，不论是周王朝还是各诸侯国，都不肯也没有必要制定统一而详细的法律规范。在各个诸侯国权力所及的生活范围内，法律实践活动按照各自的传统和习惯进行着。这种传统和习惯终于演化成"遵循先例"的"判例法"。

春秋后期，随着社会变革的深入，"法治"不断冲决"礼治"，郡县官僚制逐渐取代世卿世禄制，"成文法"日益削弱"判例法"。"法治"思想、郡县制度和"成文法"不仅是"家族本位·判例法"时代的掘墓者，而且还是"国家本位·成文法"时代的奠基人。

三、商人之"德"与周人之"德"

商人、周人都有关于"德"的观念，但两者有实质上的差异。

"德"，本义为"得"。《礼记·乐记》："德者，得也。"《说文解字》："得，行有所得也。""得"字由三部分组成：左侧的"双立人"是"行"字的省笔，表示道路或街头；"贝"即货币；"又"是手的象形。一个人外出做生意赚了钱，持贝而返，行有所获，这就是"得"。与"得"相对应的字是"丧"。《易经·坤》有："西南得朋，东北丧朋。"《震》有："亿丧贝。"朋就是贝、货币。说的是外出做生意赚了钱或是用货币买了实物。"得朋"正是"得"字的本义。

商人有"德"的概念。如《尚书·盘庚》："用罪伐厥死，用德彰厥善"，"汝有积德"，"动用非德"，"施实德于民"，"式敷民德"，等等。商人之"德"，仍未超出"财产"和"利益"的范围，还不是观念形态的东西。

周人之"德"已经超越了财富和利益的范围，成为统治阶级应当具备的一种资格或品质，而这种资格或品质正是"天"、"帝"所赞许的。

《尚书·周书》言"德"颇多，如："周公之德"、"明德慎罚"、"朕心朕德"、"敏德用康乃心"、"天若禾德"，"经德秉哲"、"准助成王德显"、"勤用民德"、"既用明德"、"保受王威命明德"、"公称丕显德"、"惟公德明光于上下"、"单文祖德"、"永观朕子怀德"、"明德恤祀"、"严奉德不康宁"、"嗣前人恭明德"、"秉德明恤"、"克敬德"、"疾敬德"、"羞刑暴德"、"不训于德"、"德明惟明"、"以教祗德"，等等。可见，"德"不仅是统治国家的一种方针，而且还是统治阶级的一种资格、品质。一个统治阶级的成员可以因为具有"德"而显荣，整个统治阶级因为具有"德"而获得"民"的拥戴。更重要的是，"德"与"天"发生了联系。在周人那里，"德"成了联系"天"和人间的重要枢纽。周人在坐稳了江山之后,便借用"德"的光环重新描绘人类历史。他们说,夏桀无"德",于是"天""乃命尔先祖成汤革夏"。(《尚书·多士》)当初,"殷之未丧师,克配上帝"。(《诗经·大雅·文王》)后来,"惟其不敬德,乃早堕厥命"。(《尚书·召诰》)周人有"德",故"丕显文武,皇天弘厌厥德,配我有周,膺受大命。"①"文王在上,于昭于天,周虽旧邦,其命维新。"(《诗经·大雅·文王》)周人终于代商而成为天下的主宰。其结论是:"皇天无亲,惟德是辅。"(《尚书·蔡仲之命》)周人不仅用"德"谱写了人间的历史,还修正了"天"的形象。从此,"天"从只关心一姓一族之利益的威严无比的"神",变成了关心天下各族人民利益的仁慈之"神"。这是"人"对"神"的第一次胜利。

　　文字是历史的真实记录。让我们通过文字来看一看商人之"德"与周人之"德"的差别。

　　甲骨文"德"字没有下面的"心"符。仍由三部分组成:一,左侧的双立人是"行"字的半边,代表道路、路口、街道、村落;二,右侧上部的"丨"代表绳索;三,右侧下部的字是俯卧的"臣"字。《说文解字》:"臣,牵也,事君也;象屈服之形。"郭沫若先生《甲骨文字研究·释臣宰》考证说:"臣,古之奴隶也。"马叙伦先生《说文解字六书疏证》说:"臣为被缚之女,即奴隶也。"在商代,奴隶是社会物质生活资料的生产者,又是重要的财产,而奴隶大部来源于战俘。商代的"德"字,正是战争之后得胜者用绳索将战俘捆绑押解返回的情景的真实写照。正如《墨子·天志》所谓:"系操而归,丈夫以为仆圉胥靡,妇人以为舂酋。"商人之"德"的原始意义正是"行有所获"。商代之"德"突出了尚武的暴力特征和交易的利益色彩。当时的统治者深信,只要运用武力,就能获得财产;有了绳索,便可以长久地驾驭奴隶、维系政权。

　　西周金文"德"字比商代"德"字多了一个"心"符。但是这个"心"字集中体现了周人的思想:其一,取得天下不可全靠武力,维系统治也不能只用绳索。关键在于人心向背。其二,以战争俘获奴隶并用绳索加之以防逃跑,这是一种暂时的"得"。而诚心归附才是真正的永久的"得"。其三,统治者要想获得民心,必须关心人间饥苦,"怀保小民"。(《尚书·无逸》)让人们活得下去并心存感激。这样,小小的"心"符,便结束了"迷信鬼神,不重人事"的时代,开创了"既信鬼神,兼重人事"的新纪元。

　　基于这种见解,周人十分强调"敬德"、"明德"。其结果是改变了商代迷信鬼神、专用暴力的统治手法,转而关心被统治阶级的生活,注意民心向背,以继续保有"天命";而且还促进刑法思想的深化,即"明德慎罚"。(《尚书·康诰》)强调从经济生活和教育入手来预防犯罪,同时要求谨慎司法,决不枉杀无辜。并对犯罪进行具体分析,区别对待,反对"罪人以族",实行"罪人不孥","父子兄弟,罪不相及",(《左传·昭公二十年》)即"父不慈,子不祗,兄不友,弟不

---

①　郭沫若:《两周金文辞大系图录考释·毛公鼎铭》,科学出版社1957年版,释文部第134页。

共,不相及也。"(《左传·僖公三十三年》)将犯罪的故意(非眚)、过失(眚)、累犯(终)、偶犯(非终)以及认罪态度等加以区别对待。这种刑法思想在世界法律文化史上是前所未有的。

总之,西周"德"的观念的产生,导致"以德配天"的君权神授说的形成,这无异于是对鬼神世界的一次大震动,造成了古代神权思想的第一次动摇。同时促进了"明德慎罚"思想的产生,极大地丰富和完善了当时的法律思想和法律制度,从而完成了古代法律文化的第一次飞跃。

第二节 中原文化与原始儒学

位于黄河中下游的中原地区,雨量丰富、气候温和、土质松软,是农业社会生存发展的良好环境。夏人、商人、周人都先后生活在这一地区,成为主宰天下的部族。黄河流域的肥田沃野培植了自给自足的自然经济,养育了"亲亲"、"尊尊"的宗法社会,酿造了古老独特的中华文明。春秋时代产生的儒学就是中原文化园地里的一株苍松。它不仅将自然经济基础上的宗法社会意识理论化、系统化,集中体现了中原文化的基本内容与特征;而且还长久地影响并支配了中华民族的思维、心理、性格和生活方式。中原文化的重心首先是鲁国文化,其后演变为齐国文化。鲁国文化的基本特点是从严格遵循"礼制"即宗法血缘等级秩序入手,通过调和的方式,来达到维护自然经济的目的。齐国文化的基本特点则是通过宽容商品经济,相对轻视先天血缘身份,相对重视人们的"后天"能力,加强国君与臣民间的直接联系等手段,对宗法血缘制度进行局部改良,使之适应变化了的新形势。中原文化与位于中国西北部的晋秦文化相比,具有十分鲜明的差异性。前者是稳健的、内向的、农耕式的文化;后者是奔突的、外向的、游牧式的文化;前者是"君子"文化,试图通过"君子"的"正身"、"修己"、"刑于寡妻"、施于邦国、达于四海、"仁及草木",成就天下大同;后者是"斗士"文化,鼓励人们通过"后天"努力去争得较为优越的生活待遇,同时也促进国家的富强与发展。在激烈变革的春秋战国时代,中原文化的某些惰性因素日益突出,它终于被晋秦文化的浪潮冲得体无完肤,无处安身。但是,中原文化毕竟已然深深植根于农耕式的宗法社会之中,当晋秦铁骑的旋风扫过之后,它的生命力又很快恢复起来并进而登上正统宝座,重新支配着中国的整个古代社会。

一、周文化与鲁文化

周人灭殷后"封建亲戚,以蕃屏周"。(《左传·僖公二十四年》)鲁国是周公之子伯禽的封地,由于民族的、地域的和传统的原因,鲁文化与周文化有着极为特殊的联系。

(一)周因于殷礼,损而益之

"周因于殷礼,所损益可知也。"(《论语·为政》)这是孔子经过深入研究之后得出的结论。即：周礼继承了殷礼，又改造了殷礼。周礼对殷礼的继承主要有三方面：一是王位继承制。根据王国维先生《观堂集林·殷周制度论》，殷人传位大多是"兄终弟及"。"商之继统法以弟及为主而以子继辅之，无弟然后传子"；"殷自武乙以后四世传子"，始有"父死子继"之制。周武王死，其弟周公立为天子，乃因殷之法也。周公以后，效法殷末之制，始立传子之法。① 诚如近代学者廖平《经话》所云："盖商法兄终弟及，武王老，周公立，常也。当时初得天下，犹用殷法。自周公政成之后，乃立周法，以传子为主。"二是职官之制。商代有"邦伯师长百执事"（《尚书·盘庚》）等内服、外服之官职，周沿而用之。三是宗教之制。商人占卜，周人卜筮并用。周原发掘大量卜骨，可证周人的宗教观与商人有着很深的渊源关系。周礼对殷礼的改造，主要是把商人迷信鬼神的宗教之礼，演变为制约贵族与贵族之间，贵族与平民之间关系的政治之礼。如天子巡视之礼、诸侯朝觐之礼、贵族相聘之礼，等等。这就使礼具有更为广泛的社会职能。

（二）鲁国之封，启以商政，疆以周索

《左传·定公四年》载春秋时卫国大夫子鱼追述周初封建时说的一段话："昔武王克商，成王定之。选建明德，以蕃屏周。故周公相王室以尹天下，于周为睦。分鲁公以大路、大旂。夏后氏之璜、封父之繁弱。殷民六族：条氏、徐氏、萧氏、索氏、长勺氏、尾勺氏，使帅其宗氏，辑其分族，将其类丑，以法则周公，用即命于周。是使之职事于鲁，以昭周公之明德。分之土田倍敦，祝、宗、卜、史，备物、典策、官司彝器，因商奄之民，命以《伯禽》，而封于少皞之虚。……皆启以商政，疆以周索。"启，开发、创始；疆，治理，如《左传·襄公八年》："以疆鄫田"；《左传·成公二年》："先王疆理天下"；《诗经·小雅·信南山》："惟疆我理"。索：绳索，法也。

这段话所依据的原始资料据说"藏在周府"，足为信史。从上述文字可以看出：其一，鲁人所受臣民的主体是"殷民六族"，且保留其宗氏组织。鲁人迁居的"奄"地（曲阜）正是殷人的故地。人所受赐的典策、官司、彝器盖皆商朝遗政。故鲁人在治国中，因商地之俗，承殷民之习，仍商朝之政，是本自然。西周之世，鲁君十二，其半为兄终弟及者，此即《公羊传·庄公三十二年》所谓"鲁一生一及"（半为传子、半为传弟），足以为鲁因商政的证据。故曰："因商奄之民"，"启以商政"，不亦宜乎！其二，周公为周朝天子，其子伯禽为鲁国之君。鲁君孝于父亲与忠于周朝实为一事。故鲁人"于周为睦"，"法则周公"，"疆以周索"，乃顺理成章之事。

周公有感于殷人文物典章之盛况，叹道："惟殷先人，有册有典。"（《尚书·多士》）继而发奋图强，"制礼作乐"，繁荣周礼，故孔子赞之："郁郁乎文哉，吾从周。"（《论语·八佾》）伯禽承父之业，对典章图籍亦多珍爱，故周、鲁重礼之风相

---

① 王国维：《观堂集林·殷周制度论》，中华书局1959年版，第454页。

传。周公初为天子,而后归政于成王。于是鲁国成了"祀周公以天子之礼乐"的唯一场所,故鲁国之礼乐兴焉。《礼记·明堂位》:"周公践天子之位,以治天下,六年,朝诸侯于明堂。制礼作乐,颁度量,而天下大服。七年,致政于成王。成王以周公为有勋劳于天下,是以封周公于曲阜。地方七百里,革车千乘。命鲁公世世祀周公以天子之礼乐。……凡四代之服、器、官,鲁兼用之。是故鲁,王礼也,天下传之久矣。"其时之鲁国,实第二之王畿也。

西周末期,内乱不已,犬戎寇周。西周之文物典册大都付之战火、失之兵乱。平王东迁,以避戎狄,何暇顾及典章礼器。春秋以降,礼乐崩坏,政权下移,人重名利,民心不古。"天子失官,学在四夷","礼失而求诸野"。(《左传·昭公二十七年》引孔子语)"野"者,其鲁乎!季札至鲁,得见各国之《诗》与《乐》,叹为观止。(《左传·襄公二十九年》)韩宣子访鲁,得见鲁宫收藏的"太史氏书"、"易象与鲁春秋",不禁发出"周礼尽在鲁矣"(《左传·昭公二年》)的感叹。乃至庆父数为鲁难,齐大夫省难归国,对齐君说:"不去庆父,鲁难未已。……公曰:鲁可取乎?对曰:不可,犹秉周礼。周礼所以本也。臣闻之:国将亡,本必先颠,而后枝叶从之。鲁不弃周礼,未可动也。"(《左传·闵公元年》)可见,春秋之鲁,实西周之周也。

(三) 周之风也,鲁之雨也

由于历史、民族、文化传统和生活环境诸方面的原因,在思想观念风俗意识方面,鲁人与周人是如出一辙、一脉相传的。

1. 重农。周人先祖后稷"好耕农,相地之宜,宜谷者稼焉,民皆法则之"。(《史记·周本纪》)周公告诫臣属:"王事唯农是务,无有求利于其官以干农功"。(《国语·周语》)故《周礼》有掌管农田、园圃之官。鲁人承其绪,如孔子以"足食"为施政之首务。(《论语·颜渊》)孟子亦强调:"易其田畴,薄其税敛,民可使富也。"(《孟子·尽心上》)皆重农之风。

2. 重礼。周人重宗法等级之礼。周公之诗云:"兄弟阋于墙,外御其侮。"周人谓:"兄弟之怨,不征于他,利于外也";"夫礼,新不间旧";"君臣无狱","君臣皆狱,父子将狱,是无上下也"(《国语·周语》)。鲁人也强调:"男女之别,国之大节也"(《国语·鲁语》);"以礼让为国"(《论语·里仁》);"非礼勿视,非礼勿言,非礼勿动"(《论语·颜渊》);"子为父隐,父为子隐,直在其中"(《论语·子路》)。

3. 重民。周人素来主张"怀保小民"。(《尚书·无逸》)以为"民之所欲,天必从之。"(《左传·襄公二十年》引《泰誓》佚文)"言仁必及人","仁所以保民也","慈保庶民,亲也","宽所以保民也","惠所以和民也"。(《国语·周语》)鲁人亦主张"使民如承大祭"(《论语·颜渊》);"博施于民而能济众"(《论语·雍也》);"民为贵,社稷次之,君为轻。"(《孟子·尽心下》)

4. 贱利。周人认为:"夫利,百物之所生也,天地之所载也,而或专之,其害多矣,天地百物,皆将取焉,胡可专也";"匹夫专利,犹谓之盗,王而行之,其归鲜矣";"离民怒神而求利焉,不亦难乎"。(《国语·周语》)鲁人谓:"君子喻于义,小人喻于利;"(《论语·里仁》)"何必曰利,亦有仁义而已矣。"(《孟子·梁惠王上》)孔子以臧文仲"妾织蒲",与民争利,是"不仁"。(《左传·文公二年》)孟子斥"贱丈夫":"求垄断而登之,以左右望而网市利,人皆以为贱。"(《孟子·公孙丑下》)

5. 轻神。周人重民而轻神,以为"离民神怒","其政腥臊,馨香不登","国之将兴,民神无怨,国之将亡,民神怨痛";(《国语·周语》)鲁人亦坚持"民和而后神降之福";(《国语·鲁语》)"务民之义,敬鬼神而远之。"(《论语·雍也》)

6. 抑兵。周人不重兵革:"先王耀德不观兵";"先王非务武也,勤恤民隐而除其害也。"(《国语·周语》)鲁人主"仁者爱人"(《论语·颜渊》)而羞兵非战。孔子盛赞管仲"九合诸侯不以兵车"是仁人之举;(《论语·宪问》)以为"兵"、"食"可去,而"信义"不可亡。(《论语·颜渊》)孟子甚至主张"善战者服上刑"。(《孟子·梁惠王上》)

7. 崇俭。周人认为:"以俭足用则远于忧";"人臣而侈,国家弗堪。亡之道也。"(《国语·周语》)鲁人亦尚俭:"季文子为相,妾不衣帛,马不食粟。"鲁庄公丹桂画梁而臣不谏之:"先君俭而君侈,令德替矣。"(《国语·鲁语》)

8. 尚均。周人坚持"分均无怨"(《国语·周语》);鲁人则"不患寡而患不均"(《论语·季氏》);以"平均其政事"(《国语·鲁语》)为施政原则。

9. 贵族政体。周人的理想政体是:"天子听政,使公卿至于列,士献诗,瞽献曲,史献书,师箴、瞍赋、矇诵、百工谏、庶人传语、近臣补察、瞽史教诲、耆艾修之,而后王斟酌焉,是以事行而不悖。"(《国语·周语》)《论语》载:"周公谓鲁公曰:君子不驰其亲,不使大臣怨乎不以。故旧无大故则不弃也,无求备于一人。"(《论语·微子》)这是周、鲁共同遵循的施政原则。孔子以"唯其言而莫予违"为"丧邦"之言。(《论语·子路》)孟子认为:"为政不难,不得罪于巨室。"(《孟子·离娄上》)"贵戚之卿"的职责是:"君有大过则谏,反复之而不听,则易位。"(《孟子·万章下》)均坚持贵族政体之义也。

10. "判例法"。周人的法律传统是"赋事行刑,必问于遗训而咨于故实";"事莫若咨,宾之礼事,仿上而动"(《国语·周语》);鲁人以为"君作故","君作而顺则故之","犯顺不详,以逆训民亦不详"(《国语·鲁语》)。皆遵循先例之原则也。

综上述,可见周、鲁文化一脉相承。而鲁文化乃中原文化之正宗。鲁文化一变而成齐文化,齐文化是中原文化蜕变之产物。

二、鲁文化的一座丰碑:孔子的法律思想

鲁文化是中原文化的正宗,鲁文化的整理者和总结者,就是孔子和他创建的儒家。

(一) 鲁儒与孔子

春秋以降,政权下移,天子失位,诸侯丧权,大夫执国命。一些原在王宫从

事文字工作的低层官吏(亦即"官学"知识分子)失掉世禄,无以为生,流散于民间。他们中间有的隐姓埋氏,出入寻常巷陌,成为隐士;有的为谋生计,放下"士"的架子,耕田、打柴、种菜,自食其力;有的舍不得脱掉官服绅带,利用自己熟悉的关于文物典章的知识,从事"相礼"和民间教育活动。这些人因多在鲁国,故被称作"邹鲁缙绅先生",他们就是儒家的前身。尽管他们在世人都不讲"礼"的时候去专门讲述"礼乐诗书",未免显得有些迂腐。但是,这样一来,便打破了西周以来"学在官府"、"学在王官"的垄断文化的旧传统,开创了"礼下庶人"、"学术下于私人"的新局面。

孔子是创办民间教育的伟大思想家和教育家。他是一个内心充满了矛盾的人物:一个虽具有低层贵族血统却过着贫贱生活的寻常百姓。作为一个生长在礼义之邦的贵族后裔,他向往"郁郁乎文哉"的西周盛世,以"克己复礼"(《论语·颜渊》)为终生志向;作为一个管理过牧羊、管理过仓库、相过礼,"多能鄙事"的贫贱者,他又不满于现实。因而对传统政治有所批评、有所修正、有所创新。

在传统观念面前,孔子采取了不同的态度:舍弃、继承、修正、创新。孔子舍弃的是传统的鬼神观念。他说:"未知生,焉知死","未能事人,焉能事鬼"。(《论语·先进》)他对未知的鬼神世界采取了"不语怪力乱神"(《论语·述而》)、"敬鬼神而远之"(《论语·雍也》)的"六合之外,圣人存而不论"(《庄子·齐物论》)的态度,这对传统的鬼神观念无疑是一种无声的否定。这种注重现实、不语鬼神的精神成为儒家的学风和传统,并极大地影响着后世的意识形态。孔子继承的是传统的"德"的观念。他把关心民心向背的"德"进一步深化为统治者必备的"惠"、"宽"等品质,并提出"博施于民"(《论语·雍也》)、"富而后教"(《论语·子路》)、"有教无类"(《论语·卫灵公》)、"以德去刑"等理论。孔子修正的是传统的"礼"。他把传统的注重形式和阶级差异性(礼不下庶人)的贵族之"礼",演化成注重内容即宗法伦理感情的人人适用的"礼"。他说:"礼云礼云,钟鼓云乎哉?(《论语·阳货》)"人隘不仁如礼何?"(《论语·泰伯》)"今之所谓孝者,是谓能养,至于犬马,皆能有养,不敬何以别之?"(《论语·为政》)可见,孔子之"礼"已经不是徒有形式的仪式,而演化为具有道德伦理感情的东西,因而对一切人都是适用的。孔子所创新的,就是"仁"。冯友兰先生说:孔子的"仁"是"人类自觉的一种表现"。①

(二)"仁"的三步曲

"仁"与传说时代的东夷民族有着密切的关系。"仁"是对东夷民族风俗习惯的高度凝炼的概括。从甲骨文有关"人"字的各种象形文字字形来看,"仁"由一正一倒两个"人"字拼组而成,其本义为"抵足而眠"。这正是"仁者亲也","仁者爱人","仁者人也"的原生态形式。"仁"的基本特征是"人相

---

① 冯友兰:《中国哲学史新编》第一册,人民出版社 1962 年版,第 117 页。

偶"或"相人偶"。由此演化出人与人互敬互爱、友好相处的观念。"仁"的观念经孔子加工而大放异彩。

"仁"的内涵的演进经过了"西周之仁"、"春秋之仁"和"孔子之仁"三个阶段。

西周有"仁"。如《尚书·金滕》:"予仁若考,能多才多艺,能事鬼神。"《尚书·泰誓》:"虽有周亲;不如仁人。"这里的"仁"是与宗法血缘意识相联系并具有相对独立性的一种优良品德。

春秋有"仁"。如《诗经·郑风·叔于田》:"不如叔也,洵美且仁"。《诗经·齐风·卢令》:"其人美且仁。"这里的"仁"是个体的"自然人"所具备的与形体美相对应的美好的内心素质。

春秋中后期,礼崩乐坏,传统的礼仪制度失去权威,大家都在做违背周礼的事情。用"礼也"、"非礼也"来评价事物的曲直善恶,已显得十分混乱和滑稽。于是言"仁"者渐多,"仁也"、"非仁也"成为盛极一时的时髦语言。如"杀无道以立有道,仁也。"(《国语·晋语》)"度功而行,仁也。"(《左传·昭公二十年》)当时的"仁"虽然是孝、忠、信、敏、惠、直、宽、恭、勇等众多道德条目之一,但因其内涵不明确,外延无定界,故有"兼并他人"的能力。如"直者,仁也。""忠者,仁也。""勇而有礼,仁也。"这样,"仁"的外延便不断扩大。如同布匹由于能够交换其他商品而成为特殊商品(即货币)一样,"仁"也成了能够替代其他道德条目的"一般等价物"。

以"述而不作"自诩而实际上是"述中寓作"的孔子,就在这时抓住了"仁"这个新字眼儿,并大作文章。他采取了两个有效的办法:一是降低"仁"的"使用价值",以提高其本身的价值,使"仁"具有远远高出其他道德条目的特殊地位。他不轻易许人以"仁",动辄回答以"焉得仁","不知其仁",就是这个道理。二是强调"仁"的社会实践性。君子要成为"仁人",必须具备"宽"、"惠"、"泛爱众"、"博施于民而能济众"(《论语·雍也》)等条件。这样,对劳动人民的"德政"措施便无形中成了统治者必须履行的义务,而"仁"就成了联系统治阶级与被统治阶级的一个纽带。作为个体的人来说,"仁"是集中全部道德品质的最高道德境界,和君子自我陶冶修养习性的最高目标;作为整体的人来说,"仁"又是改造现实社会并为之奋斗终身的美好社会理想。

(三)仁·礼结构

孔子用"仁"的新标准来衡量传统文化遗产,以决定取舍。把"敬鬼神"、"礼不下庶人"、以奴隶为财产、任人为亲的"西周之礼",改造成"敬鬼神而远之"、礼下庶人、视奴隶为人、亲亲原则下的举贤才的"孔子之礼"。并在新的理论高度上形成有机的"仁·礼"结构。

"仁·礼"结构简言之,即:"仁"是"礼"的指导原则,"礼"是实现"仁"的途径。这主要分三个层次。第一层次:君子层。君子要履行"礼"所规定的全部道德规范,具备全部道德观念,从而向"仁"的境界靠拢。第二层次:庶民

191

层。庶民要履行"礼"所规定的部分道德规范,具备部分道德观念成为"善民"。第三层次:君子与庶民交接层。君子要成为"仁人"必须施恩惠于民,"使民以礼",庶民则"学道易使"、"有耻且格"。(《论语·为政》)不过,庶民的价值在于构成君子成仁的客观条件。这样,通过由道德伦理范畴向社会政治范畴的深入实践,便实现"天下归仁"的崇高理想。

(四)孔子的法律思想

孔子的法律思想就是原始儒家的法律思想,也是鲁儒的法律思想。虽然第二代儒学家(齐儒)对之颇有损益,但仍承继了它的基本精神。

1. 建立统一而开明的贵族政体

孔子不满于当时诸侯纷争各自为政的分裂局面,要求恢复西周"礼乐征伐自天子出"(《论语·季氏》)的统一局面。他之所以称颂管仲"九合诸侯一匡天下"是"仁者"之功(《论语·宪问》),也是出于统一的要求。同时,他反对集权政体,以"唯其言而莫予违"为"丧邦"之言;以"勿欺也而犯之"为臣子事君之道;盛赞子产"不毁乡校"、广采众议是"仁人"之举;又主张"故旧无大故则不弃"。可见,孔子主张建立既统一又开明的贵族政体。

2. 重德轻刑,重礼轻法

孔子对法律的价值评判集中体现在《论语·为政》的一段话:"道(导)之以政,齐之以刑,民免而无耻;道之以德,齐之以礼,有耻且格。"意思是说,作为统治者,如果用政令去驱使人民,用刑罚去制裁人民,那么,人民可以努力(或曰:人民为避免刑罚而)按你的命令去做,但人民内心深处并不明白违法犯罪是不道德的可耻的行为。照朱熹的解释是:"民不见德而畏威,但图目前苟免于刑,而为恶之心未尝不在"。(朱熹:《朱子语类》卷二十三)如果用恩惠去疏导人民,用道德伦理观念去教育人民,人民从心里知道违法犯罪是可耻的事情,便会自觉制约和校正自己的言行。在这里,孔子提出了两种行为规范:一种是靠国家强制力保障实施的法律规范;另一种是靠内心道德观念来调节的道德规范。在他看来,法律规范的作用是有限的。它虽然能够驱使人们去做统治者要他们做的事情,不做禁止他们做的事,但是他们并不知道违法犯罪是可耻的行为,故而不能从人们内心深处清除违法犯罪的动因。表面上循规蹈矩的人们,实际上人人都怀着一颗危险的"为恶之心"。相反,道德规范的作用却是绝对的。人们一旦从内心深处确立起道德伦理观念的长堤,就会如爱好美色一样地趋近良善,如厌恶腐臭一样地远离丑恶。从而自觉制约自己的行为,不去违法犯罪。让人民树立起道德伦理观念,靠什么呢?不能用暴力刑罚横加威胁恐吓,而只能靠教育和灌输。为此,必须用恩惠去感化人民,改善人民的生活条件。这样,一方面使人民对统治者感恩戴德,从而心悦诚服地接受统治者的领导和教育;另一方面,人民的生活改善了,也才有条件去受教育。孔子分析人民犯罪的原因有二:一是衣食无着,二是缺乏道德。这两条都是因为统治者治理无方。因此,当官的即使抓到罪犯,也不能沾沾自喜,而应当反躬自责:"上失其道,民散久矣,如得其情,则哀矜而勿喜。"(《论语·子张》)孔子预防犯罪的方法也是从物质生活和精神生活两方面入手,叫作"富而后教","以德去刑"。

孔子的这一理论对于限制滥施淫威的暴政,维护社会的安宁和改善人民的生活,无疑具有积极意义。但是也有副作用,即轻视法律,贱视诉讼。后世士大夫知识分子皆以法律、司法为旁门左道、非圣贤之学而轻贱之。正如三国卫觊所谓"刑法者国家之所贵重而私议之所轻贱"。(《晋书·刑法志》)梁启超曾说:"一切法律之事业悉委诸刀笔之吏,学士大夫莫肯从事"。① 及至清代纪昀谓:"刑为盛世所不能废,而亦盛世所不尚"。② 这种传统偏见皆肇端于孔子,实不利于法学的正常发展。

3. 为法以直

孔子主张司法要以"直"为标准,即是既要维护家族的安宁,又要维护国家的根本利益。《论语·子路》载:"叶公语孔子曰:'吾党有直躬者,其父攘羊,而子证之。'孔子曰:'吾党之直者异于是;父为子隐,子为父隐,直在其中矣。'"父亲偷了人家的羊,儿子揭发了他并出来作证,本是正直无私的举动。可是孔子坚持"父子无狱"(《国语·周语》)的礼的原则,认为"子证其父"表面上是正直,实质上破坏了"父慈子孝"的宗法道德观念。如果父子相狱、兄弟相争,势必破坏家族的稳定秩序,导致社会的混乱和动荡。在这里,孔子的态度可以概括为"尔爱其羊,我爱其礼"。(《语论·八佾》)

还有另一种"直"。《左传·昭公十四年》载:叔向的弟弟叔鱼接受贿赂,枉法裁判,叔向主张"杀之以正刑书"。孔子称赞叔向"治国制刑,不隐于亲","杀亲益荣",是"古之遗直也"。"父子相隐"是"直","兄弟不隐"也是"直",表面看来似乎矛盾,其实不然。孔子在这里提出一条明确的原则:小罪可隐,隐小罪以维系家族的安宁;大罪不可隐,刑大罪以维护统治阶级的根本利益。后世封建法制的"亲属相容隐"、"十恶不赦"和族诛连坐都是顺着孔子的这一模式确立起来的。

4. "听讼"与"判例法"

孔子说:"听讼吾犹人也,必也使无讼乎?"(《语论·颜渊》)大意是说:我审判案件与别的法官没什么不同,但是我通过审判来提高争讼双方的道德观念,使他们明白争财较利是可耻的事,从而不再争讼。在听讼方法上,孔子反对"片言可以折狱",即根据诉讼双方中一方的言词来断案的做法,主张全面分析问题,这和他历来提倡的"叩其两端而求其中"的研究方法是一致的。

弟子问为师(士师、法官)。子曰:"温故而知新,可以为师矣。"(《语论·为政》)作为一名法官,要熟悉以往的成事判例,才能有所创新。弟子问处事,子

---

① 梁启超:《中国法理学发达史论》,载《饮冰室合集·文集》第五册第十五卷,上海中华书局1936年版。

② (清)永瑢、纪昀编:《四库全书总目提要·政书类·法令之属按语》武英殿刻本。

曰:"成事不说,遂事不谏,既往不咎。"(《语论·八佾》)是说对以往的成事旧例,如果发现其中有什么毛病,也不要过于苛求责难。表现了孔子敬重先例成事的原则。在审判中,孔子主张谨慎多思:"临事而惧,好谋而成。"(《语论·述而》)这些正是适用判例的基本要求。

(五)孔子与"铸刑书"、"铸刑鼎"事件

《左传·昭公六年》载:鲁昭公六年(公元前536年)郑国执政子产"铸刑书"。晋国贵族叔向批评道:"昔先王议事以制,不为刑辟,惧民之有争心也。犹不可禁御,是故闲之以义,纠之以政,行之以礼,守之以信,奉之以仁,制为禄位,以劝其从。严断刑罚,以威其淫。惧其未也,故诲之以忠,耸之以行,使之以和,临之以敬,涖之以疆,断之以刚,犹求圣哲之上,明察之官,忠信之长,慈惠之师,民于是乎可任使也,而不生祸乱。民知有辟,则不忌于上。并有争心,以徵于书,而侥幸以成之,弗可为也。……民知争端矣,将弃礼而徵于书。锥刀之末,将尽争之。乱狱滋丰,贿赂并行。终子之世,郑其败乎。"

《左传·昭公二十九年》载:鲁昭公二十九年(公元前513年),晋国赵鞅、荀寅"铸刑鼎"。孔子批评道:"晋其亡乎,失其度矣!夫晋国将守唐叔之所受法度,以经纬其民,卿大夫以序守之,民是以能尊其贵,贵是以能守其业。贵贱不愆,所谓度也。文公是以作执秩之官,为被庐之法,以为盟主。今弃是度也,而为刑鼎。民在鼎矣,何以尊贵?贵何业之守?贵贱无序,何以为国?且夫宣子之刑,夷之蒐也,晋国之乱制也,若之何以为法?"

值得注意的是,孔子对破天荒"铸刑书"的子产,竟未见贬斥之辞,却赞之"不毁乡校",曰:"人谓子产不仁,吾不信也。"(《左传·襄公三十一年》)子产死,孔子"闻之,出涕曰:古之遗爱也。"(《左传·昭公二十年》)而对同样"铸刑鼎"的赵鞅、荀寅则无情斥责之。是何缘故?

学术界关于孔子与"铸刑鼎"事件评价,历来众说不一。有两种较为典型的见解:一是"孔子反对公布成文法",中国法律史学界持此见解者较多;二是孔子反对周礼:"铸刑鼎本来是奴隶制全盛时期奴隶主阶级一条重要的法律章则","铸刑书在西周时是很普遍的。孔丘反对铸刑鼎,与周礼的规定是背道而驰的,这是没落奴隶主走向反面时虚弱的表现"。①

其实,孔子不是一般地否定法律和刑罚的作用。首先,在他看来,"君子怀刑"是遵守礼制的基本前提。而且"导之以政,齐之以刑",毕竟可以使人民免于犯罪受罚。第二,孔子主张对人民施行教化。教化的内容很多,不仅包括道德伦理观念,也涉及战争技术。比如:"以不教民战是谓弃之","善人教民七年,亦可以即戎矣"。(《论语·子路》)还包括法令和法律知识。比如:"不教而杀谓之虐,不戒视成谓之暴,慢令致期谓之贼"。(《论语·尧曰》)第三,孔子主张庶人议政:"天下有道则庶人不议。"(《论语·季氏》)又盛赞子产不毁乡校,并因

---

① 林乃燊:《关于孔丘的几个问题》,载《北京师院学报》1979年第1期。

此而许子产以"仁",其中自然包含有允许庶人议论法律、政令的意思。因此,仅仅就公布新式成文法这一事件来弄清孔子的思想动机也已十分困难。但是,当我们把这个问题置于比较开阔的背景上面,问题就豁然开朗了。

公布成文法在任何时代、任何国度都不是孤立的偶然事件,而是与当时当地的国体政体、国内阶级力量对比关系、统治集团的统治艺术等项因素密切相联的。如果我们把公布新式成文法问题置于上述诸因素的背景上面来分析,就不难看出,孔子之所以不批判郑国铸刑书,而深恶晋国铸刑鼎,其原因就在于:当时郑国的封建贵族稳定地执掌政权,而且仍然实行着贵族政体。在这种政体下面,平民不得犯上作乱而封建贵族仍享受着种种特权。这是一种"贵贱不愆"的美好政治局面。同时,贵族还可以限制执政的权力,子孔就是惧于"众怒",而烧掉"丹书"的。(《左传·襄公十年》)当时掌权的封建贵族实行一种宽惠的治民方针,"不毁乡校"的政策就是证明。因此在君民关系上往往表现出和谐的一面来。这种政体正是孔子所希望建立的开明贵族政体。在这种情况下,即使颁布了新式的成文法,但是因为立法权和司法权比较稳固地掌握在封建贵族手中,这个法律也只能起到维护封建贵族统治的作用。晋国就是另外一种国情了。晋国政权是几家封建贵族集团边打边和的联合专政,统治集团常常处于权力转移的动乱之中。晋国统治者为了扩充实力和削弱对方,不惜对平民采取最大的宽容政策,给平民参与政治活动的机会,以致使平民的势力不断壮大。早期郡县制的发展,使国家权力逐渐集中于执政者手中,从而酿成了中央集权政体的雏形。地方各级封建贵族的特权却受到一定程度的抑制。在统治艺术上晋国也不同于郑国。赵盾推荐韩献子为司马,却又"使人以其乘车干行"来考验他。韩献子则毫不客气地依法斩了赵盾的车仆。可见晋国已经形成既讲术又重法的风气。

范宣子不仅亲自"与和大夫争田",而且还定过"不从君者为大戮"(《国语·晋语》)的命令。颇有一点"唯其言而莫予违"(《论语·子路》)的霸气。晋国统治者不大讲德、礼,而偏重功利。子产就曾经批评范宣子:"严子为晋国,陌诸侯不闻令德,而闻重币。"(《左传·襄公二十四年》)赵鞅不大懂礼,曾经问子大叔(子产的继承人)"揖让周旋之礼"。子大叔便毫不客气地对赵鞅说:"是仪也,非礼也。"(《左传·昭公二十五年》)接着讲了一番关于礼的大道理。因此,在这种情况下公布新式成文法,其社会效果便与郑国大不一样。这说明,法律的制定与颁布并不等于法律在社会中的实现,而法律在社会中实现的程度取决于社会生活的各方面因素。孔子既目睹了郑子产"铸刑书"所产生的社会效果,又预见到晋"铸刑鼎"所带来的影响,因此对两者采取了不同的态度。

孔子对郑铸刑书、晋铸刑鼎的态度正好说明了他的封建贵族的政治立场。这主要表现在如下几点:

首先,孔子主张用法律手段(包括颁布新式法律)来对奴隶主贵族的政治进行改革,但政权(包括立法权和司法权)必须稳固地把握在封建贵族手中。这样才能既削弱守旧的奴隶主贵族的力量,又能扼制平民的政治势力。孔子的贵族偏见使他每每对平民抱以深深的戒心。

其次,孔子主张继续维护贵族政体。认为只有贵族政体才能确保封建贵族继续享有原来奴隶主贵族享有的那些特权。而且可以通过对平民作些让步和教化来稳定整个"贵贱不愆"的社会秩序。因此,他反对当时刚刚初步发展起来的郡县制。这是因为,郡县制发展的直接后果,是贵族作为其领地统治者和土地主人的双重身份的改变。在这种形势下,封建贵族的特权就很难保障。而且郡县制必然导致君主权力的无限强化。其结果必然使封建贵族在君主面前的地位和发言权不断被削弱。可见孔子没有就法律问题论法律问题,而是把法律问题置于政体等诸方面因素之中来加以分析的。

其实,西周在子产"铸刑书"之前亦曾公布"单项"的法律规范,但不是新式的"两项合一"的成文法典。当时铸在礼器上的判例常常被置于贵族的庙堂之中,一般民众无权进入宗庙,故不得"观鼎"。子产的"刑书"、赵鞅的"刑鼎"无论在形式上还是内容上都是反对传统的新创举。这一事件的要害在于动摇宗法贵族政体,因此才受到守旧政治家思想家叔向和孔子的一致反对。

三、"齐一变,至于鲁":齐儒与鲁儒

孔子说:"齐一变,至于鲁,鲁一变,至于道。"(《论语·雍也》)所谓的"道",即西周之制。在这里,孔子把鲁国视为复兴周礼的根据地。同时也指出齐鲁两国文化的联系与差异。而这种差异后来不断的扩大,终于形成了"君子儒"与"小人儒"、"纯儒",鲁儒与齐儒的分野。历史似乎跟孔子开了个玩笑,他的步伐正好与孔子的愿望相反。事实上是:鲁一变,至于齐,齐一变,至于晋。晋法家的"法治"理论居然凭借着秦人的刀光火影而席卷全国。尔后,鲁学与齐学在新的基础上结合起来——前者为衣冠,后者为实质——成为整个封建时代的正统之学。

(一)齐太公与齐国文化

西周初定,大封诸侯。太公吕尚为齐国之君。他治理齐国,仅用五个月就大体就绪。周公问其缘故,太公回答:"吾简其君臣礼,从其俗为也。"鲁公伯禽治理鲁国,用了三年才初见成效。周公问其缘故,伯禽回答:"变其俗,革其礼,丧三年然后除之,故迟。"周公仰天叹道:"呜呼!鲁后世其北面事齐矣!"(《史记·鲁周公世家》)齐鲁开国之君,一个简礼从俗,一个繁礼变俗,这正是造成两国文化差异性的始因。

齐太公吕尚本是"四岳之后","东夷之士","东海上人"。(《史记·齐太公世家》)由于偶然的机会被周文王起用。他助周灭商,善用兵,多奇计,有大功于周室,故以异姓功臣封为齐侯。太公治齐有以下几个特点,这些特点被后世继承发扬,遂构成齐国文化的基本框架。

1. 沿袭当地民风习俗,不照搬西周之礼

太公没有采用鲁公"变其俗、革其礼"的治国方针,而是"因其俗、简其

礼",不照搬西周之礼,尽可能保留和沿用当地民俗习惯,以稳定开国初期的政治局势。这就形成了齐人不甚讲求周礼的传统。其原因有二:一是太公以异姓功臣而封侯,"先天不足",故宗法血缘链条疏松;二是大体沿用当地的风俗习惯。正因为齐人不甚讲求周礼,故后世曾"弃太公之法而观社";齐桓公死时"以人殉葬";管仲"不知礼"。(《论语·八佾》)鲁人常常以"非先王之训"(《国语·鲁语》)批评之。

2. 因地而制宜,发展多种经济

齐国领地"自泰山属之琅邪,北被于海,膏壤二千里"。具有发展农、渔、盐诸业的得天独厚的自然条件。太公治齐,因地制宜,"设轻重鱼盐之利","通商工之业,便鱼盐之利"。(《史记·齐太公世家》)故农、渔、盐、商诸业发达。后人承其绪,至桓公时有盐官、铁官操其业。"宫中七市,女宫七百",市场繁多,交易频仍。(《战国策·东周》)故齐人讲"利","相语以利","以其所有,易其所无"。(《国语·齐语》)未有轻商贱贾的观念。

3. 重兵革,讲谋略,富国强兵

齐太公初到齐地营丘,莱夷即来伐,与之争营丘,后又有"北戎伐齐","翟人侵齐"。齐人不得不以战争求生存,故形成重兵革、讲谋略的传统。"其事多兵权与奇计,故后世之言兵及周之阴权,皆宗太公为本谋。"而齐国之民"阔达而多匿智,其天性也"。(《史记·齐太公世家》)及至管仲相桓公,令重罪以甲赎,轻罪以盾赎,"甲兵大足","兵车之会三,乘车之会六,九合诸侯,一匡天下"。(《国语·齐语》)使齐国为春秋第一霸主。

周礼的薄弱和重视兵战的必然结果是重法和尚贤。桓公主盟葵丘之会,其誓命有"尊贤育才"、"士无世官"。(《孟子·告子下》)管仲治齐,令"匹夫有善,可得而举"。有司知而不举,有"蔽贤"之罪。(《国语·齐语》)此皆法家思想之肇端也。

(二) 管仲与齐国之学

管仲是春秋时著名的革新家,齐桓公时任相,辅佐桓公进行一系列改革,使齐国成为首霸。管仲的思想和事功对后世齐国影响很大。这主要体现在以下两方面:

1. 从"四维"到"四业"

管仲重视道德教育的作用,他把"礼义廉耻"比作"国之四维"。认为"四维不张,国乃灭亡"。(《管子·牧民》)但他又清醒地认识到:"仓廪实则知礼节,衣食足则知荣辱。"(《史记·管晏列传》)要实行教化,必须首先改善人民的物质生活条件。因此要"富民裕民"、"与民分货"。(《管子·乘马》)发展农、渔、工、商诸业。他用"相地而衰征"(《国语·齐语》)的办法减轻农民负担,提高农民从事耕织的积极性。他设置盐官、铁官管理盐铁生产,并以减税的办法鼓励渔、盐、铁贸易。

2. 重法与尚贤

管仲重视法制。为保障法令的贯彻,他主张"劝之以庆赏,纠之以刑罚"。对"不用上令"、"寡功"和"政不治"者绳之以法:"一再则宥"、"三则不赦"。在任人方面,他改变西周任人唯亲的"亲亲"原则,主张"匹夫有善,可得而举"。乡大夫如果有才而不举,国家将以"蔽明"、"蔽贤"论罪。(《国语·齐语》)由于有才干的人进入官吏行列,故提高了统治效率。

管仲的思想和实践进一步巩固了齐国文化的基本模式。其一,齐国有重礼的传统,故鲁国儒学得以传入并扎下了根;其二,齐国有减轻人民负担的故政,因此以"清静无为"为尚的道家思想能够在齐国发展起来;其三,齐国有重法尚贤之风,故主张"以法治国"(《管子·任法》)的法家思想得以在齐国蔚然成风。

宋钘、尹文学派的理论正体现了齐学儒、道、法三家合一的基本风貌。《管子·心术》道:"礼者,因人之情,缘义之理而为之节文者也。故礼者谓有理也。理也者,明分以谕义之谓也。故礼出乎义,义出乎谨,理因乎道者也。法者,所以同出不得不然者也。故杀戮禁诛以一之也。事督乎法,法出乎权,权出乎道";"虚而无形谓之道,化育万物谓之德,君臣父子人间之事谓之义,登降、揖让、贵贱有等,亲疏有体谓之礼。简物、大小、一道,杀戮、禁诛谓之法。"儒家的"礼"、法家的"法"都归结于"虚而无形"的"道"。这正是儒、法、道三家混一的理论。在这种诸家互补、混然而一的学术氛围下,任何外来思想都不可能保持其原有的面貌。

(三) 齐儒和他们的继承人

孔子创建的儒家学派发展到战国中后期,已经不断分化,至"儒分为八"。(《韩非子·显学》)其中孟子、子思一派基本继承并恪守孔子学说,成为孔学正宗。而荀子一派则独辟蹊径、另立门户。从历史的纵向观点而论,荀学是孔、孟之学的新的发展阶段;从地域的横向观点而言,孔、孟之学是鲁儒之学,而荀学则是齐儒之学。正好像"前期法家"是齐法家而"后期法家"是晋法家一样。

齐儒的代表是荀子。他出生在赵国,曾游历过秦、楚、燕等国。他一生的大部分时间是在齐国度过的。他在稷下学宫讲学,且"最为老师"、"三为祭酒"。(《史记·孟子荀卿列传》)这是他才华横溢、成果卓著的辉煌时期。在儒、法、道诸家混一的齐国文化氛围中,荀子不仅总结并完善了光辉的唯物主义理论,而且将儒家的"礼"和法家的"法"有机地结合起来,成为"隆礼重法"(《荀子·强国》)、儒法合流、礼法统一的先行者。这一划时代的伟业能够成功于齐国,决非偶然。

在以孟子为首的鲁儒和以荀子为代表的齐儒之间存在着一系列差别。比如:孟子主张"法先王",荀子主张"法后王";(《荀子·儒效》)孟子认为"人性善,其恶者放(遗失)也"。(《孟子·滕文公上》)荀子认为"人性恶,其善者伪(学习和改造)也"。(《荀子·性恶》)孟子主张"以德服人"的"王道",反对"以力服人"

的"霸道"。(《孟子·公孙丑上》)荀子则王、霸并重。孟子非兵羞战,认为"善战者服上刑"。(《孟子·梁惠王上》)荀子则坚持"夺然后义,杀然后仁"的"义兵"说。(《荀子·议兵》)孟子重德轻刑,重礼轻法。荀子则德刑并重,"隆礼重法"。孟子主张"亲亲为大",治国"不得罪于巨室"。(《孟子·离娄上》)荀子则主张"尚贤使能","无恤亲疏,无偏贵贱","虽王公大人之子孙也,不能属于礼义则归之庶人"。(《荀子·王制》)孟子坚持贵族政体,认为"贵戚之卿"的职权是"君有过则谏。反复之而不听,则易位"。(《孟子·万章下》)荀子认为:"君者国之隆也","隆一而治,二而乱,自古及今未有二隆争重而能长久者。"(《荀子·致士》)如此等等,不一而足。

齐国文化有两宗遗产留给晋国的法家:一件是"管子之法"。《韩非子·五蠹》:"今境内之民皆言治,藏商管之法者家有之。"另一件是荀子的"重法"思想,被他的弟子韩非继承并发展成完整的"法治"理论。这两件财产在齐国是批判的武器,一旦传到晋、秦,更成为武器的批判。经过血与火的洗礼,终于酿造了一场伟大的社会变革。

四、政体之变与"人治"理论

在宗法贵族政体下,封地最高主宰拥有相对独立的政治、经济、军事、法律诸项权力。因此,封地治理得好坏与最高主宰个人素质的优劣,有着直接的关系。"人治"思想就是贵族政体在意识形态中的反映。

"人治"是相对"法治"而言的,其基本含义是:"人"的作用是第一性的,而法的作用是第二性的。"人治"在不同领域有不同的具体内容。

(一)"人存政举"

在政治领域,"人治"的意思是说,在国家政治生活中,作为统治阶级特别是最高主宰者的"人"的作用是决定一切的,而法律的作用则是第二位的。统治者"其身正,不令而行,其身不正,虽令不从"。(《论语·子路》)统治者如果能够以身作则,严于律己,百姓自然自觉效法,上行下效,如影随形,如音随响,这就用不着发号施令了。相反,国家虽然制定了一系列法律条文,而统治者带头不执行法令,率先破坏法制,那么法律制定得再好,也无济于事。可见,"人"的作用远远大于"法"的作用。按儒家的说法是:"为政在人,其人存则其政举,其人亡则其政息。"(《礼记·中庸》)

(二)"人良法行"

在法律领域,"人治"的意思是说,在立法、司法过程中,作为法官的"人"的作用是第一位的,法律条文的作用是第二位的。因为:首先,法律和判例是"人"制定的,好的"人"自然可以制定出好的法令和判例;其次,法令和判例是靠"人"来执行的,有了好的法令、判例,但没有德才兼备的法官也是枉然;最后,法令和判例的规范作用毕竟有限,它们不可能包罗无遗,不可能预先描述各种具体复杂的情况,更不可能自己随机应变去适应变化了的新形势,只有靠法官凭借法律意识灵活掌握。在"判例法"时代,判例既是审判的结果,又是立法的产物。这就使法官居于关键地位。法官是否具备"直"与"博"(《国语·晋语》)的素质,便直接决定着审判的质量并左右着整个立法、司法的状态和方向。

儒家的"人治"思想与其说是重视"人"的作用,不如说是重视那个把"人"放在重要位置的"法"。这个"法"就是贵族政体之法和"判例法"。在这个意义上我们同意梁启超的如下断语:"儒家固甚尊人治者也,而其所以尊之者,非以其人,仍以其法";"凡儒家之尊圣人,皆尊其法,非尊其人也"。①

春秋以后,宗法贵族政体衰而郡县集权政体兴。"成文法"不断取代"判例法","为政在人"、"人良法行"的"人治"思想受到"以法治国"的"法治"思潮的冲击。"人治"思想有如失皮之毛,无处可附。于是,"人治"思想萎缩了,奄奄一息。但是,在后来的"混合法"时代,"判例法"为自己争得了一席之地,才使"人治"思想绝路逢生、不绝如缕。

第三节　贵族精神与判例法传统

中国古代社会曾经历了西周春秋的宗法贵族政体的时代。它不仅酿造了沁人心骨的贵族精神,还培育了生命力极强的判例法。两者互为因果,相辅相成。尔后,虽经世代变迁、王朝更迭,先秦的贵族精神因深深融入君子士大夫的为人品格和处事方式,始终发挥着潜在的支配作用,从而为中国古代几度兴盛、连绵不绝的判例法,提供了无形的精神源泉。也正是这种贵族精神和判例法传统,不断拯救了法,完善了法,推动了法,使中国古代法律实践活动在世界法律文化之林中别具特色、灿烂多彩。

一、贵族精神的社会文化土壤

西周建国伊始,便确立了以"任人唯亲"为原则、以"立嫡以长不以贤,立子以贵不以长"(《春秋公羊传·隐公元年》)为程序、以"世卿世禄"的土地分封制为基础的宗法贵族政体。在贵族领域内,贵族不仅拥有土地的相对永久使用权,还拥有对土地之上的居民的行政支配权。同时,血缘网络把贵族内部上下级之间以及贵族与平民之间紧紧地联结在一起。贵族享有相对独立的政治、经济、军事、法律等方面的权力,因此,贵族之间是平等的,他们在上级贵族面前拥有相当大的发言权。一个领地治理的好坏,在很大程度上取决于贵族领袖的个人素质。在政治舞台上,贵族个人的性格、品行、文化涵养等,都直接产生政治效果并得以表现得淋漓尽致。正如《礼记·中庸》所谓"为政在人,其人存则其政举,其人亡则其政息"。

---

① 梁启超:《中国法理学发达史论》,载《饮冰室合集·文集》之十五,中华书局1989年版,第72—73页。

判例法是宗法贵族政体的产物。法官与其他官吏一样是世袭的。在敬宗孝祖、"帅型先考"观念的支配下，按照父兄先辈的故事办案，是最自然不过的事情。于是便形成"遵循先例"的原则。当时的审判方式是"议事以制，不为刑辟"，"临事制刑，不豫设法"。（《左传·昭公六年》及孔颖达疏）"事"是判例故事，即选择以往的判例来审判裁决，不制定包括什么是违法犯罪又当如何处分这些内容的成文法典。判例是立法的产物，又是司法的结果。这就使得法官处于十分关键的地位。优秀法官的标准是"直"和"博"："直能端辨之，博能上下比之。"（《国语·晋语八》）"上下比之"即全面参酌以往判例之义。即《礼记·王制》所谓"必察小大之比以成文"。判例法的条件是：社会上存在着普遍公认的法律原则，这在当时就是"礼"；有一批善于在司法中立法的高水平法官；一个允许法官独立进行立法司法活动的政治法制环境，这在当时就是宗法贵族政体。宗法贵族政体和判例法为当时的政治家和法律家提供了肥沃的土壤和广阔的舞台。它们培育演员、设计角色、编导剧目，为后世留下一曲无韵的贵族之歌。

二、贵族精神的定位

西周春秋时代贵族精神的主要特征是充分肯定个人（统治阶级成员）的人格力量和首创精神。当然，它不可避免地带有历史的和阶级的局限性。这主要是狭隘的宗族血缘意识和一定程度的宗教鬼神观念。这些因素在战国时期得到较彻底的清理。

在宗法贵族政体下，贵族的政治权力即对领域的统治权，在政治上来源于国家最高权力，在时间上靠嫡长继承制得以延续，在空间上靠其他贵族的承认和平共处得以维系，在内部靠贵族集体的合作得以实现。在形式上看，贵族的权力是从祖先那里凭借血缘标志继承而来的。这种权力是稳定的，无约制的，得到社会的普遍认可和尊重。掌握权力的贵族的心态是从容的，没有危机感。他没有必要刻意地说什么和做什么以保住自己的权力。他关心的是如何才能不辱父辈之命，并为后世留下好的范例。因此，一个有一定觉悟的贵族领袖必须立足于自身，不断提高个人修养和施政能力，唤起臣僚的敬佩，赢得部下的效法，获取百姓的赞誉，从而把领地治理得更好。

在宗法贵族政体下，贵族领袖与生俱来的身份，因为得到神权和血缘意识的确认而带有无上尊严。从而使贵族个人的品行、好恶、举止、言行无不带有政治性和权威性。楚王好细腰，国中多饿人；吴王好剑客，百姓多创疤；齐王喜衣紫，上下无异色；其身正，不令而行；其身不正，虽令不行。贵族个人人格的巨大政治效应，产生三种社会效果：一是使贵族领袖个人十分重视个人品行的修养，避免产生"望之不似人君"的现象；二是使贵族统治集团非常重视贵族领袖个人的人格的作用，从少年开始进行文化素质方面的训练，并且用贵族集体的力量对贵族领袖人物的个人品格施加影响、匡正其弊；三是在贵族集团中形成了公认的人格道德观，它成为贵族集团的内部法律。

贵族精神既然崇尚个人的主观能动性和首创精神，就本能地拒绝接受固定、刻板、统一的行为规范的制约。这就使贵族精神天然地喜欢判例法而讨厌成文法。在贵族法官心中，人是法的主人而不是法的奴仆。一个具有独立判断能力和创造性精神的贵族法官，宁愿运用自己的良心、智慧和经验，经过苦心熟虑对哪怕是十分疑难的案件做出令人信服的裁断，而不愿意像成文法时代的执法之吏那样，把案情和法条排在一起，像做加法一样容易地得出结论。不仅如此，贵族法官还随时根据变化了的社会情况，创制新的判例，用司法来实现立法。在贵族法官看来，正如同贵族有权力匡正君主之弊一样，也有权力纠正君主颁布的法。当然，他们仍然恪守遵循先例的原则。可是，在选择以往判例，从中引伸出具体法律原则，并将它运用到现实案件的审判中，这一过程本身就容纳和体现着法官的机智、敏锐和果断。这一过程，与其说是遵循先例，毋宁说是裁判历史和发现法律。此间，贵族法官对历史和习俗的谙熟与理解，对现实生活的通晓与把握，使他成了一位头戴法冠的社会活动家和政治家。这一社会角色是后世只明白"法令之所谓"的执法之吏远远不能比拟的。

　　优秀贵族执政者的标准是由两方面构成的：一是德行操守，称作"直"。即正直无私，不偏不倚，公平无颇；二是能力，称作"博"。即知识广、阅历深、熟知历史与现实，以及对社会生活的深刻理解和全面把握。一个真正的贵族执政者，不仅能够做到出入合矩、进退合礼，更重要的是满腹经纶、灵活掌握。在外交场合，他能够恰如其分地将雅颂之诗信手拈来、击节吟诵；在誓师动员之际，他能够如数家珍地追溯祖先的足迹和武功，催人奋进；在司法审判中，他能够在无数先例故事之中探囊取物般择其最宜于时者，画龙点睛，一语破的，令人折服。为达到这个目标，最为有效的手段是学习。而"学在官府"的庠序之教便肩负着贵族干部培训学校的职能。这些通晓历史、熟读"春秋"的贵族一旦执政之后，便一身而二任：既是社会生活的管理者，又是文化的传播者；既是案件的裁判官，又是民众的教育者；既是民之长吏，又是民之父母；既读有文之简，又写无字之书。总之，他们所具备的综合人文素质本能地使他们始终成为一个真正的贵族。

三、贵族精神与"大儒风范"

　　战国时代的社会变革，对贵族政体和贵族精神而言，也许是一场劫难。"君使臣以礼，臣事君以忠"（《论语·八佾》）的贵族式的君臣关系，被尊君卑臣、君权独尚的官僚式的主仆关系所取代。君主拥有至高无上的权威，他独揽立法大权，并使成文法典成了君权的延伸之物。臣僚对君主负责，并受君主支配。臣下对君主的忠诚是通过恪守君主制定的法律来实现的。先前贵族政体中下级贵族在上级贵族面前的相对独立的身份和发言权已经荡然无存。为了保证司法活动在时间上和空间上的统一性，最有效的方法是把法律制定得越详细越好，把社会生活的各个领域和各个细节都统统纳入法律轨道。并将法律公之于众，使家喻户晓、互相监督。在司法审判活动中，法官不能违背法律规定凭借个人的判断来审理案件，不能援引以往的判例，更不能背离法律而创制判例。详而备之、密如凝脂的法条，使司法审判就像做加减法一样简便易行、准确无误，而众多官僚式的法官究其实不过成了国家司法大机器上的无数个尺寸一致、功能同一的齿轮或螺丝钉，他们的千篇一律、平庸无奇和没有个性，是保证国家司法机器正常运转的必备条件。

新兴地主阶级用血与火的政治革命摧毁了贵族政权及其根基，用文化革命清扫了"礼"的世界，用司法变革涤荡了判例法，确立了成文法，用官僚法官取代了贵族法官。在这种严峻的形势下，贵族政治没落了，贵族精神黯然失色。它们只能借助文化典册留住自己的根，等待来日生根发芽。

战国时期的社会变革和思想革命，使贵族精神得到深刻改造。这主要是儒家近人远神、"爱人"的"仁"和法家"刑无等级"的"法"。两者充当着文化革命的"批判的武器"和"武器的批判"的角色。经过"仁"、"法"的冲洗和过滤，贵族精神中包含的鬼神观念和狭隘的种族血缘意识所剩无几了。特别是经过以孔子、孟子、荀子为代表的几代儒家大师们的改造，原先的贵族精神变得更具有普遍性、适应性，更贴近生活和寻常百姓，因而更具有感召力。于是，在儒家辞典里，原先的贵族精神更名为："君子之风"、"士大夫之气"和"大儒风范"。

从贵族精神到"大儒风范"，是具有局部质变的一个过程。这一过程不仅摈弃了原先贵族精神所具有的鬼神观念和狭隘血缘意识，更为重要的是，一方面，把贵族精神从原先的宗法贵族政体上面剥离出来，使它逐渐和新出现的具有生命力的官僚政体挂上钩。这种新的政体，正由于为优秀平民提供了步入政治舞台的平等机会而具有广泛的民众基础。另一方面，经过改造的贵族精神即"大儒风范"，又作为一种清洁剂和润滑剂，清除官僚政体内部的消极因素，这主要是否定和限制个人首创精神的形式主义和机械式的法制管理模式，从而使新的官僚机器运行得更为合理、更为有效。

在从旧式的贵族精神到"大儒风范"的改造过程中，先秦儒家大师所起的作用是有差别的。总的来看，孔子、孟子的作用主要是改造，即克服旧贵族精神的鬼神意识和狭隘的宗法血缘观念，使它更具有"全民性"和"现实性"。孔子、孟子还通过亲身的民间教育培养了一大批具有儒者风范的优秀知识分子，为贵族精神的改革和发展提供了组织上和理论上的保障。荀子的作用则主要是使经过孔、孟改造过的贵族精神，同旧的贵族政体彻底"断乳"，并把它和新的官僚政体结合起来。荀子亲眼看到缺乏个性和个人首创精神的官僚政体的弊端，决心用新的贵族精神来对其加以改良。与孔、孟不同的是，孔、孟是站在"精神贵族"的立场上来改良贵族精神，而荀子则是站在官僚政体的立场上来运用"大儒风范"。

在孔子、孟子、荀子的眼光中，执政者或知识分子都是有层次之分的，如"君子儒"与"小人儒"，"雅儒"与"俗儒"，"雅士"与"俗士"，"大儒"与"小儒"。从对"君子儒"、"雅儒"、"雅士"、"大儒"的界定之中，我们不仅看到了古老贵族精神的传承,还看到了古老贵族精神的蜕变。而全面为"大儒风范"作出诠释并力主推而广之的,就是荀子。

四、"大儒风范"与"混合法"理论

荀子的"大儒风范"之说具有鲜明的时代气息和实践色彩,并与司法审判活动紧密结合,形成了立意深远的"混合法"理论。

(一)"大儒风范"的时代特征

荀子的"大儒风范"之说具有鲜明的时代特征。这主要表现在以下几个方面:

首先,荀子的"大儒风范"之说,已经将"大儒"从旧的宗法贵族政体上面剥离下来,使之失去原有鬼神意识和狭隘宗法血缘观念的束缚,成为寻常百姓均可通过后天学习和自我改造而能够达到的境界。

其次,荀子的"大儒"非在野之儒,而是在朝之儒。因此,他们既不具有与当权者的隔膜和不合作精神,也不具有不着边际的、好听不好用的理想主义色彩。荀子从实际的施政和司法的角度来概括"大儒"的政治品格和业务素质。

再次,荀子的"大儒风范"已经和当时新兴地主阶级的官僚政体相融和。并用"大儒风范",充当官僚队伍的最高标准和行为典范,要求新式官僚们努力学习,提高道德水准和业务能力,以担当治理未来统一的泱泱大国的重任。

再次,荀子的"大儒风范"之说与当时司法审判活动相结合,旨在指导司法审判活动。实际上"大儒"正是荀子心目中的优秀法官的代表,他们所具有的高水平的道德操守和业务能力,足以担当全国立法和司法的大业。

最后,荀子的"大儒风范"之论,又是针对当时片面重视成文法,严格限制和束缚法官的个性与首创精神的司法状况,和法官队伍素质不高的现实情况提出来的。他所要求的法官不是只懂"法数"而不懂"法义"的执法工匠,而是能够既创制法律又实现法律、熔司法与立法于一炉的法律大家。

(二)"大儒风范"与"人治"理论

不论是原先的贵族精神,还是荀子的"大儒风范",其共同之处是重视统治者个人的素质和作用。但仔细分析,就可以发现,孔子、孟子主要是重视统治者个人在治理国家或领地的全局性的作用,即以身作则的道德感召作用,和自我修养、自我约束的意义;而荀子则主要是在法律实践活动的背景下,强调统治者法官的主导的关键性地位。就这一点而言,荀子第一次提出了堪称法哲学领域中永恒主题之一的"人法"关系的著名论断。

荀子认为,人是社会的主宰。人类社会的所有文明,都是人类社会实践活动的产物。为了共同生存和发展,就需要社会分工,即"明分使群",组成社会。而"君子"作为社会的管理者担负着立法和司法的使命。"君子"的作用便是创造法和实现法。他说:"君子者,法之原也","君子"是产生法的本原。"有治人,无治法"(《荀子·君道》),即有尽善尽美的人而无尽善尽美的法,法总是有毛病的,正如南宋朱熹所说:"大抵立法必有弊,未有无弊之法,其要只在得人"。(朱熹:《朱子语类》卷一零八)因此,治理国家不能靠有毛病的"法",而只能靠尽善尽美的"人"。荀子认为,"法"的毛病是不可能包揽无余,又不能随机应变,因此,全靠"君子"的拾遗补缺和临事权宜。即使"法"在一时是完备的,也全靠"人"的创造性的执行,才不致走样。

(三)兼收并蓄的"混合法"理论

生活在战国末期的荀子,有机会对西周春秋"议事以制"的"判例法",和战国"事皆决于法"的"成文法",进行观察、比较,有条件对诸子百家的法律学说进行研究、分析,并针对当时盛行的成文法所体现出来的弊端,提出全局性的宏观策略。这个策略就是兼取"成文法"和"判例法"之长的"混合法"。

荀子说:"礼者,法之大分,类之纲纪也。"(《荀子·劝学》)礼是法、类的根本性指导原则。这句话包含以下几层含义:一,礼是国家治理社会所依据的包含道德、伦理、习俗在内的总体原则;二,法是指国家制定的,具有文字和体裁等表现形式的,予以公布使百姓皆知的,规定何为违法犯罪又当如何处分的成文法典或成文法规;三,类是判例,故事或判例、故事所体现出来的具体法律原则。在战国时代,在法律渊源方面,还未形成像一个多世纪以前的欧洲大陆法系那样绝对的只承认成文法而不承认判例法的观念。起码在齐国是这样。如《方言》卷七所载:"齐人谓法为类。"明确视判例为法的渊源。这种将成文法典与判例等量齐观、一视同仁的见解,正是"混合法"的最早的理论支柱。

荀子提出"混合法"操作的基本方式,即:"有法者以法行,无法者以类举,听之尽也。"(《荀子·君道》)是说,在审判中,有法律明文规定的,就比照法律规定加以裁判;在没有法律明文规定或现行法律明显落后社会生活而不再适用之际,就援引以往的判例、故事,从中引申出某种具体法律原则来裁判案件。

在荀子看来,"有法者以法行"的"成文法"样式,在当时已被各国的新兴地主阶级发挥得淋漓尽致了,而"以类举"即"议事以制"的"判例法"样式却受到严厉的制约。因此,问题的关键是复兴"判例法"。其中,最重要的有两条:一是确认"礼"的最高法源的地位;二是重新正视"人"的个性和首创精神。只要确立"与天地同理,与万世同久"的无所不包的"礼"的指导地位,又承认"人"的机动灵活性,就能推行科学合理的"混合法"样式。这就是荀子"隆礼重法"主张"人治"的深义之所在。

从上述角度来分析荀子的"大儒风范"之说,就不难领会其真谛了。他说:"法不能独立,类不能自行,得其人则存,失其人则亡。"(《荀子·君道》)意思是说,法律条文不会自行产生和实施,判例、故事也不会自行创制和适用,关键在于有贤能的法官来运作,否则,法条、判例再完美也形同虚设,毫无价值。"得其人"中的"人",就是"大儒"。

荀子在《儒效》中提出儒有三等:俗儒、雅儒、大儒。

俗儒是略晓学问以求衣食,却不懂学问之大义、毫无个性的人:"略法先王而足乱世","不知法后王而一制度,不知隆礼义而杀诗书","呼先王以欺愚者而求衣食","若终身之虏而不敢有他志,是俗儒者也"。

雅儒是谨守成法而不知法之所不及的人:"法后王,一制度,隆礼义而杀诗书,其言行已有大法矣,然而明不能齐法教之所不及、闻见之所未至,则知不能类也,知之曰知之,不知曰不知,内不自以诬,外不自以欺,以是尊贤畏法而不敢怠傲,是雅儒者也"。

大儒是深明古今之大义、法律之宗旨,能够以不变应万变的人:"法先王,统礼义,一制度,以浅持博,以古持今,以一持万,苟仁义之类也,虽在鸟兽之中,若别白黑,奇物怪变,所未尝闻也,所未尝见也,猝然起一方,则举统类而应之,无所疑怍,张法而度之,则奄然若合符节,是大儒者也"。

可见,雅儒与大儒的差别就在于是否能够精熟地运用"法"和"类",前者只会用"法"而不明其"类",后者则既明"法"又明"类"。雅儒与大儒之别,近似于劲士与圣人之别:"行法志坚,不以私欲乱所闻,如是,则可谓劲士矣";"修百王之法,若辨白黑,应当时之变,若数一二,……如是,则可谓圣人矣"。

荀子认为,大儒和圣人并非高不可攀,只要努力学习就能够达到:"积贩货而为商贾,积礼义而为君子","涂之人百姓,积善而全尽,谓之圣人","故圣人者,人之所积也"。(《荀子·儒效》)

要成为大儒式的法官,就必须学习"法数"、"法义",特别是"统类"。荀子说:"不知法之义而正法之数者,虽博,临事必乱。"(《荀子·君道》)"法数"是指成文法条或法言法语之所谓。"法义"是指法律原理或立法宗旨。只知法条而不知法律原理是不能审好案件的。他还说:"人无法则伥伥然,有法而无志(知)其义则渠渠然,依乎法而又深其类,然后温温然"。(《荀子·王制》)"类"是高于"法义"的法律原则或法律意识,也是创制和适用判例的指导方针:"类不博,虽久同理"(《荀子·解蔽》),"以类度类"(《荀子·不苟》),"以类行杂,以一行万"(《荀子·王制》),"推类接誉,以待无方"(《荀子·君道》)。在"类"之上还有"统类",这是国家支配政治法律实践活动的总政策,或曰"法律传统"。"以圣王之制为法,法其法以求其统类。"(《荀子·解蔽》)"卒然起一方,则举统类而应之。"(《荀子·儒效》)这样便能无往而不胜。

五、贵族精神与判例法实践

在西周春秋的判例法时代,贵族精神直接影响着当时的判例法实践活动。熟读《春秋》(泛指史书)、谙悉典故的叔向、子产等贵族代表,都是以学者的姿态旁征博引裁判案件的。重要的案例常常被铸之鼎上,置之庙堂,以示威严与长久。今天,我们读一读西周出土礼器上的案例铭文,也许会体味到,就是这些古代贵族法官,凭着他们的阅历与敏锐,从习俗中寻找法律,将传统付诸现实,把现实又变成传统。

战国、秦朝,集权政体与成文法的大潮将贵族精神与判例法冲得体无完肤。但是,西汉以后,儒家思想入居正宗,秦式旧法与之不协,加上成文立法难于一气呵成。在这种特定背景下,判例法又复兴了。这就是汉代大儒董仲舒始作俑的"春秋决狱"。其历史意义不仅在于使儒家经义高居于法律之上,还在于恢复了古已有之的判例法。

在司法解释方面,汉代既读经又习律的大师们,肩负着用儒学精义注释法律的使命,使枯燥无味的法条贴近民间并洋溢着义理的气息。同时,大量的"决事比"(判例)既体现着几代法官的集体智慧,又弥补着法条的空白或欠缺;既成为法官培训的有效教材,又为后来的成文立法创造条件。

在整个封建社会,大凡在无成文法典或成文法典不宜于时用之际,优秀的法官便会悄悄打起判例法的旗帜。他们或则宣扬"议事以制"的合理性,或则强调"人"的主观能动性,或则论证判例的重要价值,或则一言不发,把判例结集印行。从汉代的董仲舒到民国初年大理院的法官们,他们都没有拜倒在现行法律面前缄口不语,他们没有片面推崇成文法、贬抑判例法的偏见,而是立足于人类前行的历史之上,勇敢地从传统习俗当中去寻找法源。正是仰仗着各朝各代一批又一批具有贵族精神和"大儒风范"的仁人志士们的努力实践,才使得中国传统法律文化沿革史,由于充满着人与法的碰撞、律与例的磨擦,而显得丰满、和谐、优美。这一首由成文法和判例法双重演奏的古歌,正是人类法律实践领域中独有的中国式的"混合法"的主旋律。

第四节 "判例法"的总体风貌

"判例法"是宗法贵族政体的产物。在贵族政体下,各诸侯国不仅具有相当独立的一系列权力,而且还保持着各自民族的、历史的及文化的传统。宗法血缘链条决定着权力再分配的方向,各级贵族、官吏(包括法官)世卿世禄、子继父业、代代相传。这就造成了当时法律活动的基本特征:地域上的多样性与时间上的连续性,使"帅型先考"、"遵循先例"成为立法、司法的主要原则,即所谓"判例法"。当时的"判例法"具有两个重要特征:一是分散性。当时还没有形成严格的统一的立法原则和司法制度。二是自然性。司法先例没有经过严格的审批程序便自然地变成了判例被后人遵循。"判例法"是对"任意法"的否定,是古代人们在实践中探索法律活动客观规律的伟大尝试,它为后世留下了宝贵的法律文化遗产。

一、从御廌到御事:判例法的产生

"任意法"时代的法官称作"御廌",颇具神权色彩。随着法律实践的连续进行,产生了"任意法"的否定因素。比如,审理某一案件,经过占卜,作出判决,以后再遇到同类案件便不再占卜,而直接参照成案判决之,即《尚书·盘庚》所谓"有咎比于罚"。这种做法从某种角度而论已经是"判例法"了,尽管它仅作为某种例外而被笼罩在"神意"的云雾之中。

凭借武力"终大邦殷之命"的"西土之人",初登王位之后,面临的是一个乱纷纷的泱泱大国。周人冷静而现实地制定了"反（返）商政，政由旧"（《尚书·武成》）的基本国策。他们在处理政务和司法时，注意参考和比照殷人的成事或判例，即所谓"肇称殷礼"（《尚书·洛诰》），"陈时臬事，罚蔽（比）殷彝"，"师兹殷罚有伦"（《尚书·康诰》），"先服殷御事，比介于我有周御事"。（《尚书·召诰》）周人抛弃了殷人典册中神权迷信的形式，取其有利于维护周人统治的内容，简洁地加以移植和借用。内容确定之后，就应当选择一个适当的形式。于是，周人给政务官、法官取了个恰如其分的名字："御事"。

"御事"之"御"是执掌、管理之义。"事"是日常政务的成事和司法判例等法律文献的泛称。今文《尚书·周书》"御事"凡16见。其义有二：一是政务官（包括法官），如"告我友邦君、越尹氏、庶士、御事"（《尚书·大诰》），"召太保……师士、虎臣、百伊、御事"（《尚书·顾命》），"邦君御事"（《尚书·酒诰》）。这里的"御事"等于商代的"执事"。（《尚书·盘庚》）但《周书》"执事"仅一见。（《尚书·金縢》）二是判例。如《尚书·召诰》谓："王先服殷御事，比介于我有周御事，节性，惟日其迈，王敬作所，不可不敬德。"大意是说，先参照殷人的判例，逐渐形成我们周人的判例。在审判中要节制喜怒之情，因为判例的作用是十分久远的。王要谨慎地判决，不能失去民心。"王敬作所"即"君作故"（《国语·鲁语》）之义，君主的所作所为将被当成"成事"记载下来并为后人效法，故不能不谨慎对待。

既然"御事"是判例，那么运用判例来审判案件的法官也被称为"御事"，则是十分自然的。《左传·文公七年》载："华御事为司寇"。古代有以职官为名的习惯，比如《左传·文公十一年》有"司寇牛父"，《左传·哀公二十五年》记卫国有人名"司寇亥"。春秋时卫国有礼器铭文有"司寇良父"①。"华御事为司寇"，是"御事"为法官代名词之一证也。

"御"是执掌之义，故"御事"又称"执事"。春秋时多称法官为"执事"。"以烦执事"与"以烦司败"、"以烦刑史"、"以烦司寇"可互代也。如《左传·襄公十六年》载："偃知罪矣，敢不从执事"；"寡君来烦执事，惧不免于戾（罪）"。《国语》还有"得罪于下执事"的说法，等等。

古代"事"、"史"同字，故"御事"又称"御史"。《周礼·春官·御史》有："御史掌邦国都鄙及万民之治令。"战国时职官之序有"执法在旁，御史在后"（《史记·滑稽列传》）之制。"御事"、"御史"遂成为司法监察官之名。《睡虎地秦墓竹简》有"岁雠辟律于御史"的规定。可见，秦代"御史"成了兼理法律文献的职官。

总之，"御事"取代"御鷹"成为法官的称呼，这本身就意味着"任意法"时代的终结和"判例法"时代的诞生。

---

① 王文耀编著：《简明金文词典》，上海辞书出版社1998年版，第109页。见《司寇良父簠》："司寇良父作为卫姬簠。"又《十年上军矛》："十年邦司寇富无"；《十二年矛》："十二年邦司寇野弗"。

二、象魏·诰命·五罚:单项立法

在"判例法"时代,统治者为了从宏观上统一法律实践活动,曾分别制定并颁布了稳定的、半稳定的和临时的法律规范。

(一)稳定的法律规范:法律原则与刑罚制度

稳定的法律规范主要指立法司法的重大原则和刑罚制度。前者如《左传·昭公七年》所载"有亡荒阅"的"周文王之法",意思是发生牛马奴隶丢失且无人返还的,就在可疑地区进行大搜捕;《左传·文公十八年》所记周公所作的《誓命》:"毁则为贼,掩贼为藏,窃贿为盗,盗器为奸,主藏之名,赖奸之用,为大凶德,有常无赦,在九刑不忘";《尚书·吕刑》所谓"五辞简单,正于五刑","五刑之疑有赦","上下比罪,无僭乱辞","刑罚世轻世重","两造具备,师听五辞",等等。后者即墨、劓、剕、宫、大辟五种刑罚。这五种刑罚制度是公布于众(即"无隐")的,正如《国语·鲁语》所谓:"大刑用甲兵,其次用斧钺;中刑用刀锯,其次用钻笮;薄刑用鞭扑,以威民也。故大者陈之原野,小者致之市朝,五刑三次,是无隐也。"

(二)半稳定的法律规范:定期颁布的"象魏之法"

半稳定的法律规范指定期制定并颁布的"象魏之法"。"象魏"又称魏阙,"魏"即高大之义。《左传·闵公元年》:"魏,大名也。""象魏"本是天子、诸侯王宫外对称高立的一对建筑物。"象"即图形,古时百姓多不识字,故统治者将法律政令图象化后加以颁布。由于这些图象化的法律政令经常悬挂在"魏阙"上面让人们观看,故叫作"悬象于魏"。久而久之,"魏阙"和法律政令便成为密不可分的统一体。"象魏"既成了专门公布法律政令的场所,又成了法律政令的代名词。《左传·哀公三年》载:鲁宫失火,"季桓子至,御公立于象魏之外。……命藏象魏,曰:旧章不可亡也"。"象魏"被称为"旧章"而且可以被取而藏之,此其明证。这种法律政令常于正月颁布。如《周礼·秋官·大司寇》:"正月之吉,始和。布刑于邦国都鄙,乃悬刑象之法于象魏,使万民观刑象,挟日而敛之。"

(三)临时性的法律规范:诰、命、誓

临时性的法律规范常因一时一事而发,如《兮甲盘铭》:"毋敢或入蛮宄布,则亦刑","敢不用令,则即刑扑伐"。①《尚书·费誓》:"越逐不复,汝则有常刑","无敢寇攘,……汝则有常刑"。《左传·哀公三年》:"命不共,有常刑"。《国语·越语》:"进不用命,退则无耻,如此则有常刑。"《逸周书·大匡》:"有不用命,有常不违"。《周礼·地官·司徒》:"不用法者,国有常刑"。

(四)"单项立法"与"秘密法"

"判例法"时代立法的最大特点是"单项立法",即分别规定关于违法犯罪

---

① 郭沫若:《两周金文辞大系图录考释》,科学出版社1957年版,释文部第143页。

的概念特征、司法的一般原则和刑罚制度。吾师张国华先生在论述子产"铸刑书"事件时曾有这样一段话:"以往的奴隶主贵族……他们为了滥用刑罚,根本不肯公开颁布什么行为是犯罪以及犯什么罪该判什么刑的刑书。其原因主要在于使人民经常处于'刑不可知,则威不可测'的极端恐怖之中,以便奴隶主贵族能独断专行,擅作威福。这正是奴隶社会长期以来的惯例和赋予奴隶主贵族的特权。"① 笔者关于"单项立法"、"判例法"、"二项合一"、"成文法"的概念皆源于此。只不过是用另外一种方法来阐释吾师的深义。前两种内容类似于后来封建法典中的《名例》,姑且称之为"名例项";后一种内容类似现在刑法典中的"刑罚"部分,姑且称之为"刑罚项"。两项内容是分立的,没有合在一处。前述各类法律规范均泛称应当做什么或不应当做什么,否则"有常刑"。具体应处何种刑罚,是不明示的。可见,"名例项"不涉及具体的刑罚内容,而"刑罚项"也不涉及违法犯罪的内容。"名例项"变化较大,"刑罚项"又相对稳定,把两项合为一典,尚需长期法律实践经验的积累。

"单项立法"给司法带来的必然结果有二:首先是判例(姑且称为"判例项")地位的提高。法官以"名例项"和"刑罚项"施用于具体案件,作为判决,是为判例。这种方法即所谓"议事以制"。亦即《庄子·田子方》所谓"缓佩玦者(指法官)事至而断"。这种判决既适用本案当事人,又对以后的同类案件的审理具有指导或参考作用。其次是使法官处于关键地位。由于"名例项"、"刑罚项"、"判例项"三项是分离的,因此法官对某一具体案件的裁决完全取决于他对"三项"内容的理解和对案件事实的评价。判例的特殊价值和法官的关键性作用,正是"议事以制"的审判方式的基础。

"判例法"时代的法律之所以具有"秘密法"的特征,其原因有二:一是在"议事以制"的情况下,对于一般平民来说,除了简单的政令和刑罚手段之外,作为整体意义上的"名例项"、"刑罚项"、"判例项",是无从知晓的。对某一具体行为是否系违法或犯罪,又应处何种刑罚或承担何种责任,也是无法预先明知的。其次,当时的法律文件多由专职人员收藏于官府,或铸之于金属礼器,称为"刑器",谓"器以藏礼"。(《左传·成公二年》)在贵族诉讼中,往往由败诉一方出资铸器,记载争讼的原因、经过和判辞,如《朕匜铭》。也有受罚的贵族铸器的,如《师旅鼎》,即"师旅受罚遂铸器以纪其梗概","受罚而铭器,此例仅见"。② 这些都是"大伐小取其所得以作彝器"的古老战争惯例在司法中的反映。其目的在于"铭其功烈以示子孙,昭明德而惩无礼"(《左传·襄公十九年》)。这些礼器上所铸的铭文实际上都带有广义判例的色彩。"刑器"是用来规范人们行为的,具有不可违犯的权威。正如同"型"(模型)规范熔化的金属一样,"刑器"上面的文字也制约着人们的行为。故《礼记·王制》说:"刑者侀也,侀者成也,一成而不可变。"这些载有法律原则和判例内容的"刑器"是贵

---

① 张国华、饶鑫贤主编:《中国法律思想史纲》(上),甘肃人民出版社1984年版,第72页。
② 郭沫若:《两周金文辞大系图录考释》,科学出版社1957年版,释文部第134页。

族统治权和司法权的象征,它们被置于贵族的庙堂之中,奉于祖先神灵的祭台前面,不许平民入而观之,所谓"恃手而食者不得立于宗庙"(《荀子·礼论》);"国之利器不可以示人"(《老子》三十六章)。综上二因,致使当时"临事制刑,不豫设法"的法律制度颇具"刑不可知,威不可测"(《左传·昭公六年》孔颖达疏)的"秘密法"的意味。此非人为也,其势使然也。

三、中·史·事:议事以制

"判例法"时代司法审判的基本方式是"议事以制",即参酌依据以往的判例以审理判决。

(一) 中:刀笔与竹简

"中"由"口"和"丨"组成。《说文解字》:"中,和也,从口丨。上下通";"口,人所以言食也";"丨,上下通也"。口中出言,言出于口。《诗经·小雅·正月》:"好言自口,莠言自口。"又《尚书·说命》:"惟口起羞,惟甲胄起戎。"则"口"以代"言"。"中"即上下连贯的一段语言。"口"又为竹简之象形。"丨"有刀笔之义,将一段相对完整的语言书刻在竹简上面,是为"中"。"中","正也";"正,是也"。可知"中"是一种行为,即把正确的客观事物、行为以文字形式载于竹简;"中"又是一种结果,即通过刻书在竹简上的文字所体现出来的正确的行为准则。换言之,"中"是书刻在竹简上的成事和判例,是日常政务和立法审判活动的真实记录。它们经过实践检验证明是正确可行的,故对后人的行为具有指导和规范作用。久而久之,"中"就成了正确的判例故事的简称和正确行为准则的代名词。有学者提出"中"字是远古"立竿测影"、确定节气之义。① 这样,"中"亦代表正确的标准。两种解释可谓殊途同归。

古代典籍之"中"字多取其原始本义。如《尚书·吕刑》:"允执厥中","观于五刑之中","士制百姓于刑之中","惟良折狱,罔非在中","咸中有庆"。《左传·文公元年》:"举正于中,民则不惑。"《周礼·秋官·司寇》:"断庶民狱讼之中","求民情,断民中","狱讼成,士师受中","凡官府多州及都鄙之治中,受而藏之"。《国语·晋语》:"鬻国之中。"《论语·子路》:"礼乐不兴则刑罚不中。"《礼记·檀弓下》:"杀人之中,又有礼焉。"不胜枚举。"中"可以"执",可以"观",可以"受",可以"藏",俨然就是法律文件的代名词。

(二) 史:持"中"之职

《说文解字》:"史,记事者也,本作叓,从又持中,中,正也。""又,手也,象形。"《玉篇》:"史,掌书之官也。"《周礼·天官·宰夫》:"史掌官书以赞治。"郑玄注:"赞治,若今起文书草也。"《诗经·小雅·宾之初筵》:"既立之监,或佐之史。"《礼记·曲礼上》:"史载笔,士载言。"又《玉藻》"动则左史书之,言则右史书之。"其他古籍亦称"史献书"、"史为书"、"史定墨"、"太史守典"、

---

① 陆思贤:《神话考古》,文物出版社1995年版,第366—367页。

"工史书世"、"左史能道训典"、"外史掌书外令"、"小史掌邦国之志"、"内史掌王之八柄之法"、"内史掌王命"、"大史掌建邦之六典",等等。可见"史"是专门负责记录政事法令和整理以往重要文献的职官。

最早的"史"是占卜之官,他们既要忠实于神的征兆,又要恪于职守,故养成了"忠"和"直"的职业道德。正如春秋晋占卜之史史苏所谓:"兆有之,臣不敢蔽。蔽兆之纪,失臣之官。有二罪焉,何以事君?"(《国语·晋语》)这种品质和风范为"诸史"所承继,故历史上不乏直言犯上、忠于史实、"书法不隐"(《左传·宣公二年》)、"以死奋笔"的"古之良史"(《国语·鲁语上》)。《左传·襄公二十五年》:"大史书曰:'崔杼弑其君'。崔子杀之。其弟嗣书,而死者二人。其弟又书,乃舍之。南史氏闻大史尽死,执简以往。闻既书矣,乃还。"所执之"简"就是"中"。一幅忠于史实、坚贞不渝、不畏强暴、以命相抗的持"中"之"史"的群体形象,跃然于纸上。

(三)事:判例故事

《说文解字》:"事,职也,从史之省声。"甲骨文、金文"事"与"史"、"吏"为一字。"吏,治人者也,从一从史。"可见"事"、"吏"皆源于"史"。随着国家职官制度的完善,先前粗有所司的"诸史"不断分工,各管一摊,精于一门,于是产生了"吏"。春秋以前,大小官皆称为吏,如"三公"亦称"三吏"。"吏"所精通的本职事务、惯例通称"事"。可见"吏"、"事"是"诸史"及其所操之职事不断分工的产物。

"事"即是"吏"专职行为本身,即"从事"、"事奉"之义;又是其行为的直接对象,即政务之故事和司法判例。"吏"便依照既成的模式和方向来处理现实的事件。古代典籍言"事"者颇多,如《尚书·康诰》:"未有逊事";《左传·襄公二十三年》:"顺事恕施";《逸周书·大开武》:"淫巧破制,淫权破事";《国语·鲁语上》:"卿大夫佐之受事焉";《周礼·秋官·朝大夫》:"日朝以听国事故";等等。这里的"事"均指成事、判例。

(四)议事以制

《左传·昭公六年》载晋卿叔向说的一段话:"昔先王议事以制,不为刑辟"。这是对"判例法"时代法律样式基本特征的高度概括。大意是说,从先王到今天都是参酌引用既有判例来审判量刑的,不预先制定包含什么行为是违法犯罪又当处以何刑两项内容的刑法典。这里的"事"就是判例;"议"是选择、评判、研讨之义,亦即《周礼·地官·遂师》"比叙其事而赏罚"之义。

在世卿世禄的贵族政体下,政治权力连同从事政治法律活动的知识、习惯、常规、技能、艺术、方法等一齐按照"嫡长继承制"的链条传递下去。前车后辙,上行下效,前事不忘,后事之师。祖辈的行为、言论、典章、旧例对后辈具有巨大的影响,而"议事以制"的"判例法"正是"敬天法祖"、"帅型先考"的时代风尚在司法领域中的自然体现。

在长期的司法实践中,形成了如下几条重要司法原则:

1. "仿上而动"、遵循先例的原则。如《国语·吴语》:"夫谋必素见成事焉,而后履之,不可以授命";《国语·周语下》:"启先王之遗训,省其典图刑法,而观其废兴者,皆可知也";《国语·周语下》:"赋事行刑,必问于遗训,而咨于故实,不干所问,不犯所咨";"宾之礼事,仿上而动";"纂修其绪,修其训典,朝夕恪勤,守以敦笃";《左传》:"执事顺成为臧";《尚书·皋陶谟》:"率作兴事,慎乃宪……屡省乃成";"明启刑书胥省,咸庶申正";《荀子·君道》:"守职循业不敢损益,可传世也而不可使侵夺";《荀子·议兵》:"立法施令,莫不顺比";等等。都强调以先前的故事成例为处理当今案件的准则。

2. "无从非彝"、"上下比罪"的原则。《国语·周语中》引"先王之令":"无从非彝,无即慆淫,各守尔典,以承天休";《国语·鲁语上》:"犯顺不祥,以逆训民亦不祥"。适用判例时要认真选择,《尚书·吕刑》:"勿用不行","上刑适轻下服,下刑适重上服"。对由于"自伐而好变,事无常业"而产生的不足为鉴的故事,无论是先前的还是现在的,都不能援引。

3. "广谋众咨","集大来定"的原则。在司法中应当"顺于典型而访咨于耆老而后行之","事莫若咨","咨,寡失也"(《国语·周语》),"讲事不令,集人来定"。(《左传·襄公五年》)

4. "纂修其绪,修其训典"(《国语·周语》)的原则。对待既有的成例,要加以整理,知其变化,领会其精神,结合当今实际加以修正,要"师心"而不死守旧框框。所谓"师心"即仿效遵从其精神和原则。正如《庄子·人间世》所云:"成而上比者,与古为徒。其言虽教,谪之实也。古之有也,非吾有也。若然者,虽直而不病。是之谓与古为徒。若是则可乎?仲尼曰:恶,恶可。大多政法而不谍。虽固,亦无罪。虽然,止是耳矣。夫胡可以及化。犹师心者也。"

5. "非礼勿籍"(《左传·成公二年》)、无害后世的原则。《国语·鲁语》说:"君作故"。君主所作的决定或判决对后世即成为先例故事,因此必须慎重。要做到"上之可以比先王,下之可以训后世"。"君作而顺,则故之,逆则亦书其逆也"(《国语·鲁语》)。"贿无成事",徇私枉法裁判的成例不得援引。违礼的判决不能载于史册,恐贻害于后世。

6. "作事应时"、"大事不法"的原则。在特殊情况下应不失时机地创制新判例,叫作"有循于旧名,有作于新名"(《荀子·正名》)。

(五)法律编纂方式:以刑统例

在判例法时代,法律规范的主要形式是判例。判例的编纂方式是以刑统例。即在墨、劓、剕、宫、大辟这五种刑罚后面,分别记载曾受此刑罚制裁的判例。比如:

墨刑——判例甲、乙、丙、丁、戊……
劓刑——判例子、丑、寅、卯、辰……
剕刑——判例一、二、三、四、五……
宫刑——判例1、2、3、4、5……

大辟——判例 A、B、C、D、E……

　　刑罚的轻重本身就表示着罪行的轻重。这种编纂方式即所谓"五刑之属三千"。"三千"者,言其多也。非指法条、法令,而是指以往的判例。对判例进行分类的标准是刑罚,不是罪名。而罪名之制是战国时代产生的。罪名之制的产生引起法律编纂方式的重大变革,这就是"以罪统刑。"

四、审判实例与法官

　　从古代典籍和出土文物中可以找到西周春秋时期的审判实例。

　　西周中期的《曶鼎铭》载有两宗判例。其一,不履行买卖合同而引起的诉讼案。大意是:某年月日,法官某受理诉讼,原告某申明诉由,法官某做出判决,被告某服从判决。其二,侵犯他人财产权而引起的诉讼案。大意是:某年,某甲抢了某乙的谷物,某乙告官,要求赔偿,官府作出裁决,被告同意赔偿,但未及时履行,原告又起诉,官府再次判决,被告服从。①

　　西周晚期的《矢人盘铭》记有一宗因侵犯土地所有权引起的诉讼案。大意是:某甲扩充自己的领地,侵占了某乙的田地(陈述田界被侵占的方位),某乙告到有司,某月某日,有司作出判决,被告发誓,表示服从判决,在王廷交换田界之图。②

　　《左传·昭公元年》载郑国执政子产判决的一宗伤人案。大意是:族兄弟公孙黑、公孙楚因争聘同一女子而结怨,黑欲杀楚,结果反被楚用戈击伤。子产判决道:诉讼双方曲直相等,则年幼的一方有罪,国家的礼制有五条:敬畏国君,服从政令,尊重贵人,事奉长者,奉养亲属,这五条公孙楚都触犯了,国君不忍杀之,就流放到边远地方去吧。

　　《左传·昭公十四年》载晋国叔向审理的一宗杀人案。大意是:邢侯和雍子争田而讼,雍子无理,便赠送美女以贿赂法官叔鱼,叔鱼枉法曲判邢侯有罪。邢侯怒杀叔鱼和雍子。叔向判决:三人罪行均等,应杀邢侯而暴叔鱼、雍子之尸。自己有罪还想胜诉是"昏",贪婪而败德是"墨",擅自杀人是"贼"。《夏书》说;昏、墨、贼,应处死。这是皋陶的法律,应照此办理。

　　以上审判实例曾被铸之鼎盘,书之典策,对当时及后世的审判必定发挥了指导作用。

　　在"判例法"时代,案件的正确审理,在很大程度上取决于法官个人素质的优劣。因此,法官的品质与才能受到特别的重视。当时,优秀法官的标准有二:一是"直",是法官的道德品质。"直能端辨之",即公平正直、不偏不颇、不畏强暴、忠于职守;二是"博",是法官的业务水平。"博能上下比之",即熟知古往今来的判例故事并能准确适中地援用。因此,很多杰出的政治家或官吏都"求多闻以监戒",成为能够"端刑法、缉训典"(《国语·晋语八》)的知名法官。

---

　　① 郭沫若:《两周金文辞大系图录考释》,科学出版社 1957 年版,释文部第 96—99 页。
　　② 同上书,释文部第 129—143 页。

"判例法"时代的法官是学习型的法官。学习的内容就是历史典故。当时不乏"帅志博闻"、"习于春秋"(《国语·晋语七》)、"心率旧典"、"能道训典"(《国语·楚语下》)的学者型官员。"天子听政"尚且离不开"史献书"、"瞽史教诲","而后王斟酌焉,是以事行而不悖"(《国语·周语上》)。法官也不例外:"事莫若咨","赋事行刑,必问于遗训,而咨于故实,不干所问,不犯所咨";"启先王之遗训,省其典图刑法,而观其废兴者,皆可知也"(《国语·周语下》)。历史典故就是风俗习惯。而风俗习惯就是天理人情,就是"礼"。重视天理人情、风俗习惯(礼)的传统一直延续到清代。汪辉祖《学治臆说·法贵准情》说:"律设大法,礼顺人情";"法有一定,而情别千端。准情用法,庶不干造物之和"。汪辉祖特举二例:试某童子,新婚方一日,参见县试时因"怀夹旧文","依法枷示"。结果,新妇自经,童子投水自尽。执法如此,失其本矣。一匠人违法当罚,法官"闻其新娶,若责之,舅姑必以新妇不利,口舌之余,不测系焉。姑置勿问,后若再犯,重加惩治可也"。此仁者之言矣。虽谓枉法,不亦宜乎!在中国历史上,高层次的法官和"判例法"时代的法官是一脉相承的。在司法实践中,人情往往高于法条。这是"礼"大于"法","人"优于"法"的必然结果。这种法律传统与中国文化的大传统是完全一致的。

第五节 《易经》中的古老法条

《易》是西周晚期卜史之官从大量筮辞中抽选出来并按六十四卦三百八十四爻的模式编辑整理而成的一部书。春秋以后,卜史用它占筮,使《易》成了占筮之书。尔后儒家作《十翼》(即《易传》),用自己的宇宙观和道德观对其加以诠释。西汉以降,《易》成了正统儒学的经典之一,故称《易经》。

《易经》原文系经过整理的筮辞,表现出后人连缀的痕迹。筮辞之间有的是相互独立的,彼此无干;有的有联系,或自上而上,或自下而上;或超越卦的界限,遥相呼应。孔子读《易》,"韦编三绝",三者多也。这也许是孔子发明的打破卦的界限来对筮辞进行比对,寻找其内在联系的一种研究方法。《易经》是西周和西周之前古代社会生活和人们思维活动的真实记录。其中许多内容涉及当时的法律制度和风俗习惯。这些法律制度和风俗习惯可以追溯到殷商甚至殷商之前的远古时代。《易经》为我们今天研究远古法律实践活动提供了十分宝贵的材料。

一、民事法律制度

西周已确立土地国有制下的动产私有权制度。动产包括:臣、妾、童、仆、牛、马、羊、农作物、猎获物和日常生活用品。筮辞记载不少动产纠纷而无田地纠纷,这也许是西周实施土地国有制的一个旁证。按当时的法律和惯例,他人的动产所有权是不得侵犯的,否则要受到舆论谴责和制裁。

(一)"不富以其邻"

"不富以其邻"(《谦》),即不能通过侵害邻人的手段来致富。这是一条古老的道德准则。违反这种道德准则,必然受到惩罚:"畜臣妾","执之用黄牛之革,莫之胜说(脱)。"(《遯》)是说对擅自将他人的奴隶藏在自己家中据为己有的,要用黄牛皮带紧紧捆绑以示惩罚。这一准则后来演变成礼的原则:"邻国之难,不可虞也。"(《左传·昭公四年》)

"富以其邻"(《小畜》)往往招致家族间的械斗,即"有孚血去"。"孚",信,证据;"去",《说文解字》:"人相违也。"即人与人发生矛盾纠纷。"血去",血亲械斗、复仇。意谓被他人侵害的一方只要掌握可信的证据,就可以采取武力报复行动。筮辞几次谈到"丧牛于易"(《旅》)、"丧羊于易"(《大壮》),指殷代先王亥到有易部落被土著居民杀死,牛、羊被抢。后来王亥的后代打败有易,夺回牛羊。筮辞引用这个典故阐明复仇的原则,警告人们不要侵犯他人的财产。

这种复仇往往以实施侵害一方的赔偿而终止。《解》:"田获三狐,得黄矢","负且乘,致寇至","解而拇朋至斯,孚","君子维有解,吉,有孚于小人"。黄矢,铜箭头,是认确猎获物归属问题的重要凭证;拇,手提;朋,古以贝为货币,一串为一朋。意谓:打猎时捡到三只受伤的狐,身上插着箭头,把它们放在马背上载回,因而招致一场争斗。捡狐的一方自知理亏,手提货币来到射狐一方的住所,愿以赔偿结束争斗。对方接过货币拴在自己腰间表示和解。这对贪利的人是一个教训。

(二)"无平不陂,无往不复"

"无平不陂,无往不复"(《泰》)是买卖交易的重要原则。"平",议也,此指契约;"陂",借为贩,《睡虎地秦墓竹简》中的《效律》有:"群它物当负赏(偿)而伪,出之以彼(贩)赏(偿),皆与盗同法"。彼借为贩。贩,《说文解字》:"移予也"。贩偿,补垫之义。彼借为贩,是陂借为贩的佐证。移予也,指把财物从此地迁至彼地;往、复,指货物、货币的交换往来。全句意思是:买卖双方如果尚未达成协议,卖方则无义务送货;卖方不送货,买方也无义务交出价金。"朋来无咎,反复其道,七日来复,利有攸往"(《复》)。是说,买方把一部分货币先送到卖方,卖方便送去货物,买方接到货物后在七天内交来全部价金,这对做买卖双方均有利。可见,这是一宗先交付定金再送货的较为复杂的买卖。"利西南,无所往,其来复,吉,有攸往,夙吉。"(《解》)这是建立在相互信任基础上的买卖,达成了协议,货物还没送去,买方就把价金交付了。当时的买卖交易原则完全可以用《拿破仑法典》(即《法国民法典》)的规定作注解。《法国民法典》第1612条:"在买受人未支付价金且出卖人并未同意于一定期间后支付价金的情形,出卖人不负交付标的物的义务";第1702条:"称互易者,谓当事人双方约定互相以,物交换他物的契约";第1650条:"买受人的主要义务,为按照买卖契约规定的时日及场所支付价金"。①

当时的买卖交易活动很频繁。筮辞多见"攸往"、"利有攸往"、"不利有攸往"、"利西南,不利东北"等记载,均指外出做买卖。"西南得朋,东北丧朋"(《坤》),则指长途贩运,在西南卖货得朋,又在东北用朋买货。还有"旅即次,怀其资","得其资斧"(《旅》),"不丧匕鬯","亿无丧","亿丧贝"(《震》),"无丧无得"(《井》),"失得无恤,往,吉,无不利"(《晋》),等等。都是商人活动的真实记录。西周重商,故礼器多有荷贝之形。"无平不陂,无往不复"原则就是在长期的异地远途交易中形成的。

(三)"迷遹复归"

迷,指牛、马、羊跑失,或遗失其他财物;遹,指臣、妾、童、仆等奴隶逃亡;复归,指归还原主。按当时的法律和惯例,凡得到上述财物或奴隶的,应呈报专门机关,归还原主,并可以从原主那里得到偿金,否则将引起诉讼。

《损》:"利有攸往,得臣无家","益之十朋之龟,弗克违,元吉"。一个外出做生意的人"捡到"无主奴隶,奴隶的原主用"十朋之龟"赎回,商人没有拒绝,避免了纠纷。

《旅》:"丧其童仆","怀其资,得童仆","得其资斧,我心不快"。丢失奴隶的原主给了"捡到"奴隶的人一笔报酬,从而恢复了对奴隶的所有权。"捡到"奴隶的人虽然得到财物却感到不合算。

《震》:"亿丧贝,跻于九陵,勿逐,七日得","震行,无眚","亿无丧,有事"。亿,古以十万为亿,此言数量之多;跻,登;陵,山丘、关隘;震,起、举、发;行,即"中行"、"行人"、"行师",专门执掌民事诉讼的职官;眚,过错;事,报酬、酬劳。全句意思是:有人遗失巨额货币,赶往几个关口要道去通报,回答说:不必追寻,七天内可以找到。捡到货币的人通报到官府,经查验,货币完好如初,拾者无过失,应当得到报酬。

《既济》:"妇丧其茀,勿逐,七日得"。茀是装饰品,妇人丢失了装饰品,不必追寻,只要通报官府七日内就可找回。《复》:"迷,复,凶,有灾眚,用行师,终有大败。"归还拾物,但由于过错使失物蒙受损失,这不好,失主告到官府,拾者败诉。同卦还有"不远复,无祗",因路远而未及时归还拾物,这是不忠诚的表现;"频复,厉,无咎",不是一次而是分几次归还遗失之物,这不好,但还未到应受处罚的程度,"敦复,无悔",诚实地原封不动地归还失物,这是无可指责的。《否》有"其亡其亡,系于苞桑",是说将无主牲畜拴在有食物的地方妥为照看,以待失主,这是"敦复"的一个实例。

"七日得"的真实含义是,捡拾遗失物者必须在七天内报官,否则将受到惩罚。战国时有"三日"之说,如《韩非子·外储说左上》:"锥刀遗道,三日可反。"后来形成法律制度,以五日为限。如《唐律·杂律·得阑遗物不送官》规

---

① 《法国民法典》,李浩培等译,商务印书馆1979年版,第227、238、231页。

定:"诸得阑遗物满五日不送官者,各以亡失罪论。"《清律·户律·钱债·得遗失物》规定:"凡得遗失之物,限五日内送官。官物还官,私物召人识认,于内一半给予得物人充赏,一半给还失物人。"

筮辞涉及"行"、"中行"的还有几处:(1)《睽》:"丧马,勿逐;行,复"。丢了马匹,不必追寻,向"行"报告,以待归还;(2)《泰》:"不遐遗朋,亡得,尚(偿)于中行"。因匆忙遗失货币,没有找到,可预先向"中行"交纳一笔酬金,以报答拾者;(3)《益》:"益之,用凶事,无咎,有孚中行,告公用圭"。拾者嫌失主所给的报酬太少,要求增加,并以扣留失物相威胁,这无妨,失主只要将有关证据交给"中行",由"中行"记录在圭板上转呈侯王,听候裁决。可见"行"、"中行"、"行人"是兼理民事诉讼的地方官,他遇到管辖范围之外的案件,须向上级呈报。

"迷逋"事件常常引起诉讼。如《无妄》:"无妄之灾,或系之牛,行人之得,邑人之灾"。捡了别人跑失的牛而不上报,"行人"受理失主的申诉,便在遗失牛的地方进行大搜查,这是当地人的耻辱。《讼》:"不克讼,归而逋,其邑人三百户无眚"。当地人捡到逃亡奴隶后归还原主,以后奴隶再次逃亡,失主不能以"诱逃"为由控告当地人,因为他们没有过错。同卦:"不克讼,复,即命谕安"。不论拾者有什么过错,只要把失物一归还原主,双方就应相安无事,不能再提起诉讼。

关于"迷逋复归"制度,《尚书·费誓》载:"马牛其风,臣妾逋逃;无敢越逐,祗复之,我商赉汝,乃越逐不复,汝则有常刑"。是说,得到跑失的马牛和逃亡奴隶,不能据为己有,要如数归还原主,这样可得到酬金,否则要受到处罚。《周礼·秋官·朝士》:"凡得获货贿、人民、家畜者,委于朝,告于士,旬而举之,大者公之,小者庶民私之"。意思是,凡得到遗失的财物,逃亡奴隶和跑失的牲畜,应向"朝士"报告,由"朝士"招领,十日内无人认领,奴隶马牛归公,小额财物则归拾者,以资酬劳。此处的"朝士"有似于筮辞中的"行"、"行人"、"中行";"旬日"可能类似于"七日",是招领的期限。《左传·昭公七年》载"周文王之法"有一条是:"有亡荒阅"。即奴隶逃亡后被人擅自据为己有而不交还原主,则由政府在可疑地区举行大规模的搜查。《左传·文公六年》载"夷蒐之法",有"董逋逃,由质要"的规定。即处理逃散马牛奴隶归属的争讼,应以购买马牛奴隶的契书为凭据。这同筮辞中的"有孚中行",大致相同。

"迷逋复归"习惯可能最早针对跑失的家畜家禽包括马牛羊之类,后来主要针对逃亡奴隶。奴隶经常以逃亡的方式反抗奴隶主的残酷压迫。于是,如何对待这些表面上看来"无主"的"财产",便成为新的问题。据说商纣王曾经通过某种手段将逃亡奴隶据为己有,侵害了其他奴隶主贵族的私有财产权,从而招致统治阶级内部的离心离德。《左传·昭公七年》载芋尹无宇语:"昔武王数纣之罪以告诸侯曰:'纣为天下逋逃主,萃渊薮。'故夫致死焉。"针对纣王的作法,周文王宣布"有亡荒阅"的新法律,即在奴隶逃亡、马牛跑失的情况下,政府机关有权在可疑地区实行大搜查,以便将上述"无主"财产归还原主。

芋尹无宇说:"周文王之法曰:'有亡荒阅',所以得天下也。"可见,商纣王之失人心,周文王之得人心,其实质在于破坏还是维护奴隶主阶级的财产私有制。

《汉穆拉比法典》规定,自由民藏匿宫廷和奴隶主的逃奴而不交出的,此家的家长应处死;自由民在原野里捕到逃亡奴婢交还原主的,可以从原主那里得到酬金;如果藏匿而不交还原主,应处死;奴隶说不出主人姓名的,必须调查并遣返给他的主人;理发匠未经主人许可而剃掉奴隶发式标记的,应断其手。① 可见,东方奴隶制法律在处理动产(包括奴隶)纠纷上有惊人的相似之处。

二、刑事法律制度

西周统治阶级在审判罪犯、定罪量刑遇到疑问时,常常求助于占筮,这就使筮辞保留了大量关于罪名和刑罚的原始材料。

(一) 罪名

(1) 抢劫罪。《睽》:"见舆曳,其牛掣,其人天且劓。"见,被;曳,拽;掣,拉;天,颠,额,马融注:"凿顶之罚曰天",此指黥额;劓,割鼻。拦路抢劫商人的车和牛,处以黥劓之刑。

(2) 渎神罪。《鼎》:"覆公𫗧,其形(刑)渥(剭)。"覆,颠覆、倾倒;𫗧,祭祀用的食物;形,刑;渥,剭,割破面颜以墨填之。颠覆王公祭祀神灵的食物,是对神的凌渎,处以墨刑。

(3) 欺诈罪。《困》:"有言不信";《夬》:"闻言不信",与《尚书·吕刑》的"罔中于信,以覆诅盟"和《周礼·秋官·司寇》的"作言语而不信者,以告而诛之"意思相同,指对当事人或神明的欺骗行为,要处肉刑或监禁。如《归妹》:"归妹以娣,跛能覆。"女家以欺骗的方法,用身份低的女子顶替身份高的女子嫁到王侯家,对女方家长要处以刖刑,即断其一足。

(二) 刑罚

(1) 拘系。《遯》:"执之用黄牛之革,莫之能说(脱)";《革》:"巩用黄牛之革";《随》:"拘系之,乃从维之";《蒙》:"利用刑人,用说(脱)桎梏"。

(2) 饥饿。《困》:"困于酒食;朱绂方来"。朱绂:红色绳索。指用绳索捆绑犯人,断绝饮食。

(3) 监禁。《坎》:"系用徽纆,置于丛棘,三岁不得"。徽纆,绳索,三股为徽,两股为纆;丛棘,牢狱。《困》:"臀困于株木,入于幽谷,三年不觌"。株木,刑具;幽谷,牢狱;不觌,不见天日,或家人不得探视。"困于石,据于蒺藜",这是一种带羞辱性的刑罚,把犯人绑在石头上,周围布满带刺的灌木,使他动弹不得。与《周礼·秋官·大司寇》所说"凡万民之有罪过而未丽于法而害于州里者,桎梏而坐诸嘉石,役诸司空"大体一致。"困于葛藟",葛藟,带刺的灌

---

① 《汉穆拉比法典》,杨炽译,高等教育出版社1992年版,第20、122页。

木,此指牢狱。"困于金车",金车,可以移动的囚笼。

(4) 笞刑。《夬》、《姤》:"臀无肤"。笞打臀部,笞具可能是带棘的灌木枝条,把人打得血肉模糊。《噬嗑》:"噬肤",泛指文身。

(5) 黥刑。《鼎》:"其形(刑)渥(剭)",《睽》:"其人天且劓"。"剭"和"天"都是黥刑(即刺面)。

(6) 劓刑。《困》:"劓刖,阻于赤绂,乃徐有说(脱)",把犯人用红色绳索捆好,割去鼻子和脚趾,然后慢慢解开。《睽》:"其人天且劓"。《噬嗑》:"噬肤灭鼻"。

(7) 耳刂刑。《噬嗑》:"何校灭耳",何,荷、负。校,木制刑具,用刑具固定犯人头部,割去耳朵。

(8) 刺瞎一目。《履》、《归妹》:"眇能视",眇,瞎了一只眼,仍能看见东西。

(9) 刖刑。《困》:"劓刖"。《履》、《归妹》:"跛能履",割掉一只脚趾,仍可走路。《噬嗑》:"履校灭趾",用刑具(校)固定犯人腿部,截断脚趾。

就筮辞而论,所载罪名少而刑罚多,其原因大致有三:一、当时的司法未臻于成熟,带有某种任意性,尚未形成系统的罪名;二、当时的刑法制度是"以刑统罪"的,刑罚的种类本身就表示了罪的轻重;三、当时的司法制度是适用判例的,即"判例法",而"判例法"的特点是注重犯罪事实和如何处罚,罪名的发达则是"成文法"时代的产物。

三、司法审判制度

从《易经》来看,当时的司法审判制度是多层次的,既有法定审判程序,又保留了传统的审判习惯。

(一) 神判法

就形式而言,以占筮来决定定罪量刑,这本身就具有神判的意思。如《蒙》:"发蒙,利用刑人,用说(脱)桎梏以往。"是说,草木丰茂,可以释放罪犯以从事生产。《归妹》:"跛能履,眇能视,利幽人之贞。"意思是此刻可以施行割趾刺目之刑。《噬嗑》:"履校灭趾,无咎","何(荷)校灭耳,凶",是说处刖刑妥当,处刵刑不妥当。

筮辞保留了神羊裁判的痕迹。《大壮》:"羝羊触藩,羸其角","藩决不羸,壮于大舆之輹","羝羊触藩,不能退,不能遂,无攸利,艰则吉"。"羝羊",公羊;"藩",篱笆;"羸",拘系;"壮",撞;"輹",辐,车轮;"遂",进。当争讼无法判决,用公羊来裁判。其方法是置羊于篱笆圈中,争讼双方分别站在圈外,然后宣读讼辞,看羊冲决哪一方,是把篱笆冲倒,还是把羊角卡在篱笆缝隙里不能自拔,以裁决曲直。《墨子·明鬼》载,有二人争讼,法官不能决,令羊裁判。分别读双方讼辞,结果羊冲决一方,即为败诉。上述两种方法大致相同。

筮辞还涉及神虎裁判。《履》:"履虎尾,不咥人,亨";"履虎尾,愬愬,终吉";"履虎尾,咥人,凶";"履道坦坦;幽人贞吉"。"咥",咬;"愬愬",畏惧状。对犯罪的人是否处死,存在争议,于是由虎来裁判。其方法是让犯罪者把脚伸进虎笼去踩虎的尾梢,如果虎发怒用尾巴横扫,就处死刑;如不横扫,或畏惧地把尾巴抽回,踱到远处去,就不处死。《颐》:"虎视眈眈,其欲逐逐,无咎。"是说虎虽怒目而视,像要捕击的样子,但没有用尾巴扫人,就没关系。

（二）盟誓制度

盟誓制度在《左传》中多见。地下发掘的西周礼器《朕匜铭》、《矢人盘铭》等均记载着誓辞。大意是,如果我不履行诺言,甘愿接受鞭打和交出罚金。可见,盟誓是当时司法审判的一个法定程序。

《坎》记录了盟誓的过程和誓辞:"习坎,入于坎,臽,凶。坎有险,求小得。来之坎,坎险且枕。入于坎,簋,勿用。樽酒,簋贰,用缶,纳约自牖,终无咎。坎不盈,祇既平,无咎。系用徽纆,置于丛棘,三岁不得,凶。""习",依次轮流;"坎",台,坛;"臽",坑;"险",阻碍;"枕",隔之以木板;"樽"、"簋"、"缶",盛食物的器皿;"约",写有誓辞的载书;"牖",窗口,小洞;"祇",抵,郑玄以为坻,小丘也。大意是:盟誓各方轮流挖坑筑坛,站在坛上,坛塌了,这不吉利;用木板加固土台,然后把木板垫在坑顶上,留一个小口。坛上摆满器皿酒食。大家歃血盟誓,把誓辞写下来,从小口投进坑里。把坛铲平,填入坑内。大家都默念着这样的誓言:谁背弃誓言,就用绳子捆绑起来,投进牢狱,关上三年。

至于盟誓的方法,《礼记·曲礼》说:"约信曰誓,涖牲曰盟。"疏云:"盟之为法,先凿地为方坎,杀牲于坎上,割牲左耳盛以珠盘,又取血盛以玉敦,用血为盟,书成乃歃血读书。"《左传》载盟誓者颇多,其誓辞盖谓:"有渝此盟,明神殛之"。这些都可以与《坎》的记载相印证。

（三）判例法

西周法律的最大特点是"单项立法",即分别规定:（1）什么行为是违法犯罪;（2）刑罚种类。这两者没有合为一典。法官依据上述两项规定,结合具体案情,做出判决,这就产生判例。这些判例对后来的审判具有法律效力。法官一方面依据判例进行审判,另一方面又依据法律意识并针对新形势制作新的判例。这就是所谓"判例法",亦即春秋叔向所追述的"昔先王议事以制,不为刑辟"。"事"就是判例。是说先王选择适当的判例来审判科刑,不预先制定包含什么行为是犯罪,犯什么罪处什么刑这些内容的刑法典。《尚书·吕刑》有"上下比罪",《礼记·王制》又说审判案件"必察小大之比以成之",意思是全面审核选择判例。

《比》专门记录了适用判例的方法和原则:"有孚比之,无咎。有孚盈缶,终来有它,吉。比之自内,贞吉。比之匪人,（凶）。外比之,无咎。显比,王用三驱,失前禽,邑人不诫,吉。比之无首,凶。""孚",信,证据;"缶",器皿;"内比",由法官内部掌握的判例;"匪",非;"外比",众所周知的判例;"三驱",三宥,三次赦免;"禽",擒;"械",惊恐;"首",要领。大意是:得到可信的证据后再参照判例,证据逐渐增加,结果改变了原来拟定的罪名,这都是对的;先用内部掌握的判例来比较,这是对的;注意当事人的身份,用贵族的判例来适用平民,或用平民的判例适用贵族,这是不行的;适用众所周知的判例,没有坏处;把疑难案件上报国王,国王三次赦免,释放罪犯,当地人并不惊异,这样处理是对的;适用判例不得要领,茫然无序,这样不行。

(四) 证据制度

在民事、刑事诉讼中,证据的地位是很重要的。《随》:"有孚在道,以明何咎。""孚",信,证据;"道",审理。依据证据来审理案件,才能辨别曲直。

"明夷"是出示证据的专门术语。"明",出示,举出;"夷",弓矢,甲骨文夷字即由弓矢二字相叠而成。在猎获物的归属发生纠纷时,弓矢是最可靠的证据。因为猎人的弓矢上面都刻有符号。《明夷》:"明夷,夷于左股,用拯马壮,吉。""拯",医治;"壮",通戕,伤。一匹马的左股被射伤,在伤口处发现箭头,据此查到箭的主人并责令医治马伤,这是对的。"明夷于南狩,得其大首,不可疾,贞"。射伤了一只猛兽,一直尾随追到南方村落,因为兽身上有箭头,当地人不敢拒绝归还。"入于左腹,获明夷之心,于出门庭"。"心",木上的尖刺,《诗·邶风·凯风》"吹彼棘心",此指箭头。一个猎人追到别人家里索要一只猎物,结果在猎物左腹发现箭头,证明确系他所射,就把猎物背走了。"不明,晦,初登于天,后入于地"。不肯把弓矢交出来验证,太暧昧了,这就证明猎物不是你射的,就好象朝天射了一箭,又落到地上,什么也没射着,你的箭还在那里插着呢! 正因为弓矢是最可靠的证据,所以在诉讼中双方都要出示证据,即"明夷"。《周礼·秋官·大司寇》所载:"以两造禁民讼,入束矢于朝,然后听之。"《国语·齐语》所云:"坐成以束矢"。韦注:"两人讼,一人入矢,一人不入则曲"。可见,"束矢"的本义是证明自己有理的证据。如《睡虎地秦墓竹简·为吏之道》有"听其有矢"。即原告有证据才受理。至于以纳束矢来收取诉讼费,则是后起之义。

(五) 审判方法

由于重视证据,故在取得当事人口供时很谨慎。《革》:"有孚改命。"只要获得新证据,就应改变原判。"革言,三就,有孚"。"革",改变,允许当事人三次改变口供,但必经查证属实。

(六) 关于故意、过失和偶犯、累犯

筮辞多见"灾"、"眚"。如"有灾眚"(《噬嗑》);"匪正有眚"、"行有眚"(《无妄》)、于是谓灾眚"(《小过》)、"行无眚"(《震》)、"邑人三百户无眚"(《讼》)等。亦屡见"初"、"终"。如"无初有终"(《睽》、《巽》)、"有孚不终"(《萃》)、"有终"(《坤》)等。

《尚书·康诰》有:"人有小罪非眚,乃惟终,……乃不可不杀。乃有大罪非终,乃惟眚灾……乃不可杀。""眚",过失;"非眚",故意;"惟终",一贯犯罪;"非终",初犯、偶犯。这是从犯罪行为人的主观状态来定罪量刑。而筮辞

中的上述术语的适用范围似乎更广,不仅是确认刑事,也许还是确认民事、行政责任的标准。

此外,筮辞还涉及赋税徭役。《大有》:"大车以载","王用享于天子";《观》:"利用宾于王"。"享",祭祀;"宾",朝拜。说明各地贵族有义务按时向国王奉献贡献。《蛊》:"不事王侯,高尚其事。""尚",偿。不能为王侯服徭役、兵役的,要出钱物抵免。

四、婚姻制度与习俗

西周的婚姻家庭制度是多层次的,既有奴隶主贵族的一夫多妻制,又有聘婚、抢婚的传统习俗,同时,在士大夫阶层中还萌发了以"性爱"为特征的"骑士之爱"。

(一)抢婚习俗

《屯》:"屯如邅如,乘马班如,匪寇婚媾,女子贞不字,十年乃字。""屯",艰难之状;"邅",盘旋之状;"班",返回;"贞",占;"字",乳,指生育。一群人骑马奔来,忽而踌躇不前,忽而盘旋,然后返回,他们不是强盗,而是寻找配偶,被抢去的女子经过占卜,结果是不会生育,过十年才能生育。

"即鹿无虞,惟入于林中,君子几不如舍"。"即",接近;"虞",预防;"几",蹲伏;"舍",射。一群男子发现树林中有女子,于是像围捕鹿那样趁其不备悄悄接近,蹲伏在树丛后面,手持弓箭却不发射。

"屯其膏,小,贞吉;大,贞凶。乘马班如,泣血涟如。"屯,难也。一,表示土地,屮表示草木。"屯"象征植物幼芽破土而出,意谓一物冲破阻隔。《说文解字》:"膏,肥也,从肉高声";"肥,多肉也,从肉从卩";"卩"同"㔾",又同"己";可见,古"肥"字右侧非"巴"而实当为"己"。"己,中宫也,象万物辟藏,诎形也,已承戊,象人腹。"可见,古"肥"乃指女性生殖器。意思是说,与女子性交,如果是处女就好,否则就不好。因为处女尚未许人,抢劫处女不会引起纠纷。男子们把少女抢走了,女子负在马背上流血哭泣。这种抢婚正如恩格斯在《家庭、私有制和国家的起源》中描写的:"当一个青年男子,在朋友们的帮助下劫得或拐得一个姑娘的时候,他们便轮流同她发生性交关系;但是在此以后,这个姑娘便被认为是那个发动抢劫的青年男子的妻子。"①

(二)聘婚制度

《蒙》:"取女见金,夫不有躬";《震》:"不于其躬,于其邻,无咎,婚媾有言。"男方向女方求婚要行聘金,但不能亲往女家,只能由别人代聘。《诗经·伐柯》:"娶妻如之何,非媒不得";《周礼·地官·媒氏》:"媒氏掌万民之判合";《春秋公羊传·僖公十四年》何休注:"礼,男不亲求,女不亲许。"正如恩

---

① 恩格斯:《家庭、私有制和国家的起源》,载《马克思恩格斯选集》第4卷,人民出版社1972年版,第41页。

格斯在《家庭、私有制和国家的起源》中指出的:"在整个古代,婚姻的缔结都是由父母包办,当事人则安心顺从";"直到中世纪末期,在绝大多数场合,婚姻的缔结仍然和最初一样,不是由当事人自己决定的事情"。①

《睽》:"见豕负涂,载鬼一车,先张之弧,后说(脱)之弧。匪寇婚媾。""豕",猪;"涂",道路;"鬼",蒐草,一种含有红色汁液可做染料的草;"弧",弓。是说,远远的有一群人走来,是强盗吗?箭上弓弦,准备迎击。那些人赶着猪,车上装满蒐草,他们不是强盗,是娶亲的,松开弓弦吧。

《贲》:"舍车而徒","束帛戋戋","白马翰如,匪寇婚媾"。"徒",走路;"戋戋",丰盛状;"翰",皮毛美丽之状。聘婚的人徒步而来,车上载着一捆捆丝织品,那匹皮毛光亮的白马也是礼物。

聘婚比抢婚要进步,这不仅是因为从形式上看显得更为文明,而且更重要的是它标志着个体婚开始取代了对偶婚制。

(三)"骑士之爱"

在等级森严的宗法制度的控制下,一种较为自由的"性爱"在君子士大夫阶层里悄悄萌发了。

《咸》记载了这样的场面:"君子"和一位女子悄悄恋爱,他依次抚摸她的手指、小腿、膝盖、大腿、脊背,最后接吻。《艮》则描写"君子"对少女的追求:"艮其背,不获其身,行其庭,不见其人","不拯其随,其心不快"。终于因为"言有序",彬彬有礼而得到女子的首肯。② 当然,这种"性爱"往往和"通奸"相联系,正如恩格斯在《家庭、私有制和国家的起源》中所指出的:"第一个出现的性爱形式,那种中世纪的骑士之爱,就根本不是夫妇之爱。"③然而,在欧洲中世纪发生的事情,在我国西周时就已存在了。

(四)家庭关系

《渐》:"妇三岁不孕,终莫之胜"。"胜",胜任。妻三年无生育,夫得离异,这是后世"七去"中"无子则去"的始作俑者。"夫征不复,妇孕不育"。妻子在丈夫出征期间怀孕生的子女不是合法子女。《拿破仑法典》312条规定:"凡在结婚以后怀胎的婴儿,以该夫为父";但是,丈夫能够证明远离他乡未与其妻同居者,得否认其为子女。④

《归妹》:"归妹以娣","归妹以须,反归以娣","归妹愆期,迟归有时"。"归妹",嫁女;"娣",姐妹中年幼为娣;"须",即嬃,姐姐。姐妹常常一起嫁到男家,以为妻妾。这是对偶婚向多妻制过渡的产物。在多数场合下是妹妹随

---

① 恩格斯:《家庭、私有制和国家的起源》,载《马克思恩格斯选集》第4卷,人民出版社1972年版,第72、75页。
② 参见王明:《周易·咸卦新解》,载《中国哲学》第7辑,三联书店1982年版。
③ 恩格斯:《家庭、私有制和国家的起源》,载《马克思恩格斯选集》第4卷,人民出版社1972年版,第66页。
④ 《法国民法典》,李浩培等译,商务印书馆1979年版,第40—41页。

姐姐出嫁,如《诗经·大雅·韩奕》:"诸娣从之。"

《鼎》:"得妾以其子,无咎"。"以",因为;"子",婴儿。因收养一个婴儿,便纳其母为妾,这是被习俗允许的。

《大过》:"枯扬生稊,老夫得其女妻,无不利";"枯杨生华,老妇得其士夫,无咎无誉"。"稊",嫩芽;"华",花。就好象枯木逢春一样,年老的丧偶者又得佳配。可见,男女不当其年的婚姻是允许的,而且当时还没有后世儒家宣扬的"从一而终"的观念。

《易经》所涉及的古代法制的内容十分丰富。我们透过神秘迷信的浓雾,可以看到当时的法律文化已发展到相当成熟的水平。正因为审判活动常常借助于占筮,所以才为后世保留了这部可贵的史籍。在某种意义上我们似乎可以这样认为:《易经》是我国最古老的一部"神明判例集"。

第六节 "家族本位·判例法"时代的法律规范样式

"判例法"时代法律规范的样式可分三个层次:微观样式、中观样式、宏观样式。现简要分述如下。

一、微观样式:五花八门

法律规范的具体表现形式是五花八门的,除了前面谈到的"中"、"事"之外,还有以下几种:

成:"审乃宪,屡省乃成"(《尚书》);"范宣子与和大夫争田,久而无成","慎成端正","不若以归,以要晋国之成"(《国语》);"日入其成,月入其要"(《周礼》)。

业:"朝士受业","昼讲其庶政,夕序其业"(《国语》);"君子敬德修业"(《易·文言》);"民在鼎矣,何以尊贵,贵何业之守。"(《左传》)

书:"明启刑书胥占","太史秉书"(《尚书》);"与群执事读礼书而协事"(《周礼》);"民知有辟,则不忌于上,并有争心,以征于书"(《左传》)。

典:"昔殷先人,有册有典"(《尚书》);"予之法制,告之训典","为国政制事典"(《左传》);"未失周典,""能道训典"(《国语》);"淫文破典"(《逸周书》)。

训:"导之以训辞","民训能终,民之主也","赋事行刑必问于遗训"(《国语》);"聪听祖考之彝训","嗣守文武大训。"(《尚书》)

故:"君作故","君作而顺则故之","无故而加典,非政之宜也"(《国语》);"周知天下之故"(《周礼》);"淫权破故。"(《逸周书》)

版:"邦中之版,土地之图","凡在版者,掌其政令","为之版以待","书契版图者之贰"(《周礼》)。

比:"有孚比之","比之非人","比之无首"(《易》);"上下比罪"(《尚书》);"凡听五刑之讼,必察小大之比以成之"(《礼记》);"行比义焉。"(《国

语》）

类："刑之颇类"（《左传》）；"类也者，不忝前哲之谓也"（《国语》）；"有法者以法行，无法者以类举。"（《荀子》）

要："合要"，"董逋逃，由质要"（《左传》）；"要囚"，"有伦有要"（《尚书》）；"异其死刑之罪而要之"（《周礼》）。

二、中观样式：诸项分立

法律规范在结构形式上是"诸项分立"的，即关于违法犯罪的概念特征、司法一般原则、刑罚制度、判例成事四项内容是各自独立的，没有合为一典。

三、宏观样式：以刑统例

法律规范在宏观上呈现出来的整体样式是"以刑统例"。

"以刑统例"即"以五种刑罚统辖三千条判例"。《尚书·吕刑》说："无疆之辞，属于五极"，"墨罚之属千，劓罚之属千，剕罚之属五百，宫罚之属三百，大辟之罚，其属二百。五刑之属三千。"《周礼·秋官·司刑》说："司刑掌五刑之法以丽万民之罪：墨罪五百，劓罪五百，宫罪五百，刖罪五百，杀罪五百。若司寇断狱弊讼，则以五刑之法诏刑罚，而以辨罪之轻重。"

司法官审理案件，科处五种刑罚，形成很多判例。"极刑则雠，雠至乃别。"（《逸周书·王权》）即把所有判例集中到一块，便发现处罚相同的五组判例，这样，一来可便于查阅，二来划分了违法犯罪行为的轻重界限。法官适用判例时，首先"观于五刑之中"，即查阅五组判例；然后"有咎比于罚"，即依照所引判例科处的刑罚办理。这就是"议事以制"的"判例法"。

应当注意，在"以刑统例"的模式下，掩盖着不可克服的内在矛盾。即在同一刑罚下的判例性质或曰罪名却截然不同。比如同处剕刑的有杀伤罪还有盗窃罪，等等。当抽象的罪名概念从同一性质的判例群体的基础上被概括出来时，"以刑统例"的旧模式便走到尽头了。

第七节 "家族本位·判例法"时代的终结及其遗产

春秋以降，随着生产力的提高和生产关系的变革，以"井田制"和"世卿制"为支柱的宗法贵族政体不断衰落。代之而起的是官僚集权政体。"皮之不存，毛将焉附"？以宗法贵族政体为依托的"判例法"失去继续存在的条件。它逐渐被一种新的法律样式所取代，这就是与君主集权政体携手而来的"成文法"。郑国子产"铸刑书"，晋国赵鞅"铸刑鼎"，正是"成文法"崛起的典型事件。它们是"判例法"时代的暮鼓与丧钟。但是，"判例法"时代毕竟给后世留下了丰富的遗产，这些遗产对后世的法律实践活动具有极为深远的影响。

一、"宗统"衰而"君统"兴

王国维在所著《殷周制度论》中提出"宗统"和"君统"的概念。① "宗统"是血缘纽带编织的宗法贵族政体,它以血缘亲疏远近来划分阶级确定人们的权利义务关系,并依此实行权利再分配;"君统"即在郡县官僚制基础上建立的君主集权政体,它用地域标准来划分居民,以雇佣的链条确立人们的权利义务关系,并实行权力再分配。

春秋以后,铁制工具和牛耕的使用提高了生产力,导致土地私有制的出现。晋"作爰田",鲁"初税田",郑"为田血",终于冲破井田世禄制的框框。土地所有制的变更激化了政治矛盾和阶级矛盾,"臣弑其君者有之,子弑其父者有之"。(《孟子·滕文公下》)这一切都促使"宗统"衰落,政权下移,由"普天之下,莫非王土,率土之滨,莫非王臣"(《诗经·小雅·北山》),"礼乐征伐自天子出"(《论语·季氏》)的一统天下,转变为"封略之内,何非君土,食土之毛,何非君臣"(《左传·昭公七年》)的诸侯割据。尔后,"政在家门","礼乐征伐自大夫出"(《论语·季氏》),甚至"陪臣执国命"(《左传·昭公六年》)。尊尊、亲亲的宗法链索被扯断了,执政者只得以现实政治关系为基础建立新的政权形式,这就是郡县官僚制。

在郡县官僚制下,郡县长官由君主任免,并对君主负责,这就导致王权的加强。在法律实践领域,第一,由于新的经济关系初步确立,统治阶级有许多既得利益需要保护,故而维护旧的贵族经济关系的"判例法"显然已不合时宜;第二,君主的权力常常受到旧贵族势力的制约甚至挑战,为打击贵族势力,提高君权,不能沿用旧的维护贵族特权的"判例法",而必须制定新的法律、法令;第三,君主为了统一国内各郡县的法律实践活动,就要限制郡县长官的自由决策权、施政权和审判权。为了达到这一目的,除了制定并颁布详尽、具体、明确的法律、法令,以便让郡县长官严格照此执行而外,别无他法。于是,"成文法"的问世便成了历史的必然。

二、"家族本位·判例法"时代的暮鼓与丧钟

鲁昭公六年(公元前 536 年)郑国执政子产"铸刑书"。二十三年后即鲁昭公二十九年,晋国执政赵鞅"铸刑鼎"。终于酿成春秋末法制变革浪潮,并敲响了"判例法"时代的暮鼓。

对子产"铸刑书",晋国大夫叔向曾予以严厉批评。其理由有二:其一,末世而立刑,非礼也。他说:"夏有乱政,而作禹刑;商有乱政,而作汤刑;周有乱政,而作九刑。三辟之兴,皆叔世也。今吾子相郑国,作封洫,立谤政,制参辟,铸刑书,将以靖民,不亦难乎?""乱",治也,《尚书》"乱"字大多为"治"之义。

---

① 王国维:《殷周制度论》,载《观堂集林》,中华书局1959年版。

"叔",借为"俶",始也,如《管子·弟子职》:"俶衽则请"。"辟",法也。是说先王都是在王朝初立的盛世制定大法,留传后世。禹汤是夏商开国之君,故以名刑。周之"九刑"即周公所作"刑书九篇",亦周初之所为。现在郑国处在没落之世,却来制定大法,是"国将亡,必多制"。其二,"二项合一",非古之制也。他说:"昔先王议事以制,不为刑辟,惧民之有争心也。……民知争端矣,将弃礼而征于书,锥刀之末,将尽争之。乱狱滋丰,贿赂并行,终子之世,郑其败乎!""书"即"刑书";"锥刀",指刑具,即《国语·鲁语》所谓"中刑用刀锯,其次用钻凿"之类,泛指刑罚。现在老百姓不仅知道什么行为是违法犯罪,而且还知道应处何种刑罚,必然敢于同法官据法力争了。

孔子批评晋赵鞅"铸刑鼎",理由亦有二:其一,小民观鼎,非礼也。他说:"贵贱不愆,所其度也","今弃是度也,而为刑鼎,民在鼎矣,何以尊贵?贵何业之守?贵贱无序,何以为国?"把本来由贵族内部掌握的"业"(判例等法律文件)公之于众,那贵族还有什么权威呢?其二,刑鼎的内容不好:"且夫宣子之刑,夷之蒐也,晋国之乱制也,若之何以为法?"(《左传·昭公六年》及《昭公二十九年》)关于"夷蒐之法",《左传·文公六年》载有四项内容。第一项是"正法罪,辟狱刑",即治罪以法,罪名不当、法条不明者修订之,并依此重新审理罪犯、科处刑罚。可见,"夷蒐之法"兼有罪名和刑罚两方面内容。由上可证,子产"刑书"和赵鞅"刑鼎"是内容形式全新的新式法典,它们打破了西周以降"单项立法"、"议事以制"的"判例法"的旧格局,是中国古代法律文化史上的一座丰碑。它们的出现,不仅有力地打击、限制旧的贵族势力,维护新的经济关系,促进郡县制和君主集权政体的发展,而且还作为划时代的标志,宣告旧时代的衰亡和新时代的崛起。

三、"家族本位·判例法"时代的历史遗产

经历六百多年之久的"判例法"时代,在中国法律文化史上占有十分重要的地位。它为后世起码留下以下几宗遗产:

（一）法律实践中的无神论精神

西周统治者继承并发扬了夏、商二代"与其杀不辜,宁失不经"(《左传·襄公二十六年》引《夏书》)而不祈求神灵的精神,在审判中遇到疑难案件,采取"五刑之疑有赦,五罚之疑有赦"或改处罚金(墨辟疑赦,其罚百锾,大辟疑赦,其罚千锾)的方法,并形成制度。(《尚书·吕刑》)像《墨子·明鬼》所载神羊裁判的例子,在整个"判例法"时代纯属风毛麟角,影响甚微。经过数百年的实践,在"判例法"时代大体上排除了神判法的影响,在立法审判领域奠定了唯物主义无神论的基调。它不仅对后世产生极大影响,还构成了中国法律文化区别于外国法律文化的特征之一。

（二）宗法等级观念支配法律实践

在"判例法"时代,虽然宗法贵族政体由盛而衰,但"孝悌"等宗法等级观

念并未受到致命打击。周公以"不孝不友"为"元恶大憝",主张"刑兹无赦";(《尚书·康诰》)子产主张"直均则幼贱有罪";(《左传·昭公元年》)孔子坚持"父为子隐,子为父隐";(《论语·子路》)儒家赞许"复仇"、男尊女卑等以宗法血缘为基础的差异性精神,这些都作为一笔沉重的遗物转给后世,成为后世立法、司法的神圣原则。

(三) 法律实践中的"重人"精神

在"判例法"时代,法官是法律实践活动的中心环节,他们用遵循判例和创制判例的方法将立法、司法熔于一炉,故而形成了"重人"即重视法官主观能动作用的传统。这一传统虽然在"成文法"时代受到冲击,但在整个"混合法"时代不断得到恢复和发展,并成为"判例法"因素连绵未绝、并与"成文法"长期并存的思想基础。

(四) 法律艺术成果

在"判例法"时代,形成了包括立法组织、程序、方法、原则在内的立法艺术,适用判例、创制判例的司法艺术和法律文献管理艺术。这些遗产传于后世,对后世的法律实践产生潜在的影响。

作为法律文化遗产传给后世的远不只以上四项,此其大略而已。后世统治者对前代的遗产总是采取有选择的摄取、改造、加工、更新的方法,以期服务于当时的法律实践活动。

第五章 「国家本位·成文法」时代的法律文化

在"家族本位·判例法"时代的末期,一个新的因素逐渐成长起来,这就是"法治"思潮和"成文法"。它们不断发展壮大,终于开拓了一个新的时代——"国家本位·成文法"时代。

就法律的基本精神而言,"国家本位"与"家族本位"是两个整体对立的概念。"家族本位"是按照宗法家族制度即"礼治"的原则来指导国家的法律活动,塑造个人的权利与义务,依人们"先天"的血缘来划分阶级,并依照礼的原则进行权利再分配。"国家本位"则是按照新兴地主阶级的"法治"原则来指导国家的法律活动,确定个人与国家(即专制君主)间的权利义务关系,依人们"后天"的行为和业绩来实行权利再分配。新兴地主阶级"以法治国"的"法治",其实质是建立和维护中央集权的君主专制政体。因此,"法治"与"国家本位"是同义词。如果说西周、春秋的统治阶级是通过维护家族内部、家族之间以及家族与王朝的关系来达到"天下大治"的话,那么,战国和秦朝则是通过维护专制王权来实现"以法治国"、"富国强兵"。

就法律样式而言,"判例法"与"成文法"具有截然不同的特征。"判例法"崇尚法官的主观能动性,允许法官在遵循先例的原则下,凭借法律意识和法律政策对案件进行裁判。判例既是司法的结果又是立法的产物,即"寓立法于司法之中",使司法和立法活动巧妙地融合起来。"成文法"则不同,它由国家组织专门机构依一定程序制定相对稳定的法律规范群或法典,让各级法官根据法律的详细规定并依法定程序审判案件。既不得参考以往的判例,也不允许任意出入、各抒己见。我们把西周、春秋称为"判例法"时代,把战国、秦朝称为"成文法"时代。如果说"判例法"时代培养了一批善于思考和随机立法的司法官的话,那么,"成文法"时代则造就了一批博闻强记、长于操作的执法工匠。

在春秋战国的特殊历史背景下,"家族本位"与"国家本位"、"判例法"与"成文法"曾处于整体对立、水火不容的状态。这是因为,"判例法"是"礼治"的产物,与宗法贵族政体、土地贵族所有制、按血缘标准确定人们的权利义务等等一脉相承;而"成文法"则是"法治"的产物,与郡县官僚制的君主集权专制政体、地主阶级的土地私有制、按人们"后天"行为和功绩实行权利再分配等等携手同来。如果说,两者的对立标志着两个时代亦即两种不同内容与样式的法律文化的矛盾的话,那么,"国家本位"取代"家族本位","成文法"取代"判例法",则标志着中国法律文化进入了一个崭新的发展时期。

第一节 "法治"思潮的源头及其归宿(上)

春秋战国时期,随着生产关系的变革和封建阶级登上政治舞台,在思想学术界,一个与传统"礼治"(即家族本位)相对立的新思潮逐渐萌发、壮大起来,这就是"法治"(即国家本位)。它有如一股强劲的风暴,一经生成,便势不可挡,涤荡着整个中华大地。

就时间角度而言,"法治"思潮兴起于春秋战国,正好与各诸侯国封建阶级先后变法乃至登上政权宝殿相同步;就地域角度而论,由于历史的、民族的和文化传统等原因,各诸侯国政治发展并不平衡。一般说来,在宗法"礼治"影响较深的诸侯国,其封建化的步伐相对缓慢一些,"法治"思想的影响也相对小一些;相反,在宗法"礼治"影响薄弱的诸侯国,其封建化的步伐就较为迅速,"法治"思想便容易进居为统治思想。这种情况与无产阶级革命首先在资本主义世界薄弱环节取得成功的历史有着某些相似之处。

对一个伟大的社会思潮进行定量分析常常是困难的,但是如果以时间为横坐标,以地域为纵坐标,以重要政治思想家的行迹及其思想的演化为第三维坐标的话,我们就不难发现:"法治"思潮的种子在何时、何地萌芽,又经过哪些政治活动家的传播,在哪些诸侯国开了花,结了果的花和没有结果的花,最后又在哪些地方结出累累硕果。

一、齐、郑改革:"法治"的最初尝试

公元前685年,齐桓公即位后,任命管仲为相,进行了一系列改革。包括:(1)"与民分货"(《管子·乘马》),鼓励开垦荒地,大兴渔盐铸铁之业,富民强国;(2)"参国伍鄙",用地域"国"(国都以内)、"鄙"(国都以外)来划分居民,把行政组织和军事组织结合起来;(3)破格选拔人材,"匹夫有善,可得而举",有材不举,以"蔽贤"、"蔽明"论罪;(4)厉行赏罚,"劝之以赏赐,纠之以刑罚。"(《国语·齐语》)打击守旧贵族势力,曾"夺伯氏骈邑三百"。(《论语·宪问》)终于"九合诸侯,一匡天下"(《史记·管晏列传》),成为春秋第一个霸主。

郑国子产自公元前543年到公元前522年执国政,实行以下改革:(1)"作封洫",重新划分田界,确认土地私有权;(2)"都鄙有章,上下有服",把农户按5家为伍的方式编制起来,使"庐井有伍";(《左传·襄公三十年》)(3)"作丘赋"(《左传·昭公四年》),以"丘"为单位向土地所有者征收军赋;(4)任贤选能,"子产之从政也,择能而使之";(5)"铸刑书"(《左传·昭公六年》),公布新式成文法律,限制贵族特权,确保封建主的既得利益。这些改革使郑国民安国强,在与大国的交锋中顽强地生存下去。

齐、郑改革有共同的特点:一是按地域划分居民,试图建立国家与居民的直接联系;二是以贤能作为选拔人材的重要标准;三是用赏罚做为改革的杠杆,打击不从王命的旧贵族,提高国君的权威。这些措施都从不同角度削弱宗法血缘纽带的影响,破坏了分封土地、世卿世禄、任人唯亲、"议事以制"的传统,在"礼治"的阵地上打开一个缺口,为"法治"的进军创造条件。

但是,由于历史的局限性,齐、郑改革又是不彻底的改革。管子、子产虽然对"礼治"有所触动,但又在很大程度上对其予以保留。管仲将"礼义廉耻"比作"国之四维",说"四维不张,国乃灭亡"。(《史记·管晏列传》)子产以"重礼"著称,视礼为"天之经也,地之义也,民之行也,天地之经而民实则之"。(《左传·昭公二十五年》)他治国以"先安大以待其所归"(《左传·襄公二十九年》)为宗

旨,在司法上坚持"直均则幼贱有罪"(《左传·昭公元年》)(即争讼双方曲直相等,则辈份低的一方有罪)的原则。这就使"礼治"仍然成为社会的统治思想。当时郑国有一个富豪"陈卿之车服于其庭,郑人恶而杀之"(《左传·哀公五年》)就是证明。故郑大夫邓析不满意子产的改革,以"不法先王,不是礼义"(《荀子·非十二子》),"以非为是,以是为非"(《吕氏春秋·离谓》)的大无畏气概"数难子产之政"(《列子·力命》),并私造"竹刑"(《左传·定公九年》),以身殉之。

齐、郑改革为"法治"塑造了一个最初的形象,其特点是:首先,其"法治"措施带有较多"礼治"的痕迹。这主要表现在承认宗法道德观念在治理国家中的作用。其次,"法治"容忍工商,这与齐、郑传统有关。二国改革均实行"倡工商"的政策。郑国为工商界制定"尔无我叛,我无强贾,毋或匄夺。尔有利市宝贿,我勿与知"(《左传·昭公十六年》)的原则。齐国也有关于国家不侵犯商人利益,商人不得向外迁徙的规定。以后的齐国法家正是继承了这一传统,在"法治"的前提下,重视道德作用,宽容工商活动,从而与否认道德教化、施行重本抑末的晋秦法家形成鲜明的对照,形成齐法家与晋秦法家的理论分野。

二、晋国文化:"法治"的发祥地

当"法治"思潮象幽灵一样在中原大地上空徘徊时,各诸侯国对待它的态度是不一样的。其原因在于它们有着各不相同的政治、经济状况和民族文化背景。于是,有的诸侯国对它漫不经心,不以为然;有的虽然接受了它,也进行了一番变革,但由于抵挡不过传统"礼治"的余威,终于夭折。但是,与中原诸国不同,晋国却早已为"法治"预备好了一块广阔的用武之地。

(一)"晋国之封,启以夏政,疆以戎索"

据《左传·定公四年》载:卫国大夫祝佗(即子鱼)在追述周初分封的情景时,曾说了一席十分精彩的话:鲁卫之封,"皆启以商政,疆以周索";"晋国之封,启以夏政,疆以戎索。""启",开辟;"疆",治理,如《诗经》:"我疆我理";又《左传》:"先王疆理天下";"索",法也。"戎",泛指中国西北部的民族。大意是说,鲁卫二国"封于殷虚",鲁公和康叔因其风俗,沿用商朝政事,以周朝法度治理国家。晋国"封于夏虚",立于戎狄之间,故唐叔沿用夏朝的政事,依照戎人的法度来治理国家。直至春秋末期,晋国在司法审判中仍援引《夏书》,如《左传·昭公十四年》载晋大夫叔向对叔鱼、雍子、邢侯案的见解。这正是晋国文化有别于鲁卫诸国文化的表现。

晋为姬姓,姒姓出于大禹。"姬、姒二字古本音同通用,义亦相通"。① 如此,则晋与夏族同源。故西周初晋被封于夏虚,以治戎狄。《战国策·楚第一》云:"陈轸,夏人也,习于三晋之事"。陈轸为三晋人而谓之夏人,可证晋封夏虚之说。晋封于戎狄之邦,"诸戎"以游牧为生:"戎狄荐居(即逐水草而

---

① 童书业:《春秋左传研究》,上海人民出版社1980年版,第250页。

居),贵货易土,土可贾焉。"(《左传·襄公四年》)故"诸戎饮食衣服不与华同,贽币不通,言语不达"。(《左传·襄公十四年》)晋国以农业为主,故重视安定的社会局面。为使"边鄙不耸(惧),民狎(习)其野,穑人成功"(《左传·襄公四年》),晋与诸戎屡兴战事,但仍以友好交往为主流。久而久之,晋与"诸戎"便结成密切的关系。"诸戎"中有丽戎、大戎,皆姬姓,为晋之附庸。晋与戎长期通婚。晋献公宠妾骊姬是戎族,重耳、夷吾的母亲大戎子、小戎子是戎女。重耳逃难在舅家,一住就是十二年,亦娶戎女为妻。"诸戎"也在晋国的影响下开垦荒地,从事农业生产,并曾协助晋国打败秦国。戎子驹支曾说:"秦人负恃其众,贪于土地,逐我诸戎。惠公……赐我南鄙之田,狐狸所居,豺狼所嗥。我诸戎斩其荆棘,驱其狐狸豺狼,以为先君不侵不叛之臣,至于今不贰。"在对秦战争中,"晋御其上,戎亢其下","譬如捕鹿,晋人角之,诸戎掎之","晋之百役,与我诸戎相继于时,以从执政"。(《国语·晋语》)在戎狄的影响下,晋国没有形成宗法"礼治"的浓重传统,相反却养成"尚武"、"重法"、"尚能"的风尚。

(二)"国无公族"与"诸卿专政"

唐叔虞本为晋之始祖,沿至九世。春秋伊始,大宗小宗之间争权日趋激烈。穆侯卒,其弟殇叔自立,是小宗继位。文侯卒,昭侯立,封文侯弟成师于曲沃,为曲沃桓叔,国有二君,实为分裂之始。尔后晋哀侯、鄂侯、曲沃庄伯并存,国有三君。献公时起骊姬之乱,废嫡立庶,"尽逐群公子",故"国无公族"。(《国语·晋语》)至文公前晋国君主如走马灯般更换不停。公族的削弱导致贵族割据势力的增长,终于演成"六卿专政"的局面。叔向曾哀叹:"虽吾公室,今亦季世也。"公室各支,"降在皂隶,政在家门,民无所依"(《左传·昭公三年》),而诸卿势力渐大:"六卿欲弱公室,乃遂以法尽灭其族,而分其邑为十县,各令其子为大夫,晋益弱,六卿皆大。"(《史记·晋世家》)晋宗室的虚弱,使晋国不能采取通常加强宗室地位的途径来增强国力;晋与诸侯国之间的斗争、晋公室与诸卿的斗争、诸卿之间的斗争交织在一起,使晋国的政治文化与法律文化别具特色。

(三)"为国者利国之谓仁"

与中原诸国不同,晋国在思想观念(或价值观念)方面受西周"礼治"、"重德"等影响较小,故有其独到的见解。骊姬说:"吾闻之外人之言曰:为仁与为国不同。为仁者,爱亲之谓仁;为国者,利国之谓仁。故长民者无亲,众以为亲。苟利众而百姓和,岂能惮君?……杀君而厚利众,众孰沮之?杀亲无恶于人,人孰去之?……自桓叔以来,孰能爱亲?唯无亲,故能兼翼。"(《国语·晋语》)在考虑政治大事时,不囿于宗法血缘传统,抛弃"爱亲"的狭隘宗旨,而以国家百姓为重。甚至公然宣布"利国"、"利众"便是"仁",这无异是对宗法"礼治"传统观念的挑战。难怪有人指责晋人"刚愎不仁"。(《左传·宣公十二年》)一切传统道德观念在"利国"、"利众"的最高原则面前都黯然失色了。

（四）"不闻令德，而闻重币"

晋国上下以重利为尚。子产曾批评晋国执政范宣子说："子为晋国，四邻诸侯不闻令德，而闻重币。"（《左传·襄公二十四年》）这与齐国"轻其币而重其礼"（《国语·齐语》）正好相反。鲁文公十五年（公元前612年），齐国侵犯鲁国边界，鲁向晋请求申张正义，晋召集诸侯准备讨伐齐国。齐国向晋送了财物，晋就罢了兵。次年宋国人杀死国君昭公，晋执政荀林父召集诸侯准备兴师问罪。宋人向他行贿，终于不了了之。晋执政魏舒曾收了梗阳人的贿赂，准备枉法裁判，只是听了下属"愿以小人之心度君子之腹"的劝谏之后才罢手的。（《国语·晋语》）无怪时人批评晋国"政以贿成而刑放于宠"。（《左传·襄公十年》）晋卿有"患货之不足"，"假贷居贿"者。晋卿、大夫之间"争田"、"以田讼"之事，史不绝书。晋民亦有重利的色彩。"昔者之伐也，兴百姓以为百姓也，是以民能欣之，故莫不尽忠极劳以致死。今君起百姓以自封也，民外不得其利而内恶其食，则上下既有判矣。"换句话说即所谓"见利不顾其君"（《国语·晋语》）。在一定程度上可以说，"重利"是"轻义"的结果。"重利"一经成为一种风气和时尚，就决定着治国的基本方略：那将不是"以礼治国"，而是"以法治国"。

（五）"无功庸者不敢居高位"

晋国任官以谋略、智慧、政绩、功劳为标准，而不太考虑出身和年龄。晋文公时立"族人为中官，异姓之能为远官"，实为"尚能"之始。任赵衰为卿，衰辞道："栾枝贞慎，先轸有谋，胥臣多闻，皆可以为辅佐，臣弗若也。"任原季为卿，季辞道："毛之智，贤于臣，其齿又长，毛也不在位，不敢闻命。"任赵衰为上军，辞曰："先且居佐军也善，军伐有赏，善君有赏，能其官有赏，且居有三赏，不可废也。"诸卿在官俸面前相互推让，"让，推贤也"，"废让，是废德也"。"让"的本质是"尚贤"、"尚能"。（《国语·晋语》）故楚大夫子囊说："晋君类能而使之，举不失选，官不易方。其卿让于善，其大夫不失守，其士竞于教，其庶人力于农穑，商工皂隶不知迁业；……范匄少于中行偃而（中行偃）上之，使佐中军；韩起少于栾黡而栾黡、士鲂上之，使佐上军；魏绛多功，以赵武为贤，而为之佐。君明、臣忠、上让、下竞，当是时也，晋不可敌。"（《左传·襄公九年》）"晋人之教，因材授官。"（《国语·晋语》）尚贤、尚能已成传统。故中军尉祁奚告老，推荐与自己有仇的解狐和自己的儿子祁午。时人赞之"称其仇，不为谄，告其子，不为比"，"能举善也"。大夫王生向执政推荐其仇人张柳朔，说是"私仇不及公"。执政魏舒委派十名县大夫，其中有自己的小儿子魏戊，生怕别人说他"任人唯亲"。（《左传·昭公二十八年》）

（六）"虽楚有材，晋实用之"

晋国"尚贤"、"尚能"的结果，使晋国世族中同姓较少，异族异姓居多，而其他诸侯国则同姓居多，异姓较少。晋国宗法"礼治"薄弱，又"尚贤"、"尚能"，故能够向有才之士大开国门。而其他诸侯国宗法"礼治"壁垒森严，不给有识有能之士以用武之机，于是便形成人才入晋的局面。晋国对外来人才特殊优待,封以田宅官爵,大胆起用。故楚大夫声子"通使于晋,还如楚",向令尹子木汇报说:"晋大夫则贤,皆卿材。"楚国人才流入晋国,为晋国出谋划策对付楚国,"虽楚有材,晋实用之。"子木问:"独无族姻乎?"声子答道:"虽有,而楚材实多。"(《左传·襄公二十六年》)

(七)"是仪也,非礼也"

晋国君臣颇不懂礼。晋文公向周天子"请隧",要求允许他死后享受天子规格的葬礼,这与其说是狂妄,不如说是无知。晋侯振士会(即武季)平王室(调解周室与卿的矛盾)。周大夫"相礼"(司仪),"武季私问其故"。周王说:"季氏,尔弗闻乎?""武敷而讲求典礼,以修晋国之法"。(《左传·宣公十六年》)晋国遭灾,求助于秦,秦慷慨允诺,将大批粮食"以船漕车转自雍相望至绛"。尔后秦逢旱灾,亦求助于晋,晋却拒绝援救。真是"来而不往非礼也"。晋国不重文化典籍的整理与研究。有一次,韩宣子奉命使鲁,"观书于大史氏,见易象与鲁春秋",遂发出"周礼尽在鲁矣"(《左传·昭公二年》)的慨叹。晋与郑战,郑派使者谈判,"晋人杀之,非礼也。兵交,使在其间可也"。(《左传·成公八年》)晋执政赵简子不懂礼,"问揖让周旋之礼"。郑大夫子大叔说:"是仪也,非礼也!"(《左传·昭公二十五年》)接着便讲了一篇礼的大道理。晋国"立太子之道三:身均以年,年同以爱,爱疑决之以卜筮。"(《国语·晋语》)这与"立嫡以长不以贤,立子以贵不以长"(《公羊传·隐公元年》)的周礼原则实在是大异其旨。据礼,"同姓不婚","娶妾避其同姓。"(《国语·晋语》)而文公父母即为同姓,他自己大约因近亲结婚而天生"骈胁",却又娶姬姓为妻。据礼,平民不得观鼎,而赵鞅"铸刑鼎",向平民公布"范宣子所为刑书"。故孔子批评道:"民在鼎矣,何以尊贵?贵何业之守?贵贱无序,何以为国?"(《左传·昭公二十九年》)唯其不懂礼,故不为礼所拘束。一张白纸,正好写新文章。

(八)"事君以死,事主以勤"

随着封建经济的发展,在晋国形成了新型的君臣主仆关系和相应的观念。"君"的权威提高了:"不图(商议)而杀者,君也","不从君者为大戮";"臣"的义务感也被强化了:"无私,忠也,尊君,敏也","报生以死,报赐以力,人之道也"。豫让三为智氏复仇于赵襄子,他的座右铭是:"众人遇我,我故众人报之;国士遇我,我故国士报之。"(《国语·晋语》)这正是后来儒家倡导的"君使臣以儿,臣事君以忠"(《论语·八佾》)的封建君臣关系的雏型。山西侯马盟书有所谓"策各委质",即把自己的名字登记在君主名册上,断绝原来的宗法隶属关系,建立新的封建附属关系。新的臣下对主人要绝对忠诚:"委质为臣,无有二心"。必要时还以死报效:"事君以死,事主以勤","事君不避难,有罪不逃刑";"委质而策死,古之法也"。这种君臣关系正是地主阶级与"隶农"阶级关系在政治生活中的反映。晋国较早地形成了大批"隶农",他们"虽获沃田而勤易之,将弗克缋,为人而已"。(《国语·晋语》)"隶农"向地主出卖血汗,与臣子向君主出卖"死力"是一样的。那种"亲亲"的宗法式的脉脉温情早已荡然无存。

（九）"不从君者为大戮"

晋国对不从王命者往往施以严刑，叫作"不从君者为大戮"。（《国语·晋语》）"大戮"即"灭家"、"灭族"、"灭宗"。晋怀公时"令国中诸从重耳亡者与期，期尽不到者，尽灭其家"。景公时，晋帅先縠"与翟谋伐晋，晋觉，乃族灭之"。尔后，"诛赵同、赵括，族灭之"。平公时，"晋栾逞有罪，曲沃攻逞，逞死，遂灭栾氏宗"。后来，族诛成了政治斗争的手段。顷公时，"六卿欲弱公室，乃遂以法尽灭其族。"（《史记·晋世家》）晋国族诛之法必有所本。夏朝即已施族诛于军法，如《尚书·甘誓》："弗用命，戮于社，予则孥戮汝。"故谓晋国"启以夏政"，得无缘乎！

（十）"戎索"、"军礼"与"晋国之法"

"戎索"即游牧部族的法度，以尚军事、重军法为特征。晋国承其风俗，军政一体，军法、国法相融。晋国重"军礼"，即"大蒐送礼"。"蒐"的本义是汇聚众人以围猎，后来逐渐制度化："春猎为蒐"，大约是为了捕杀害稼的野兽。晋行"大蒐之礼"有独特的意义：（1）阅兵，整编部队。晋作二军、三军、五军、六军皆于此间；（2）任命军事首长。晋国军政合一，各军将帅即为国家执政卿相，故此举实为任命国家高级官员。赵盾即于"夷蒐"始掌国政的；（3）颁布法律。如晋文公"蒐于被庐"，颁布"被庐之法"。（《左传·僖公二十七年》）晋"蒐于夷"，赵盾执国政，颁布"夷蒐之法"，此皆"晋国之常法也"。（《左传·文公六年》）可见，检阅军队、改组政府、制定法律，实为晋国"蒐礼"的三部曲。人谓晋国"疆以戎索"，得无宜乎？

晋国因重"军礼"而导致重刑法，充分体现了古代"兵刑一体"的传统。在军事活动期间，军法具有无上的威力，违反者不论何人均要受到制裁。所谓"师众以顺为武，军事有死无犯为敬"。（《国语·晋语》）城濮之战晋文公杀违反军令的颠颉、舟之侨、祁瞒三大夫以整肃军纪。其中颠颉是追随文公流亡的有功旧臣。河曲之役胥甲父不从军令自行退兵，被流放到卫国。大夫将军因违令而被处死者比比皆是。晋执政赵盾驱车扰乱阵容，韩厥依法处死赵盾的车仆。晋侯的弟弟杨干乘车破坏行列，魏绛执法处死杨干的车仆。这种执法无情的作风曾倍受舆论褒奖。这种有辱尊上、"刑上大夫"的风尚在其他诸侯国是十分罕见的。在战争中，各级官吏的职责权限是十分明确的，任何人都不得违犯，否则刑之无赦。晋齐之战刚一打响，晋军元帅郤克就被箭射中，血流到靴子里，他对驾车的张侯说："我不能坚持了"。张侯说："我的手臂也受伤了，车轮都被血染红了，我都没叫苦；你还是忍着吧。"又说："军队的耳目，全在我们的旗帜和鼓声，进攻和退却全靠它指挥，你停止击鼓就会导致失败。受伤未到死的程度，你还要坚持指挥。"结果打败了齐军。（《左传·成公二年》）晋楚鄢陵之战，晋厉公的乘车陷在泥沼里，栾书正要去救厉公，他的儿子栾针大声喝斥道："书退！国有大任，焉得专之？且侵官，冒也；失官，慢也；离局，奸也。有

三罪焉,不可犯也。"说完把厉公救起。(《左传·成公十六年》)

正是在这种风尚中,晋国形成了重法的传统。晋文公带头维护法令的尊严。他起兵围原,预先向士兵宣布:只围三天,带三天口粮。结果围了三天,原人不降,文公便下令退兵。谍报人员劝阻说:"原人支持不住,准备投降了。"文公坚持撤兵,说:"信用是最重要的,如果为了得到原而失掉信用,就是得不偿失。"范宣子有意除掉政敌督戎,斐豹说:"苟焚丹书,我杀督戎。""斐豹隶也,著于丹书。"结果范宣子便兑现承诺,恢复了他的平民身份。(《左传·襄公二十三年》)以战功而进居高位的还有毕万:"毕万,匹夫也,七战皆获,有马百乘,死于牖下。"晋郑铁之战,赵鞅誓曰:"克敌者,上大夫受县,下大夫受郡,士田十万,庶人工商遂,人臣隶圉免。"(《左传·哀公二年》)完全是法家的口气。

晋国重视法律还表现在经常立法和修定法律。晋有最早的"唐叔之法"。(《左传·昭公六年》)至文公"修唐叔之法"而作"被庐之法"。(《左传·僖公二十七年》)赵盾执政,作"夷蒐之法"。(《左传·文公六年》)武季曾"讲求典礼以修晋国之法"。(《左传·宣公十六年》)晋悼公时曾"修范武子之法"、"修士蒍之法"。(《左传·成公十八年》)赵鞅、荀演则"铸刑鼎"、"著范宣子所为刑书"。(《左传·昭公二十九年》)终晋之世,立法修法活动独多。在司法上则"治国制刑,不隐于亲。"(《左传·昭公十四年》)如叔向主张处死其弟叔鱼,就是典型的事例。

公元前452年,晋国韩、赵、魏三家逐晋出公。公元前403年三家被册命为诸侯,亦称"三晋"。尔后,在"法治"思想的指导下,三国在封建化道路上迅猛前行,并培育出一大批有思想、有胆识、敢作敢为的法家人物。他们东向鲁国,南入楚地,西进秦川,把"法治"的种子撒遍中华大地。

三、秦晋之好;晋土之花与秦地之果

秦是后起的诸侯国。原先,秦"僻在雍州,不与中国诸侯之会盟,夷翟(狄)遇之"(《史记·秦本纪》),并不被重视。其实,秦与晋有着十分接近的文化渊源和传统。当年楚大夫祝佗如有机会入秦考察的话,也许会修正他的结论,把"启以夏政,疆以戎索"(《左传·定公四年》)变成:"晋秦之封,皆启以夏政,疆以戎索"。

晋秦二国,同处中国西北,国境相比。晋为夏族之后,又封于夏虚。秦为夏族支脉,居于戎狄之邦。两国同源同地,又长期通婚,其经济、政治、文化相似之处颇多。在春秋战国的社会大变革中,晋秦同属宗法"礼治"链条中的薄弱环节。晋邻近中原诸国,得风气之先,最早接受先进思想而实践之。秦引进三晋人材与智能而承其绪,大刀阔斧,义无返顾,后来居上。两国在变革中所取得的成果,如"以法治国"、郡县官僚制、中央集权制、成文法体系等,后来均被封建王朝所继承,成为中国封建社会政治文化与法律文化的骨干。而包含这些成果的晋秦文化终于由地域性文化上升为中国传统文化的重要组成部分。

（一）夏族之后，戎狄之邦

秦族为夏族的一支。《国语·鲁语上》："夏后氏禘黄帝而祖颛顼。"据《史记·秦本纪》载："秦之先，帝颛顼之苗裔孙曰女修。女修织，玄鸟陨卵，女修吞之，生子大业。大业取少典之子。曰女华。女华生大费，与禹平水土。"可证夏秦同祖而秦为夏族之后。"秦之先为嬴姓，其后分封，以国为姓。……然秦以其先造父封赵城，为赵氏。"殷时，秦人佐殷有功，"故嬴姓多显，遂为诸侯"。后因"以材力事殷纣"而被周人打击，遂移居今陕甘一带，与诸戎杂居。后诸戎迫于天灾而东向谋食，秦亦在其列。周宣王时封秦酋长秦仲为大夫，以御诸戎南下之锋。周幽王时，犬戎、申戎南下攻破周人首都，秦人赞周，"将兵救周，战甚力，有功"。平王东迁，"秦襄公以兵送周平王"。平王封襄公为诸侯，赐之岐以西之地。曰："戎无道，侵我岐、丰之地。秦能攻逐戎，即有其地。与誓封爵，襄公于是始国"。至秦缪公时，"秦用由余谋伐戎王，益国十二，开地千里，遂霸西戎"。正因为秦族与夏族同源，且与戎狄混居，故春秋时人称秦族为"秦夏"、"秦戎"，称"秦声"为"夏声"。有鉴于此，谓"秦国之封，启以夏政，疆以戎索"，岂为谬哉？

（二）"秦无儒"：孔子西行不到秦

"秦变于戎者也"。① 戎本是以游牧为生的民族，"随水草放牧，居无常所"，"父子同穹庐卧"。（《汉书·匈奴传》）秦族在戎狄的长期影响下，形成了不同于中原农桑古国的风俗习惯。故世人称秦族为"秦戎"（《管子·小匡》），颇含贬义。及至秦孝公之世，秦人仍行"戎翟（狄）之教"，父子同居一室。商鞅变法，令"民有二男以上不分异者倍其赋"。孝公十二年，"令民父子兄弟同室内息者为禁"。颇具效仿东方诸国改革游牧民族传统风俗之色彩。这样，秦始"为男女之别，大筑冀阙，营如鲁卫"。（《史记·商君列传》）

由于民族的和历史的原因，秦没有形成严格的宗法制度和宗法道德观念。主要表现有二：

其一，秦无嫡长继承之制。在王位继承上，秦人有"择勇猛者立之"（《公羊传·昭公五年》注）的古老习俗，故秦君大多数以非嫡长而继王位，嫡长子继位只是例外。自襄公建国至穆公凡九代国君（襄、文、宪、出子、武、德、宣、成、穆），以长子继者二（武、宣），兄终弟及者三（德、成、穆）；以孙立者二（宪、出子）；以次子立者一（襄）。穆公尔后及至战国，国君继承仍无定制。庄襄王（始皇父）即以庶子而继王位者；

其二，宗法道德观念薄弱。秦穆公对戎人说："中国以诗书礼乐法度为政，然尚时乱，今戎夷无此，何以为治？不亦难乎！"（《左传·襄公四年》）然而，秦又有多少"诗书礼乐"呢？秦人素来不尚父慈、子孝、夫义、妇顺、兄良、弟悌之类的宗法道德观念。据礼，"子女无私财"，而秦有"子盗父"、"父盗子"者；据礼，

---

① 顾祖禹：《读史方舆纪要》卷五十二，《陕西一》，中华书局1957年版。

"父子无狱"、"君臣无狱"、"妇顺其夫",而秦有"子告父"、"父告子"、"妻告夫"者。西汉贾谊述秦人之风俗曰:"秦人家富子壮则出分,家贫子壮则出赘,借父耰锄,虑有德色;母取箕帚,立而谇语;抱哺其子,与公并倨,妇姑不相说,则反唇而相稽。"(《汉书·贾谊传》)子壮出分何言孝?父贫驱子何言慈?行如路人何言亲?妇翁同倨何言别?妇姑相校何言睦?追想荀况游秦,谓秦民勇猛好利,而"于父子之义夫妇之别"不如"齐鲁之民",(《荀子·强国》)诚如是也。

秦素有尚武之风。《诗经·秦风·无衣》:"王于兴师,修我戈矛,与子同仇";"修我矛戟,与子偕作";"修我甲兵,与子偕行"。《小戎》:"四牡孔阜,六辔在手。"《驷驖》:"从公于狩","舍拔则获"。其悲壮勇奋之气,跃然纸上。司马迁说:西北地区,"地边胡,数被寇",其民"好气任侠"。(《史记·货殖列传》)班固云:"秦汉以来,山东(关东)出相,山西(关中)出将,秦将白起,郿人;王翦,频阳人,……何则?山西天水、陇西、安定、北地处势迫近羌胡,民俗修习战备,高上勇力鞍马骑射。故秦诗曰:'王于兴师,修我甲兵,与子偕行。'其风声气俗自古而然,今之歌谣慷慨,风流犹存耳。"(《汉书·赵充国辛庆忌传》)有鉴于此,谓秦国"疆以戎索",不亦宜乎!

荀子游秦,赞之"四世有胜,非幸也,数也",然亦慨叹秦之缺欠:"其殆无儒。"(《荀子·强国》)秦不仅无儒家之"儒",就是一般知识分子之"儒",亦为少见。墨家曾入秦活动,并受到礼遇,大约是因为墨翟"背周道而用夏政"(《淮南子·要略》)的缘故。及至吕不韦以秦相之尊,招徕宾客,"大集群儒"而作《吕氏春秋》,而其作者及思想皆非秦之土产也。纵观秦史,大凡有作为的政治家、思想家皆非秦人,而三晋居多。

在秦人的意识形态中,仍保留着原始的多神崇拜的神鬼观念。从1975年出土的《睡虎地秦墓竹简·日书》来看,秦人不仅崇拜天、地、星辰,还崇拜神、夭、鬼,甚至自然界的山石、树木、虫鸟、鸡狗等,均被视为可以福祸人间的精灵。在这种文化背景下,秦人保持人殉的习俗,倒是事出有因的。秦武公死,"从死者六十六人";秦穆公死,"从死者百七十七人",其中有三位知名的贤大夫。(《史记·秦本纪》)故《诗经·秦风·黄鸟》哀之:"彼苍者天,歼我良人;如可赎兮,人百其身。"孔子删《诗》,岂能不晓。子罕言利,不语鬼神,怒斥"始作俑者,其无后乎!"(《孟子·梁惠王上》)故孔子周游列国而西行不至秦者,岂偶然哉!

秦无儒而寡礼,无沉重的历史传统包袱,正好轻装简从,大步前行。但是,秦人没有估计到"诗书礼乐"对于维护封建社会秩序的积极作用。他们囿于"儒无益于国之治"、"儒以文乱法"、"儒以古非今"(《韩非子·五蠹》)等偏见,厉行文化专制主义政策,"燔诗书以明法令"(《韩非子·和氏》),"焚书坑儒"。此种专制酷烈之举,皆出于秦人之手,又何怪哉!

(三)晋之车也,秦之辙也

晋、秦皆"启以夏政,疆以戎索",具有同一类型的文化传统和生活环境。

因此,在春秋战国的社会大变革中也走着大致相同的路线。现择要罗列如下:

——晋惠公时"作爰田","作州兵"(《左传·僖公十五年》);秦"孝公用商君,制辕田","舍地而税人"(《汉书·地理志》注);

——晋有盟书,"策名委质";(《国语·晋语》)秦则"举民口数,生者著,死者削";"上无通名,下无土地"(《商君书·去强》、《商君书·徕民》);

——晋灭祁氏,羊舌氏,分县设官(《左传·昭公二十八年》);秦孝公十二年"集小乡邑聚为县,置令、丞"(《史记·商君列传》);

——晋有铁之誓:"克敌者人臣隶圉免";(《左传·哀公二年》)秦《军爵律》:"隶臣斩首为公士"①;

——晋宣布:"无功庸者不敢居高位"(《国语·晋语》);秦下令:"宗室非有军功论不得为属籍"(《史记·商君列传》);

——晋有"灭家"、"灭族"、"灭宗"之刑(《国语·晋语》);秦有"夷三族"之罪(《史记·秦本纪》);

——晋执法不避国君宰相权臣之尊;秦"刑无等级",肉刑太子之师傅(《商君书·赏刑》,《史记·商君列传》);

——晋国批评分封制度,范文子说:"唯有诸侯,故扰扰焉,凡诸侯,难之本也"(《国语·晋语》);秦皇亦反对分封古制:"天下苦战不休,以有侯王。赖宗庙,天下初定,又复立国,是树兵也。而求其宁息,岂不难哉!"(《史记·秦本纪》)

——晋贱商:绛之富商,其富"能金玉其车","能行诸侯之贿",唯因其无"功庸",只得"韦藩木楗以过于朝"(《国语·晋语》);秦行商鞅之法:"无功者虽富无所芬华"(《史记·商君列传》),秦律亦有"履锦"之禁②;

——晋徕楚材;秦用客卿;

——晋尊君,"不从君者为大戮"(《国语·晋语》);秦法:"有不从王令、犯国禁、乱上制者,罪死不赦"。(《商君书·赏刑》)

晋、秦文化传统相似,故晋之所为,皆宜于秦。晋不仅给秦提供了变革的模式,而且还向秦输入了智能、思想和人才。晋国培育的"法治"种子终于在秦国土地上生根、开花、结果。

(四)"法律":魏法经与秦律相结合的产物

文字是社会生活和人们思维活动的忠实记录。现代意义的"法"在古代曾经历了如下的过程:富于图腾和神判色彩的"灋",饱含神权观念的"辟",散发暴力气息的"刑",公正无颇的"法"。"法律"则是秦朝法制统一的产物。《管子·七法》:"法律政令者,吏民规矩绳墨也。"《吕氏春秋·离谓》:"是非乃定,法律乃行。"《睡虎地秦墓竹简·语书》:"法律未足,民多诈巧";又《睡虎地秦墓竹简·秦律十八种》:"法律程籍。"这些都是"法律"一词诞生的真实

---

① 《睡虎地秦墓竹简》,文物出版社1978年版,第92页。
② 同上书,第220页。

标记。

魏国为三晋之一。魏文侯在位时(公元前445—公元前397年)曾任用吴起(卫国人)、李悝(魏国人)等法家人物,率先进行一系列改革。故司马迁说:"魏用李克(悝),尽地力,为强君,自是之后,天下争于战国。"(《史记·平准书》)李悝在中国法律文化史上的突出贡献是"撰次诸国法,著《法经》"(《晋书·刑法志》)。这是继春秋末期郑子产"铸刑书"、晋赵鞅荀寅"铸刑鼎"以后重要的立法活动。

《法经》是魏国变法成果的总结,也是各诸侯国地主阶级立法艺术的结晶。《唐律疏义》说:李悝"造《法经》六篇,即一盗法、二贼法、三囚法、四捕法、五杂法、六具法","是皆罪名之制也"。张斐说:"律始于刑名者,所以定罪制也。"(《晋书·刑法志》)"罪名之制"的内容即后世封建法典的"刑名"部分。这是"以罪统刑"的成文法出现的集中表现。

商鞅,卫人。曾在魏国做过魏相公叔座的家臣,熟悉李悝、吴起在魏国变法的理论和实践。秦孝公即位,下求贤令。商鞅携带《法经》以相秦,主持变法,他"改法为律",增连坐、垦草、分户、军爵等内容,并加以充实完善,经过长期的实践,终于形成独特的"秦律"。

秦用"秦律",赵(三晋之一)为"国律",魏(三晋之一)亦有《户律》、《奔命律》①,并非偶然。甲骨文的"律"写作"𦘒",表示以手执鼓槌之状。故"律"引申为钟鼓之声调节拍。军队以金鼓之声及节奏指挥战斗、互通信息。有如后世所谓"击鼓进军"、"鸣金收兵"之类。故《易经·师》曰:"师出以律。""律"便成了"军令"、"军法"的代名词。违"律"者,必遭严惩。晋、秦居戎狄之邦,习游牧,善征讨,尚军法。故秦、赵、魏以"律"名其法,其所由来者上矣!

秦始皇执辔东向,挥戈南下,六国毕、四海一,天下为郡县,法制为一统,丰功伟烈,铭其钟鼎。故《会稽刻石》云:"秦圣临国,始定刑名,显陈旧章;初平法式,审别职任,以立恒常。"(《史记·秦始皇本纪》)其中,"始定刑名"盖指在《法经》六篇基础上加以完善后,开始定型;"显陈旧章"盖指将秦固有的"秦律"推行于东方六国,显而陈之;"初平法式"盖指统一天下的法律制度。这段歌功颂德的铭文可巧正是魏《法经》与《秦律》相结合的真实记载。

(五) 魏《户律》、《奔命律》与秦法

《睡虎地秦墓竹简》中保存《魏户律》、《魏奔命律》片断。这说明:一,魏亦有"律"的法律形式;二,秦在司法中曾经参考甚至适用魏国法律。

《魏户律》:"廿五年闰再十二月丙午朔辛亥,王告相邦:民或弃邑居野,入人孤寡,徼人妇女,非邦之故也。自今以来,假门逆旅,赘婿后父,勿令为户,勿予田宇。三世之后,欲仕仕之,仍署其籍曰:故某闾赘婿某叟之仍孙";《魏奔命律》:"廿五年闰再十二月丙午朔辛亥,王告将军:假门逆旅,赘婿后父,或率

---

① 《睡虎地秦墓竹简》,文物出版社1978年版,第292—294页。

民不作,不治室屋,寡人弗欲。且杀之,不忍其宗族昆弟。今遣从军,将军勿恤视。烹牛食士,赐之参饭而勿予殽。攻城用其不足,将军以埋壕。"①假门,贾门;逆旅,行商,行商坐贾是也;赘壻,男子无力娶妻,出赘为婿;后父,招赘于有子寡妇之家的男子;为户,自立为户;田宇,田宅;仍孙,曾孙;参饭,三分之一斗的饭;殽,带骨熟肉;埋壕,平填敌城壕沟。

两段律文大意是:行商、坐贾、赘婿不得立户,不予田宅,三世之后才得做官,还要在簿籍上注明:此人是某闾赘婿某人的曾孙。行商、坐贾、赘婿及不事农务、不建房屋(父子兄弟同居一室)者,皆令从军,不必怜惜他们,只供给三分之一斗的饭,不给肉吃,攻城时让他们打前站或平填壕沟。

秦孝公任商鞅实行变法,曾先后颁布如下法令:"废逆旅";"民有二男以上不分异者倍其赋";"令民父子兄弟同室内息者为禁";"事末利及怠而贫者,举以为收孥"。(《史记·商君列传》)秦始皇"三十三年,发诸尝捕亡人、赘婿、贾人,略取陆梁地,为桂林、象郡、南海,以适遣戍"。(《史记·秦始皇本纪》)

从以上律文、法令来看,秦罪"贾人",而魏惩商贾;秦以"父子兄弟同室内息者为禁",而魏罚"不治室屋";秦禁"事末利"者,而魏罪"率民不作"者;秦魏皆贱赘婿而迁之。如此,则秦魏二国风俗法律何其相似乃尔!

第二节 "法治"思潮的源头及其归宿(下)

一、"法治":理论及其类型

战国时代,一批出身卑微但凭着自己的努力而获得土地的平民,构成了社会变革的激进势力。他们的代表法家学派强烈要求保护自己的人身安全、土地私有权和参与国家政治活动。他们把自己的意志说成是对社会全体成员都公正无私的"法",要求用"后天"的人为功利代替"先天"的血缘身份,要求废除"为国以礼"的"礼治",实行"以法治国"的"法治"。"法治"思潮是中国古代社会国民意识的第一次苏醒。它的奋斗目标是:按地域划分居民,反对以血缘来确定阶级;打破宗法等级与政治等级的合一结构,使土地所有权与行政统治权分离开来;废止分封制与世卿制;建立官僚制与专制集权政体。

(一)"法治"的理论支柱

法家"以法治国"的"法治"理论如下:

1. "不法古,不循今"的进化史观

法家认为人类社会是发展运动的,而且越变越好。法律制度依社会形势而立,上古之世,"人民少而财货有余,故民不争"。当时用"德治"、"礼治"就能治理天下。现在"人民众而货财寡,事力劳而供养薄,故民争"。(《韩非子·

---

① 《睡虎地秦墓竹简》,文物出版社1978年版,第292—294页。

五蠹》)而且国与国争战不休,"强国事兼并,弱国务力守"。(《商君书·开塞》)"力多则人朝,力寡则朝于人"。(《韩非子·显学》)要生存、安定和发展,必须致力于富国强兵,实行"法治"是历史的必然。

2. "好利恶害"的人性论

在法家看来,自私自利、"趋利避害"是古往今来人人固有的本性。大禹禅让不是因为品德高尚,而是因为做天子得不到更多的实惠,反要付出比常人更多的辛劳;做车子的匠人盼人发财,做棺材的匠人盼人早死,不是前者善良后者恶劣,而是利之所在也;佣工努力干活,地主以好饭相待,不是出于相互友爱,而是各有所图。社会上有这样的习俗,生男相贺,生女杀之,这是因为养儿防老而养女亏财的缘故。君出爵禄,臣出智力,君臣相市,何谈仁爱。"好利恶害"并非坏事,"人情者有好恶,故赏罚可用";"人性有好恶,故民可治也"。(《商君书·错法》)因此,治理国家不能靠仁义礼智、道德说教,只能用赏罚和"法治"。

3. "废私立公"的公法观

法家把"法"和"礼"对立起来,认为前者代表社会的共同利益,后者代表贵族的一己私利。实行"礼治"的结果是:"国利未立,封土厚禄至矣;主上虽卑,人臣尊矣";"国地虽削,私家富矣;……公民少而私人众矣。"(《韩非子·五蠹》)因此,为了"兴公利",必须实行"不别亲疏,不殊贵贱"的"法治"。法家把新兴地主阶级的意志说成是社会全体成员的意志。正如马克思所指出的:"每一个企图代替旧统治阶级的地位的新阶级,为了达到自己的目的就不得不把自己的利益说成是社会全体成员的共同利益,抽象地讲,就是赋予自己的思想以普遍性的形式,把它们描绘成唯一合理的、有普遍意义的思想。"①

4. 民富国强的功利主义

法家把"趋利避害"的人性与国家的富强结合起来,用赏赐和刑罚诱使、驱使人们耕、战、告奸,生产粮食多的、杀敌有功的、揭发违法犯罪的,可以得到官爵田宅。任何人,不论出身如何,只要努力按国家法令去做,就能得到富贵荣华,而国家也就强盛起来了。在法家看来,一个国家因虚弱而被强国并吞,如同老百姓因"怠而贫"一样,都是理当如此的事情。

(二)两种类型的法家与"法治"

春秋时齐国的管仲是个著名的改革家。战国以后,齐国法家继承管仲的改革精神,倡导变法,以法治国,被称为齐法家。由于他们的著述被编辑在托名管仲所著的《管子》中,故又称管子学派。与此相对应的还有晋秦法家。他们是活跃在三晋(晋国于公元前403年分为韩、赵、魏三国)与秦国的法家,其著作主要有《商君书》和《韩非子》。

按传统的观点,法家有前期、后期之别。前期法家有李悝、吴起、商鞅、慎

---

① 马克思、恩格斯:《费尔巴哈》,载《马克思恩格斯选集》第1卷,人民出版社1972年版,第53页。

到、申不害等。按韩非的意见,他们又分三派:商鞅重法、慎到重势、申不害重术。后期法家主要有韩非、李斯。其实,这种观点仅就晋秦地域范围内而言才是成立的。从全中国角度来看,法家分两种类型:齐国式的法家和晋秦式的法家。他们虽然都坚持"法治",但由于各自的历史文化传统所致,其"法治"的内容、特征是不尽相同的。

1. "令尊于君"与"君尊则令行"

齐国法家虽主张"尊君",但又强调"令重则君尊","令尊于君"。(《管子·重令》)要求君主"行法修制先民服"(《管子·法法》),带头守法,以达到"君臣上下贵贱皆从法"(《管子·任法》)的境界。这就把君主权力限制在法律允许的范围内。晋秦法家把"尊君"视为推行"法治"的必要前提:"君尊则令行"(《商君书·君臣》)。故主张君主独揽大权:"权者君之所独制也","权制断于君则威";(《商君书·修权》)"权重位尊";(《韩非子·难势》)"独视者则明,独听者则聪,能独断者,故可以为天下王"。(《申子·大体》)

2. "以德使民"与"不务德而务法"

齐法家继承管仲"礼义廉耻,国之四维"的传统观念,认为"四维张则君令行"。(《管子·牧民》)他们虽认为人皆"趋利避害",但人非禽兽,人性可以改变,故承认道德教化的作用:"教训咸俗而刑罚省数"。(《管子·权修》)故治理天下不能专任暴力"以力使",而应"以德使",以致"民从之如流水"。(《管子·君臣下》)晋人本来就有"畏威如疾,民之上也,从怀如流,民之下也"(《国语·晋语》)的传统见解。晋秦法家以为人性皆"好利恶害"而且终生不能改变,故治国应当"任其力不任其德"(《商君书·错法》),"不务德而务法"(《韩非子·显学》)。从根本上否认道德教化的意义。

3. "杀戮不足以服其心"与"以刑去刑"

齐法家受管仲"仓廪实则知礼节,衣食足则知荣辱"(《管子·牧民》)思想的影响,又受到道家、儒家思想的浸渍,认为人民的物质生活状况决定着他们对法律的态度。如果他们衣食无着,饥寒交迫,就会铤而走险,那时"以法随而诛之,则是诛罚重而乱愈起"。(《管子·治国》)刑罚的威力是有限的:"刑罚不足以畏其意,杀戮不足以服其心,杀戮众而心不服则上位危矣"。(《管子·牧民》)晋秦法家则迷信暴力,崇拜刑罚的淫威,以为重刑在前,人莫敢犯;故行罚"重轻罪,轻者不至则重者不来",此谓"以刑去刑"。(《商君书·壹刑》)

4. "务本饬末则富"与"强本除末则治"

齐国素重工商,齐法家受其熏陶,以为"先王使农士商工四民交能易作",自古以然。故治国虽应重农却不必压抑工商:"务本饬末则富"。(《管子·幼官》)"饬末"即整顿管理工商之意,勿使商贾参与朝政:"商贾在朝则货财上流"(指卖官鬻爵)。(《管子·权修》)"百工商贾不得服长貂"(《管子·立政》),亦此旨也。晋秦法家皆重农而贱商,以为"事商贾、为技艺,皆以避农战也"。故视"不战而荣"、"无禄而富"者为"奸民"。(《商君书·农战》)而"民农则愚,愚则易治"。(《商君书·垦草》)秦法:"戮力本业耕织致粟帛多者复隤,事末利及怠而贫者举以为收孥。"(《汉书·食货志》)《魏奔命律》规定:"贾门逆旅,赘婿后父,今遣从军,将军勿恤视,攻城以堙壕。"①皆其绪也。

5. 兼容并蓄的"稷下学风"与"明主之国无书简之文"的文化专制政策

齐国重视学术研究。齐宣王曾置学宫于稷门,招徕各派知识分子,自由讲学。赵国荀况即为稷下老师,三为祭酒。他兼容晋秦之学与齐鲁之学,实为晋秦化之儒家或齐鲁化之法家也。齐法家承其风,著述颇含道、儒、阴阳而兼有之。晋秦以"寡礼"、"无儒"著称,虽曾招贤纳士,然皆征战、谋略、法术之士,重实用而轻理论。故其法家著述大都苍白无血色,缺乏理论营养。晋秦法家以为诸子之学非本国固有,且"儒无益于国之治","儒以文乱法","民不贵学问则愚","愚则易治"。(《商君书·垦草》)故治国明法令,"以法为教,以吏为师"(《韩非子·五蠹》),"燔诗书而明法令"(《韩非子·和氏》),"焚书坑儒"。晋秦法家虽有并吞天下之雄心而无兼容他家学术之襟怀。

6. "治国之道"与"帝王之术"

齐法家也讲"术"。其"术"实为治国之"道":"道德出于君,制令传于相,事业程于官",是"明公道而灭奸伪之术也"。(《管子·君臣上》)此乃"循名责实"之道也。晋秦法家出于维护君权、推行法治、防止臣下篡权和阳奉阴违的考虑,大讲"帝王之术"。此"术"除"循名责实"的"阳术"外,还有不可告人之"阴术":"术者,藏于胸中,以偶众端而潜御臣下者也。"(《韩非子·难三》)其术有"倒言反是"、"挟知而问"、"疑诏诡使"(《韩非子·内储说下》)之类,其狡诈之心足以败坏朝纲,而令忠诚之士胆战心寒! 这些阴谋权术多为后世帝王所禀承。

齐国、晋秦法家在政治法律思想上的差异性表明:当一种思潮席卷社会时,它并不是被社会全盘吸收的。它在与当地文化传统结合的过程中会逐渐"地域化"。正如我们在战国中期看到了"齐鲁化"的法家——齐法家一样,我们还在战国末期看到了"晋秦化"的儒家——齐儒家荀子学派。因此,任何脱离当时、当地特定的历史文化传统与生活环境,简单、静止、贴标签式地辨别和划分学术思想和学术派别的做法,都既不能描述古代法律实践活动的真实情景,也不能再现古代文化的基本风貌。

二、"法治"、"礼治"的对立与重叠

当封建经济基础大体确立之际,在封建阶级内部曾发生了儒家与法家,亦即"礼治"与"法治"的大辩论。人们常常注意两者对立的方面却往往忽视它们的相同之处。其实"礼治"与"法治"之间不是格格不入的整体对立,而是既有分立之处,又有重叠之处。

在阶级属性上,儒法两家都是封建阶级的代表。前者代表从奴隶主贵族

---

① 《睡虎地秦墓竹简》,文物出版社1978年版,第294页。

转化而来的封建贵族,后者代表非贵族出身的平民地主。两者在否定奴隶制经济关系上是一致的。

在政体上,儒家要求建立统一的但非集权的贵族政体,各级贵族在国君面前有相对独立的特权并得以世袭下去。法家则要求建立官僚集权专制政体。但法家既维护国君家一姓的世袭特权,也注意照顾各级官吏和有爵者的特殊利益。这些同"礼治"的精神毫无二致。

在社会经济和组织方面,儒、法两家都维护自然经济和宗法家族结构,只不过方法不同:儒家以"重义轻利"和忠孝仁爱的道德说教,法家则运用法律的强制手段。秦律维护父系家长对卑亲属的种种特权,证明国家已把司法权的一部分(或曰准司权)交给父系家长,让他们共同维系王朝的社会基础。

在意识形态方面,儒、法两家都维护宗法道德观念。儒家强调忠孝仁爱的内在伦理感情,故重视教化;法家强调它们的外在表现,故崇尚法律。正如《商君书·画策》所言:"所谓义者,为人臣忠,为人子孝,少长有礼,男女有别,非其义者,饿不苟食,死不苟生,此乃有法之常也。"合法的行为同时也就成了符合道德的行为。《韩非子·忠孝》:"臣事君,子事父,妻事夫,三者顺则天下治,三者逆则天下乱。"也是强调人们的外在行为,至于是否具备忠孝的伦理感情,法家是不关心的。《睡虎地秦墓竹简·为吏之道》:"君怀臣忠,父慈子孝,政之本也。"①怀、忠、慈、孝都是经法律确认的特殊行为。这些都反映了地主阶级用宗法观念维系统治阶级内部及家族内部秩序的愿望。

"礼治"、"法治"的对立是局部的和有限的。这种对立主要表现在三方面:一是政体,即建立贵族政体还是集权政体;二是统治方法,即"以德服人"、"以德去刑",还是"以力服人"、"以刑去刑";三是价值观念,即实践"人之所以异于禽兽"(《孟子·离娄上》)、"人之所以为人"(《荀子·非相》)的道德伦理观念,还是富民强国的功利主义。除此而外,两者则呈现不同程度的重叠。法家自战国初期到末期的发展,与儒家自孔、孟到荀况的发展之间有着微妙的和谐之处。儒、法两家都由理想型转为务实型,儒家容忍集权专制,法家也捍卫宗法等级,他们都由强调礼法对立转而强调礼法合一。秦律维护官吏及父系家长的特权,无异于"礼治"的局部法典化。"礼治"、"法治"都是自然经济与宗法社会的产物,两者的差异仅仅在于:儒家是从维护宗法社会到维护封建自然经济,法家则是从维护封建自然经济到维护封建宗法社会。这正是绝妙的异曲同工、殊途同归。

三、东风引来西风烈:"法治"思潮的归宿

尽管我们知道用定量分析的方法来剖析社会科学领域的问题常常是非常困难的,然而我们还是愿意尝试一番。在这里,我们借用立体几何的座标来描

---

① 《睡虎地秦墓竹简》,文物出版社1978年版,第285页。

述"法治"发生、发展和终结的轨迹。

（一）横座标：地域的轨迹

"法治"思潮如三月春风,生成于东海之滨的齐国,中经中原枢纽的郑国,转而北向入晋,西向入秦,在莽莽秦川上空凝聚成暴风雨,最后东播南扫,席卷全国。

（二）纵座标：时间的轨迹

"法治"思潮萌生于公元前七世纪,发端于公元前六世纪,实践于公元前五世纪,定型于公元前四世纪,普及于公元前三世纪。

（三）立座标：政治家的活动轨迹

管仲,齐国人,齐国文化的代表性人物,他因其俗、修其法,有所作为,亦得善终。

子产,郑国人,郑国文化的代表性人物,有勇有谋,循序而进,虽首"铸刑书"而国人从之。同国大夫邓析,其思想大悖于郑国传统,然以大夫之位,不肯离国另谋出处,终被杀身亡。

李悝,魏国人,逢天时、地利、人和之机运,位在卿相,创丰功伟绩。若其亡入他国,恐未必也。

商鞅,卫国人,怀帝道、王道、霸道之术,习刑名法术之学而不见用,遂入魏,为小吏,不得大用。复西入秦,与秦王言霸道与强国之术,遂以为相。两度主持变法,秦始盛强。虽因内乱而惨遭车裂之刑,而其法、其业未曾败也。

吴起,卫国人,因杀人避祸而至鲁,始就学于儒学曾子门下。后因其母逝而不肯返国居丧,为儒者痛恨并与之绝交,故改学兵法。鲁君将任之为将以御齐军,因吴起之妻为齐人,鲁人疑之,吴起遂杀妻释疑而为将,大破齐军。鲁、卫,兄弟也。吴起原系卫君之罪人。鲁人重礼,不愿因重用吴起以伤兄弟之谊,且吴起不孝不义之举实难见容于鲁国礼义之邦,故鲁君辞之。吴起至魏,为魏将,伐秦有功,为西河守。后南下入楚,为楚相,行变法,国虽强而宗室贵族恨之。悼王死,吴起遂被杀,其法亦败。

韩非,韩国人,有雄才大略而善著书。其文立意宏达,说理透彻,文辞流畅,传之诸国。韩王不能用。秦王喜其书,有相见恨晚之憾。然秦既有李斯,何必韩非。故入秦而为人所嫉,枉死于狱吏之手。

李斯,楚国人,上蔡布衣,入齐师从荀况学帝王之术。以楚王为不足事,遂西入秦。为秦相,一人之下,万人之上。有《谏逐客书》及刻石之辞传世。竟死于宦官之谋。

荀况,赵国人,曾入秦,以"秦无儒"而鄙之。50岁时游齐,后南下入楚为兰陵令。后废而为平民,葬于异土。以荀况之鸿才而不见用,何故？其主"隆礼重法"。唯其"隆礼",故不见容于秦国;唯其"重法",故不见用于楚国。"二千年来之学,荀学也"[①];二千年来之法,荀法也。其学其法,永垂后世,而身为小吏,无所成事,孤独寂寞,时不与也,悲哉!

(四) 无形坐标:理论思维轨迹

"法治"思潮以冲荡任人唯亲之礼而肇始,管仲尚贤,委命匹夫,此其端也。

"法治"思潮因背叛尊卑有等之礼而壮大,子产尚法,首布刑书,此其绪也。

"法治"思潮因鼓吹变法而丰满,因全面批判"礼治"而充实,进化史观、人性论、功利主义,此其干也。

"法治"思潮因变法实践而成熟。欲变法,须先有政权,故慎到"重势";行"法治"必先维护政权而督责臣下,故申不害"重术";为保证"势"与"术"的地主阶级性质,必明法,故商鞅"重法"。

"法治"思潮的的最大特点是它的实践性。从实践中来,又到实践中去,指导变法,又被修正完善。当实践告一段落时,有韩非者出,集其大成。

"法治"思潮的最大弱点是理论思维的苍白。虽然它从道家那里吸取了批判传统"礼治"的勇气,又从墨家那里获得了批判的武器,但是,一代法家并没有提出完整理论,他们太热衷于眼前的现实,无暇顾及本体论的探究。因此,尽管法家不乏具有真知灼见的闪光篇章,但作为一种思想体系而言,法家思想的理论层次仍是低档次的。

尽管如此,"法治"思潮毕竟席卷全境并按照自己的面貌塑造了一个泱泱大国。这场暴风雨所诞生的是:土地私有制、个体经营的自然经济和官僚主义中央集权的君主专制政体。还有一个最为重要的东西,就是"成文法"。

第三节 "成文法"的萌芽与定型

"成文法"作为一种新型的法律样式萌芽于春秋末期。其典型事例是郑与晋"铸刑书"、"铸刑鼎"事件。战国以后,随着变法的深入展开,"成文法"也不断完善。李悝《法经》集其小成而《秦律》总其大成。

一、刑书、刑鼎、竹刑:新式的法律规范

鲁昭公六年(公元前536年)郑国执政子产"铸刑书",二十九年(前513年)晋国赵鞅、荀寅"铸刑鼎";鲁定公九年(前501年)左右,郑国大夫邓析"作竹刑";终于酿成春秋末期法制变革的浪潮。

至于"刑书"、"刑鼎"、"竹刑"的内容,已难于考稽。但从时人对它们的批评中,我们不难体味到,它们已改变了西周以降的"单项立法"的传统,把"名

---

① 谭嗣同:《仁学》,载《谭嗣同全集》,中华书局1981年版,第337页。

例项"与"刑罚项"结合起来,成为"二项合一"的新式法律规范。

《左传·昭公六年》载叔向语:"昔先王议事以制,不为刑辟,惧民之有争心也。"是说过去审理案件是参考判例来定罪量刑的,不预先制定关于什么行为属于违法犯罪以及应处何种刑罚的法典。可是,子产偏偏制定并颁布了这种法典。这样,"民知有辟,则不忌于上,并有争心,以征于书,而徼幸以成之。""民知争端矣,将弃礼而征于书,锥刀之末,将尽争之。""锥刀"当指刑罚。"锥刀之末"指刑罚的细微末节,非指不值钱的小东小西之类。在春秋时代,"锥刀"恐怕是比较贵重的金属(钢、铁)工具,其本身就是有价值的。刑罚是审判的结局。一般平民不仅预先知道某一具体行为是否违法犯罪,而且还预先知道应受何种处罚,这样自然可以向法官据法力争了。

《左传·昭公二十九年》载孔子言:"贵贱不愆,所谓度也。……今弃是度也,而为刑鼎,民在鼎矣,何以尊贵?贵何业之守?贵贱无序,何以为国?且夫宣子之刑,夷之蒐也,晋国之乱制也,若之何以为法。"是说,按礼的规定,审判是贵族和司法官独揽的事,铸有判例文字的鼎是不向平民公开的。现在晋国把这种鼎陈列在公共场合,让百姓观看,这是违礼的做法。而且,刑鼎的内容也不好,是"夷蒐之法"。《左传·文公六年》所载"夷蒐之法",共有四项内容,其中第一项是"正法罪,辟狱刑",即治罪以法,对罪名不当、法条不明者,要修订之,并依此重新审理罪犯、科处刑罚。可见"夷蒐之法"也是兼有罪名与刑罚两项内容的新式法律规范。

主张"事断于法"(《邓析子·转辞》)的邓析做了"竹刑"。人们批评他"不法先王,不是礼义"(《荀子·非十二子》),"以非为是,以是为非"(《吕氏春秋·离谓》)。并以法律知识帮助当事人打官司,弄得"郑国大乱,民口欢哗"。(《吕氏春秋·离谓》)邓析的"竹刑"如非"二项合一"的新式法典,则真是不可思议的。

赵鞅伐郑,作"铁之誓":"克敌者,上大夫受县,下大夫受郡,士田十万,庶人工商遂,人臣隶圉免。"(《左传·哀公二年》)这与鲁公《费誓》"无敢寇攘、逾垣墙、窃马牛士诱臣妾,汝则有常刑"(《尚书·费誓》)相比较,前者系"二项合一",后者系"单项立法",何其显而易见者。

同样是战前的誓词,但"铁之誓"的样式显然不同于以往。这正是在晋国"成文法"初登政治舞台的特殊背景下形成的。春秋末乃至战国初期,如"铁之誓"一类的新式法令已屡见不鲜、蔚成风气,故有思想家、政治家出来进行概括和总结。《墨子·非命》谓:"发宪出令,设为赏罚。"《管子·立政》则云:"凡将举事,令必先出,曰:事将为,其赏罚之数,必先明之。立事者谨。守令以行赏罚,计事致令,复赏罚之所加,有不合于令之所谓者,虽有功利,则谓之专制,罪死不赦。"可见,其时人们已习惯于用"发宪出令,设为赏罚"的"二项合一"的法令,用具体的、明确的、既有威胁力又有诱惑力的方式,来驱使或诱使人们去做统治者希望做的事情。并以此来保障司法统一和监督考核官吏的政务。以往那种口号式的、含含糊糊的、欲言又止的、"单项"的旧式法令,差不多已被人们遗忘了。

二、刑书→刑鼎→法经→秦律:"成文法"的定型化

春秋以降,"二项合一"的新式法律规范逐渐增多,已成不可逆转之势。同时,成文法律在篇章结构上也不断成熟和定型化。这一过程正是后世封建法典的"原始积累"阶段。

(一) 三篇之"刑书"

子产"铸刑书",叔向致信以批评之:"今吾子相郑国,作封洫,立谤政,制参辟,铸刑书。将以靖民,不亦难乎?"(《左传·昭公六年》)现将原文分析如下:首先是断句。"作封洫,立谤政"为一句,指子产作丘赋,此项措施为郑人所谤,故称为"谤政";"制参辟,铸刑书"为一句,意为子产制作"参辟"新法,且铸之于鼎上,是为"刑书"。其次是"参辟"的含义。前文提及"禹刑"、"汤刑"、"九刑",统称"三辟"。子产所作之"参辟"不同于先王之"三辟",其义自不待言。"参辟"者何义?杨伯峻先生《春秋左传注》这样注道:

> 参同三,《晏子·谏篇下》云"三辟著于国",虽《晏子》之三辟,据苏舆《晏子春秋校注》乃指行暴、逆明、贼民三事,未必同于子产所制订之三辟,疑子产之刑律亦分三大类。或者如《晋书·刑法志》所云"大刑用甲兵,中刑用刀锯,薄刑用鞭扑",或者亦如《刑法志》所述魏文侯师李悝著《法经》六篇,此仅三篇耳。吴闿生《文史甄微》谓"叁辟与封洫、谤政并言,亦子产所作之法",是也。三辟为刑书之内容,铸于鼎而宣布之,又一事也,故分别言之。①

杨伯峻先生所见极是。据此可知:"叁辟"是"刑书"的内容。简而言之,即:三篇之法。至于三篇者何指,已无据可考。但其内容总不会脱离子产改革的范围,它是改革成果的记录。窃以为"参辟"者,或系财产、职官、司法三篇;或系民事法律、刑事法律、司法程序三篇。它们被铸在鼎上,让百姓一望而知。且不说使民"观鼎"就已经大大违背了周礼,单就将以往的"单项"法律总汇为三篇,集中于一鼎,已足以堪称划时代的一项伟业了。

(二) 四篇之"刑鼎"

赵鞅(宣子)、荀寅"铸刑鼎",孔子批评之:"贵贱无序,何以为国?且夫宣子之刑,夷之蒐也,晋国之乱制也,若之何以为法?"(《左传·昭公二十九年》)孔子必定知道"刑鼎"的内容及其与"夷蒐之法"的关系,才断言:"宣子之刑,夷之蒐也。"据《左传·昭公二十九年》:"著范宣子所为刑书","宣子之刑,夷之蒐也。"据《左传·文公六年》,制定"夷蒐之法"者,赵盾赵宣子也。则:"范宣子"当为"赵宣子"之误,或"所为刑书"即所用之刑书之义。因此,应当通过"夷蒐之法"来分析"刑鼎"的内容。

---

① 杨伯峻:《春秋左传注》第4册,中华书局1981年版,第1276页。

关于"夷蒐之法",《左传·文公六年》记载:"春,晋蒐于夷,舍二军。使狐射姑将中军,赵盾佐之。阳处父至自温,改蒐于董,易中军。阳子,成季之属也。故党于赵氏,且谓赵盾能,曰:'使能,国之利也。'是以上之。宣子于是乎始为国政,制事典……既成,以授大傅阳子,与大师贾佗,使行诸晋国,以为常法。"关于赵盾所作的"夷蒐之法",一般都概以"九事":"宣子于是乎始为国政,制事典,正法罪,辟狱刑,董逋逃,由质要,治旧洿,本秩礼,续常职,出淹滞。"(《左传·文公六年》) 笔者以为当断句如下:赵盾"始为国政,制事典:正法罪,辟狱刑;董逋逃,由质要;治旧洿,本秩礼;继常职,出淹滞。"文中"制事典"与"以为常法"首尾呼应,讲的是自草拟法律到被确立为国法的全过程。至于法律的内容实际上分为以下四个方面:

1. 刑事立法、司法——"正法罪、辟狱刑"

"正法罪、辟狱刑",即治罪以法,罪名不当、法条不明者修订之,并以修订完善的刑律审理狱中未决囚犯,以法科刑。可见赵盾所制定的法律有两个特点:一是兼有罪名和刑罚两方面的内容;二是在罪名和刑罚方面均与以往不同。其具体情况由于文献不足,不能详知。

2. 动产诉讼——"董逋逃、由质要"

这里所说的动产只指奴隶、牛、马、羊等财产。在这些财产脱离主人控制而在其归属问题上发生纠纷时,以"质要"为证据而断之。"质",即质剂、券契,是买卖奴隶、牛、马时制作的券书;如《周礼·地官·质人》:"大市以质,小市以剂。"郑玄注:"大市,人民牛马之属,用长券;小市,兵器珍异之物,用短券。"《麦尊铭》载:天子赏赐井侯"臣二百家,剂。"郭沫若先生云:"此语可证古有奴券。"① "要",契券,官方文书。《矢人盘》(即《散氏盘》)记载一宗关于田讼的判例,详记田界的方位与标志。落款有"左执要史正仲农",似指专门掌管"要"的官吏。郭沫若先生解释:"谓其左执券乃史正之官名仲农者所书也。"能够书写判辞的,应当是官方仲裁者。"券"分左右。如《睡虎地秦墓竹简》有:"亡校券右为害。"《史记·平原君列传》有:"操右券以责。"《商君书·定分》有"左券"、"右券"。恐"左券"为正本而存于官府者。故《白虎通义》说:"质尊左。"《周礼·地官·小司徒》:"大比(校)则受邦国之比要。""要"即有关户籍、财产的文书。《荀子·王霸》有:"官人失要则死,公族失礼则幽。""要"即官方法律文书。到了范宣子和赵鞅的时代,晋国的封建化又取得了很大进展。当时"逋逃"者主要是逃亡的平民,如叔向所言:"民闻公命如逃寇仇"。(《左传·昭公三年》)而"董逋逃"者是代表国家的官僚,其目的在于保障国家赋税。"质要"则成了官方文书(如户籍、税簿)。春秋晚期晋国侯马盟书中有"委质",即臣民与君主建立的新的封建依附关系。这说明当时晋国社会结构已经较远地脱离了宗法血缘纽带的桎梏。同时,牛马在农业生产中的使用

---

① 郭沫若:《两周金文辞大系图录考释》,科学出版社1957年版,释文部第41页。

价值不断提高,所以在牛马作为动产的诉讼中,原来的原则依然适用。法律所适用的对象和条件改变了,那么法律本身的内容也会改变。所以,赵鞅、荀寅颁布这条法律,与其说是"恢复奴隶制法"①,勿宁说是在旧的外壳下面创制封建制法。秦律中有"逋事":"吏典以令,即亡弗会,为逋事。"②所以,不能仅以"董逋逃"三字便认定"夷蒐之法"为奴隶制法,正如同不能因为两汉法律中有保护奴隶买卖的条文,便说两汉法律是奴隶制法律一样。

3. 不动产诉讼——"治旧洿、本秩礼"

这里的不动产主要指土地。西周土地国有,天子可以把土地和在土地上从事生产的奴隶分封给贵族、功臣,也可以下令收回重新分配:"解有罪之地以分诸侯。"(《国语·鲁语上》)受封的贵族对于土地只有使用权,没有所有权,故不得买卖。即所谓"田里不粥(鬻)"。(《礼记·王制》)但即使是在西周,由于生产力的提高,各级贵族不断开垦荒地,也产生了少量的"私田"。《曶鼎铭》、《矢人盘铭》所记用于赔偿的"五田"、"二田",大概就是在边沿地带开垦的"私田"。春秋时,土地所有权由天子所有递降为诸侯、卿大夫、陪臣所有。晋国甚至还出现了土地买卖:"贵货易土,土可贾焉。"(《左传·襄公九年》)土地纠纷是土地私有的必然结果。春秋以后,贵族之间"争土田"、"以田诉"、"夺田"之事史不绝书。

"洿",《说文解字》:"浊水不流也。"土田的经界多以沟渠为标记。如《周礼·地官·遂人》:"掌邦之野,以土地之图经田野,造县鄙形体之法。……皆有地域,沟树之。"又《大司徒》:"制其地域而封沟之。""浊水不流"乃沟渠阻塞所致。何以阻塞?原因有二:一是"田讼"。一方开新渠以为田界,故掩填旧渠使之干涸。二是"水讼"。由于田地易主,使原灌溉系统紊乱。各方争水,阻塞他人之渠使之不通。如:"子驷为田洫,司氏、堵氏、侯氏、子师氏皆丧田焉。"(《左传·襄公十年》)春秋时的"水讼"不限于国内,诸侯国之间也因治水、用水发生争执。故齐桓公大会诸侯于葵丘的盟誓中特别有一条:"无曲防",即不得以邻为壑。(《孟子·告子下》)"治旧洿,本秩礼",意谓处理"田讼"、"水讼"案件要按照过去的传统习惯。如《周礼·地官·小司徒》所说的"地讼以图正之"和《矢人盘铭》所记的损害赔偿之类。这种原则是维护土地所有者利益的。当时的封建贵族可能比奴隶主贵族获得了更多的土地。

4. 关于官吏任免——"续常职、出淹滞"

"续常职、出淹滞",意思是恢复和健全政府机构,任用贤能,汰除无能的官吏,任用被埋没的人材。晋国的确有一种"尚能"的传统,这无疑是与"亲亲"原则相违背的。魏献子任命十位县大夫,其中的魏戊是他的庶子,因此他十分不安,惟恐别人说他任用私人。"续常职、出淹滞"这项法律是晋国"尚能"政策的法律化、条文化。赵盾制定或实施这项法律,目的在于削弱奴隶主

---

① 史学界有此说。参见钟肇鹏:《孔子研究》,中国社会科学出版社1983年版,第50—51页。
② 《睡虎地秦墓竹简》,文物出版社1978年版,第221页。

贵族的势力,任用大批非宗室的卿大夫,从组织上巩固封建贵族的统治。在后来长期的诸卿间的斗争中,这条法律往往成为执政者安排私人、加强自己实力的借口。但总的看来,这条法律是与传统的"亲亲"原则相违背的,对增强晋国的实力有一定促进作用,对后来的法家也有积极影响。

由此可见,赵鞅所铸的"刑鼎"(即"范宣子所为刑书",亦即"夷蒐之法")大抵由刑事法律、动产诉讼、不动产诉讼、职官四篇所组成。由子产三篇之"刑书"到赵鞅所铸四篇之"刑鼎",无论在内容上还是形式上都大大地前进了一步。

(三) 六篇之《法经》与《秦律》

从鲁昭公二十九年(公元前513年)晋国"铸刑鼎",至李悝(约公元前455—公元前395年)"撰次诸国法,著《法经》",大约过了一个世纪。此间,各诸侯国在变法和巩固新兴地主阶级政权的政治法律实践活动中,不断积累了创制和适用成文法的经验,颁布了大量的成文法规。而量的充实必然要求形式上的完美与和谐。《法经》就是在这一背景下诞生的。

《晋书·刑法志》载:"秦汉旧律,其文起自魏文侯师李悝。悝撰次诸国法,著法经。以为王者之政莫急于盗贼,故其律始于《盗》、《贼》。盗贼须劾捕,故著《囚》、《捕》二篇。其轻狡、越城、博戏、借假、不廉、淫侈、逾制,以为《杂律》一篇。又以《具律》具其加减。是故所著六篇而已,是皆罪名之制也。"《唐律疏议》说:李悝"造《法经》六篇,即一盗法、二贼法、三囚法、四捕法、五杂法、六具法。"

《法经》以《盗》、《贼》、《囚》、《捕》、《杂》、《具》六篇囊括当时的法令,这样做的意义是:第一,有利于司法的统一,便于司法官准确适用法律和定罪科刑;第二,有利于立法的系统化,使立法活动在兼顾历史沿革和横向联系的科学环境中进行,避免重复和抵牾;第三,把实体法与程序法大致区分开来,有利于按客观规律来指导法律实践活动;第四,有利于法律文献的整理、修订、解释、研究。总之,《法经》是新式法令的集中体现,是封建成文法典的雏型。故明代邱濬说:"刑法之著为书,始于此。成周之时,虽有禁法著于周官,然皆官守之事,分系于其所职掌,未有成书也。然五刑之目,其属各有多少,五等之刑各以类而相从焉,著之篇章,分其事类,以为诠次,则于此乎始焉"。(《大学衍义补·慎刑宪·定律令之制》)

从李悝《法经》到云梦《秦律》约两个世纪内,正是我国封建社会从诸侯争雄向统一的中央集权的专制主义封建国家转变的时期,也是成文法从确立到基本成熟的发展时期。从《睡虎地秦墓竹简》特别是其中的《法律答问》所载内容来看,《秦律》确实继承了《法经》六篇的格局,现综述如下:

1.《盗律》

《盗律》是维护封建财产私有制和惩治盗窃犯罪行为的法律规定。

父盗子:"父盗子不为盗,今假父盗假子,何论?当为盗。"

盗羊："士伍甲盗一羊,羊颈有索,……议不为过羊。"
盗牛："甲盗牛,……当完城旦。"
盗主牛："盗主牛,……当城旦黥之。"
盗采桑："盗采人桑叶,赃不盈一钱,何论？赀徭三旬。"
盗钱："司寇盗百一十钱,先自告,何论？当耐为隶臣,或曰赀二甲。"
盗械："将盗械囚刑罪以上亡,以故罪论。"
盗衣："今盗盗甲衣,卖,……"
盗具："公祠未阕,盗其具；当赀以下耐为隶臣。"
盗徙封："盗徙封,赎耐。"
盗主之父母："人奴妾盗其主之父母,……"
共盗："夫妻子十人共盗,当刑城旦。""五人盗,赃一钱以上,斩左止,又黥以为城旦。"
与盗同法："府中公金钱私贷用之,与盗同法。"
坐赃为盗："把其假以亡,……其得,坐赃为盗。"
盗铸钱："丙盗铸此钱,丁佐铸……"

2．《贼律》

《贼律》是禁止伤害他人身体和剥夺他人生命,以及对犯罪者进行处罚的规定。《商君书·画策》说："国皆有禁奸邪、刑盗贼之法,而无使奸邪盗贼必得之法。为奸邪盗贼者死刑,而奸邪盗贼不止者,不必得。"可见在商鞅的时代,各诸侯国均有"刑盗贼之法",且其刑罚重至死刑。这正好与"王者之政莫急于盗贼"的说法相印证。

相斗："相与斗,交伤,皆论不也？交论。"
斗伤："斗决人耳,耐"；"或与人斗,缚而尽拔其须眉,论何也？当完城旦"；"或斗,啮断人鼻或耳或指或唇,论各何也？议皆当耐。"
贼伤："以梃贼伤人,……"
斗杀："求盗追捕罪人,罪人格杀求盗,问杀人者为贼杀人且斗杀？斗杀人,廷行事为贼。"
贼杀：(同上)。
奸主："臣强与主奸,何论？比殴主。"
殴主：(同上)。
殴大父母："殴大父母,黥为城旦舂。今殴高大父母,何论？比大父母。"
谋杀主："臣妾牧杀主,……"
擅杀子："擅杀子,黥为城旦舂。"
擅杀刑髡其后子："擅杀刑髡其后子,谳之。"
强攻群盗："强攻群盗某里公士某室,盗钱万,去亡,……"

3.《囚律》

《囚律》是关于断狱系囚即诉讼、判决和执行刑罚的规定。

公室告:"贼杀伤、盗他人为公室,子盗父母、父母擅杀刑髡子及奴妾,不为公室告;""子告父母、臣妾告主,非公室告,勿听。"

家罪:"家罪者,父杀伤人及奴妾,父死而告之,勿治。"

同居:"同居,独户母之谓也。"

告不审:"甲曰伍人乙贼杀人,即执乙,问不杀人,甲言不审,当以告不审论。"

诬告:"葆子狱未断面诬告人,其罪当刑鬼薪,……"

赃人:"赃人者,甲把其衣钱匿藏乙室,却告之,欲令乙为盗之,而实弗盗之谓也。"

失刑罪:"……甲当黥为城旦,吏为失刑罪。"

不直:"罪当重而端轻之,当轻而端重之,是谓不直。"

纵囚:"当论而端弗论,……端令不致,论出之,是谓纵囚。"

滞狱:"所弗问而久系之,大啬夫丞及官啬夫有罪。"

4.《捕律》

《捕律》是关于追捕违法犯罪者的法律规定。云梦简文明载有《捕盗律》,此其确证。

捕盗:"《捕盗律》曰:捕人相移以受爵者,耐;""或捕告人奴妾盗百一十钱,问主购之且公购?公购之。"

求盗:"求盗追捕罪人,……"

宪盗:"侯司寇及群下吏毋敢为官府史及禁苑宪盗。"

捕亡:"捕亡,亡人操钱,捕得取钱,所捕耐罪以上得取。""捕亡完城旦,购几何?当购二两。"

罚不援:"有贼杀伤人于街,偕旁人不援,百步中比野,当赀二甲。"

5.《杂律》

《杂律》是关于违犯行政法规以及《盗律》、《贼律》之外诸种犯罪的法律规定。

内史杂:"县各告都官在其县者写其官之用律";"有事请也必以书,毋口请,毋羁焉";"有不从令而亡、有败、失火,官吏有罪。"

尉杂:"岁雠辟律于御史。"

车乘载女:"以其乘车载女子,何论?赀二甲。"

布吏:"客未布吏而与贾,赀一甲。"

擅兴奇祠:"擅兴奇祠,赀二甲。"

户扇不致:"实官户扇不致,禾稼能出,延行事赀一甲。"

擅强质:"百姓有债勿敢擅强质,擅强质及和受质者,皆赀二甲。"

同母异父相奸:"同母异父相与奸,何论?弃市。"
禁履锦:"母敢履锦履。"
弃妻不书:"弃妻不书,赀二甲。"

6. 《具律》
《具律》是关于加重或减轻刑罚(即"具其加减")的规定。

加罪:"害盗别徼而盗,加罪之。"
减罪:"人户马牛一以上为大误,误自重也,减罪一等。"

综上所述,可见自《法经》发展到《秦律》,成文法已经基本定型。《秦律》不仅承继了《法经》六篇的格局,而且颇有增益。秦亡汉立,萧何定律,增《兴》、《厩》、《户》三篇,是为《九章律》,成为后世封建法典的楷模。

三、"成文法"诞生的历史必然性

春秋战国是我国奴隶制向封建制过渡的变革时代。就国家形态和法律制度而言,它又是由松散的贵族政体向集权的专制政体、由以血缘划分阶级向以地域划分居民、由"属人法"向"属地法"、由"礼治"向"法治"过渡的时代。春秋晚期出现的"法治"思潮和以公布新式成文法为标志的法制改革浪潮,正是这一伟大社会变革在法律文化领域内的集中反映。成文法的诞生和确立,是中国法律文化史上的伟大创举,也是当时上层建筑领域的一场革命。这一变革是当时经济发展,阶级矛盾和政治斗争的必然结果。

(一)"成文法"的诞生和确立是封建经济取代奴隶制经济的必然结果

随着铁制工具的广泛使用和生产力的提高,一部分平民通过开垦荒地而成为土地的主人。一些开明的奴隶主迫于形势而改用征收地租的方法剥削隶农;一些工商大贾急切地期望用手中的货币换取良田美宅。但是,当时的法律却仍然体现着西周以降"田里不鬻"和土地王有的旧传统。这些传统又集中体现在有关土地争讼的旧判例中。当封建阶级掌握国家政权的时候,他们已经难以忍受用新判例取代旧判例的缓慢改良的做法,而急于寻求一种简捷明快、大刀阔斧的手段,来确保封建阶级的土地所有权,这个方法就是制定和颁布新式成文法。试看《秦律》中关于"盗采人桑叶赃不盈一钱赀徭三旬"、"盗徙封赎耐"①的规定,其对于维护封建财产私有制是何其简练有力!

(二)"成文法"的诞生和确立是当时阶级矛盾和政治斗争的必然产物

封建阶级为实行变法,夺取和巩固政权,必须严厉打击旧贵族势力。这就必须用新的立法手段确认新的违法犯罪的定义,确认刑罚措施和司法审判原则,借以剥夺贵族原先享有的一系列传统特权,并使他们处于动辄得咎的境地,不敢或难于组织反攻。同时,封建阶级为避免因内部权力角逐而同归于

---
① 《睡虎地秦墓竹简》,文物出版社1978年版,第154、178页。

尽,也需要制定新的法律,以便互相制约。平民是反对贵族势力的激进力量,封建阶级在打击旧贵族势力或维持内部权力平衡时,常常借用平民的力量。因此,也需要制定在某种程度上对平民利益有所关照的新法律。法律公布之后,可以限制官吏的专断行为,使"吏不敢以非法遇民"。(《商君书·定分》)这样便可以取得平民对封建政权的继续支持。

(三)"成文法"的诞生和确立是"属人法"向"属地法"转变的必然结果

西周法律是以血缘身份为标准的"属人法"。春秋以降,周礼崩坏,宗法制度衰落。政治动乱使贵族"亡其氏姓,踣毙不振,绝后无主,湮替隶圉"。(《国语·周语下》)战争导致疆土易主:"疆场之邑,一彼一此,何常之有。"(《左传·昭公元年》)买卖交换使土田易姓:"贵货易土,土可贾焉。"(《左传·襄公九年》)暴政使人民逃亡,天灾使百姓迁徙……这一切都使原来的血缘身份失去价值。同时,统治阶级为了维持国力和增加税收,相继加强居民的地域联系,用地域来划分居民。从齐国管仲的家、轨、连、乡的行政组织,到郑国子产的"都鄙有章、庐井有伍";从晋国的郡县制,再到秦国的什伍组织,无一不标志着地域纽带的增加。在血缘标识日渐模糊的情况下,只能按地域来确定人们的权利和义务。"成文法"取代"判例法"的过程正好与"属地法"取代"属人法"殊途同归。

(四)"成文法"的诞生和确立是新式政体的必然产物

春秋以降,封建官僚制度和郡县制度不断取代世卿世禄的贵族制度,这就使原来依附于贵族政体上的判例法成为无源之水、无本之木、无皮之毛。在赵鞅"铸刑鼎"的前一年,晋国灭掉两家旧贵族,将其领地分为十个县,任命县大夫去主管境内政务,直接对执政负责。这无疑加强了君主的权力,并使司法成为国家官吏的专业性工作,贵族不得染指。梗阳有大宗、小宗两家贵族争讼,梗阳大夫上报晋执政魏献子。大宗贵族不惜以"女乐"贿赂魏献子来达到胜诉的目的,这正好说明在郡县制下贵族的传统特权已经受到相当程度的抑制。终战国之世,郡县官僚制大兴。封建阶级为维护诸侯国内或全中国境内政治、经济、军事、法律的统一,除了制定、颁布成文法之外,别无他途。

第四节　名辩思潮与成文法的诞生

一、名辩思潮与名家

春秋以降,"礼崩乐坏",许多旧的事物名存实亡,而新的事物有实无名。故形成"名实相怨"(《管子·宙合》)的局面。守旧势力用旧名指责新实,如叔向以"国将亡,必多制"(《左传·昭公六年》)批评"铸刑书"的子产,孔子以"贵贱无序,何以为国"(《左传·昭公二十九年》)非难赵鞅、荀寅"铸刑鼎",并提出以"君君、臣臣、父父、子子"(《论语·颜渊》)为内容的"正名"(《论语·子路》)主张。新兴势力或者批判旧名,或者赋旧名以新义。如《韩非子·五蠹》:"今兄弟被侵必攻者,廉也;知友被辱随仇者,贞也。廉贞之行成而君上之法犯矣。"《商君书·开塞》:"吾所谓利者,义之本也,而世所谓义者,暴之道也";"以杀刑之反于德而义合于暴也。"名辩思潮就是在新旧交争的社会大变革中逐渐形成的。这一思潮的出现与发展,与人们思维能力的提高,语言文字的进步,政治斗争的需要,固然有着密切的联系,但更为重要的是,它与成文法的问世和成熟有着直接的关系。

司马谈《史记·太史公序·论六家之要旨》,置名家于六家之五,谓"名家苛察缴绕,使人不得反其意,专决于名,而失人情,故曰使人俭而善失真。若夫控名贵实,参伍不失,此不可不察也"。在这里,司马谈隐约勾勒出名家的两大特征:一是"控名责实,参伍不失";二是"专决于名,而失人情"。其实这正是名家发展的两个阶段,即与成文法相联系的"刑名之学"和与逻辑学相联系并带有诡辩色彩的"刑名之学"。

一般认为,申不害是刑名之学的代表。《史记·老庄申韩列传》说:"申子之学,本于黄老而主刑名。"《汉书·元帝纪》"以刑名绳下"注引刘向《别录》曰:"申子学号刑名。"《申子·大体》说:"君操其柄,臣事其常,为人臣者操契以责其名。名者,天地之纲;圣人之符。张天地之纲,用圣人之符,则万物之情,无所逃矣。""昔者尧之治天下也,以名。其名正,则天下治。桀之治天下也,亦以名。其名倚而天下乱。是以圣人贵名之正也。主处其大,臣处其细。"可见,申不害的刑名之学,只是君道无为、君道有为、循名责实之学,还不是原始意义的刑名之学。而首创刑名之学的是春秋时的邓析。

二、私作"竹刑"讲授法律的邓析

首创刑名之学的是春秋时的邓析。邓析的事功主要是,在子产作"刑书"(《左传·昭公六年》)之后,私作"竹刑"。(《左传·定公九年》)"竹刑"与"刑书"相比较,是既有继承,又有批判。子产的"刑书",就形式而言是"公开颁布什么行为是犯罪以及犯什么罪该判什么刑"。① 这就是与"议事以制,不为刑辟"(《左传·昭公六年》)相对立的成文法。《管子·立政》这样概括成文法的特征:"凡将举事,令必先出,曰:事将为,其赏罚之数,必先明之。立事者谨守令以行赏罚,计事致令,复赏罚之所加。有不合于令之所谓者,虽有功利,则谓之专制,罪死不赦。"《墨子·非命上》也说:"发宪出令,设以为赏罚以劝善(沮暴)。"邓析的"竹刑"仍保留了这一基本特征。这是继承的一面。

邓析对子产"刑书"还有批判的一面。这主要是针对"刑书"中保守的那部分内容,即礼。子产素以重礼著称。他赞美礼是"天之经也,地之义也,民之行也,天地之经而民实则之。"(《左传·昭公二十五年》)在司法中坚持"直钧则幼

---

① 张国华、饶鑫贤主编:《中国法律思想史纲》上,甘肃人民出版社1984年版,第72页。

贱有罪"。(《左传·昭公元年》)意即诉讼双方理由证据相等,则辈份低的一方被判有罪。子产是贵族政治家,他的改革旨在维护贵族制度而不是推翻它。这就使他作的"刑书"必然带有维护贵族特权的守旧色彩。杜预注《左传·定公九年》谓:邓析"欲改郑所铸旧制,不受君命,而私造刑法,书之于竹简,故言竹刑。"《列子·力命》说:(邓析)"数难子产之治。"《吕氏春秋·离谓》载:"郑国多相县以书者,子产令无县书,邓析致之。子产令无致书,邓析倚之。令无穷,则邓析应之亦无穷矣。是可不可无辨也。……子产治郑,邓析务难之。与民之有狱者约:大狱一衣,小狱襦袴。民之献衣襦袴而学讼者,不可胜数。以非为是,以是为非。是非无度,而可与不可日变。所欲胜因胜,所欲罪因罪。郑国大乱,民口讙哗。子产患之,于是杀邓析而戮之。民心乃服,法律乃行。"

可见,邓析的"竹刑"与子产的"刑书"在内容上是针锋相对的。"竹刑"在一定程度上代表了平民的要求,故而受到人民的欢迎。据《左传·定公九年》载:"郑驷歂杀邓析,而用其竹刑。"此说与《吕氏春秋》异。但邓析的"竹刑"竟然被统治者所采纳,正说明"竹刑"符合当时社会的需要。邓析敢于向传统挑战的无畏精神是难能可贵的。《荀子·非十二子》说:"不法先王,不是礼义,而好治怪说,玩琦辞,甚察而不惠,辩而无用,多事而寡功,不可以为治纲纪,然而其持之有故,其言之成理,足以欺惑愚众,是惠施、邓析也。"

邓析的功绩不仅在于否定传统"礼治",主张"事断于法"(《邓析子·转辞》)的"法治",而且还在于他首创了刑名之学。这是原始的刑名之学或曰正宗的刑名之学。其内容应是《商君书·定分》所说的"法令之所谓"和《睡虎地秦墓竹简》中的《法律答问》之类。在这个角度看来,刑名之学是与成文法同时诞生的。正如冯友兰先生所指出的:"中国古代诡辩思想的产生,是和成文法的公布,法治思想的发展有密切的联系。从某种意义说,它们是对法治的一种反应";"所谓名家,也是和诡辩思想联系在一起的,而诡辩思想的产生,就其社会根源说,是春秋战国时期各国公布法令所引起的一个后果。当时公布法令是新兴地主阶级在政治上的一种重要措施。在他们看来,邓析之流的行为是对于他们的法令的一种扰乱,是对于他们的统治的一种破坏。邓析和以后有类似于他的'辩者'可能是如此的";"邓析的职业,就是后来的律师。"[①]

邓析在中国古代法律文化史上的贡献,借荀况的话来说,就是"有循于旧名,有作于新名。"(《荀子·正名》)"旧名"即从商代以降逐渐形成的相对稳定的法律原则以及关于法律专门术语的诠释。因此才有"刑名从商,爵名从周,文名从礼"(《荀子·正名》)的说法。其实,商代的刑名是在先代法律文化遗产的基础上形成的。这主要是"五刑",即五种刑罚制度。还有一些法律原则,如《黄帝李法》:"壁垒已定,穿窬不由路,是谓奸人,奸人者杀。"(《汉书·胡建传》引)又如"《夏书》曰:'昏、墨、贼,杀。'皋陶之刑也"(《左传·昭公十四年》);"《夏

---

① 冯友兰:《中国哲学史新编》第一册,人民出版社1962年版,第307、309页。

书》曰:与其杀不辜,宁失不经。"(《左传·襄公二十六年》)由于商代迷信鬼神,立法、司法常常借助于占卜,从而限制了法律实践活动中的人的主观能动性。周人则不同,周人既信鬼神又兼重人事。故立国伊始便提出新的法律原则并作了"刑书九篇"。(《逸周书·尝麦》)《左传·文公十八年》载:周公"作誓命曰,毁则为贼,掩贼为藏,窃贿为盗,盗器为奸,主藏之名,赖奸之用,为大凶德,有常无赦,在《九刑》不忘"。这段文字是在宣布新的法律原则的同时,对其加以简要的诠释。这可以说是法律注释之学的原始形态。西周以降,逐渐制定新的法律原则,如:"凡盗赃军乡邑及家人,杀之无罪";"凡报仇者书于士,杀之无罪";"凡伤人见血而不以告者,攘狱者,遏讼者,以告而诛之";"作言语而不信者,以告而诛之"。(参见《周礼·秋官·朝士》、《掌戮》、《禁杀戮》、《禁暴氏》诸条)沈家本《历代刑法考·律令一》认为以上诸条"乃周代刑禁之可考者"。而且,西周又有"悬政象之法于象魏,使民观政象";"悬刑象之法于象魏,使万民观刑象"(《周礼·夏官·大司马》、《秋官·大司寇》)的习惯。这个习惯被沿用至春秋。《左传·哀公三年》载:"夏五月辛卯,司铎火。……南宫敬叔至,命周人出御书;……子服景伯至,命宰人出礼书;……季桓子至,御公立于象魏之外,命救火者:伤人则止,财可为也。命藏象魏,曰:旧章不可亡也。"可见,"御书、"礼书"、"象魏"都是国家重要的官方文献。而"象魏"是公开性的法律规范。这种不断制定法律原则和公布法令政令的作法,对法律注释工作无疑是一种促进。而前者又是离不开后者的。

从有关文献记载中,我们可以看到这种零散的法律注释活动在春秋仍很盛行。《左传·昭公七年》载:楚文王"作仆区之法,所以得天下也。曰:盗所隐器,与盗同罪。"《左传·昭公十五年》载叔向断狱之辞:"三人同罪,施生戮死可也。雍子自知其罪而赂以买直,鲋也鬻狱,邢侯专杀,其罪一也。己恶而掠美为昏,贪以败官为墨,杀人不忌为贼。《夏书》曰'昏、墨、贼,杀',皋陶之刑也,请从之。"等等,不一一列举。

子产作"刑书",当有三篇之结构。叔向批评他"制参辟,铸刑书"(《左传·昭公六年》),就是证明。"刑书"内容应包含关于罪名和刑罚的法律术语,老百姓看了"刑书"就应当大体上明白何种行为是违法犯罪,违了什么法,犯了什么罪,又应受到何种制裁。但是,有些法律术语的概念、界限不清楚,容易引起歧义和纷争。正是在这个意义上,叔向责难道:"民知有辟,则不忌于上,并有争心,以征于书,而徼幸以成之。……民知争端矣,将弃礼而征于书,锥刀之末,将尽争之。乱狱滋丰,贿赂并行,终子之世,郑其败乎。"故子产的"刑书"被人贬称为"争辟",即引起纷争的法律。

邓析承"争辟"之绪,又作"竹刑"。不仅在什么行为系违法犯罪,又当如何处罚的问题上同"刑书"背道而驰,而且还在法律术语的概念、界限的问题上标新立异。这就是邓析"以是为非,以非为是",《吕氏春秋·离谓》"数难子产之治"的含义。邓析的"竹刑"和他关于法律术语的诠释,作为一种文化财产,当在郑国的法律实践活动中有所反映。公元前375年,韩灭郑。申不害被韩昭侯起用为相,主持改革。申不害本系郑人,自然接受郑国的传统文化。他所作的《刑符》,又称《三符》,或许受到"刑书"的影响。其学"本于黄老而主刑名"。这个"刑名"之学,或许正是从子产、邓析继承过来的。不过,申不害作为一个政治家,他没有拘泥于法律术语的诠释工作,而旨在确立新的官僚政体。这就是他的以调整新型君臣关系为中心的"循名责实"之说。这是改革、变法、推行"法治"的基本前提。他的"君道无为"、"臣道有为"的"循名责实"之术,成为法家理论的基本柱石之一。

战国以降,百家兴而相争辩。"尚争好辩,形成了战国子学思想的显著特征。在这样的学风里,名辩思潮遂大为高涨,百家之学,也各有其名辩思想,以为立己破敌的思想斗争的武器";①"察辩并不限于一家,儒、墨、道、法都在从事名实的调整与辩察的争斗"。②

邓析的刑名之学发展到申不害的刑名之学,是刑名之学的一次变革。其特征主要是从研究"法令之所谓"的法律之名实,扩大到君臣上下之权利义务的政治之名实。故而使刑名之学带有极强烈的政治性和实践性的色彩。但是,刑名之学并未到此止步。与此同时,还有一些学派或学者在不同领域并沿着不同方向推动刑名之学继续前进。这主要是前期法家代表人物商鞅,墨家后学或曰墨辩学派,和作为名家代表的惠施。

三、讲求"法令之所谓"的商鞅

商鞅与申不害同时代,"少好刑名之学"。(《史记·商君列传》)他吸收了申不害的"循名责实"理论,并把它演化成更为直观的"名分"。用商鞅的话叫作:"土地货财男女之分。"(《商君书·开塞》)"君臣上下之义,父子兄弟之礼,夫妇妃匹之合(分)。"(《商君书·画策》)"圣人必为法令置官也,置吏也,为天下师,所以定名分也";"名分已定,贪盗不取";"名分定,势治之道也,名分不定,势乱之道也。"(《商君书·定分》)在此基础上,他要求把"名分"法律化,叫作"立法明分",即以法律明确所谓"公私之分"。(《商君书·修权》)他主张把法律公布于世,使"天下之吏民无不知法者"。他反对以往那种含糊不定的法律术语,他说:"夫微妙意志之言,上智之所难也";"夫智者而后能知之,不可以为法,民不尽智";"圣人为法必使之明白易知,名正,愚智遍能知之。"(《商君书·定分》)

商鞅是立法家,他制定的法条很多。据《史记·商君列传》转而述之:"令民为什伍,而相牧司连坐。不告奸者腰斩。告奸者与斩敌首同赏,匿奸者与降敌同罚。民有二男以上不分异者倍其赋。有军功者,各以率受上爵。为私斗者,各以轻重被刑。大小戮力本业,耕织致粟帛多者复其身。事末利及怠而贫

---

① 侯外庐:《中国思想通史》第一卷,人民出版社1957年版,第416页。
② 郭沫若:《十批判书——名辩思潮的批判》,载《郭沫若全集》历史编第2卷,人民出版社1982年版,第253页。

者,举以为收孥。宗室非有军功论不得为属籍。明尊卑爵秩等级,各以差次,名田宅臣妾衣服以家次。有功者显荣,无功者虽富无所芬华。"

《商君书·境内》载军事法令:"其战也,五人来(束)薄(簿)为伍,一人羽(一说作"死",一说作"逃")而轻(刭)其四人,能人得一首则复。……其战,百将、屯长不得斩首(当为"不得首,斩")。得三十首以上,盈论,百将、屯长赐爵一级。……能得甲首一者,赏爵一级,益田一顷,益宅九亩,除庶子一人,乃得入兵官之吏。……(陷队之士)不能死之,千人环觇诚黥劓于城下。"

商鞅长于立法,自然谙于"法令之所谓"的刑名之学。不仅如此,他还主张刑名之学的官僚化。《商君书·定分》载:"公孙鞅曰:为法令置官吏,朴足以知法令之谓者,以为天下正,则奏天子。天子则各令之主法令,皆降受命发官。各主法令之(吏)敢忘行主法令之所谓之名,各以其所忘之法令名罪之。主法令之吏有迁徙物故,辄使学读法令所谓,为之程式,使日数而知法令之所谓,不中程,为法令以罪之。有敢别定法令、损益一字以上,罪死不赦。诸官吏及民有问法令之所谓也于主法令之吏,皆各以其故所欲问之法令明告之。各为尺六寸之符,明书年、月、日、时,所问法令之名,以告吏民。……吏民(欲)知法令者,皆问法官,故天下之吏民无不知法者。吏明知民知法令也,故吏不敢以非法遇民,民不敢犯法以干法官也。……如此,天下之吏民虽有贤良辨慧,不能开一言以枉法。"

这正是"以法为教"、"以吏为师"(《韩非子·五蠹》)的原版。商鞅推行官方的刑名之学,是得助于他"燔诗书而明法令"(《韩非子·和氏》)的文化专制主义政策的。他一面劝谏君主忠于法律,不以私害法;"世之为治者,多释法而任私议,此国之所以乱也";"夫倍法度而任私议,皆不知类者也";"赏诛之法,不失其议,故民不争"。(《商君书·修权》)另一面推行"壹教"的政策:"所谓壹教者,博闻、辩慧、信廉、礼乐、修行、群党、任誉、清浊,不可以富贵,不可以评刑,不可独立私议以陈其上。"(《商君书·赏刑》)商鞅发布新法令时,"秦民之国都言初令之不便者以千数",商鞅斥之为"乱化之民",并"尽迁之于边城,其后民莫敢议令。"(《史记·商君列传》)可见,官方刑名之学的兴盛是以民间刑名之学的萎缩为代价的。

四、探索"法义"的墨辨学派

在刑名之学上颇有建树的是墨家学派。"墨子对于中国逻辑学的发展是有贡献的。他提出了'类'与'故'这两个逻辑概念。"①"墨子既是充满着辩诘精神的思想家,便必然有其辩诘的方法。而这种辩诘的方法就是墨子逻辑思想的所在";"墨子在逻辑思想上的最伟大的发现,首推'类'和'故'这两个具有方法论意义的重要概念"。② 墨子后学的刑名之学正是在这个基础上发展

---

① 冯友兰:《中国哲学史新编》第一册,人民出版社1962年版,第151页。
② 侯外庐:《中国思想通史》第一卷,人民出版社1957年版,第238—239页。

起来。其代表作是《墨经》六篇(《经上》、《经下》、《经说上》、《经说下》、《大取》、《小取》),墨家的这一学派被称为"墨辩学派"。

墨家是一个具有严格纪律的学术团体。他们不仅重视一般的法律,而且还严格实行"墨者之法"。《吕氏春秋·去私》:"墨者之法:杀人者死,伤人者刑。"因此,《墨子》书中载入成文法条是不足为怪的。《墨子·号令》:"……大将使人行,守操信符。信不合及号不相应者,伯长以上辄止之,以闻大将。当止不止,及从吏卒纵之,皆斩。诸有罪,自死罪以上,皆还父母妻子同产。……诸吏卒民,有谋杀伤其将长者,与谋反同罪。有能捕告,赐黄金二十斤;……释守事而治私家事,卒民相盗,家室婴儿,皆断无赦,人举而籍之。……有司见有罪而不诛,同罚;若或逃之,亦杀;凡将率斗其众失法,杀;凡有司不使去卒吏民闻誓令,代之服罪。"

值得注意的是,上文有"与谋反同罪"句,正说明当时不仅有了"谋反罪"的罪名,而且还有了以此罪比况彼罪的"类推"的制度。《墨子·小取》谓:"以名举实,以辞抒意,以说出故,以类取,以类予";"推也者,以其所不取之同于其所取者,予之也。"义谓将没有明确定义的事项比照具有明确定义的同类事项。这正是对"类推"的逻辑诠释。

《墨经》载有关于"法令之所谓"的可贵材料,这是墨辩学派刑名之学的重要内容之一。现罗列于下:

《经上》:"君,臣萌(氓)通约也"。
《经说上》:"君,以若名者也"。
《经上》:"法,所若而然也"。
《经说上》:"法,意规员三也,俱可以为法"。
《经上》:"罪,犯禁也"。
《经说上》:"罪不在禁,惟(虽)害无罪"。
《经上》:"法同则观其同,法异则观其宜"。
《吕氏春秋·去私》:"墨者之法:杀人者死,伤人者刑。"
《经说上》:"执服难成言,务成之九,则求执之法,法取同,观巧传,法取此择彼问故观宜。"
《经上》:"赏,上报下之功也";"罚,上报下之罪也"。

这些以诠释法律术语为宗旨的刑名之学,有的已达到相当高的理论水准。比如,他们认为君主是仰仗臣民而得其名的,是通过臣民的共同约定而产生的。这说明,"《墨经》作者最早发现了所谓社会契约论。这和马克思主义经典文献所赞美的希腊古代的这种发现,有同样的历史价值"。[①] 再如,他们还认识到,有些行为从表面上看来是犯罪,但该行为不在法律条文禁止之列,因此,虽然具有某些危害性的后果,也不应以犯罪论处。当然,这些内容在墨辩

---

① 侯外庐:《中国思想通史》第1卷,人民出版社1957年版,第439页。

学派的研究中只占一小部分,大部分还是关于名实的逻辑学。但是,这两部分内容是统一的整体。墨辩学派的刑名之学不过是其名辩思想在成文法领域的反映而已。

五、"为法""去尊"的惠施

无论从事功还是从思想特征而论,邓析和惠施都是属于同类的人物,尽管他们所生活的时代相距近二百年。荀况便执此观点。《荀子·不苟》:"是说之难持者也,而惠施、邓析能之";《儒效》:"君子不若惠施、邓析";"惠施、邓析不敢窜其察";《非十二子》:"不法先王,不是礼义,……是惠施、邓析也"。冯友兰先生说:"他所做的事跟法家的政治家是一类的。"①

惠施是名家的代表人物,以善辩著称。《庄子·天下》载惠施立论的十个命题(即历物十事)。他曾与公孙龙派发生论争。其实,惠施首先是个政治家。他曾作过魏相,并主持制定法律。《吕氏春秋·淫辞》载:"惠子为魏惠王为法。为法已成,以示诸民人,民人皆善之。献之惠王,惠王善之。"但是,这部被国君和百姓欢迎的法律,竟因为触犯了贵族的既得利益而被阻止实行。其实,惠施的确主张削弱贵族的势力,这个主张便是"去尊"。《吕氏春秋·爱类》说:"匡章谓惠子曰:'公之学去尊。今又王齐王,何其倒也?'惠子曰:'今有人于此,欲必击其爱子之头,石可以代之。今可以王齐王,而寿黔首之命,免民之死,是以石代爱子头也。何为不为?'"

惠施的"去尊",与其说是为着"寿黔首之命,免民之死",不如说是为着推行"法治"。惠施的"去尊"与商鞅的"法之不行,自上犯之"(《史记·商君列传》)、韩非的"犯法为逆以成大奸者,未尝不从尊贵之臣也"(《韩非子·备内》),其深义都是相通的。魏惠王死后,惠施可能遇到威胁,故"易衣变冠;乘舆而走,几不出乎魏境"。(《吕氏春秋·不屈》)惠施所处时代与邓析不同,因此他没有必要在法律原则和术语之所谓上面反传统。政治上的失意使他把精力倾注到名词概念和逻辑学的研究上去。"战国时代的学风,自墨子以后,即具有由好尚争辩而转化为诡辩主义倾向的趋势。此一具有划时代意义的转折点,似以惠施为开创人。"②郑国执政以死刑阻止了邓析的雄辩之声,惠施则用高谈阔论来掩盖其政治上的孤独和失意。

与社会现实生活息息相关的不是高谈阔论,而是成文法。经过李悝作《法经》,商鞅作秦律之后,成文法又得到长足的发展。此时的"刑名"已成为成文法的代名词。《庄子·天下》:"以法为分,以名为表,以参为验,以稽为决,其数一二三四是也,百官以此相齿";《管子·正》:"罪人当名曰刑,出令当时曰政,当故不改曰法。"《韩非子·难三》:"人主虽使人,必以度量准之,以刑名参之","以刑名牧臣,以度量准下。"《庄子·天道》:"礼法度数,刑名比详,治之

---

① 冯友兰:《中国哲学史新编》第1册,人民出版社1962年版,第323页。
② 侯外庐:《中国思想通史》第1卷,人民出版社1957年版,第423页。

未也。"《韩非子·二柄》:"人主将欲禁奸,则审合刑名";《史记·秦始皇本纪》:"秦圣临国,始定刑名,显陈旧章。"而刑名之学便又回到它的原点——"法令之所谓"的法律注释之学。在"以法为教","以吏为师"的文化专制主义政策之下,这种学术活动已毫无民间自由的色彩,而一概由官方垄断。这样,民间学术活动便不得不重返"学在王官"的格局。

秦律是战国成文法的集大成者,又是中国成文法确立的标志。从《睡虎地秦墓竹简》来看,秦国的确重视法制建设,做到"诸产得宜,皆有法式","事皆决于法"。(《史记·秦始皇本纪》)为保证各级官吏严格依法办事,维护司法统一,法律注释则是必不可少的环节。这就造成法律注释学或刑名之学的大发展。此间,官方刑名之学的集中代表作,便是《睡虎地秦墓竹简》中的《法律答问》。它以精练准确的文字表现着自己的价值。如:"何如为犯令、废令?律所谓者,令曰勿为,而为之,是谓犯令;令曰为之,弗为,是谓废令也。廷行事皆以犯令论";"论狱何谓不直,何谓纵囚?罪当重而端轻之,当轻而端重之,是谓不直。当论而端弗论,及易其狱,端令不致,论出之,是谓纵囚。"[①]在秦汉以降的封建时代,刑名之学的杰出代表主要有汉代的律学、晋代张斐的《律序》和唐代长孙无忌的《唐律疏议》等。总之,成文法和刑名之学就像一对孪生兄弟一样,同时出世,携手同行。

第五节 劲士精神与成文法传统

战国、秦朝是我国中央集权官僚政体确立的时代。它酿造了"尊君尚法"的劲士精神和"事皆决于法"的成文法传统。这两者互为因果,相辅相成。尔后,虽经世代变迁、王朝更迭,劲士精神因深深植入忠君敬上的为人之道的行为模式,而始终发挥着支配作用。劲士精神是中国古代一气呵成的成文法的精神支柱。正是仰仗着这种劲士精神,中国古代成文法传统才得以维系和发展,进而维护着统一的泱泱大国的生存与发展。

一、劲士精神及其社会文化土壤

(一)什么是劲士精神

所谓劲士精神,是指执法守职之吏心存法律,严格依法办事,不畏权贵,不徇私情,不记个人得失,忠于职守的风格和情操。其内涵是:忠于国家,忠于君主,忠于法律,依法办事,敢于同违法行为做斗争。劲士又称"端直之士"、"能法之士"、"智术之士"、"法术之士"。先秦古籍对此论述颇多。如《商君书·修权》:"君好法则端直之士在前";《庄子·天下》:"以法为分,以名为表,以参为验,以稽为决,其数一二三四是也,百官以此相齿";《管子·君臣下》:"据法

[①] 《睡虎地秦墓竹简》,文物出版社1978年版,第16、20页。

而不阿,上以匡主之过,下以振民之病者,忠臣之所行也";《韩非子·孤愤》:"能法之士必强毅而劲直,不劲直不能矫奸";"智术之士明察,且烛重人之阴情;能法之士劲直,且矫重人之奸行";《诡使》:"据法直言,名刑相当,循绳墨,诛奸人,所以为上治也";《荀子·儒效》:"行法志坚,不以私欲乱所闻,如是,则可谓劲士矣。"

（二）劲士精神的社会文化土壤

劲士精神的形成有其历史文化和现实的原因。主要有以下几方面:

1. 祭祀与"直史"精神

《左传·成公十三年》说:"国之大事,在祀与戎。"古人把祭祀和战争视为国家最重要的活动。祭祀的价值,一方面将族人、国人凝聚在一起,另一方面是通过占卜占筮求得祖先神的启示。最早的史官是占卜之官,他们既要忠实于神的征兆,又要恪于职守,从而养成了"忠"和"直"的职业道德。《国语·晋语》载春秋晋国占卜之史史苏所谓"兆有之,臣不敢蔽,蔽兆之纪,失臣之官,有二罪焉,何以事君?"这种品质和精神为"诸史"所继承,故历史上不乏直言犯上、忠于史实、"书法不隐"、"以死奋笔"的"古人良史"。（《左传·宣公二年》）《左传·襄公二十五年》载:"大史书曰:崔杼弑其君。崔子杀之。其弟嗣书,而死者二人。其弟又书,乃舍之。南史氏闻大史尽死,执简以往。闻既书矣,乃还。"一幅坚贞不渝的史官风范跃然纸上。

2. 战争与尚法精神

在古代,战争是关系民族生死存亡的大事。为了赢得战争,必须把民众集中起来,统一调动。于是,最早的军法、军令就产生了。《易经·师》:"师出以律",意即军队行动要遵从号令。律指乐律,即钟鼓发出的高低不同、频率各异的声音,如后世"击鼓进军,鸣金收兵"之类。《周礼·春官·大师》载:"大师执同律以听军声而诏吉凶。"这些号令具有极大权威,任何人不得违犯,否则便施以刑罚。如《尚书·甘誓》所谓:"用命赏于祖,弗用命,戮于社,予则孥戮汝。""尚法"的派生物是"尚能"、"尚功"、"尚贤"。《国语·晋语》说:"晋人之教,因材授官","称其仇,不为谄;告其子,不为比。"《左传·襄公九年》说:"晋君类能而使之,其卿让于善,其大夫不失守,其士竞于教……君明、臣忠、上让、下竞。当是时也,晋不可敌。""尚法"精神的形成本身就意味着宗法礼治观念的削弱。

3. 集权政体与忠君思想

春秋后期,以官僚为基础的集权政体问世了。这种政体是在古老的宗法血缘为纽带的贵族政体的废墟上建立起来的。集权政体的核心是君主,他掌握最高权力,所有官僚由君主委派,并向君主直接负责。这种政体要求臣民对君主无条件服从和效忠。《国语·晋语》说:"委质为臣,无有二心","事君以死,事主以勤","事君不避难,有罪不逃刑","委质而策死,古之法也","无私,忠也,尊君,敏也","报生以死,报赐以力,人之道也。"这是忠君的一面。另一方面,作为君主则集大权一身:"不图(商议)而杀者,君也","不从君者为大戮"。这种以集权君主为对象的"忠君"思想,是在"亲亲"的宗法礼治思想的废墟上确立并发展起来的。"忠君"思想在民间领域的折射,便是"士为知己者死"的侠义精神。

二、"法治"的蓝图与成文法设计

法家的"法治"理想和"君臣上下贵贱皆从法"的蓝图的实现,不仅靠着至高无上的君权和庞大的官僚机器,更重要的是靠着成文法。

战国、秦代,是新兴地主阶级通过各诸侯国的变法运动登上政治舞台,并进而通过兼并战争实现中国统一的时代。此间,新兴地主阶级的政治法律代表法家提出了"以法治国"的"法治"理论。这种理论表现在立法司法领域就是"二权分立"("二权分立"仅指立法权与司法权分离,没有相互制约的意思)和"缘法而治"的学说。这些思想和主张是中央集权君主专制政体的反映,也是当时"成文法"法律样式的理论基础。

作为"成文法"法律样式理论支柱的是"二权分立"学说。并由此演化出"君权独尚"、"君权独制"和"事断于法"、"缘法而治"的观点。

(一)"生法者君也,守法者臣也"

《管子·任法》说:"有生法,有守法,有法于法。夫生法者君也,守法者臣也,法于法者民也。"明确提出君权与臣权、君主立法与臣下司法的分离即"二权分立"的基本原则。"二权分立"首先是一个政治口号。它指的是君权与臣权的分离。这一学说是批判旧的贵族政体的武器,也是确立中央集权的君主专制政体的理论依据。其基本内容是,把各级贵族在其各自领地的各种相对独立的权力,都收缴上来集中在国君一人手里,同时把他们变成被君主雇用、受君主指使、对君主负责的官僚。如果说,在西周春秋时代,国君与各级贵族之间是靠着无形而脆弱的血缘纽带来维系的话,那么,在战国和秦代,君主与臣下之间便早已撕掉了温情脉脉的血缘薄纱,完全是靠着两者之间冷冰冰的交换关系("君臣相市")或权利义务关系来维持的。而且在这种关系中,处处表现着"君尊臣卑"的等级差异精神和赏罚的功利色彩。其次,"二权分立"又是一个法律原则。它指的是君主的立法权与臣下的司法权相分离。它要求君主独揽立法权,使经过君主御批而产生的成文法律和君主随时发布的法令都具有绝对权威;它要求臣下无条件服从法律法令并依据法律法令审判案件;它还要求君主"无为"即不必参与司法事务,更宣布法官不得以任何形式染指立法事务。

(二)"势在上则臣制于君,势在下则君制于臣"

法家特别重视"势"即国家政权的作用。他们把"势"看作推行法治的前提和区分君权与臣权的重大标志。在法家看来,"势"是决定君主成为真正君主的必要条件。它像一枚重要的砝码,把它放在君主一边君主就是真正的君主,放在臣子一边臣子便上升为君主。正如《管子·法法》所言:"势在上则臣制于君,势在下则君制于臣";"君之所以为君者,势也";"君主之所操者六:生之、杀之、富之、贫之、贵之、贱之。此六柄者主之所操也。主之所处者四:一曰文、二曰武、三曰威、四曰德。此四者主之所处也。籍人以其所操,命曰夺柄,籍人以其所处,命曰失位。夺柄失位而求令之行,不可得也。"又如《韩非子·难势》:"贤人而屈于不肖者,则权轻位卑也;不肖而能服贤者,则权重位尊也。"韩非是个专制主义的积极鼓吹者,他强调君主必须"擅权"。他说:"势重者,人主之渊也"(《韩非子·内储说下》);"势重者,人主之爪牙也"(《韩非子·人主》);"主所以尊者,权也"(《韩非子·心度》)。君主绝对不可以和臣下"共权",因为"权势""在君则制臣,在臣则胜君"。(《韩非子·二柄》)

(三)"明君不尚贤","任法不任智"

法家认为,治理国家全靠法治,而不靠臣下的贤能智慧。他们说:"君之智未必最贤于众"。(《慎子·民杂》)如果"尚贤"反倒抬高了臣子的地位,降低了君主的权威。只要把法律制定得详尽完备,让臣下严格按法律办事,不管臣下贤智与否,都可以治理好国家。在国家法律面前,臣子的贤智不是好事反倒是坏事。因此,法家反对民间教育和思想传播活动,认为那样一来,人们便会运用自己的知识和见解对国家法律横加议论批评,就直接损害了国家法律的权威。法家禁止"议法",主张"作议者尽诛"(《管子·明法》),禁绝"私学",其目的就在于此。

(四)"君设其本,臣操其末"

法家认为,君主的职能是立法和役使臣下,而臣下的职能是"守法"和施行君主的指令。他们主张"君设其本,臣操其末"(《申子·大体》)。司法活动和行政事务是臣子做的事,君主不要亲自去做。因为君主事必躬亲,臣下就不敢争着去做,不肯出力。如果君主把事情搞错了,臣下反而会看笑话,这就损害了君主的权威。因此,君主亲自参与司法和行政是有百害无一利的事情。故"君臣之道,臣事事而君无事"。(《慎子·民杂》)这主要是前期法家的主张。后期法家则主张君主"独制"。

(五)"动无非法","以死守法"

法家认为,法官的职责是"守法",即司法。因此,在司法过程中,法官要严格依法办事,不得夹杂个人的判断:"不淫意于法之外,不为惠于法之内,动无非法"。(《管子·明法》)绝不允许稍微变更法令,曲解法条的原意:"亏令者死,益令者死,不行令者死,留令者死,不从令者死。五者死而无赦,惟令是视。"(《管子·重令》)《睡虎地秦墓竹简·语书》也指出,"喜争书"(用自己的观点来解释法条)是"恶吏"的表现之一。法家主张,法令一旦公布就禁止臣民"议法","作议者尽诛"。(《管子·法法》)甚至发展到"燔诗书而明法令"。(《韩非子·和氏》)因为"令虽出自上而论可与不可者在下,是威下系于民者也。"(《管子·重令》)因此,对法官不依法办事甚至损益法令的都严惩不贷:"守法守职之

第五章 "国家本位·成文法"时代的法律文化

271

吏有不行王法者,罪死不赦,刑及三族"(《商君书·开塞》);"有敢列定法令,损益一字以上,罪死不赦"(《商君书·定分》)。目的就在于维护国君和法律的绝对权威,杜绝法官背离法律,自作主张。

(六)"法莫如一而固"

法家认为,法律应当统一而且稳定。为此,立法权必须由君主独揽,不允许政出多门、朝令夕改。如果"号令已出又易之,刑法已措又移之",那么"则庆赏虽重,民不劝也,杀戮虽繁,民不畏也"。(《管子·法法》)因此强调"法莫如一而固","治大国而数变法,则民苦之。"(《韩非子·解老》)法家注意到维护法律在地域上和时间上的统一性问题。比如韩非就总结申不害在韩国主持变法时"不擅其法,不一其宪令",颁布了新法而未废除旧法,使"新旧相反,前后相悖"(《韩非子·定法》),终于失败的历史教训。在法律效力上还提出不溯及既往的原则:"令未布而民或为之,而赏从之,则是上妄予也;令未布而罚及之,则是上妄诛也。"(《管子·明法》)

(七)"为法必使之明白易知"

法家主张公布成文法,使法律成为衡量人们言行是非曲直的标准。而法家所理解的法律就是成文法:"法者,编著之图籍,设之于官府,而布之于百姓者也。"(《韩非子·八说》)公布成文法的好处是使"万民皆知所避就",这样,"吏不敢以非法遇民,民不敢犯法以干法官"。既然法律是公布的让百姓了解的东西,那么在制定法律时,就应当做到"为法必使之明白易知"(《商君书·定分》),使家喻户晓,人人皆知。事实上新兴地主阶级在变法革新中的确实现了法律的普及。《韩非子·五蠹》载:"今境内之民皆言治,藏商管之法者家有之。"《战国策·秦策一》载:"妇人婴儿皆言商君之法。"就是证明。这就彻底打破了以往"判例法"时代那种"刑不可知则威不可测"(《左传·昭公六年》注)的神秘色彩。

(八)"天下之事无小大皆决于上"

后期法家不仅强调君主持有最高立法权("生法者君也"),而且还主张君主拥有最高司法权。他们反复说明君主应当"独断"、"独听"、"独制"、"独行"、"独视"、"独擅"等,就包含这一层意思。"独"的要害是使君主独享一切权力,使臣民不敢染指分毫:"明主圣王之所以能久处尊位,长执重势而独擅天下之利者,非有异道也,能独断而审督责、必深罚,故天下不敢犯也";"是故主独制于天下而无所制也";"独操主术以制听从之臣,而修其明法,故身尊而势重也";"明君独断,故权不在臣也,然后能灭仁义之涂,掩驰说之口,困烈士之行","故能荦然独行恣睢之心而莫之敢逆"。(《史记·李斯列传》)秦始皇便是这个"独制"主义的实践者,他"躬操文墨,昼断狱,夜理书",乃至"天下之事无小大皆决于上"。(《汉书·刑法志》)这种"独制"是皇权对司法权的独揽。通过这种"独揽",一方面维护了司法统一,另一方面又加强了对臣下的控制。然而,"独断"有时也会派生出"成文法"的异己因素——判例。这些判例由于是御批的产物,故尔具有与成文法律同等甚至更高的效力。在后来的封建社会,"成文法"和"判例法"之所以能够相互并行、循环往复,正是仰仗着皇帝的权威,因为两者都是围绕着皇权运转的。

三、劲士精神与古代法律实践

先秦时代形成的劲士精神和"法治"理想以及成文法理论,对后世的法律实践活动发生了重大影响。这主要表现在以下几个方面。

（一）立法与变革

在整个封建社会,大凡新的王朝诞生,或经历重要的社会变革（即"变法"）,总会伴以重要的立法活动,经过审慎的立法程序,制定法典,颁行天下"与民更始",或除旧制,行新政,励精图治。在这种情况下,成文法起着不可替代的巨大作用。其突出的事例如:西汉初期刘邦的废秦苛法,"约法三章";唐高祖李渊的"约法十二条";北魏孝文帝拓跋宏参酌中原法律改定律令;北宋王安石变法,等等。

（二）法律研究

重视成文法的结果之一是对法律研究的青睐。由于成文法是用专门术语（法言法语）写成的,而严格依法办事的前提是正确理解"法律之所谓"。因此,从秦朝开始,统治者十分重视对成文法的研究和注释。《睡虎地秦墓竹简》中的《法律答问》,便是对法律术语的官方注解。晋张斐的《律表》（律序）,以及唐长孙无忌的《唐律疏议》等,都是杰出的律学成果。而整个封建社会不绝如缕的律学,正是成文法的孪生兄弟。

不仅如此,由于对审判活动的重视,经过长期的总结与研究,还形成了具有中国特色的法医学。秦简中的《封诊式》,宋朝宋慈的《洗冤集录》就是典型的代表。

（三）严肃执法

在封建时代,由于对成文法的崇尚,在司法活动中曾涌现出许多不计私利、执法如山、不畏权贵甚至敢于犯上的正直法官。如西汉廷尉张释之严格依法断案,两次触怒汉文帝（《汉书·张释之传》）;东汉洛阳令董宣执法不阿,被称为"强项令"（《后汉书·董宣传》）;东汉冀州刺史苏章执法不私其友（《后汉书·苏章传》）;东汉太尉桥玄因执法而牺牲爱子（《后汉书·桥玄传》）;三国汝南郡阳安都尉李勇以枉法者仇,以执法者亲（《三国志·魏书·李通传》）;司马芝执法不受太后令（《三国志·魏书·司马芝传》）;隋朝大理寺少卿执法屡犯帝颜（《隋书·赵绰传》）;唐朝大理寺少卿戴胄执法无私、力抗帝旨（《旧唐书·戴胄传》）;更不必说宋代包拯、海瑞了。

总之,正是靠着"尊君尚法"的劲士精神和"事皆决于法"的成文法传统,才有效地维系了封建时代的泱泱大国,保障了封建社会的生存和发展。

第六节 秦成文法的基本精神和样式

秦朝虽国祚短暂,但堪称成文法的鼎盛时期。1975年出土的秦墓竹简向我们展现了秦成文法的基本风貌。

一、"天下事无大小皆决于法"

在"法治"精神的指导下,秦统治阶级极端重视法律建设,经过立法活动,实现"天下事无大小皆决于法"。(《史记·秦始皇本纪》)

(一)"诸产得宜,皆有法式"

秦统治阶级作为新兴的剥削阶级,带有与旧贵族截然不同的气质:关心经济活动。从《睡虎地秦墓竹简》来看,大凡经济领域的农业生产、畜牧业、粮食保管、运输、手工业生产、商品交换、徒工培训、市场管理、徭役、渔业、林业、天灾的控制等,均有相应的法律加以规定,做到"诸产得宜,皆有法式"。(《史记·秦始皇本纪》)这是封建阶级用法律手段管理经济活动的一次伟大创举。

(二)详而细哉,铢寸必校

秦统治阶级为使各级司法官吏明白无误地依法办事,以实现司法统一,故而将法条制定得十分详细,一览无疑。如:"其以牛耕,牛减絜(腰围),笞主者寸十。"是说,用牛耕田,牛腰围每减瘦一寸,鞭打主事十下。再如:"城旦舂折瓦器、铁器、木器,为大车折车柔,辄笞之。值一钱,笞十;值甘钱以上,熟笞之,出其器。佛辄笞,吏主者负其半。"又如:"五人盗,赃一钱以上,斩左止,又黥以为城旦;不盈五人,盗过六百六十钱,黥剕以为城旦;不盈六百六十到二百二钱,黥为城旦;不盈二百二以下到一钱,迁之。"①这里把盗窃的人数和盗窃的赃物以及应受的处罚,列得一清二楚。

(三)法言法语,准确无误

为了让各级司法官吏准确地适用法条和正确地定罪科罚,秦统治阶级运用司法解释的渠道,对法律专门用语进行了简练明确的解释。如:对律文"擅杀子,黥为城旦舂"解释道:"今生子,……直以多子故,不欲其生,即弗举而杀之。"把"杀子"限制为:父母因多子之故擅自杀死自己刚出世的婴儿。又如:"何谓家罪?家罪者,父杀伤人及奴妾,父死而告之,勿治。""何谓家罪?父子同居,杀伤父臣妾、畜产及盗之,父已死,或告,勿听,是谓家罪。"②这两条解释从不同行为人的角度描述了"家罪"的全面含义,并对其行为的范围作了准确的限制。

---

① 《睡虎地秦墓竹简》,文物出版社1978年版,第30、90、150页。
② 同上书,第181、197页。

（四）能严则严，寡恩少情

秦统治阶级在"以刑去刑"、"重轻罪"原则下本来就对犯罪行为规定了十分严酷的刑罚，如："盗采人桑叶，赃不盈一钱，何论？赀徭三旬。"偷采他人桑叶，赃值不到一钱，竟判罚徭役三十天，何其严厉。在司法审判中遇到可严可不严的特殊情况，仍然以严处之。如："律所谓者，令曰勿为而为之，是谓犯令；令曰为之弗为，是谓法（废）令也。廷行事皆以犯令论。"又如："毋敢履锦履。履锦履之状何如？律所谓者，以丝杂织履，履有文，乃为锦履，以锦缦履不为，然而行事比焉"；"把其假以亡，得及自出，当为盗不当？自出，以亡论。其得，坐赃为盗，盗罪轻于亡，以亡论"；"求盗追捕罪人，罪人格杀求盗，问杀人者为贼杀人且斗杀？斗杀人，廷行事为贼"；"盗封啬夫何论？廷行事以伪写印。"①这些都体现了能严则严、毫不手软的精神。

二、秦成文法的样式：以罪统刑·诸法合体·法律令事

秦成文法的样式即指它的形式和体裁。我们从不同角度、深度出发，会得出不同的结论。姑且以"宏观体裁"、"中观体裁"、"微观体裁"名之。

（一）宏观体裁："以罪统刑"

判例法的体裁是"以刑统例"，即在某一刑罚下面排列若干判例，而刑罚的轻重就表示了罪行的轻重。如图示：

墨刑——判例甲、乙、丙、丁、戊……
劓刑——判例子、丑、寅、卯、辰……
剕刑——判例一、二、三、四、五……
宫刑——判例 1、2、3、4、5……
大辟——判例 A、B、C、D、E……

所谓"五刑之属三千"，是说在五种刑罚后面分别罗列了许许多多的适用该种刑罚的判例。《周礼·秋官·司刑》："司刑掌五刑之法以丽万民之罪：墨罪五百，……杀罪五百。若司寇断狱弊讼，则以五刑之法诏刑罚而以辨罪之轻重。"法官审判案件定罪量刑，首先要在上述五类判例中选择一个最为妥当的判例（即"事"），然后引以为据，这种审判方法就叫作"议事以制"。（《左传·昭公六年》）

随着时代的演进和司法实践经验的不断积累，一些颇有创造性的法官出于查找方便的目的，开始对判例进行新的排列组合。其分类的标准不再是只顾形式、不看内容的五种刑罚，而是根据诉讼的内容或犯罪行为所侵犯的某一类社会关系来划分。于是排衍出新的格式："以例属刑"。如图示：

判例甲——盗羊，处墨刑；
判例丑——盗牛，处劓刑；

---

① 《睡虎地秦墓竹简》，文物出版社1978年版，第154页。

判例三——盗马,处剕刑;

判例4——盗兵器,处宫刑;

判例E——盗礼器,处大辟。

以上五个判例都属于同一类型,即盗窃行为。于是由此抽象出命题甲:无敢盗他人羊牛马兵器礼器,汝则有常刑。久而久之,又抽象出命题乙:盗他人羊牛马兵器礼器,为盗窃罪,汝则有常刑。

于是,一系列从同类判例中引申出来的罪名相继产生了。如盗窃罪、伤人罪、不从王命罪……于是便出现了过渡型的格局:

墨刑——盗窃罪、伤人罪、不从王命罪……

劓刑——盗窃罪、伤人罪、不从王命罪……

剕刑——盗窃罪、伤人罪、不从王命罪……

宫刑——盗窃罪、伤人罪、不从王命罪……

大辟——盗窃罪、伤人罪、不从王命罪……

当法官把五种刑罚按照罪名重新加以排列时,便又抽象出命题丙:"凡盗他人羊牛马兵器礼器,为盗窃罪,盗羊,处墨刑;盗牛,处劓刑;盗马,处剕刑;盗兵器,处宫刑;盗礼器,处死刑。"于是便最终出现"以罪统刑"的新体裁。如图示:

盗窃罪——墨、劓、剕、宫、大辟;

伤人罪——墨、劓、剕、宫、大辟;

不从王命罪——墨、劓、剕、宫、大辟;

……

由"以刑统例"到"以罪统刑"是个漫长的历史过程,这个过程与"判例法"时代向"成文法"时代转化的过程同步。在相当长的一段时期内,各种因素相互并存、互相消长。同时,由于历史与文化的原因,各诸侯国发展状况不平衡,法律体裁的演进程度也不一样。在过渡的特定时期内,诸种法律体裁互相混合、纵横交错。有的法律规范指明具体行为、刑罚而不表明罪名,如:"覆公餗,其刑渥"(《易经·鼎》);"男女不以义处者,其刑宫"(《尚书大传·甫刑》);有的法律规范只表明行为、罪名而不表明刑罚,如:"毁则为贼,掩贼为藏,窃贿为盗,盗器为奸,……在九刑不忘"(《左传·文公十八年》);有的法律规范表明罪名、刑罚而不表明行为,如:"昏、墨、贼,杀"(《左传·昭公十四年》);有的法律规范表明行为而不表明罪名、刑罚,如"侵官,冒也;失官,慢也;离局,奸也,有三罪焉"(《左传·成公十六年》);又如:"窃马牛诱臣妾,汝则有常刑"(《尚书·费誓》);有的法律规范则行为、罪名、刑罚兼而明之,如:"触易君命,革舆服制度,奸宄寇攘伤人者,其刑劓。"(《尚书大传·甫刑》)直至李悝《法经》出现,才形成了以罪名为标准组合法律规范的新局面,如《盗法》、《贼法》,都是"以罪统刑"的新体裁。《秦律》中的某某律,如《捕盗律》、《犯令律》、《田律》、《仓律》、《军爵律》等,都可以看成是对《法经》诸篇的扩大和细化。

（二）中观体裁："诸法并存"

从《法经》至《秦律》，为后世封建法典奠定了"诸法并存"的格局。《法经》所含《盗法》、《贼法》、《囚法》、《捕法》、《杂法》、《具法》六篇，和秦墓竹简所见《田律》、《厩苑律》、《仓律》、《金布律》、《工律》、《徭律》、《司空律》、《军爵律》、《置吏律》、《传食律》、《效律》、《捕盗律》、《犯令律》、《除吏律》、《除弟子律》、《傅律》、《屯表律》、《游士律》、《藏律》、《戍律》、《户律》、《公车司马猎律》、《中劳律》、《识而不当之律》、《效赢不当之律》、《平罪人律》、《行书律》、《关市律》等，都是含刑法、民法、行政法、诉讼法内容而兼有之的，且以刑法为多。后世封建法典的以刑法法典为主，与其他诸法法典并存的格局，盖以此为发端者也。

（三）微观体裁：法·律·令·事

从微观角度来看，秦成文法由四种形式组成，即：法、律、令、事。

《睡虎地秦墓竹简·语书》载："古者，民各有乡俗，其所利及好恶不同，或不便于民害于邦。是以圣王作为法度以矫端民心，去其邪僻，除其恶俗。法律未足，民多诈巧。故后有间令下者。凡法律令者，以教道民，去其淫僻，徐（除）其恶俗，而使之之于为善也。今法律令已具矣，而吏民莫用，乡俗淫失之民不止，是即法（废）主之明法也。……故腾为是而修法律令、田令及为间私方而下之，令吏明布，令吏民皆明知之，毋巨于罪。今法律令已布，闻吏民犯法为间私者不止，私好乡俗之心不变。……今且令人奉行之，举劾不从令者，致以律，论及令丞。"

又说："凡良吏明法律令事，无不能也，又廉洁憨懿而好佐上，以一曹事示足独治也；故有公心，又能自端也，而恶与人辨治，是以不争书。恶吏不明法律令，不知事，不廉洁，无以佐上，偷惰疾事，易口舌；不羞辱，轻恶言而易病人，无公端之心，而有冒抵之治，是以善诉事，喜争书。"原书断句为："凡良吏明法律令，事无不能也。"笔者以为不妥。应当断句为："凡良吏明法律令事，无不能也。""法律令事"指四种法律文献。①

从上述文字我们可以得出这样的印象：（1）秦人以"法律令事"为法律规范之通称，且以"法律令事"为法官日常接触理当精熟的四种法律文献。《史记·李斯列传》云：赵高尝教胡亥"狱律令法事"，又其证也。（2）"法度"、"法律"是较为稳定、较为疏略的法律规范。"令"是较为灵活、较为具体的法律规范。"法律"不足以应对新形势，故有随时制定颁行的"令"。（3）"令"的内容是指出应当完成某种行为或不得进行某种行为，"不从令者致以律"，即违犯"令"则根据相应的"律"处以刑罚。可见"律"比"令"的内容更全面。（4）"法律令"是最基本的法律规范，故称"今法律令已具"、"修法律令"、"法律令已布"。而"事"不在"具"、"修"、"布"之列，属于内部掌握的范围。故法

---

① 参见《睡虎地秦墓竹简》，文物出版社1978年版，第17—19、22页。

官必须"明事"、"知事"。可见"事"是"法、律、令"的补充物,是法官在审判中参考的内部法律文献。

1. 法——李悝《法经》六篇之谓也

《睡虎地秦墓竹简》中有"法度"(一见)、"法律"(一见)、"法律令"(六见)、"法律令事"(一见)、"与盗同法"(四见)、"犯法"(一见)、"明法"(一见)、"法耐迁"(三见)。除"法度"泛指国家法律制度之外,其余"法"字大都指《法经》六篇之法,即《盗法》、《贼法》、《囚法》、《捕法》、《杂法》、《具法》。秦承而用之,虽有增益变更,比如更《捕法》为《捕盗律》,但大体上均仍其旧。故有"与盗同法"的说法,即按《盗法》论处之。

2. 律——据《法经》而演化之秦律也

史谓商鞅携《法经》入秦,"改法为律"。实则"据法为律"、"据法增律"。从《睡虎地秦墓竹简》来看,秦之律列于正名者有三十几种。律是调整某一类社会关系的法律规范的集合。不同的律之间有十分清楚的界限。这一特点在竹简律文里表现得很突出。竹简律文从形式上有两类:

其一,言本律条文者。如:"去者弗坐,它如律"(《效律》);"其出入禾增积如律令"(《仓律》);"其出入钱以当金布以律"(《金布律》);"以律论之"(《置吏律》);"留者以律论之"(《行书律》);"行戍不以律,赀二甲"(《戍律》)等。此言之"律"皆本律也。

其二,引它律条文者。如:"知而弗罪,以《平罪人律》论之"(《效律》);"城旦为安事而益其食,以《犯令律》论吏主者"(《仓律》);"府中公金钱私贷用之,与盗同法"(《金布律》);"效公器赢不备以《齐律》论及偿";"以《识而不当之律》论之";"以《效赢不当之律》赀之"(《效律》)等。所引具名它律,非本律条文也。

3. 令——因时而颁行之法条也

《睡虎地秦墓竹简·语书》谓:"法律未足,民多诈巧,故后有间令下者。"是说:法律不足以包揽无遗,老百姓奸狡而规避法律,所以才不时地制定颁布法令。又云:"故腾为是而修法律令、田令及为间私方而下之,令吏明布。"[①]秦律本有《田律》,而此处言"修田令"、"为间私方"即防治奸私的法令,皆因时而制定者。"令"的内容是"勿为"或"为之",即规定不可以做什么或必须做什么。"律所谓者,令曰勿为而为之,是谓犯令;令曰为之,弗为,是谓废令也。"对"犯令"、"废令"者,"各以其律论之"。

4. 事——司法审判之成例也

"事"即判例、故事。西周"议事以制",遵循判例以审判。秦墓竹简有"行事"(一见)、"廷行事"(九见)。事、行事、廷行事似均指判例、故事。云梦秦简整理小组在《法律答问·说明》中写道:"执法者根据以往判处的成例审理

---

① 《睡虎地秦墓竹简》,文物出版社1978年版,第15页。

案件,当时已成为一种制度。……当法律中没有明文规定,或虽有规定,但有某种需要时,执法者可以不依法律,而以判例办案。"①《汉书·翟方进传》:"行事以赎论",注引刘敞云:"汉时人言行事、成事,皆已行已成事也。"王念孙《读书杂志》四十二:"行事者,言已行之事,旧例成法也。汉世人作文言行事,成事者,意皆同。"汉律常称为"故事"。秦虽推行成文法之制,但遇到法律令无明文规定者,则依当时国家政策及法律意识对案件作出判决,是为判例。秦之"事"有以下功用或类型。

其一,律无明文,事以论之。如:"百姓有债勿敢擅强质,擅强质及和受质者皆赀二甲。廷行事:强质人者,论;予者不论。"律文规定,民间借贷不得强行索取抵押物,擅自强行索取或双方协议抵押的,均罚二甲,但判例却这样处理:强行索取抵押物的应论罪,被迫交付抵押物的不论罪。这是因为律文中没有规定被迫交出抵押物的处理条文,此判例是对这一空白的补充。

其二,虽有律文,事以更之。如:"律所谓者,令曰勿为而为之,是谓犯令,令曰为之,弗为,是谓废令也。廷行事皆以犯令论。"行为人做了法律禁止的行为,以犯令罪论处;行为人不做法律要求做的行为,以废令罪论处。但判例不分二罪,皆以犯令罪论处。这是因为犯令和废令的行为实际上不易区分,故均以《犯令律》论处。这实际上是以司法的形式否定了关于废令罪的立法。

其三,律令之外,事以立之。如:"实官户关不致容指若抉,廷行事赀一甲";"实官户扇不致禾稼能出,廷行事赀一甲";"空仓中有荐,荐下有稼一石以上,廷行事赀一甲"。这是因为律文未涉及上述违法行为,法官在司法审判中根据国家有关政策和法律意识对案件定罪量刑,是为判例。此乃以司法来立法者也。

"事"在形式上有两类:一类是有形之"事",如上所述者;另一类是无形之"事",即"比"。"比"即"比附"、"类推"。是在无法律明文规定的情况下比照类似条文以处罚的审判制度。如:"臣强与主奸,比殴主";"斗折脊项骨,比折肢";"殴高大父母,比殴大父母"。律文本无"臣与主奸"、"斗折脊项骨"、"殴高大父母"的治罪条文,故比照"殴主"、"折肢"、"殴大父母"的条文科处刑罚。这实际上形成了判例。但由于有了"比某某"的条文,上述判例就隐而不现了,成了无形的判例。

总而括之,"法律"或是《法经》与《秦律》的总称,是相对稳定的法律规范;"令"、"事"是机动权变的法律规范。"法律"是"令"、"事"的指导原则,"令"、"事"是"法律"的补充。"法律"不足,"令"、"事"补之。"法律"不宜于时,"令"、"事"更之。"事"久而为"令","令"众而为"律"。法、律、令、事循环往复,互为因果,未有穷期。

---

① 《睡虎地秦墓竹简》,文物出版社1978年版,第149—150页。

三、秦"改法为律"及其原因

秦国"改法为律"是一个不争的事实。开其先河者就是商鞅。商鞅（约公元前390—前338年），少好刑名之学，又长于兵法。曾在魏作官，熟悉李悝、吴起在魏国变法的实践。秦孝公时携带《法经》入秦。公元前359年任大良造，主持秦国变法二十余载。以《法经》为依据，增连坐、垦草、分户、军爵等新令，形成秦国独特的法律。故《晋书·刑法志》谓"商君受之以相秦"，《唐律疏议》说："商鞅传授，改法为律"。《商君书·战法》："兵大律在谨"；《徕民》："先王制土分民之律也"，"秦四境之内，……不起十年征，著于律也"；《算地》："此先王之正律也"，"此所谓任地待役之律也"。《商君书》多言"律"，其所谓"律"已非乐律，乃兵律、法律也。《商君书》"律"字五见，与土地相关者居其四，非偶然也。《商君书·境内》："能得甲首一者，赏爵一级，益田一顷，益宅九亩，除庶子一人，乃得入兵官之吏。""以战故，暴首三日，乃校三日，将军以不疑至士大夫劳爵"，"能攻城围邑，所斩首八千以上，则盈论。野战，斩首二千，则盈论。吏自操及校以上大将尽赏。……故爵公乘，就为五大夫，则税邑三百家。……皆有受赏。大将、御、参皆赐爵三级。"这些内容，正是对《史记·商君列传》"有军功者各以率受上爵"之"军功率"的具体描述。

《史记·田敬仲完世家》载，齐威王（？—前320年，公元前356—前320年在位）时，邹忌答淳于髡曰："请谨修法律而督奸吏。"这一记载如果是采用原始文献，则是"法律"一词的最早记录。

秦武王二年（公元前309年）"修为田律"。"为田律"当在此前颁布，行之既久，故修订之。

《睡虎地秦墓竹简·为吏之道》抄录《魏户律》律文（假门逆旅，赘婿后父，勿令为户），《魏奔命律》律文（假门逆旅，赘婿后父……今遣从军，将军勿恤视）。两律颁行于魏安釐王二十五年（公元前252年）。

《睡虎地秦墓竹简》涉及秦律律名如《田律》、《仓律》、《金布律》、《效律》等三十余种，展现了战国晚期至秦始皇时期秦律之概观。

以上是秦"改法为律"的粗略轨迹。

关于秦国"改法为律"的原因，古代学者曾有论述。明代丘濬在《大学衍义补·慎刑宪·定律令之制》中说到"改法为律"的原因："李悝所著者，谓之法经，未以律名也。律之言昉（始）于虞书，盖度量衡受法于律，积黍以盈，无锱铢爽。凡度之长短，衡之轻重，量之多寡，莫不以此取正。律以著法，所以裁判群情，断定诸罪，亦犹六律正度量衡也。故制刑之书以律名焉。"近代思想大家梁启超指出："盖吾国科学发达最古者莫如乐律。……书言同律度量衡，而度量衡又皆出于律。……夫度量衡自为一切形质量之标准，而律又为度量衡之标准。然则律也者，可谓一切事物之总标准也。……然则律也者，平均正确，固定不动，而可以为一切事物之标准者也。……其后展转假借，凡平均正确可为食物标准者，皆得锡以律名。《易》曰："师出以律。孔疏云，律法也。

是法律通名之始也。自汉以还,而法遂以律名。"①老一辈法律史学者陈顾远先生在《中国法制史概要》中指出商鞅"改法为律"的三个原因:(1)借用音律之律,以示罪之轻重;(2)借用竹器之名,以竹书于简上之刑法;(3)移军法之律作刑典之称。又说:"商鞅为避免法刑用语之混杂,遂以军法之律,移刑典之称。"②祝总斌老师在《关于我国古代的改法为律问题》一文中总结出"改法为律"的三个原因:一是战国时期音乐的社会地位逐渐被强调,突出了"律"的地位;二是战国时期度量衡的统一,促进了"律"的规范意义;三是"律"与"率"同义,从而促成"律"字逐渐具有法律的含义。③ 这种着眼于社会文化的宏观视野和研究方法,读罢使人有耳目一新的感受。《中国传统法律文化》指出:"律本钟鼎之声调,军队以金鼓之声及节奏指挥战斗。击鼓进军,鸣金收兵。故《易·师》曰:师出以律。律成了军令、军法的代名词。违律者必遭严惩。晋、秦居戎狄之邦,习游牧,善征讨,尚军法。故秦、赵、魏以律名其法,其所由来者上矣!"④吴建璠老师在《唐律研究中的几个问题》一文中说:"改法为律的意义何在?……律本来是音乐的术语。是调整音量的标准。后来把律用到军事上,有军律的意思。……改法为律,就正式借用军事上的律以强调法律的重要性和权威性,强调它的必须遵守"⑤;在《商鞅改法为律考》一文中又说:"商鞅看中了军队中习用的律字,……借用军律的极大权威性来强化成文法的地位与作用,使之成为人人必须遵守的准则,以利于贯彻执行他提出的变法措施,这就是商鞅改法为律用意之所在。"⑥同仁李力认为:"律字用作法律讲,是从商鞅开始的;""律字本义即表示手执笔写字的状态。书写的军纪、号令即称之为律。"⑦

  战国时代是社会大变革、大动荡、大改组的时代。诸侯国之间的兼并战争,诸侯国内部变法图强的政治运作,构成了战国社会生活的主旋律。战争使政治权力日益集中,使军事艺术和军法、军令发达起来了。而政治变革的主要目的之一,就是扩充国力以赢得战争。这就使国家法律得到空前发展。在上述活动中,表现最为突出的就是秦国。秦国从一个被"夷狄遇之"的偏远小国,一跃而成拥有"虎狼之师"的强国,在很大程度上得益于国内"奖励耕战,富国强兵"的立法,和对外无往不克的战争。对有军功者的赏赐,对脱逃者的惩罚,以及对其连带者(卒伍、职官、乡里、亲属)的处分等,都促成着更为广

---

① 梁启超:《中国法理学发达史论》,载《梁启超法学文集》,中国政法大学出版社2000年版,第94页。
② 陈顾远:《中国法制史概要》,台北三民书局1964年版,第360页。
③ 祝总斌:《关于我国古代的改法为律问题》,载《北京大学学报(文)》1992年第2期。
④ 武树臣等著:《中国传统法律文化》,北京大学出版社1994年版,第279页。
⑤ 吴建璠:《唐律研究中的几个问题》,载《中外法律史新探》,陕西人民出版社1994年版,第221—212页。
⑥ 吴建璠:《商鞅改法为律考》,载韩延龙主编:《法律史论集》第4卷,法律出版社2002年版,第44页。
⑦ 李力:《出土文物与先秦法制》,大象出版社1997年版,第24页。

泛、更为精确的行为规范的诞生,这就是秦律。

(一) 秦"改法为律"的一般原因

从民族传统来说,秦国"改法为律"与秦人的游牧习俗有关。秦为后起之诸侯国,"辟在雍州,不与中国诸侯之会盟,夷狄遇之"。(《史记·秦本纪》)秦本为夏族的一支。《国语·鲁语上》:"夏后氏禘黄帝而祖颛顼"。《秦本纪》:"秦之先,帝颛顼之苗裔,……与禹平水土。""秦之先为嬴姓,其后分封,以国为姓。"周幽王时,犬戎、申戎南下寇周,秦人赞周"将兵救周,战甚力,有功。"平王东迁,秦护之。"平王封襄公为诸侯,赐之岐山以西之地。曰:戎无道,侵我岐丰之地。秦能攻逐戎,即有其地。与誓封爵,襄公于是始国。"至秦谬公时,"伐戎王,益国十二,开地千里,遂霸西戎。"秦人始为游牧部落,又以战争立国,故素有尚武之风。《诗经·秦风·无衣》:"王于兴师,修我戈矛,与子同仇。"司马迁说:西北地区,"地边胡,数被寇。其民好气任侠。"(《史记·货殖列传》)班固云:"山西天水、陇西、安定,北地处势迫近羌胡,民俗修习战备,高上勇力鞍马骑射。故秦诗曰:王于兴师,修我甲兵,与子皆行。其风声气俗,自古以然。今之歌谣慷慨,风流犹存耳。"(《汉书·赵充国辛庆忌忌传》)因此,秦人崇尚军律军法,是十分自然的事。

秦人习惯于用"律",与秦军队中原本熟悉军律的司法官吏,转业到地方后仍执掌司法工作,这一社会现象是有联系的。近代章炳麟在《古官制发源于法吏说》一文中指出:"法吏未置以前,已先有战争矣。军容国容,既不理,则以将校分部其民,其遗迹存于周世者,传曰官之师旅,……及军事既解,将校各归其部,法吏独不废,名曰士师,征之《春秋》,凡言尉者,皆军官也,及秦而国家司法之吏,亦曰廷尉,比因军尉而移之国中者也"。① 此言何其中肯!

秦国强大之后,自然要向诸国宣扬自己的软实力。这个软实力就包括上层建筑诸领域。如同秦相吕不韦以秦文化落后"羞不如"而集宾客撰《吕氏春秋》一样,秦国同样标榜自己的"律"来与诸国之"法"相区别,以标新立异。

秦国崇尚自己的"律",正是适应了当时的国内政治和"国际"形势需要。一方面,秦国以秦律打击守旧贵族势力,巩固和加强君主权力,维持官僚机器正常运转;另一方面,以秦"律"为手段,"奖励耕战"、"富国强兵",以期获取兼并战争的胜利。同时,随着秦国军队的不断壮大,官僚队伍的不断扩充,特别是新的领土和臣民的迅速增加,为了保证统治集团的意志在更广阔的地域内统一实施,包括度量衡和文字的统一,唯一有效的手段就是法律。秦律就成了统一吏民言论行为的最高标准。拜占庭帝国皇帝优士丁尼敕编《法学阶梯》前言说:"帝国之君不单应当佩戴武器,还要佩戴法律。"② 这一高论正好也适

---

① 章炳麟:《古官制发源于法吏说》,转引自杨鸿烈:《中国法律发达史》,商务印书馆1930年版,第24页。

② 〔英〕约翰·福蒂斯丘爵士:《论英格兰的法律与政制》,袁瑜琤译,北京大学出版社2008年版,第32页。

于对中国秦始皇的总结。

（二）秦"改法为律"的本质原因

以上是秦国"改法为律"的一般原因，但非本质原因。至于本质原因，应当从"法律样式"的角度去寻找。先秦时代的法律样式主要经历了西周春秋的判例法，和秦朝的成文法两个阶段。而在两者之间又有一个过渡形态。过渡时期法律样式的主要特征是：第一，判例、故事作为主要法律渊源不断地被边缘化，这是因为判例、故事所维系的社会关系本身已时过境迁；第二，各诸侯国临时发布的法令在量的积累的同时还出现了粗略的分类。李悝的《法经》六篇便是这种分类的产物。秦国由于国内政治和"国际"军事之需要，大力发展新式法律，即诸项合一的成文法。秦朝继承而发扬之，而后世历朝相沿不改。

1. 三代之法：以刑统例

夏商周三代之法常以刑为名。如《左传·昭公六年》："夏有乱政，而作禹刑；商有乱政，而作汤刑；周有乱政，而作九刑。"其时立法为"单项立法"。所谓"单项立法"是国家单独制定颁布三种内容的法律规范：A项：稳定的刑罚制度；B项：半稳定的司法原则；C项：不稳定的禁与令。三项内容相互孤立存在，不合于一典。A项指五刑（墨、劓、剕、宫、大辟）；B项如《左传·昭公七年》的"有亡荒阅"，《尚书·吕刑》的"刑罚世轻世重"，《左传·昭公元年》的"直钩幼贱有罪"，《易经》的"不富以其邻"，"无平不陂，无往不复"，"迷道复归"，《左传·文公六年》的"董逋逃，由质要"等；C项是禁止和提倡某种行为，但不涉及后果及责任。如《尚书·费誓》："无敢寇攘、逾垣墙、窃马牛、诱臣妾，汝则有常刑。"至于何为"寇攘"，又处以何种刑罚，是不明示的。在诸侯国，被分立的三项内容统称为刑或法。"单项立法"的结果是使判例故事成为最重要的法律规范，而法官则居于十分优越的主导地位。当时的审判方法是《左传·昭公六年》所谓"议事以制，不以刑辟"。孔颖达疏："临事制刑，不豫设法"。"议事以制"，议，选择；事，判例；制，裁断。意谓选择适当的判例故事以为依据来裁判，不预先制定包括何种行为为违法犯罪，又当处以何种刑罚这些内容的成文法律。当时的法律文献主要是判例。判例整理和编纂的方式是在五种刑罚后面分别列出处以该种刑罚的判例。这种方法即"五刑之属三千"。当时不讲究罪名之制，故某一刑罚后面囊括各种犯罪之判例。举例如下：

墨刑：判例甲（贼）、判例乙（盗）、判例丙（欺诈）……

劓刑：判例甲（贼）、判例乙（盗）、判例丙（欺诈）……

剕刑：判例甲（贼）、判例乙（盗）、判例丙（欺诈）……

宫刑：判例甲（贼）、判例乙（盗）、判例丙（欺诈）……

大辟：判例甲（贼）、判例乙（盗）、判例丙（欺诈）……

法官审判案件，就从这些文献中去寻找最为合适的先例故事，作为审判的依据,即《周礼·秋官·司刑》所谓"司寇断狱弊讼,则以五刑之法诏刑罚以辨罪之轻重";《周礼·地官·遂师》所谓"比舒其事而赏罚";《礼记·王制》所谓"必察小大之比以成之"。当时法官的标准是"直"和"博":"直能端辨之,博能上下比之。"只有熟知历史典章故事者,才能正确定罪科刑。

2. 战国之法:以法统令

战国是社会大变革的时代,又是变法的时代。法家作为新兴的阶级的政治团体,把新兴地主阶级的"法"说成是"公"的体观。当时的"法"是作为传统宗法社会的"礼"的对立物而出现的。"法"正是政治斗争的工具,是变法的产物。变法以除旧更新为特征,以不断颁布新法令为方式。法令积累到一定程度就显得难于把握了。为了让官僚群体全面掌握法令,最好的方法就是分类编纂。对法令进行分类这种做法,自春秋末期即已开始了。郑国子产之"刑书"盖有三篇之格局;晋国赵鞅之"刑鼎"著赵盾"夷蒐之法",盖有四篇之格局。子产的"刑书"可能包含了诸项合一的色彩,具有反传统精神。故叔向从政治角度出发批评之,而邓析则"以非为是,以是为非",从司法角度批评之。从鲁昭公二十九年(公元前513年)晋国"铸刑鼎",至李悝(约公元前455—前395年)"撰次诸国法,著法经",大约过了一个世纪。李悝总结各诸侯国立法司法的经验编纂了《法经》。《法经》有六篇:盗法、贼法、囚法、捕法、杂法、具法。在各篇之下再编集该类法令。其可贵之处是出现了实体法与程序法的区分。由于史料缺乏,对当时法令的具体情况已无法详知。笔者主观推测,当时的令恐怕有两种情况:一种是宣布应当做什么或不应当做什么,但不规定其法律责任;另一种是同时宣布其法律责任。当时,在没有公布法律或法条过于宽泛之际,也许允许法官自由裁量。而到了秦律规定不许法官自由裁量的时候,那时的法律已制定得十分详尽了。当时的法官援引法条判案有如作加减法一般简洁而准确。

3. 秦国之法:以律统刑

从李悝《法经》到云梦《秦律》,约有两个世纪。这正是封建社会由诸侯称雄向统一王朝转变的时期,也是成文法从确立到成熟的过渡时期。纵观睡虎地秦墓竹简,可知秦律比同时代其他诸侯国之法,已有了很大的进步。秦人文化水平不太高,官僚群体的文化水平也有限。况且,秦人不断扩张自己的领土,不断扩大自己的军队和官僚队伍。为了实现国家政权对秦人,并通过官僚机器对诸侯国新领土的统治,除了武力之外,法律是最为有效的手段。秦人是一手执着戈,一手执着法典横行天下的。

为了充分发挥法律的规范作用,最有效的办法是把法律制定得越具体、细致、精确越好。这样一来,秦律便完成了诸项合一,即把 A 何种行为是违法、犯罪,B 应当承担何种刑罚或责任,C 法律原则或政策,这三项内容合为一处。这种法律是公开颁布的,又被广为宣传。这种法律便成了确切意义上的成文法或制定法。除了详定律文,使法律"明白易知","妇孺皆知"之外,秦国统治集团还注重司法解释。即通过经常性的司法解释,及时有效地指导全国的司法。这两种手段有效地克服了成文法难以包揽无遗且不便随时立法的弱点，极大地提高了统治效率。正是由于秦律具有这些明显的优势，秦人所创建的律才被后世历代王朝所继承。

第七节　"国家本位·成文法"时代的功过与遗产

"成文法"时代是继"判例法"时代之后的重要发展阶段。它在中国传统法律文化史上的功绩是不可磨灭的。但是它也具有不可避免的局限性。面对"成文法"时代的历史遗产，后世统治者既得教益，也引起新的思考。

一、"国家本位·成文法"时代的功绩：事皆决于法

在"成文法"时代，由于统治者崇尚"法治"，重视法制建设，注意用法律手段调整社会生活，从而做到"诸产得宜，皆有法式"，"事皆决于法"（《史记·秦始皇本纪》）。

处于上升阶段的新兴地主阶级，一反贵族不大关心经济生产的旧传统，积极运用法律管理经济领域的诸项活动，制定大量的管理农业、牧业、手工业、市场、交易、物价、商品检验、仓库保管等方面的专门法规，这就有利于社会经济的统一控制和发展。

新兴地主阶级关心生产，同时也注意人口即劳动力的管理。当时已形成"生者著、死者削"（《商君书·境内》）的户口管理制度。法律还规定：小隶臣因病死亡，要告官处理，"其非疾死者，以其诊书告官论之。"特别应当指出，秦律确认婴儿的生存权。规定父母"擅杀子"为犯罪行为。杀婴是中国古代社会的陋习，是父系家长特权和重男轻女的宗法思想的产物。春秋时就有杀婴事件发生。到了战国，随着土地私有制的进一步发展，杀婴也愈演愈烈。《韩非子·六反》指出当时的风习是"产男则相贺，产女则杀之。"秦律以杀子为犯罪并科处刑罚，不仅在客观上保护了生产力的再生产和人口性比例的平衡，同时也标志着古代法律意识的一次觉醒。

二、"国家本位·成文法"时代的过失：客观归罪

由于历史、文化的局限性，"成文法"时代在立法、司法上发生一些失误，其主要表现是不看主观动机的"客观归罪"。比如秦律规定：有人在大道上杀伤人，在距离百步之内的旁观者不去制止，有罪；贼人入甲室将甲杀伤，甲呼喊，里典、伍老虽不在，仍论罪；甲有罪当流放，其家属亦应随往，现在甲已死或逃亡，其家属仍应前往流放地点；私自借用公家金钱者，以盗窃罪论处；一人盗窃，赃值一百一十钱，其妻、子知其情，大家买肉同食，则其妻、子与盗同论。及至汉承秦法，也继承了秦"客观归罪"的传统。汉武帝时有一案，甲与乙斗殴，甲之子丙助甲攻乙，误击甲而致伤，依当时法律丙应处死刑。又《盐铁论·刑德》载："盗马者死"，"乘骑车马行驰道中，吏举苛而不止，以为盗马而罪亦

死。"故有董仲舒者出,以春秋决狱而首创"论心定罪"原则。

"成文法"时代的另一过失是推行文化专制主义政策,禁绝私学、焚毁典籍,"以法为教,以吏为师。"(《韩非子·五蠹》)这样就窒息了包括法家在内的法律思想和法学研究的正常发展。把丰富多彩的法律思想研究纳入"明法令之所谓"的法律解释学的狭小领域。尽管"以法为教、以吏为师"导致了法的普及,但其代价未免过于昂贵了。

三、"国家本位·成文法"时代的遗产:"混合法"

"成文法"时代的法律文化是中国传统法律文化的重要发展阶段,并对后世产生极大的影响。这主要表现在以下几点:其一,"成文法"时代所确立的以郡县官僚制为基础的中央集权的君主专制政体,为后世历代封建王朝所仿效;其二,"成文法"时代初步完善的成文法典为后世诸朝法律规范的重要形式;其三,"成文法"时代维护地主阶级土地私有制,维护官僚、父系家长特权的法律精神,为后世统治阶级所继承;其四,在"成文法"时代,经过法律实践经验的不断积累,开始萌发了一种新的法律样式,即适用成文法典与适用判例相结合的"混合法"样式。尽管判例(廷行事)的数量很少,与几十种"律"和繁多的"令"相比,显得微不足道,但是,判例毕竟成为一种法律形式并占有一席之地。《睡虎地秦墓竹简·语书》说:"凡良吏明法律令,事无不能也"。此处之"事"当指"廷行事"。故应当断句为:"凡良吏明法律令事,无不能也。"[①]可见,当时的统治阶级已经把通晓和适用"事"(判例)视为"良吏"的业务标准之一。适用判例是"成文法"时代的催化剂,它在后来的年代里不断成长壮大,终于开拓了一个新的时代。

---

① 《睡虎地秦墓竹简》,文物出版社1978年版,第19页。

第六章 「国家、家族本位・混合法」时代的法律文化

从西汉到清末的两千年,是中国传统法律文化最重要的发展时期——"国家、家族本位·混合法"时代。此间,在法律思想领域实现了"法礼合治",或曰国家与家族本位的合一。即维护中央集权的君主专制国家的"法"和维护宗法家族秩序的"礼,"两者合而为一。在法律实践的方式上是"成文法"与"判例法"相结合,形成"混合法"的法律样式。同时,法律设施和法律艺术也得到充分的发展。该时代的法律文化是中国法律文化的重心。它的一系列特征也正是中国法律文化一系列特征的集中体现。

第一节 无冕之圣——荀子的学说及其贡献

战国末期的伟大思想家荀子,虽然生不逢时,死后寂寞,但他是"混合法"时代法律文化的理论奠基者。

一、生未逢时、死后寂寞的圣人

荀子(约公元前314—前238年)名况字卿,亦称孙卿,战国末期赵国人。荀子长期在齐国稷下学宫讲学,是"稷下先生"之一,且"最为老师","三为祭酒。"(《史记·孟子荀卿列传》)他虽为儒者大师,但与孔、孟大异其旨。他曾打破"儒者西行不到秦"的惯例,访问过秦国。对商鞅变法之后民富兵强的秦国倍加赞赏。他曾游历过赵、楚、燕诸国,均未得重用。晚年应楚春申君之邀,任楚国兰陵令,客死他乡。

荀子是我国古代最杰出的思想家和唯物主义者。先秦诸家思想几乎都受到他的无情批判。他的历史功绩在于改造了儒家的"礼"和法家的"法",并把它们在更高的理论层次上有机结合起来,从而成为后世封建正统学术的真正开山鼻祖。可以说,两千年封建社会的正宗学术和法制,均未出荀子设计的蓝图。但是,荀子个人的遭遇却是十分悲惨的。孔、孟、荀虽都生不逢时、未得重用,但他们死后的境遇却大不相同。西汉以后,孔、孟受到封建统治者的青睐,设博士专门传授《论语》、《孟子》,孔、孟在后世先后被尊为"至圣"和"亚圣"。而《荀子》一书则无人问津,以至"编简烂脱"。直到唐朝中叶,才有杨倞为之作注。五代后蜀统治者令人楷书《易》、《书》、《诗》、《周礼》、《仪礼》、《礼记》、《公羊传》、《谷梁传》、《左氏传》、《论语》、《孟子》十一经刻石。宋太祖又予翻刻,《孟子》升为"经书"。南宋朱熹从《礼记》中取中《大学》、《中庸》两篇,与《论语》、《孟子》合为"四书",并作章句集注或问。成为明清两朝科举考试的教科书。而荀子其书则被贬为"杂家者流",无人研究。

历代封建统治者如此扬孔孟而抑荀子,并非偶然。这主要是因为:其一,荀子是比较坚定的唯物主义思想家,他反对宗教迷信和阴阳方术,主张"天人相分"、"制天命而用之"。(《荀子·天论》)这种思想不利于封建帝王的神圣化。其二,荀子主张"性恶"论,认为不论什么人其性均恶,"其善者伪(后天学习改

289

造)也"。(《荀子·性恶》)这一思想不利于美化统治阶级,不利于麻痹劳动人民的反抗意识,在一定程度上承认人们物质欲望的合理性,并冲淡了统治阶级对人民实行道德教化的社会功用。其三,荀子敢于直语"严刑",甚至主张对严重犯罪者可以不待教而"先诛",(《荀子·非相》)这有碍于渲染统治阶级的"仁德"形象。其四,荀子反对"以世举贤"、"以族论罪"。(《荀子·君子》)这既不利于维护封建贵族的特权,又不利于强化封建法制。如此等等,均使荀子学说基本上不适合封建统治阶级的胃口。但是,封建统治者对荀学的真实态度是明里弃之,暗中用之。在这一点上可以说荀子是生未逢时、死后寂寞的惨淡圣人。

唯有荀子的弟子深明荀学的价值,以荀子为圣人帝王,认为荀学博大精深足以为"天下法式"。《荀子·尧问》有一段精辟的文字:

> 为说者曰:"孙卿不及孔子"。是不然:孙卿迫于乱世,蝺于严刑,上无贤主,下遇暴秦,礼义不行,教化不成,仁者绌约,天下冥冥,行全刺之,诸侯大倾。当是时也,知者不得虑,能者不得治,贤者不得使,故君上蔽而不睹,贤人距而不受。然则孙卿怀将圣之心、蒙佯狂之色,视天下以愚。《诗》曰:"既明且哲,以保其身。"此之谓也。是其所以名声不白,徒与不众,光辉不博也。今之学者,得孙卿之遗言余教,足以为天下法式表仪。所存者神,所过者化,观其善行,孔子弗过,世不详察,云非圣人,奈何!天下不治,孙卿不遇时也。德若尧禹,世少知之,方术不用,为人所疑,其知至明,循道正行,足以为纪纲。呜呼,贤哉,宜为帝王!

伟哉荀子,无冕之圣!

二、二千年来之学,荀学也

近代谭嗣同曾说:"二千年来之学,荀学也。"①这句话精湛地概括了封建社会正统学术的真实面目。

(一)孔孟之礼与荀子之礼

荀子以"隆礼"即重视"礼治"著称。但他的"礼"与孔孟不同。孔孟都坚持"礼治",用"礼"的精神支配社会政治生活。这主要表现在两方面:一是"为国以礼",即坚持贵族政体和"亲亲为大"、"贵戚之卿"的世袭特权;二是"为法以礼",即用宗法等级观念支配立法、司法活动,以维护宗法家族秩序。因此,孔孟之"礼"是国家政体与宗法家族一气呵成的一元化的"礼"。

荀子对孔孟之"礼"进行了改造,这主要有两方面:一是排斥"为国以礼",反对"任人唯亲"、"世卿世禄"的贵族政体,主张"尚贤使能","贤能不待次而举,罢不能不待须而废","虽王公大人之子孙也,不能属于礼义,则归之庶人;

---

① 谭嗣同:《仁学》二十九,载《谭嗣同全集》,中华书局1981年版,第337页。

虽庶人之子孙也,积文学正身有能属于礼义,则归之卿相士大夫。"(《荀子·王制》)这一主张实际上和法家要求建立的封建官僚制度如出一辙。二是仍然坚持"为法以礼"。他说:"礼者,法之大分而类之纲纪也。"(《荀子·劝学》)这是明确要求以宗法等级观念指导立法和司法,以维护宗法家族制度。经过一舍一取的改造,使原先的"礼"由于失去了国家政体这一阵地而发生量变,由"国"与"家"结合的一元化之"礼"蜕变为"国"与"家"相分的二元化之"礼"。① 不仅如此,荀子之"礼"还发生了质变,正如他所说:"礼之于正国家也,如权衡之于轻重也,如绳墨之于曲直也,故人无礼不生,事无礼不成,国家无礼不宁。"(《荀子·大略》)"非礼,是无法也。"(《荀子·修身》)这里的"礼"实际上同国家的"法"相差无几了。

(二) 荀子之法与法家之法

荀子不仅"隆礼",而且"重法",他的"法"与法家的"法"息息相通,法家的"法"或"法治"有两个主要内容:一是摧毁世袭制和贵族政体,建立以郡县官僚制为基础的中央集权的君主专制政体;二是以法律作为辨别人们言论行为之是非曲直并行赏施罚的最高标准。严格依法办事,"不别亲疏,不殊贵贱,一断于法"。(《史记·太史公自序》)荀子主张"无德不贵,无能不官,无功不赏,无罪不罚"。(《荀子·君子》)"君者,国之隆也,……隆一而治,二而乱,自古及今未有二隆争重而能长久者"。(《荀子·致士》)"君法明,论有常,表仪既设民知方,进退有律,莫得贵贱孰私王"。(《荀子·成相》)"怒不过夺,喜不过予,是法胜私也"。(《荀子·修身》)可见荀子之"法"与法家之"法"是基本一致的,这说明荀子已经背叛了先儒的贵族立场,同法家并肩站到新兴地主阶级一边了。

(三) 重法兼重德

荀子重视"法治",主张制定和颁布成文法典并大力宣传。这样,一方面使各级官吏"进退有律"(《荀子·成相》),另一方面使"天下晓然皆知夫盗窃之不可以为富也,皆知夫贼害之不可以为寿也。皆知夫犯上之不可以为安也,……皆知夫为奸则虽隐窜逃亡犹不足以免也"。(《荀子·君子》)法律公布之后,要"庆赏刑罚必以信","信赏必罚"。(《荀子·议兵》)做到"无功不赏,无罪不罚"。(《荀子·君子》)"无恤亲疏,无偏贵贱"。(《荀子·王霸》)"内不可以阿子弟,外不可以隐远人"。(《荀子·正论》)这同法家"法不阿贵"的精神毫无二致。他主张罪与刑相称,功与赏相当:"赏庆刑罚皆报也,以类相从者也,……赏不当功,罚不当罪,不祥莫大焉。"(《荀子·正论》)因此,他反对"以族论罪"(即族诛)。这些主张同晋法家"重轻罪"、"造参夷之法"相比,的确高出一筹。

在对人性的评价上,荀子与晋法家不同。晋法家以为人性皆"好利恶害",不可改变,故而否认教化的功用。荀子虽然认为"人性恶",但是,他坚信可以通过学习而改变之,故而重视教化。他认为,只要教化奏效,就可以"赏不

---

① 张国华、饶鑫贤:《中国法律思想史纲》(上),甘肃人民出版社1984年版,第118—119页。

用而民劝,罚不用而民服"。(《荀子·君道》)他指出:"以德兼人者王,以力兼人者弱。"(《荀子·议兵》)这一见解与孔、孟大体一致,都是基于对统治者与被统治者的同一性(互相依存、相互转化)的认识。正如他所强调的:"君者舟也,庶人者水也,水则载舟,水则覆舟。"(《荀子·王制》)重德思想是使荀子被列于儒家阵营的重要依据。

三、二千年来之法,荀法也

荀子曾经为行将出现的封建王朝提供严谨而完备的治国理论,并为未来的立法、司法活动设计了一整套行之有效的方案。事实证明,整个封建社会的法律实践活动正是沿着荀子指示的方向和模式进行的。故可以一言概之曰:二千年来之法,荀法也。

(一) 礼、法、类

荀子有一句名言:"礼者,法之大分,类之纲纪也。"(《荀子·劝学》)"礼",即宗法道德伦理观念;"法",指成文法典;"分",本、基础;"类",指例故事和判例故事所体现的法律原则,有时也指统治阶级的法律意识、法律政策;"纲纪",指指导原则。全句大意是:宗法道德观念是制定成文法典和创制判例的指导原则。这正是对孔子"兴礼乐、中刑罚"(《论语·子路》)("礼乐不兴则刑罚不中")思想的全面阐述。在"成文法"时代,统治阶级已经开始注意用法律来维护宗法家族制度。如秦律"非公室告"即"子告父母,臣妾告主,非公室告,勿听",和"家罪"即"家罪者,父杀伤人及妾,父死而告之,勿听"的规定①就是证明。荀子的这一命题是对上述做法的高度总和概括。后来封建社会的引经决狱、引经注律、纳礼入律,都不过是荀子这一命题的社会化。

(二) 法、类

荀子还提出"有法则以法行,无法则以类举,听之尽也"(《荀子·王制》)的司法审判原理。大意是:在审判中,有现成的法律条文可援引的,就按法律条文定罪科刑,没有法律条文就援引以往的判例;没有判例,就依照统治阶级的法律意识、法律政策来定罪量刑,创制判例。在"成文法"时代,审判活动要严格依法办事,不允许法官主观裁断,但法律条文再详备也不可能包揽无余、应有尽有。在无法律明文的情况下,也曾依照法律政策创制少量判例。《睡虎地秦墓竹简》中有少量的"廷行事"就是证明。荀子对"成文法"时代以成文法典为主,以少量判例为辅的审判方式进行总结,概括出"有法者以法行,无法者以类举"的司法原则。

(三) 法义、法数

荀子说:"不知法之义而正法之数者,虽博,临事必乱。"(《荀子·君道》)"法

---

① 《睡虎地秦墓竹简》,文物出版社1978年版,第196—197页。

义"是法律的原理,立法的宗旨或法律意识,"法数"是法律条文或判例的具体内容。原文大意是,作为一个法官,如果不懂法律的原理和立法的宗旨,只知道法律条文或判例的具体内容,那么,他掌握的法条和判例再多,遇到具体案件也免不了束手无策,乱了章法。这一命题强调法律意识的重要性,等于强调法官主观能动性的价值。荀子所要求的法官,是具有纯熟法律意识从而善于随机应变的法律专家,而不是"成文法"时代只知"法令之所谓"的执法工匠。

（四）人、法、类

荀子说:"法不能独立,类不能自行,得其人则存,失其人则亡。"(《荀子·君道》)大意是,法律不会自行产生,判例也不会自行适用,有了好的法官来掌握,就会融会贯通,没有好的法官来掌握,就形同虚设,不能发挥作用。荀子这里所说的"人",不同于"为政在人"、"其人存则其政举,其人亡则其政息"(《礼记·中庸》)的"人"。后者泛指统治者特别是最高统治者,而前者仅指法律领域内的专门工作者。他认为,在司法活动中,"人"、"法"、"类"三者当中,"人"的作用是第一性的,关键性的。法律条文再详备也不可能囊括各种复杂情况。因此,在审判中要靠法官根据具体情况机动灵活地独立思考,融会贯通。"法而不议,则法之所不至者必废,职而不通,则职之所不及者必坠。故法而议,职而通,无隐谋,无遗善,而百事不过,非君子莫能。"(《荀子·王制》)法官不仅应当明晓法律条文,更要掌握法律条文所依据的法律意识:"人无法则伥伥然,有法而无志(知)其义则渠渠然,依乎法而又深其类,然后温温然"(《荀子·王制》);法律意识是相对稳定的因素:"类不悖,虽久同理";故法官要"以圣王之制为法,法其法以求其统类"(《荀子·解蔽》);掌握了法律意识就可以"卒然起一方,则举统类而应之"(《荀子·儒效》);"以类度类"(《荀子·不苟》);"以类行杂,以一行万"(《荀子·王制》);"推类接誉,以待无方"。(《荀子·君道》)

（五）治人、治法

荀子提出:"有治人,无治法",意即尽善尽美的"人",而没有尽善尽美的"法"。这包含三层意思:其一,法是人制定的:君子者法之原也,有了好的"人"才能制定出好的"法";其二,"法"是靠"人"来执行的,有了好的"法"而没有好的"人"也隐蔫枉然,"羿之法非亡也,而羿不世中,禹之法犹存、而夏不世王。故法不能独立,类不能自行,得其人则存,失其人则亡"(《荀子·君道》);其三,法律不能包揽无遗,又不能随机应变,全靠"人"掌握,有了好的"人","法虽省,足以遍矣";没有好的"人","法虽具,失先后之施,不能应事之变,足以乱矣。"其结论是:"有良法而乱者,有之矣;有君子而乱者,自古及今,未尝闻也。"(《荀子·王制》)

（六）荀子的蓝图

荀子在"成文法"时代极力强调发挥法官的主观能动性,是有针对性的,即针对"成文法"的不足之处。在他看来,治理国家光靠哪怕是良好详备的法律是远远不够的,还应当以统治阶级的法律意识为核心,充分运用判例的价值。荀子的目的与其说是把博闻强记、长于操作的执法工匠,变成深明法理、得心应手的法律大家,毋宁说是为了建立一种新的法律活动方式;他绘制了一幅蓝图,这就是"有法者以法行,无法者以类举"(《荀子·君道》)的"成文法"与"判例法"相结合的"混合法"。可以说,整个封建社会的法律实践方式都是沿着这一模式进行的。

第二节 礼法合治:鲁、晋文化从对立走向融合(上)

晋国文化凭借秦国兵马横扫全国并缔造了一个中央集权的秦帝国。秦二世而亡,汉继秦而立,开始了为期两千年的封建时代。西汉以后,鲁国文化逐渐复兴并与晋国文化不断融合,形成了封建社会的正统文化。

一、晋国文化的光荣与悲剧

以"夏政"和"戎索"为基点的晋国文化,受到东来的齐国重法理论的催化,形成了三晋风格的法家学说,并养育出以李悝、商鞅、慎到、申不害、韩非、李斯为代表的一代法家群雄。三晋法家把自己创造的法典、法学和法律思想的种子撒到秦国,并在八百里秦川的沃野上生根、开花、结果。他们凭借所向无敌的"虎狼之师"东征南伐,用血与火去缔造一个前所未有的大帝国。他们一手拿着法典,一手握着刀剑,怀着与旧世界绝裂的勇气和创造新世界的勃勃雄心,前仆后继,奋战在时代变革的最前沿。他们有的挥戈疆场、战功卓著、拜爵受职,有的运筹御前、号令天下、布旧更新,有的位极人臣、言出法行、一呼百诺,更有的身陷恶境、碎尸马下、惨死囹圄。他们死了,但他们的事业是成功的。他们毕竟按照"法治"的面貌塑造了一个新天地。

(一)一个带来厄运的魔咒——水德

靠着"法治"武器获得天下的秦帝国的主宰者,没有意识到甚至于"得天下之道"与"守天下之道"的区别,故未能完成治理国家的战略转移。他们沾沾自喜,忘乎所以,丧失了政治家的理智。就在这时,一个齐国方士向帝国领袖进献了神秘的"五德终始"说。

"五德终始"说的创始者是齐人邹衍。"邹子有终始五德,从所不胜。土德后木德继之,金德次之,火德次之,水德次之。"① 按邹衍的理论,"五德"是"五行"(土、木、金、火、水)的属性,是决定人类社会进程和社会政治面貌的神奇力量。每一朝代都受一种"德"的支配,这种"德"的盛衰决定着该朝代的兴废。统治者只有按该"德"的面貌治理天下,才能延续国祚。所谓"五德转移,治各有宜而符应若兹"。(《史记·孟子荀卿列传》)黄帝属土德,夏属木德,商属金

---

① 左思:《魏都赋》李善注引《七略》,载萧统编:《文选》卷六。

德,周属火德。木克土、金克木、火克金、水克火。故行将产生的新王朝属水德:"代火者必将水,天且先见水气胜,水气胜故其色尚黑,其事则水。"(《吕氏春秋·应同》)这种理论很适合秦帝国统治者的胃口。据《史记·封禅书》载:"邹子之徒论著终始五德之运,及秦帝而齐人奏之,故始皇采用之。""秦始皇既并天下而帝,或曰:黄帝得土德,黄龙地螾见;夏得木德,青龙止于郊,草木畅茂;殷得金德,银自山溢;周得火德,有赤鸟之符。今秦变周,水德之时。"这样,秦帝国俨然是应天运而降生的新王朝。秦帝国接受"终始五德"的理论并认真执行了:"更名河曰德水,以为水德之始";"衣服、旄旗、节旗皆上(尚)黑"。水至平无颇、清明无浊、冰冷无情。法者刑也,平之如水,故治国尚法。"刚毅戾深,事皆决于法,刻削毋仁恩和义,然后合五德之数。于是急法,久者不赦。"(《史记·秦始皇本纪》)他们全不顾人民死活,以为只要深于用法以合"天数"之"德",就能永保王朝于二世、三世及至万世。这些新兴地主阶级的政治家,曾经比较清醒地批评过前代帝王"假威鬼神"、"故不久长",(《史记·秦始皇本纪》)而当他们一旦坐稳了江山之后,便努力使衰落的神权观念在新形式下重新复活。正是这个神秘的"水德"给秦王朝带来速亡的厄运。

(二) 真正的水德:载舟与覆舟

秦的统一,把确立土地私有制的法典带到六国,从而受到新兴地主阶级和小土地私有者的拥护。同时,国家的统一适应了人民要求结束割据与战乱,实现全国安定并发展生产、扩大交往的愿望,也得到人民的支持。秦帝国的建立是历史的必然。但是,由于阶级的和历史的局限,秦帝国的主宰者不可能认识社会发展的客观规律。他们迷信暴力和刑罚,一味严刑酷罚,"杀人之父,孤人之子,断人之足,黥人之首,可不胜数"。(《史记·张耳陈余列传》)使百姓动辄得咎,臣下人人自危。又滥施民力,横征暴敛,终于激化了阶级矛盾。于是,陈胜"奋臂于大泽而天下云集响应"。泱泱大国,土崩瓦解。秦帝国的兴亡,正说明了"水则载舟,水则覆舟"(《荀子·王制》)的真理。

二、鲁国文化的复活与蜕变

西汉以后,曾经倍受打击与压抑的儒学逐渐复兴。民间教育的深厚根基使儒学保持生命力,通经入仕的政策又使儒学步入王朝的殿堂。于是,肩负着历史重任的一代儒家演出了新的一幕。

(一) 悄悄踏上官府的台阶

儒学迂阔而不切于实用,故长期无人问津。加之前有商鞅"燔诗书而明法令"(《韩非子·和氏》);后有李斯"焚书坑儒"及"偶语"、"挟书"之禁,使儒学倍受打击,处境艰难。但是,儒学并未断绝,它在自己的故乡仍保留着极大的生命力。正如司马迁在《史记·儒林列传》中所指出的:"天下争于战国,儒术既绌焉。然齐鲁之间,学者独不废也。""及高皇帝诛项籍,举兵围鲁,鲁中诸儒尚讲诵习礼乐,弦歌之音不绝,岂非圣人之遗化,好礼乐之国哉?""齐鲁之间于文学,自古以来,其天性也!"

儒生首次参与政治活动是在秦末。"陈涉之王也,而鲁儒持孔氏之礼器往归陈王。于是孔甲为陈涉博士,卒与涉俱死……缙绅先生之徒负孔子礼器往委质为臣者何也?以秦焚其业,积怨而发愤于陈王也。"(《史记·儒林列传》)

儒生正式参与国家政治是在高皇帝之际。"叔孙通作汉礼仪,因为太常,诸生弟子共定者咸为选首,于是喟然兴于学。"(《史记·儒林列传》)儒生以所善之礼乐参与政治事务并进而为官,这正是孔子的百年梦想。

(二) 百年梦想:学而优则仕

"学而优则仕"是孔子也是儒家梦寐以求的理想。这一理想是在汉武帝时代开始逐渐实现的。高皇帝时"未暇遑庠序之事","孝惠、吕后时公卿皆武力有功之臣","孝文帝本好刑名之言","孝景不任儒者","窦太后又好黄老之术"。此间,"诸博士具官待问,未有进者",与秦朝"博士虽七十人,特备而弗用"曾无二致。然而至汉武帝时,形势大变。武帝下诏:"延天下方正博闻之士,咸登诸朝。"又"绌黄老刑名百家之言,延文学儒者数百人,而公孙弘以《春秋》白衣为天子三公,封以平津侯,天下学士靡然乡风矣"。(《史记·儒林列传》)

据《史记·儒林列传》载,公孙弘曾提出四条建议:一是"因旧官":"为博士官置弟子五十人复其身,太常择民年十八已上仪状端正者补博士弟子";二是"选贤良":选拔"郡国县道邑有好文学、敬长上、肃政教、顺乡里、出入不悖所闻者,令相长丞上属所二千石";三是"举文学":"一岁皆辄试,能通一艺以上,补文学掌故缺,其高第可以为郎中者,太常籍奏即有秀才异等,辄以名闻";四是"罢不材":"小吏浅闻,不能究宣","其不事学若寡材及不能通一艺,辄罢之"。武帝皆批准实施。于是,儒家"学而优则仕"的理想终于付诸实现了。

(三) 明倡六经,暗行荀术

西汉初期,统治阶级曾试图寻求一种理论作为统治思想。当时,法家思想由于秦朝暴虐早亡而名声狼藉,避之犹恐不及;墨家主张"官无常贵,民无终贱"(《墨子·尚贤上》),又反对"不与其劳获其实"(《墨子·天志下》)的剥削行为,显然不合时宜;主张"清静无为"、"约法省禁"(《淮南子》《诠言训》、《原道训》)的黄老之学,虽然曾经颇见成效,但又过于消极而不利于削弱割据势力,巩固中央政权,不利于富国强兵以御外患。于是,统治阶级的眼光最后落到了儒学上面。儒家既主张建立"礼乐征伐自天子出"(《论语·季氏》)的"大一统"王朝,又强调君臣上下尊卑长幼之序;既重视德政教化,又不一般地排斥法律刑罚的作用;故有利于维护王朝的根本利益和社会的安宁。而且,儒家知识分子容易依附统治阶级。他们一旦做了官,自然忠于君主;即使做不了官,也不会率民造反。于是,儒学便自然得到统治者的青睐。

武帝采纳董仲舒的建议,"罢黜百家,表彰六经"(《汉书·董仲舒传》),独崇孔子学术。从此,使孔孟之学成为整个封建社会的正统学术。但此时的儒学并非孔孟之原始儒学。孔孟主张贵族政体而又崇德礼抑刑法,显然不宜于汉初形势。故"作书美荀卿"、深明荀学大旨的董仲舒,明崇孔孟之道而实循荀子之术。董仲舒的政治法律观主要有以下两点:其一,"天人合一"的君权天授说。天子是天之子,天下之圣明君主。天子承天意以治天下,天子治国失当、滥施刑罚,则天必降灾异以谴告之。这样既满足了帝王要求神化君权和强化中央集权政体的口味,又照顾了儒家限制君主专断的传统主张。其二,"大德小刑"说。天道有阴阳,阳为主而阴为辅,阳为德而阴为刑。故治理国家应以德为主而刑为辅。这样,既神化了儒家"重德轻刑"的传统见解,又暗中把刑法提高到天道之一翼的神圣地位。上述主张不过是对荀学的巧妙翻版,董仲舒的作用不过是神乎其说而已。

三、儒生与文吏:高阁中的儒经与社会深层的司法

《论衡·程材》曰:"文吏,朝廷之人也。幼为干吏,以朝廷为田亩,以刀笔为耒耜,以文书为农业,犹家人子弟生长宅中,其知曲折愈于宾客也。宾客暂至,虽孔墨之材,不能分别。儒生犹宾客,文吏犹子弟也。"首批"通经入仕"的儒家知识分子正如登堂入室的外地客人,他们和原先的"武力有功之臣"(《史记·儒林列传》)、子承父业之吏,在政治素质、思想意识和施政风格上,都存在明显的差异。这种差异在立法、司法活动中表现得犹为突出。

(一)先进与后进:两种官吏,两种素质

《论语·先进》:"子曰:先进于礼乐,野人也;后进于礼乐,君子也。如用之,则吾从先进。"孔子说,先学习礼乐而后做官的,是平民子弟;先有了官爵而后学习礼乐的,是卿大夫子弟。如果要我选择人材,那么我主张选用先学习礼乐的平民子弟。

汉代官吏也有两种成分:一种是"武力有功之臣"和子承父业的官僚群体,他们未曾系统接触过六经之学,不明子曰诗云之类,但谙习施政的惯例,通晓法律成事,熟知钱粮赋税捕盗及审判业务。正如《论衡·程材》所谓:"文吏幼则笔墨,手习而行,无篇章之诵,不闻仁义之语,长大成吏,舞文巧法。"另一种是出身平民以"通经而入仕"的贤良文学。他们系统学习过儒家经典,深明仁义礼智信等道德伦理和宽惠博施、富而后教的治民之道,以及"格物致知正心诚意修身齐家治国平天下"(《礼记·大学》)的路数。但是,他们不通政务,不习法律,不懂审判。两种成分的人"皆为掾吏,并典一曹,将知之者,知文吏儒生笔同而儒生胸中之藏当多奇余;不知之者,以为皆吏"。(《论衡·量知》)当两种貌同而神异的官吏共同处理政务和司法时,将不可避免地发生分歧和冲突。

(二)儒生与文吏:从两张皮合为一张皮

儒生与文吏本来就存在差别,加之公孙弘以为"小吏浅闻,不能究宣",罢免一批"不事学"、不能通一艺"的官吏,又用考试的办法大量取用儒生,这就更加深了儒生与文吏的隔阂与对立。(《史记·儒林列传》)但这毕竟是暂时的现象,经过坎坷的路程,两者终于握手言和、合而为一了。

1. 排斥阶段："儒者寂于空室,文吏哗于朝堂"

文吏看不起儒生:"文学能言而不能行,居下而讪上,处贫而非富,大言而不从,高厉而行卑,诽誉訾议以要名采善于当世。夫禄不过秉握者不足以言治,家不满担石者不足以计事,儒皆贫羸,拐冠不完,安知国家之政县官之事乎!"(《盐铁论·地广》)"呻吟摘简,诵死人之语,则有司不如文学。文学知狱之在廷后而不知其事,闻其事而不知其务";"儒者之安国尊君未始有效也"。(《盐铁论·大论》)儒生也看不起文吏:"文吏不晓吏道,所能不过案狱考事,移书下记";(《论衡·谢短》)"人不博览者,不闻古今,不见事类,不知然否,犹目盲耳聋鼻痈者也";(《论衡·别通》)"不治其本而事其末,古之所谓愚,今之所谓智。以菙楚正乱,以刀笔正文,古之所谓贼,今之所谓贤也。"(《盐铁论·大论》)两种官吏相互鄙薄,互不通融。其结果是"儒者寂于空室,文吏哗于朝堂"。(《论衡·程材》)

2. 相峙阶段："文吏以事胜、以忠负,儒生以节优、以职劣"

实践表明,儒生、文吏各有长短:"儒生治本,文吏理末。""取儒生者必轨德立化者也,取文吏者必优事理化者也。""文吏以事胜,……以忠负":"舞文巧法,徇私为己,勉赴权利,考事则受贿,临民则采渔。""儒生以节优、以职劣":"儒生不晓簿书,置之于下第,法令比例,吏断决也。""儒生务忠良,文吏赴理事。"(《论衡·程材》)两者缺一不可,故不应相互鄙视仇怨。

3. 战略转移："一府员吏,儒生什九","簿书之吏,什置一二"

"掺沙子"的成绩随着时间的推移而日见其卓越。致使"一府员吏,儒生什九","簿书之吏,什置一二"。(《论衡·程材》)儒家知识分子不仅位居三公,而且在一些郡县官府中占了八九成。其结果是:鄙视儒生之论难以存在,而儒生必须亲自"理事"。这就使儒生与文吏的对立与隔阂日益消除。

4. 融合阶段："以经术润饰吏事"

儒生与文吏各有长短,应取长补短。于是,儒生改变了原先"入文吏之科,坚守高志,不肯下学"的孤芳自赏的态度,向文吏学习"理事"的本领;文吏也改变了"循今不顾古,趋仇不存志,竞进不案礼,废经不念学"的旧姿态,转而向儒生学习六经之术。互相学习的结果是:"吏事易知而经学难见也","儒生能为文吏之事,文吏不能立儒生之学"。儒生终于沾沾自喜,发出了"牛刀可以割鸡,鸡刀难以屠牛"(《论衡·程材》)的胜利宣言。儒生在官府中站稳了脚根,终于演成了"以经术润饰吏事"(《汉书·循吏传》)的新局面。

(三) 社会深层的司法活动

秦汉法律本以法家精神为宗。《汉书·宣帝纪》注云:"肖何承秦法所作为律令,律经是也。"《晋书·刑法志》谓:"汉承秦制,萧何定律"。及至魏明帝时仍"承用秦汉旧律"。又《汉书·元帝纪》载宣帝之语:"汉家自有制度,本以霸王道杂之,奈何纯任儒教用周政乎?"皆其证也。武帝以降,儒学虽被捧为官方正统学术,但难以立即成为立法、司法的指导原则,实际上还是被置之高阁的。当时意识形态领域与法律实践领域呈现出奇特的"两张皮"状态。前者是儒学为宗,后者是法家为魂。

汉代司法在两方面仍体现法家精神,一是"刑无等级"(即"刑上大夫")。相国萧何"为民请愿",高皇帝疑其受贿,"乃下相国廷尉械系之"。(《史记·萧相国世家》)身为绛侯、食邑万户、官居右丞相的大将军周勃被诬下狱,被狱吏捆绑斥责,他叹道:"吾尝将百万军,然安知狱吏之贵乎!"(《史记·绛侯周勃世家》)故有贾谊上书,建议大臣有罪"有赐死而无戮辱","系、缚、榜、笞、髡、刖、黥、劓之罪不及大夫"。(《汉书·贾谊传》及《新书·阶级》)二是客观归罪。《盐铁论·刑德》载:"盗马者死","乘骑车马行驰道中,吏举苛而不止,以为盗马而罪亦死";"盗武库兵,其罪死","今伤人持其刀剑而亡,亦可谓盗武库兵而杀之"。又《太平御览》载武帝时有一案:"甲父乙与丙争言相斗,丙以佩刀刺乙,甲即以杖击丙,误伤乙,甲当何论?或曰,父也,当枭首。"(《太平御览》卷六四零)可见,汉代司法仍以法家精神和秦律原则为尚,而儒家思想尚未实际指导立法、司法活动。

第三节 礼法合治:鲁、晋文化从对立走向融合(下)

一、循吏、酷吏与汉代法律文化

循吏、酷吏是汉代中央集权官僚政体中风格迥异的两种官僚。他们各有不同的出身、经历和文化程度,并以其不同的施政来完成拱卫集权专制政体及其社会基础的政治使命。他们在价值观念上的差异,可以从春秋战国的儒法对立和晋国文化、鲁国文化的分野中找到原型。而这种差异的消弥和统一正反映了法家文化、儒家文化融和过程的一个侧面。

从历史渊源来看,循吏自春秋时便已初露端倪。《史记·循吏列传》所述孙叔敖、子产、公义休、石奢、李离五人大多为春秋时人。其主要特征是"施教导民"、"以惠养民"、"奉法循理"。依太史公的见解,循吏的主要特点是"奉法循理"、"奉职循理"。《汉书·循吏传》颜师古注:"循,顺也,上顺公法,下顺人情。"《盐铁论·大论》循吏所遵循之"理"正是儒家的政治主张(德治、仁政)。这也许是"循吏"所以得名的原因吧。余英时先生以为《史记·太史公自序》中"道家无为……其术以虚无为本,以因循为用"中"因循"两字正是"循吏"之"循"的意思。① 在西周春秋的贵族政体下,宗法血缘纽带在当时的政治生活中发挥着极大作用。作为各级行政长官的贵族,对下属施以恩惠、使民以时、取之有方等,不仅是政治方策也是宗法道义。因此,"德治"、"仁政"、"礼教"

---

① 余英时:《汉代循吏与文化传统》,载《中国思想传统的现代诠释》,台湾联经出版事业公司1987年版。

乃是基本的治家治国的方法。但是到了春秋中后期,社会的变革导致统治方法的改变,因而出现了"宽""猛"两手策略。其倡始者便是子产。

子产一方面实践了"其养民也惠,其使民也义"(《论语·公冶长》)、"不毁乡校"(《左传·襄公三十一年》)、"为政必以德"(《史记·郑世家》)的"以宽服民"的政策,同时又"铸刑书","大人之忠俭者,从而与之,泰侈者,因而毙之"(《左传·襄公三十年》),实践了"以猛服民"的方针。他临终时对其后继者子太叔说:"我死,子必为政。唯有德者能以宽服民,其次莫如猛。夫火烈,民望而畏之,故鲜死焉。水懦弱,民狎而玩之,则多死焉。故宽难。"(《左传·襄公三十年》)子太叔执政后"尽杀萑苻之盗",正是听从了子产的教诲。子产的遗言反映了他对传统治国方法的叹息和对新治国方略的寄托之情。

从价值观上对上述两手政策进行评判的是孔子。他说:"导之以政,齐之以刑,民免而无耻;导之以德,齐之以礼,有耻且格。"(《论语·为政》)政令刑罚是"猛"的一手,德政教化是"宽"的一手。前者虽然能奏效于一时一事,却无力改变人们的道德面貌。故治国应以后者为尚。然而孔子并非一般否定政令刑罚的作用。他主张根据具体需要将两手配合起来:"政宽则民慢,慢则纠之以猛。猛则民残,残则施之以宽。宽以济猛,猛以济宽,政是以和。"(《左传·昭公二十年》)以后的循吏、酷吏正是各自扮演着"以宽服民"、"以猛服民"的角色而已。

战国时法家推行以赏罚二柄为后盾的"以法治国",正是"以猛服民"的特殊表现。在人人皆"好利恶害"、"趋利避害"的人性论支配下,恩惠、宽缓、教化等被视为无用之物,只有"以力服人"、"以刑去刑"才是唯一有效的手段。其"猛政"所打击的对象是旧贵族势力和反抗的人民。其目的在于确立和维护中央集权式的王权。从这个角度而言,战国之吏大都带有"酷"的色彩。及至秦朝则"酷"得无以复加。正如蒯通对范阳令所说:"秦法重,足下为范阳令十年矣,杀人之父,孤人之子,断人之足,黥人之首,不可胜数。"(《史记·张耳陈余列传》)秦吏之酷,足见一斑。然而这不是个人品质所致,而是国家政治法制使然。

西汉以降,秦所确立的中央集权的君主专制政体被继承下来。因此,秦原来用以维护集权政体的一套官僚机构、官吏队伍和治国方法也必然地被继承下来。这就是汉代酷吏得以生存的政治环境。在"以法为教,以吏为师"(《韩非子·五蠹》)的秦代,官吏兼任着"以法教民"的官方教师和"以法治民"的行政长官的职责。正如当时南郡郡守腾发布的文告《语书》所云:"凡法律令者,以教导民,去其淫僻,除其恶俗,而使之之于为善也。……凡良吏明法律令,事无不能也;……恶吏不明法律令,不知事,……"①通晓法律条文并严格依法办事的是"良吏",否则便是"不忠"、"不胜任"、"不廉"的"恶吏"。为推行朝廷的

---

① 《睡虎地云梦秦简》,文物出版社1978年版,第19页。

法令,虽然对人民残酷刑杀亦不为过。当时的官吏是仰视朝廷而无视民间疾苦的。从这个角度来看,专任刑罚的秦吏同后来"吏道以法令为师"(《汉书·薛宣传》),"太守汉吏奉三尺律令以从事"(《汉书·朱博传》)的汉代"文史法律之吏"(《汉书·兒宽传》)是完全一样的。这些官吏被儒家知识分子贬斥为"俗吏"或"酷吏"。"俗吏和酷吏事实上是属于同一类的,不过程度有别而已,他们都是循吏的反面"。① 酷吏、循吏是相辅相成的。他们是汉代政治法律实践活动的产物,并各自发挥着特殊的职能。

酷吏的特征,如《史记·酷吏列传》所谓"其治暴酷"、"直法行治,不避贵戚"、"暴酷骄恣"、"其治如狼牧羊"、"内深次骨"、"务在深文";《后汉书·酷吏列传》所谓"以暴理奸"、"风行霜烈"、"政严猛好申韩法"、"专任刑罚"、"刻削少恩"、"专事威断"、"肆情刚烈"、"重文横入"等。其要只在"以猛服民"。汉代酷吏作为专制皇权的鹰隼,其政治作用主要表现在以下几个方面:

首先是镇压人民的反抗行为。西汉时,朝廷的残暴统治常激起民变,"吏民益轻犯法,盗贼滋起","大群至数千人,擅自号,攻城邑,取库兵,释死罪,缚辱郡太守、都尉,杀二千石,为檄告县趣具食;小群以百数,掠卤乡里者,不可胜数也。"因此,"诛灭盗贼"是当时地方行政长官的要务。比如,定襄吏民为乱,义纵率军平之,被升为定襄太守。"纵至,掩定襄狱中重罪轻系二百余人,及宾客昆弟私入相视亦二百余人。纵一捕鞠,曰'为死罪解脱'。是日皆投杀四百余人。其后郡中不寒而栗,猾民佐吏为治"。(《史记·酷吏列传》)东汉时,"九江山贼起,连月不解",阳球因擅理盗贼而官拜九江太守。"球到,设方略,凶贼殄破。收郡中奸吏尽杀之。"(《后汉书·酷吏列传》)凭借武力和刑威来平息民变以图社会的安定,是酷吏的一项重要政治职能。

其次是翦灭地方豪强势力。汉初,王国与郡同为地方高级行政机关。诸王拥兵自重、煮盐铸币,成为中央政权的威胁。而诸王宗族横行乡里,不遵法度,往往激起民变。因此,翦灭地方豪强是拱卫中央政权的需要。西汉时,"济南瞷氏,宗人三百余家,豪猾,二千石莫能制。于是景帝乃拜都为济南太守。至则族灭瞷氏首恶,余皆股栗。居岁余,郡中不拾遗";郅都"独先严酷,致行法不避贵戚,列侯宗室见都侧目而视,号曰苍鹰"。(《汉书·酷吏传》)东汉初,李章拜阳平令,"时赵、魏豪右往往屯聚,清河大姓赵纲遂于县界起坞壁,缮甲兵,为在所害。章到,乃设飨会而延谒纲。纲带文剑,被羽衣,从士百余人来到。章与对谶饮,有顷,手剑斩纲,伏兵亦悉杀其从者,因驰诣坞壁,掩击破之,吏人遂安。"(《后汉书·酷吏列传》)在翦灭地方豪强方面,酷吏发挥着刑官和军官的作用。

再次是维护社会治安。严延年为涿郡太守,当时,不逞之徒在当地大姓豪族庇护下无恶不作。致使"道路张弓拔刃,然后敢行。"延年至,"穷竟其奸,诛

---

① 余英时:《汉代循吏与文化传播》,载《中国思想传统的现代诠释》,台湾联经出版事业公司1987年版。

杀各数十人。郡中震恐,道不拾遗。"尹赏为长安令,当时"长安中奸猾浸多,闾里少年群辈杀吏,受赇报仇,相与探丸为弹,得赤丸者斫武吏,得黑丸者斫文吏,白者主治丧。城中薄暮尘起,剽劫行者,死伤横道。枹鼓不绝。"尹赏收捕"轻薄少年恶子"数百人。又掘坑方深各数丈,以大石盖其口,名为"虎穴"。将人犯纳其中,以大石掩其口。"数日壹发视,皆相枕藉死"。(《汉书·酷吏传》)王吉为沛相时,"凡杀人皆碌尸车上,随其罪目,宣示属县。夏月腐烂,则以绳连其骨,周遍一郡乃止,见者骇惧。视事五年,凡杀万余人。其余惨毒刺刻,不可胜数。郡中悒恐,莫敢自保。"(《后汉书·酷吏传》)酷吏正是以酷烈的刑杀手段威慑人民,来达到"以刑去刑"的目的。

最后是铲除奸党叛逆。酷吏工于审讯,长于理奸,因此在打击叛逆奸党方面成绩卓著。张汤"治陈皇后蛊狱,深竟党与";"治淮南、衡山、江都反狱,皆穷根本"。(《史记·酷吏列传》)阳球为司隶校尉,奏治权宦王甫狱,"球自临考甫等,五毒备极","箠朴交至,父子悉死杖下。"(《后汉书·酷吏列传》)

总之,汉代酷吏以拱卫中央集权的封建王朝为己任,以"以猛服民"为方针,以酷烈为手段,充当皇权的"鹰犬之任。"(《后汉书·酷吏列传》)其作为虽有悖三尺律令,但因其符合王朝的根本利益,故每每得到朝廷的首肯。

循吏的思想有着深厚的社会文化根基,这就是儒家的思想。即使是在"焚书坑儒"的秦代,这种思想观念仍未绝迹。《睡虎地秦墓竹简·为吏之道》所谓"安静毋苛"、"严刚毋暴"、"宽容忠信"、"和平毋怨"、"慈下勿陵"、"善度民力"、"正行修身"、"喜为善行"、"恭敬多让"、"除害兴利,慈爱万姓"、"均徭赏罚"、"敬而起之,惠以聚之,宽以治之"、"与民有期,安骀而步,毋使民惧"等。其注意力在百姓身上,也在自我道德修养上面。这与《睡虎地秦墓竹简·语书》唯法律令是从的旨趣是截然相反的。可以说,《为吏之道》是循吏的施政准则,尽管它在当时未得实行。

西汉以后,伴随着儒学的复兴和官吏荐举制度的推行,受儒学教育的知识分子逐渐登上政治舞台。当他们有条件实施夙愿时,便沿着儒家"德治"、"仁政"的路数,一展雄才,成为循吏。汉代循吏的社会职能主要有以下几方面:

首先是为民兴利,使民安居乐业。汉代循吏在一定程度上认识到人民的物质生活状况对于维护封建统治的重要性,故将改善人民的生产和生活视为施政的重要内容之一。如西汉时召信臣为南阳太守,"好为民兴利,务在富之。躬劝耕农,出入阡陌,止舍离乡亭,稀有安居时。行视郡中水泉,开通沟渎,起水门提阏凡数十处,以广灌溉,岁岁增加,多至三万顷。民得其利,畜积有余。……其化大行,郡中莫不耕稼力田,百姓归之,户口增倍,盗贼狱讼衰止。吏民亲爱信臣,号曰召父"。(《汉书·循吏列传》)东汉孟尝为合浦太守时,"郡不产谷实,而海出珠宝,与交阯比境,常通商贩,贸籴粮食。先时宰守并多贪秽,诡人采求,不知纪极,珠遂渐徙于交阯郡界。于是行旅不至,人物无资,贫者饿死于道。尝到官,革易前敝,求民病利。曾未逾岁,去珠复还,百姓皆反其业,商货流通,称为神阴。"(《后汉书·循吏列传》)

其次是行德政以得民心。汉宣帝时"渤海左右郡岁饥,盗贼并起,二千石不能禽制",即任龚遂为渤海太守。他认为民乱的原因是"民困于饥寒而吏不恤","治乱民犹治乱绳,不可急也,唯缓之,然后可治。"龚遂,"至渤海界,郡闻新太守至,发兵以迎,遂皆遣还,移书勒属县悉罢逐捕盗贼吏。诸持锄钩田器者皆为良民,吏无得问,持兵者乃为盗贼。遂单车独行至府,郡中翕然,盗贼亦皆罢。渤海又多劫略相随,闻遂教令,即时解散,弃其兵弩而持钩锄,盗贼于是悉平,民安土乐业。遂乃开仓廪假贫民,选良吏,尉安牧养焉。"(《汉书·循吏列传》)东汉安帝时,镡显为豫州刺史。"时天下饥荒,竟为盗贼,州界收捕且万余人。显悯其困穷,自陷刑辟,辄擅赦之,因自劾奏。有诏勿理。"(《后汉书·循吏列传》)在对待"盗贼"的方法上,循吏的怀柔手段比起酷吏的大砍大杀来,真是相去甚远。从社会效果而言,有时宽的一手比猛的一手更为得力。

再次是施行教化,移风易俗。循吏以地方行政长官的身分而肩负着教育者的职能。他们把推行国家的法律政令同向老百姓灌输儒家的道德伦理结合起来,成为把强制性行为规范演变为人们内心伦理规范的灵魂工程师。西汉黄霸"独用宽和为名","为条教,置父老师帅伍长,班行之于民间,劝以为善防奸之意,及务耕桑,节用殖财,种树畜养,去食谷马","百姓乡化,孝子弟弟贞妇顺孙日以众多,田者让畔,道不拾遗,养视鳏寡,赡助贫穷,狱或八年亡重罪囚,吏民乡于教化,兴于行谊,可谓贤人君子矣。"(《汉书·循吏列传》)东汉卫飒为桂阳太守,"郡与交州接境,颇染其俗,不知礼则。飒下车,修庠序之教,设婚姻之礼。期年间,邦俗从化"。秦彭为山阳太守,"以礼训人,不任刑罚。崇好儒雅,敦明庠序。每春秋飨射,辄修升降揖让之仪。乃为人设四诫,以定六亲长幼之礼。有遵奉教化者,擢为乡三老,常以八月致酒肉以劝勉之。吏有过咎,罢遣而已,不加耻辱。百姓怀爱,莫有欺犯"。许荆为桂阳太守,"郡滨南州,风俗脆薄,不识学义。荆为设丧纪婚姻制度,使知礼禁。尝行春到耒阳县,人有蒋均者,兄弟争财,互相言讼。荆对之曰:'吾荷国重任,而教化不行,咎在太守。'乃顾使吏上书陈状,乞诣廷尉。均兄弟感悔,各求受罪。在事中二年,父老称歌"。刘矩为雍丘令,"以礼让化之,其无孝义者,皆感悟自革。民有争讼,矩常引之手前,提耳训告,以为忿恚可忍,县官不可入,使归更寻思。讼者感之,辄各罢去。其有路得遗者,皆推寻其主"。仇览为蒲亭长,"人有陈元者,独与母居,而母诣览告元不孝"。览劝之:"奈何肆忿于一朝,欲致子以不义乎?""母闻感悔,涕泣而去。览乃亲到元家,与其母子饮,因为陈人伦孝行,譬以祸福之言。元卒成孝子。"(《后汉书·循吏列传》)这种教师的角色缩短了官僚与百姓的距离,标榜了"为民父母"的仁慈形象。

最后是制约统治集团内部的过分行为。循吏大都受过儒家思想的熏陶,对统治者与被统治者之间相互依存、互相转化的关系有较为清醒的认识,因此,他们为封建朝廷长治久安计,敢于纠正统治集团的不理智的专断行为。如龚遂为郎中令,事昌邑王贺,"贺动作多不正,遂为人忠厚,刚毅有大节,内谏争于王,外责傅相,引经义,陈祸福,至于涕泣,……而刺王过,王至掩耳起走,曰

'郎中令善愧人'。及国中皆畏惮焉。"(《汉书·循吏列传》)如汲黯"好直谏,数犯主之颜色",被称为"社稷之臣"。与廷尉张汤议事,"汤辩常在文深小苛,黯伉厉守高不能屈,忿发骂曰:'天下谓刀笔吏不可以为公卿,果然,必汤也。令天下重足而立,侧目而视矣'。"(《史记·汲郑列传》)这种言行对封建统治往往起着补过拾遗的作用。

酷吏与循吏出身经历不同。大体上说,西汉酷吏发迹于基层幕僚。如宁成曾为"小吏";赵禹"以刀笔吏积劳稍迁为御史";张汤"无尺寸功起刀笔吏,陛下幸致为三公";王温舒曾为亭长、小吏,"以治狱至廷史";尹齐"以刀笔吏稍迁至御史"(《史记·酷吏列传》)等。因此,他们谙习政务,通晓法律,其政务以推行朝廷法律为尚。为达此目的,不惜采用强制手段以速见成效。西汉循吏大都受过儒家思想的影响,故较为注意个人品行的自我修养,从而深得"吏民爱敬"。如朱邑以贤良被荐举,龚遂"以明经为官",召信臣,"以明经甲科为郎","举高第迁上蔡长"。(《汉书·循吏列传》)

东汉后,这一特征发生量变。酷吏黄昌"仕郡决曹",曾"就经学,又晓习文法",阳球"举孝廉补尚书侍郎",董宣"举高第,累迁北海相",李章"习《严氏春秋》,经明教授,历州郡吏",周㢸"好韩非之术",而其奏章每引《春秋》,王吉"少好诵读书传"。(《后汉书·酷吏列传》)可见,东汉酷吏亦受到儒学的影响。而东汉循吏受儒学教育则更为系统,如卫飒"家贫好学问,随师无粮,常慵以自给";任延"年十二为诸生,学于长安,明《诗》、《易》、《春秋》,显名太学";王景"少学《易》,遂广阔众书,又好夫文术数之事";秦彭"崇好儒雅,敦明庠序";王涣"敦儒学,习《尚书》,读律令,略举大义";孟尝"少修操行,仕郡为户曹史",后又"策孝廉,举茂才";第五访"少孤贫,常慵耕以养兄嫂。有闲暇,则以学文,仕郡为功曹,察孝廉,补新都令";刘宠"父丕,博学,号为通儒","宠少受父业,以明经举孝廉";仇览"少为书生淳默,乡里无知者",后曾"入太学",专务经学。(《后汉书·循吏列传》)可以说,学儒经者虽未必为循吏,而循吏必崇儒学。

循吏、酷吏是汉代政治法律活动的必然产物;大致而言,循吏的作用在于维护封建王朝的社会根基。没有循吏的努力,封建统治阶级和被统治阶级之间的政治关系就永远是紧张对立的。如果社会不安定,王朝的稳定也就难于实现;酷吏则是专制皇权的忠诚"鹰犬",他们用酷烈手段打击那些直接威胁皇权的民变和地方割据势力,其作用正如酷吏周污云:"见无礼于君者,诛之如鹰鹯之逐鸟雀。"(《后汉书·酷吏列传》)

汉代循吏、酷吏得以产生的社会原因是复杂的;总的来看不外以下诸端:

首先,从思想渊源来看,秦虽灭亡,但其治国的基本方法即"以法治国",仍有强大的影响。这种方法与中央集权和官僚政体是密切相连的。汉朝既然承袭了这种政体,便不能不同时继承这种治国方法。特别是当着人民的反抗斗争和地方豪强势力直接威胁王朝统治时,便只能仰仗暴力和刑罚。儒家思想虽经秦代文化专制政策的打击而一蹶不振,但它凭借深厚的社会根基和民间教育而保存下来。汉初黄老学术一面矫正秦之猛酷,一面为儒学的复兴打开方便之门。而汉武帝"罢黜百家,表章六经"及选拔官吏的措施,使儒家知识分子步入政治舞台以实现其夙愿。这便是酷吏、循吏存在的思想条件。

其次,从社会经济状况看来,汉承战乱之后,民生凋弊,百业待举。无论百姓和朝廷都希望重振经济,这就使循吏有条件实现其富民兴利的主张。这种措施是与个体家庭农业经济的恢复发展同步进行的。它不仅有利于人民安居乐业,还为对人民施行教化创造了物质条件。从这个角度来看,循吏的职能是持久性的,非一朝一夕所能奏其效。另一方面,地方豪强凭借其特权而渔肉乡里、横行不忌,深为百姓所痛恨,有些民变就因此而发生。因此,对这些豪强绳之以法是大得民心的,在这方面,酷吏发挥了立竿见影之效。

再次,从政体来看,郡县守令作为中央朝廷的代表,在其行政范围内,拥有相当独立的权力,正如当时人所谓"今之郡守重于古诸侯",(《汉书·王嘉传》)"今郡守之权非特六卿之重也,地畿千里非特闾巷之资也,甲兵器械非特棘矜之用也,以逢万世之变,则不可胜讳也"。(《汉书·严安传》)在这种环境下,郡守县令的个人素质和风格得以淋漓尽致地表现出来。因此,面对同样的"盗贼",酷吏可以快刀斩乱麻而震威境内,循吏则可以怀柔克刚而消弭祸患。故郡县之治乱及其风貌,在极大程度上取决于行政首长。在这里,我们似乎看到了原先贵族政体"为政在人"的色彩。

最后,从法律制度来看,由于当时法制尚不完善,尤其是监察机制未充分发挥职能,致使郡县首长得以罪刑擅断、无所顾忌。如严延年"所欲诛杀,奏成于手",致"流血数里,河南号曰屠伯"。尹赏为"虎穴","窒杀数百人"。(《汉书·酷吏列传》)樊晔"政严猛,好申韩法,善恶立断,人有犯其禁者,率不生出狱"。周污动辄"杀县中尤无状者数十人","收考奸臧,无出狱者","每赦令到郡,辄隐闭不出,先遣使属县尽决刑罪,乃出诏书"。黄昌为宛令,"人有盗其车盖者,……悉收其家,一时杀戮",后"再迁陈相,县人彭氏旧豪纵,造成大舍,高楼临道。昌每出行县,彭氏妇人辄升楼而观。昌不喜,遂勃收付狱案杀之"。王吉为沛相,"课使郡内务举奸吏豪人诸常有微过酒肉为臧者,虽数十年犹加贬弃","专选剽悍吏,击断非法","视事五年,凡杀万余人,其余惨毒刺刻,不可胜数"。可见,汉代郡县守令在定罪量刑上有相当大的主观任意性,这与秦代"事皆决于法"(《史记·秦始皇本纪》),法吏断刑失当则以"不审"、"不直"、"纵囚"、"失刑罪"①论处的精神,是大异其旨的。西汉初,刘邦"约法三章","悉除去秦法"。(《史记·高祖本纪》)法网由密而疏,故官吏得自行。如周阳由为郡守,"所爱者挠法治之,所憎者曲法诛灭之"。王温舒为中尉,"有势家,虽有奸如山,弗犯;无势者,贵戚必侵辱。"(《史记·酷吏列传》)严延年为河阳太守,"贫弱虽陷法,曲文以出之,其豪桀侵小民者,以文内之,众人所谓当死者,一朝出之,所谓当生者,诡杀之。"(《汉书·酷吏列传》)这种任意裁断的情况

---

① 《睡虎地云梦秦简》,文物出版社1987年版。

在秦代是决不允许的。

汉代循吏为数很少,大部分官吏属于"俗吏"。循吏得到朝廷的褒奖,如黄霸被颂为"贤人君子",朱邑被赞为"淑人君子",王涣被誉为"忠良之吏"。而"俗吏"则往往受到舆论贬斥。如董仲舒谓:"今吏既亡教训于下。或不用主上之法,暴磨百姓,与奸为市,贫穷孤弱,冤苦失职,甚不称陛下之意。"(《后汉书·循吏列传》)贾谊云:"夫移风易俗,使天下回心而乡道,类非俗吏之所能为也。俗吏之所为务在于刀笔筐箧,而不知大体"。(《汉书·贾谊传》)王吉上疏曰:"今俗吏所以牧凰者非有礼义科指,可世世通行者也,独设刑法以守之。其欲治者,不知所由。"(《汉书·王吉传》)匡衡上疏:"今俗吏之治,皆不本礼让而上克暴,或忮害好陷人于罪,贪财而幕势,故犯法者众,奸邪不止,虽严刑峻法,犹不为变。"(《汉书·匡衡传》)这种责难之声至东汉时有增无减。

与此同时,酷吏则受到越来越多的限制。首先,在升迁方面,酷吏往往因其形象不佳而失去官职。酷吏严延年,号为"屠伯","后左冯翊缺,上欲征延年,符已发,为其名酷复止。"(《汉书·酷吏列传》)周纡因"在任过酷,不宜典司京辇"而被免去御史中丞职。阳球因"故酷暴、吏,……不宜使在司隶以骋毒虐",被免去司隶校尉职。其次,酷吏的罪刑擅断也逐渐受到法律的制约。如李章"坐诛斩盗贼过滥,征下狱免"。周污扣押赦令而诛杀罪囚,"坐征诸廷尉,免归",后又因"苛惨失中,数为有司所奏"而免官。阳球"以严苛过理,郡守收举,会赦见原"。(后汉书·酷吏列传》)封建法制日趋完善,对酷吏的独断专行也是一种制约。最后,在"天人合一"的灾异谴告说的影响下,汉代统治者常常因发生灾异而大赦天下。其诏书同时强调:"崇宽大,长和睦,凡事恕己,毋行苛刻。"(《汉书·成帝纪》)"至今有司执法,未得其中,或酗虐,假势获名,温良宽柔,陷于亡灭。"(《汉书·哀帝记》)"将残吏未胜,狱多酗,元元愁恨,感动天乎?……务进柔良,退贪酷,各正厥事焉。"(《后汉书·光武帝纪》)皇帝的诏书对酷吏的肆情妄为也是一种制约。这些制约因素不断扩大,造成使酷吏艰于生存发展的社会条件。

汉代的循吏、酷吏分别代表了贵族政体和集权政体培养出来的官员形象。他们分别是先秦儒家、法家法律思想的实践者。儒家、法家思想在先秦是对立的、水火不相容的。而在汉代,他们却在中央集权的专制政体之下互相靠拢了。其原因就在于他们共同为专制皇权效力,只不过方式不同而已。在专制皇权支配下,先秦的中原文化和晋秦文化终于融和起来。这种融和,不仅表现为皇权一手高举仁政大旗,一手高悬霸道之鞭,而且更重要的是,随着封建官僚队伍"专业化"程度的提高,兼具儒学和法术的官僚逐渐增多。他们"力行教化而后诛罚"(《汉书·循吏列传》),"以平正居身,得宽猛之宜"。(《后汉书·循吏列传》)汉代循吏形象,为整个封建社会树立了良吏的榜样。

二、儒学的"法典化"与法律的"儒学化"

儒生不断涌入官吏队伍。经过长期的施政实践,他们逐渐熟习政事与法律,于是开始肩负起伟大的历史使命——用儒学精神改造现行法律。这一历史使命是分作以下三个阶段完成的。

(一) 引经决狱

引经决狱是儒学在法律领域构筑的第一座桥头堡,由汉武帝时治公羊学的名儒董仲舒开其端。所谓引经决狱(或春秋决狱),是指遇到义关伦常而法律无明文规定,或虽有明文却有碍纲常的疑难案件,则引用儒家经典中所记载的古老判例或某项司法原则对案件作出判决。这实际上等于确认儒家经义具有高于现行法律的特殊地位,从而为儒学向司法领域的渗透打开一条通道。

(二) 据经注律

两汉经学大兴,著名经学大师获得官职之后,有机会兼而研讨儒经与汉律,从而派生出一门实用型的新学科——律学,或云法律注释学。他们用儒家经义来解释现行法律条文。《晋书·刑法志》说,当时注律者"十有余家,家数十万言,凡断罪所当用者合二万六千二百七十二条,七百七十三万三千二百余言"。这样做的价值在于:其一,论证了某些法律条文的合理性,使某些法律条文经过注释以后向儒家经义靠拢;其二,指出某些法律条文违背儒家伦理。这些注释之言或则经过朝廷的批准而具有法律效力,或则通过改变司法官的法律意识而在司法中悄悄发挥作用。这一切都为下一步纳礼入律作好了准备。

(三) 纳礼入律

纳礼入律是指通过国家立法的渠道使儒家经义直接上升为法律条文或法律制度。贾谊的"刑不上大夫"被采纳,应当说是纳礼入律的开端。大规模的纳礼入律是从魏开始的。如"除异子之科使父子无异财"(《晋书·刑法志》),既是对秦法"民有二男以上不分异者倍其赋"(《史记·商君列传》)的否定,又是对儒家孝义的强化。此后,"八议"、"以服制论罪"、"子孙违犯教令"、"犯罪存留养亲"、"官当"、"十恶"等体现儒家伦常精神的东西纷纷入律,直至"一准乎礼"①的唐律出现,刑礼合一,"出礼则入刑"(《后汉书·陈宠传》),纳礼入律的历史使命才大功告成。此刻,引经决狱之风渐息,而法律注释学便成了对现行法条的正面阐发。

儒学的法典化和法律的儒学化是封建前期法律实践活动的两个侧面。其中起着决定作用的因素是:第一,儒学进居统治地位并发挥了实际作用,皇帝下诏及大臣奏章无不据引儒家经典,以儒家经义为最高指导思想;第二,儒家知识分子进居官吏行列甚至身居要职,获得修订法律和参与重大司法活动的机会,从而得以贯彻其初衷。儒学的法典化与法律的儒学化过程,究其实正是儒家、法家法律思想血肉凝结、鲁文化与晋文化水乳融合的过程。这种融合奠定了中国法律文化的主旋律。

---

① (清)永瑢、纪昀编:《四库全书总目提要·政书类·法令之属》,清武英殿刻本。

三、对"十恶"重罪的价值分析

"十恶",指封建刑律中的十种重罪。秦律有不道、不敬、不孝之名,汉以后又有大逆、不义、大不敬、内乱。至《北齐律》称"重罪十条"。隋《开皇律》始称"十恶"。《唐律》仍旧。尔后历朝相沿不改。十恶重罪为常赦所不原。即使属"八议"范围者,亦不得议、请、减。犯十恶者均处以重刑。唐律规定,谋反、谋大逆者皆斩,家属从坐,子女年十六岁以上者皆绞。明清更严其罚,犯者凌迟处死,"祖父、父、子、孙、兄、弟及同居之人,不分异姓,及伯叔父、兄弟之子,不限籍之同异,年十六以上,不论笃疾、废疾,皆斩。"

《唐律·名例·十恶》疏议:"五刑之中,十恶尤切,亏损名教,毁裂冠冕,特标篇首,以为明诫。其数甚恶者,事类有十,故称十恶。然汉律九章,虽并淹没,其不道、不敬之目见存,原夫厥初,盖起诸汉。案汉陈已往,略有其条。周齐虽具十条之名,而无十恶之目。开皇创制,始备此科,酌于旧章,数存于十。大业有造,复更刑除,十条之内,唯存其八。自武德以来,仍遵开皇,无所损益"。十恶之罪名及内容如下:

谋反。即"谋危社稷",图谋推翻封建王朝,危及帝王的君位。

谋大逆。即"谋毁宗庙、山陵及宫阙",图谋毁损皇帝家庙、祖坟、宫殿。

谋叛。即"谋背国从伪",图谋背叛国家。

恶逆。即"殴及谋杀祖父母、父母,杀伯叔父母、姑、兄、姊、外祖父母、夫、夫之父母、父母者"。

不道。即"杀一家非死罪三人,支解人,造畜蛊毒、厌魅"。

大不敬。即"盗大祀神御之物,乘服御物,盗及伪造御宝,合和御药误不如本方及封题误,若造御膳误犯食禁,御幸舟船误不牢固,指斥乘舆,情理切害及对捍制使,而无人臣之礼"。

不孝。即"告言、诅詈祖父母、父母,及祖父母父母在,别籍异财,若供养有缺,居父母丧身自嫁娶,若作乐,释服从吉,闻祖父母、父母丧,匿不举哀,诈称祖父母、父母死"。

不睦。即"谋杀及卖缌麻以上亲,殴告夫及大功以上尊长、小功尊属"。

不义。即"杀本属府主、刺史、县令、见受业师,吏、卒杀本部五品以上官长,及闻夫丧匿不举哀,若作乐,释服从去及改嫁"。

内乱。即"奸小功以上亲、父祖妾及与和者"。

纵观十恶之目,有四条(谋反、谋大逆、谋叛、大不敬)是维护中央集权的君主专制政体的;有四条(恶逆、不孝、不睦、内乱)是维护以父权为核心的宗法家族秩序的。剩下的两条,"不义"则两者兼而有之,"不道"则指一般性的犯罪。

罪名	维护封建王朝	维护家族秩序	一般犯罪
谋反	√		
谋大逆	√		
谋叛	√		
大不敬	√		
不孝		√	
恶逆		√	
不睦		√	
内乱		√	
不义	√	√	
不道			√

四、从"复仇"、"相隐"、"诛连"之制看"礼"与"法"的融合

西汉以后,礼与法开始走向融合。这种融合既表现在思想意识上面,同时也反映在司法实践中。这里仅举几个具有典型意义的事例来加以说明。

(一)复仇:国法与家礼的矛盾及其调和

"复仇"原是原始社会的习惯。当本族成员被外族伤害时,大家都要为被害者报仇。当时,复仇既是一种权利又是一种义务。当阶级社会形成后,复仇的习惯仍被沿袭下来。中国古代社会是以家族为本位的,宗法观念很强,因此,复仇的习惯也表现得比较突出。

儒家一般是支持复仇的。作为儒家经典之一的《礼记·曲礼上》有:"父之仇,弗与共戴天;兄弟之仇,不反兵(身不离武器);交游之仇,不同国"。《公羊传·隐公十一年》说:"君弑,臣不讨贼,非臣也;父弑,子不复仇,非子也"。但儒家又主张区别对待。如《周礼·地官司徒·调人》:"凡杀人而义(宜)者,不同国,令勿仇,仇之则死"。杀了应该杀的人,只要离开本国境,就不许复仇。《公羊传·定公四年》说:"父不受诛,子复仇可也;父受诛,子复仇,此推刃之道也"。父亲犯罪不当死而被错判枉杀,可以复仇;如果父亲犯死罪而被依法处死,不准复仇。否则被复仇者的子弟又将复仇,必然招致反复相杀。同时儒家还主张复仇者必须先报官,而且只能杀仇人本身。可见儒家并非一味放任复仇。

法家是坚决反对复仇的。商鞅变法时曾规定:"为私斗者各以轻重被刑",使秦民"怯于邑斗,勇于寇战"。(《商君书·战法》)法家强调国家法律高于一切,只有君主才有权行赏施罚,所以严厉禁止私人复仇。

秦汉以后,民间一般肯定复仇,官方则举棋不定,时而禁止,时而放宽。特别是汉武帝以后,以儒家为主的封建正统思想确立,进而实行"春秋决狱",使儒家经义高于法律。五伦范围以内的复仇已成习惯,不复仇则为社会舆论所蔑视和谴责。东汉初年的桓谭曾上疏道:"今人相杀伤,虽已伏法,而私结怨仇,子孙相报,后忿深前,至于灭户殄业,而俗称豪健。故虽有怯弱,犹勉而行

之。"(《后汉书·桓谭传》)东汉章帝时,有人因其父被人侮辱而将侮辱者杀死,章帝免其死罪从轻发落,成为后来判案的依据。和帝时制定《轻侮法》,对复仇者加以宽纵。该法不久即被废止。两汉司法对复仇者往往减免刑罚,致使民间极力支持复仇。

三国时魏明帝明令禁止复仇,规定:"今海内初定,敢有私复仇者族之。"但魏明帝在制定《魏律》时又规定,杀人者逃亡,经报官后,"听子弟得追杀之"。魏晋南北朝时期,总的情况是官方限制复仇,而实际上对复仇者又大都予以减免。

《唐律》中并没有明确禁止复仇的条文,相反却规定不许与仇人"私和"。《唐律·贼盗律·亲属为人杀私和》:"诸祖父母父母及夫为人所杀,私和者流二千里。受财重者,各准盗论。"因此,在唐代曾不断就复仇问题展开争论。武则天时,徐元庆将冤杀其父的县尉赵师蕴杀死,然后自首。陈子昂认为,按国法则杀人者死,按礼经则父仇不共戴天。于是建议"宜正国法"(即处死刑)然后"旌其闾墓、嘉其徽烈",以期礼法两存。柳宗元驳斥说,礼和刑是统一的,都是"防乱"的工具,该处罚的就不能表彰,该表彰的就不能处罚,否则刑礼两失。他还提出要区别对待,认为徐元庆之父如"死于法"则不可复仇,如"死乎吏",则可以免除徐元庆的死罪。① 唐宪宗时又发生了梁悦复仇案。韩愈上书说:"不许复仇则伤孝子之心","许复仇则人将恃法专杀。"他建议:"凡有复父仇者,事先具其事申尚书省,尚书省集议奏闻,酌其宜而处之,则经律无失其指。"②

明代邱濬提出:父兄被人故杀,报官而官府不理,子弟复仇者无罪,官吏应免职;不报官便擅自杀仇人,要判死刑。但如杀得有理,可免为流放。

自秦汉至清代,对复仇行为有几种限制性的条件:1."父受诛",不得复仇;2."杀人而义",不得复仇;3.复仇对象只限于杀人者本身;4.过失杀人不得复仇,但杀人者须回避;5.杀人者业经判处,后遇"恩赦"释放,不许复仇,但仍须回避。

复仇问题在整个封建统治时期都没有得到解决。在以家族为本位的社会制度下,封建法律既然要求"一准乎礼",就不可能禁止复仇,故必然造成家礼与国法的矛盾。因此,家与家、族与族之间的复仇、械斗便连绵未断。

(二)亲属相隐与族诛连坐

先秦儒家以维护宗法家族秩序和宗法伦理的角度出发,主张亲属之间应当相互隐瞒罪行不得告发。《论语·子路》载,叶公说:"吾党有直躬者,其父攘羊而子证之。"孔子则回答说:"吾党之直者异于是,父为子隐,子为父隐,直在其中矣。"从国家社会的角度来看,父亲偷人家的羊,儿子揭发并作证,是正

---

① 柳宗元:《驳复仇议》,载《柳河东集》,中国书店1991年版,第45页。
② 韩愈:《复仇状》,载《韩昌黎文集》,中国书店1991年版,第446页。

直无私的行为。但是从宗法道德伦理来看,父子之间互相揭发作证,是不正直的行为。《孟子·尽心》载,学生问孟子,"舜为天子,皋陶为士,瞽叟杀人,则如之何?"孟子回答:"舜视弃天下犹敝屣,窃负而逃,遵海滨而处,终身欣然,乐以忘天下。"儒家主张亲属相隐还是从人性的立场出发的。对一个人来说,最亲的莫过于父母兄弟夫妇等亲属。如果对亲属都冷酷无情,就不存在人性了——"于厚者薄,则无所不薄矣!"在没有人性的国度,就很难有安定的社会秩序了。那样反倒助长了违法犯罪。

先秦法家从维护国家权威的角度出发,主张人人都遵守法律,都有义务揭发坏人坏事,并从政府那里获得奖赏。《商君书·禁使》:"民人不能相为隐","夫妻交友不能相为弃恶盖非。"在法家看来,人性都是"好利恶害"的,家族或家庭成员本应互相监督,杜绝违法犯罪。如果出现了违法犯罪行为,应当主动向官方揭发,并与犯罪分子划清界限。法家不允许人们互相隐瞒罪行来抗拒国家法律的实施。

儒家主张亲属相隐,自然反对株连。儒家认为,对犯罪者进行制裁是应当的,但不能诛及无罪之人。孟子就公开反对"罪人以族",主张实行"罪人不孥。"(《孟子·梁惠王上》)这种"罪止其身"的思想最早可以追溯到西周。周公等统治者就曾主张"父子兄弟,罪不相及"。(《左传·昭公二十年》引《康诰》文)又叫作"父不慈,子不孝,兄不共,不相及也。"(《左传·僖公三十三年》引《康诰》文)儒家认为"善善及子孙,恶恶止其身","以有罪诛及无罪",从根本上就违背了刑罚的目的。其结果自然是逼迫百姓相互揭发,从而使仁义道德丧失殆尽,社会秩序无法维持。

法家反对"亲属相隐",自然主张族诛连坐。法家为了执行法治,过分迷信刑罚的作用。他们一方面主张"重轻罪",即轻罪重罚,使人们不敢轻易犯罪;另一方面还扩大刑罚的威慑作用,主张族诛连坐,即一人犯罪,其家人或具有行政隶属关系者同样被处罚。法家试图借用严酷的刑罚,迫使人们相互监视,互相揭发,人人自危,不敢以身试法。从而达到"以刑去刑"的目的。

《汉书·宣帝本纪》载:"地节四年诏曰:父子之亲,夫妇之道,天性也。虽有祸乱犹蒙死而存之,诚爱结于心,仁厚之至也。自今首匿父母,妻匿夫,孙匿大父母,皆勿坐。其父母匿子,夫匿妇,大父母匿孙,罪殊死皆上请,廷尉以闻"。《唐律·名例律·同居相为隐》规定:"诸同居若大功以上亲及外祖父母外孙,若孙之妇,夫之兄弟,及兄弟妻有罪相为隐,部曲奴婢为主隐,皆勿论。即漏露其事及摘语消息,亦不坐,其小功以下相隐,减凡人三等。若犯谋逆以上者不用此律"。与此相反,凡子孙告父母祖父母,妻妾告夫及夫之父母祖父母的,奴婢告家长或作证的,都以有罪论处。《宋刑统·断狱律·不合拷讯者取众证为定》:"其于律得相容隐者,皆不得令其为证,违者减罪人罪三等。"

族诛连坐始见于春秋战国。《史记·秦本纪》载:文公二十年,"法初有三族之罪",即"夷三族"。三族,一说指父母、兄弟、妻子;一说指父族、母族、妻族。由于族诛之惨烈,故每每受到社会舆论之诟病。及至北朝时,正式对族诛进行限制。《魏书·高祖纪》载:延兴四年下诏:"下民凶戾,不顾亲戚,一人为恶,殃及合门。朕为民父母,深所愍悼。自今以后,非谋反大逆干纪外奔,罪止其身而已。"

"亲属相隐"与"族诛连坐"是一对矛盾。秦汉以后的封建统治者,为了维护宗法家族秩序和中央集权君主专制政体的权威,巧妙地把这一矛盾加以调和,使它们并行不悖。其主要办法是:对平常一般性犯罪,允许"亲属相隐",揭发者反而被治罪;对十恶重罪特别是谋反谋叛,亲属必须揭发,否则就"族诛连坐"。自秦汉以至清末,族诛连坐多用于谋反谋叛大逆之罪。因为这些重罪危及封建王朝的根本利益,故朝廷不惜用残酷的族诛连坐来严加惩处,以提高刑罚的威慑力。在封建统治者看来,当犯罪行为危及国家根本利益时,就必须毫不犹豫地牺牲掉"亲亲"原则,来维系"尊尊"。这叫作"不以亲亲害尊尊"。(《春秋谷梁传·闵公元年》)这样一来,既维护了封建统治阶级的根本利益,同时也维护了封建统治阶级的社会基础。儒家"亲亲"的"礼"与法家"尊尊"的"法"终于达成妥协并实现了统一。

五、正统法律思想:哲理化与局部深化

西汉董仲舒以先秦儒学为基础,吸收法家、阴阳家等思想,借助于"天人合一"的神学模式,完成了儒学的蜕变与更新,使百家之一的儒学成为凌驾诸家之上的正宗之术,同时宣示着正统法律思想的诞生。

(一)两个领域,两种境遇

西汉以后,正统法律思想在法律实践领域和意识形态领域走着两种不同的路线,经历了两种不同的境遇:

在法律实践领域——胜利进军。由于统治阶级的提倡,经过"引经决狱"、"据经注律"、"纳礼入律"的三步曲,使正统法律思想的核心即三纲五常等道德伦理观念不断被权威化、法典化,始终支配着封建社会的立法司法活动。

在意识形态领域——坎坷艰辛。一种思想能够得到社会的承认并占居主导地位,必须具备两个条件:思想内容和理论形式。由于正统法律思想在理论形式上的缺欠与薄弱,使它虽得助于国家政权的支持与保护,却仍然不能取得实际的完全的统治地位,从而造成儒术尊而未独,百家罢而未黜的局面,难以抵御其他思想的侵袭。东汉以降,佛学的传入,道教的兴起,玄学的风行,有如重重排浪摇撼着儒学的正宗地位。在南北朝和隋唐,佛教甚至获得一时的独尊。佛、道势力的壮大,终于演成了三家争胜、长期并存的局面。使得儒生不得不与僧徒道士为伍,在皇廷幢殿并肩接踵、同趋同步。这就使正统法律思想处于这样的境地:以阴阳五行、天人合一为模式的旧理论形式显然已经陈旧,而已经法典化了的三纲五常又因为得不到理论的营养滋补而显得毫无生气。

正统法律思想的虚弱和宗教的盛行,直接影响到当时的政治与法律活动。

帝王弃皇冠而入寺院,与"弃君弃父"、"不敬王者"、"不拜父母"的僧人同榻论佛;遍立国中的佛寺道观成为国家赋税不得问津并与国争民的国中之国;法吏惑于来世福报而妄出入人罪;豪强之徒自恃操有步入来世天国的圣券而不惮于在今世违法犯罪;……这一切都表明,正统法律思想已经到了非修善、强化不足以生存的地步了。

（二）一代理学家的伟业

于五代纷争之后建立的赵宋王朝,为适应高度集权的政治需要,迫切要求统一思想,统一学术,以稳住内外交困的政治局势。于是,深深植基于自然经济与宗法社会而源远流长,同时又受封建法律长期庇护的儒学,便再度成为这种统一的核心。而儒、佛、道三家之间息息相通的内部联系,和魏晋以降三家的相互渗透与融和,又为这种统一创造了条件。于是,统一思想的任务便由一代理学家们承担了起来。其中最重要的人物就是朱熹。

由朱熹集前人思想之大成而确立的客观唯心主义理学体系,以思辨的精致的理论形式取代了粗糙浅陋的"天人合一"说,使儒学具备了比其他思想更为完善的理论体系,真正获得独尊地位并牢牢统治了中国封建后期的意识形态领域。同时,也使正统法律思想步入了新的发展阶段。

朱熹的法律思想既不是对以往正统法律思想的一般转述,也不是其哲学理论与以往正统法律思想的简单揉合,而是在其哲学体系的基础上对正统法律思想的重新加工和完善。他以"理"与"气"的哲学范畴为基点,提出了"理同而气异"的人性论和"圣人代天而理物"的"天理君权"说(《朱子四书或问·中庸或问》),论证了人间贵贱、富贫、智愚、贤不肖等一系列差异的终极原因和封建国家与法律的神圣性、合理性。他把封建道德伦理观念和封建国家、法律打扮成"天理"在人间的体现,把违反封建道德法律的行为贬为"人欲"的产物。从而扯起"存天理、灭人欲"(《朱子语类》卷十二)的旗帜,步入强化封建道德与法律的轨道。他论证了"德礼政刑"、"相为终始"的德刑关系说,(《论语集注·为政》)并把"德礼政刑"四种治国措施同"气禀"各异的人们一一对应,以区别对待,循序渐进。他强调刑罚在治国中的关键性地位,从而把传统的"德主刑辅"说修正为"以严为本而以宽济之"(《朱子语类》卷一零八)的司法原则。儒家纲常既然已经法典化,又借助"天理"的点染,因此,完全没有必要如同以往那样空谈德礼、讳忌严刑。正统法律思想经过理学的加工改造,变得更加缜密和系统,从而完成了哲理化的进程。

六、"议事以制"的反思与"人治""法治"之辩的归宿

"议事以制"、"重人"是"判例法"时代的产物;"重法"是"成文法"时代的产物。它们在"判例法"与"成文法"相结合的"混合法"时代仍然顽强地各自表现着自己,但均已改变了原先的本来面目。

（一）"议事以制"：封建法律家的反思与设计

据《晋书·刑法志》载，晋惠帝时"议事以制"已蔚为风气。上自皇帝，下至法吏，无不行之。皇帝亲自决狱，"事求曲当"；法吏"牵文就意，以赴主之所许"。这种做法发生许多问题，即"政出群下，每有疑狱，各立私情；刑法不定，狱讼繁滋"。故引起一代法律家的思考。尚书斐頠上疏道："刑书之文有限，而舛违之故无方，故有临时议处之制，诚不能皆得循常也。"但是，"临时议处"应符合法定程序，"按行奏劾，应有定准"。三公尚书刘颂又上疏谓："天下至大，事务众杂，时有不得悉循文如令"，故"议事以制"有其合理性。但要符合这些条件：第一，"议事以制"要以"名例"为依据，"律法断罪皆当以法律令正文，若无正文，依附名例断之，其正文名例所不及，皆勿论"。第二，司法官吏在审判中可以发表不同意见，但不得自行"议事以制"。"主者守文，死生以之，不敢错思于成制之外以差轻重"，"守法之官唯当奉用律令，至于法律之内所见不同，乃得为异议也"。第三，大臣、皇帝独揽"议事以制"之权："事无正名，名例不及，大臣论当，以释不滞"，"君臣之分，各有所司，法欲必奉，故令主者守文；理有穷塞，故大臣释滞；事有时宜，故人主权断"。熊远亦上疏云："法盖粗术，非妙道也，矫割物情，以成法耳。若每随物情，辄改法制，此为以情坏法"，"诸立议者皆当引律令经传，不得直以情言，无所依准，以亏旧典"；"凡为驳议者，若违律令节度，当合经传及前比故事，不得任情以破成法"；"开塞随宜，权道制物，此是人君之所得行，非臣子所宜专用"。（《晋书·刑法志》）

上述议论可综合为以下几点：第一，在司法审判中，有成文法则适用成文法，"设法未尽当，则宜改之"，法吏应严格以法办事："法轨既定则行之，行之信如四时，执之坚如金石"，"守法之官唯当奉用律令"，"不得援求诸外论随时之宜，以明法官守局之分"；第二，法官"得为异议"，发表已见，但不得漫无边际、无所据依，要合于"经传"之义，遵循"前比故事"，然后整理成文牍上报朝廷，不得擅自"以情坏法"；第三，"观人设教，在上之举"，大臣及皇帝才有"议事以制"之权。于是法律家们设计了一套万无一失的司法方案：法官严格依法断案，遇疑难案件则附法律令、经传之义、前比故事上报朝廷；大臣集体讨论，提出方案，上报皇帝，最终由皇帝御笔决断。

经过长期法律实践，封建法律家认识到如下的事实：其一，成文法是有缺欠的，它不可能包罗各种复杂情况，又不能随机应变。其二，"议事以制"的基本精神是永行的，无此则不能弥补成文法的天然缺欠。其三，"议事以制"等于在司法中自行立法，但在中央集权的君主专制政体下，只有君主才享有最高立法权，法官只有司法职权。于是，"议事以制"本身深藏着立法权与司法权在形式上的矛盾，即君主与臣下在等级名分上的悖离。"政出群下"的局面与君主执掌最高立法、司法权的集权政体是不能并存的。因此必须把"议事以制"的合理性与君主集权的独断性统一起来。其四，君主的独尊地位使他高高凌驾于法律与众臣之上，他可以根据具体情况做出"非常之断"，这一特权"唯人主专之,非奉职之臣所得拟议","此是人君之所得行,非臣子所宜专用"。

可见,在"混合法"时代,原先"判例法"时代"议事以制"的审判方法,已经被中央集权政体扭曲了形象,从而使普遍的、全面的"议事以制",变成片面的、独揽的"议事以制"。法官的主观能动性被限制在最小的范围内,而君主的司法权则被大大扩张了。

(二)"人法并行":"人治""法治"之辨的归宿

在法律实践活动中,"人"与"法"是两个最基本的不可或缺的因素,两者相辅相成,互为补充。但是,在春秋战国的特殊历史时期,在"成文法"取代"判例法"、集权政体取代贵族政体、"法治"取代"礼治"的特定背景之下,却演成了"重人"与"重法"两种观点的对立。前者认为,在法律实践活动中,作为统治阶级成员的"人"是第一性的,"法"是第二性的,有了好的"人"就能治理天下;后者认为,在法律实践活动中,作为统治阶级整体意志的"法"是第一性的,"人"是第二性的,有了完备的"法",即使"人"不太贤能也能够治民理国。

进入"混合法"时代以后,"人法"之辩日渐缓和,只是随着"成文法"与"判例法"的消长时有侧重而已。唐代以后,法制完备,统治阶级已积累了近千年的实践经验,在法律思想上逐渐形成了"人法并重"的观点,其表现形式是兼重"法"的威严性与"人"的灵活性。

宋代欧阳修说:"已有正法则依法,无正法则原情。"① 王安石谓:"盖夫天下至大器也,非大明法度不足以维持,非众建贤才不足以保守。"② "在位非其人而悖法以为治,自古及今未有能治者也。"③ "有司议罪,惟当守法,情理轻重,则敕许奏裁。若有司辄得舍法以论罪,则法乱于下,人无所措手足矣。"(《文献通考·刑考九》)苏轼云:"任法而不任人,则法有不通,无以尽万变之情;任人而不任法,人各有意,无以定一成之论。"④ "人胜法则法为虚器,法胜人则人为备位,人与法并行而相胜,则天下安。"⑤ 朱熹指出:"大抵立法必有弊,未有无弊之法,其要只在得人。"(《朱子语类》卷一零八)"古之立法,只是大纲,下之人得自为,后世法皆详密,下之人只是守法,法之所在,上之人亦进退下之人不得;""法至于尽公(详备)而不私(无余地)便不是好法,要可私而公,方始好。"(《朱子全书·治道一·总论》)明代丘濬强调:"法者存其大纲,而其出入变化固将付之于人。"⑥ "守一定之法,任通变之人。"⑦ "守法而又能于法外推情察理。"⑧ "事有律不载而具于令者,据其文而援以为证。有不得尽如法者,则引

---

① 欧阳修:《论韩纲弃城乞依法札子》,载《欧阳文忠全集》,《四部丛刊》本。
② 王安石:《上时政书》,载《王文公文集》,上海人民出版社1974年版。
③ 王安石:《上皇帝万言书》,载《王文公文集》,上海人民出版社1974年版。
④ 苏轼:《东坡续集——王振大理少卿》,载《苏东坡全集》,中国书店1991年版。
⑤ 苏轼:《东坡奏议——应制举上两制书》,载《苏东坡全集》,中国书店1991年版。
⑥ (明)丘濬:《大学衍义补·正朝廷·谨号令之颁》。
⑦ (明)丘濬:《大学衍义补·正百官·公铨选之法》。
⑧ (明)丘濬:《大学衍义补·慎刑宪·简典狱之官》。

315

法与例取裁于上。"①清初王夫之道:"治之敝也,任法而不任人。夫法者,岂天子一人能持之以遍察臣士乎?势且乃委之人而使之操法";"任人而废法,则下以合离为毁誉,上以好恶为取舍,废职业、徇虚名、逞私意,皆其弊也。""法无有不得者也,亦无有不失者也。""天下有定理而无定法,定理者,知人而已矣,安民而已矣,进贤远奸而已矣;无定法者,一兴一废一繁一简之间,因乎时而不可执也。""就事论法,因其时而取其宜,即一代各有弛张,均一事而互有伸诎,宁为无定之言,不敢执一以贼道。""夫法之立也有限而人之犯也无方,以有限之法尽无方之慝,是诚有所不能矣,于是律外有例,例外有奏准之令,皆求尽无方之慝而胜天下之残。"②清末沈家本总结道:"法之善者仍在有用法之人,苟非其人,徒法而已"③;"大抵用法者得其人,法即严厉,亦能施其仁于法之中,用法者失其人,法即宽平,亦能逞其暴于法之外。""有其法犹贵有其人。"④

总之,在"混合法"时代,当"成文法"详备而宜于社会生活时,则往往强调"法"的作用,强调严格依法办事;当"成文法"由于不完备而不宜于现实生活时,则常常突出"人"的作用,强调灵活机动的必要性;当"人"的作用超过一定限度,因而造成司法混乱时,又十分强调用法来统一全国的审判活动,故又强调"法"的作用。但总的来看,先秦时代那种截然对立的"人·法"之辩已成过去。在"成文法"与"判例法"有机结合的"混合法"时代,"法"与"人"的作用被置于同等重要、不可或缺的地位,只不过在某一特定背景下分别有所侧重而已。"人法并行"正是"人治""法治"之辩的归宿。

但是,应当注意的是,尽管从理论上将"法"与"人"视为同等重要,然而在法律实践中,"判例法"并没有达到与"成文法"平起平坐的地位。事实上,根据一般的见解,人们总是偏向"成文法"而抑制"判例法"的。这主要是因为,重视"人"的作用并不简单地等同于重视"判例法"的作用。而实际上,作为法官的"人"的作用,已经极大地受到皇权的控制与支配,这恐怕是舆论倒向"成文法"的主要原因。正因如此,整个封建社会中批评诋毁"判例法"者大有人在。如清代袁枚曾指出:"律者,万世之法也。例者,一时之事也。万世之法,有伦有要,无所喜怒于其间。一时之事,则人君有宽严之不同,卿相有仁刻之互异,且狃于爱憎,发于仓促,难据为准。"又说:"夫例者,引彼物以肖此物,援甲事以配乙事,其能无牵合影射之虞乎?律虽繁,一童子可诵而习。至于例,则朝例未刊,暮例复下,千条万端,藏诸故府,聪强之官,不能省记。一旦援引,惟吏是循。或同一事也而轻重殊,或均一罪也而先后异,或转语以抑扬之,或深文以周内之。往往引律者多公,引例者多私,引律者直引其词,引例者曲为

---

① (明)丘濬:《大学衍义补·慎刑宪·定律令之制》。
② 王夫之:《读通鉴论》卷六、卷十,中华书局1996年版。
③ 沈家本:《寄簃文存·书明大诰后》,载《历代刑法考》,中华书局1985年版,第2281页。
④ 沈家本:《刑制总考·唐》,载《历代刑法考》,中华书局1985年版,第45页。

之征。"①可谓最典型的见解。

第四节 "成文法"与"判例法"在相互消长中走向平衡

"混合法"包括两层含义：在立法方面，封建王朝在可能的情况下按照正规程序制定和颁布成文法典，而在无现成的成文法典可依，或虽有成文法典却明显不合时宜或法条含义笼统不明的特定情况下，则通过司法渠道以创制判例的形式实行局部立法；在司法方面，就是适用成文法典与适用判例相结合。在时机成熟之际，则通过立法将判例所体现的原则吸收进成文法典之中。

"成文法"与"判例法"本来是相互对立的。比如："成文法"不承认法官的立法权和创造性的思维，而"判例法"则推崇法官的主观评判力和主观能动作用，使法官成为支配司法活动和立法活动的关键因素。但是，在中国封建社会（即"混合法"时代），"成文法"与"判例法"却能够并行不悖。这主要是因为，中国封建时代的政体一直是中央集权的君主专制政体，皇权具有至高无上的权威，它不仅严密控制全国的政治、经济、军事、文化等活动，而且还直接支配着全国的立法、司法活动。因此，不论是"成文法"还是"判例法"，都不会削弱或动摇皇权的统治地位，反而在皇权的主宰之下共同为维护封建统治秩序服务。在皇权支配法律活动的背景下，"成文法"成为直接捍卫皇权维护法制统一的有力武器，而"判例法"则失去了西周、春秋时代（即"判例法"时代）所具有的那些较为主动、活泼、自由、分散的特点，被纳入皇权的轨道，在判例的创制以及适用的全过程中丝毫不能摆脱皇权的制约。这是"混合法"时代的"判例法"与"判例法"时代的"判例法"最明显的不同之处。

在中央集权的君主专制政体的支配下，"成文法"与"判例法"在不同的历史条件下各自发挥着独特的作用。两者相互辅助、互为因果，使法律实践趋向平衡，有力地维护了王朝的稳定和社会的安宁。"成文法"与"判例法"相结合的"混合法"不仅构成了中国传统法律文化的重要特征之一，而且还揭示了人类法律实践活动的内在规律，并预示着世界法律文化发展的总趋势。

早在"成文法"时代就出现了创制和适用判例的情况，如秦律中的"廷行事"，就是在特殊情况下通过类推而创制的先例。可以推测，"廷行事"这种先例的创造是经过朝廷批准的，尽管"廷行事"涉及的都不是重大情节。反之，如果不曾经过朝廷批准，就说明秦朝法官具有相当的自由裁量权。而这种推测又没有相应的证据。尽管既没有直接证据证明"廷行事"被朝廷确认，也没有直接证据证明"廷行事"可以被援引适用，但是，"廷行事"在司法过程中的参考作用是毋庸置疑的。由于秦中央集权政体的严密控制以及成文法典的相

---

① （清）袁枚：《答金震方问律例书》，载《小仓山房集》，清乾隆年间刻本。

当详备,使"廷行事"的实用价值显得微乎其微。尽管如此,就严格意义而言,我们仍然可以推测,在"成文法"时代就已蕴育着"混合法"的因素。从两汉到清末,判例的创制与适用一直连绵不绝且日臻纯熟,成为当时立法和司法的重要特征。

一、"判例法"的足迹

要描述"混合法"的概貌,必须弄清楚两条大的线索:一是"成文法",二是"判例法"。关于成文法典的制定与实施,中国法制史学界的研究成果论证颇详,勿庸赘述。这里仅将封建时代有关判例的创制与适用情况做一鸟瞰式的回顾。

总体而言,中国古代的司法审判实行的是成文法制度。在特殊情况下,为了弥补成文法的不足,朝廷会选择一些有代表性的典型案例,通过一定的程序,赋予其法律效力,使之得以在后来的审判活动中比照适用,这类案例称为判例。并非所有的案例都为判例。判例源于案例,又不同于案例。判例和一般案例的不同之处在于:判例必须经过朝廷的严格审批始得形成;判例因为具有法律效力而被援引比照适用。一般案例则不具有法律效力,不能在审判中比照适用。

"有的论者以中国古代不存在判例一词,否定中国古代有判例存在,其实,现代人民说的判例乃是用现代词语论述古代事物。或者反过来说,给古代之实冠以现代之名。这是现代人了解历史必须的途径。在中国历史上,判例一词出现于晚清,中国古代的判例一词最早见于《抱朴子》卷第三一《省烦》:'考校判例,尝有穷年。'以各种名称出现的实体判例是从西方输入的概念,但并不意味着中国古代很难找到西方特别是判例法国家存在的那种判例。因此,对于中国古代的判例概念界定,应该从当时的国情实际出发。不过,也要防止把中国古代判例泛化的倾向。"[①]

在界定中国古代判例的内涵时,有三点需要注意:

其一,判例需要特定的批准程序。一般地说,只有在奏或者奏案程序中经过皇帝批准,被明示其具有法律效力,才能把其定性为判例。这包括两种情况。一种情况是某一案件的判决在其被皇帝批准时,明确宣布将其"著为例";另一种情况是当时虽然没有明确的宣布某判决是判例,但是嗣后援引该判决作为依据进行判决的案件得到了皇帝的批准。这可以说是中国古代判例独具有特点。只有元朝是例外。元代判例的制定由中央衙门批准,无需经过皇帝钦准。这种做法可能与元朝的君主集权程度较之其他朝代为弱有关。中国古代不经过朝廷确认批准的案例,不具备判例的法律效力。这与判例法国家的"法官造法"有本质的区别。

---

① 杨一凡、刘笃才:《历代例考》,社会科学文献出版社2009年版,第114页。

其二，判例是在法律上没有明确规定，或者虽然有规定但是不适应案件的特殊情况，及不能满足统治者的特殊需要的情况下，通过变通的方式对某一案件做出的判决。这就是说，如果案件有法律条文作为依据，并且是按照法律规定做出的判决，那么它就不构成判例。因为依据法律条文判决的案件，今后遇到同类案件，会引用相应的法律条文为依据，不需要比照以前的案例。譬如，汉代张释之对犯跸案的处理，坚持依照法律处以罚金。嗣后人们处理类似案件，仍然需要引用汉律，故犯跸案不具有判例的功能。

其三，中国古代判例的形成自身是具体的判例，并必须在以后的司法审判活动中具有法律效力。也就是说，作为后来判决案件依据的是某一具体案件的判决，不是据此判决提炼上升为制定法的抽象法律条文。如果这个判决已经过提炼上升为法律条文，今后类似案件就会依照修改后的法律进行判决，不必再引用该案例判决，这类案例就不属于判例。譬如，曹魏政权在处理毋丘俭谋反案件时，接受了程咸的建议，对于被族诛者不再诛连其"已嫁之女"。这是中国刑法史上的重要进步。据史载，程咸建议被采纳后，皇帝下诏将其改定为律令。那么，后来类似案件的处理将依据改变后的法律，而不是这一案件，所以毋丘俭谋反案就不是司法适用中的判例。①

从总体上说，古代的例可分为两类，一类是行政方面的，一类是司法方面的。产生于司法过程而后又被适用于司法的案例，就是我们研究的判例。唐代的法例、宋元断例中的案例是判例的结集。

(一) 春秋决狱——古老"判例法"的复活

西汉武帝时代，曾出现意识形态与法律实践分道扬镳的奇特现象：在意识形态领域，由于罢黜百家、表彰六经，使儒学上升为正宗学术，儒家著作成为官方经典，儒家思想成为社会的统治思想；在法律领域，由于汉承秦制、汉承秦吏、汉承秦法，致使当时的法律和司法活动仍体现秦律和法家的基本精神。但是，既然儒家思想已上升为统治思想，就不可能不按照它的形象来支配社会生活的各个方面。儒学对法律领域的渗透终于酿成了司法活动中前所未有的重大事件："春秋决狱"。

董仲舒是"春秋决狱"或曰"春秋折狱"的始作俑者。当时廷尉张汤每遇到义关伦常的疑难案件，便向董仲舒请教。董仲舒便以儒家经典（特别是《春秋》）所载的古老判例、故事或某种原则来予以裁定，并作《春秋决狱》二百三十二事，为当时法官审判时所援引。此书大约在隋唐后失传，今《太平御览》、《通典》仅存其零星片断。《晋书·刑法志》所载应劭表奏中曾经提及《春秋折狱》："故胶东相董仲舒老病致仕，朝廷每有政议，数遣廷尉张汤亲至陋巷，问其得失，于是作《春秋折狱》二百三十二事，动以《经》对，言之详矣。逆臣董卓，荡覆王室，典宪焚燎，靡有孑遗，开辟以来，莫或兹酷。今大驾东迈，巡省许

---

① 杨一凡、刘笃才：《历代例考》，社会科学文献出版社2009年版，第115—116页。

都,拔出险难,其命惟新。"《春秋折狱》亦即《春秋决事比》。

"春秋决狱"在形式上可分两类:

其一是引古代判例以断案。《太平御览》卷六四零载一案:"甲父乙与丙争言相斗。丙以佩刀刺乙,甲即以杖击丙,误伤乙。甲当何论?或曰:殴父也,当枭首。(仲舒)论曰:臣愚以父子至亲也,闻其斗,莫不有怵怅之心。扶杖而救之,非所以欲诟父也。《春秋》之义,许止父病,进药于其父而卒。君子原心,赦而不诛。甲非律所谓殴父,不当坐。"董仲舒援引《春秋》中记载的一宗判例:许止父病,许止进药而未曾先尝,致使其父吃错了药而病故。当时的法官因许止无"弑父"的动机,只宜于受到道德舆论的谴责而未追究其刑事责任。董仲舒从这一判例中总结出一条审判原则——"原心论罪",即在定罪量刑时应分析行为人的动机、目的,并用这一原则来分析当时的殴父案,认为甲无殴父的动机,不应以殴父罪处枭首之刑。

其二是引儒家经义以论狱。《太平御览》卷六四零又载一案:"甲夫乙将船,会海风盛,船没溺流死亡,不得葬。四月,甲母丙即嫁甲,欲皆何论?或曰:甲夫死未葬,法无许嫁,以私为人妻当弃市。议曰:臣愚以为《春秋》之义,言妇人归于齐,言夫死无男有更嫁之道也。妇人无专制擅恣之行,听从为顺,嫁之者归也。甲又尊者所嫁,无淫行之心,非私为人妻也。明于决事,皆无罪名,不当坐。"董仲舒从《春秋》中引出"夫死无男有更嫁之道"和"妇人无专制擅恣之行"两条原则,施于本案,免除对当事人的处罚。又《通典》载一案:"时有疑狱曰:甲无子,拾道旁弃儿乙养之,以为子。及乙长,有罪杀人,以状语甲,甲藏匿乙。甲当何论?仲舒断曰:甲无子,振活养乙,虽非所生,谁与易之?《诗》云:螟蛉有子,蜾蠃负之。《春秋》之义:父为子隐。甲宜匿乙而不当坐。"①董仲舒从《诗经》、《春秋》中引出"养父如同亲父"和"父为子隐"两条原则,遂得出甲虽隐瞒乙杀人罪而不予追究刑事责任的判决。

"春秋决狱"强调法官对行为人的真实动机和目的进行深入慎重的探究,叫作"原心论罪",这是对秦汉法律中"客观归罪"精神的否定。董仲舒提出重要的审判原则:"必本其事而原其志"(《春秋繁露·精华》),即以犯罪事实为依据,兼而参考行为人的动机、目的。这本是一条正确的审判原则。至于有人片面夸大行为人心理状态的作用,说什么"志善而违于法者免,志恶而合于法者诛"(《盐铁论·刑德》),从"客观归罪"跳到"主观归罪",不能简单地归咎于董仲舒倡始的"春秋决狱"。

"春秋决狱"是西汉司法领域的大事件,它是儒家思想向司法领域渗透的第一步,标志着儒家的法律原则已处于高于法律的优越地位。"春秋决狱"的真正价值在于揭示了这样一个道理:对统治阶级来说,当无法律明文规定可依或虽有现成法条却显然不符合统治阶级法律意识的时候,以统治阶级法律政

---

① 《通典》六十九,东晋成帝咸和五年散骑侍郎乔贺妻于氏上表引。

策和意识为指导,援引以往的判例及其所体现的某些原则来审理现行案件,是势在必行、顺理成章的事情,完全没有必要等待制定成文法典而踌躇不前、束手无策。董仲舒所倡始的"春秋决狱",与其说是用儒家法律思想改造当时的司法活动,勿宁说是在恢复一种古已有之的审判方法——判例法。

汉代"春秋决狱"的范围颇广,除了诉讼案件之外还常常涉及日常政务。如诸大臣以《春秋》"君子大居正"之义谏止窦太后立梁王为皇太子;大鸿胪禹以《春秋》"诛君之子不宜立"之义谏止罪臣立嗣;等等。①

"春秋决狱"并非机械照搬《春秋》原义,而是根据统治阶级现实政治的需要有所取舍。《汉书·终军传》载:元鼎中博士徐偃矫制,使胶东鲁国鼓铸盐铁,张汤以"矫制大害法"论其死罪。偃以为《春秋》之义,"大夫出疆,有可以安社稷存万民,专之可也。"张汤无言以对。终军谓:"古者诸侯国异俗分,故有不受辞造命专己之宜,今天下为一,万里同风,偃巡封域之中,称以出疆何也?"徐偃词穷服诛。

汉代"春秋决狱"之风最为盛行,除董仲舒之外,公孙弘以《春秋》之义绳臣下,取汉相;吕步舒以《春秋》之义决淮南狱,深得天子赏识;儿宽以古法义决疑狱,颇受廷尉张汤的赞扬。汉代君臣均重儒家经义,武帝特令太子学习《公羊春秋》,以为治国之具。故人谓:"不通经术知古今之大礼,不可以为三公左右近臣。"(《史记·梁孝王世家》)

"春秋决狱"之风至魏晋南北朝而连绵未绝。如魏时朝议以《春秋》破棺陈尸故事,"发凌愚冢,剖棺暴尸于所近市三日";晋时周处以儒经"证父攘羊,伤风汗俗"之义处死手杀其父(其父叛逃)的李忽;北魏世祖诏:"诸有疑狱,皆付中书,以经义量决";世宗时大臣以《盘庚》"无令易种于新邑"之义诛及罪者之子;等等。② 及至隋唐,儒家经义已基本法典化,"春秋决狱"已无必要,故其风渐息,乃必然之势也。

在"混合法"时代,"春秋决狱"的历史贡献不仅在于使儒家思想逐步法典化,而且在于为古老的"判例法"构筑了一块坚固的阵地,从而初步奠定了"成文法"与"判例法"相结合的"混合法"的雏型。

(二)决事比:判例的创制与适用

"决事比"是判例。"春秋决狱"所产生的案例,如果经过朝廷批准,就是"决事比"。故董仲舒《春秋决狱》又称《春秋决事》、《春秋决事比》。

比。《左传·昭公二十八年》:"择善而从之曰比。"《诗·大雅》:"克顺克比。"注:"比方损益古今之宜而从之也。"可见,"比"是一种以主观能动性作用于客观事物的自觉行为。《礼记·王制》:"必察小大之比以成之。"注:"已行故事曰比。""故事"即既成的案例、成事、先例。《汉书·刑法志》有"奇请他

---

① 程树德:《九朝律考》,商务印书馆1963年版,第165—170页。
② 同上书,第220、221、272、273页。

比",注:"比,以例相比况也。他比,谓引他类以比附之,稍增律条也。"可见,"比"既是司法审判中援引以往案例、成事的一种行为或做法,又是所援引的案例、成事本身。案例、成事只对本案、本事当事人有约束力,但是,它们一旦在司法审判中被后来的法官所援引,便由审判的结果上升为审判的依据了。

决事比。何谓决事比?《周礼·秋官·大司寇》:"凡庶民之狱讼,以邦成弊之。"郑玄注引郑众曰:"邦成,谓若今时决事比也。弊之,断其狱讼也。"贾公彦疏云:"先郑云'邦成谓若今时决事比也',此八者皆是旧法成例品式。若今律,其有断事,皆依旧事断之,其无条,取比类以决之,故云决事比也。""先郑"指郑玄的父亲东汉经学家郑众。"若今时决事比",是说周代的"邦成"与郑众所生活的汉代的决事比相似。唐代人贾公彦疏说:"若今律,其有断事,皆依旧事断之,其无条,取比类以决之,故云决事比也。"所谓"今律",当指的是唐律;"其有断事,皆依旧事断之",当指的是判例;"其无条,取比类以决之",当指在法无明文规定的情况下选择最相类似的判例作为定罪量刑的依据。可见决事比属于司法判例。汉代的决事比中史籍记述最多的是死罪决事比。顾名思义,死罪决事比是处理死罪案件时作为比照的案例。据史书记载,汉代死罪决事比最多时达到13472条。决事比的数目如此庞大,说明汉代司法判例已十分发达。

汉代的决事比,还以汇编的形式存在。汉代"比"的汇编文献见之于历史典籍的有以下三种:一是东汉陈宠所作、鲍昱奏定的《辞讼比》。史籍中关于该书的记载有四处:《后汉书·鲍昱传》注引《东观汉记》:"时司徒辞讼久者至十数年,比例轻重,非其事类,错杂难知。(鲍)昱奏定《辞讼》七卷,《决事都目》八卷,以齐同法令,息遏人讼也。"《太平御览》卷二四九引华峤《后汉书》:"(陈宠)又以法令繁冗,吏得生因缘,以致轻重,乃置撰科牒辞讼比例,使事相从,以塞奸源,其后公府奉以为法。"《后汉书·陈宠传》:"转为辞曹,掌天下狱讼……宠为昱撰《辞讼比》七卷,决事科条,皆以事类相从。昱奏上之,其后公府奉以为法。"《北堂书钞》卷六八引《汉杂事》:"陈宠为司徒掾,科条辞讼,比率相从,撰为八卷,至今司徒治讼察吏,常以为法。"二是陈宠之子陈忠编辑的《决事比》。《晋书·刑法志》载:"(陈忠)奏上三十三条,为决事比,以省请谳之弊。又上除蚕室刑,解赃吏三世禁锢,狂易杀人得减重论,母子兄弟相代死听赦所代者,事皆施行。"这是"决事比"在司法审判活动中得到适用的证据。三是应劭的《决事比例》和《议驳》30篇。据《晋书·刑法志》载:献帝建安元年,应劭表奏曰:"夫国之大事,莫尚载籍也。载籍也者,决嫌疑,明是非,赏刑之宜,允执厥中,俾后之人永有鉴焉。……臣窃不自撰,辄撰具《律本章句》、《尚书旧事》、《廷尉板令》、《决事比例》、《司徒都目》、《五曹诏书》及《春秋折狱》,凡二百五十篇,蠲去复重,为之节文。"

死罪决事比。《汉书·刑法志》:"其后奸猾巧法,转相比况,禁网寖密,死罪决事比万三千四百七十二事,文书盈于几阁,典者不能遍睹,是以郡国承用者驳,或罪同而论异,奸吏因缘为市,所欲活则傅生议,所欲陷则予死比。"这段文字告诉我们:其一,武帝以后,判例的创制与适用成为当时立法、司法的基本内容,故仅"死罪决事比"就有一万余件;其二,判例适用成为普遍的司法方式,郡县及封国的司法官吏得以比较自由地援引判例以断案;其三,当时的判例适用还带有较大的盲目性,还没有规范化,判例适用在程序上尚未有统一的法律制约,故生纷乱。《魏书·刑罚志》载:汉宣帝时选于定国为廷尉,"集诸法律凡九百六十卷,大辟四百九十条千八百八十二事,死罪决事比万三千四百七十二条,决诸断罪当用者,合二万六千二百七十二条"。经过反复删选,死罪决事比的数量大大缩减,这是实现司法统一的措施之一。

辞讼比。《东观汉记·鲍昱传》载:东汉章帝时,"司徒辞讼久者数十年,比例轻重,非其事类,错杂难知,昱奏定《辞讼比》七卷,《决事都目》八卷,以齐同法令,息遏人讼。"又《后汉书·陈宠传》谓:陈宠"少为州郡吏,辟司徒鲍昱府,数为昱陈当世便宜,昱高其能,转为辞曹,掌天下狱讼。宠为昱撰《辞讼比》七卷,决事科条皆以事类相从,昱奏上之,其后公府奉以为法"。这是以诉讼内容为标准对判例进行分类汇辑,以便查找参阅。但是,由于分类汇辑的方法尚不够科学严谨,故尔又产生混杂的情况。正如《晋书·刑法志》所云:"汉时决事,集为《令甲》以下三百余篇,及司徒鲍公撰嫁娶辞讼决为《法比都目》九百六卷。世有增损,率皆集类为篇,结事为章。一章之中或事过数十,事类虽同,轻重乖异,而通条连句,上下相蒙,虽大体异篇,实相采入。《盗律》有贼伤之例,《贼律》有盗章之文,《兴律》有上狱之法,《厩律》有逮捕之事,若此之比,错糅无常。"

《太平御览》引《风俗通》所载《辞讼比》佚文三则,现录如下:其一,"陈国有赵祐者,酒后自相署,或称亭长督邮,复于外骑马将绛幡云我使者也。司徒鲍昱决狱云:骑马将幡,起于戏耳,无他恶意"。其二,"汝南张妙酒后相戏,逐缚杜士,捶二十下,又悬足指,遂至死。鲍昱决事曰:原其本意无贼心,宜减死"。其三,"南郡謝女子何侍为许远妻,侍父何阳素酺酒,从远假求,不悉如意,阳数骂詈。远谓诗曰:汝翁复骂者,吾必揣之。诗曰:类作夫妇,奈何相辱,揣我翁者,搏若母矣。其后阳复骂远,远遂揣之,侍因上搏姑耳再三,下司徒。鲍昱决事曰:夫妻所以养姑者也,今远自辱其父,非姑所使,君子之于凡庸尚不迁怒,况所尊重乎?当减死论"。① 可见,《辞讼比》即经过删定的判例集。

终汉之世,判例编纂工作一直未断。其特点是:第一,判例编纂与律令、法律的注释、诉讼文献(驳议)的修整工作同步进行,这样有利于立法和司法的统一控制;第二,上述法律文献的编辑工作已摸索出较为科学的分类方法,即"以类相从",这样便于法官查找及全面掌握有关律令、注释及判例,有利于提高审判质量。

(三) 故事——政务的成事、先例

汉代"故事"主要包括日常政务的成事、先例。也有少量的司法审判的成

---

① 程树德:《九朝律考》,商务印书馆1963年版,第32—33页。

例。属于日常政务的如:"宣帝修武帝故事,盛车服敬斋祠之礼","宣帝循武帝故事,求通达茂异士","宣帝时修武帝故事,讲论六艺群书","诏舆服申明旧令,如永平故事"。属于司法成例的如:"明帝善刑理,法令分明,日晏坐朝,幽枉必达,内外无偾曲之私,在上无矜大之色,断狱得情,号居前代十二,故后之言事者莫不先建武永平之政";"敕有司检察所当禁绝,如建武永平故事";"是时承永平故事,吏政尚严切,尚书决事,率近于重"。①

汉代故事经编辑整理成书,成为日常施政、司法审判的依据或参考。《新唐书·艺文志》载有:《建武故事》三卷,《永平故事》二卷,《汉建武律令故事》三卷。《唐六典·刑部·格》注谓:"汉建武有《律令故事》上、中、下三篇,皆刑法制度也。"汉代引故事判案已为《疏勒河流域出土汉简》所证实,其第205条、217条、349条、579条简牍有:"承书行事下当用者","承书行事下当用者如诏书","法故事其犯免刑","以行事施刑"。② "行事"与"故事"同。王念孙《读书杂志》谓:"行事者,言已行之事,旧例成法也"。又《汉书·翟方进传》:"行事以赎论",注引刘敞云:"汉时人言行事、成事,皆已行已成事也"。这些都说明故事成例为审判量刑的依据之一。

晋代是儒家思想法典化或封建法律儒家化的重要时期。其间,故事的创制与适用十分突出。《晋书·裴秀传》:"秀创制朝仪,广陈刑政,朝廷多遵用之,以为故事"。《晋书·刑法志》载:晋文帝时,"令贾充定法律",合二十篇,六百二十条,不宜入律者,"悉以为令","其常事品式章程,各还其府,以为故事","凡律令合二千九百二十六条,十二万六千三百言,六十卷,故事三十卷"。《唐六典·刑部·格》注:"晋贾充等撰律令,兼删定当时制诏之条,为故事三十卷,与律令并行。"可见编纂故事已成立法活动的内容之一。《隋书·经籍志》载:"《晋故事》四十三卷,《晋建武故事》一卷,《晋咸和咸康故事》四卷,晋孔愉撰《晋修复山陵故事》五卷,车灌撰《晋八王故事》十卷,《晋宋旧事》一百三十五卷,《晋东宫旧事》十卷,《晋杂议》十卷,《晋弹事》十卷,《晋驳事》四卷。"《新唐书·艺文志》载:"《晋太始太康故事》八卷,孔愉《晋建武咸和咸康故事》四卷,《晋建武以来故事》三卷,《晋氏故事》三卷,《晋故事》四十三卷,《晋诸杂故事》二十二卷,车灌《晋修复山陵故事》五卷,《晋八王故事》十二卷。"足见晋代对故事的重视。

魏晋以降,部分故事经过选择整理之后上升为法律、法令,完成了故事的法典化、科令化。还有些故事被"旧例"取代。③

(四)例——原始判例及其抽象化

例,类也,比也。例作为法律规范的一种表现形式,与决事比、故事无大区别,都是判例,但也小有差异。陈顾远《中国法制史概要》指出:"比系以律文

---

① 程树德:《九朝律考》,商务印书馆1963年版,第34页。
② 林梅村、李均明:《疏勒河流域出土汉简》,文物出版社1984年版,第45、54、69页。
③ 杨一凡、刘笃才:《历代例考》,社会科学文献出版社2009年版,第154—156页。

之比附为重,例则以已有之成事为主,是其所异。然皆不外据彼事以为此事之标准,得互训之,此或汉重视比而后世重视例,两名不并立之故也。"①

从某种意义而言,汉晋之决事比、故事就是后来的例。例的出现,当在魏晋。《魏律序》所谓"集罪例以为刑名",又《晋律》"改旧律为刑名法例","取法以例,求其名也"。此处之例当属于成文法典的范畴,尚未成为独立的法律规范形式。但是《晋律》规定:"若无正文,依附名例断之"。判例正是依据"名例"(即法典的基本原则与制度)而创制出来的,这或许是后世判例所以称为"例"的缘故。

魏晋南北朝时,由于成文法的相对发达,造成了判例制度的萎缩。《魏律》、《晋律》分别是魏朝与晋朝唯一的以"律"为名通行于全国的刑法典,其内容包括了刑事犯罪和刑罚的方方面面。在篇章结构上,总则在前,分则在后,以纲统目,以纲带目,条文简要。刚刚制定了《晋律》的统治者,沉浸在胜利的喜悦当中。他们似乎觉得法律条文已经把一切违法犯罪概括无遗了。于是出现了刘颂的主张。《晋书·刑法志》载刘颂语:"又律法断罪,皆当以法律令正文,若无正文,依附名例断之,其正文名例所不及,皆勿论。"又载熊远语:"凡为驳议者,若违律令节度,当合经传及前比故事,不得任情以破成法";"愚谓宜令录事更立条制,诸立议者皆当引律令经传,不得直以情言,无所依准,以亏旧典也。"在他们看来,凡是经过君主批准的成案都有潜在的发展成为判例的可能性,而判例的不断壮大都带有干扰破坏成文法律的危险。故必须制止有意识的确立判例,杜绝任何不严格按照法律办事的行为。"这种思维方式足以将一切判例预先扼杀于形成之前。"②

到了唐代,例已开始在司法中发挥作用。这是因为,唐朝制律注重简约,律文仅502条,不可能把各种案情包罗无遗。这就为判例的适用提供了空间,甚至曾经出现过"以例破法"的现象。《旧唐书·刑法志》载,唐高宗曾认为当时"律通比附,条例太多"。大臣对曰:"旧律多比附断事,乃稍难解,科条极众,数至三千,隋日再定,惟留五百,以事类相似者,比附科断。"又载:"先是,详刑少卿赵仁本撰《法例》三卷,引以断狱,时议亦以为折衷。后高宗览之,以为烦文不便,因谓侍臣曰:'律令格式,天下通规,非朕庸虚所能创制。并是武德之际,贞观以来,或取定宸衷,参详众议,条章备举,轨躅昭然,临事遵行,自不能尽。何为更须作例,致使触绪多疑。计此因循,非适今日,速宜改辙,不得更然。'自是,《法例》遂废不用。"然而高宗废止《法例》的理由,与其说是因为"烦文不便",不如说是因为未经圣裁。

《唐律·断狱律·断罪不具引律令格式》规定:"诸断罪皆须具引律令格式正文,违者答三十。"疏议曰:"犯罪之人,皆有条制,断狱之法,须凭正文,若不具引,或致乖谬。"故"曹司断狱,多据律文,虽情在可矜而不敢违法,守文定

---

① 陈顾远:《中国法制史概要》,台湾三民书局1977年版,第90页。
② 杨一凡、刘笃才:《历代例考》,社会科学文献出版社2009年版,第118页。

罪,或恐有冤。"但是《唐律·名例律·断罪无正条》又规定:"诸断罪无正文,其应出罪者则举重以明轻,其应入罪者则举轻以明重。"这是适用类推的原则。又《唐律·断狱律·辄引制敕断罪》:"诸制敕断罪临时处分不为永格者,不得引为后比。若辄引致罪有出入者,以故失论。"疏议曰:"事有时宜,故人主权断,制敕量情处分不为永格者不得引为后比。"又《唐律·职制律·律令式不便辄奏改行》:"诸称律令格式不便于事者,皆须申尚书省,议定奏闻,若不申议辄奏改行者,徒二年。"可见,在唐代,虽然在无律令格式正文的情况下,可以适用类推或援引经过国家审核批准的判例,但是,由于有了两条重要规定:一,"诸断罪皆须具引律令格式正文";二,"诸制敕断罪临时处分不为永格者,不得引为后比。"就是说,既使是皇帝特别批准的案件,如果没有经过一定程序提升为具有一般效力的"永格",就不能在以后类似案件的处理中比照使用。唐律的这两条规定,把判例的制定和适用限制在相对狭小的空间里。正由于如此,有关唐代的史籍中记载的判例甚少。这说明当时的判例适用已经进一步被规范化了,或者说判例创制适用受到了严格的制约。

断例是宋代的法律编纂形式之一。"在中国历史上,只有宋元两朝把断例确认为国家的重要的法律形式。"①宋朝法律除《刑统》外,还有各种编敕及编纂形成的敕令格式、条律事类等。断例也是由编纂而形成的法律典籍。史载北宋时期的断例有:《刑名断例》10卷,《元丰断例》6卷,《熙宁法寺断例》12卷,《刑名断例》3卷,《断例》4卷,《刑房断例》卷数不详。南宋编修的断例则有:《绍兴编修刑名疑难断例》,《干道刑名断例》,《开禧刑名断例》,《乾道新编特旨断例》,《淳熙新编特旨断例》。宋朝如此重视断例的编纂,可见断例在其法律形式中占有重要地位。

以案例合集形式编纂的判例,最早出现当在北宋仁宗期间。这一时期,范仲淹曾经提出建议:"其审刑大理寺,乞选辅臣一员兼领,以慎重天下之法令。检寻自来断案及旧例,削其谬误,可存留者,著为例册。"②

如果说在北宋哲宗朝以前,断例的编修还是法寺官员或者士大夫的个人行为的话,那么,自哲宗朝起,则开始进入了由官方机构受命编修的阶段。哲宗元祐元年十一月四日中书省言:"欲委官将续断例,及旧例策,一处看详,情理轻重去取,编修成策,取旨施行。从之。"③又,宋徽宗时"以左、右司所编绍圣、元符以来申明断例班天下。"(《续资治通鉴》卷八九,宋徽宗崇宁三年)断例也是以官方机构的名义编纂的。

南宋时期,断例进一步受到重视。《宋史·刑法一》载:"高宗播迁,断例散逸,建炎从前,凡所施行,类出人吏省记。"此处的断例指的是一般的法律典籍,表明断例已经被视为法的代名词。

---

① 杨一凡、刘笃才:《历代例考》,社会科学文献出版社2009年版,第124页。
② (宋)范仲淹:《奏灾异后合行四事》,载《范文正公政府奏议》卷上,丛书集成统编本。
③ (宋)李焘:《续资治通鉴长编》卷三九一,宋哲宗元祐元年。

如果我们用发展的观点看问题,可以说,宋代的断例经过不断演变,已经具有了近似法的或者说准法的性质。其理由如下:

第一,断例在形式上具备了法的特征,它是公开的而不再是秘密的例。法是公之于众的,而例则藏于吏手。《宋会要》记:"绍兴二十六年御史中丞言:三尺之法,天下之所通用也,四海九州,万邦黎献,知法之所载";"法之当否,人所共知";"法者……著为令典"。也就是说,法不仅要"人所共知",且著之于典籍。与此相反,"例多藏胥吏之手",不仅百姓不知,甚至"百司不可得而知"。① 断例则不同。宋徽宗时,"以左、右司所编绍圣、元符以来申明断例班天下",文中的"班"是颁行的意思,"班天下"说明断例是向全国公布的。再如哲宗元年十一月二十八日诏:"中书省编修刑房断例,候编定付本省舍人看详讫,三省执政官详定取旨颁行。"②由此可见,断例是经过一定的程序才公布于众的。显然,这与先前的例由官府秘密掌握的情况不同。当然也还有不颁布天下而只颁布刑部大理寺行用的部分。③

第二,断例的编纂结构具有系统性。例的原生形态是单个的离散的形态。随着断例的编纂,断例的系统性越来越强。特别是《绍兴编修刑名疑难断例》和《乾道新编特旨断例》以 12 篇分类,不仅在形式上采用了唐律及宋刑统的顺序,力图与当时的法典保持一致,也说明了其内容发展到了全面覆盖社会各个领域的系统程度。

第三,断例的内容保持了与其他法律的协调,以及其自身各种法律规定之内的和谐一致。譬如,前引南宋孝宗淳熙六年七月一日刑部侍郎中潘景珪上言后,皇帝下诏曰:"刑部长贰选择元犯与所断条法相当体例,方许参酌编类,其有轻重未适中者不许一概修入。"明确强调"其有轻重未适中者不许一概修入",是将两者协调一致定为了编修的原则。

总之,断例是在判例的基础上修定而成的,但却不是判例的简单汇编。在编纂断例的过程中,对原始素材已进行了必要的提炼和改造。在司法过程中形成的判例,经过法律编纂的途径,上升成为抽象的法律条文,在形式要件方面也尽量地与其他法律保持一致。宋例的这种变化,反映了成文法制度对于异质判例的同化过程。④

宋代敕外有例,但北宋重敕而轻例,对判例适用每加限制。如神宗诏:"诸州鞫讯强盗情理无可悯,刑名无疑虑而辄奏请,许刑部举驳,重行朝典,不得用例破条。"但仍有置律而用例的情况,如司马光上书谓:"民有斗杀者皆当论死,不应妄作情理可悯奏裁,刑部即引旧例贷之。凡律令格式或不尽载,有司引例以决。今斗杀当死,自有正条,而刑部承例免死决配,是斗杀条律无所用

---

① 参见(清)徐松辑:《宋会要辑稿》第 164 册,载《刑法一》之四五至六一,中华书局 1997 年影印本。
② (清)徐松辑:《宋会要辑稿》第 164 册,载《刑法一》之一四,中华书局 1997 年影印本,第 6468 页。
③ 参见藏建国:《宋代刑法史研究》,上海人民出版社 2007 年版,第 99 页。
④ 以上参见杨一凡、刘笃才:《历代例考》,社会科学文献出版社 2009 年版,第 129—134 页。

也。"又徽宗崇熙元年,"臣僚言有司所守者法,法所不载者,然后用例。今引例破法,非理也。乃令各曹取前后所用例以类编修,与法妨者悉去之。寻下诏追复元丰法制,凡元祐条例悉毁之"。北宋曾编修判例,如《熙宁法寺断例》、《元符刑名断例》、《崇宁断例》等,①判例适用已无法断绝。

宋自南渡以后,由于政典散佚,法律紊乱,故施政随时沿用以往"指挥"。"指挥"即尚书省及六部对下级官署为临时处置某项公事而发布的命令。司法则常用法官省记之例。因此,例的地位不断提高。例经过立法渠道可以成为律条或敕令,也可以单独成书,如《绍兴刑名疑难断例》、《乾道新编特旨断例》、《开禧刑名断例》等。② 这些都是经过删定的原始判例。

判例的形成与例有密切的关系。在有关记载宋代法律制度的文献中,常用"著为例"、"遂以为例"等文字表达某一例已经君主批准成立。宋例分为行政例和司法例两类。司法例指的是司法过程中产生的单个案例,它们是与决狱有关的刑例。只有在司法过程中形成的刑例才与断例有关。刑例是奏案制度的产物。在中国古代,奏案制度又称奏谳制度。早在秦汉时期,奏谳制度就已经确立。魏晋南北朝时期,所有死刑案件必须报中央经皇帝批准。唐代建立了严密的死刑复奏制度后,奏谳制度失去了存在的必要。宋初承继五代之乱,未设死刑复奏制度。宋代的死刑案件分为两类:"大辟之狱,在县则先以结解,在郡则申以审勘,罪状明白、刑法相当,郡申宪司,以听论决,是谓详覆。情轻法重,情重法轻,事有疑虑,理可衿悯,宪司具因依,缴奏朝廷,将上取旨,率多轻货是谓奏案。着在令典。"③在宋代,刑例是在恢复奏谳制度后逐渐形成的。各地通过奏报的途径,将事有疑虑,情有可悯,把握不定的死刑案件上报中央,经皇帝批准以减死论处,就形成了一个判例。④ 南宋时,"法令虽具,然吏一切以例从事。法当然而无例,则事皆泥而不行,甚至隐例以坏法。"(《宋史·刑法志》)可见判例的作用十分突出。

元朝法制比较特殊。蒙古民族进入中原之前适用自己的习惯法。元朝建立之初,由于统治者拒绝继受已经成熟的汉法,特别是以唐律、《宋刑统》为代表的律典传统,从而延迟了法制完备的进程,造成了法制混乱的局面。正如元人郑介夫云:"今天下所奉行者,有例可据,无法可守。官吏因得并缘为欺。内而省部,外而郡府,抄写格条多至数十。间遇事有难决,则检寻旧例,或中无所载,则旋行比拟,是百官莫知所守也。"(《新元史·郑介夫传》)

在元代,断例是重要的法律形式。元代英宗时颁布《大元通制》,内含诏制94条,条格27目1151条,断例11目717条,别类577条,凡2539条。《元史·刑法志》说《大元通制》"大概纂集世祖以来法制事例而已"。《明史·刑

---

① 分别见《宋史·徽宗本纪》、《宋史·艺文志三》、《玉海》卷六十六。
② 分别见《玉海》卷六十六、《宋会要·刑法一》、《宋史·宁宗本纪》。
③ (元)马端临:《文献通考》卷一七零,载《刑考九》,浙江古籍出版社2000年影印本,第1474页。
④ 杨一凡、刘笃才:《历代例考》,社会科学文献出版社2009年版,第124—125页。

法志》亦谓"元制所取行一时之例为条格"。《大元通制》除其中的《通制条格》(有缺)外,均已散佚。《大元通制》收入断例为717条,《至正条格》收入断例1509条。对于每条的具体形态是什么样的?《新元史·刑法志下》认为:断例是事例,是"因事立法,断一事而为一例者也。"黄时鉴认为,断例是像唐律一样的条文。① 殷啸虎认为:"元朝的断例无论是名称、结构还是编纂方式,都是对宋断例的效仿。"②杨一凡、刘笃才先生认为:"笔者经过初步考证认为,断例既不完全是事例(案例),也不完全是条文,很可能是由案例和条文混合编纂而成的。"③

《通制条格》是当时断例及法令的合典,由两类法律规范组成:第一类是占绝大部分的断例成事,如《杂令·买卖军器》载:"至元二十八年三月,中书省刑部呈:鹰房官阿沙不花、黄兀儿指挥送到卖环刀等物人魏得荣并买主李仲璋,除将已到官环刀送库寄收听候外,本部参详,若将环刀等物拘收照例拟罪,却缘自前不曾禁断货卖军器,魏得荣具系商贾之人,又经赴务投税,别无情弊,合无将已到官环刀回付本主,卖与应合执把军器人等,权以免罪相应。都省准拟。"又《非理行孝》:"延祐元年十月,中书省礼部呈:枢密院都事呈,保定路清苑县安圣乡军户张驴儿,为父张伯坚患病,割股行孝,止有一子舍儿三岁,为侵父食,抱于粗莹内活埋。本部议得:割股毁体,已常禁约,张驴儿活埋其子,诚恐愚民仿效,拟合遍行禁约。都省准拟。"又《户令·嫁娶》:"至元十一年六月,中书省刑部呈:南京总管府申,樊德告王招抚定问女菊花与伊男道道为妻,已下财钱。其王道道见犯图财杀害王何臧,下牢收禁,难与成亲。本部议得:凡女定婚未嫁,其夫作盗,拟合听离,归还聘财。都省准呈。"这些都是经朝廷核准的各部判例、成事。第二类是法令。如《杂令·嫁娶》:"为婚已定,若女年拾伍以上无故伍年不成,及夫逃亡伍年不还,并听离,不还聘财;有妻更娶妻者虽会赦,犹离之;蒙古人不在此限。""至元六年四月,中书户部议得:男女婚姻或以指腹并割衫襟为亲,既无定物婚书,难成亲礼,今后并行禁止"。又《仓库·关防》:"库子人等今后毋得递相用白帖子出入侵借官钱,如违痛行追断。""本库官员、库子、攒典,今后并不得将引弟男亲戚驱口人等入库,及关物人亦不得引领人众赴库,如违痛行治罪。"④这些都是从原始断例抽象出来的法令,是临时立法的产物。

《元典章》也可作为断例由案例和条文混合编纂而成的旁证。该书中带有"例"字的条目计116条,其中断例14条。内有户绝家产断例、买卖蛮会断例、买使挑钞断例、食践田禾断例、借骑铺马断例、背站驰驿断例、牧民官受财

---

① 黄时鉴:《大元通制考辩》,载《中国社会科学》1987年第2期。
② 殷啸虎:《论大元通制"断例"的性质及其影响——兼与黄时鉴先生商榷》,载《华东政法学院学报》1999年第1期。
③ 杨一凡、刘笃才:《历代例考》,社会科学文献出版社2009年版,第136页。
④ 以上诸条分见《通制条格》中《杂令》、《户令》、《仓库》各篇,浙江古籍出版社1986年版。

断例、借使官吏俸钱断例、刑名枉错断例、奴诬告主断例、宰羊羔儿断例、抹牌赌博断例、偷船贼断例、戳剜双眼断例,等等,均为案例和条文混合编纂而成。

《元典章》所载皇帝诏书中屡见"依例归结"、"依例结案"、"依例决遣"、"比例释免"、"比例合准"、"比例杖断"、"若果所见不同,有例引用其例,无例从公拟决"等语,可见,"元朝强调无论是民事案件还是刑事案件,都须依例处断";"元朝的法律形式中虽无判例之名,但从现代法学的观点看,断例中那些可以用以比附的案例则具有判例的性质";"其实,《元典章》本身就是依据判例决狱的产物。元人郑介夫指出,元代'内而省部,外而郡府,抄写格例至数十册,遇事有难决,则捡寻旧例。'《元典章》很可能就是在这些格例的基础上编成的。"《元典章》所载"杀死妻"条、"偷盗神衣免刺"条、"夫亡服内成亲断离与男同居"条、"兄收弟妻"条、"刑名枉错断例"条、"强奸幼女"条,等等,均援引以往判例断案。而且,判例适用的范围十分广泛,不仅涉及民事、刑事审判,还涉及程序领域。①

明代注重定例修例,以期以例补律,以例辅律,律例并行。"明清时期,《大明律》自洪武三十年颁布后,直至明末未改。《大清律例》自乾隆五年颁行后,直至清末一直沿用。明清律之所以能够长期保持稳定不变,是这两朝统治者采取修例不修律方针的结果。"②洪武时太祖曾定《赎罪事例》,"自是律与例互有异同"。后颁行《大明律》,有诏:"杂犯死罪、徒流、迁徙等刑悉视今定《赎罪条例》科断。"于是,"例遂辅律而行"。(《明史·刑法志》)洪武以后,诸代皇帝以《大明律》为太祖手订,祖宗成法但当谨守而莫敢议改,故每增一时权宜之条例,有效构建了经常之法与权宜之例的合理关系。据陈顾远《中国法制史概要》所引:"如成祖之徒流罪条例、宣宗之贵州土人断罪例、英宗之严诬告反坐例、枉法赃充军例、盗掠跟矿新例、录山之复义女不孝旧例、宪宗之讳盗罪例、挟诈得财罪例、孝宗之亲属相奸罪例、老幼废疾犯罪充军例、武宗之子弟劫父兄罪例、世宗之伪茶谪戍例、穆宗之买休卖休例、神宗之广东盗珠罪例、省刑条例,不胜枚举。"③洪武以降,在国家行政、刑事、民事、经济、军政、社会诸领域,都逐渐形成了各自的例。上述诸例得与律并行。而就刑事法律而言,《问刑条例》的使用价值最为突出。万历二年,将律例合并颁行,以《大明律》为首,《问刑条例》为次,并附以各种现行之例。十三年,又命舒化整理诏令、条例,以"律为正文,例为附注",凡382条。终于确定了律例合编的体例。

明代所编之例形式繁多,涉及社会生活的各个领域。例从形式上分为事例、判例、条例、则例,还有吏例、户例、礼例、兵例、刑例、工例。在审判活动中主要适用刑例,其中最重要的是《问刑条例》。

明孝宗宏治十三年(公元1500年)经朝臣集议,将经久可用的条例297条

---

① 杨一凡、刘笃才:《历代例考》,社会科学文献出版社2009年版,第138—141页。
② 同上书,第525页。
③ 陈顾远:《中国法制史概要》,台湾三民书局1977年版,第94页。

编辑为《问刑条例》,与《大明律》并行。嘉靖二十九年(公元1550)修订《问刑条例》,增至376条。万历十三年(公元1585年)再次修订《问刑条例》,增至382条,且将例文分别附于《大明律》相关律文之后,正式确立律例合典的编纂体例,称为《大明律例》。清代的《大清律例》也继承了这种编纂体例。

《问刑条例》是在祖宗之法不可变的情况下,为了贯彻统治阶级的新政策,适应变化了的社会生活,同时也为了拯救法的僵化而产生的。其目的是以例补律、以例释律、以例辅律。明代历朝《问刑条例》对《大明律》的增补扩充是非常明显的。比如,宏治《问刑条例》对宗藩权力作了更为严格的限制,强化了对盐业采矿业的监管,扩大了赎刑和充军刑的范围;嘉靖《问刑条例》进一步限制皇族成员和官员的特权,进一步强化礼仪和等级制度,加强对边疆沿海贸易的监管,强化对流民的管理,等等。① 正如宏治间刑部尚书何乔新奏折所谓:"律例兼行,其来久矣。……盖律者,万世之大法,例者,一时之权宜。例之为用,所以辅律之不及者也。且如造妖言妖书者,律该正犯处斩,例则全家发烟瘴地面充军,盖虑其造言以惑众也。掠卖良人者,律该坐以徒流,例则连家小发边远充军,盖恶其使人骨肉生离也。盗仓粮者,于律止坐杂犯绞,而近年盗边粮至一百石以上者,有充军之例,盖虑其因盗而乏军需也。犯私盐者,于律止坐徒罪,而近年贩私盐至二千斤以上者有充军之例,盖为其私贩以亏国课也。似此之类,难以枚举,所以救时之弊,亦皆辅治而行者。"②

毫无疑问,《问刑条例》是成文立法的产物。《问刑条例》的文字表述与成文法并无不同。但是,《问刑条例》就其产生的渠道而言,并不是对《大明律》的条文诠释,而是源于审判实践。可以说,审判实践是刑例产生和发展变化的不竭源泉。这一基本特征在历代《问刑条例》条文的微观变化中可略见一斑。比如,《大明律·刑律》规定:"内外问刑衙门,一应该问死罪,并窃盗抢劫重犯,须用严刑拷讯,其余止用鞭扑常刑。若酷刑官员,不论情罪轻重,辄用……若但伤人,不曾致死者,不分军政职官,俱奏请降级调用。因而致死者,俱发原籍为民。"《大明律·刑律》规定:"凡盗内府财物者,皆斩。"宏治《问刑条例》则规定:"凡盗内府财物者,系杂犯死罪准赎外,若盗乘舆服御物者,仍作真犯死罪,依律议拟。"万历《问刑条例》则改为:"凡盗内府财物,系乘舆服御物者,仍作真犯死罪。其余监守盗银三十两、钱帛等物值银三十两以上,常人盗银六十两,钱帛等物值银六十两以上,俱问发边卫,永远充军。内犯,奏请发充净军。"③这些都证明《问刑条例》是源于审判实践的。在审判实践中,由于现实生活的变化,每每产生"律之不及"的特殊情况。法官经过逐级请示,对案件作出裁判,是为成案。但是,由于这种成案具有一定代表性,于是便将成案及时加工抽象为法条,敕令各地官府执行。这样一来,无形之中就阻挡了典型成

---

① 杨一凡主编:《新编中国法制史》,社会科学文献出版社2005年版,第187、188、189、193、194页。
② 同上书,第183—184页。
③ 以上参见杨一凡、刘笃才:《历代例考》,社会科学文献出版社2009年版,第190、198、199页。

例上升为判例的道路,使典型成例在上升为判例之前就寿终正寝提前变成成文法条了。这种成文法条既可以随时附在律文后面,具有与律文大体相同的法律效力。这种先经过司法过程得以产生,又经过立法过程得以确立的例,又经过一定时间一定数量的积累,最后又经过成规模的立法程序依照某种结构集约化为刑例。在明代,这种刑律与刑例之间在宏观上的貌似井水不犯河水的外部联系,以及刑律与刑例之间在微观上的零距离的合理搭配的格局,一方面体现了中央政权强化对官僚群体的控制,另一方面也体现了立法权对司法权的监管和支配,和把判例法融化在萌芽状态之中的政治潜意识。

　　清仍明旧,顺治三年颁行《大清律》,十七年又以现行各例并《盛京定例》、《刑部定例》修入律中。康熙十八年颁《现行则例》,雍正三年颁《大清律集解》,律后附例824条,分三项:一为原例,即累朝旧例;二为增例,即康熙年间所增例;三为钦定例,即特旨及内外大臣条奏既经核准者。乾隆五年颁《大清律例》,律与例合为一典。乾隆元年确定三年一修例,或改变旧例,或因案增设。后改为五年一小修,十年一大修。乾隆八年颁《督捕则例》独立于《大清律例》之外。除了与律并行之例外,还有与《会典》并行之例,如乾隆时有《大清会典则例》,尔后又有《六部则例》、《处分则例》等。《清史稿·刑法志》谓:"盖清代定例一如宋时之编敕,有例不用律,律既多成虚文,而例遂愈滋繁碎。其间前后抵触,或律外加重,或因例破律,或一事设一例,或一省一地方专一例,甚且因此例而生彼例,不惟与他部则例参差,即一例分载各门者,亦不无歧异。辗转纠纷,易滋高下。"从某种意义上来看,明清之例是原始判例、故事及其抽象化、集约化的总和。而判例、故事的抽象化与集约化代表了封建社会后期判例创制与适用的总趋势。

　　清代的审判活动主要依据正律和正例。正律即大清律,正例即定例。定例是朝廷经过一定程序从大量成案中选择出来的典型案例,将它们确认为判例,准许其为"通行。"关于"通行",沈家本曾经论述道:"律者,一成不易者也;例者,因时制宜者也。于律例之外而有通行,又以补律例之所未尽也。或紬绎例意,或申明定章,或因比附不能画一而折其衷,或因援引尚涉狐疑而申其意,或系酌量办理而有成式可循,或系暂时变通而非永著为例。更有经言官奏请、大吏条陈,因而酌改旧文、创立新例、尚未纂入条例者。凡此,剖析毫芒,决定疑似,重轻出入之际,皆反复推详而议始成。稽比亭疑,咸当遵守。盖律例之有通行,譬犹江沱汉潜,而非骈拇枝指也。夫天下之情伪万变,遇一狱立一例,谓庶足以尽之矣。他日一狱出,而与所立之例又不相当,将必更变其例,以定斯狱。是已定之例有定,而未定之狱终无定也。"[①]与成案不同,"通行"已舍弃具体情节而用抽象文字表述其法律要旨。"通行"的汇编就是《通行章程》,它兼有法律解释和实施细则的特点。由于"通行"具有相对稳定的地位和效力,

---

① 沈家本:《寄簃文存·通行章程序》,载《历代刑法考》,中华书局1985年版,第2220—2221页。

因此"在当时的法律体系中居于准制定法的地位。"①清代自乾隆至同治,坚持定期修例的惯例。法官判案,在法无明文规定的情况下,可以比附这些定例来裁判案件。那些没有被确认为定例和通行的成案,法官不得援引。《大清律例》规定:"除正律、正例而外,凡属成案未经通行著为定例,一概严禁,毋得混行牵引,致罪有出入。如督抚办理案件,果有与旧案相合,可援为例者,许于本内声明,刑部详加查核,附请著为定例。"②这一规定,一方面严格控制一般成案上升为定例的渠道,另一方面又确认了成案上升为定例的途径,可谓一箭双雕。但是,实际上成案上升为定例的比例是有限的。那些具有典型意义的成案仍然具有重要的参考价值。清代刑事案例汇编《刑案汇览》收录案件6000余件当中,计有367件援引了成案。其中有100件依据援引的成案作出裁判。③"在像中国这样一个历史记载十分详备的文明古国中,人们会期望判例在司法审判中发挥作用,实际上我们也发现司法机关在审判各种案件中都曾援引判例。有些判例常常被普遍援引;""让人略感奇怪的是,在我们的案例中只有16例明确提到了先例。这表明,中国的法官们在遇到疑难案件时,毫无疑问会小心寻找可资帮助的先例——编纂《刑案汇览》的首要目的也许就是要便于查找先例——但他们并不认为有义务像英美法官们经常做的那样明确标示先例的出处。"④这一事实又一次说明,随着社会生活的发展变化,成文法和定例的作用受到了挑战。甚至朝廷的禁令也无法有效遏制官僚和法官群体的主观能动性。尽管如此,大量未经批准上升为正例的成案仍然不具有判例的效力。

(五)明《大诰》:御制判例集

明《大诰》是《御制大诰》、《御制大诰续编》、《御制大诰三编》和《大诰武臣》的通称,是明太祖朱元璋御笔裁断的判例、成事、命令及训诫之词的汇编。分别编定于洪武十八年十月、十九年三月、十九年十二月、二十年十二月。及至洪武三十年修订颁行《大明律》及《大诰》,《御制大明律序》谓:"今后法司只依《律》与《大诰》议罪"。可见修律与编诰是同步进行的,而诰与律并行且往往优于律。《大诰》是御制判例集,并成为法官得以援引的法律依据。现例举如下,以明其旨。

《御制大诰·皂隶殴旗军》:"苏州府昆山县皂隶朱升一等不听本县官李均约束,殴打钦差旗军,罪在极刑。若旗军纵有赃私,所司亦当奏闻区处,安可轻视。"

《御制大诰·军人妄给妻室》:"山西洪洞县姚小五妻史灵芝系有夫妇人,已生男女三人,被军人唐闰山于兵部朦胧告取妻室,兵部给与勘合,着落洪洞

---

① 杨一凡主编:《新编中国法制史》,社会科学文献出版社2005年版,第155页。
② 《大清律例》卷37"刑律·断狱·断罪引律令"条例。
③ 杨一凡主编:《新编中国法制史》,社会科学文献出版社2005年版,第166页。
④ 〔美〕D. 布迪、C. 莫里斯:《中华帝国的法律》,朱勇译,江苏人民出版社1995年版,第172—173页。

县,将唐闰山家属起赴镇江完聚。方起之时,本夫告县不系军人唐闰山妻室,本县明知非理,不行与民辨明,擒拿奸诈之徒,推称内府勘合不敢擅违。及至一切内府勘合,应速行而故违者,不下数十余道。其史灵芝系人伦纲常之道,乃有司之首务,故违不理,所以有司,尽行处斩。"

《大诰武臣·奸宿军妇》:"锦衣卫千户王成,他先为缺少军人发去辽东出征。去了几年,在那里生受。可怜他,着取回来复职。他复职也未曾得久,便把在辽东的艰难来忘了,又无理起来。差他在滁州管军屯种,他倚着官势,唤军人王和卿、刘信妻小回家奸宿,似这等不才无籍之徒,如何晓得他。又金吾前卫指挥冯裕,滁州卫百户刘驴儿,容藏在逃军妇在家奸宿,也都贬去边远充军了。又儋州千户王兴,领军收捕贼人,因而将好百姓家妇人拿回奸宿,本妇不从,又将小刀于她手上戳讫一刀。蒲州千户张保,节次强奸百姓妻女。似这等情重的都杀了。今后军官每(们)敢再有这等无籍的,拿住不饶。"

《大诰武臣·寄留印信》:"镇南卫百户胡凤将他掌的印信寄在小旗方细普家,三日不取。印信是个关防,军职衙门的更是紧要,必须十分掌得仔细,如何可将寄放在别人家里。百户们的印信,干碍一百户的军马,倘或人将去印,几纸文书出来呵,好生不便当。这等人,利害也不知,他如何做得排管军的官人,所以将他发去金齿充军了。"

以上各条实属判例无疑。但《大诰》还有诰令之辞,如《御制大诰·婚姻》:"同姓两姨姑舅为婚,弟收兄妻,子承父妾,此前元之胡俗,朕平定之后,除元氏已成婚者勿论。自朕统一,申明我中国先王之旧章,务必父子有亲,君臣有义,夫妇有别,长幼有序,朋友有信,方十八年矣。有等刁顽之徒,假朕令律,将在元成婚者,儿女已成行列,其无籍之徒,通同贪官污吏,妄行告讦,致使数十年婚姻,无钱者尽皆离异,有钱者得以完全。此等之徒异日一犯,身亡家破,悔之晚矣。胡人之俗,岂止如此而已。兄收弟妇,弟收兄妻,子承父妾。有一妇事于父生子一,父亡之后,其妾事于正妻之子,亦生子一,所以夫妇无别,纲常大坏,与我中国圣人之教何如哉。设理旧事,难为者多矣。所以元氏之事不理,为此也。今后若有犯先王之教,罪不容诛。"①《大诰》基本内容是判例,而且是皇帝亲裁的原始判例,故而成为法官审判的直接依据,其效力往往优于法典。

中国古代的法律实践活动表明,在同一时间里,要保证法律在不同空间的一致性,莫过于成文法;而在同一空间里,要保证法律在时间前后的一致性,莫过于判例法。成文法所追求的价值是实现抽象正义——所有相同的案件都适用相同的标准并且得到相同的处分;判例法所追求的价值是实现具体正义——要保证对每一具体案件都处理得合情合理完美无缺。当然,这两种价值都是不容易实现的。只有将两种不同的法——成文法和判例法有机结合起

---

① 杨一凡:《明大诰研究》,社会科学文献出版社2009年版,第197页。

来,抽象正义与具体正义相结合的现实正义(或曰混合正义)才能够实现。

二、判例的创制与适用

法律实践的内容与形式是由社会生活的客观条件和法律实践的客观规律决定的,不是人们主观任意所决定的,判例的创制与适用也是如此。

(一) 判例创制和适用的基本条件

在"混合法"时代,判例法的存在与发展是有先决条件的。这主要反映在:

首先是客观条件,即成文法典与社会现实生活相脱节。造成这种脱节的原因是多方面的:比如,新的王朝(包括新的政治局面)建立之后,无现成且适宜的成文法典可为依据,只能凭借统治阶级的现行政策和法律意识创制判例。正如《晋书·刑法志》所记:"汉自王莽篡位之后,旧章不存,光武中兴,留心庶狱,常临朝听讼,躬决疑事。"又《宋史·刑法志》所记:"高宗播迁,断例散逸,建炎以前,凡所施行,类出入吏省记。"再如,现行成文法典已不适合于已经变化了的统治阶级政策和法律意识,从而失去继续使用的可能性。这种情况在西汉最为明显。当时,由于汉承秦制、汉承秦吏、汉承秦法,致使法律实践领域仍体现法家精神,这与上升为统治思想的儒家精神往往是不相容的,故尔出现旷日持久的"经义决狱"。在上述情况下,由于种种限制,使统治阶级一时难以制定较为完备适宜的成文法典,这就造成了创制和适用判例的客观条件。

其次是主观条件。统治阶级已经形成新的、明确的法律政策与法律意识,形成一定数量的具有一定业务素质的司法队伍和工作秩序,具备一定数量的、相对稳定的、可以参照和援用的法律规范或法律原则;同时,中央政府既容许各级司法官吏发挥主观能动性,又有能力对全国司法活动加以指导和控制,这是创制和适用判例的主观条件。

不具备上述客观与主观条件,判例的创制与适用便失去其合理性和可行性。

(二) 判例创制的渠道

判例创制是个特定的概念,即在无成文法条的情况下对案件做出判决而形成的判例、成事,它不仅对案件当事人具有约束力,而且对以后的类似审判具有指导作用。判例创制是兼含司法与立法,寓立法于司法之中的特殊法律行为。而适用成文法条对案件进行判决而形成的判例,只是成文法条的实施结果,只对案件当事人具有约束力;它只是一种司法行为而不带有立法的性质。判例创制的渠道是多方面的,主要有以下几种情况:

1. 因义而生例

因义而生例,即在法无明文的情况下,运用统治阶级的现行政策和法律意识对案件进行裁决而产生的判例、成事。如"春秋决狱"即以儒家的法律意识和原则为依据,见于典册的"春秋之义"很多,比如:"父子相隐"、"原心论罪"、

"夫死无男得更嫁"、"君子大居正"、"君亲无将"、"君臣无讼"、"以功覆过"、"王者无外"、"诛首恶"、"恶恶止其身"、"不避亲戚"、"子不报仇非子"、"大义灭亲"、"罚不加于尊"等。① 法官得以引用其"义"裁断案件，形成判例。由于"春秋之义"常常是抽象的、不严谨的，甚至是矛盾的，故产生的判例也是不统一的。而且，因义而生例常常受到法官特别是最高统治者个人修养或禀赋的影响，带有一定的主观任意性。

2. 因例而生例

因例而生例，即在法无明文但有先例可循的情况下，依据既有的判例、成事对案件做出裁决，因而产生新的判例、成事，这种方法即所谓"以例相比况"。但是，对既有判例与现实案件可比性的认定常常是或然的，它往往受到法官主观思维和判断的影响，因此，"有例可循"和"无例可循"也常常是个相对的概念。汉律规定："其有断事，皆依旧事断之，其无条，取比类以决之，故云决事比"。(《周礼·秋官·大司寇》注引)即是说，有例可引则引以判决，无例可引则参照类似的判例以决之。这样，在适用判例过程中又实行了"类推"，从而产生了新的判例。"在中国古代，就法律调整的逻辑方法而言，制定法体现的是从一般到个别的调整，而判例则体现的是从个别到一般的调整。因案生例的判例制度，将这两种调整方式有机地和谐地融于一体。"②

3. 因律而生例

因律而生例，即在法无明文的情况下适用相类似的法条以裁决，从而产生判例。据《汉书·刑法志》载："高皇帝七年制诏御史：狱之疑者，吏或不敢决，有罪者久而不论，无罪者久系不决。自今以来，县道官狱疑者，各谳所属二千石官，二千石官以其罪名当报之。所不能决者，皆移廷尉，廷尉亦当报之。所不能决，谨具为奏，傅所当比律令以闻。……孝景中五年复下诏曰：诸狱疑，虽文致于法而于人心不厌者辄谳之。"《晋书·刑法志》载："《刑名》所以经略罪法之轻重，正加减之等差，明发众篇之多义，补其章条之不足……皆随事轻重取法，以例求其名也"。《唐律·名例律》："诸断罪无正条，其应出罪者则举重以明轻，其应入罪者则举轻以明重。"《大清会典》："律与例无正条者得比而科焉。"上述种种就是依据类似法条和成文法典的《名例》适用"类推"而产生判例的基本渠道。

4. 因俗而生例

因俗而生例，即在成文法条或既有判例与当地独特的民族习惯和风俗明显冲突之际，统治者在司法审判中谋求国法与民俗相协调而产生的判例。《后汉书·马援传》载：马援攻克交趾(五岭以南少数民族地区)后，"条奏越律与汉律驳者十余事，与越人声明旧制以约束之，自后骆越奉行马将军故事"。马将军故事实际上就是判例、成事，是汉律与越人风俗习惯相妥协的产物。《通

---

① 参见程树德：《九朝律考》，商务印书馆1935年版，第164—177、220、271页。
② 汪世荣：《中国古代判词研究》，中国政法大学出版社1997年版，第223页。

制条格》载:"至元十年十二月中书省兵刑部呈:烟亥贪与李望儿通奸,私引在外,生到男女,拟合男随父,女随母。都省准拟";又载:火州城的妇女生了女孩丢在水里淹死了,被官人拿住,将其财产一半没收为军,揭发的人是奴隶可以免为百姓。① 这些判例是以蒙古民族的风俗习惯为依据的。在元代,蒙古人的风俗习惯可以上升为统治阶级的法律意识而发挥作用。

(三) 判例适用程序

判例适用程序是援用已有判例、故事对现实案件进行裁决的工作方法和过程,它由法官的无形的思维过程和司法机关的有形的诉讼过程组成。

1. 无形的工作程序

无形的工作程序指法官关于案件审理的主观思维活动。它包括如下几个阶段:

(1) 思想准备阶段。法官在适用判例时,首先要确定如下问题:第一,依据统治阶级的法律意识,案件事实是否具有违法性? 对有罪或有过错的当事人应否予以法律制裁? 第二,就案件事实、情节来看,是否无法律明文规定? 第三,如确系无法律明文规定,是否有相类似的法条可以参照? 只有确认无类似的法条可以参照,才可以决定适用既有判例。

(2) 排比选择阶段。法官决定适用既有判例后,便在已有判例中进行分类、排比,找出与本案情节、性质大体相同的一组判例,再从中选出与本案最"恰如其分"的一个判例。如果选不出来,则在该组判例中选一个与本案大体类似的判例。严格说来,找出与本案内容、情节完全一样的既有判例是十分困难的事,原有判例与本案的差异性是绝对的。因此可以说,适用判例就是判例的类推。

(3) 分析抽象阶段。法官将旧判例所载案件事实、情节、社会危害后果及最后裁决等内容进行分析、加工,并从中抽象出一般意义的司法原则。这种原则虽未经专门立法程序予以颁布,但它已被实际审判所确认,因而是合法的、有效的。正如汉代董仲舒从《春秋》所载"许止进药至父死亡"案中引申出"原心论罪"原则并加以适用一样。从既有判例中抽象出某种司法原则,是判例适用的关键环节。

(4) 比照裁决阶段。法官将原判例与现实案件加以比照,包括情节比照和裁决比照,上下斟酌,以取其中。

(5) 判辞制作阶段。判辞制作是判例适用的最后环节。判辞内容包括所引原判例的大致内容,由此引申出的司法原则,旧案与本案在法律精神上的可比性,以及对本案的判决。

2. 有形的工作程序

有形的工作程序指一般司法程序意义上的判例适用过程。法官制作完判

---

① 见《通制条格》卷4,载《户令》,浙江古籍出版社1986年版,第62、64页。

辞后报上级政府机关，上级机关如有疑义则报中央朝廷司法机关，再有疑义则由朝廷集中有关重要大臣议定，最后报皇帝审批。这是判例适用的规范化过程。

但是，判例适用并非一开始就规范化了。它实际上经历了由不规范到规范，由分散到集中的演进过程。以汉高祖七年诏为例，县、道、郡、廷尉均有权适用判例，只是遇有疑问把握不准时才逐级上报待批。汉武帝时适用判例者多为中央司法机关，廷尉张汤多次登门拜访求教于董仲舒，以《春秋》决疑狱，便是证明。这是控制判例适用的措施之一。晋惠帝时，审理案件多"议事以制"、"临时议处"，"上求尽善则诸下牵文就急，以赴主之所许"。皇帝带头创制和适用判例，下级争相仿效，故造成"背法意断"、"事同异法"的局面。故《晋书·刑法志》谓："惠帝之世，政出群下，每有疑狱，各立私情，刑法不定，狱讼繁滋。"故有刘颂上书，提出"主者守文，死生以之，不敢错思于成制之外"，"事无正据，名例不及，大臣论当以释不滞"，"非常之断则人主专之"的三条基本原则。晋元帝时熊远上书："凡为驳议者，若违律令节度，当合经传及前比故事，不得任情以破成法"；"诸立议者皆当引律令经传，不得直以情言，无所依准，以亏旧典。若开塞随宜，权道制物，此是人君之所得行，非臣子所宜专用"。（《晋书·刑法志》）这是对判例适用的进一步控制。

判例适用的基本规范化当在唐代。《唐律·断狱律》规定：（1）断案时凡有律令格式正文的，皆须具引律令格式正文，而不得援引判例，违者处罚；（2）断案时无律令格式正文的，可以援引原有判例，但所援引的判例必须经朝廷审核批准为"永格"者，"诸制敕断罪临时处分不为永格者，不得引为后比，若辄引致罪有出入者，以故失论"。此间，汉晋时法官可以比较自由地适用判例的局面一去不复返了。

历代封建统治阶级都认识到，判例编纂是控制判例适用的重要措施。如汉代《春秋决事》、《决事比例》、唐代的编格、宋代的《断例》、明清的编例等，都是统一司法的有力手段。

三、静·动·平衡

在"混合法"时代，由于成文法与判例法本来是两种对立的不协调的法律类型，因此两者的对立、矛盾是必然的、不可避免的。但是，无论是成文法还是判例法，它们各自都有自身无法克服的缺欠与不足，而彼之优劣恰正是此之劣优。特别是在中央集权的君主专制政体下，由于中央政府对全国立法、司法活动的全面而有效的干预与指导，终于实现了成文法与判例法的融合，形成了"混合法"法律类型。

当然，"混合法"的形成经历了长期而曲折的"磨合"过程。在长期"磨合"过程中，在法律实践领域常常表现出以下带有规律性的现象或趋势。

（一）相对数量比例与重心移位

在"混合法"时代，成文法典、法令、判例三种基本法律规范形式的创制、适用,在量上往往是不同的。它们在数量上常常表现出以下五种相对的比例关系,同时,从中也可以发现法律规范创制、适用上的重心位移。

	成文法典	法令	判例
A	少	少	少
B	少	少	多
C	少	多	多
D	多	多	多
E	多	少	少

第一种情况如西汉初期,由于大乱初定,立法、司法活动尚未完全纳入正轨,当时的成文法典为"三章之法"和汉律九章等,法令、判例相对来说都不多。这种情况是特殊的,也是暂时的。第二种情况如汉武帝初期,由于儒家思想开始指导立法、司法活动,使判例创制、适用在数量上相对优于法典和法令。但这也是暂时的。判例积累到一定程度之后,便向法令转化。第三种情况如汉武帝以后的一段时期,判例、法令的创制与适用超过成文法典。与此相似的还有宋代,当时敕令和断例的地位也是超过法典。这就为重修法典打下了基础。第四种情况虽然在逻辑上是成立的,但在实践中很少遇到。因为这是极不正常的现象。法典、法令众多而判例浩繁,是"政出群下",法制机器失控或非正常运转的表现。有似于《晋书·刑法志》所谓"律文烦广,事比众多",法官无所适从,或"以情坏法",这种局面很难持久。第五种情况如唐代,唐律颁行后,由于其详备而宜于时用,故法令、判例的创制、适用相对削弱。每个朝代都是这样,只要成文法典详备且宜于时用,法令和判例的地位便往往受到抑制。但是,随着社会生活的演进,成文法典的过时性和缺欠总要逐步表现出来。这样,成文法典的"多"的优势便实际上变成"少"的劣势。此间,判例的地位便会悄然上升。

(二) "彼行此止"与"彼止此行"

成文法与判例法毕竟是两种不同的类型,因此在法律实践中两者总是互相抑制的。

1. 法律、法令行而判例止

当成文法典详备且宜于时用,以法令辅之足以调整社会生活时,判例的创制与适用便失去必然条件。统治阶级为维护法制统一,常常要求各级法官严格依法典和法令办事,不得"临事改制,朝作夕改","处事不用律令,竟作属命。人立异议,曲适物情,亏伤大例"。(《晋书·刑注志》载熊远语)在这种情况下,判例的创制、适用受到严格控制。

2. 法律、法令止而判例行

当法律、法令不宜于时用或不符合变更了的统治阶级法律政策或法律意识时,判例创制与适用便发展起来。如汉武帝时以《春秋》决疑狱,用判例的形式完成儒家思想对法律领域的渗透,并无形中废止部分法条。如董仲舒决狱,"子误伤父"案,"夫死未葬而嫁"案,依原法律应分别以"殴父"、"私嫁"而处死,而判例却以无罪而减免刑罚。(参见《太平御览》六四零)又如《金史·刑法志》载:金朝初期,"制有缺者以律文足之,制、律具缺及疑而不能决者,则取旨画定"。在金人原有习惯法和汉族的封建法都不能完全宜于时用之际,以临事制宜的办法创制和运用判例,是最为妥当的良策。

3. 判例、法令行而法律止

判例和法令具有密切的天然联系。法令从其产生的途径来看常常是原始判例的抽象化,经过抽象之后,使原来只对原案件当事人具有约束力的具体法律规范,变成对社会成员均有约束力的一般法律规范。因此,判例与法令在创制与适用上常常是同步发展的。汉武帝时代,由于判例和法令的创制、适用占有极大优势,从而使成文法典显得无足轻重。清代的"例"是原始判例和由原始判例抽象而成的法令的混合体,由于"例"是经皇帝御裁的,又较为宜于时用,故使"例"往往高于律,这就是"有例则置其律"和定期修例的原因。

(三)判例演变为法令、法典

判例是在法无明文或虽有明文却不符合新的法律政策因而又不得不作出裁决的情况下产生的。因此,从某种意义上可以说判例的创制就是一种特殊的立法。判例存在的重要原因是成文法的先天不足。古代贤哲对此有着清醒的认识。《晋书·刑法志》:"刑书之文有限而庶违之故无方,故有临时议处之制,诚不能皆得循常也;"法盖粗术,非妙道也。矫割物情,以成法耳";"天下至大,事物众杂,时有不得悉循文如令"。《汉书·杜周传》:"三尺安在哉?前主所是著为律,后主所是疏为令,当时为是,何古之法乎?"《后汉书·和帝纪》:"令下而奸生,禁至而诈起,巧法析律,饰文增辞,货行于言,罪成乎手。"《宋史·刑法志》:"凡律令格式或不尽载,则有司引例以决。"《明史·刑法志》:"律者万世之常法,例者一时之旨意。"可以说,没有司法活动就没有法的生存和发展。判例一经形成,除了指导司法之外,它们还有机会适时或及时转化为法令,继而用法令的形式指导司法。同时也就实现了立法的简洁化。至于法令被汇入成文法典,则是法令的集约化。任何一宗判例,只要它是合理而有使用价值的,便都有转化为法令或法典的可能性。即"收可行之例归于通行之法。"①此类实例史不绝书。

西汉廷尉张汤曾以大臣颜异"见令不便不入言而腹非",将颜异处死。以后便"有腹非之法比"。(《汉书·食货志》)这个判例创制了"腹非"这一新罪名和相应的刑罚。它的价值无异于一条新法令。《后汉书·张敏传》载:建初年间,有人被侮辱,被侮者之子怒而杀侮者。肃宗免除杀人者死罪而释放之。

---

① (清)徐松辑:《宋会要辑稿》第164册,载《刑法一》之五五,中华书局影印本1997年版,第6489页。

"自后因以为比,遂定其议,以为轻侮法"。这也是由判例而转为法令的一例。

北魏时,费羊皮因母亡家贫无以葬,遂卖七岁女于张回为婢,张又转卖给梁定之。依律,"掠人掠卖人和卖人为奴婢者,死;卖子者处一岁刑。"然而对买者无明文规定。经过反复讨论,皇帝诏曰:"羊皮卖女葬母,孝诚可嘉,便可特原,张回虽买之于父,不应转卖,可刑五岁";"推例以为永格"。

李怜生以毒药杀人,依律当处死刑,其妻子流。李母以年老无期亲上请存留养亲,州府判处李怜生三年服终之后执行死刑。有大臣提出异议,谓上请之事,应由皇帝定夺,非应州府所决。依律,毒杀人者处死,妻子流。诏从之。这是对犯罪存留养亲的具体界定。兰陵公主驸马刘辉与二妇奸乱,殴主伤胎。二妇之兄知情而未加阻止。刘畏罪潜逃。有人建议"各入死刑",二妇之兄处流刑。尚书以为,以既嫁之妇,诛及家兄,不妥,且奸私之罪无相坐之法。诏曰:"已醮之女不应坐及昆弟。"对二妇之兄处以夺禄之罚。这是对连坐的限制性规定。此后入律。(《魏书·刑罚志》)

北宋时,有妇人杀其夫前室之子者,又有妇杀其夫前子妇者,依尊长杀卑之律,只处徒刑。太祖诏曰:"自今继母杀伤夫前妻之,及姑杀妇者,同凡人论。"此后入律。(《宋史·刑法志》)

《大诰》是朱元璋亲裁判例集。自洪武二十六年始,《大诰》中许多条目逐渐转为条例,如《充军条例》、《真犯杂犯死罪条例》、《应合抄札条例》等,使原始判例变成法令。洪武三十年,《钦定律诰》成,《大诰》条目列入者达36条。同年《大明律》成,《钦定律诰》附其后,且为《大明律》的组成部分。① 原始判例经抽象为法令后又被修入成文法典,这是判例的归宿,又是新判例因以诞生的起点。

在清代,形成了定期修例的制度。在审判中产生的典型案例,"只有可能在今后的司法实践中反复适用的案例才被确定为附例。"其实,从案例转变为附例,同时也就完成了由具体到一般的升华。"所有这些,标志着成文法吸收判例法的方式方法已经趋于成熟。"②

在"混合法"时代,在皇权直接主宰立法、司法的状态下,成文法与判例法之间相互消长与互相辅助的外部联系,以及判例缘于成文法典而又汇入成文法典的内部联系,使封建时代的法律实践状态实现宏观的动态平衡。中国封建社会延续二千年之久,其原因很多,而适用"混合法"型的法律,也许是其中的一个原因。

四、统一的立法与综合实施的司法

自汉以降,历朝历代无不将统一立法视为开国之大事。统一制定法律,是国家统一或政权获得正统地位的标志。经过长期的立法实践,封建统治者认

---

① 杨一凡:《明初重典考》,湖南人民出版社1984年版。
② 杨一凡、刘笃才:《历代例考》,社会科学文献出版社2009年版,第349页。

识到法律统一的重要性。北齐时曾有人上疏言立法的意义:"大齐受命以来,律令未改,非所以创制垂法,革人视听。"(《隋书·刑法志》)清入关后,统治者也认识到"宜速定律令,颁示中外"(《清史稿·刑法志》),以稳定人心,使清王朝的政权合法化。正因为统一立法的这种重要意义,历代统治者才对律令之学给予了高度的重视。在"国家、家族本位·混合法"时代,律学获得长足发展。汉武帝时董仲舒通经明律,开兼治经律的风尚。此后,"叔孙宣、郭令卿、马融、郑玄诸儒章句卅有余家,家数十万言"(《晋书·刑法志》),以经注律,以律解经,蔚然成风。魏晋南北朝时期,更是律学兴盛之期,陈群、刘劭、刘颂、张斐、杜预都是律学大家,统治者将这些人吸收到立法机构中,使律学理论与实践有机地结合起来。隋唐之后,律学之风渐衰。但是,统治者仍将律学置于较高的地位。宋代"士初试官,皆司律令。"(《宋史·刑法志》)明朝朱元璋曾下谕:"日具刑名条目以上,吾亲酌议焉",并"每御西楼,召诸臣,赐坐,从容议论律令","又命儒臣四人同刑官讲《唐律》,日进二十条"。(《明史·刑法志》)

但是,统一立法和法律制度也存在着消极的一面,主要表现在:中央制定的法律不可能完全适应各地的情况。加之中国地域辽阔,风俗人情各异,"十里不同风"。现实生活状况的复杂多变,以及法典条文本身的局限性等,都构成司法统一的障碍。为解决这一难题,统治者摸索出一套综合治理的办法。这就是因时、因势、因事而变通,使官箴、家规、民约、舆论、道德、习俗与法律互相配合,灵活实施。

首先是家规与法律的配合。《汉书·刑法志》:"鞭扑不可弛于家,刑罚不可废于国。"中国封建社会,尤其是汉代以后,统治者十分注重大家族的发展,并以家族作为预防犯罪的第一道防线,所谓"修身齐家治国平天下"就是封建社会所提倡的榜样。"三纲"之中有两纲是论证家族关系的"父为子纲,夫为妇纲"。封建法典也从各个方面维护家族中的父权与夫权,对家长惩罚子女、丈夫惩罚妻子的权力给予默许甚至保护。自汉以来,子女不孝敬家长被视为"不赦之罪"。汉代衡山王刘赐之子因密告其父谋反,自身反以"不孝罪"被处以"弃市"之刑。(《汉书·衡山王传》)此外,法律允许子为父隐,或代父受刑以尽孝道。如:南朝宋初,朝廷接受了蔡廓的主张,审讯中不要求子孙为父、祖的犯罪提供证词。《南史·蔡廓传》言:"鞫狱,不宜令子孙下辞明言父祖之罪,亏教伤情,莫此为大。"(《南史·蔡廓传》)《唐律》"十恶"中有四项属于家族关系方面的犯罪,即"恶逆"、"不孝"、"不睦"、"内乱"。此外还有"七出"作为妇女对家族或丈夫犯罪(或缺陷)的惩罚。这样法律与家规有机地结合起来,虽然国家的法令是统一的,但其并不妨害家长的权威和家规的实施。

其次是舆论与法律的配合。在封建社会,尤其东汉以后形成的豪强势力对中央集权常常构成一种威胁,这些人掌握着舆论工具,时常干扰法律的实施。兴起于东汉魏晋间的"清议"便是法律与舆论分裂的典型事例。"清议"是以儒家的伦理道德评判世人,世人一旦遭到"亏损名教"的清议,便会为世人不齿,"废弃终身"。为杜绝或阻止士族以舆论为工具,抨击时政,南朝的统治者将"清议"与法律结合起来,使舆论尽量与政权保持一致。刘裕在登基时的大赦令中宣布"其犯乡论清议,一声涤荡,与之更始"(《资治通鉴》宋永初元年),显示了皇帝对社会舆论的扼制力。此后,齐、梁、陈皆沿此制,大赦中"赦免清议"似乎已成定制。《南齐书·高帝纪下》:建元元年四月,大赦天下"犯乡论清议,赃奸淫盗,一皆荡阵,洗除前污,与之更始"。《梁书·武帝纪中》:"天监元年,大赦天下。"《陈书·高祖纪下》亦记陈霸先即位时祖"犯乡里清议者"。在频繁的赦令下,舆论工具已由士大夫之手逐渐转移于国家机构。同时,梁律又设"禁固之科",使舆论成为律之一部分,以此达到律与舆论的相互配合。自南朝后,儒家的伦理道德精神基本融于律典之中,舆论与法律从不同的方面共同制约着人们的言行。

再次是道德与法律的配合。在"国家、家族本位·混合法"时代,法律与道德密切联系、互相制约,道德的诫律经常被直接纳于法典之中,或者其本身就具有法律性质的束缚力;而法律的条款也常常带有道德伦理的色彩。自晋代始,律典儒家化,中国封建社会的法律就被人们称为道德法或伦理法,但法律与道德的这种密切关系,并不说明二者之间不存在着矛盾和冲突。相反,法律的道德化正是在二者的相互冲突中完成的。而且,二者的密切关系,也不说明法律与道德的地位并重,"国家、家族本位·混合法"时代法律与道德的关系即以"德主刑辅"为其主要特征。法律是"不得已而用之"(《晋书·刑法志》)的治国的下策,是处于次要地位的。"德主刑辅"的传统,与秦独尚法治二世而亡的历史有着直接的关系。由于秦王朝苛政烦法,短命而亡,使人们将法视为暴虐之器,并对法产生了畏惧心理,谈"法"色变。在对秦"尚法"的纠正中,形成了"尚德"的风尚。汉文帝时冯唐竟以文帝"法太明"(《史记·冯唐列传》)为非。当立法用刑之时,统治者总不免要先奢谈一阵道德教化;司法时,要以体现"德政"为目的;审狱时,要以"心存仁义"为准则,甚至对君主、王朝的评价也以刑措不用为标准。为了配合道德的弘扬,对以文乱法的儒生、以武犯禁的侠客、为亲复仇的孝子、为节献身的烈女,在法律上都要给予特别的宽赦。《后汉书·列女传》中记载了许多为亲复仇而犯国法的烈女,这些人不仅没有被绳之以法,反而得到统治者的旌扬,名彪史册。凡此种种,都是为了突出"德主"之位,突出道德的感化作用。在这种浓厚的尚德氛围中,法律的道德化已成为法律发展的必由之路。

最后是习俗与法律的配合。孟德斯鸠《论法的精神》中写道:"要是没有宗教的话,专制国中被尊重的便是习惯而不是法律。"又言:"专制国家的礼仪和风俗较少改变。风俗较为固定,所以就近似法律。因此,在这样一个国家,君主或立法者比世界上任何国家都应当少去更动风俗和礼仪";"风俗和礼仪有一个区别,就是风俗主要是关系心的动作,礼仪主要是关系外表的动作";中国的立法者们"把宗教、法律、风俗、礼仪都混在一起。所有这些东西都是道德。所有这些东西都是品德。这四者的箴规就是所谓礼教。中国统治者就是因为严格遵守这种礼教而获得了成功。"因为"法律是制定的,而风俗则出于人们的感悟。"①"混合法"时代的立法与司法实践证明了孟德斯鸠的断言。

自汉以来,历朝的立法与司法非常注意吸取习俗的内容。汉景帝时曾下令"鳏寡不属逮者,人所哀怜也"(《汉书·刑法志》),显然是对流传下来的敬老习俗的肯定。晋律、唐律及宋、元、明、清之律无不容纳了大量的习俗,并将习俗直接转化为律条,如复仇、以服定罪之类即是。这一点在少数民族入主中原的王朝的法典中表现得尤为突出。如北魏时"礼俗纯朴,刑禁疏简。宣帝南迁,复置四部大人,坐王庭,决辞讼,以言语约束","亲族男女无少长皆斩,男女不以礼交皆死"。(《魏书·刑罚志》)《金史·刑法志》记:"金国旧俗,轻罪笞以柳莒,杀人及盗劫者,击其脑杀之,没其家资……"

此外,"国家、家族本位·混合法"时代的立法者,尤其注意不以汉人之律勉强改变边远地区的风俗。如东汉时,马援南征交阯,平定后,"条奏越律(即交阯律)与汉律驳者十余事,与越人申明旧制以约束之。自后骆越奉行'马将军故事'"。(《后汉书·马援传》)可见,"马将军故事"是汉律与交阯地区旧制互相结合的产物。宋朝立法不仅注意法律的统一性,同时还注意到各衙门的性质与各地方的风俗,制定《一司敕》、《一路敕》、《一州敕》、《一县敕》。

综上所述,"国家、家族本位·混合法"时代的立法、司法实践内容极为丰富,特点也极为明显,这就是:立法者"把宗教、法律、风俗、礼仪都混在一起,……这四者的箴规,就是所谓的礼教,中国统治者就是因为严格遵守这种礼教而获得了成功"。②

第五节 "国家、家族本位·混合法"时代的法律规范样式

"国家、家族本位·混合法"时代的法律规范样式丰富多彩,名目繁多。它们有的名异实同,有的名同实异,有的大同小异,但它们之间都具有内在的密切联系。为研究方便,我们把所有法律规范分成三种类型:稳定型的、半稳定型的和非稳定型的法律规范。此三种类型的法律规范相辅相成、互为因果,并且从表现形式上的诸项分立演化为诸项合典。

一、三种类型的法律规范

在"混合法"时代,由于社会生活的不断复杂化和统治阶级立法、司法经验的逐渐积累,使法律规范的表现形式比较丰富。大体说来,可以分为三种类型。

(一)稳定型的法律规范——成文法典

成文法典是封建王朝的基本大法,它由朝廷按一定立法程序制定并颁布,

---

① 〔法〕孟德斯鸠:《论法的精神》上册,商务印书馆1961年版,第17、18、309、312、313页。
② 同上书,第313页。

对所有臣民具有普遍约束力,也是法官司法审判的主要依据。成文法典的内容十分广泛,包括刑事、民事、行政、军事等实体法和程序法,因而具有广泛的使用价值。成文法典一经制定、颁行,便不能轻易更改、删增,从而在比较长的时期内保持相对的稳定性。

1. 历朝的成文法典

封建诸王朝都重视成文法典的编纂,各朝都有自己典型的成文法典。如:

汉《九章律》(九篇);
魏《新律》(十八篇);
晋《晋律》(二十篇);
梁《梁律》(二十篇);
陈《陈律》(三十卷);
北齐《齐律》(十二篇);
后周《周律》(二十五篇);
隋《隋律》(十二篇);
唐《唐律》(十二篇);
宋《宋刑统》(十二篇);
元《大元通制》(二十篇);
明《明律》(七篇三十门);
清《清律》(七篇三十门)。

这些成文法典都是统治阶级在借鉴前代法典并宜于时变的基础上,经过审慎的立法工作而产生的。成文法典尽管在微观上常常产生脱离现实生活的现象,但就宏观而论,其基本精神与时代总是合拍的。

2. 成文法典的稳定性特征

成文法典的稳定性表现为时间上和空间上的广泛适用性。它又分为两方面:

其一,法律规范内容的广泛适用性。成文法典是由一定数量的法条组成的,而每一个法条又是经过立法司法实践的不断总结,或从一系列实际判例中抽象出来的较为凝炼的东西,这就使法条在一定的时间内,在全国领域内具有相对稳定的适用性。

其二,法律规范体裁的广泛适用性。成文法典总是以一定的体裁把一定数量的各色各样的法条熔于一炉的。这种体裁是长期立法艺术的结晶,并经过长期实践的检验证明是可行的、适用的。这就使成文法典在体裁上保持相对稳定性。

3. 成文法典的稳定因素

成文法典的稳定因素即造成成文法典稳定性的原因,这些原因是多方面的。主要有:(1)经济生活的稳定性。在封建时代,自给自足的自然经济决定了封建生产关系的基本风貌,而生产关系的稳定性造成了法律规范在内容上的延续性。(2)政治体制的稳定性。在封建时代,君主集权专制和封建官僚制度决定了封建政治体制的基本特征,而社会政治关系的稳定性造成了法律规范在内容上的连续性。(3) 社会组织的稳定性。在封建时代,宗法家族始终是社会的基本细胞并构成封建王朝的天然基础,维护家族的平静是维护国家安宁的前提。家族结构的稳定性造成法律规范在内容上的承袭性。(4) 社会意识的稳定性。在封建时代,儒家的法律意识成为统治阶级立法司法的基本指南,而且陈陈相因,一以贯之。因此,立法活动始终在封建法律政策、法律意识的支配下进行,这就必然造成成文法典在内容上的稳定性。(5) 立法程序上的严肃性。在中央集权的君主专制政体下,成文法典的制定是一件十分严肃的事。这表现在:立法时机的选择与确定,立法原则的研讨与实施,立法组织的建立,都经过审慎的决策过程。同时,法典的制作须经反复推敲与审核,才最后颁行。立法是严肃的事情,既不允许频繁进行,经常增删;也不允许法官在司法中篡改法条。(6) 敬宗法祖的守成意识。某一朝代开国君主所立的成文法典常常受到后代皇帝的特别重视。在"祖宗成法不可轻易更改"的观念支配下,法典往往被原封不动地承袭下来。后代君主宁可采用其他变通手法而不肯轻易改弦更张。

(二) 半稳定型的法律规范——法令

成文法典一经颁布便不可轻易变动,但社会生活不可能因此而停下脚步,因而便产生半稳定型的法律规范——法令。

《睡虎地秦墓竹简·语书》言及"令"的价值和特征:"法律未足,民多诈巧,故后有间令下者。""令"是在成文法典不足用的情况下,由国家随时颁布的法律规范。它是分散的法令和单项法规的通称。

"令"的表现形式在各朝代常常是不同的。汉代,与《九章律》并行的有许多"令",如《金布令》、《狱令》、《田令》、《养老令》等。这是调整某一具体事务的一组法令的集约化产物。此外,还有许多"律",如《朝律》、《尉律》、《田律》、《挟书律》等。这些"律"与"令"本无质的差别,只是在量上显得更为周备而已。皇帝的诏令也是"令"的一种,汉代废除《挟书律》、废除《收孥相坐律》、废除肉刑等,都是以诏令的形式颁布的。曹魏时制《新律》十八篇,《州郡令》四十五篇,《尚书官令》、《军中令》一百八十余篇。这些"令"实际上是单行法规。以后历代修律大都与编令同时进行。北魏至唐代还有"格",这是从判例中抽象出来的法条或皇帝的诏令,但都须经过朝廷的审核或删辑。"格"的集约化就是单行法规。如《唐六典·刑部》:"凡格二十字四篇,以中书省诸曹为之目。"唐代后期又有格后敕,与格大致相同,但内容上更适用于变化了的形势。明清的例是原始判例和抽象化判例的通称。判例一经抽象便成为法条,法条的集约化就是条例。

法令之所以被称为半稳定型的法律规范,是因为它是动态的法律形式,兼有向稳定型和非稳定型法律规范发展的趋势。法令是抽象的规范,与判例有质的差异性。法令的集约化就是单行法规,这实际完成了法令的"半法典化"。一方面,一些宜于时用的较为稳定的法令可以通过立法渠道进入法典,如唐代的"格入于新律";另一方面,由于法典不可能面面俱到,所以总要在法典之外保留相当数量的单行法规。单行法规一经颁布便具有相对稳定性。但是单行法规在立法或废法程序上总比成文法典来得更为方便。况且,法令是因时因事而产生的,经过反复的删定程序,一些法令被废止了,一些仍然有效的法令被纳入单行法规。这就使法令处在随时变动的状态之中。

(三) 非稳定型的法律规范——判例

法典、法令的局限性与社会生活的复杂性,使判例随时都有可能被创制出来。判例是一事一时的产物,因此它一经产生,便面临着三种前途:一是由于它带有一定的普遍适用价值被朝廷核准为"成式"、"成例",以供援引;二是被抽象为法条,上升为法令;三是由于不具备普遍适用的价值在删例时被淘汰,被丢到档案库的角落。社会生活复杂而且多变,于是,随着时间的延续,一批批新的判例被创制了,一批批旧的判例被删除了,这就使判例始终处在运动变化之中。

二、三种法律规范的动态联系及其原因

三种类型的法律规范之间并不存在不可逾越的鸿沟,它们互为因果、相互补充、互相转化。这主要表现在:

1. 判例—法令—法典

在无成文法典、法令的情况下,统治者凭借法律政策、法律意识对案件做出裁决,是为判例。判例经过核准而被援用,便逐步定型化。这种核准实际上是一种加工。通过加工使判例失去具体的情节而成为对人们行为的一种抽象设定,即"半法条"或"准法条。"如《宋刑统·断狱律·断罪引律令格式》引《开成格》:"其有引证分明,堪为典则者,便录奏闻,编为常式"。这种"准法条"数量的大幅增加,最终会给法官的援用带来困难。解决问题的有效办法之一是对它们进行分门别类的删辑汇编,而被集中到一起的"准法条"便具有了类似单项法规的形式。不论是零星的"准法条"还是相对集约化的"准法条",只要它们具有稳定的适用性,便有机会经过正式的立法程序编入成文法典。至此,判例便完成了由非稳定型到半稳定型再到稳定型法律规范的演化过程。

2. 法典—法令—判例

从判例、法令到法典是一个循环过程。法典一经产生,便开始了第二个循环过程。法典再详备也不可能包揽无余、随机应变。为了实现管理社会的目的,统治者便随时发布法令,指示人们应当做什么,不应当做什么,以及对违法者如何惩处。但是,社会也不可能预先概括人们的全部违法行为,于是便给创制和适用判例创造了条件。在中央集权政体的制约下,在统治阶级法律政策、法律意识的指导下,法典、法令、判例三种类型的法律规范循环往复,首尾相接,未有穷期。

在"国家、家族本位·混合法"时代的前期即汉至唐代,稳定型法律规范处于主法地位,半稳定型及非稳定型的法律规范处于副法地位,起拾遗补缺的作用。唐后期以至清末,在名义上,稳定型法律规范仍处于主法地位,而实际上,司法中主要以半稳定型法律规范为主,非稳定型法律规范仍起拾遗补缺的作用。故有学者认为,"自开元后,无复有新律。"(梁启超语)法典被视为经圣贤损益的"彝典"而世代相沿。然而,长期僵化的继承,往往使法典被束之高阁。这种变化在司法实际中尤为明显。西汉时曾有人指责杜周:"不循三尺法,专以人主意指为狱"。(《史记·杜周列传》)说明当时过多地使用非稳定型或半稳定型的法律规范是不正常的。唐初"守文定罪"蔚然成风。而唐以后,稳定型法律规范则被视为"古今章程",对其中的条款不敢随意变动。因此,法典的内容越来越脱离实际。正如朱元璋所言:"(律令)因循日久,视为具文。"(《明史·刑法志》)而清代更是"有例不用律,律既多成虚文"。(《无刑录》三)

封建社会政治、经济、文化的发展变化,是三类法律规范互相消长的社会原因。中国封建社会自唐后期以来,进入转折期。经济上,土地兼并的合法化,使实行了数百年的均田制荡然无存;政治上,皇权专制迅速扩张;思想文化方面,在"理学"的笼罩下,空前窒息。朱熹认为:"凡有狱讼,必先论其尊卑、上下、长幼、亲疏之分,而后听其曲直之辞。"(《朱子全书·治道二·论刑》)多变的形势和多变的政策,使"守文定罪"成为十分困难的事情。封建制弊端的充分暴露,使稳定型的法律规范无法继续处在主导的地位。现实与成文法典的不协调,已不仅仅是"律无正条"的局部问题,而是现实社会生活与封建法制相互冲突的全局问题。以非稳定型或半稳定型的法律规范对稳定型的法律规范进行局部的调整已无济于事。于是,稳定型的法律规范被束之高阁。在司法实践中以半稳定型的法律规范为主体,及时地反映统治者的意志,及时地应付多变的局势,已是大势所趋。

封建法制的兴衰是三类法律规范消长的直接原因。在整个封建社会中,三类法律规范始终并存。但唐以前,三者的关系是向较为合理的方向发展的。这就是以稳定的法律规范为主体,限制其他二类法律规范过多的副作用,以避免科条繁杂、前后矛盾、吏不知所守、民无所措手足的状况。就整个法律机制而言,封建的法律制度也正处在日益完善之中。律制的建立,律、令的区分都为"守文定罪"提供了条件。汉武帝时好大喜功,法制紊乱,宣帝则及时地简明科条,使"遇民知所避,奸吏无所弄。"(《汉书·刑法志》)隋文帝"喜怒不恒,不复依准科律。"(《隋书·刑法志》)炀帝即位则"敕修律令"。封建法制不仅调整及时,而且还制约着皇权,像汉文帝、唐太宗这样开明的皇帝带头守法似不足为奇,即使如隋炀帝这样的亡国之君竟也有守法之例。这种守法的风尚造成的稳定的局面,使稳定型的法律规范也处于主导地位。

唐代以后,特别是明清两朝,由于皇权的畸型膨胀,演变成"祖宗之法不可变"的传统,稳定型的法律规范得以在形式上被永久保留。这必然使非稳定型的法律规范受到格外青睐,在审判实践中广泛适用,以至在司法实践中出现弊端。正如袁枚所说:"盖律者,万世之法也;例者,一时之事也。万世之法,有伦有要,无所喜怒于其间;一时之事,则人君有宽严之不同,卿相有仁刻之互异,而且狃于爱憎,发于仓卒,难据为准。譬之律者衡也,度也,其取而拟之,则物至而权之度之也。部居别白,若网在纲。若夫例者,引彼物以肖此物,援甲事以配乙事也,其能无牵合影射之虞乎?律虽繁,一童子可诵而习。至于例,则朝例未刊,暮例复下,千头万端,藏诸故府,聪强之官,不能省记。一旦援例,惟吏是循。或同一事也,而轻重殊;或均一罪也,而先后异。或转语以抑扬之,或深文以周内之。往往引律者多公,引例者多私。引律者直举其词,引例者曲为之证。公卿大夫,张目拱手,受其指挥。"①为了克服非稳定型法律规范过多运用所造成的混乱,统治者除了及时删辑诏令、成案、判例之外,没有更好的办法。经过定期的修例活动,非稳定型的法律规范逐渐被加工成为半稳定型的法律规范。从而使半稳定型的法律规范在审判实践中居于主导地位。

三、从"三法分立"到"三法合典"

这里说的"三法"特指上述三种法律类型:法典、法令、判例。三种类型的法律规范在法典编纂史上曾经历了从分立到合典的漫长过程。从汉到隋代,大致是法典、法令、判例各为一辑,其实例不胜枚举。

唐代,律文与疏议合为一典。如《唐律·断狱律》:"诸断罪皆须具引律令格式正文,违者笞三十";"疏议曰:犯罪之人,皆有条制,断狱之法,须凭正文,若不具引,或致乖谬"。但疏议中也有引法令内容的。如《断狱律》:"诸立春以后秋分以前决死刑者,徒一年";"疏议曰:依《狱官令》:从立春至秋分不得奏决死刑。违者徒一年。若犯恶逆以上及奴婢部曲杀主者,不拘此令"。这是律、令合于一典的苗头。

宋代律文、疏议、令、格、敕合为一典。如《宋刑统·断狱律》:"诸断罪皆须具引律令格式正文,违者笞三十";"疏议曰:犯罪之人,皆有条制,……";又《断狱律》:"诸制敕断罪临时处分不为永格者,不得引为后比。若辄引致罪有出入者,以故失论";"疏议曰:事有时宜,故人主权断,制敕量情处分不为永格者,不得引为后比……""准:《狱官令》:诸犯罪未发及已发未断决,逢格改者,若格重,听依犯时,格轻,听从轻法";"准:《刑部式》:用准式者,格敕律令皆是";"准:刑部格敕,如闻诸司用例破敕及令式深乖道理,自今以后不得更然";"准:唐长兴二年八月十一日敕节文:今后凡有刑狱宜据所犯罪名,须具引律令格式,逐色有无正文,然后检详后敕,须是名目条件同,即以后敕定罪。后敕内无正条,即以格文定罪。格内又无正条,即以律文定罪。律格及后敕内并无正条,即比附定刑,亦先自后敕为比。事实无疑,方得定罪。虑恐不中,录奏取裁"。律文简洁,恐引起歧义,故以疏议诠释之;诠释又恐不足,故引令、

---

① (清)袁枚:《答金震方先生问律例书》,载《小仓山房文集》卷一五。

格、敕、式原文说明之。令、格、敕、式又以时间先后为序,使人一目可见其沿革。这对法官来说是非常有益的。

元代法条、判例合为一典。以沈刻《大元圣政国朝典章》为例,其《刑部》载有成文法条,如《赃罪条例》:"诸职官及有出身人等今后因事受财依条断罪,枉法者除名不叙,不枉法官须殿三年,再犯不叙,无禄官减一等,以至元钞为则;"又《侵盗钱粮罪例》:"一、仓库官吏人等盗所主守钱粮一贯以下决三十七,至十贯杖六十七,每二十贯加一等,一百二十贯徒一年,每三十贯加半年,二百四十贯徒三年,三百贯处死"等。但是《元典章·刑部》绝大部分是判例。如《诸奸·强奸幼女处死》:"大德十一年六月行台准御史台咨,先承奉中书省札付来呈,准西廉访司追照得庐州路文卷内六安县类徐保,年一十六岁,将五岁女张凤哥奸污,省委审断罪囚官止断六十七下,不见此断例。送刑部呈至元五年陕西行省军人郑忄古歹将王秀儿六岁女葛梅强奸,法司拟合行处死,施行讫。又至元七年闰十一月内尚书右三部呈:顺德路归问到陈赛哥强奸田泽女菊花,罪犯拟令处死,移准中书省咨九月初七日闻奏过,奉圣旨:'依着您的言语者;钦此。'琚京兆路白水县王解愁至元七年三月二十九日强奸郭晚驴定婚妻李道道,年九岁,有郭晚驴要讫王解愁布四十匹,白水县官司准拦断讫王解愁四十七下,取到本县官吏人等招伏送户部,拟呈照得原奉省札陈赛哥强奸幼女田菊花合行处死,有审断罪囚断事官,干脱儿赤等断讫一百七下,再行捉拿收禁,为此闻奏过,将陈赛哥疏放了,当据已断王解愁即依一体合行处死。若依干脱儿赤已断体例合贴断六十下。省准依上施行去讫。以此本部议得类徐保所招奸讫五岁女张凤哥,罪犯例合处死。奸有和强,罚有轻重,若执法不一,刑无不滥。伏睹圣朝立法以来,令台察提调审理,盖欲其平也。今类徐保强奸五岁幼女张凤哥,庐州路追勘明白,罪当处死,省委审囚官挠法任情擅断六十七下,本道廉访司纠其不平,刑部既不能比依条例定论,又不以省委官枉错问罪,授行干脱儿赤断事官已行违错事理,拟将类徐保贴断,以此参详,徐保所犯既已断讫,固准再拟虚重,然干脱儿赤等官擅断之事,即非久远定例,若循今次所拟,窃恐以后因仍差失、长恶滋奸,深为未便。今后合令刑部明立断例,遍行中外遵守。若官吏违例差断,亦合定拟罪名,似望刑政归一。呈奉中书省札付送刑部议得:今后若有强奸幼女者如十岁以下,虽和以同强,拟合依例处死。如官吏违例差断者,临事详情区处,如准所拟,遍行中外遵守,极应具呈照详部省准拟施行。"

明朝也是律、例合典。如洪武三十年所颁《大明律》中附有《钦定律诰》、《御制大明律序》谓:"将《大诰》内条目撮其要略,附载于律,……今后法司只依律与《大诰》议罪。"此其证也。又万历年间《大明律例》,其《名例·八议》规定:"应议者犯罪:凡八议者犯罪,实封奏闻取旨,不许擅自勾问。若奉旨推问者,开具所犯及应议之状先奏请议,议定奏闻,取自上裁。若犯十恶者不用此律。"接着引一条判例:"弘治三年二月二十七日节该钦奉孝宗皇帝圣旨:钟劳奇涅节次重出领状,冒支官粮,好生不遵祖训,就将他每(们)禄米革去十分之二,以示惩戒。今后将军仪宾有犯,都照这例行。钦此。"

清代一仍明旧,律、例合一。如顺治《大清律》中《刑律》的《居丧及僧道犯奸》条:"凡居父母及夫丧若僧尼道士女冠犯奸者,各加凡奸罪二等,强者奸夫绞监候,妇女不坐,相奸之人以凡奸论。"下面附《条例》:"一、僧道不分有无度牒及尼僧女冠犯奸者依律问罪,各于本寺观庵院门前枷号一个月发落;一、僧道官僧人道士有犯挟妓饮酒者,俱问发原籍为民。"

雍正《大清律集解附例》是法条、注、条例(原例、增例、钦定例)合为一典。如《刑律·贼盗·监守自盗仓库钱粮》:"凡监临主守自盗仓库钱粮等物不分首从并赃论罪,并于右小臂膊上刺'盗官银(粮、物)'三字。一两以下杖八十,一两以上至二两五钱杖九十,五两杖一百,七百五钱杖六十徒一年……四十两'斩。注:"此特严监守自盗之罪也。身为监临主守,财在仓库钱粮及凡在官财物皆其所掌,若有意为盗者,多寡惟其所取,故监守自盗,其蠹甚大同盗者,具不分首从,通累所盗之数,合并计赃,一体坐罪。"《条例·原例》:"凡漕运粮米监守盗六十石入己者发边卫,永远充军,入己数满六百石者,拟斩监候。"《条例·增例》:"一、漕白二粮过淮以后责令该管道府州县往来巡察,有盗卖盗买之人,拿获即各枷号一个月……如地方官失察者,交该部议处;一、凡监临主守侵盗仓库钱粮不分腹里沿边沿海,但入己数满三百两者,拟斩监候,不满三百两者照正律并赃拟罪,文武官员犯侵盗者具免刺字;一、凡侵盗挪移等赃一年内全完,将死罪人犯比免死减等例再减一等……;一、凡侵盗钱粮入己自一千两以下者,仍照监守自盗拟斩,律准徒五年,数满一千两以上者,拟斩监候,遇赦不准援免……"

四、"三法合典"的价值

"三法合典"再加上属于律学内容的注释,实际上是四种内容合为一书。这种编纂形式早已成为历代朝廷立法的惯例。如乾隆皇帝御制《大清律例序》中说:"简命大臣,取律文及递年奏成定例,详悉参定,重加编辑,揆诸天理,准诸人情,一本至公而归于至当。"[1]至于编纂的具体方法则如《大清律例·奏疏》所谓:"所有历年钦奉上谕及议准内外臣工条奏,并吏、户、礼、兵、工等部议准有与刑名交涉应纂为例者,详细复核,分类编辑。并将全部条例逐一比较,其中或有新旧不符及词义重复并文义未甚明晰者,俱详加参考,酌量修改,以期引用无讹。其旧例内有业已奏准不行及与新例不符合者,俱酌拟删除,以归画一;"又《大清律例·凡例》所谓:"律后附例,所以推广律意而尽其类,亦变通律文而适于宜者也。故律一定而不可易,例则有世轻世重随时酌中之道焉。律文四百五十七条,历代相因,例文一千四百五十六条,分门别类,悉附律文之后。"[2]可见,编纂律例,要将律文、例文以及关于天理人情的诠释等

---

[1] 马建石、杨育棠主编:《大清律例通考校注》,中国政法大学出版社1992年版,第5页。
[2] 同上书,第21、23页。

熔为一炉。这种编纂形式的理论价值,在一定程度上可以说是再现了在成文法和判例有机结合框架下的律学研究的辉煌成果。此外,其实践价值则显得更为重要。因为,用抽象法律术语写成的律文,如果没有详细的注释,即使是"圣贤"亦难读懂,更何谈适用。这种综合性的律典,作为法律文化的一种载体,凝结了古代立法家和司法家们的集体智慧,实在值得后人认真品读和欣赏。

(一)"三法合典"有利于精确阐释法条之所谓

"三法合典"之形式有利于精确阐释法条之所谓,使法官和民众知晓法律的具体内容。这里仅举"犯罪存留养亲"一条为例加以说明。《大清律例·名例·犯罪存留养亲》律文:"犯死罪非常赦不原者,而祖父母、父母老疾应侍,家无以次成丁者,开具所犯罪名奏闻,取自上裁。若犯徒流者,止杖一百,余罪收赎,存留养亲。"该律文下列18件例文对律文进行阐释。比如:其一,兄弟数人犯罪的,只准一人存留养亲;其二,如系杀人伤人,则只限"戏杀"、"误杀";其三,被杀者亦系独子,亲老无人奉养,不准存留养亲;其四,犯罪存留养亲之后又犯罪的不准再次存留养亲;其五,孀妇守节逾二十年,虽未年老,其独子有犯,准存留养亲;其六,诬告反坐致良民久系牢狱的,不准存留养亲;其七,远离父母不尽孝道,在外地犯罪的,不准存留养亲;其八,被父母指为忤逆者,不准存留养亲;其九,犯奸、强盗、诱拐诸罪者不准存留养亲;其十,有兄弟及侄出继可以归宗者,不准存留养亲,等等。①

(二)"三法合典"有利于溯本追源预见未来

"三法合典"不仅有利于精确阐释法条之所谓,而且便于溯本追源,从而预见未来。这里仍以"犯罪存留养亲"一条为例加以说明。《大清律例·名例·犯罪存留养亲》律文下面注明:"此条悉仍原律",意即完全依照大明律。律文下面不仅列出当时有效的例文,而且还指出该例文的出处即原始判例。比如,指出兄弟数人犯罪的,只准一人存留养亲,"此条系遵康熙五十年九月内谕旨,恭纂为例。伏查康熙二年,……钦遵于雍正三年律例馆奏准,恭载谕旨于律后。乾隆五年修,以兄弟俱拟正法例应存留一人养亲,原非止为朝鲜国人定例,因纂如前例,以便遵行。"同时,还指出某例文的结局。比如,在第八条例文下面加上按语:"此条系乾隆十年七月内,刑部议复浙江按察使万国宜条奏定例,乾隆十一年馆修入律。"此外,在现行例文之后还列出已经被删除的例文,并说明原因。比如,在被删弟殴兄致死存留养亲例文后面,加上按语:"此条乾隆十六年馆修,以乾隆十三年四月业经部复西安巡抚陈宏谋条奏,弟杀胞兄及殴杀大功以下尊亲长者,概不准声请存养,故删。"②值得注意的是,律典的编纂者出于方便使用的考虑,还增加了一些实用的内容。比如,律典正文前

---

① 马建石、杨育棠主编:《大清律例通考校注》,中国政法大学出版社1992年版,第240—250页。
② 同上书,第241页。

有《八字之义》、《六脏图》、《纳赎诸例图》、《五刑之图》、《狱具之图》、《丧服图》、《五服图》、《服制》等。律典正文后还有《比引律条》。其内容如:"男女定婚,未曾过门私下通奸,比依子孙违犯教令律,杖一百";"兄调戏弟妇,比依强奸未成律,杖一百,流三千里";"义子骂义父母,比依子孙骂祖父母律,立绞。"等。同时说明,哪些比引律条已经变为正条哪些比引律条已经被删除。

(三)"三法合典"有利于法律知识的研究与普及

"三法合典"的编纂方式得到历代朝廷的肯定。其原因是:首先,这种做法有利于在政治上渲染天朝盛世,或与民更始;其次,这种做法有利于统一全国的司法审判。其客观效果,则有利于推动官方和民间的法律研究活动,同时,促进法律知识的普及。当然,法律知识的普及,首先有利于维护封建统治秩序。但是,同时也有利于平民百姓依据法律来抑制官府的暴行,维护自己的利益。

第六节 "混合法"的一翼:家法族规与官箴

在"混合法"时代,除了国家正式颁布、认可的具有国家强制力的法律规范之外,在社会生活的深层领域,还存在着大量的"准法律规范"或"半法律规范"。它们得到国家的默许或公开支持,在国家法律鞭长莫及的领域,为维护统治阶级的社会基础和提高其统治效率而发挥巨大的特殊功用,这就是中国古代社会的家法族规和官箴,它们是中国古代所特有的"民法"和"官法"(即管理百姓的法和管理官吏的法)。

家法族规与官箴,作为"半法律规范"或"准法律规范",与国家正式制定认可的法律规范相比较,既有区别又有联系。

两者的区别主要表现在:其一,创制和实施的主体不同。前者是家长族长和国家机关的部门首长(也包括皇帝),他们往往以个人面目出现来创制和实施有关行为规范,后者则是国家。其二,产生的渠道不同,前者不通过国家立法程序,并且一般也没有公认的创制行为规范的惯例,基本上是个人综述总结与约定俗成相结合的产物;后者则由国家立法机关或司法机关按法定程序创制、认可。其三,效力范围不同。前者只实行于家族成员或职官内部;后者则一般对全国臣民具有约束力。其四,表现形式不同。前者一般不具备一定的格式,虽有条款,却并不严谨系统;后者则具备一定的格式,比较严谨系统。其五,实施手段不同。前者主要凭借家长族长或职官首长个人权威和以身作则的表率作用,借助道德感染力和舆论压力,以及日常行为的惯性力,以劝诱、教诲、训导、告诫为主,启之以自觉,晓之以利害,授之以经验,而以强制性的制裁为辅;后者则直接运用法律的强制性制裁手段。

两者的联系主要表现在:其一,两者的"法源"即所依据的基本精神是一致的,都是封建统治阶级的法律政策和法律意识,只不过表现形式不同而已。

其二,就局部角度而言,前者常常以后者为直接的依据或后盾,甚至是后者的简单翻版、扩展和具体化。其三,前者常常表现为道德教条,因此,符合前者的行为一定符合后者,符合后者的行为不一定都符合前者,但违犯前者的行为常常带有一定的违法性并导致一定的法律后果。其四,从内容上看,前者比较详实、具体,故可以弥补法律之不足,并保障国家法律的实现,这实际上延伸了国家法律的效力。

中国古代社会的基本特征,是自给自足自然经济基础上的宗法社会与中央集权政体相结合,而家法族规与官箴正是宗法社会与中央集权政体的产物。

一、民间之法:家法族规

在封建时代,遍布国中不可胜数的大大小小的家族,构成了国家的基础和社会的基本细胞,家族的存亡直接关系到国家的治乱;故谓"国之本在家"。(《孟子·离娄上》)在国土万里、山川阻隔、村落独立的环境中,到处都是国家政权与法律鞭长莫及的真空地带。社会人口的绝大部分都生活在农村,他们没有文化或文化水平较低,法律对他们来说仍然是陌生的。他们仅仅从远地的变乱和近邻的案件那里明晓法律的一麟半爪。在这种情况下,国家法律究竟在多大程度上发挥作用,是值得怀疑的。

为了维护封建王朝的统治,统治阶级把维护家族秩序的职责交给无数个大大小小的家长、族长。国家巧妙地赋予家长、族长以"半立法权"和"半司法权",以换取他们对王朝的效忠。这种做法始自秦朝。秦律规定:尊长打、杀、刑子孙奴婢,后者不得告诉于官府,告诉了也不受理,叫作"非公室告"。① 这等于向全国臣民宣布:你们虽然是皇帝的臣民,要服从朝廷;但是,你们还是家长、族长的属下,还应当无条件服从家长、族长的支配。封建法典也规定,只要不属于大逆不道的重大犯罪,卑亲属不得控告尊亲长,否则,告者有罪。于是,在自然经济的莽莽原野上出现的法律真空地带,便成了无数家长、族长的独立王国。在国家法律的庇护和支持下,家长、族长承担起维护家族安宁的职责。其重要方法之一就是制定和实施家法族规。

家法族规作为家族内部的行为规范,早在父系家长制时代就已经确立,并形成巨大的传统力量,因此,家长族长的特殊权威是人们历来就深信不疑的。在这种历史习俗的环境中创制和实施家法族规是顺理成章的事。在"亲贵合一"的"礼治"时代,"为国以礼"与"为家以礼"是一脉相承的。到了"以法治国"的"法治"时代,"为国以礼"的"礼"受到冲击,而"为家以礼"的"礼"开始被纳入国家法律的轨道。西汉以后,宗法家族制度不断完善,家法族规也应运而生。

(一) 家法族规的产生与发展

家法族规曾经历了酝酿、雏型和繁荣的阶段。

---

① 《睡虎地秦墓竹简·法律答问》,文物出版社1978年版,第195页。

1. 酝酿阶段

西汉时,随着宗法家族制度的恢复与稳定,以及儒家思想的复兴,宗法观念和宗法规范日益受到重视。此间,儒家知识分子通过民间教育来传播关于宗法家族的知识,宣传宗法规范的意义。作为教材的儒家经典为此提供了现成的内容。如《论语·子路》:"宗族称孝,乡党称弟。"《乡党》:"寝不尸、居不客";"乡人饮酒,杖者出,斯出矣。"《礼记·曲礼》:"男女不杂坐";《内则》:"男不言内,女不言外。"儒家知识分子也在总结秦亡教训的同时,开始重视宗法家族制度,如贾谊大讲"六亲之法",就是证明。

2. 雏型阶段

西汉以后,随着儒学地位的进一步提高,宗法家族行为规范开始具有相对独立的形式,这就是《家约》、《家训》、《家戒》等。如《史记·货殖列传》:"任公《家约》:非田畜所出弗衣食,公事不毕则身不得饮酒食肉。"《后汉书·边让传》:"不尽《家训》。"东汉班昭作《女诫》,蔡邕作《女训》,三国魏杜恕著《家戒》,嵇康撰《家戒》;北魏张烈"家产畜殖,僮客甚多",曾"为《家戒》千余言";《宋书·王弘传》:"王太保《家法》";北齐颜之推作《颜氏家训》;唐韩愈诗称"诸男皆秀朗,几能守家规"。可见至唐代家法族规已初具规模。

3. 繁荣阶段

封建社会后期的宋元明清诸朝,是家法族规的繁荣阶段。其主要表现有二:一是家法族规的内容日趋系统化和条款化,二是家法族规的创制逐渐普遍化。宋代以后,名人作家法已很普遍。如宋司马光作《涑水家仪》、《家范》,袁采作《袁氏世范》,朱熹作《家礼》、《家训》;明吕坤作《闺范》,方孝孺作《齐家》,徐三重作《家则》等。名门望族制作族规也是司空见惯,如宋郑氏家族有《郑氏家范》,吕氏家族有《吕氏乡约》;明王氏家族有《王士晋宗规》。明清两代,凡大族皆作宗谱,其中就有族规内容。如《魏氏宗谱》、《邢氏宗谱》、《李氏宗谱》中都有《家规》、《家法》。

清朝末年,由于商品经济的发展和自然经济的没落,家法族规的纽带逐渐松弛。一些进步人士在西方资产阶级思想影响下,开始批判宗法家族制度,从而敲响了家法族规的丧钟。

(二) 家法族规的一般内容

1. 正名分,诛不孝

家法族规以维护家族内部亲疏尊卑长幼男女之序为基本宗旨,并对族内不同身份者的权利义务均作了详细规定,对破坏等级名分的行为规定了处罚措施。其中最突出的是不孝严惩,如安徽合肥《邢氏宗谱·家规》:"若有不孝姑舅、不和妯娌、学牝鸡司晨、效长嘴妇、夺夫权而干预外事,好多言而搬弄是非者,必惩之。"《江西临川孔氏支谱家规条例》:"诛不孝。不孝之罪:游惰;博奕、好酒、私爱妻子、货财与好勇斗狠、纵欲,皆不孝之大,一经父母喊出、族长察出,重责革饼,犯忤逆,处死。"

2. 睦乡里，息争讼

维护家族之间与家族内部的稳定秩序，也是家法族规的重要目的。明王守仁《南赣乡约》："亲族乡邻往往有因小忿投贼复仇，残害良善，酿成大患。今后一应斗殴不平之事，鸣之约长等公论是非，或约长闻之，即与晓谕解释，敢有仍前妄为者，率诸同约，呈官诛殄。"《袁氏世范·处己》："居乡不得已而后与人争，又大不得已而后与人讼。……不必费用财物交结胥吏，求以快意，穷治其仇。……大抵人之所讼，互有短长，各言其长而掩其短，有司不明则牵连不决，或决而不尽其情，胥吏得以受赃而弄法，蔽者之所以破家也。"《王士晋宗规·争讼当止》："太平百姓，无争讼，便是天堂世界。盖讼事有害无利：要盘缠、要奔走，若造机关，又坏心术。且无论官府廉明何如，到城市便被歇家撮弄，到衙门便受胥皂呵叱。伺候几朝夕，方得见官。理直犹可，理曲到底吃亏。受笞杖、受罪罚，甚至破家、忘身、辱亲，冤冤相报，害及子孙。总之则为一念客气，始不可不慎。经曰：君子以作事谋始。始能忍，终无祸。始之时，义大矣哉。即有万不得已或关系祖宗父母兄弟妻子情事，私下处不得，没奈何闻官，只宜从直告诉。官府善察情，更易明白。切莫架桥捏造，致问招回，又要早知回头，不可终讼。圣人于讼卦曰：惕中吉，终凶。此是锦囊妙策。须是自作主张，不可听讼师棍党教唆，财被人得，祸自己当。省之，省之。"

3. 勤职业，供赋役

督促家族成员努力耕织，以供国家赋役，也是家法族规的重要内容之一。在土地家族所有的前提下，劳动生产是家族集体的事。因此，家法族规对男耕女织等诸项生产劳动加以规定，对耕织有劳绩者加以奖赏，对懒惰游手好闲者予以惩罚。努力耕织的重要目的是完成国家赋役。《袁氏世范·治家》："凡有家产，必有税赋。须是先截留输纳之资，却将赢余分给日月。岁入或薄，只得省用，不可侵支输纳之资，临时为官中所迫、贼举债认息，或托揽户兑纳而高价算还，是皆可以耗家。"《南赣乡约》："寄庄人户多于纳粮当差之时躲回原籍，往往负累同甲，今后约长等劝令及期完纳应承，一如蹈前弊，告官惩治，一削去寄庄。"《魏氏宗谱》有"禁拖欠钱粮"条："读书以忠孝为本分，谊以急公为先。即己食毛践土，虽称贷亦当早纳。收租纳税自属分内，而乃置国课于度外，目无王法，可谓忠乎。凡我有粮之家，自当预先完纳，以免差役节催费累。如有幸免拖欠不完者，合族送官公处，以警不忠之行。

4. 尚节俭，矜孤苦

节俭不仅仅是小农经济的道德，因为节俭才能有余，有余才能养亲、恤孤、完国课，故节俭又具有伦理的和政治的内涵。《袁氏世范·治家》："大抵曰贫曰俭，自是美称。切不可以此为愧。若能如此，则无破家之患也。"《南赣乡约》："父母丧葬，衣衾棺椁，但尽诚孝，称家有无而行。此外或大作佛事，或盛晏乐，倾家费财，俱于死者无益。约长等其各省谕约内之人一遵礼制，有仍蹈前非者，即于纠恶簿内书不孝。"《袁氏世范·睦亲》："亲戚中有妇女年老无子或子孙不肖不能供养者，当为收养。然又须关防，恐其身故之后，其不肖子孙称其人因饥寒而死,或称其人有遗下囊箧之物,妄经官司,不免有扰。须于生前令白之于众,质之于官,则免他患。"

5. 正过失,彰善行

运用舆论的力量弃恶扬善,在家族内部实行自我教育,也是家法族规的一项内容。《吕氏乡约·过失相规》,对于族内发生的各种违背宗法道德伦理规范的行为,如"酗博斗讼、行止瑜违、行不恭逊、言不忠信、造言诬毁、营私太甚、交非其人、游戏怠惰、动作无仪、临事不恪、用度不节"等,"同约之人,各自省察,互相规戒。小则密规之,大则众戒之。不听则会集之日,直月告于约正,约正以义理诲谕之"。再不听,则"听其出约"。又《德业相劝》对合于道德伦理规范的行为,如"见善必行、闻过必改、能治其身、能治其家、能事父兄、能待妻妾、能教子弟、能御童仆、能解斗争、能决是非"、"畏法令、谨租赋"等,要予以表彰。《南赣乡约》设"彰善簿"、"纠恶簿"。"彰善者,其辞显而决,纠过者,其辞隐而婉,亦忠厚之道也。……若有难改之恶,且勿纠,使无所容,或激而遂肆其恶矣。约长副等,须先期阴与之言,使与自首,众共诱掖奖劝之,以兴其善念,姑使书之,使可其改。若不能改,然后纠而书之。又不能改,然后白之官。又不能改,同约之人执送之官,明正其罪。势不能执,戮力协谋官府,请兵灭之"。

6. 谐主奴,防犯罪

劝戒家长族长处理好与奴仆佃客的关系,并对族人施以教化,以预防犯罪,也是家法族规的内容之一。《袁氏世范·治家》:"婢不厌多,教之纺绩,则足以衣其身;仆不厌众,教之以耕种,则足以饱其腹。"役使奴婢是"以其力还养其身,其德大矣"的善行;主人对奴婢要恩威有节、恰到好处:"婢仆有过,既已鞭挞,而呼唤使令辞色如常,则无他事。盖小人受杖,方内怀怨,而主人怒不之释,恐有轻生而自残者"。对佃客要宽,因为"我衣食之源悉籍其力矣"。因此,"遇其有生育、婚嫁、营造、死亡,当厚周之。耕耘之际有所假贷,少收其息;水旱之年察其所亏,早为除减"。《南赣乡约》:"本地大户,异境客商,放债收息,合依常例,毋得累算。或有贫难不能偿者,亦宜以理量宽。有等不仁之徒,辄便捉锁磊取,挟写田地致令穷民无告,去而为之盗。今后有此,告诸约长等与之明白:偿不及数者,劝令宽舍;取已过数者,力与追还,如惑恃强不听,率同约之人鸣之官司。"明《王孟箕讲宗约会规》规定,每月两会,讲"孝经、小学并将国家律法及孝顺事实、太上感应篇、善恶果报之类……惕之以法律报应,使之不得不如此,庶几知所趋避,不为醉梦中人"。

7. 禁盗贼,惩顽凶

家法族规在防止惩治盗贼斗殴方面发挥了比国家法律更为有效的作用。如江南宁国府太平县《馆田李氏宗谱·家法》:"贼盗乃王法所不宥,宗族中如有人劫掠人家、图财害命及为票匪者,族长即令自尽。若盗猪牛鸡鸭鱼菜竹木五谷等物,族长责罚示警。其义男犯者,罚其主。若家人私取外人财物,主人即以财物给还失主所,重责家人以谢罪,不得徇私庇护"。《南赣乡约》:"军民人等,若有阳为良善,阴通贼情,贩卖牛马,走传消息,归利一己,殃及万民者,约长等率同约诸人指实劝戒,不悛,至官究治"。江西南昌《魏氏宗谱》:"嗣后如有酗酒行凶、妄生事端、拳捧伤人,受伤者投明族众,拘赴祠中,重责三十板,猪宰赛禁。若伤,责罚外仍立保辜及出资医治,若名分尊而凌卑幼者,伤轻则寒禁负责,伤重则责罚并加。"

(三) 家法族规的社会功用

家法族规是以父系家长族长特权为基础的道德规范与强制性行为规范的混合体,是维护家族秩序和等级名分的有力调整器和控制网,它发挥着国家与法律难以奏效的社会功用。这种社会功用主要表现在:首先,维护家族内部秩序。家法族规是宗法家族等级名分的制度化和具体化,它以家长族长特权和国家法律为后盾,有效地维护着亲疏尊卑长幼男女之序,这就确保家族内部秩序的稳定。其次,调整家族与家族之间的关系。家法族规通过指导的手段处理好与邻族间的关系,避免在田界、水利、林木、交通、买卖、借贷、收养、婚丧嫁娶等民事活动中产生纠纷,又通过控制的手段避免本族成员与邻族发生殴斗。如果发生纠纷和殴斗,常常着重调解,万不得已才求诸诉讼。最后,履行家族对国家的义务。家法族规在保障履行国家诸项义务方面起着十分突出的作用。这主要是:经济义务:保证完成国家赋税和力役;政治义务:孤立和协助官府剿捕盗贼,在道德思想上控制本族成员循规蹈矩不得犯上作乱;法律义务:宣传国法,杜绝本族成员违法犯罪,惩治不肖之徒。

家法族规的基本社会功用是维护自然经济和中央集权的君主专制制度,它严重地阻碍了商品经济和人们私有、交换、平等、自由等观念的发展,延缓了封建社会发展的步伐。这是问题的基本方面。但是,另一方面,它在某些具体问题上也带有一定的合理性。比如,供养鳏寡孤独废疾者,赈济灾民、流民,禁止溺婴弃婴,支持民间教育等,这些都是国家与法律力所难及的事情。

二、官场之法:官箴

官箴泛指统治阶级内部的劝诫之词与公认的惯例。《说文解字》:"箴,诫也。"箴同缄、针。"缄,所以缝也",是缝合衣物的用具。针又是医疗器具。故箴有弥补漏洞、为人治病之义。官箴是古代官吏施政行法的操作指南,在法律活动中具有特殊的作用。

(一) 官箴的沿革

箴多见于古籍。《尚书·盘庚》:"犹须顾于箴言";《逸周书》载有"夏箴"、"商箴";《吕氏春秋·谨听》转引"周箴"。在"礼治"即贵族政体时代,有上对下之箴,也有下对上之箴。前者如《尚书》的"诰",诸如"罔敢易法"、"无康好逸豫"、"师兹殷罚有伦"、"罔敢湎于酒"之类,都带有箴言意味;后者如《左传·襄公四年》所谓"昔周辛甲之为太史也,命百官官箴王阙"。阙,门观。此指王宫。意即让百官给朝廷提意见和建议。又引《虞箴》:"芒芒禹迹,画为九州,经启九道,民有寝庙,兽有茂草,各有攸处,德用不扰,在帝夷羿,冒于原兽,忘其国恤,而思其麀牡,武不可重,用不恢于夏家,兽臣司原,敢告仆夫。"杨伯峻注:"自此《虞箴》以后,箴便为文体之一。西汉扬雄、后汉崔骃、崔瑗、崔寔、晋潘尼等皆有仿效之作。"①

秦朝建立中央集权的官僚制政体,官吏众多。秦统治者标榜"以法治国",又以为"明主治吏不治民",故在"以法治吏"的前提下重视对官吏的训诫。于是,严格意义上的官箴便出现了。《睡虎地秦墓竹简》所载《语书》、《为吏之道》,应当说是今天所能见到的最早的官箴。《语书》以"有公心"、"能自端"、"明法律令事"、"廉洁佐上"为"良吏",以"无公端之心"、"易口舌"、"轻恶言而易病人"、"不明法律令、不知事"、"不廉洁无以佐上"为"恶吏"。《为吏之道》则列举官吏的道德与业务标准,如:"精洁正直、慎谨坚固、审悉无私、微密纤察、安静毋苛、审当常罚、严刚毋暴……"还有吏之"五善"、"五失"等。这是上级对下级的劝诫之词,也是官吏施政行法的经验总结。

秦汉以后,中央集权的官僚制政体一直沿续下来。为了有效地控制官吏的所作所为,为了对年轻官员进行业务培训,传递施政行法的经验,在国家行政法规日趋完备的同时,官箴也逐渐发达起来。"不辱官箴"、"有玷官箴"成了官吏忠于职守或失职的代名词。尔后,官箴名目日渐繁多,如官箴、政经、自箴、臣戒、政训、牧鉴、仕的、政学等,不胜枚举。

官箴的发展大抵分为两期:前期是汉至唐,为发展时期。其主要代表作是西汉扬雄的《十二州箴》、东汉崔瑗的《百官箴》、唐太宗的《帝范》和武则天的《臣轨》。后期是宋至清,为繁荣时期。此间,官箴的数量大大增加,内容日趋完善,形式也逐渐规范化。此间的官箴主要有:宋代陈襄的《州县提纲》、李元弼的《作邑自箴》、吕本中的《官箴》、许月卿的《百官箴》、朱熹的《朱文公政训》、真德秀的《政经》、胡太初的《昼帘绪论》;元代张养浩的《三事忠告》(《庙堂忠告》、《风宪忠告》、《牧民忠告》)、叶留的《为政善报事类》;明代薛瑄的《从政录》、杨昱的《牧鉴》、吕坤的《实政录》、江东之的《抚黔纪略》、徐榜的《宦游日记》,还有明太祖的《臣戒录》和明宣宗的《官箴》,清代李颐的《司牧宝鉴》、陆陇其的《莅政摘要》、郑瑞的《政学录》、吴仪的《仕的》、陈弘谋的《从政遗规》、《学仕遗规》、《在官法戒录》、汪辉祖的《佐治药言》、《学治臆说》、高廷瑶的《宦游纪略》、刘衡的《州县须知》、《庸吏庸言》、璧昌的《牧令要诀》、徐栋的《牧令书钞》、蔡均的《出使须知》、袁祖志的《出洋须知》等。另外,清世祖也曾作《人臣儆心录》。

(二) 官箴的主要内容

官箴是官吏行动指南和处世准则,所谓"居官格言"、"为吏须知"、"幕僚宝鉴";又是长期施政执法经验与惯例的总结。违背官箴,可以造成直接或间

---

① 杨伯峻:《春秋左传注》第三册,中华书局1981年版,第938页。

接的后果,不仅有碍于施政与执法,而且还会遭到同僚和上级的非难、抵制、弹劾,必然影响官吏的前程。因此,官箴实际上成了官吏群体的第一法律。

官箴的内容很丰富,既有道德条目,又有施政纲要;既有中朝官、地方官之要务,又有钱粮、农桑、市贾、国课、教化、刑狱、防御等具体专项。官吏日常施政所及,应有尽有。但总的来看,官箴的内容大致可以分为三类:一是为官道德,二是为政要则,三是施政艺术。

1. 为官道德

官箴十分重视为官道德(即职业道德)的作用。认为,只有具备了为官道德,才能获得官吏必须具备的"心术"、"才识"、"器度"、"言貌",才能处好与上下级和百姓的关系,处理好日常政务特别是刑狱,成为优秀的官吏。

宋吕本中《官箴》:"当官之法,唯有三事:曰清,曰慎,曰勤";"当官之法,直道为先";"当官之大要,直不犯祸,和不害义";"当官者先以暴怒为戒";"忍之一字,众妙之门";"事君如事亲,事官如事兄,与同僚如家人"。元张养浩《风宪忠告》:"尽己之职为国为民而得罪,君子不以为辱而以为荣";"为人臣唯欲收名而不敢任怨,此不忠之尤者"。明杨昱《牧鉴》:"清心省事,居官守身之要";"不惑有三:酒、色、财"。《公门不费钱功德录》:"忠君为国,洁己爱民";"临民矢公矢慎,事上不抗不卑"。这些都属于为官的一般道德要求。

2. 为政要则

官箴中有相当多的内容属于为政原则,即执行公务的一般原则,官吏只有遵循这些原则才能居官有绩,避免偏差。

宋梅挚《五瘴说》:"仕有五瘴,避之犹未能也:急征暴敛,剥下以奉上,租赋之瘴也;深文以逞,良恶不白,刑狱之瘴也;晨昏荒宴,废弛王事,饮食之瘴也;侵牟民利,以实私储,货财之瘴也;盛陈姬妾,以娱耳目,帷薄之瘴也。"《牧民忠告·不可以律己之律律人》:"同官有过不至害政,宜为包容,大抵律己当严,待人当恕,……必欲人人同己,天下必无是理也。"《风宪忠告》:"荐举之体,则宜先小官,纠弹之体,则宜先贵官。"《公门不费钱功德录》:"不知情故枉,不执法太严,……不贪赃枉法,不逢上虐下";"不动怒,不作威,不轻拘妇女,不轻用刑";"不断离婚姻;不拆散骨肉";"词讼宜劝速结,和息宜早批准"。这些原则是与具体政策密切相联的,比为官道德更为具体明确。

3. 施政艺术

施政艺术是官吏执行公务的方法、技术、绝窍,是官箴的重要组成部分。官吏尤其是地方官吏政务繁多,如刑名、赋税、收支、文教、选士、缉查、市易、水利及日常公文往来等,均须过问操办。没有一套方法是不行的。下面仅以司法为例说明之。

清代汪辉祖的《学治说赘》总结出一套文簿管理方法,设立《稽狱囚簿》、《查管押簿》、《宪批簿》、《理论簿》等账册,分别记载狱囚出入年月日、暂时拘押的牵连当事人、上级下发的诉讼文件、原被告的姓名地址词状等,以便随时处置,勿使滞留拖累。他还建议官吏"宜设粉版一方,将应办事件随手登记,办一条,抹一条,自无遗忘之患"。汪辉祖还著有《学治臆说》,专门总结办案的具体方法。比如"相验宜速",即及时勘验犯罪现场;"验尸宜亲相亲按",即司法官亲自验尸,以防他人作弊;"法贵准慎",即参酌具体情节定罪而不可过于拘泥法条;"办案宜有限断",即提高办案效率,不因细小之事拖延审期;"拒捕不宜轻信",即不可轻信办案小吏的谎报,以拒捕之罪加重对当事人的惩罚。明代吕坤的《刑戒》总结出一套刑讯的方法。如"五不打:老不打,幼不打,病不打,衣食不继不打,人打我不打";"五莫轻打:宗室莫轻打,官莫轻打,生员莫轻打,上司差人莫轻打,妇人莫轻打";"五勿就打:人急勿就打,人忿勿就打,人醉勿就打,人随行远路勿就打,人跑来喘息勿就打";"五且缓打:我怒且缓打,我醉且缓打,我病且缓打,我不见真且缓打,我不能处分且缓打";"三莫又打:已掺莫又打,已夹莫又打,已枷莫又打";"三怜不打,盛寒酷暑怜不打,佳辰令节怜不打,人方伤心怜不打";"三应打不打:尊长该打,为与卑幼讼,不打,百姓该打,为与衙门人讼,不打,工役铺行该打,为修私衙或买办自用物,不打";"三禁打:禁重杖打,禁从下打,禁佐贰非刑打"。

官箴中的司法艺术,是中国传统法律艺术的重要内容之一。

(三) 官箴的体裁

官箴作为一种私人著述,在内容上、语言上具有共同的特点。即切于实用,不尚空谈,语言平和,言简意赅,有叙有议,不事修饰等。在体裁上也没有固定模式,主要有以下几种类型:

1. 集语体。即把古代人物的言论按内容加以分类,冠以小标题,不参杂撰者的意见和观点。如明杨昱的《牧鉴》。

2. 札记体。即作者总结自己的亲身经历及耳闻、目睹之事例,概括出某些经验和要点。间或有个人慨叹之词,一事一议,一段一义,均冠以小标题,使读者一目了然,如清汪辉祖《佐抬药言》、《学治臆说》等。

3. 条教体。即把有关内容加以分类,冠以大标题,下又分若干小标题,一题一义,直接论述,少有个人感触之词。如元弘养浩《三事忠告》等。

4. 散论体。即不分类,无大小标题,只以自然段别之。如宋吕本中《官箴》。

5. 警句体。即不分门别类或只大致分类,无大小标题,以短句为主,无叙述无议论,一句一义或两句一义。如《公门不费钱功德录》。

(四) 官箴的政治职能

官箴是中央集权君主专制政体和官僚制度的产物。在封建社会,中央朝廷控制幅员辽阔、人口众多的泱泱大国,主要靠两件东西:一是官吏,二是法律;而法律又靠官吏来执行,这样就使官吏特别是地方官吏处在十分关键的位置上。因此,管好官吏是事关全局的事情。战国法家说:"明主治吏不治民。"(《韩非子·外储说右下》)《学治说赘·福孽之辨》谓:"州县一官作孽易,造福亦易。天下治权督抚而莫不重于牧令,虽藩臬道府皆弗若也。何者?其权专也。

361

专则一,一则事事身亲。……牧令之所是,上官不能意为非,牧令之所非,上官不能意为是。"

国家控制官吏的方法有两条:一是以人治之,二是以法治之。以人治之是设立有关监督机关,赏善惩恶;以法治之是用行政和法律手段制约官吏的行为。但是这两条都不是绝对有效,法吏仍可以钻各种空子以逞其私。因此,要使官吏自觉守法奉公,避免众多官署与官吏在无谓的互相磨擦、彼此倾轧中迟滞国家机器的正常运转,防止官吏治民无术无方胆大妄为而激化阶级矛盾,光靠法律和监督机关是远远不够的。这就必须借助于道德教化的力量。另外,官吏施政内容复杂,有一定专业要求。不断总结官吏的业务活动经验,以指导官吏正确施政,也是提高统治效率的重要途径。于是,官箴就应运而生了。它在对官吏的职业道德教育和专业技能培养方面,的确起到了国家法律难以奏效的作用。官箴的内容以统治阶级的道德、法律为依据,又是多年施政实践经验的总结与提炼。因此,它常常成为官吏具体行动的指南。正是在这个意义上,我们可以把官箴视为中国古代特殊的"官法"。

第七章 "欧法东渐"时代的法律文化

英国思想家罗素曾经说过:"中国人与欧洲人在完全隔绝之后仍能并不怎么困难地相互理解,实在令人称奇。"①中国人对欧洲的理解主要表现在政治理论和法律制度方面。1840年鸦片战争以后,中国由封建社会逐步沦为半殖民地半封建社会,进入近代的历程。就法律文化而言,此间已打破封建主义一统天下的沉闷格局,显现出异常活跃和多彩的风姿。我们称之为"欧法东渐"时代。

从法律实践活动的总体风貌来看,在"欧法东渐"时代,原来的"国家、家族本位"已日趋衰落,其标志是西方政治法律思想的引进和传播。这些思想主要包括以开议院、定宪法、行三权分立为内容的宪政思想,和以自由、平等、权利为号召的"个人本位"的法律观。宪政理论把矛头指向中央集权的君主专制政体。"个人本位"则把弓箭瞄准"家族本位"。宪政理论和"个人本位"的社会化,就是清末立宪运动,包括戊戌变法维新和"仿行立宪",其间还有清末修律活动。这都是中国政治史和法律史上的重大事件。它们作为里程碑,宣示着旧世纪的终结和新世纪的开始。此时,唱主角的仍是封建主义,中国资产阶级只是个配角。由于封建主义的阻碍,外国帝国主义的压迫,特别是由于中国资产阶级自身"先天营养不足,后天发育不良"的软弱性,使中国资产阶级无法肩负起中国政治法律近代化的历史使命。他们既无力打碎封建主义的三尺冻土,也无法借助西方的五色土来补华夏的茫茫天幕。

就法律实践活动的宏观样式而言,清末仍延续了"混合法"。但是,这一状态在清末修律中开始发生微妙的变化,这就是"成文法"的加强和"判例法"的被抑制。这主要是因为:首先,清末修律大体上以日本法律为蓝本,而当时的日本法实际上是吸收了欧洲大陆法系,而大陆法系与中国素来重视成文法的传统是一拍即合的;其次,在"三权分立"理论的影响下,法官创制适用判例被视为干预立法,与宪政精神相违背。这就开启了中国法律向欧洲大陆法系一边倒的风气。"欧法东渐"时代的核心事件是清末修律活动和"礼法之争"。此时我们似乎再一次感受到两千多年前儒法对立的战火销烟。"个人本位"和"家族本位"为争夺修律的领导权展开了针锋相向的大辩论。应当注意,这里进步人士所持的"个人本位"已非西方的原型,它一进入中国便"中国化"了,这就是"国家主义"。

第一节 "国家、家族本位"的衰落与民主宪政、"个人本位"思想的介入

"国家、家族本位"的衰落并非始于鸦片战争,而可上溯到明末。其标志是明末的启蒙思想,其价值是在二百年后充当资产阶级改良运动的思想依托。西方民主宪政和"个人本位"思想的传入,具有几个明显的特点:一是两者的

---

① 〔英〕罗素:《中国问题》,秦悦译,学林出版社1996年版,第147页。

传播都伴随着对封建主义的批判。前者以集权专制政体为天敌;后者以"家族主义"为死对头。二是两者的传入存在时间差。前者早于后者半个世纪左右。因而它们的社会化也存在时间差,即先搞宪政运动后搞修律活动。三是两者的结局相同,即都程度不同地遭到失败。这种失败自然是令人痛心的,但又是不得不然的。它告诉人们许多道理,其中有一条就是:在中国独特的土地上原封移植西方的橘子树,是结不出果子来的。

一、在故乡自萌自生:资产阶级法律思想的启蒙

十七世纪,即明清之际,是中国古代社会发展史变革的起点。商品经济的发展和市民阶层的初步形成,悄悄叩响了腐朽的封建专制制度的丧钟。以黄宗羲、顾炎武、王夫之、唐甄、颜元、李塨等为代表的一代启蒙思想家,发掘了中国各代思想中与民主意识(即国民意识)相通的"重民"、"平等"、"大同"等思想因素,继承发扬了诸如鲍敬言、邓牧、李贽等"异端"思想家批判封建专制制度和纲常名教的思想成果,以市民阶层代言人的身份登上社会政治舞台。他们反对封建专制主义的"独治"和"一家之法",要求代之以"众治"和"天下之法";他们明确反对中央集权的君主专制政体,倡导"工商皆本",从而揭开了中国法律文化的新的一幕。但是,由于商品经济和市民阶层的薄弱,使他们的启蒙思想显得不太成熟和缺乏系统性,甚至不得不打起"复古"的旗号。他们的思想虽然披着"三代"的古装,但字里行间却饱含着民主主义的深意。他们的启蒙主张极少受到来自外国的影响,因而散发着土生土长的特有的中国气息。明清之际启蒙思想家的政治法律思想成为近代资产阶级改良思潮的源头。其杰出代表是黄宗羲,他的代表作是《明夷待访录》。

黄宗羲,生于公元1610年,卒于公元1695年,字太冲,号南雷,也称梨洲先生,浙江余姚人。其父黄尊素是东林领袖之一,因触犯权宦魏忠贤而被害死于狱中。清军南下时,黄宗羲曾在浙东集义兵抗清;南明政权覆亡后,则埋名隐居,著书讲学。清廷诏征博学鸿儒,聘他编修明史,黄宗羲坚辞不就。他通晓经史、天文、乐律、释、道,学识广博,曾著书激烈批判封建专制制度和法律,其政治法律思想闪烁着民主主义的光芒。

《明夷待访录》是黄宗羲政治法律思想的代表性著作。"明夷"是《易经》的卦名,卦象是上坤下离。坤为地,离为火。是"日入地中"之象,义为"暗主在上,明臣在下",象征商纣王政治黑暗,周文王、箕子等明臣被压抑而不得志。"待访"原指武王伐纣后从监狱里救出纣王的叔父箕子,并向他请教治国方略。箕子答以"洪范九畴",即九种治国的大法。黄宗羲以此为书名,象征着黑暗统治总有一天会结束,光明总会到来。他是在为未来的社会提供治理国家的"大法"。正如他自己所说:"吾虽老矣,如箕子之见访,或庶几焉!"①

---

① (清)黄宗羲:《明夷待访录·序》,中华书局1981年版。

《明夷待访录》成书于1662年。凡二万余言,分《原君》、《原臣》、《原法》、《学校》、《田制》、《兵制》、《财计》等21篇。其法律思想有以下几方面:

首先,反对君主专制,主张限制君权。他认为,政治腐败、人民贫困的最终原因是君主专制制度,"为天下大害者,君而已矣。"他把三代以上的君主同三代以下的君主进行比较,认为前者是以"兴公利、除公害"为己任的,因此受到人民的爱戴;后者则"视天下为莫大之产业,传之子孙,享受无穷"。因此人民"怨恶其君,视之如寇仇,名之为独夫"。其关键在于前者是"天下为主,君为客";后者是"君为主,天下为客"。① 在君臣关系上,他指出:"臣之与君,名异而实同"。臣子是"分身之君"、"君之师友",君臣的职能都在于为天下万民谋利益,臣子应以"万民之忧乐为念",不应只顾及"一姓之兴亡"。君臣既然均以天下利益为宗旨,就应当实行"君臣共治"。② 黄宗羲提出了限制君权的三项主张:一是"置相"和提高相权,使宰相手握实权,得以与天子"同议可否",共处大事。③ 二是学校议政。他认为学校应当成为"公其是非"的议政机关,并掌握国家大事的最高决策权。他说:"天子之所是未必是,天子之所非未必非,天子遂不敢自为非是,而公其非是于学校"。④ 天子和地方长官定期到太学和地方学校"就弟子列",接受祭酒(相当于校长)关于政治得失的批评。三是地方分治,即加强地方的独立性和自主性,借以限制君主的权力。⑤

其次,以"天下之法"取代"一家之法"。他把历史上的法分为"三代以上"和"三代以下"两种类型。前者是为天下人谋福利的,是"天下之法",人民自觉遵守法律,用不着暴力和刑罚,故而又是"无法之法"。后者是为帝王一家一姓谋利益的,是"一家之法",为维护帝王一家一姓的私利,防止他人倒己,故"其法不得不密",结果是"法愈密而天下之乱即生于法之中"。为维护一家一姓的私利,他们打着国法的招牌,"荼毒天下之肝脑","敲剥天下之骨髓","离散天下之子女"。这种"一家之法"完全违背了"法"的本旨,是"非法之法"。⑥ 他强烈主张以"天下之法"取代"一家之法",打破帝王一家一姓之私,使天下人"各得自私,各得自利",并用法律保护天下人的利益。

最后,反对重农抑商,主张"工商皆本"。⑦ 黄宗羲一反数千年以农为本以工商为末的传统偏见,首次提出"工商皆本"的口号。他主张把切于民用的工业、商业提高到国计民主之本的位置,认为农、工、商无本末之分,应同等重视。在土地所有制方面要求"田土均之",授田于民,国家只征什一之税;在工商方面主张改革货币制度,以利于商品流通。

---

① (清)黄宗羲:《明夷待访录·原臣》,中华书局1981年版。
② 同上。
③ (清)黄宗羲:《明夷待访录·置相》,中华书局1981年版。
④ (清)黄宗羲:《明夷待访录·学校》,中华书局1981年版。
⑤ (清)黄宗羲:《明夷待访录·方镇》,中华书局1981年版。
⑥ (清)黄宗羲:《明夷待访录·原法》,中华书局1981年版。
⑦ (清)黄宗羲:《明夷待访录·财计三》,中华书局1981年版。

黄宗羲的政治法律思想反映了市民阶层要求冲破封建专制锁链的桎梏和发展资本主义商品经济的愿望,标志着近代以民主、自由、平等为口号的资产阶级法律思想的萌芽。尽管他的政治法律思想还存在种种局限性,但其中的民主主义的光辉是具有划时代意义的。正因如此,他的《明夷待访录》受到近代资产阶级改良派的重视和学术界的很高评价,梁启超、谭嗣同等曾私印数万册,秘密散发,"作为宣传民主主义的工具。"①陈天华把它誉为"中国的《民约论》",比法国启蒙思想家卢梭的《民约论》(1762年)要早一百年。② 当然,就理论成熟程度而论,《明夷待访录》比不上《民约论》。但是可以相信,如果中国资本主义发展未受到压抑打击而得以正常发展的话,黄宗羲则很可能成为中国的卢梭。

　　在封建专制主义的漫漫长夜中,启蒙思想家的政治法律思想如流星一般划破夜空,照亮苍穹,一闪即逝。尽管它没有掀起轩然大波,更没有唤起政治革命,但是,它毕竟在封建主义的茫茫荒原里开拓了一小块绿州,后世的资产阶级政治法律思想正是在这一小块土地上生根、开花的。

二、引自方外、植之国土:民主宪政、"个人本位"思想的传播

　　鸦片战争后,中国社会进入了空前的大变革时代。外国列强的军舰大炮给"天国上邦"带来耻辱,带来困惑,也带来新的东西。"若把地球来参详,中国并不在中央;地球本身是浑圆物,谁居中央谁四旁。"③有觉悟的中国人从此睁开眼睛看世界,抛开自尊自大的华夷偏见,奋然前行,去寻求济世救民、富国强兵的真理;他们首先看到,列强之所以能战胜中国,是由于他们手里有大炮和军舰,于是学习列强的军事工业,制造洋炮洋舰,"师夷之长技以制夷"。④继而又看到,列强的军事工业后面还有强大的民用工业作基础,于是又努力发展民用工业。他们提出"中学为体,西学为用"的口号,试图用西方的物质文明来确保中国的精神文明。甲午中日海战,皇家海军覆没,洋务运动破产,迫使人们进一步思索:原来外国列强也有他们的"体"和"用",两者是一个统一的整体。中国只学习外国的"用"而不学习"体"是不行的,要"体用兼收"。正如谭嗣同所谓:"器既变,道安得独不变?"⑤外国列强的"体"就是国会、议院、宪法、三权分立、自由、平等、博爱等一整套资产阶级民主精神和民主制度。英国、法国、日本之所以能够战胜中国,正说明它们的民主政体比专制君主政体来得优越。因此,中国要想富强,必须变法,开国会、设议院、制宪法,实行君主立宪和三权分立。这就是资产阶级改良运动的政治内容。但是,改革是要流

---

① 梁启超:《中国近三百年学术史》,中华书局1936年版,第40页。
② 陈天华:《狮子吼》,载《陈天华集》,湖南人民出版社1982年版,第127—128页。
③ 皮嘉祐:《醒世歌》,参见《百度百科·皮锡瑞》。皮嘉祐是皮锡瑞之子。
④ 魏源:《海国图志·序》,1848年扬州刊刻本。
⑤ 谭嗣同:《答欧阳辨疆师书》,载《谭嗣同全集》,中华书局1981年版。

血的,戊戌六君子的鲜血告诉人们:改良的道路是走不通的。尔后,资产阶级革命派选择了武装起义的办法,用暴力推翻了帝制,建立了资产阶级共和国。

(一)乘海风而东来的民主宪政之潮

"民主"曾经是资产阶级革命的旗帜和批判封建特权制度的武器,并按照自己的形象改造了西方世界。但是,对于在亚洲大陆上生存了五千年的中华民族来说,"民主"是个十分陌生的字眼儿。在中国传统文化的字典里,"民主"不过是理想化和伦理化了的实权人物,即替民作主、为民之主、牧民之主的圣明天子和官吏。然而,透过鸦片战争的硝烟迷雾,中国人惊异地看到一个从大洋彼岸漂来的幽灵,它如重重巨浪拍击着中国古老的海滩,给沉沉大陆带来新的气息。请看,当时一批批先进的中国人接触西方"民主"时是怎样惊奇,又怎样把它转述给国人:

魏源(1794—1857)指出中国与西方政治制度上的差别,并介绍欧美诸国的议会制度和民主原则:"天子自视为众人中之一人,斯视天下为天下之天下"①;梁廷枏(1796—1861)这样描述美国民主制度:"(美利坚)自立国以来,凡一国赏罚禁令咸于民定其议,而后择人以守之。未有统领,先有国法。法也者,民心之公也"②;洪仁玕(1822—1864)介绍美国民主选举制度:"邦长五年一任,限以俸禄,任满则养尊处优,各省再举。有事各省总目公议,呈明决断"③;冯桂芬(1809—1874)称赞美国的民主制:"米利坚以总统领治国,传贤不传子,由百姓各以所推姓名投柜中,视所推最多者立之,其余小统领皆然。"④

他们一方面向中国人介绍西方民主政治,一方面宣传民主立宪国的长处,提出"立宪强国"的口号。郑观应(1842—1921)指出:"议院者,公议政事之院也,集众思、广众益,用人行政,一秉至公,法诚良意诚美矣"⑤;王韬(1828—1897)这样描述西方民主制:"泰西之立国有三:一曰君主之国,一曰民主之国,一曰君民共主之国。朝廷有兵刑礼乐赏罚诸大政;必集众于上下议院,君可而民否,不能行,民可而君否,亦不能行,必君民意见相同,而后可颁之于远近,此君民共主也"⑥;何启(1858—1914)、胡礼垣(1847—1916)指出:"公平者,还当求之于民而已,民以为公平者,我则行之,民以为不公平者,我则除之而已"⑦;陈炽(?—1899)说:"泰西议院之法……合君民为一体,通上下为一

---

① 魏源:《默觚下·治篇三》,载《魏源集》,中华书局1983年版。
② 梁廷枏:《海国四说·合省国说》。
③ 洪仁玕:《资政新篇》,载《太平天国》第2册,上海人民出版社2000年版。
④ 冯桂芬:《校邠庐抗议·公黜陟议》,转引自熊月之:《中国近代民主思想史》,上海人民出版社1986年版,第91页。
⑤ 郑观应:《盛世危言·议院》,载《郑观应集》,上海人民出版社1982年版。
⑥ 王韬:《重民下》,载《弢园文录外编》,中州古籍出版社1998年版。
⑦ 何启、胡礼垣:《曾论书后》,载《新政真诠》,辽宁人民出版社1994年版。

心,即孟子所称庶人在官者,英美各邦所以强兵富国、纵横四海之根源也"①;陈虬(1851—1903)写道:"考泰西各国讲富强、工制造,虽形下而颇进乎道,且各国皆设议院,尚深得古人故事以制之旨","议院之设,中土未闻,然其法则固吾中国法也,考之传记,黄帝有明堂之议,实即今议院之权舆"②;康有为(1858—1927)阐述《孟子》"民为贵"的思想:"此孟子立民主之制太平法也","民为主而君为客,民为主而君为仆,故民贵而君贱,易明也";《孟子》"国人皆曰贤,然后察而用之","此孟子特明升平授民权、开议院之制,盖今之立宪体,君民共主法也。"③严复(1853—1921)指出:"西洋之民,其尊且贵也过于王侯将相,而我中国之民,其卑且贱皆奴产子也。设有战斗之事,彼其民为公产公利自为斗也,而中国则奴为其主斗耳。夫驱奴虏以斗贵人,固何所往而不败"④;谭嗣同(1865—1898)论述道:"生民之初,本无所谓君臣,则皆民也。民不能相治,亦不暇治,于是共举一民为君……夫曰共举之,则且必可共废之。君也者,为民办事者也;臣也者,助办民事者也。赋税之取于民,所以为办民事之资也。如此而事犹不办,事不办而易其人,亦天下之通义也"⑤;樊锥(1872—1906)指出:中国所以敌不过欧美,原因在于中国行君主专制而欧美行立宪制度。所以,中国只有变法,开设议院,"一切用人行政,付之国会议院,而无所顾惜",才能挽救危亡。(《湘报类纂·论著》甲上)

西方民主宪政思想一旦与中国政治生活相结合,便产生变法维新运动,这是西学对中体的面对面的冲击。尽管腐朽顽固的清政府无情地镇压了维新运动,但民主思潮并未因此而退却。从维新运动失败到辛亥革命爆发的十余年间,中国思想界又酿成了民主思想的新潮。

此间,中国知识界系统地翻译和介绍西方的民主政治学说,如《民约论》、《万法精理》、《自由原理》、《国家论》、《代议政治论》等,传播主权在民、天赋人权、议会政治、三权分立等理论;介绍各国资产阶级民主革命及其历史文献,如《法兰西革命史》、《意大利独立战史》、《美国独立战史》、《英国宪法史》、《日本政治沿革史》、《美国独立檄文》、《法兰西人权宣言》等,还有资产阶级政治思想家评传,如《卢梭学案》、《孟德斯鸠传》、《华盛顿传》、《日本维新百杰传》等。

外国资产阶级民主政治学说的系统介绍,使中国知识分子大开眼界。他们一反过去"子曰诗云"的旧习,动辄征引"泰西鸿儒"之语。此间,资产阶级改良派也发生分化,出现了由"倡民权、抑民主"向民主、革命转化的动向。其中最突出的代表是梁启超。他在《拟讨专制政体檄》中宣布:"我辈实不可复

---

① 陈炽:《庸书·外篇·议院》,载《陈炽集》,中华书局1997年版。
② 陈虬:《治平通议·序》。
③ 康有为:《孟子微》,上海民智书局1916年版,第12—13页。
④ 严复:《辟韩》,载《严复集》,中华书局1986年版。
⑤ 谭嗣同:《仁学》,载《谭嗣同全集》,中华书局1981年版。

生息于专制政体之下,我辈实不忍复生于专制政体之下。专制政体者,我辈之公敌也,大仇也。有专制则无我辈,有我辈则无专制。我不愿与之共立,我宁愿与之偕亡";"使我辈数千年历史以脓血充塞者谁乎? 专制政体也;使我数万里土地为虎狼窟穴者谁乎? 专制政体也;使我数百兆人民向地狱过举者谁乎? 专制政体也";"我辈今组织大军,牺牲生命,誓翦灭此而后朝食。"①

（二）初放在冻土之上的"个人本位"之花

在中国大地上,自然经济、宗法结构和专制政体延续了数千年之久,从而形成巨大的沉重的传统意识,这就是宗法等级观念。它渗透到社会生活的各个领域,支配着人们的思考与心理活动。在中国传统文化的百科全书中,到处充斥着君权、神权、父权、夫权,而向来没有"个人"的踪迹。鸦片战争后,海禁大开,"个人本位"随着洋人的"舶来品"一起登上中国古老的码头。以平等、自由和人的尊严为主要内容的"个人本位",同以差异、特权和屈辱服从为主要特征的四权之间,无疑是水火不容的。因此,传播、提倡"个人本位"就是对封建四权的批判。当时中国有觉悟的先进分子也正是这样做的。

郑观应在戊戌变法时期写了一篇《原君》,后附日本学者深山虎太郎的《民权共治君权三论》,其中有一段关于"天赋人权"的文字:"民受生于天,天赋之以能力,使之博硕丰大,以遂厥生,于是有民权。民权者,君不能夺之臣,父不能夺之子,兄不能夺之弟,夫不能夺之妇,是犹水之于鱼,氧气之于鸟兽,土壤之于草木"。② 何启、胡礼垣在批判封建三纲的同时宣传"天赋人权"说:"权者乃天之所为,非人之所立也;天既赋人以性命,则必畀以顾此性命之权。天既备人以百物,则必与以保其身家之权。……是天下之权,唯民是主";"自主之权,赋之于天,君相无所知,编氓亦无所损。庸愚非不足,圣智亦非有余。人若非作恶犯科,则此权必无可夺之理也。夺人自主之权者,比之杀戮其人相去一间耳。"③ 康有为宣称:"人皆天所生也,同为天之子","人者,天所生也,有是身体即有其权利,侵权者谓之侵天权,让权者谓之失天职。男与女虽异形,其为天民而共受天权一也"。④ 严复写道:"示自由一言,直中国历古圣贤之所深畏,而从未尝立以为教者也"。他还把西方的"天赋人权"转译为"民之自由,天之所畀"。⑤ 谭嗣同指出:"中国所以不可为者,由上权太重,民权尽失,官权虽有所压,却能伸其胁民之权,昏暗残酷,胥本于是。""中国之官之尊也,抑之如鬼神焉。平等亡,公理晦,而一切惨酷蒙蔽之祸,斯萌芽而浩瀚矣"。⑥ 梁启超（1873—1929）大声疾呼:"自由者,天下之公理,人生之要具,无往而不

---

① 孟祥才:《梁启超传》,北京出版社1980年版,第92页。
② 郑观应:《盛世危言·原君》附深山虎太郎《民权共治君权三论》,载《郑观应集》,上海人民出版社1988年版。
③ 何启、胡礼垣:《劝学篇·书后》,载《新政真诠》,辽宁人民出版社1994年版。
④ 康有为:《大同书》,中华书局1935年版,第199页。
⑤ 严复:《论世变之亟》,载《严复集》,中华书局1986年版。
⑥ 谭嗣同:《报唐才常书》,载《谭嗣同全集》,中华书局1981年版。

适用者也";"自由民政者,世界上最神圣荣贵之政体也";"民权自由之义,放诸四海而皆准,俟诸百世而不惑";"不自由,毋宁死,斯语也,实十八十九两世纪中欧美诸国民所以立国之本原也。"①资产阶级革命派在辛亥革命前曾集中批判封建礼教,宣传"人权"思想。当时有一篇名为《权利篇》的文章写道:"夫人所以为万物之灵者,非以其有特别高尚之质格? 自由、平等,是其质格中最高尚者,所以异于禽兽者在此。……夫人生活于天地之间,自有天然之权利,父母不得夺,鬼神不得窃而攘之。并立于大地之上,谁贵而谁贱? 同为天之所生,谁尊而谁卑? ……凡百条项,皆本诸自由平等之原则,君臣平等也,父子平等也,夫妇平等也,无贵族平民之别,无奴隶自由民之分,人有平等之权利,人有不受人卑屈之权利,人有不从顺人之权利。"②

应当指出,西方的民主宪政思想和"个人本位"观念,是西方历史文化或曰资本主义文化的产物,它们和中国的现实社会生活以及历史文化传统存在着极大差别。因此,当这些舶来品一登上中国大地,便不可能保持其原来的面貌而只能听任中国的选择、改造和加工。在西方,民主宪政思想和"个人本位",同属一个完整的思想体系,而后者又是前者的理论基石。诚如严复所说,西方国家"以自由为体,以民主为用"。③ 然而一到中国,两者的境遇就出现差别了。中国人似乎更看重民主宪政,因为它被视为西方国家之所以强盛的政治原因,同时又经过亚洲国家日本变法强国的实践所证明。以保国保种、救亡图存为首务的进步人士,满怀信心地忙着构筑一个民主宪政的政治躯壳,来尽快改变中国落后受列强欺侮的不幸命运。他们来不及也没有条件去塑造与这一政治躯壳相适应的思想体系。于是"个人本位"便无形中被忽视了,对它的引进和宣传比民主宪政思想大约晚了半个世纪。④ 造成这种有趣现象的社会原因是多方面的,其中主要是中国传统文化的强大惯性力所致。民主宪政思想虽产自异方,但与中国传统文化的民本主义或多或少有些形似之处。当时就有人断言西方的民主宪政是从中国古代传过去的,而资产阶级立宪派正是借助孔孟之言和儒经之义来宣传西方民主宪政思想的。而西方的"个人本位"却同中国传统观念格格不入,几乎没有调和的余地,因此受到中国传统民族心理的本能忽视或抵触。此外,作为封建主义死对头的中国资产阶级是非常虚弱的,资本主义经济实力、政治力量的脆弱及其阶级局限性,使得他们无论在政治上还是在理论思维上,都没有发展到较为成熟的地步。他们没有勇气和力量同封建势力、封建文化实行彻底的绝裂。为了维护一己之私利,他们宁愿保留封建主义的部分遗产,以期与旧势力平分秋色、相安无事。这恐怕是中国资产阶级不肯捡起"个人本位"思想的原因之一。而且,文化引进的渠道

---

① 梁启超:《新民说》、《民权论》、《爱国论》,载《饮冰室合集》,中华书局1989年版。
② 《辛亥革命前十年间时论选集》第1卷上册,三联书店1977年版,第479、481页。
③ 严复:《严复集·原强》,中华书局1986年版。
④ 熊月之:《中国近代民主思想史》,上海人民出版社1986年版,第29、151页。

并非毫无作用。西方的政治法律思想大都是以日本为中转站而输入中国的。由于民族、文化、历史以及现实政治的原因,日本对"个人本位"思想并未表现出特殊的热情。这一情况折射到中国之后便产生一种共识:日本变法强国靠的是民主宪政而非"个人本位"。这就直接影响"个人本位"思想对中国的二次输入。

以维护人的尊严、人身财产安全和确保自由、平等为内容的"人权"思想,尽管比"民主"思想的传播大约晚了半个世纪,但是它在涤荡中国传统旧观念的变革中却发挥了攻坚的威力。同时,它作为一种思想理论在客观上加固了"民主"思想的阵地。

三、民主宪政、"个人本位"思想的社会化:立宪运动与修律活动

(一)清末的立宪活动

1898年的戊戌变法运动,是先进的中国人企图效法列强实行变革以解救中国危亡的一次伟大尝试。以康有为、梁启超为代表的资产阶级改良主义政治家,出于救亡图存的热忱,参考外国发达的政治制度,精心设计了一幅君主宪政的蓝图:第一,设议院、开国会,公举方正直言敢谏之士参与国事,君主与国民共议国政;第二,制定宪法,定君主、官吏与国民的权利义务,全国人等均以宪法为最高准则;第三,行三权鼎立之制,以国会立法,法官司法,政府行政,三权各不统领,而由君主总之。变法的方式是一些激进的知识分子上条陈、章奏,由光绪皇帝批准颁布实行。由于封建顽固势力的强大与中国民族资产阶级力量的薄弱,新政只维持了百余天便被旧势力镇压下去,维新六君子慷慨就义。这次立宪运动,就其主持者主观动机而言是真诚的,但是仅仅依靠一位皇帝自上而下变法这一方式本身,就已经埋藏着失败的种子。

戊戌维新运动被镇压后,资产阶级革命派取代改良派登上了政治舞台。以慈禧为首的封建顽固派,为了挽救灭亡的命运,居然接过改良派的口号,于1901年1月29日下诏"变法",准备"立宪",实行"新政":"世有万古不易之常经,无一成罔变之治法。大抵法积则弊,法弊则更";"晚近之学西法者,语言、文字、制造、器械而已。此西艺之皮毛,而非西学之本源也";"取外国之长,乃可去中国之短";"一切故事,尤须切实整顿,以期渐致富强";"法令不更,锢习不破,欲求振作,须议更张"。要求臣下"各就现在情弊,参酌中西政治,举凡朝章国政、吏治民生、学校科举、军制财政"等,"各举所知,各抒己见"。以便"斟酌尽善,切实施行";"物穷则变,转弱为强,全系于斯。"①企图借立宪之名,行抵制革命之实。4月25日袁世凯率先上奏变法折,提出"慎号令"、"开民智"、"裕度支"、"修武备"等十条。② 7月至8月间,刘坤一、张之洞

---

① 《清实录·光绪朝》,中华书局1986年版。
② 《袁世凯奏议》上册,天津古籍出版社1987年版,第268—277页。

上奏三个变法折,提出"整顿中法"、"恤刑狱"、"定矿律、路律、商律、交涉、刑律"等主张。① 围绕着所谓"立宪",清政府搞了一系列活动。比如整顿吏治,调整机构,整顿军队,编练新军,振兴实业,奖励工商,改革教育,建立新学。特别是1905年日俄战争后,人们确信"日本以立宪而胜,俄国以专制而败"。故而加快了预备立宪的步伐。清廷于1905年7月特派载泽等五大臣出洋考察各国宪政;10月仿效日本明治维新,设立考察政治馆;1906年9月颁布预备仿行宪政的上谕,声称:"时处今日,惟有及时详晰甄核,仿行宪政,大权统于朝廷,庶政公诸舆论,以立国家万年有道之基"。1907年11月,改考察政治馆为宪政编查馆,负责办理宪政及编制法规;1908年9月颁布由宪政编查馆制定的《钦定宪法大纲》、《议院法要领》、《选举法要领》等,并确定预备立宪期限为九年。此前,还设立了带有议会性质的资政院和要求各省设立谘议局;1908年11月,光绪和慈禧相继病死,不满三岁的溥仪继位,改元宣统,由醇亲王载沣(光绪之弟,溥仪之父)摄政;1909年3月载沣作出积极立宪的姿态,下诏重申"预备立宪"的决心,并命令各省于1909年内一律成立咨议局;1910年10月,立宪派请愿要求于1911年召开国会。清政府被迫将九年预备立宪期缩短为五年,定于1913年召开国会,但可先行厘定官制,成立内阁;1911年5月,清政府成立了以贵族为主体的内阁,遭到了社会的广泛指责;1911年10月10日,武昌起义,各地响应。清政府在大势已去的形势下,一面下"罪己诏",释放自"戊戌变法"以来的一切政治犯,承认革命党为正式政党;一面赶紧修补立宪骗局,于11月3日匆匆公布《宪法重大信条十九条》,以对抗武昌起义。但这终究挽救不了清王朝必然灭亡的命运。1912年2月12日,清朝末代皇帝被迫宣布退位,封建帝制终于结束。

不论是真立宪还是假立宪,它们都是近代中国政治生活中的大事。它们对当时和后世的政治生活产生了深远影响:第一,中国资产阶级通过维新运动,传播宪政思想,批判封建专制,完成了宪政思想的启蒙宣传,使西方资产阶级政治理论的种子撒在中国土地上;第二,立宪活动的直接产物是议会和宪法的雏型,这无论就政治制度还是法律制度而言,都是中国历代未曾有过的新鲜事物;第三,宪法性文件出现制约君主权力的条文。如《十九信条》有:皇帝对内用兵,"须依国会决议";第四,人民的权利义务载入法条。如《钦定宪法大纲》有:"臣民于法律范围以内,所有言论、著作、出版及集会结社等事,均准其自由";"臣民非按照法律所定,不加逮捕、监禁、处罚";"臣民之财产及居住,无故不加侵扰"等。这与中国传统的封建法制相比,都是破天荒的事情。

(二) 清末修律活动

清政府在推行新政的同时,于1902年颁布上谕:"将一切现行律例,按照

---

① 朱寿朋:《光绪朝东华录》,中华书局1958年版,第4727—4770页。

交涉情况,参酌各国法律,悉心考订,妥为拟议,务期中外通行,有裨治理。"①此后设立修订法律馆,任命沈家本和伍廷芳为修订法律大臣,开始修律活动。这是西方法律、法学介入中国立法领域,也是中国法律开始近代化的标志。修律活动是在不触及国体、政体的前提下,通过合法手段完成中国法律近代化的一种尝试。在修律中,爆发了"礼教"与"法理"两种法律原理的大辩论。由于旧势力的强大和革新力量的薄弱,修律活动以妥协告终。

沈家本和伍廷芳奉命总领修订法律馆,于1904年4月1日开馆,开始修律活动。此间,聘请日本法学家松冈义正、冈田朝太郎、志田钾太郎等,参与讲学和法律起草工作。在此后的七、八年间,沈家本主持删削《大清律例》大量条文,奏请废除凌迟、枭首、戮尸等酷刑,革除刺字之法,废刑讯、去缘坐和改良监狱,同时编订了数部新法律和单行法规。其进程大体如下:

1906年,奏进《刑事民事诉讼法》,但因部院督抚大臣的反对,未颁行;

1907年,奏进《大清新刑律草案》,遭到"礼教派"的阻挠,几经修改,1910年颁布;1907年又奏进《法院编制法》(1909年颁行)和拟定《违警律草案》(1908年颁行),并着手制定《大清民律》;

1908年,编订《大清现行刑律》和《商律》,前者于第二年奏进,1910年颁行;后者亦于第二年奏进草案。1910年商部又另订了一部《大清商律草案》;

1909年,奏准颁行《国籍条例》和《禁烟条例》;

1910年,奏进《刑事诉讼律草案》和《民事诉讼律草案》;

1911年,奏进《大清民律草案》。

清末的修律活动,虽然是在广大民众未曾参与的情况下在十分狭小的范围内进行的,但它仍然是中国法律史上具有重大意义的一次变法活动。修律活动的参与者们出于各种不同目的,或者希望改革野蛮落后的封建法制,或者借此促使列强放弃领事裁判权,或者乘机引进西方法制。修律活动的主持者希望在国际国内允许的范围内,利用"参酌各国法律"、"与各国法律改同一律"的手段,对中国封建法律进行改良。他们要求用所谓的"个人本位"、"国家主义"的法律取代家族主义的法律;摒弃旧法体系,采用新法体系;废除援引比附制度,采用罪刑法定、律师、陪审制度;主张司法独立,反对行政与司法混一;反对道德与法律混合,主张礼刑分开,等等。同时,也有不少守旧人士以封建礼教卫道士自居,主张"应本旧律之义,用新律之体",实则保留礼教之内容,给它披上新法的外衣。当时制定的法律有的已经颁行,有的仅是草案。尽管如此,这次修律活动毕竟打破了中华法系的旧格局,开启了中国法律近代化的序幕。

---

① 《大清法规大全·法律部》卷首,台北,考正出版社1972年版。

第二节 "个人本位"与"家族本位"的交锋

一、清末修律与"礼法之争"

1902年至1911年进行的修律活动,是中国二千多年来的一次重要的法律改革。在修律过程中,爆发了礼教派和法理派的论争即"礼法之争"。礼指封建礼教,以张之洞、劳乃宣为代表,称礼教派、礼派、家族主义派、国情派;法指法理,即西方资产阶级的"法律之原理",以沈家本、伍廷芳、杨度为代表,称法理派、法派、国家主义派、反国情派。前者维护宗法家族制度,进而维护整个封建制度;后者以维护"人权"为号召,进而实现中国法律的革新。争论的核心在于:修订法律的指导思想,是资产阶级法律的原理原则,还是封建礼教。

礼法两派争论可分如下三个阶段或三个回合:第一个回合。光绪三十二年(1906)修订法律大臣沈家本、伍廷芳主持制定《刑事民事诉讼法》,采用西方律师制度和陪审制度。湖广总督张之洞认为两种制度实为当地"劣绅"、"讼棍""干预词讼"大开方便之门。且新法鼓励父子异财、兄弟析产、夫妇分资,不合中国国情,致使该草案被废止。光绪三十三年(1907)八月和十二月,沈家本等奏上《大清新刑律草案》及案语。张之洞以刑律草案没有设定"无夫妇女"通奸治罪条文,系"蔑弃礼教"为由,激烈反对。朝廷复令沈家本和法部修改。沈家本修改后交法部。法部尚书廷杰在正文后面加上《附则五条》,恢复有关伦常诸条,定名为《修正刑律草案》,于宣统元年(1909)由廷杰、沈家本联名上奏。第二个回合。宣统二年(1910),《修正刑律草案》交宪政编查馆核订。宪政编查馆参议劳乃宣与沈家本就刑律的具体条文,如"干名犯义"、"犯罪存留养亲"、"亲属相奸"、"子孙违犯教令"是否应当写入刑律展开争论。《修正刑律草案》经核订,成为《大清新刑律》,《附则》改为《暂行章程》上奏,并于十月三日交资政院议决。第三个回合。宣统二年(1910)十月,资政院采用三读法议决法案。宪政编查馆特派员杨度到议场说明新刑律的国家主义立法宗旨,强调中国立法应以"个人本位"和"国家主义"。杨度主张:"惟宜于国家制定法律时,采个人为单位,以为权利义务之主体",取代中国固有的"家族主义"。此间,礼教派首领之一劳乃宣则坚持:中国是农桑之国,"家族主义"符合中国国情。旧法中义关伦常诸条应予保留。由于资政院会期已到,新刑律全文没有全部议完。新刑律遂由清王朝上谕颁布。

二、杨度"个人本位""国家主义"法律观

杨度(1875—1932),字晳子号虎公,湖南湘潭人。早年留学日本。政治上主张君主立宪,曾任宪政编查馆提调,在修律活动中是仅次于沈家本的代表人物。在修律活动中,杨度把西方的"个人本位"思想进行加工整理,形成与"个人本位"相联系的"国家主义法律观"。并要求以此为修律的指导方针。

(一)"家族本位"和"个人本位"正体现中西之别

杨度认为,旧刑律与新刑律的差别,正体现中国旧律与西方新律的差别。差别的根源是新旧法律的指导精神不同:"旧刑律与新刑律其精神上之区别,又极可注意者。凡国家欲成为法治国,必经一种阶级,由家族主义进而为国家主义是也。国家采用何种主义,一切政治、法律皆被支配于其主义之下。"世界各国都经历过家族主义:"当未成法治国以前,无不为家族主义。世界各国皆所不免。不独中国为然。其所以然者,盖当国家主义未发达以前,欲维持社会安宁,不得不维持家族制度。"中国古代法律体现家族主义精神,国家将立法权、司法权都赋与家族首长:"古所谓诛九族、夷三族,皆以族为本位。故对于国家犯罪,即处以诛族之罚。因此主义之故,其结果至于以立法、司法之权,皆界之今之所谓家法,即家长之法。家长至于可以杀人乃至擅杀人,是以两权皆付于家长也。此吾国数千年来刑法主义之所在,即维持国家安宁政策所在。"当今世界已发生巨大变化:"今则不然,世界日趋大通,宜使全国人民合力对外。惟此之故,非使其生计发达、能力发达不可。""诚如是也,则与国家主义日近,而与家族主义日远。此即新律之精神及主义所在,即与旧律之区别所在。"①

中国的家族制度素来重视家族首长对个人的支配和个人对家族首长的服从。这种家族主义法律,"以家族为本位,对于家族的犯罪,就是对于国家的犯罪。国家需维持家族的制度,方能有所凭借,以维持社会"。为了使各家族忠于朝廷,国家制定诛连制度,一人犯罪,株及父母、族长。于是,家族成了个人的实际管理者。"无论四五十岁的儿子,对于七八十岁之父母,丝毫不能违犯。"这样,实际上"家长对于一家之中可以行其专制的手段,有无上之权柄。"西方各国法律之精神是以个人为本位,"对于人民有教之之法,有养之之法。即人民对于国家亦不能不负责任。其对于外,则当举国皆兵以御外侮;对内,则保全安宁之秩序"。法律保证全国"人人生计发达,能力发达。然后,国家日臻发达,而社会也相安于无事"。在这种法律下,"人民对国家负担责任,国家即予之以自由之权利"。家庭中,子女未成年,对于国家的一切权利义务,都由家长替代;成年以后,则由个人负担义务,享受权利,直接对国家负责任。在这种"以个人为单位"的法律之下,"天生人而皆平等,人人可为权利义务之主体"。其结果是个人发达,国家强盛。②

杨度认为,中国自秦汉以来一直保留家族制度。"今中国社会上权利义务之主体,尚是家族而非个人。权利者一家之权利,而非个人之权利;义务者一家之义务,而非个人之义务;所谓以家族为本位,而个人之人权无有也。今中国举国之人可以分为两种:一曰家长,是为有能力而负一家之责任者;一曰家

---

① 杨度:《关于修改刑律的演讲》,载《杨度集》,湖南人民出版社1986年版,第528—529页。
② 《资政院议场会议速记录》第23号,李启成点校,上海三联书店2011年版,第301—308页。

人,是为无能力而不负一家之责任者。其有能力之家长,则以其家人皆无能力皆无责任,而以一人肩之之故,致使人人有身家之累,不暇计及于国家社会之公益,更无暇思及国家之责任矣。全国中自官吏士子以至农工商皆然。""宗法社会,则以民族主义立国,其在种人,则对于酋长而负责任。其在族人,则对于族长而负责任。所谓酋长族长皆君主。民族之观念深,而国家之观念浅。故其人亦但可称为种人族人,而不能称为国民。"这种家族制度"其在本国固于统于一尊而不为物竞。然一与外人遇,仍当循天然之公例,以自然之淘汰而归于劣败"。"阻碍国家进步者莫如封建制度,阻碍社会进步者莫如家族制度"。"故封建制度与家族制度,皆宗法社会之物,非二者尽破之,则国家社会不能发达"。①

(二) 修律应以"个人本位"、"国家主义"为指导

杨度指出,世界各国大都经历过家族主义时代。但是,有些国家较早完成了由家族主义到个人本位国家主义的变革,西方各国"法律之精神,全不在家族而在国家",从而成为强国。"夫各文明国之法律,其必以个人为单位者,盖天生人而皆平等,人人可为权利义务之主体。否则,人权不足,不能以个人之资格自由竞争于世界,于是社会不能活泼,国家亦不能发达矣。"中国"二千多年之法制均本于秦",一直实行家族主义法律。但是家族主义法律只能适用于家族制度时代。中国"向无所谓国际,就是以其国家名之为天下。只要维持社会,即是所保国家之治安,并无世界竞争之必要"。但是,现在的情况已完全不同了。列强侵入,海禁大开,弱肉强食,中国积贫积弱,无以复加。"现在系预备立宪时代,即是预备国家法制完全的时代"。在这种形势下,法律不能"一方面增长国家制度之进行,一方面保全家族制度之存在"。② 只能以个人本位、国家主义的精神制定新律。

杨度分析说:中国现在号称有四万万人,但是远远敌不过东西方列强。其原因就是中国四万万人口,"只能算四万万人,不能称四万万国民",这四万万人不与国家直接发生权利义务关系。与国家直接发生权利义务关系的,"不过是少数家长而已,其余家人概与国家无关系"。"此四万万人都是对于家族负责任,并非对于国家负责任"。所以不能标之为"国民","致国家二字几乎不能成立"。他们生活在家族之中,服从家族的支配。因此,他们"不仅对于国家不负责任,即对于家庭亦不负责任"。他指出,"中国之坏,就由于慈父孝子贤兄悌弟之太多,而忠臣之太少"。政府官员"与其说对国家负责任,毋宁说对家族负责任。""他对于国家虽是贪官污吏,而对于家族却是个慈父孝子、贤兄悌弟。"现在实行立宪,改定法制,必须以国家主义为宗旨,才能"使全国的孝子慈父贤兄悌弟都变为忠臣"。使"四万万人"变成为"四万万国民"。给他

---

① 杨度:《金铁主义说·中国国民之责任心与能力》,载《杨度集》,湖南人民出版社1986年版,第256、259、257页。
② 同上书,第256页。

们"营业、居住、言论等等之自由,使其对于国家担负责任"。只有这样才能走上国富民强的道路。① 杨度认为,当今修律只能采取个人本位和国家主义,不能同时保留家族主义:"故此二主义者,无两立之道,无并行之法者也。所谓不两立无并行者,非谓此存而彼绝,特多少之成分耳。""今馆中宜先讨论宗旨,若以为家族主义不可废,国家主义不可行,则宁废新律而用旧律。且不惟新律当废,宪政中所应废者甚多也。若以为应采国家主义,则家族主义决无并行之道。而今之新刑律实以国家主义为其精神,即宪政之精神也,必宜从原稿所订而不得以反对宪政之精神加入之。"② 在他看来,用立法手段改革陈旧的家族主义法制是完全可行的:"中国如欲破此家族制度也,亦非可以骤进。惟宜于国家制定法律时,采个人为单位,以为权利义务之主体","使无能力之家人,皆变而等于有能力之家长。人人有一家之责任,即人人有一国之责任,则家族制度自然破矣。盖此乃天演之事,未有能骤者也。"③

（三）"个人本位"思想的理论价值

杨度的个人本位、国家主义法律观,是中国近代民族资产阶级政治思想在法律上的反映。其思想源于卢梭的"天赋人权"理论。尽管杨度的个人本位、国家主义法律观是在清末修律的特殊背景之下,针对立法中的一系列具体问题而阐发的,其以法救国的真诚之心,其思想的质量和影响,都是不应低估而应给予充分肯定的。他的主张反映了民族资产阶级要求解脱封建桎梏,发展资本主义商品经济,用法律手段维护其个人权利和自由的时代心声。他的思想在封建王朝即将寿终正寝的黎明前的暗夜里,更令保守势力恐惧,更令进步人士振奋,因而显得更加明亮。

三、劳乃宣"家族主义"法律观

劳乃宣(1843—1920),字季谊,号玉初,浙江桐乡人,进士出身。曾任宪政编查馆参议,政务处提调,钦选资政院硕学通儒议员,是礼教派的领袖之一,其地位与张之洞相当。在修律中他坚持以"家族主义"为指导,对杨度的个人本位、国家主义法律观进行批驳。

（一）生计风俗者法律之母也

劳乃宣指出:"法律何自生乎？生于政体。政体何自生乎？生于礼教。礼教何自生乎？生于风俗。风俗何自生乎？生于生计。"④ 所谓"生计"即生产方式。各国的生产方式又有农桑、猎牧、工商三种类型,这三种生产方式又派生

---

① 《资政院议场会议速记录》第23号,李启成点校,上海三联书店2011年版,第301—308页。
② 杨度:《论国家主义与家族主义之区别》,载《杨度集》,湖南人民出版社1986年版,第533页。
③ 杨度:《金铁主义说·中国国民之责任心与能力》,载《杨度集》,湖南人民出版社1986年版,第258页。
④ 劳乃宣:《新刑律修正案汇录序》,载《桐乡劳先生遗稿》,桐乡卢氏校刻,台北文海出版社1969年版。

出三种类型的风俗、礼教和政体,由此又派生出三种类型的法律:家法、军法、商法。

农桑之国,人民均有固定的土地和住所。男耕女织,全家人"听命于父兄"的安排,"父兄为家督而家法以立。是家法者,农桑之国风俗之大本也"。礼教政体从家法中产生,君臣关系等于父子关系,"其分严而其情亲,一切法律皆以维持家法为重,家家之家治,而一国之国治矣"。这种法律,使一国之人,"人人亲其亲,长其长"。维持家法制度,就会天下太平。这是中国之法。

猎牧之国,人民没有固定的住处,"结队野处,逐水草而徙居"。由于狩猎和战争的需要,必须有兵法约束,才能团结民众共同生存。所以"人人服从于兵法之下,是兵法者猎牧之国风俗之大本也"。这类国家,礼教政体从兵法中产生,君臣关系等于军队中的将帅与士兵的关系,"分严而情不甚亲"。国家的"一切法律皆与兵法相表里",约束严密而简便易行,合于用兵之道。这是朔方之法。

工商之国,人民"人不家食,群居于市,非有市政不能相安。故人人服从于商法之下。是商法者工商之国风俗之大本也"。国家的礼教政体从商法中产生,君臣关系是一种雇佣关系,"情亲而分不甚严"。君主形式的国家就如独家商业公司,民主形式的国家有如合资经营的商业公司。国家的"一切法律皆与商法相览表,凡所为尚平等,重契约,权利、义务相为报酬,皆商家性质也"。这是欧美之法。

劳乃宣认为,"风俗者法律之母也,立法也不易其俗,其凿枘也,必矣"。中国是农桑之国,风俗、礼教、政体都因家法而生,所以政治只能"从家法",而不能用朔方的兵法和欧美商法。因此,修订刑律必须以家法即家族主义为指导,而不能引进外国的兵法和商法。

(二)废专制则可,废家族则不可

劳乃宣针对杨度提出的欲使人人爱国,必须破坏家法的意见,指出:中国人但知爱家不知爱国,根源在于秦以后的专制政体而不在家族主义。在专制政体下,"一国政权悉操诸官吏之手,而人民不得预闻"。人民与国家隔断了联系,所以不关心国事。很难达到使人民爱国的目的。因此,"以欧美重权利,尚平等之道"取代家法政治,很难达到使人民爱国的目的。劳乃宣指出,"欧美之民"并非"不爱其家"。欧美家庭和中国家庭不同,"中国之家以父子为范围,西方之家以夫妇为范围,西国之所谓一家,犹中国之所谓一房,而其为有家则一也"。西方"行立宪政体,人人得预闻国事,是以人人与国家休戚相关"。西方人人"深明家国一体之理,知非保国无以保家"。中国现在已实行预备立宪,使天下之人皆知家国一体之理而保国正所以保家,人民自然会产生爱国之心。完全不必破坏家族制度。况且,中国古代也有"国民主义"精神:"三代以上之法,正家族主义国民主义并重者也",西方的"法理之源"是"我国所固有",何必舍近求远。其结论是:"居今日而谈变法,将何适而从哉?曰:本乎我国固有之家族主义,修而明之,扩而光之,以斯渐进于国民主义,事半功倍,莫逾乎是。"①

三、从西方的"个人本位"到中国的"国家主义"

中国资产阶级在同封建势力战斗的时候,常常从西方资本主义文化武库中捡起"个人本位"的武器,用来批判封建专制政体和家族制度。西方的"个人本位"也的确在反对中世纪贵族制度时发挥过积极作用。但是,由于经济、政治和历史传统诸因素的影响,中国资产阶级还远远不具备实现"个人本位"的经济基础和政治力量。他们在反对封建主义和帝国主义的斗争中,往往带有极大的软弱性和妥协性。他们同封建势力还具有千丝万缕的联系,这就使他们在绘制未来社会蓝图时不可能真正拿起西方"个人本位"的彩笔。另一方面,资产阶级为了保护自己的特殊利益,急切希望执掌政权并把自己的意志法律化。于是,他们像战国时期法家把新兴地主阶级的意志说成是正义的"公法"一样,也把自己的意志说成是国家意志,并进一步鼓吹国家的权威。20世纪以后,西方"个人本位"思想受到"社会本位"、"国家本位"思潮的抑制,这就等于釜底抽薪,扼止了"个人本位"思想的传播。这些都是西方"个人本位"经过中国资产阶级的加工改造而变成"国家主义"的重要原因。

最早系统介绍西方民主思想,并极力推崇西方"自由"的,莫过于严复。他说:西方国家是"以自由为体,以民主为用。"②又说:"吾未见其民之不自由者,其国可以自由也;其民之无权者,其国可以有权也。"③但是,在个人自由问题上,他大大打了折扣。他认为,国家自由与个人自由相比较更为重要。如果没有国家自由而专讲个人自由,那么社会就"不得安居。"④中国人现在追求的不是"小己自由",而是"国群自由"。只有这样,才能"祛异族之侵横,求有立于天地之间"。(《法意》卷一按语)国家的自由是远远高于个人自由之上的。这同西方要求国家尽可能少干涉个人自由的"个人主义"是大异其趣的。

杨度所主张的"个人主义"实际上是打破以家族为权利义务主体的旧制度,让个人与国家建立直接的关系。而个人的权利自由又以向国家尽义务为前提,"人民对国家负担责任,国家即予之以自由之权利。"⑤"从法理上言之,国家之自由活动,由于人民之自由活动,以人民全体之自由活动为国家之自由活动。从政治上言之,凡其国有自由人民者,乃可称为自由国家。若夫专制政体之国,必无自由之民"。"人民自只能于公共所立法律之中自由行动,而以其余授之政府。既以其余授之政府,则自由之范围自狭矣。然狭则虽狭,而能

---

① 劳乃宣:《新刑律修正案汇录序》,载《桐乡劳先生遗稿》,桐乡卢氏校刻,台北文海出版社1969年版。
② 严复:《严复集·原强》,中华书局1986年版。
③ 严复:《严复集·原富》,中华书局1986年版。
④ 严复:《严复集·政治讲义》,中华书局1986年版。
⑤ 《资政院议场会议速记录》第23号,李启成点校,上海三联书店2011年版,第305页。

平等。甲之自由若多于乙,则政府干涉甲而保护乙矣。政治上自由之意义如此"。可见,个人自由只是个人与个人之间的平等权利,而国家的自由则是管理和干预个人自由的自由。况且,中国人的自由已经不少了:"吾民之自由亦已多矣","夫中国为专制政体之国,然人民之自由,有时所得于意外者,反较之各立宪国为更多。"①其结论只能是国家自由高于个人自由。杨度的"个人本位",无非是把个人对家族负责任,变成对国家负责,因此,将他的主张称为"国家主义"是再合适不过的。

杨度关于人民自由权利的见解,与后来国民党统治集团的主流见解是相通的。正如孙科所谓:"我们革命完全是为国家的解放、独立和自由。所以中国宪法不能像欧美以个人自由为出发点。因为中国人是自由的,但是国家却不能自由。所以国民要有组织,不能再如从前一样放任。宪法不能以个人自由为目的,要以国家至上、民族至上为目的。……这样,由人民立法以限制个人的自由,来保护国家民族的自由,不是很合理吗? 不是很合中国的需要吗?"②

在这里,我们似乎看到,中国近代资产阶级的思想模式虽然有时也披上西方理论的外衣,却依然沿着中国传统文化的路数转了一个大圈,重新回到历史的原点。当然这是螺旋形的原点。在对待家族、个人、国家的问题上,如果说先秦法家的"法治"旨在把个人从家族的古老圈子里拉出来,与专制主义国家直接挂上钩,并用赏罚两手驱使人民耕战,以达到国富民强的话,那么,近代资产阶级的"国家主义"则是打破家族的窠臼,使个人与民主宪政的国家直接建立联系,用法律的手段确认个人的权利自由,并使个人对国家负责任,以达到变法图强的目的。在这里,宗法家族两次成为新兴地主阶级国家和资产阶级国家的天敌,而个人又两次成为富国强兵的砝码,这难道不是法家"法治"与资产阶级"国家主义"的神似之处吗? 当然,前者是与集权专制政体相联系的,后者则是与立宪民主政体相联系的。这不仅是两者的最大差别,也是后者高于前者的地方。

历史清楚地表明,西方的"个人主义"一进入中国大地,便被中国传统文化所改造。它在同家族主义打了一仗之后,就顺理成章地放马南山了。真正能在中国人心底引起共鸣的,不是西方动听的旋律,而是自古已然的脉搏。

尔后,当觉醒的国人再次冲击家族制度和封建礼教时,便又一次拿起西方"个人本位"的长矛。而当思索现实政治法律问题时,传统的民族心理却又顽强地抬起头来。在后来的国民党统治的中华民国时期,"国家、社会"本位牢牢统治着法律实践活动,而"个人本位"思想则一灯如豆,微微闪烁在学者们的书斋里、纸砚旁。

---

① 杨度:《金铁主义·世界的国家主义》,载《杨度集》,湖南人民出版社1986年版,第233—234页。
② 孙科:《我国宪法与欧美宪法的区别》,载《孙科文集》,台湾商务印书馆1972年版。

第三节 清末修律的历史遗产：近代化的法律规范群

在清末修律活动中，大批的新式法典被制定出来。有的已经颁布实行，有的因爆发辛亥革命致清王朝灭亡而未及颁行。这次修律活动是中国法律文化史上的大事件，在当时并对后世产生了极为深刻的影响。这主要表现在：采纳和借鉴了西方资产阶级的法律原理和原则，如罪刑法定、法律面前人人平等、审判公开、辩护等，极大地冲击了封建法律的专制主义和特权、宗法等级不平等精神；制定了大批独立的法典和单行法规，改变了中国旧法律的诸法合体、民刑不分、实体法与程序法不分的旧体裁；参照并吸收西方的法律制度，如民法、商法、公司法和律师制度、陪审制度等；大规模的成文立法活动，初步奠定了中国近代法律向大陆法系靠拢的大方向。

一、翻译各国法律

在沈家本的主持和督促之下，修订法律馆从光绪三十年（1904）四月初一日开馆起，到宣统元年止，共翻译出十几个国家的几十种法律和法学著作。包括：法律名词（以现拟民诉草案所有名词为标准）、日本商法、德国海商法、英国国籍法、美国国籍法、德国国籍法、奥国国籍法、法国国籍法、葡萄牙国籍法、各国入籍法异同考、比较归化法、日本民法（未完）、德国民法（未完）、法国民法（未完）、奥国民法（未完）、西班牙国籍法、日本票据法、美国破产法、美国公司法论、英国公司法论、亲族法论、日本加藤正治破产法论、罗马尼亚国籍法、意大利民法关于国籍各条、德国改正民事诉讼法（未完）、日本条约改正后关于外国人之办法、德国强制执行及强制竞卖法（未完）、日本改正刑事诉讼法、日本改正民事诉讼法、日本现行刑事诉讼法、日本现行民事诉讼法、法国刑事诉讼法（未完）、奥国法院编制法、奥国民事诉讼法（未完）、裁判访问录、国籍法纲要及调查员志田钾太郎意见书、日本民事诉讼法注解、日本刑事诉讼法论、日本民事诉讼法论纲、德国高等文官试验法、德国裁判官惩戒法、德国行政官惩戒法、国际私法等。对外国法律和法学著作的集中翻译活动，为当时制定新律和后来中国近代法学的问世奠定了基础。

二、制定新律

清末修律的主要成果是制定了大量新式法律，主要包括以下新法：

商律。清廷于光绪二十九年（1903）令载振、袁世凯（旋请开缺）、伍廷芳先订商律。同年十二月，编定商人通例 9 条，公司例（又称公司律）131 条，合计 140 条，上奏后定名为《钦定大清商律》颁行。此为我国有史以来之第一部商律。自后又陆续制定颁布了《公司注册试办章程》（18 条）、《破产律》（69 条）、《银行注册章程》（8 条）、《大小轮船公司注册给照暂行章程》（20 条）、

《运送章程》(56条)。

《刑事民事诉讼法》草案。光绪三十二年(1906)制定。草案拟定后,清朝廷发交部院督抚大臣签注。以湖广总督张之洞为首的督抚大臣,以草案违背中国立法之本原,奏请废止。遂使该草案被搁置。草案合刑民诉讼为一编,下分五章:总纲、刑事规则、民事规则、刑事民事通用规则、中外交涉案件,共计260条,另附颁行例3条。草案乃应急而订,只不过是一部简明诉讼法。该草案吸收了律师、陪审员制度。

《法院编制法》。光绪三十三年(1907)八月,沈家本向清廷上《法院编制法》草案。经宪政编查馆核议修正,改为16章163条(另有附则一条),于宣统元年(1909)十二月颁行。16章次第为:审判衙门通则、初级审判厅、地方审判厅、高等审判厅、大理院、司法年度及分配事务、法庭之开闭及秩序、审判衙门之用语、判断之评议及决议、庭丁、检察厅、推事及检察官之任用、书记官及翻译官、承发吏、法律上之辅助、司法行政之职务及监督权、附则。

《大清新刑律》。经过六年的编纂,于宣统二年(1910)十二月,清朝廷以上谕裁定将第五案予以颁布,即《大清新刑律》钦定本。将旧律笞、杖、徒、流、死改为死刑、徒刑、拘留、罚金四种,其中徒刑分为无期和有期。无期徒刑惩役终身。新律死刑仅用绞刑一种。删除比附,各刑均定上下之限,凭审判官临时审定,并别设酌量减轻,宥恕减轻各例,以补其缺。刑律共有2编53章411条。包括:总则:法例、不论罪、未遂罪、累犯罪、俱发罪、共犯罪、刑名、宥减、自首、酌减、加减例、缓刑、假释、恩赦、时效时期计算、文例,共17章,88条;分则:侵犯皇室罪、内乱罪、外患罪、妨害国交罪、漏泄机务罪、渎职罪、妨害公务罪、妨害选举罪、骚扰罪、逮捕监禁者脱逃罪、藏匿罪人及湮没证据罪、伪证及诬告罪、放火决水及妨害水利罪、危险物罪、妨害交通罪、妨害秩序罪、伪造货币罪、伪造文书及印文罪、伪造度量衡量罪、亵渎祀典及发掘坟墓罪、鸦片烟罪、赌博罪、奸非及重婚罪、妨害饮料水罪、妨害卫生罪、杀伤罪、堕胎罪、遗弃罪、私滥逮捕监禁罪、略诱及和诱罪、妨害安全信用名誉及秘密罪、窃盗及强盗罪、诈欺取财罪、侵占罪、赃物罪、毁弃损坏罪。共36章323条,后附《暂行章程》5条。

《大清刑事诉讼律草案》。宣统二年(1910)十二月,沈家本、俞廉三进呈草案。草案凡6编14章515条。包括:总则:审判衙门、当事人、诉讼行为;第一审:公诉、公判、上诉;通则:控告、上告、抗告;再理:再诉、再审、非常上告;特别诉讼程序:大理院特别权限之诉讼程序、感化教育及监禁处分程序;裁判之执行。确立了检察官提起公诉、自由心证、直接审理、言辞辩论、原、被告待遇同等、审判公开、三审制度等原则和制度。

《大清民事诉讼律草案》。宣统二年(1910)十二月编纂告竣,由沈家本、俞廉三进呈清朝廷。草案共4编21章800条。包括:审判衙门:事物管辖、土地管辖、指定管辖、合意管辖、审判衙门职员之回避拒却及引避;当事人:能力、多数当事人、诉讼代理人、诉讼辅佐人、诉讼费用、诉讼担保、诉讼救助;通常诉讼程序:总则、地方审判厅之第一审诉讼程序、初级审判厅之诉讼程序、上诉程序、再审程序;特别诉讼程序:督促程序、证书程序、保全程序、公示催告程序、人事诉讼程序。

《大清民律草案》。宣统三年(1911)九月,由俞廉三等奏呈(时沈家本已辞去修订法律大臣之职)。共分总则、债权、物权、亲属、继承5编,37章。因亲属、继承2编需会商礼学馆,故当时俞氏等仅将总则、债权、物权3编,计1316条,定名《大清民律草案》,奏呈清朝廷。

第四节 "欧法东渐"时代的法律样式

自1840年鸦片战争至1911年辛亥革命的70年间,是衔接"国家、家族本位·混合法"时代和后来的"国家、社会本位·混合法"时代的过渡时期。这一时期的法律样式基本上保留了中国固有的"混合法"。但在最后约十年的修律活动中,伴随欧洲大陆法系及其理论的传入,这一传统法律样式受到挑战。

一、向欧洲大陆法系一边倒

清末修律的主持者,出于变法图强的热忱,真心地相信,只要效法列强,吸收西方先进的法律原理和法律制度,改造中国的旧法律,就能够近者取消领事裁判权,远者富民强兵,跻身于世界强国之林。因此,他们没有也来不及对西方法律(包括大陆法和英美法系)做全面深入的考查,没有也来不及对中国传统法律文化遗产进行客观冷静的分析,便自觉不自觉地得出这样一种结论:凡西方的法律都是好的,应当全面引进;中国的法律都是落后的,应当彻底改变。从而做出了朝欧洲大陆法系一边倒的抉择。

造成这种历史性选择的原因是多方面的。其中最重要的有三点:第一,受日本法律的影响。日本是唯一效法西方制度变法而强盛的亚洲国家,而在这之前其国势远不及中国。这一现实使中国人深切感受到,要富国强兵必须走日本的道路。这条道路简而言之就是:在政治上搞立宪制,在经济上发展工商业,在法律上引进大陆法系。由于日本自身的历史政治原因,它吸收的正是德国、法国的法律制度。当中国模范列强时,自然以日本为学习的样板,这样就通过日本这一中转站将大陆法系的法律及其理论一并移植过来。而语言文字及思维方法上的相近特点,又为这一移植提供了极为方便的条件。第二,中国是一个中央集权的泱泱大国,为维护朝廷的权威和法制的统一性,不能不仰仗成文法的力量。这就养成了偏重成文法的传统。各级官吏在司法事务中每每受到各种旨在限制他们枉法徇私或与朝廷分庭抗礼的制度的约束。这种不准许司法官发挥其主观能动性的政治体制,严重窒息了判例法的生机,使判例法成了在特殊情况下不得已而为之的权宜之计或辅助手段。这种偏重成文法的传统正好与欧洲大陆法系情趣相投。而英美法系的判例法与中国传统法律文化之间的隔膜又很难在短时间内冰释。这正是急于引进西法的中国人最终选择大陆法系而不选择英美法系的主观原因。第三,从道理上而言,在新旧交替、以西代中的复杂情况下,最为妥当的办法是适用判例法,由具体到一般、由局部到全局、循序渐进地完成法制的整体转型。但是,在中国人民革命浪潮此起彼伏的特殊形势下,为摆脱摇摇欲坠的政治危机,清王朝急于做出"仿行立宪"的姿态,从而引进大陆法系的现成法典,以为这是立竿见影、安邦靖民的唯一良策。当然,这一立场并不能完全代表修律主持者们的立场。

二、关于"比附援引"的分歧与反思

然而,中国毕竟具有长期的"混合法"传统,当判例法眼看着被全面排挤时,皇朝旧臣们是不会没有丝毫表示的。于是,在修律过程中,围绕着中国法律中固有的与判例制度密切联系的"比附援引"之制,展开了不大不小的争论。争论的实质是:在引进大陆法系时,是给中国固有的"比附援引"(判例法运行的一个中间形态)留有一席之地,还是将它扫地出门?

在以沈家本为首的修律主持者看来,中国固有的"比附援引"是落后的东西,不符合世界发展的大趋势。应当全面引进成文法取而代之。而中国固有的成文法与西方的成文法又是相通的。因此,强化成文法、摒除判例法是唯一科学而可行的正确抉择。其理由如下:

其一,"比附援引"违背宪政精神。援引比附的"定律之旨与立宪尤为抵牾。立宪之国,立法、司法、行政之权鼎峙,若许司法者以类似之文致人于罚,是司法而兼立法矣";"司法之审判官,得以己意,于律无正条之行为,比附类似之条文,致人于罚,是非司法官,直立法官矣。司法、立法混而为一,非立宪国之所宜有也"。① 援引比附是"司法包含立法","司法之时有立法之意","与宪政原则最相违反"。②

其二,成文法(罪刑法定)为世界法律发展之大趋势,且与中国法律传统相一致。当今世界"惟英国视习惯法与成文法为有同等效力,此外欧美及日本各国,无不以比附援引为例禁者。本案故采此主义,不复袭用旧例"。此处所言之"主义",即罪刑法定主义。法律馆《刑律草案》第 10 条:"凡律例无正条者,不论何种行为,不得为罪。""本条所以示一切犯罪须有正条乃成立,即刑律不准比附援引之大原则也。"这一原则中国古已有之,如《晋书·刑法志》载刘颂言:"律法断罪,皆当以法律令正文,若无正文,依附名例断之,其正文、名例所不及,皆勿论。……今限法曹郎令史,意有不同为驳,唯得论释法律,以正所断,不得援求诸外,论随时之宜。"这一原理"初不始于今东西各国也",其发明权在中国。"今东西国之学说正与之同,可见此理在古人早已言之,特法家之论说无人参究,故称述之者少耳。"③

---

① 沈家本:《明律目笺一·断罪无正条》,载《历代刑法考》,中华书局 1985 年版。
② 《资政院议场会议速记录》第 23 号,李启成点校,上海三联书店 2011 年版,第 301 页。
③ 沈家本:《明律目笺一·断罪无正条》,载《历代刑法考》,中华书局 1985 年版。

其三,判例法流弊太多。"凡刑律于正条之行为若比附援引及类似之解释者,其弊有三:第一,非立宪国之所宜有也;第二,法者与民共信之物,律有明文,乃知应为与不应为,若刑律之外,参以官吏之意见,则民将无所适从。以律无明文之事,忽援类似之罚,是何异以机井杀人也;第三,人心不同,亦如其面,若许审判官得据类似之例,科人以刑,即可恣意出入人罪,刑事裁判难期统一也";"盖妄为比附,则必至逞其私见而挟仇陷害,酷刑锻炼之风作,罗钳吉网,受害者将无穷已;强为比附,则必至徇于众议而文致周内之习成,五过之疵,惟官、惟反、惟内、惟货、惟来,何所不有。法令不一,冤滥滋多,可不慎与";"自国初以来,比附之不得其平者,莫如文字之狱"。①

应当注意,在群起讨伐"比附援引"之际,亦有微弱的反驳之声:"谓比附易启意为轻重之弊,但由审判官临时判断,独不虞其意为轻重乎?引律比附,尚有依据,临时判断,实无限制";"律例所未载者,不得为罪,则法不足以禁奸,罪多可以伸免,刁徒愈诪张为幻,有司之断狱亦穷";"民情万变,防不胜防,若例无正条,不论何种行为,不得为罪,则必本案三百八十七条,尽数赅括,毫无遗漏而后可。否则有犯无刑,国家可力存宽大,人民将不免怨咨,持是谓得情理之平,恐不然矣";"无此法而定此例者,方为立法,若既有他律,而比附定拟,则仍属司法,非立法也。如以比附为立法,则于本律酌量轻重者,又与立法何异?类似之例,不能援以罚人,而轻重之权,衡可操之?问官诚恐任意出入,将较比附为尤甚";"引律比附,乃司法之事,即如审判官因律有临时审定之文,而审定罪名上下不同,亦可谓之司法兼立法耶?窃谓定律果能简以驭繁,比附自属罕见。然法律中断不可无此条,以规定律令赅载不尽之事理。"②

然而,经过清末修律,终于把"罪刑法定"原则法典化了。比如《刑律草案》第十条:"凡律例无正条者,不论何种行为,不得为罪";《违警律》第二条:"凡本律所未载者,不得比附援引。"应当承认,"罪刑法定"原则是西方资产阶级法治的原则之一。它在反对贵族司法专横的特权和维护平民的权利方面,起了积极的历史作用。可是,当我们看到它被移植到中国大地上来的时候,却难以简单地举手欢呼。因为清廷引它进来并载之典章,决非为了否定自身的特权,更非保障工商及民众的利益。当时的立法者是封建阶级而非资产阶级。沈家本之所以肯定"罪刑法定"原则,除了模范列强之外,当然也含有抑制司法枉滥的目的。但是,在"州县明晓律例者百人中难得数人"③的实际情况下,司法枉滥又怎能尽归罪于"比附援引"呢!

"比附援引"的本质特征是:在法无明文规定的情况下,依据统治阶级的法律意识、法律原则(这种意识和原则常常反映在刑法典的"名例"中)或以前的判例、故事中所体现的某种精神,来对案件做出裁判,是为判例。判例经过

---

① 沈家本:《明律目笺一·断罪无正条》,载《历代刑法考》,中华书局1985年版。
② 同上。
③ 同上。

核准之后,可以成为同类案件审判的依据。这就是中国式的判例法。至于援引最相类似的条文,其实质不过是走了捷径的判例法。它留给人们的不是扩大的法条,而是具体的判例。在这个意义上可以说,否定了"比附援引",就是否定了判例法,从而也就断绝了成文法的自我调整更新机制。

　　清末修律中,以沈家本为代表的一代法律家所做出的抉择,无意中既否定了英美法系的合理性,又否定了中国固有的判例法传统。这种朝大陆法系一边倒的态度,使近代中国法律文化得到了什么,又失掉了什么,是非常耐人寻味的问题。把中国固有判例法这个活泼的小孩子连同洗澡水一齐倒掉,无论如何不是最聪明的选择。我们虽无意苛求于古人,却每每为之慨叹!

　　事实是,沈家本毕竟开启了成文法的新风气,他把"三权分立"的宪政原则和阵容雄壮的成文法典留给了后世,作为旧时代赠给新时代的礼品。然而,北洋军阀政府大理院的法官们却偏偏擎起了"司法独立"的大旗,放心大胆地重振判例法的雄风!而国民党政府初期的立法家们则从沈家本手中接过成文法的令牌,掀起成文法立法运动。又过了若干时期,英美法系的合理性被人们重新认识,成文法与判例法又重新握手言和——这也许就是中国法律文化发展史所独有的"时间差"与节奏感!

第八章 "国家、社会本位·混合法"时代的法律文化

清末的仿行立宪并没有能够挽救清王朝灭亡的命运。1905年8月,孙中山先生在日本东京成立同盟会,以"驱除鞑虏,恢复中华,建立民国,平均地权"为革命宗旨。此后,同盟会曾先后领导发动十余次武装起义,特别是1911年4月的广州黄花岗起义。1911年5月,清政府推行卖国主义的"铁路国有"政策,激起全国人民的反抗斗争。在孙中山先生和同盟会的领导下,部分湖北清军于1911年10月10日爆发了武昌起义。全国各地纷纷响应,清政府土崩瓦解。12月29日孙中山被选举为临时大总统,正式宣布中华民国成立,定1912年为民国元年。1912年1月1日孙中山在南京就职,史称南京临时政府。2月12日清帝溥仪宣告退位。13日孙中山辞职。15日袁世凯被临时参议院选举为临时大总统。3月11日袁世凯在北京宣誓就职,是为北洋政府。1915年12月袁世凯复辟帝制,宣布1916年元旦起为"洪宪"元年。1916年3月22日袁世凯宣布撤销帝制,废除"洪宪"年号。6月6日袁世凯病死。副总统黎元洪继任大总统。1917年俄国十月革命胜利,给中国送来马克思、列宁主义。1919年爆发了"五四"运动。1921年7月1日中国共产党成立。1923年11月孙中山改组国民党。1924年1月召开国民党第一次全国代表大会,重新解释三民主义,确立联俄、联共、扶助农工三大政策。1925年3月12日孙中山先生病逝。中国国民党在中国共产党支持下,于1925年7月1日建立广州国民政府。1926年7月开始北伐。1926年10月国民政府迁至武汉。此后,代表大地主大资产阶级和官僚买办阶级利益的国民党上层集团,背叛孙中山先生的遗嘱,致使大革命失败。国民党于1927年4月18日建立南京国民政府。至1949年被推翻,在中国大陆统治22年之久。此间,中国共产党领导人民进行了艰苦卓绝的革命斗争。

在中华民国时期(1912—1949),中国法律文化进入一个新的发展时期。其主要特征是:在法律实践活动的基本精神方面,在经过军阀混战、北伐战争,特别是南京政府成立之后,才逐渐形成了居统治地位的法律观。这就是既否定传统的封建专制主义"国家、家族本位",又排除西方"个人本位"的"国家、社会本位"法律观。在法律实践活动的宏观样式方面,制定了空前规模的成文法典和判例汇编,在重视成文法的同时,兼而重视判例的作用。在新的历史条件下,逐渐修正了朝"大陆法系"一边倒的偏向,重新构筑了中国固有的"混合法"样式。此间,法律设施日臻完备,立法司法活动日臻成熟,法学研究与教育得到了空前发展。中国法律文化在与世界法律文化交融中走上现代历程。

第一节 胡汉民"国家、社会本位"法律观

胡汉民(1879—1936),原名衍鸿,字展堂。广东番禺人。同盟会的组织者之一,曾批判改良派的政治主张,宣传孙中山的"三民主义",并参加过多次武装起义。辛亥革命后,历任广东都督、中华革命党政治部长、护法军政府交通部长、代行大元帅、国民政府主席等要职。1924年1月,中国国民党改组,成为

国民党右派首领。1928年8月,国民党实行训政。他作为国民党中央政治会议委员、立法院长,为国民党法制建设出谋划策,成为指导国民党训政时期立法活动的精神领袖。"国家、社会本位"法律观是胡汉民法律思想的核心内容。"国家、社会本位"法律观的确立与实践,结束了清末以来中国"家族本位"与西方"个人本位"法律原则的冲突、妥协、共存的局面,开创了中国现代法律思想发展的新阶段。

一、坚持"国家、社会本位",否定"家族本位"、"个人本位"和"阶级本位"

胡汉民是"国家、社会本位"思想的首倡者。这一理论后来经过司法领袖居正和立法领袖孙科等人的补充、完善和具体化,最终成为中华民国立法、司法的最高原则。

胡汉民指出:"中国向来的立法是家族的,欧美向来的立法是个人的,而我们现在三民主义的立法乃是社会的。"①他认为,人类为了生存必须结成团体。因此,人类必须"脱离自然生活而为有秩序之生活,由个人生活而演进至团体生活。"②社会团体组成之后,每个人的权利义务就因"社会的生活、民族的生存、国家的存在而确立"。个人在享受权利之前,必须先为社会尽义务和责任:"富者主张其财产权之前,须为社会的共同利益,而尽其利用财产之义务;劳动者主张其人格之前,亦须为社会共同利益,而尽其人格之义务。"③其目的是:"牺牲个人的部分,以成就民族和国家"。④

为了确立"国家、社会本位",胡汉民还抨击了中国的"家族本位"、欧美近代的"个人本位"和苏俄的"阶级本位"。

首先,他指出,"盖中国历代制礼立法,完全是立于家族制度的基础上",即所谓"家族本位"。这种法律的实现要依靠集权专制的皇权,故又极力"维护君主专制"。家族的基础是农业社会,故法律"独注意农业社会家族经济之关系"。不仅如此,"更从社会组织与国家组织上观察,从来中国的法律,公法与私法相混,可以说私法完全纳于公法之中,此种简陋之法律制度,自不能适应时代之要求。"⑤总之,中国古代的法律制度,注重保护宗法家族的利益,进而维护了封建君主专制制度,忽视社会的共同利益和个人权利。其结果在政治上,造成了君主与家长的封建宗法专制;在经济上,阻碍了工商业经济的发

---

① 胡汉民:《三民主义之立法精义与立法方针》,载《革命理论与革命工作》,上海民智书局1932年版。
② 胡汉民:《社会生活之进化与三民主义的立法》,载《革命理论与革命工作》,上海民智书局1932年版。
③ 胡汉民:《三民主义的立法精义与立法方针》,载《革命理论与革命工作》,上海民智书局1932年版。
④ 胡汉民:《最近破坏的情形与今后建设的计划》,载《革命理论与革命工作》,上海民智书局1932年版。
⑤ 胡汉民:《社会生活之进化与三民主义的立法》,载《革命理论与革命工作》,上海民智书局1932年版。

展;在法律上,将人们之间的私法关系纳入家族主义公法之中,严重阻碍了个人的积极性,从而迟滞了国家社会的进步。因此,中国传统"家族本位"的法律应当废除。

其次,他认为,欧美近代"个人本位"法律实际上"较诸我国家族主义的法律制度尤觉落后";"欧美近代立法的基础,俱以个人为本位,根本上认个人为法律的对象";"认定个人有天赋的权利,有其不可侵犯的自由。自然人的权利和自由,成为人权观念的内容,而人权则成为立法的基础。现代虽有稍事变更,亦不过于社会共同福利最低限度内,抑制个人自由,仍偏重于个人自由,忽略社会全体之利益也。"①根据这一原理确立的欧美近代法律,"权利、财产、自由、结社、责任诸观念实为个人的,而非社会的","法律的效用,变为只规范个人与个人之间权利和自由的界线,而不知个人以外有其他的社会利益"。② 忽视国家和社会利益的法律制度,带来了西方社会的严重恶果——个人主义日趋极端。竞争成为经济生活的单一手段,贫富悬殊导致了激烈的阶级斗争,整个社会处于经济危机与政治动乱的旋涡之中。这种"个人本位"的法律制度中国决不应当效法。

最后,胡汉民指出,苏俄国家的法律制度是以阶级为本位,即"虽已将社会为单位的观念代替个人为单位之思想,误认社会生存关系为阶级对立关系,而不知社会生存关系为协动关系、为连带关系,须以整个社会为单位,决不能分化社会以任何阶级为单位"。③ 这种观念和制度人为地割裂了社会的连带性,造成一个阶级的独裁专制,扩大阶级对立,必然加深阶级矛盾与冲突,违背了社会发展的规律。这种"阶级本位"的理论和制度,中国决不可以学习。

总之,胡汉民认为,现在的立法应当坚持"三民主义",实行"革命的立法":"革命的立法有进取性,所以要迎头赶上世界一切新学理、新事业;革命的立法有改造性,所以不能因袭古代成规,继承外国法系。"④

二、"国家至上"的公法观

胡汉民积极主张实施国民党的训政统治。他认为,中国几千年来的专制思想与专制制度根深蒂固,"大多数人民的政治意识与经验两皆缺乏,骤欲畀之以政权,其势必复为强暴所劫取"。所以,建国之初,国民党必须以"政权之保姆自任","一切权力皆由党集中",实行训政。而不可轻意地把政权交给"没有训练"、"没有教育"的人民。"人民要享受自由、平等,非经过不自由、不

---

① 胡汉民:《社会生活之进化与三民主义的立法》,载《革命理论与革命工作》,上海民智书局1932年版。
② 胡汉民:《三民主义的立法精义与立法方针》,载《革命理论与革命工作》,上海民智书局1932年版。
③ 胡汉民:《社会生活之进化与三民主义的立法》,载《革命理论与革命工作》,上海民智书局1932年版。
④ 同上。

平等的训练不可,这句话可以算是一条定律"。①

胡汉民宣称,个人无自由,国家社会才有自由。以往正是由于中国人享有的自由太多了,才使国家成为一片散沙,使国家缺乏强大的凝聚力和战斗力,才造成对外丧失自由平等地位的现状。因此,人们要争自由,首先应争国家的自由。"个人应将其自由,纳入团体之中,而求团体之自由。"②"我们革命完全是为国家的解放、独立和自由。所以中国宪法不能像欧美以个人自由为出发点。因为中国人是自由的,但是国家却不能自由。所以国民要有组织,不能再如从前一样放任。宪法不能以个人自由为目的,要以国家至上、民族至上为目的。……这样,由人民立法以限制个人的自由,来保护国家民族的自由,不是很合理吗?不是很合中国的需要吗?"③现在应强调的是,个人牺牲小己的自由,无条件地服从政府及国家的纪律和法律。

国民党《训政纲领》规定:"中国国民党全国代表大会代表国民大会,领导国民行使政权";"中国国民党代表大会闭会时,以政权付托中国国民党中央执行委员会执行之"。这样,根据训政原则,在训政期间,国民党政府公开地理直气壮地以各种形式限制、剥夺人民集会、结社、言论、出版等政治自由和权利。人民的参政权利被剥夺了,中华民国的民权实际上变成了党权,民主制度变成了一党专制。

总之,"国家至上",与国民党一党专政如出一辙。其要害在于:第一,强调"国家至上"的目的就是为了无限制地扩大政府的专制权力,而根本违背了民主共和的原则;第二,将人民的民主权利与国家权利对立起来,以便打着国家、社会、人民全体利益的旗号,理直气壮地蚕食人民的权利。当个人的价值被否定,个体的权利被剥夺,那么,所谓人民全体的共同权利,也只能成为空中楼阁。

三、"社会至上"的私法观

胡汉民的"社会至上"的私法观,是在总结西方失败教训的基础上形成的。他认为,近代西方私法以"个人本位"为基调,建立了私权绝对、契约自由、过失责任等众多的原则。这些原则导致贫富分化,使整个社会"离心向外而陷于瓦解"。④ 由于分配不均,技术越发达反而造成失业贫困的人日多,购买力低下,结果出现生产过剩的经济危机。劳动阶级为了摆脱贫困而主张社会主义,并开展了以暴力推翻政府的斗争,阶级斗争的日益激化,必然导致整个社会的崩溃。因此,在私法领域应当杜绝"个人至上"而代之以"社会至

---

① 胡汉民:《今后教育的四个要求》,载《革命理论与革命工作》,上海民智书局1932年版。
② 胡汉民:《三民主义的立法精义与立法方针》,载《革命理论与革命工作》,上海民智书局1932年版。
③ 孙科:《我国宪法与欧美宪法的区别》,载《孙科文集》,台湾商务印书馆1972年版。
④ 胡汉民:《三民主义的立法精义与立法方针》,载《革命理论与革命工作》,上海民智书局1932年版。

上"。

胡汉民"社会至上"的私法观的内容主要表现在以下几个方面：

首先,社会整体利益高于个人利益,是社会至上私法原则的基本精神。社会经济立法应"以全国社会的公共利益为本位,以谋公共的幸福为前提"。① 胡汉民对私法的基础财产所有权制度作了新的解释："所有权的制度是社会的制度。它不是为个人而设的,也不是为任何一个阶级而设的。它的起源,实在是以承认劳动者的权利为前提,以劳动之结果,归劳动者所有,然后人才能尽全力去劳动;人人如此,社会的生产才日增,经济生活才日裕。所以所有权之起,是起于为社会的公共利益,而非个人单独的利益。"法律承认、保护个人生命财产,完全是由于"个人的生命财产和利益,乃社会的生命财产和利益之一部"。因此,个人在运用财产所有权,订立各种契约,追究某一方经济责任时,"不应离开社会整体的公共利益和目的,不应有任何违反社会的意思和行为",否则,"法律就要起而干涉他"。② 他们还主张,为了社会的共同利益,国家应运用法律手段积极地指导、干预个人财产的使用权、收益权和处置权。这一精神体现在他们编制的法典和法规之中。如《土地法》规定："对荒搁闲置,不用又不卖的土地重征土地税","私有荒地逾期不开垦者,需用土地人可请求征收之","制止有妨害国家政策之土地买卖和租赁","国家有权因公共事业征收私人土地"等等。

其次,调和劳资矛盾,是社会至上私法原则的主要策略,即主张"生存法则就是社会利益之相互调和"。在现代工业社会中,立法除了注重团体和照顾贫弱者利益外,特别要重视"调和厂主与工人的利益,增进其生产能力"。③ 一方面对工人的劳动时间、工资待遇、劳动保护、童工年限等要作出合理的规定;一方面又要保护资本家的正当利益。劳动立法只有真正做到既培养劳资双方"相依为命"的亲爱精神,又促进社会生产的发展,才符合"社会至上"的原则。根据这一原则,他们还别出心裁地在工厂法中添设了工厂会议的规定——由劳资双方组成工厂会议,以求沟通思想,消除争执,兼顾利益,促进生产,并认为,只要资本家和工人的利益得到调和,就可以避免阶级斗争和社会动乱。

最后,注重保护弱者,是社会至上私法原则的重要特色。胡汉民论述民法"债篇"的精神时讲："民法债篇普通本叫作债权篇,而我们现在改为债篇。因为债权两字,从名义上看来,好像是专门保护债权人的。要知道债务人常处于经济上弱者的地位,法律如果不问有理无理,专保护债权者,那便是霸道了。"进而,在损害赔偿、借贷、雇佣、租赁等民事法律关系中,他主张根据客观情况

---

① 胡汉民:《民法债篇的精神》,载《革命理论与革命工作》,上海民智书局1932年版。
② 胡汉民:《三民主义的立法精义与立法方针》,载《革命理论与革命工作》,上海民智书局1932年版。
③ 胡汉民:《工厂法该展缓施行吗》,载《革命理论与革命工作》,上海民智书局1932年版。

多保护一些弱者的利益,"不使贫而无告者惨无救济"。① 在社会福利问题上,他主张用法律保护残废疾病和鳏寡孤独者的特殊利益,社会应给予必要的经济救济,使每个人均得温饱。

"社会至上"的私法原则作为当时统治集团的指导思想,强调阶级利益的调和,并适当地对劳动阶级做出某些让步,就是因为他们清楚地认识到,社会各阶级利益的相互调和是社会安定的重要保障,而社会安定又是巩固国家政权的前提。在这个政权下,真正的获利者不是劳动者,而是有产阶级。在《工厂法该展缓施行吗》一文中,胡汉民明确地告诉工厂主,工厂法适当地照顾一些工人利益,为的是避免劳资争斗,维持工厂的生存;工厂法的施行"不但不会损失厂主的利益,而且于劳资双方的情感及工人的工作效率……都有很大的增进和助益"。可谓一语道破天机。

四、"国家、社会本位"法律观的社会文化背景

"国家、社会本位"法律观,之所以能够在较短时间内形成并确立,成为国民党政府支配法律实践活动的基本原则,并非胡汉民等人的个人意志和力量所决定,而是有其复杂的不得不如此的原因和背景。

首先,"国家、社会本位"法律观的确立和推行,是当时国民党政府政治斗争的需要。"国家至上"的口号正适应了国民党实行独裁专制的政治需要,便于国民党政府以合法政权的名义镇压中国共产党领导下的人民革命斗争,打击红色政权和革命武装力量,限制人民的一系列政治权利,以维护国民党统治区内的安定局面。

其次,"国家、社会本位"法律观的确立和推行,是官僚大资产阶级维护其经济利益的要求。国民党政府作为官僚大资产阶级的代言人,在保护社会公共利益的伪装之下,将维护自身利益的意图具体化为法律的形式并加以贯彻实施,其目的就是加强官僚大资产阶级对国计民生的绝对控制,实现对一般资产阶级和广大劳动人民进行最大幅度的限制和剥夺。"社会至上"的私法观与"国家至上"的公法观二者相辅相成、互为因果。

再次,"国家、社会本位"法律观与中国传统文化有暗合之处。中国古代的法律观经历了诸如"家族本位"、"国家本位"及"国家与家族本位",其共通的精神是与西方"个人本位"思想迥然不同的"集体本位"。在中华民族心理的天平上,"正义"、"公理"总是指向集体而不是个人。中国传统文化为西方"个人本位"思想早已预备了一块坚硬不毛的盐碱地。在中国,当着"个人本位"思想萌发所必需的经济政治条件尚不具备之际,"国家、社会本位"思想远比"个人本位"思想更容易被接受。

再次,"国家、社会本位"法律观与国际"连带主义"思潮和新的立法趋势

---

① 胡汉民:《民法债篇的精神》,载《革命理论与革命工作》,上海民智书局1932年版。

相吻合。20世纪初,西方资本主义逐渐进入垄断阶段,阶级斗争日益激化。以"个人本位"为核心的法律制度面临危机。以法国狄骥为代表的西方法学家据此提出"连带主义"、"社会本位"思想,主张对个人权利自由进行必要的限制,重视社会福利立法,调和阶级斗争,以维护资本主义制度的长期稳定。对这种新思潮,中国学术界举双手欢迎:"原来在十九世纪的时候,欧美各国盛行个人主义,因此法律也随之个人主义化了。一到二十世纪,法学界就发生一种新气象,对于从前的个人主义就起了一个极有力量的反动!""俗言说的好,无巧不成事。刚好泰西最新法律思想和立法趋势,和中国原有的民族心理适相吻合,简直是天衣无缝";"可以说泰西的法律思想,已从刻薄寡恩的个人主义立场上头,一变而为同舟共济、休戚相关的连带主义化了。换言之,他们的法制与我国固有的人生哲学一天接近似一天!"①这种国际新思潮对"国家社会本位"法律观的确立起着推波助澜的作用。

最后,"国社本位法律观"与孙中山先生的政治法律思想有着直接联系。孙中山的社会义务本位法律原则、国家自由观、民权平等观以及宪政、经济、刑事立法思想,与"国社本位法律观"存在着逻辑上和历史上的内在一致性。但是,尽管孙中山先生的政治法律思想带有某些理论偏差和误解,但是,他的思想当中还包含着宝贵的民主主义的精神。国民党当权者为了实行专制独裁的需要,删改了孙中山先生政治法律思想中最有价值的部分,以维护大资产阶级的特殊利益。

第二节 "混合法"的初建:大理院的"判例法"

1911年10月,辛亥革命爆发,清朝政府灭亡,修律活动结束。在北洋政府统治时期,基本上援用了清末公布的法律。同时根据政治经济统治的需要,也公布了一些特别法规。在基本法的立法方面,北洋政府的行动是缓慢的。1912年,公布清末颁布的《刑事民事诉讼法草案》,"准暂时适用"。1914年7月,公布了《行政诉讼法》。民法的立法工作则从1915年到1926年经过十年的修订才告完成。这部民法典草案虽经北洋政府司法部通令各级法院作为条例援用,但并未作正式法典颁行。

当时,在司法领域,审判活动的法律依据是清末颁布并经过部分修改的法律和民国政府颁行的单行法规。但是,一方面由于大多法典与当时的国情相去甚远,不便适用;另一方面,法官群体的知识更新和经验积累都远远不够。从而给司法实践带来重重困难。如何尽快改变这种被动局面,使司法审判进入良性循环的轨道,就成为大理院同仁们责无旁贷的历史使命。

---

① 吴经熊:《新民法和民族主义》,载《法律哲学研究》,清华大学出版社2005年版,第173、176页。

一、大理院判例法的产生及其原因

（一）大理院判例法的产生

1906年,清政府设立大理院,为全国最高审判机关。1909年12月28日《法院编制法》奏准颁行。该法明确了大理院的性质、地位、职权和组成机构。1912年3月10日临时大总统发布《暂行援用前清法律又暂行新刑律令文》:"现在民国法律未经议定颁行,所有从前施行之法律及新刑律,除与民国国体抵触各条应失效力之外,余均暂行援用,以资信守。"①1912年8月,北洋政府将《大清新刑律》中与共和国体相抵触的各章条删修后,改名为《暂行新刑律》,照准施行。同时公布清末颁布的《刑事民事诉讼草案》,"准暂时适用"。1913年大理院公布判决例:"本院查:判断民事案件应先依法律所规定,无法律明文者,依习惯法,无习惯法者,则依条理,盖通例也。现在民国民法法典尚未颁行,前清现行律关于民事各规定继续有效,自应根据以为判断。"②1915年6月,司法部呈准重刊《法院编制法》。该法规定,大理院为全国最高审判机关;大理院长有统一解释法令及必应处置之权;大理院有指导和监督各级审判之权。这就使大理院具有特殊的优越地位:第一,在三权分立的原则下,它有着不应受到任何行政干涉的独立性和至高无上的司法审判权;第二,根据解释法令之权,它又担负起立法的责任。大理院作为国家最高司法机关,在处理案件的过程中,在没有法律规定或虽有法律规定但是显然不符合国情的情况下,折衷西法与国情,寻求公平合理,"调查国情,参以学理,著为先例。"③从而产生了大量的解释例与判决例。大理院的判例登载于政府公报和司法公报,为下级法庭提供了可供遵瞄的先例。1918年8月7日,大理院颁布的《大理院编辑规则》规定,自民国八年（1920）首次出版《判例要旨汇览》一册,之后均按月编辑,半年汇为一册。"在审判实践中,北洋政府还大量地援用判例和解释例作为处理案件的依据。当时判例与解释例数目之多,涉及范围之广,作用之大,都是空前未有的。据不完全统计,从1912年至1927年,北洋政府大理院汇编的判例约计3900多件,公布的解释例也约有2000多件。这些文件都具有普遍约束力,实际上也就是另一种形式的法律。"④据统计,在这些判例解释例当中,包括民事判例要旨1757件,其中只有民事判例要旨而没有判例全文的有490件。⑤ 黄源盛在所著《民刑分立之后——民初大理院民事审判法源问题再探》一文中说:"据统计,民国元年以迄民国十七年（1912—1928）,大理院存续的16年期间里,大理院共有民事判例1752则,而其中民国七年至民国

---

① 《辛亥革命资料》,中华书局1961年版,第308页。
② 《大理院民国二年上字第64号判决》,载《大理院判决例全书》,会文堂书局1931年版。
③ 《大理院判例要旨汇览》（二年度）序,大理院印本。
④ 肖永清主编:《中国法制史简编》下册,山西人民出版社1982年版,第193页。
⑤ 张生:《中国近代民法法典化研究》,中国政法大学出版社2004年版,第133页。

九年(1918—1920),三年间所创的判例即有417则,约占24%"。① 由于大理院的判例要旨简洁明了便于把握,故被各级司法审判机关和法律人士视为处理案件的依据。"《判例要旨汇览》正编三卷,续编二卷,承法之士无不人手一编,每遇讼争,则律师与审判官皆不约而同,而以查大理院某年某字某号判决如何如何,为讼争定谳之根据。"②不仅法律人士,就是一般民众都可以公开获得并且知晓判例要旨,因此,"一般国人,亦视若法规,遵行已久。"③

(三) 大理院判例法产生的原因

首先,大理院判例法的产生是适应当时北洋政府政治统治之需要。北洋政府为了维持其专制独裁统治,在《暂行刑律》之外,还颁布了大量的刑事单行法规。例如:《惩治盗匪法》《私盐治罪法》《戒严法》《违警罚法》等。为了使这些以野蛮和重刑为特征的特别法规落实在司法审判中,大理院以判例形式规定:"特别法应先于普通法,必特别无规定者,始适用普通法。"④然而,仅此几个法典法规是无法阻止和平息人民反抗斗争的,于是他们又乞求于判例法。判例法具有简便和灵活的特性。它不需要复杂烦琐的立法程序,可根据现实需要及时迅速地作出裁判;它没有必要考虑长期稳定和概括规范的法律特点,可就某一类或某一个具体案件作出灵活机动、应我所需的判决。判例法恰恰适应了对一个动荡不安、斗争激烈的社会进行有力统治的需要。大理院拿起了这一武器。《大理院民国三年特字第2号判决》规定:"刑律第十八条中止犯已着手为前提,该被告人所犯阴谋内乱罪,阴谋程度在着手之前,自无中止之可言。"⑤这条判例即明确阴谋内乱罪无中止犯,只有未遂犯,因此不能以中止为由减轻刑罚。诸如此类的判决例由大理院公布于政府公报和司法公报,编订出版,用以指导司法审判。

其次,大理院判例法的产生是整顿司法制度提高司法效率之需要。北洋政府时期,司法制度的更新和机构的膨胀,带来了两大问题:一是司法审判机构诉讼程序的混乱。当时的审判机关大体分为三种:普通法院、兼理司法法院、特别法院。普通法院设有大理院、高等审判庭、地方审判庭和初级审判庭,规定了四级三审的审级制度。普通法院为数甚少,计大理院1所、高等法庭23所、高等庭分庭26所、地方庭89所。凡未设普通法庭之县,其民刑案件暂由县知事兼理,称为兼理司法法院。此外,根据政治需要,还设立了名目繁多的特别法院,如陆、海军的军事审判机关,以及一些地区(新疆、哈尔滨、热河等)的特别法院。虽然各级审判庭都规定了处务规则,但在管辖、职权、原则、审级

---

① 杨立言主编:《中国史新论·法律史分册》,台湾"中央"研究院联经出版事业股份有限公司2008年版,第351页。
② 胡长清:《民法总论》,中国政法大学出版社1998年版,第35、36页。
③ 《大理院判决例全书》,戴修瓚序,会文堂书局1931年版。
④ 《大理院民国八年上字第35号判决》,载《大理院判决例全书》,会文堂书局1931年版。
⑤ 《大理院民国三年特字第2号判决》,载《大理院判决例全书》,会文堂书局1931年版。

上,特别是作为全国司法系统的统一协调上存在着众多的漏洞和弊病。这就需要大理院时常就诉讼程序问题给予权威性的解释与裁定。二是司法审判人员素质低下,并直接导致了审判效率的低下。北洋政府虽然规定了法官考核、任用等条例,但是由于司法机构的急剧扩大,合格的新型法官微乎其微,结果是旧式封建的刀笔吏充斥在各种审判庭中。改良后的法庭仍是新瓶装旧酒。特别是兼理司法法庭聘用了清一色的旧司法人员。又由于县知事兼理司法业务,连司法独立也成为一句空话。这些封建旧制度培养出来的司法人员没有丝毫的现代司法观念和知识,胆大者仍然是专横独断,徇私枉法,草菅人命;胆小者便遇事向上请示具体答案,推卸自身责任。为了解决这种混乱和效率低下的状况,及时纠正他们在程序法和实体法运用上的错误,大理院不得不就实体法和程序法上的具体问题,给予明确的回答,而解答问题的最好方法便是编纂大量的成系统的具体明确的解释例和判决例。

再次,大理院判例法的产生是改变无法可依之状态的现实需要。直至1930年12月国民党政府颁行全部《中华民国民法》之前,在北洋政府统治的十几年中,从未有统一的民法典。这就为司法审判带来了极大困难。政府虽然规定,民事案件仍照前清现行律中有关规定各条办理。大理院也宣布:"至前清现行律虽名为《现行刑律》,而除刑事部分外,关于民商事之规定仍属不少,自不能以名称为刑律之故,即误会其为已废"。① 但是,面对急剧变化的社会经济关系和浩如烟海的民事纠纷,它显然是无能为力的。为使民事审判有所依据,大理院规定:"所有民事案件将首先依照法律明文予以判决,如法无明文规定,应从习惯,但如无习惯可资遵循,或不适用,判决应依据法理为之"②。习惯适用标准是:"(1)其普遍为人民所遵守,且年代久远;(2)已经为人民如法律一样遵守者;(3)与其有关连之事,法无明文规定者;(4)不与政府政策及道德违背者"。③ 这些规定虽然在原则上明确了审判依据,但法官一遇实际情况仍感到困难重重,无从下手。原因是:其一,什么样的习惯可作为审判的标准,如何确定它与政府政策和道德不相违背? 其二,习惯只适用于明辨是非,而无法依此为定罪量刑尺度;其三,封建法理已大部被废除,新的法理初立,不易被一般法官所掌握。因此,规定虽好,但无异于一句空话。从当时司法活动来看,地方各级法庭常就一些具体案件处理问题请示大理院,并要求给予明确答复。这就迫使大理院不得不寻求解决问题的新方法。判例法由此而诞生。

最后,大理院判例法的产生是调和西法与国情之矛盾的客观需要。清末修律基本是照搬西方成文法典,表面上看其工作卓有成效,实际上,由于准备工作不足,存在着严重的盲目性,使这场法律变革背后留下了大片阴影:其一,

---

① 《大理院民国三年上字第304号判决》,载《大理院判决例全书》,会文堂书局1931年版。
② 《大理院民国二年上字第70号判决》,载《大理院判决例全书》,会文堂书局1931年版。
③ 《大理院民国二年上字第3号判决》,载《大理院判决例全书》,会文堂书局1931年版。

各种法律"或则仍旧因袭前此的礼治,或则完全承受他国的法律,东抄西袭,缺乏中心思想。"①变革后的法律完全是中西法律观念、原则和规定的大杂烩,或者说,是西方个人本位法律原则和规定与中国家族主义法律原则与规定的混合体。民国创立后,这一矛盾日见尖锐。于是,在法理上正本清源,在法条上删改与民主共和制度相悖的规定的工作,就摆在了具有最高司法审判权和法律解释权的大理院面前。其二,由于中西国情相去甚远,盲目抄袭的西方法典必然与中国国情存在着很大隔膜。即使是代表着中国法律改革方向的好的原则和规定,也同样有一个与中国实际相融合的问题,需要有一个消化吸收的过程。诸如,民事法规上的法人制度、公司制度及有关破产规定,刑事上的正当防卫原则、时效问题和诉讼律中的公开审判原则,等等。在当时立法工作显然不适应社会迅速发展需要的情况下,大理院由于地位所决定,责无旁贷地担负起这一重任。它面对现实,以判例和解释例为手段,破旧立新,调和中西,促进法律改革的深化。

二、大理院判例法的内容和作用

(一)大理院判例法的操作程序

严格地讲,大理院的判例法有别于英美的判例法,它带有鲜明的中国特色:第一,判例法并不是中国法律的唯一渊源或曰样式。中国采用的是混合法的样式,既有相当完备的成文法典,也有众多的判例法汇编。它们都有法律效力。第二,大理院的判例法是成文法典的辅助形式,它一般不能与成文法典的原则和规定相违背,否则无效。换言之,它只是成文法典原则与规定的具体解释、应用、补充和延伸,而英美的判例法由于是单一的法律形式,则具有不受限制和制约的法律效力。第三,由于成文法体系的存在,以及法律赋予了法官较大的自由裁量权和类推的权力,则在判例法的适用上,并不一味地奉行"遵从先例"的原则。判例虽然被下级法庭广泛地使用,作为定罪量刑的标准,但并未严格规定某种案件必须遵照某个判例来审判。

大理院判例法在形式、制定和编纂上也有自己的特色。

1. 大理院判例的表现形式

判决例是指大理院就上诉案件和由它一审并终审的案件的判决。并不是所有大理院判决都是判例,而只是那些经过筛选的具有典型意义判决才形成判例。他们将判例即要旨登刊在政府公报和司法公报的"例规"或"审判"栏目中,作为地方各级法庭审判同类案件的参考和依据。最初,判例要旨与解释例要旨分别刊行。如《大理院解释法律文件》(民国二年),《大理院判决要旨》(民国四年)。民国八年同时刊行《大理院判例要旨汇览》和《大理院解释例要旨汇览》。民国十三年又刊行《大理院判例要旨汇览续编》和《大理院解释例

---

① 居正:《为什么要重建中华法系》,载《居正文集》,华中师范大学出版社1989年版,第490页。

要旨汇览续编》。此后,有关判例的各种编辑体例的民间出版物纷纷出现。

2. 大理院判例的制定

大理院判例的制定与编纂也有独特的方式。其一,制定、变更或撤销判决例和解释例之权由大理院统一行使。大理院民事、刑事各庭的判决,与大理院裁判成例有抵触或系创设新例者,应由各庭长及推事陈述意见。若有二说以上,经主张者之提议时,得开民事或刑事推事全体会议,讨论定夺,最后由院长检阅签发。大理院创制判例法的方式表现了他们认真、谨慎的工作作风和态度,同时也说明,在中国这个成文法为主的国家中,司法上的立法权是以严格的组织程序来行使的,而不是轻易地交给某个法官,无限地扩大法官个人的权力,盲目地奉行法官立法原则。其二,大理院判例法在正式编纂时,有着统一的样式——判例要旨。即从判决例的全文中,概括出或精选出最本质、最精辟的几句话,形成判例要旨。如刑事判决书,一般分为首部、正文(主文、事实、理由)和尾部。每篇少则几百字,多则数千字。要旨,只取其核心实质,简明扼要廖廖几笔。《大理院民国五年上字第连3号刑事判决》洋洋数千言,而要旨仅为:"和诱发觉到法庭呈出伪造婚书系俱发罪。"①要旨的样式使人一望便知,容易理解,方便引用。同时,他们还将判决例全文随时刊载在政府公报和司法公报之上,以便于下级法官和法律人士查阅。其三,判决例要旨除个别外,一般分别汇编,自立成卷。其编纂方式一是以法为类,"先实体法,后程序法","先普通法,后特别法";没有现行法典的,"参酌前清修订法律馆各草案及本院判例所认许之习惯法则";②二是以条为序,即每一法典或法规中,又以法条的先后为顺序。这样一方面体现了判例法对于成文法的辅助性质,另一方面又适宜于人们按法典、法规、法条的有序排列查阅判例。从而使几千个判例要旨在成文法典的提纲挈领下,秩序井然,杂而不乱。此外,《大理院编辑规则》还对判例汇览每册的凡例、目录、分类、索引以及每个要旨的格式作了明确规定。

(二)大理院判例法的作用

从大理院几千条判决例要旨可见,它们作为一种辅助的法律形式,其主要内容和作用表现在下述几个方面:

1. 确认法律的效力和法律法规的位阶

大理院判例法的第一个作用是确认法律的效力和法律法规的位阶。1913年大理院公布判决例:"本院查:判断民事案件应先依法律所规定,无法律明文者,依习惯法,无习惯法者,则依条理,盖通例也。现在民国民法法典尚未颁行,前清现行律关于民事各规定继续有效,自应根据以为判断。"③北洋政府在援用清末法律(包括《民律草案》)的同时,还根据形势的需要,制定和颁布了

---

① 《大理院民国五年上字第连三号刑事判决》,载《大理院判决例全书》,会文堂书局1931年版。
② 《大理院编辑规则》,载《司法例规》。
③ 《大理院民国二年上字第64号判决》,载《大理院判决例全书》,会文堂书局1931年版。

一系列单行法规。这些单行法规制定方便,修改灵活,更直接地反映了当时统治集团的利益和要求。在司法审判过程中,法官究竟如何适用清末法律和现行法规,成了审判实践急须解决的问题。大理院的一件判决明确指出:"特别法应先于普通法,必特别法无规定者,始适用普通法。"①大理院还以判决书的形式确认习惯法的成立要件:"凡习惯法成立要件有四:(一)有内部要素,即人人有确信以为法之心;(二)有外部要素,即于一定期间内,就同一事项反复为同一之行为;(三)系法令所未规定之事项;(四)无背于公共秩序及利益。"②上述诸内容都是涉及立法领域的重大原则或法律制度。按照成文法模式应当通过严格的立法程序来完成。大理院则运用判例的形式,及时而简洁地解决了这个看似十分重大而复杂的问题。这种做法在中国历史上是绝无仅有的。

2. 填补法典之空白和弥补法条之缺欠

大理院判例法的第二个作用是填补法典之空白和弥补法条之缺欠。针对北洋政府时期民法典未公布,各级审判庭断案茫然无序的状况,大理院参照清末《民律草案》的章节(包括总则、债权、物权、亲属、继承各篇及下属章节)顺序,编集了民事判例要旨。这些要旨都是大理院在多年的民事司法实践中酌采西方法理,参照我国习惯,权衡折中所做出的自认为合情合理的判决。这些要旨虽然不能全部覆盖现代民法的原则和规定,但也初具规模,自成体系。这些民事判决例以司法之名行立法之实,以司法带动、指导立法,为后来制定民法典奠定了基础。立法者在制定成文法典法规时,虽然无不力求周详、严密,但总难包容社会各个方面和各种细节。法典的抽象性、概括性和相对稳定性的特征决定了它一经制定就必然存在着缺欠。由于社会经济、人事变化极为复杂急剧,案件往往以个别的、具体的特殊形态出现,这一切往往使成文法典处于被动的状态。而判例法则以自身简便灵活的形式弥补了这一缺陷。《大理院六年上字第七号判决》:"妇人与人相奸后,听从奸夫纠邀帮助强奸同居孀嫂以图钳口者,亦成强奸罪。"③实际上便是以判例的形式对强奸罪的犯罪主体做出了补充规定,明确强奸罪的主体还包括帮助强奸行为成立的妇人。这就解决了法条无明文规定,而又不能不追究其法律责任的困难问题。

3. 阐释法律条文及法言法语之所谓

大理院判例法的第三个作用是阐释法律条文法言法语之所谓。法律条文中涉及很多专门术语,这些专门术语往往是不易被一般人掌握的缺乏具体形态的概念、标准和原则,但它们又在司法审判中有着重要作用。如民律中的"善意"、"意思表示",刑律中的"正当防卫"、"以赌博为常业",等等。通过判例注释这些专门术语,便会避免抽象、空洞、难以把握的状况,给人们以直接、

---

① 《大理院八年上字第35号判决》,载《大理院判决例全书》,会文堂书局1931年版。
② 《大理院二年上字第3号判决》,载《大理院判决例全书》,会文堂书局1931年版。
③ 《大理院民国六年上字第七号判决》,载《大理院判决例全书》,会文堂书局1931年版。

清晰的感性认识。《大理院三年上字第1148号判决》:"法律所称善意,即不知情之别称,并非善良意思或好意之义。故善意占有云者,即确信其占有之物为自己所有,而于他人所有系不知情之谓。"①《大理院六年上字第412号判决》:"以赌博为常业与通常聚赌不同,必确系以赌为生;非仅不时聚赌,方成以赌博为常业之罪。"②前者通过对"善意"的解释,判明善意占有与侵占罪不同,而属于一般民事纠纷;后者通过注释"以赌博为常业"的准确含意,确立赌博罪成立之标准。判例对专门术语的注释,使人一望而知,容易准确理解法律条文的本旨。

4. 划清法律行为之界线,明确定罪量刑之标准

大理院判例法的第四个作用是划清法律行为之界线,明确定罪量刑之标准。有些法律条文的性质相似,罪与非罪,彼罪与此罪的界线容易被混淆,又由于犯罪行为千变万化,主观与客观,动机与结果,故意与过失常常相互交错纠缠,就给司法审判带来困难。判例可以从具体形象的角度划清这些界线。如《大理院四年上字第723号判决》对伤害罪与杀人罪进行了区别:"杀人罪与伤害致死罪之区别,以加害者有无致死之故意为断。"该例讲述一个案件,甲要乙取灰迷瞎丙双目,乙在犯罪过程中刀伤丁,其后乙见势不妙出门喊救。后来虽然丁受伤身亡,而由于乙无杀人之故意,所以故意杀人罪不成立,改判为伤害致死罪。③ 这样便将同一犯罪结果的两种犯罪行为区别开来了。《暂行刑律》第七章第一百五十三条规定"妨害公务罪"为:"于官员执行职务时施强暴协迫或诈术者,处四等以下有期徒刑、拘役或三百元以下罚金。"该法条存在两个问题:一是怎样确定一个行为是妨害公务罪,即定罪;二是如何适用量刑尺度,即在四等以下有期徒刑、拘役或三百元以下罚金的三种惩罚方式中,针对具体情节,选择哪种为适度。罪名较抽象概括,量刑幅度较宽,缺乏严格的标准,是成文法典的共同特性。大理院判例法具体地明确每一犯罪行为的定罪量刑标准。它提出妨害公务罪成立必具备的要件:"(一)对于官吏有强暴协迫或诈术之行为;(二)当官吏执行职务时;(三)知其为官吏执务而有妨害之意思,是故本罪之成立。苟非在职务之执行中,换言之,即职务实行之开始之前或终了之后,俱不能为本罪之构成要件;又或明知官吏之执行职务,而无妨害之故意,纵有暴行协迫致生伤害之结果,亦只成为别之犯罪,而非可概以妨害公务处断。"④就量刑而言,判例法通过对各种程度的妨害公务犯罪行为科以相应的刑罚,并将此作为之后量刑之具体标准,便可以避免由于量刑幅度过宽,对同一类同一程度的犯罪处罚量刑相去甚远而有失公平的情况发生。

---

① 《大理院三年上字第1148号判决》,载《大理院判决例全书》,会文堂书局1931年版。
② 《大理院六年上字第412号判决》,载《大理院判决例全书》,会文堂书局1931年版。
③ 《大理院四年上字第723号判决》,载《大理院判决例全书》,会文堂书局1931年版。
④ 《大理院二年上字第20号判决》,载《大理院判决例全书》,会文堂书局1931年版。

5. 明确诉讼之程序

大理院判例法的第五个作用是明确诉讼之程序。北洋政府时期,司法审判机构和审判程序极为繁杂,在诉讼过程中存在着大量的疑难问题。各级各类法庭常因具体问题发生争执,而请求大理院裁决。为了解决和避免这些纠纷,大理院以判例法的形式对诉讼程序作了明确的阐述和必要的调整。《大理院三年抗字第125号判决》:"于民事诉讼中有犯罪嫌疑牵涉该案审判,而其犯罪嫌疑已在侦查中者,自可中止其诉讼程序。"①就是关于民刑诉讼不可混合审判原则与制度在具体程序上的补充规定。《大理院六年抗字第28号判决》则是根据政治需要规定,以《惩治盗匪法》被处罚的罪犯,没有上诉权利。②

三、大理院判例法的历史地位

从封建法制转变为资本主义的法制,是一个巨大的社会工程。它不仅需要政治制度首先变革,而且需要立法与司法的紧密配合与协调发展。具体言之,法制变革需要两个双轨制:一是立法与司法的双轨制,没有立法对法制性质、体系、机构、法律原则与条款的规定,司法机构便因失其宗旨和凭据而无所是从;没有司法的有力保障,任何法律,即使是相当完备的法律,也不过是一堆废纸。二是司法领域内的双轨制,以制裁手段维护成文法律的尊严当然是司法部门的首要任务,但司法部门若要做好工作,真正发挥其应有的作用,决不能墨守成规,一味被动地适用法典,而应当针对具体情况,积极主动地担负起寓立法于司法之中的职能和责任。在法制大变革时代,司法内部的双轨制往往起着更突出和重要的作用。北洋政府时期的大理院在这一方面取得了经验和成绩。针对当时成文法不完备,已成法典存在着大量欠缺和问题的状况,它不畏其难,大胆地采用了判例法,担负起立法与司法的双重任务。不仅维护了法制变更的成就,而且推动了中国法制的进步。因为,判例法的诞生和实施,才真正使中国的法制变革从立法者的会议桌上和法学家的书斋中走向了社会生活,才真正将西方的法律学说和制度同中国的立法与司法实践融合在一起。

法制变革的前提是法律观念的变革。法制变革的成功有赖于新法律观念在司法实践中得以贯彻落实,并且最终被广大民众所接受和承认。在《民律草案》迟迟未颁布的情况下,大理院独立地担负起了这一变革的历史重任。它以判例法为武器,不断铲除旧的封建经济关系,维护新的资本主义性质的经济关系,完成着历史性的补课。这类问题涉及土地、债务、身份(婚姻、家庭、监护、遗产、遗嘱)、契约以及保护法人正当权利等许多方面。当中国落后的习惯与西方先进的法理与制度冲突时,大理院常常以后者否定前者。例如,中国家族主义对法律生活影响极大,一般买卖行为也受其约束。《大理院上字第282号判决》宣布"卖业先尽亲房"的旧习惯为无效:"卖业先尽亲房之习,既属限制所

---

① 《大理院三年抗字第125号判决》,载《大理院判决例全书》,会文堂书局1931年版。
② 《大理院六年抗字第28号判决》,载《大理院判决例全书》,会文堂书局1931年版。

有权之作用,则于经济上流通及地方之发达均有障碍,即难认为有法之效力。"这一条显然是以资本主义的私法观念否定了中国带有家族主义色彩的封建旧习惯和法律。又如大理院七年上字第1438号判决:"收欠还欠办法,无论有无此种习惯,既于交易上之安全显有妨碍,亦难认为有法之效力。"①该判决的目的是清除流通领域中不利于资本主义商品经济发展的封建的买卖方式。这些判决以独有的权威性和实践性,对于破除中国旧的私法观念和确立进步的私法制度,具有积极意义。

大理院的判例法对国民党统治时期的法律产生了巨大的影响。国民党政府在司法实践中自觉地运用了判例的形式。国民党司法院长居正曾指出,中国古代的"春秋折狱",就是判例法存在的证明。清末修律之时,中国立法虽然多仿大陆成文法系,但是在民国十八年《民法》颁布之前,"支配人民生活的,几乎全赖判例"。事实说明,在中国特别的国情下,"司法向来已经取得创造法律之权威","判例势力之伟大,实无可争辩"。因此,"当前的司法改革决不可放弃立法责任,不可抛弃符合国情的判例法形式"。② 国民党政府在法制建设中,制定了大量的成文法典,又编纂了大量的判例要旨,从而形成了国民党法制的一大特色——混合法样式。

第三节 居正的"混合法"理论

居正(1876—1951),早年加入同盟会,1928年南京政府成立后,历任国民党中央执行委员、司法院院长兼最高法院院长、司法行政部部长等要职。在司法院任职的16年(1932—1947)中,他锐意改革,提出并制定了许多具有积极意义的司法改革方案。确立"混合法"理论和运行机制就是他的一大贡献。

中国古代的法律实践活动经历了西周春秋的"判例法"、战国秦朝的"成文法"和封建社会"成文法"与"判例法"相结合的"混合法"诸阶段。清末修律,引进欧洲大陆成文法系的法律文化成果,并尊崇"三权分立"的宪政精神,故摒弃"比附援引"之制,首开朝大陆法系一边倒的风气。然而在1912—1928年的十几年内,在移植的新法不好用、中国的旧法不能用的特殊情况下,大理院在"司法独立"的旗帜下把"判例法"搞得有声有色。在国民党统治期间,虽然逐渐形成了"六法"体系,但由于成文法典本身的局限性,使判例的价值再一次被人们所认识。居正就是众多有识之士中最突出的一位。

一、立法与司法并非截然对立

居正法律思想的一个显著特点,是摒弃立法与司法截然对立之说,视立法与司法为统一过程。他在《司法党化》一文中指出:"立法与司法之性质",都

---

① 《大理院上字第282号判决》,载《大理院判决例全书》,会文堂书局1931年版。
② 居正:《司法党化问题》,载《中华法学杂志》1935年第32卷第10号。

"一样是法律创造,也一样是法律适用,性质上并没有什么不同,只是属于制法程序中两个不同的阶段罢了。法规对裁判言,法规是造法,而裁判是法律适用。法规对宪法言,则法规变为法律适用,而宪法却是造法。同一理由,以裁判对于执行言,裁判又变为造法,而执行才是法律适用。所以立法就是司法,司法也就是立法。立法与司法,只是量的区分,而非质的区分。"①

居正反对片面重视"成文法"。他批评那种认为只要熟知法条并运用法条就算是好法官的观点,称这种观点是司法的狭义解释。他认为,把立法与司法、"成文法"(立法者立法)与"判例法"(法官立法)绝然对立、择一而行的做法,并不利于当前的法制建设。为了确定"判例法"在国民党法制中的应有地位,他首先要求法律界打破大陆法系与判例法系固有的界线,承认司法界的立法权威,即"判例法"的效力。从法律的形式构成来看:"法规把一个法律前提(Rechtsbedingung)和一个法律结论(Rechtsfolge)联系起来。判决也同样地把一个法律前提和一个法律结论联系起来。不过前者用于较广泛的范围,而后者用于较特定的范围罢了"。②

二、"成文法"与"判例法"相辅相成

他论证了"成文法"与"判例法"的关系,指出:"判例法"应成为"成文法"重要的补充和辅助形式。他论述道:"法规的联系功用,决不能取消判决的联系功用"。相反地,法规的联系功用倒还要赖判决的联系功用充实其内容。如果没有判决,抽象的法律就无从取得具体的形态。所以与人民实际生活有关系的,不是法律,而是判决,不是立法,而是司法。譬如没有咸饼、甜饼等等实在的饼到肚子里,只有饼的一个圆形、一个象征放在眼前,那就是画饼充饥。譬如远远望见了许多青梅、黄梅、大梅、小梅等等实在的梅,而不得到口,只是思想上存着一个梅的概念,那么,就是"望梅止渴"。判决才是实在的梅,实在的饼;法律只是画饼,立法只是望梅罢了。"③

他认为,"成文法"与"判例法"的关系可以看作是"一般的与个别的或抽象的与具体的关系","以法规为一般或抽象的法律,而裁判为个别的或具体的法律,换言之,就是'观念的法律'与'实在的法律'。观念的法律必要待实在的法律补充他,才可以有'具体的形态'。质言之,才可以达于'现实'! 一个抽象的法律,如果永无裁判去适用他,他便锈废了"。④

他强调,社会上人事变化极为复杂,"一个抽象的一般的法律,决不能预料将来事件发生情形之变化,而包举无遗。"若遇事便请求立法机关通过繁琐的立法程序,制定准据,不但是不可能的,也是不必要的。这就需要以适应新环

---

① 居正:《司法党化问题》,载《中华法学杂志》1935 年第 32 卷第 10 号。
② 同上。
③ 同上。
④ 同上。

境新情况且具体、灵活的判例来弥补。这种判例一旦得到最高法院的确认,自然就应当对其他同类案件有指导意义。就此而论,判例是对"成文法"的延伸与辅助,或者说,是因地制宜地创造新法。

他指出,成文法典中规定了许多毫无具体形态和标准的量刑原则,如根据犯罪情节,可酌减本刑或加重处罚等。这些空洞的规定是以抽象、概括为特征的成文法典的共同性质。它是为了弥补成文法典的疏漏之处和给法官一个根据具体情况而自由裁量,以求公正裁判的余地。但是,由于量刑幅度较宽,缺乏严格的质量标准,就难免发生对同一类案件而处罚量刑相差甚远的情况。"判例法"的适用,便可以具体的形态填补"成文法"中这些抽象、空泛的规定。居正阐述"判例法"与"成文法"相辅相成的关系时,曾有过一段十分精彩的文字:"例与法之关系,至为密切,实相辅而行。法简而例繁,法具条文,例徵事实。法为死条,例乃活用。法一成而难变,例以渐而有加。盖法犹经也,例犹传也,不讲传无以通经。法犹兵书,例为战绩也。法犹医方,例则医案也。仅读兵书者,不可以用兵;只记医方者,不可以治病。仅知法律专条者,不可以听诉讼。"①

居正提出了寓立法于司法之中的命题。他不仅要求法官掌握成文法典,并能正确运用,而且要求法官本着"三民主义"的法理,积极发挥主观能动作用,在司法审判中,妥善地解决一切法无明文规定或规定得过于宽泛的案件,并不断地创造出那些合情合理的判例,以为判决同类案件之依据。他认为,"三民主义"的法理对司法的指导作用,完全可以等同于法学学说:"学说与一般义理,何以会有优于现行法之效力?此与现代法学之现行法主义 Positivism 似不相容。不知现行法并不是绝对的法律,有时一个反对的行为信条,往往与他同时对抗地存在着。当两个行为信条对峙着支配人类心理时,非有一个更高的信条提出,不能压倒一切。而这更高信条或社会的中心法则——依上文说明——往往不存于现行法上,而仅仅存于学说或一般义理中"。②

居正还从中国法制史的角度论证"混合法"古已有之:"自晋命贾充等改定旧事为刑名法例,于是法之外有例之名。稽诸古意,例即王制所谓比也。清代之前,有律例,近世各国有判例,事虽异而义则同。要皆本于法,而比例以明之者也。"③他还集中论述道:"中国立法虽多仿大陆法系,然其实中国向来是判例法国家,甚似英美法系制度。在民国前,虽有大清律,而例却多于律,致使司法成为幕僚职业之秘密。民国后,在十八年民法未颁布以前,除一二部分外,支配人民法律生活的,几于全赖判例。而判例所依据的,在北洋政府时代,除极小部分沿用大清律外,大部分均系依据条理。国民政府成立以后,大清律与北洋时代判例一律推翻,法官裁判所依据的,除条理与学说外,更无他物,可

---

① 《最高法院判例要旨》居正序,大东书局1944年版。
② 居正:《司法党化问题》,载《中华法学杂志》第5卷。
③ 《最高法院判例要旨》居正序,大东书局1944年版。

知中国之司法,向来已经取得创造法律之权威。即在近来民刑各法制定以后,法律虽较前大备,而《破产法》尚未制定,《土地法》亦未施行,其他虽有法典而因制定程序匆促多有草率而不完备之处。百孔千疮,除依赖司法官之立法外,决不能使法律生活得到圆满。"其中,"中国向来是判例法国家,甚似英美法制度"一语,不失为高明之论。他还指出,历代王朝虽然都有法典,然而"例却多于律"。其原因是礼俗在中国人的生活中占有支配地位:"礼俗在中国人民生活上的重要,亦为判例有力之根据。即如现行法所定禁令,大抵皆系以一定的制裁。每条的里面必包含一个应为或不应为的伦理的或道德的规范。此伦理或道德的规范,多见于一般的礼俗之中。无论礼俗是载于典籍或由于记忆的,常为应为、不应为的规范之所在。法律既只就应为、不应为的规范定一制裁,则在应为、不应为发生争执时,便难从律文上寻得解决的根据。譬如民法规定凡违背公共秩序、善良风俗之法律行为无效。但何者是公序良俗,则须求之于礼以为准。"中国风俗习惯常常作为"律文上寻得解决的根据"。中国古代的"春秋决狱",就是创制适用判例的实证。"这是证明中国民情不特重视判例,而且有时竟认道德原则或一般义理在裁判上有优于现行法之价值。"这一事实说明,在中国特殊国情之下,"司法向来已经取得创造法律之权威","判例势力之伟大,实无可争辩"。①

三、西方两大法系之交融已成大势

居正指出,由于历史的原因,世界上出现了两大法系。大陆法系注重成文法典,"英美法系注重判例,以判例为法源之一,与成文法有同等之效力";"往昔,大陆法系偏重成法,拘拘于三尺,为世诟病。迨19世纪之末,社会哲学派及自由法学派起而矫正之。经大战后,大陆法系为之动摇。遂亦从事于判例之研讨。一时出版物如判例批评,判决实例等篇,勃然而兴,不让英美法系"。② 当前,两大法系壁垒森严的界线已被打破,英美国家制定了众多的成文法典,大陆法系国家在司法审判中逐渐地适用判例。两大法系相互交融,相互弥补,已成为世界法制发展之潮流。在此时代,任何国家再拘泥于某一派别、某一传统不仅是不识时务,为世人所耻笑,而且也不利于自身的法制建设。

四、居正的混合法实践

居正作为国民党政府当权者之一和司法界的巨头,不仅提出"混合法"理论,而且还努力将它付诸实践。这种实践除了大量日常工作之外,主要表现在以下两个方面:

其一是编辑判例要旨。他曾经在1935年总结道:"此外过去一年间尚有一件可纪述之事,就是——最高法院判例要旨之编辑,因为我国法律偏缺不

---

① 居正:《司法党化问题》,载《中华法学杂志》第5卷。
② 《最高法院判例要旨》居正序,大东书局1944年版。

全,且法律规定亦时有不免发生疑义之处,故判例编辑于司法效能之增进尤属重要,此篇计十五万言,自十六年南京最高法院成立始,至二十年十二月底止,凡判例可以阐明法律旨趣者,靡不尽量搜集,于今日百空千疮之司法现象中,得此一着,差可告慰"。①

其二是直接参与创制与适用判例。其中,最为突出的是对兼及家仇国仇的正义刺杀案的特赦处理。1932年9月郑继成为国为父复仇,在济南火车站刺杀军阀张宗昌。得到社会舆论的一致称赞。

郑继成被济南地方法院判处七年有期徒刑,又引起社会的普遍同情。在居正等各方面的努力之下,郑继成终于被特赦。1935年11月施剑翘为父复仇,在天津刺杀军阀孙传芳。1937年3月杨维骞为父复仇,刺杀军阀范石生。后两案均援引郑继成案之先例而特赦。这类案件的处理,就法体(法律样式)而言是创制与适用判例;而就法统(法律精神)而言,则无异于中国历史上处理复仇案件的传统习惯,并且宣布天理人情具有高于法律的权威。"在实践层面上,司法党化的意义集中表现在废除不平等条约运动一个积极时期的产生,以及在此背景下,居正司法特赦模式的形成。特赦模式的产生,大都与居正个人直接相关,而且形成了居正司法时期司法实践的一个明显特征:党义决狱与国民感情的互动"。②

居正作为国民党政府当权者之一和司法界的巨头,他的思想和主张对当时法律界的影响十分重大。正是在这种思想指导下,才使当时的"判例法"大大增色,使"混合法"这一机制得以有效地运行。

五、居正"混合法"理论产生的社会文化背景

居正"混合法"理论的产生决不是偶然的,它既不是脱离当时司法实践的奇谈怪论,也不是法学家闭门雕刻的象牙之塔。恰恰相反,居正"混合法"理论一方面是为了解决当时法制建设的艰难困境而产生的;另一方面又在总结当时法制建设教训的同时,为法制建设指出了前进的方向。

(一)一味模仿日德之法律,法律背离了中国国情

自清末修律以降,立法界大多注意以日本为媒介吸收欧洲大陆的成文法,形成向大陆成文法一边倒的格局。仅就民法而言,正如吴经熊所说:"新民法从第一条到一二二五条仔细研究一遍,再和德意志民法及瑞士民法和债篇诸条对校一下,倒有百分之九十五是有来历的,不是照账誊录,便是改头换面。"③"现行民法,采德国立法例者,十之六七,瑞士立法例者,十之三四,而法

---

① 《一年来司法之回顾与前瞻》,载《中央周报》1935年1月14日第334—335期合刊。
② 参见江照信:《中国法律看不见中国——居正与三十年代变法》,载《法制史研究》第十四期2008年12月。
③ 吴经熊:《新民法和民族主义》,载《法律哲学研究》,清华大学出版社2005年版,第170页。

日苏联之成规,亦尝撷取一二。"①而刑法则大量吸收波兰、日本、意大利、德国、西班牙、苏联等大陆法系国家的刑法或刑法草案。② 其间的最大失误是忽略了中国国情,致使法制建设陷入削足适履的尴尬境地。正如阮毅成所说:"我国修订法律,当时所注意的,只是列国的成规,以为只要将他国法律,移入中国,中国立刻便可臻于富强。民国以来,'变法即可图强'的迷梦虽已打破,但因一切学术,均以仿效他人为时髦。对于中国固有文化,则力倡怀疑精神,欲一一借口重新评定价值而咸加抹杀,法律也不能例外,亦以顺应世界潮流,依据他国立法为唯一原则……中国现行的法律,学者于解释引证之时,不曰此仿德国某法第若干条,即曰仿瑞士某法第若干条。举凡日本、暹罗、土耳其等国法律几乎无一不为我国法律所采用。在别的国家,人民只服从本国一国的法律;而在我国现在因法律乃凑合各国法律而成,人民几有须同时遵守德、瑞、暹、土等许多国家法律。"③"我国现有的法律是最不中国本位的,而法律之所以需要以中国为本位,却较其他的社会制度与规律为迫切。"④法律的过分形式化与法律背离中国国情——中国法律"看不见中国",甚至酿成了"无法状态"。⑤ 而法律之所以需要以中国为本位,却较其他的社会制度与规律为迫切。"⑥"现行法能通用于都市,而扞格于乡村的一个重要原因,并不是老百姓不接受,是因经济生活方式不同,不容他们接受。结果就发生法律与社会分离的现象,真能受它保护的,不是多数民众,却是少数富豪大贾和欧化的知识分子。"⑦当时,法国巴黎大学法学教授、民国政府高级顾问让·埃斯卡拉曾经强烈反对"民国政府的草率立法,认为那充其量不过是对西方法典的翻译与整合";"与此同时,民国最高法院判例对中国传统法律精神的恰切调和,更使他对其推崇备至。"⑧

  法律界对民国时期片面模仿大陆成文法和忽视中国国情的失误之反思,为重新审视、评价和借鉴英美法(判例法)打开了方便之门。⑨

---

① 梅仲协:《民法要义》初版序,中国政法大学出版社1998年版。
② 杨一凡主编:《新编中国法制史》,社会科学文献出版社1999年版,第547页。
③ 阮毅成:《怎样建设中国本位的法律》(民国二十四年六月三日),见阮毅成著:《法语》下册,台北商务印书馆1980年版,载王寿南、陈水逢主编:《岫庐文库》卷四七,第279页。
④ 阮毅成:《读中华民国法学会纲领》,见阮毅成著:《法语》下册,台北商务印书馆1980年版,载王寿南、陈水逢主编:《岫庐文库》卷四七,第287—289页。
⑤ 居正:《无法状态》,原载重庆《大公报》,1947年5月7日,现辑入上海图书馆编:《上海图书馆庋藏居正先生文献集录》第三册。
⑥ 阮毅成:《读中华民国法学会纲领》,见阮毅成著:《法语》下册,台北商务印书馆1980年版,载王寿南、陈水逢主编:《岫庐文库》卷四七,第287—289页。
⑦ 陆季蕃:《法律之中国本位化》,载《今日评论》第1卷第25号,1939年12月10日。
⑧ 蒋隽:《民国法制侧影——〈中国法〉及其作者让·埃斯卡拉》,载《法史学刊》第1卷,社会科学出版社2007年版,第466页。
⑨ 参见江照信:《中国法律看不见中国——居正司法时期(1932—1948)研究》,清华大学出版社出版社2010年版。

（二）法院组织建设步履维艰，难以担当审判任务

民国时期，由于军事、政治、经济等原因，致使法制建设困难重重、步履维艰。其中，最为突出的问题是全国各级法院的设置和建设。大致而言，在民国时期的三十多年里，法庭和法官一直处于短缺状态，"中国的独立司法机关，虽创始于前清光绪末年，但是直到民国十五年各国调查法权委员会调查的时候，全国新式法院之业已成立者，尚未超过一百三十六所。其中第一审法院仅九十一所，按中国人数比例，即四百四十万人口，方有第一审法院一所"。① 即使在居正主持司法工作时期，按单纯的数量计算，每个法院或者法庭平均只能得到大约两个合格法官。这样的短缺状况更加剧了法官分配的不均衡。由于法院等级的存在及政治经济的地区差异，使司法制度在空间上出现明显的城乡差别。并造成严重的司法弊端："（一）审判权不统一也；（二）法令之适用不一致也；（三）诉讼延迟也；（四）判决不能执行也；（五）初审草率也；（六）下级法官之受人指摘也；（七）新式法院过少，县长多兼理司法也；（八）新式监狱过少，看守所拥挤污秽且黑幕重重也，诸端。"② 司法进展最终为法律形式化所拖累，为时人所诟病，"按现行司法所予人民的痛苦，非身受者不能尽道……最主要者约有三种：其一，诉讼延迟；其二，滥行羁押；其三，形式主义。"③

司法建设的一筹莫展，客观上为法律界的重新思考和引进英美法创造了机会。④

（三）英美判例法系实具有简洁灵活能动之长处

持续了十余年之久的中华新法系论潮，多引英美为正例，而以德日为反例，这就基本上否认了大陆法系模式，自然地转向了英美法系。正如刘陆民所说："由此以观，我欲建立中国本位新法系，其宜若英吉利人有珍惜民族文化的精神，有认识民族时代需要的眼光，有创造民族法律系统的技术，固无庸疑。"⑤ 在这种氛围之下，政府派遣若干具有实际司法经验之法学者、司法官前往英美考察司法。1934年，经过司法院的考察活动，发现英美法系而可做建设中国新法系的模范，从而开始了改良司法的尝试。1947年倪征燠考察英美司法归国后总结道："吾国近年来增设法院，拟有具体计划，逐步实施，不遗余力，截至目前为止，共有地方法院698所，高等法院37所，高分院114所。我国幅员广阔，人民赴诉不易，上述司法机关数字，固不谓多，若就人力物力而言，则再增设法院，法官人才，势必不敷。法治先进国家如英、美两国，亦尚未

---

① 吴祥麟：《改进中国司法制度的具体方案》，载《中华法学杂志》新编第一卷第五六两号刊，第68页。
② 吴昆吾：《中国今日司法不良之最大原因》，载《东方杂志》第32卷第10号，1935年5月16日。
③ 阮毅成：《所企望于全国司法会议者》，载《东方杂志》第32卷第10号，1935年。
④ 参见江照信：《中国法律"看不见中国"：居正司法时期（1932—1948）研究》，清华大学出版社2010年版。
⑤ 刘陆民：《建立中国本位新法系的两个根本问题》，载《中华法学杂志》新编第一号，第49页。

于每郡每邑，普设第一审法院……组织简单，程序便捷，既无须乎大量人才，亦无损于司法尊严，可资吾国借镜。"①同年，担任司法行政部顾问的美国庞德指出："我要向诸位说：你们应该信任你们自己。中国现在有干练的法学家，他们有充分的能力来根据现有的法典发展中国法。抄袭模仿外国制度的时代已经过去。现在正是在你们现有的法典上树立一座中国法的坚实建筑物的时候了。"②

经过考察和思考，法律界充满信心地宣布："英美法系之经验可以证明，中国现行司法制度无需大量改变而利用'中国固有'资源足够改良司法。"于是，"中国司法制度开始为英美法系传统所渗透，这又成为一种相对中国法系固有文化整体而言既建设又破坏的过程。一九四八年的司法院转型，以司法院大法官会议设立为标志，即是建设中国本位新法系之民族化运动最终倾向英美法系的相应结果。"③

至此，我们似乎感受到，"欧法东渐"的潮流渐渐式微，而"美法东渐"的风气徐徐兴起。

（四）基于民族自信之法律民族化思潮方兴未艾

中华民国成立以后，法学界对清末修律以及民国以来的法律实践活动进行了深刻的反思。特别是第二次世界大战的胜利，领事裁判权的收回，极大鼓舞了全民族的爱国热情和民族自尊心。在这种文化氛围中，逐渐酿成以注重中国国情为原则、以重建"本位法系"为目标的法律民族化思潮。如杨幼炯所说："有清季世，现代式之立法，虽已萌芽，但经过去立法机关所制定之各种法律草案，大都模仿外国法律，缺少创造之精神，而由于立法者依照本国情形而创造之法律，可谓绝少。""故当立法之际，须参考外国立法之经验，采集其法律，以补自国法律之不备，或创设其所未有，实为事所不容已者；但绝不能全采外国法律。盖法律之制定，应以本国固有之人情，风俗，地势，气候，习惯为根据，外国法律纵如何完备，终不适本国之国情。我国过去立法之失败，全由于此……满清当时立法事业尚属草创，模仿外国法，亦为事实上所难免，而入民国后，仍因旧习未能注意社会情状之变迁，适合时势之需求，此过去立法失败之大原因也。"④洪兰友亦谓："所谓'本位法系'自系对非本位而言，良以晚清沈家本氏为修订法律大臣，着手起草一切新法时，直接模仿日本，间接取法西欧，既与过去之固有法系脱节，更与中国国情不相适合，而固有法系至此即已中断，直至立法院成立，始从新制定一切法典，惟如何而后能适合国情，如何而

---

① 倪征燠：《司法问题研究》，载《中华法学杂志》第5卷第8期，1947年。
② 庞德：《近代司法的问题》，载王健编：《西法东渐——外国人与中国法的近代变革》，中国政法大学出版社2001年版，第482—483页。
③ 参见江照信：《中国法律"看不见中国"：居正司法时期（1932—1948）研究》，清华大学出版社2010年版。
④ 杨幼炯：《今后我国法学之新动向》，载《中华法学杂志》新编第一号，第30—31页。

后能与我国固有法系发生联系,如何而后能与三民主义理论符合,自非极短之时期所能完成者"。① 居正主张现时法律应取法中国"旧律时代,每以律文不备,辄能适应潮流,创著新例,为一般法曹所奉行"。② 与居正强调"旧律时代"之意相呼应,国民政府法律顾问宝道同样推崇中国古律精神,主张法律民族化:"西方民族的法律观念,是严格的绝对的强制的,而不是对人的。中国的观念,对于法律及司法工作都是以活的人作为对象。因为人是活的,各人就有各人的境况,各人的环境,各人的才智,以致有贤愚良莠等等的不同。而司法方面,也就认清这一点,而有不同的方法以求适合人情及公理,给他们一种适当的处置。这种最合乎人道的方法,在中国是根据其历史上固有的法律观念而来的,而西洋各国目前才感觉到这种法律观念……总括起来,中国已有很长久的历史,很优美的法制……将来中国的司法,一定是合乎中国的国情,合乎正义的精神"③;"中华法系的能否抬头,与大陆英美两法系鼎足为三的称雄世界,要看中华法学者有无推行自我观念的决心、勇气与毅力"。④ 这种以民族文化为基础的学术氛围,对于法律民族化思潮的确立和发展,起了推波助澜的作用。⑤

至此,我们似乎感受到了民国时期法律人的那种独立自尊、奋发有为的时代气息。这种立足于中国国情,以我为本、兼取他国之长的立场和方法,为复兴中国固有的"判例法"传统,重建成文法与判例法相结合的"混合法",创造了有利条件。

第四节 "混合法"的繁荣阶段

1928年时值国民党训政之初,许多国民党当权者提出了"从速"、"从严"地建立一个体制完备、规范周密、人人守法的法治国家的主张。他们把西方近代社会在政治经济上取得的成就,归结为"以法治国"的结果。认为"现代政治与现代国家,莫不以法治为本。"⑥在封建时代,君主深受儒家思想影响,"以德治礼治人治为主,以法治为辅"⑦;大小官吏欺上压下,徇私枉法,使法制形同虚设;一般平民把法律视为特权阶级所独享的压迫人民的工具,"因而厌恶法律,畏忌法律,不信任法律。"⑧上述三种原因造成了中国人轻视法律的陋

---

① 洪兰友:《中华民国法学会纲领释义》,载《中华法学杂志》第四卷第一期1945年,第4—5页。
② 《全国司法会议开会辞》,载《全国司法会议汇编》。
③ 《国民政府顾问宝道致词》,载《全国司法会议汇编》。
④ 孙晓楼:《法律民族化的检讨》,载《东方杂志》第34卷第7号1937年。
⑤ 参见江照信:《中国法律"看不见中国":居正司法时期(1932—1948)研究》,清华大学出版社2010年版。
⑥ 居正:《朝阳学院三十二周年纪念特刊发刊词》,载李翊等编:《居觉生先生全集》,台北(出版者不详)1952年版。
⑦ 居正:《为什么要重建中华法系》,载《居正文集》,华中师范大学出版社1989年版。
⑧ 居正:《法律与人生》,载李翊等编:《居觉生先生全集》,台北(出版者不详)1952年版。

习,而这种陋习又阻碍了国家的法制建设,导致了人心的涣散和国力的衰败。鉴于此种状况,他们强调,在内忧外患、百废待兴之时,国民政府"非厉行法治,不足以建设国家","欲求庶政之推行,国民之振作,舍法治莫由。"①"所谓法治,即系以法律统治全国。一切公私问题,唯依法律以解决,亦即是以法律主治之意"。②

这就要求:第一,要尽快立法,完善法律制度。因为,法律对于国家、社会、人民不是可有可无的东西。"法律的对象,是人类日常生活,其所规范的,系社会实际的事实,即人类彼此间的相互关系。某抽象的原则,实为应用于实际而存在。"或者说:"法律之于国家,如民非水火之不能生活也。"③法律的重要性就在于它是"国家施政的信条,社会生活的秩序,个人行动的准则"。一国之中,有无法律不仅关系到人民的生活、国内的秩序,而且关系到国家的兴败。因为,一个国家的存亡,一般以国家主权存亡为标准。"主权之有无,全视国民之有无组织,而组织是否健全,又以法制是否完备为断。"④

第二,"法不贵能立,而贵能行,尤贵行之严明。"⑤当时,他们提出了两个口号,一是"澄清法治",一是"厉行法治"。"澄清法治",即要求一切法令规章的制定和解释都必须符合三民主义的要求和"国家、社会本位"的法律原则;法令必须统一和稳定,不可"政出多门",不可"朝令夕改"。而在法律建设还不完善阶段,立法和司法人员必须根据三民主义的建国精神对原有的旧法令"认真清理,删繁存简,叩两端而用中,衡折衷于至竟"。⑥真正做到入轨归宗。只有法治澄清之后,全国上下执法者,才可知其宗旨,明其责任,辨其是非,晓其利害,真正地厉行法治。"厉行法治"则要求:有法必行,行法必严。"苟违法乱纪,应不问其身份职位如何,一律依法裁制之;反之,守法奉公者,亦应依法奖励之。"⑦他们认为:如果法立而不行,或行而不严,黠者强者势必舞弄、摧毁已成法律,人民定然会轻视、厌恶法律。结果,有法而弊将甚于无法。根据上述的认识,国民党政府建立伊始,便着手法制的建设。他们不仅制订了中国法制历史上空前规模和数量的成文法典,而且自觉地运用了判例法的方式。

一、"成文法"体系:六法全书

国民党政府的成文法体系,由其在各个时期颁布的基本法律以及法规、法令所构成。国民党政府编辑《六法全书》,开始时包括宪法、民法、商法、刑法、

---

① 居正:《法治前途之展望》,载李翔等编:《居觉生先生全集》,台北(出版者不详)1952年版。
② 居正:《中华民国法学会上海分会第二届年会致词》,载李翔等编:《居觉生先生全集》,台北(出版者不详)1952年版。
③ 居正:《法律与人生》,载李翔等编:《居觉生先生全集》,台北(出版者不详)1952年版。
④ 居正:《法治前途之展望》,载李翔等编:《居觉生先生全集》,台北(出版者不详)1952年版。
⑤ 同上。
⑥ 居正:《法治前途观》,载李翔等编:《居觉生先生全集》,台北(出版者不详)1952年版。
⑦ 同上。

民事诉讼法和刑事诉讼法六项法律。后来将商法拆散,分别纳入民法和行政法中,而以行政法取代商法作为六法之一。

1．宪法

《训政纲领》(1928年10月);

《中华民国国民政府组织法》(1928年10月):

《中华民国训政时期约法》(1931年6月);

《中华民国宪法草案》(1936年5月);

《中华民国宪法》(1949年1月);

2．刑法

《中华民国刑法》(1928年3月);

《中华民国刑法施行条例》(1928年6月);

《中华民国刑法》(1935年1月修正);

《中华民国刑法施行法》(1935年4月);

3．民商法

《中华民国民法》(1929年5月至1930年12月);

《票据法》(1929年10月);

《公司法》(1929年12月,1946年修正);

《海商法》(1929年12月);

《保险法》(1929年12月,1937年修正);

《破产法》(1935年7月);

4．民事诉讼法

《中华民国民事诉讼法》(1931年2月);

《中华民国民事诉讼法施行法》(1932年5月);

《中华民国民事诉讼法》(1935年2月修正);

《中华民国民事诉讼法施行法》(1935年5月);

5．刑事诉讼法

《中华民国刑事诉讼法》(1928年7月);

《中华民国刑事诉讼法施行法》(1928年7月);

《中华民国刑事诉讼法》(1935年1月修正);

《中华民国刑事诉讼法施行法》(1935年4月修正);

6．行政法

国民党政府的行政法数量浩大,不能一一累计。

"六法"除了上述重要法典之外,还包括一系列大量的单行法规、判例与判例要旨。六法体系的建立,确定了现代中国以成文法为主干、以判例为辅助的法律制度。

二、"混合法"的协调运行与发展

国民党政府建立之初,便自觉地继承了大理院判例法的传统,并在司法实践中逐渐形成了完备的"混合法"运行机制。在司法审判实践中,"除了成文法之外,国民党政府司法部和最高法院的判例解释例,以及经司法机关认可的习惯,也具有法律效力。国民党政府通过这些判例解释例与习惯,以补充法律条文的不足";"他们不仅援引自己的判例解释例,甚至援引北洋政府大理院的东西。国民党政府这种以律附例的做法,也是继承封建法律传统的"。① 与北洋军阀统治时期相比,国民党政府时期,不论是在对"判例法"、"混合法"的认识上,还是对"判例法"的编制与运用,以及"判例法"与成文法的有机联系上,都获得了长足的发展。

（一）"混合法"机制的调整与运行

国民党政府曾制定和颁布了一系列法律、法规规范来统一判例的创造与适用。比如《司法院组织法》(1928年11月17日修正公布)第2条:"司法院院长经最高法院院长及所属各庭庭长会议议决后,行使统一解释法令及变更判例之权";《司法院处务规程》(1928年12月6日公布)第3条第1款:(司法院职能)"统一解释法令及变更判例事项";《国民政府司法院统一解释法令及变更判例规则》(1929年1月4日公布)第10条:"司法院院长对于判例认为有变更之必要时,得依前二条之规定行之;最高法院院长对于判例认为有变更之必要时,应呈由司法院院长照前项办理";《行政法院处务规程》(1933年6月24日公布)第23条:"各庭裁判案件有可著为判例者,应由庭长命书记官摘录要旨,连同判决书印本,分送各庭庭长评事";第24条:"各庭审理案件,关于法律上之见解与以前判例有异时,应由院长呈由司法院院长召集变更判例会议决定之";《法院组织法》(1932年10月28日公布)第25条:"最高法院各庭审理案件,关于法律上之见解与本庭或他庭判决先例有异时,应由院长呈由司法院院长召集变更判例会议决定之";《最高法院处分规则》(1935年6月28日公布)第31条:"各庭新判例应由庭长命书记官摘录要旨,将裁判书印本分送各庭庭长推事,并选登司法公报";第32条:(各庭设书记科)"摘录裁判要旨及汇集法律解释。"

关于判例的创制。最高法院和行政法院各庭的判决,由庭长命书记官摘录要旨,连同判决书印本,分送各庭庭长、评事,诸方面均无疑义时,便选登司法公报,或编入判例要旨。该判例即为生效。有些判例很明显是为了及时解决审判中出现的重大问题而做出的。比如,关于"重婚罪"《中华民国刑法》(1935年)这样规定:"有配偶而重为婚姻,或同时与二人以上结婚者,处五年以下有期徒刑。"由于立法者忽略了当时妻妾并存的客观现实,从而在司法上引起混乱。为了解决这个问题,最高法院1935年上字第1229号判决认定:"重婚罪之成立,必以正式婚姻为前提,如仅买卖为婚,并未具备结婚方式者,本不发生婚姻效力,自不成立重婚罪。"这样一来,由于妾属于买卖婚姻,未曾

---

① 肖永清主编:《中国法制史简编》下册,山西人民出版社1982年版,第291页。

生效,不属正式婚姻,当然不构成重婚罪。① 用判例直接指导审判活动,可以收到立竿见影的效果。

关于判例的变更。在司法审判中,如发现判例与法令有矛盾时,由各级法院上报最高法院;最高法院各庭对原有判例有异义,并欲变更时,由最高法院院长呈请司法院院长召集"变更判例会议"决定之;最高法院院长、行政法院院长认为有变更判例必要时,应呈请司法院院长召集"变更判例会议"决定之,司法院院长认为如有变更判例之必要时,亦可召集"变更判例会议"决定之。变更判例之决定登入司法公报,原判例失效。

关于判例的适用。各级法院在审判中,对于有法律明文规定者,依法律规定裁判。这是以成文法为主、以判例法为辅的国民党司法制度的基本原则。判例一般适用于法无明文规定或虽有明文规定但有较大定罪量刑余地的情况。对于判例的效力,国民党政府的法典、法规都未做明文规定。他们主要考虑:一是社会上的事务复杂多变,赋予判例过高的效力势必导致下级法院比附之风,使判决失之公平;二是认为上级法官虽有多年司法经验,但是由于年老及长期脱离社会生活实际,若凭法院级别的高下,辨别法官素质之优劣,一味强调最高法院判例的至上性,必然扼杀下级法官的能力,妨碍其行使职权;三是司法审判的根据包括法条、习惯、法理、判例、政策等多种因素,判例只是其根据之一,因此对判例的效力不宜做肯定的硬性规定;四是大陆法系国家当时也都采用了判例的样式,他们的判例作为成文法的辅助形式,一般仅为下级法院之参考性依据。所以中国也不应对判例效力做过高规定。②

关于判例的效力。尽管判例的效力没有用法律的形式加以确认,但在当时的司法审判中,判例实际上起着重要的作用。这主要是因为:第一,判例一经公布,非经一定的法律程序不能变更。在该判例变更之前,任何与之不相符合或相悖之判决都不能成立(见《法院组织法》第25条)。第二,最高法院在三级三审制度中有最终的审判权,它有权废弃下级法院裁判之案件,自为判决或发回原法院重审。《民事诉讼法》(1935年2月1日公布)第475条规定:"经废弃原判决者,应将该事件发回原第二审法院或发交其他同级法院;受发回或发交之法院应以第三审法院为废弃理由之法律上判断为其判决之基础。"这就决定下级法院在审判时,必须顾及到最高法院能否通过此判决,而最高法院所持标准又是已成法典及公布的判例。第三,由于存在着严格的司法人员考核制度,若某一法官的判决常被驳回,必定要影响他的升迁,所以下级法院的法官为自身计,除个别确认其有错误时,一般都不抗拒已成判例,而是以它为定罪量刑之标准。

实际上司法院的判例在司法实践中虽然居于辅助性地位但是确实具有与成文法相近似的权威。这种状况,既保证了下级法院的自由裁量权,又保证了

---

① 杨一凡主编:《新编中国法制史》,社会科学文献出版社1999年版,第548页。
② 张远谋:《论判决例之效力》,载《法律评论》第531期。

司法院和最高法院的最高决策权。

（二）判例的规范化

判例规范化即所谓判例的主义化与合理化。所谓判例的主义化,是要求法官自觉贯彻"国家、社会本位"的法律观。大理院判例法产生于法制变革之初,由于国家缺欠奉行之主义,立法与司法缺乏一明确之法理,则就判例的内容而言,既反映出具有现代进步意义的精神,又保留了一定的封建落后法律原则与社会习惯,表现出混乱性和不成熟性。而在这时期,由于确立了"国家社会本位"的法律观,并通过立法和法律研究与教育将其广泛宣传和制度化,就使法官在创制判例时有了明确统一的指导思想和法理依据。因此,国民党时期的判例,虽有上万条之多,洋洋洒洒,但浑然一体,无不体现了以"国家社会"为核心的法治风貌。所谓判例的合理化,是指自觉建立判例与成文法并行不悖的合理联系。大理院判例法产生的重要原因之一,是成文法典存在着大量的空白。这就造成了司法审判特别是民事审判中判例法一枝独秀的状况。而在国民党统治时期,由于建立了完备的成文法体制,法官在审判活动中既要自觉尊重成文法的权威,又要灵活运用判例的独特作用。只有这样才能确立和维护以成文法为主以判例法为辅的"混合法"机制。

经过清末修律活动的冲击,中国固有的"混合法"传统并未中断。从中国法律文化纵向发展的宏观视野来看,从大理院判例法的初创与适用,到国民党统治时期"混合法"样式的确立与繁荣,这都是对中国法律文化传统的自然继承和发扬。

第九章 「阶级本位·政策法」时代的法律文化

中华人民共和国建国以来六十年的法律实践活动,大致可以分为两个阶段:第一个三十年(1949—1979),艰难探索的阶段,姑且称之为"阶级本位·政策法"时代;第二个三十年(1979—2009),勇敢实践的阶段,姑且称之为"国家、个人本位·混合法"时代。

从中华人民共和国成立至文化大革命结束的近30年间,是中华民族在法律实践活动方面既有辉煌业绩又有惨痛教训的历史阶段。由于种种原因,此阶段的法律实践活动常常给人以一种含混模糊、节奏不明、临时过渡性的感觉。这样,就给概括当时法律实践活动的基本精神和宏观样式造成极大的困难。尽管如此,笔者还是试图用简洁明快的描述手法来进行这一工作。正是出于这个想法,笔者把这一时期称为"阶级本位·政策法"时代。对这一时期的法律文化进行历史的反思和理论性总结,对于正确评价历史和促进当今中国的法律文化建设,无疑都是非常必要的。

第一节 "阶级本位"法律观

中华人民共和国作为新型的社会主义国家,在法律指导精神上,本应确立国家和公民双向本位。但由于历史的局限性,指导当时政治法律活动的总体精神却是"阶级本位"。

一、"阶级本位"法律观的诞生及其社会原因

从新中国成立到文化大革命结束的近三十年间,我国的法学界(包括法学教育、研究以及国家立法、司法领域)曾经被"阶级本位"统治着。这种观念宣布:法律是统治阶级意志的体现,阶级性是法律的根本属性,法律是阶级社会特有的现象,法律的最重要的职能是镇压敌对阶级的反抗,以维护统治阶级的统治。

(一)"阶级本位"法律观的理论渊源

"阶级本位"法律观来源于无产阶级经典作家关于阶级斗争和无产阶级专政的理论。当时的法学界经常引用的精辟断语有如下几段:

《共产党宣言》:"到目前为止的一切社会的历史都是阶级斗争的历史"(后来恩格斯又加了一个注:"确切地说,这是指有文字记载的历史");"你们的观念本身是资产阶级的生产关系和所有制关系的产物,正像你们的法不过是被奉为法律的你们这个阶级的意志一样,而这种意志的内容是由你们这个阶级的物质生活条件来决定的"。① 列宁:"法律就是取得胜利、掌握国家政权的阶级的意志表现"。②

---

① 马克思、恩格斯:《共产党宣言》,载《马克思恩格斯选集》第1卷,人民出版社1972年版,第250、251、268页。
② 《列宁全集》第13卷,人民出版社1984年版,第340页。

这一理论完整表述始于1949年2月《中共中央关于废除国民党的六法全书与确定解放区的司法原则的指示》:"法律是统治阶级公开以武装强制执行的所谓国家意识形态。法律和国家一样,只是保证一定统治阶级利益的工具。国民党的六法全书和一般资产阶级法律一样,以掩盖阶级本质的形式出现,但是实际上既然没有超阶级的国家,当然也不能有超阶级的法律";"国民党全部法律只能是保护地主与买办官僚资产阶级反动统治的工具,是镇压与束缚广大人民群众的武器";"在无产阶级领导的工农联盟为主体的人民民主专政的政权下,国民党的六法全书应该废除,人民的司法工作不能再以国民党的六法全书为依据,而应该以人民的新的法律作依据。"[1]这一理论到了"无产阶级文化大革命"时代,发展成为"无产阶级专政下继续革命"的理论。

由于对这些经典论述的片面理解,我们把属于特定环境中对特定对象做出的具体评价,无条件地加以扩展,使之成为一般性的普遍的宏观结论。正是在这种理论氛围中,我们失去了科学冷静的头脑,没有对社会主义社会法律的本质和职能做出实事求是的客观评价。一方面把马克思、恩格斯关于资产阶级法律的局部判断上升为人类社会发展诸阶段法律的共同定义;另一方面又把社会主义社会宣布为阶级社会,充满着敌对阶级之间的激烈阶级斗争。从而不加区别、削足适履地迎合法律的普遍定义。这种观念在理论上是十分错误的,在实践上更是十分有害的。

(二)"阶级本位"法律观产生的社会文化背景

同任何其他正统理论一样,"阶级本位"法律观的产生和确立是有其社会文化根源的。这主要表现在如下几个方面:

首先是阶级斗争的严峻形势。中华人民共和国是中国共产党领导中国人民,经过几十年浴血奋战才得以创建的。当毛泽东主席宣布中华人民共和国成立之际,解放战争尚未完全结束。新中国成立之后,她面临着台湾国民党残余势力的反攻,面临着国际帝国主义集团的封锁和干涉,面临着国内反动势力的破坏和捣乱。在这种形势下,新生的人民政权必须用法律和其他措施来镇压反动分子的反抗,以保护人民的胜利成果。这就使人民确信:法律是统治阶级的意志的表现,是镇压阶级敌人的有力武器。

其次是集中的管理体制。建国以后,我国逐渐形成了自上而下的管理体制。政治、经济和文化领域的重大问题,都由中央统一部署,一声令下,八方行动。共产党的领导体现了全体人民的根本利益,其实质是无产阶级对社会的管理。因此,党中央和人民政府发布的通知、决议、命令等文件,都兼而具有国家法律的性质。这种自上而下的管理体制很容易使人相信法律是统治阶级意志的这一命题。

再次是受前苏联法学界的影响。新中国初期的法学界几乎是从零开始其

---

[1] 郭成伟主编:《新中国法制建设50年》,江苏人民出版社1999年版,第82页。

理论思维的。法学界的理论研究恰恰是以吸收和消化前苏联法学界的既成理论和成果为起点的。前苏联是世界上第一个社会主义国家,已经获得了几十年社会主义建设的经验。因此,全盘接受前苏联的理论模式,成了开创中国法学事业的捷径和必由之路。而前苏联的法学界正是维辛斯基理论的一统天下。我们无条件接受了前苏联法学界的"以阶级斗争为纲"的"左"的理论,使"阶级本位"法律观获得了坚实的理论根基。

最后是中国固有法律观念的潜在影响。东汉文字学家许慎在《说文解字》中说:"法者,刑也。"刑,一是指刑罚,二是指模型。这样,法就成了用来制裁人和塑造物的工具。这代表了中华民族对法的一般见解。法家曾宣布:"立法者君也,守法者臣也,法于法者民也。"(《管子·法法》)法则成了君、臣用以管理百姓的东西。中国没有经过完整的资本主义阶段,又缺乏民主传统。所以一般人很难把法律同个人的权利、自由挂上钩。因此,一提起法律,首先就联想起犯罪和刑罚。于是,把法律说成统治阶级的意志和管理社会的工具,正好与传统的法观念融和。

二、"阶级本位"法律观在法律实践中的主要表现

"阶级本位"法律观作为一项最高法律政策和原则,有效地支配着当时的立法司法活动。这主要表现在以下几个方面:

第一,"阶级本位"法律观一味强调法律在国家政治生活中的作用,即重视法律在打击社会敌对分子方面的职能,从而忽视了它在管理社会经济、文化生活方面的积极作用。这就使我国的法律不是全面的而是片面的。这等于宣布:法律不调节或不关心社会经济、文化领域的活动,从而把这一宽广的领域让给其他的调节手段,比如干部、政策和群众路线等。

第二,"阶级本位"法律观十分重视法律行为的政治评价,常常对法律行为和事件进行"阶级分析"。比如,宣布一些重大刑事犯罪为"敌我矛盾性质",另一些轻微犯罪是"人民内部矛盾";国家、集体、个人之间有关财产权益的纠纷,往往涉及社会主义和资本主义两条道路的斗争;婚姻纠纷反映了社会主义和资本主义甚至是封建思想的斗争,等等。这样,一方面把民事法律范围的违法行为或本属于道德、行政处分的问题,当成刑事犯罪问题;另一方面又运用"阶级分析"方法对待刑事犯罪问题,产生"敌我矛盾"和"人民内部矛盾"两种迥然不同的政治评价;这种划分又常常带有主观色彩,有时完全依行为人的出身来确定。对刑事犯罪的处罚完全以政治和阶级评价为依据,其结果是造成同罪异罚和司法混乱。

第三,"阶级本位"法律观在民事法律中的贯彻,其结果常常是以无产阶级专政之势,冲淡民事法律的基本原则,忽视社会主义法律对个体经营者和公民私有财产的保护作用,往往把一些有利于国家、社会利益的经营活动视为犯罪行为予以打击。这样做,既不利于调动广大人民生产、科研的积极性,也不利于社会经济文化的发展。

第四,"阶级本位"法律观在国家经济立法领域的贯彻,常常赋予经济活动以政治色彩,给经济活动贴上政治标签,在经济立法中忽视对企业、职工正当利益的保护,不利于按社会主义经济规律办事,客观上助长了长官意志、一言堂和瞎指挥。

第五,"阶级本位"法律观在国家行政法领域的贯彻,其后果是重视机关协同一致的方面,而忽视了他们之间相互制约的作用,片面强调下级服从上级,忽视下级机关的主动性。

第六,"阶级本位"法律观在司法领域的贯彻,使刑事审判工作常常与党和国家的政治中心工作联成一体,以司法工作为政治运动的辅助工具。为了完成这些政治中心工作,常常忽视了审判程序的严肃性,忽视了公安、检察、审判机关相互监督、依法办案的精神,忽视了犯罪嫌疑人和被告人应有的法定权利。这些刑事审判工作一旦与政治运动连成一气,就难免出现偏差,而这些偏差又由于是政治运动本身的结果而更难于迅速纠正。文化大革命以无情的事实为"阶级本位"法律观作了历史鉴定。

事实证明,"阶级本位"法律观违背了社会主义法律实践活动的客观规律,其社会效果自然是负面的。这一历史教训值得认真总结。

三、对"阶级本位"法律观的历史评价

"阶级本位"法律观是"以阶级斗争为纲"的"左"的思想路线在法律领域的反映。它与马克思主义的法观点,与社会主义法律实践活动的内在规律性,都是相违背的。其要害是:要"无产阶级政治",不要社会主义法制;要"无产阶级专政",不要民主政治;要保护"国家利益",无视公民个人权利。在"阶级本位"理论的指导下,社会主义法制不可能迅速健全起来,相反,它随时都有可能在政治斗争、阶级斗争的漩涡中迷失方向。

首先,"阶级本位"忽视了法律对国家权力的制约,不利于社会主义民主政治和社会主义法制的确立与发展,不利于对各级官员的监督制约,不利于国家政治民主生活的正常进行。

其次,"阶级本位"法律观忽视了对公民个人权利的保护。在"阶级斗争"、"无产阶级专政"、"无产阶级政治"的旗帜下,一般个人的权利、自由被"合法合理"地遗忘了。既然无产阶级代表了全体人民的根本利益,那么,人民似乎没有必要经常参与政治生活,也没有必要切实保障和完善人民言论、结社、出版、游行、示威等政治民主权利。因为国家是人民的国家,人民不可能批评和反对自己的国家,人民的价值似乎在于时刻准备着为响应国家的号召而积极投身各种运动。而人民这样做正是为了自己的根本利益。个人是国家社会大机器中的一个小螺丝钉,个人应当服从整体,应该以国家的需要为自己的最大志愿。考虑个人意志、个人特长、个人发展,是思想不纯的表现。这样,"阶级本位"又同"义务本位"悄悄地挂上了钩。

再次,"阶级本位"法律观不利于国家法制的健全与完善。社会主义法制

要求社会生活的各个方面都要有相应的法律;要求国家一切机关、团体、个人毫无例外地严格依法办事;要求确实保障公民个人的一系列政治、经济、文化方面的各项权利,不允许这些权利遭到来自各个方面的侵害;要求任何政党和个人都必须在宪法和法律的制约下活动。但是,"阶级本位"法律观把国家法制的庄严盾牌搬到政治生活(即阶级斗争)的天平上,使它按照国家政治的指针摆动。这就打乱了国家法制的严肃性、稳定性和权威性,使社会滋生并蔓延贱视法制、怀疑法制、仇视法制的观念。甚至被别有用心的人利用,酿成践踏法制的严重后果。1966年12月18日,身为"中央文革"第一副组长的江青公开发难:"公安部、检察院、最高人民法院都是从资本主义国家搬来的,建立在党政之上。监察竟然监察到我们头上了,整理我们的材料。这都是些官僚机构。他们这几年一直是跟毛主席相对抗。我建议公安部门除了交通警、消防警以外,其他的全部军管。"终于演成全国性"砸烂公检法"的严重事件。① 在"阶级斗争"、"无产阶级专政"的文化氛围中,社会主义国家法制建设是不可能正常发展的。

再次,"阶级本位"法律观不利于法学研究与教育的发展。在"阶级本位"思想的指导下,法学研究成了政治学的一个组成部分,法学不可能从浓重的政治氛围中独立出来,成为一门真正的科学,并对立法、司法活动发挥应有的理论指导作用。同样的,法律教育的功能被人们称为"培养掌刀把子的干部"。刑法得到偏爱,但在没有刑法典和刑事诉讼法典的时候,刑法课被称为"刑事政策"课。内容广阔的法学领域和法律教育领域一直处在幼稚之中。

最后,"阶级本位"法律观不利于法律文化的国际交流,不利于借鉴和吸收人类在各历史时期取得的有价值的法律文化成果。在"阶级本位"法律观看来,社会主义不仅对以往的剥削阶级社会的旧法律文化不能继承,而且对当代的资本主义的法律成果也截然不能借鉴。原因是,这些成果的本质是剥削阶级的,与社会主义毫无共同之处。

第二节 "政策法"的法律样式

所谓"政策法",是指这样一种不稳定的法律实践状态,即在管理国家和社会生活的过程中,重视党和国家的政策,相对轻视法律的职能;视政策为灵魂,以法律为政策的表现形式和辅助手段;以政策为最高的行为准则,以法律为次要的行为准则;当法律与政策发生矛盾与冲突时,则完全依政策办事;在执法的过程中还要参照一系列政策。由于政策是党的领导机关所创制的,又是靠党和国家的各级干部来施行的,因此,在实践中形成了"人"的作用高于"法"的普遍见解。

---

① 郭成伟主编:《新中国法制建设50年》,江苏人民出版社1999年版,第265页。

"政策法"产生于革命根据地时期。在革命的动荡年代,制定法律既无条件也无必要。管理根据地的各项工作包括司法审判,完全依靠党的政策。正如华北人民政府《关于重大案件量刑标准的通报》所说:"现在我们已经系统化的法条诚然不够,但我们有政策原则,有政府命令可资遵循。只要我们精细地分析案情,灵活地掌握政策原则,自然就会把案件处理的很好。"①

一、"政策法"的理论支柱:"政策优于法律"

"政策法"的理论支柱包括以下几个论点:

首先,"政策是法律的灵魂,法律是政策的表现"。一般认为,政策是党制定的,它体现了人民的意愿和社会主义事业的根本利益。法律是无产阶级意志的体现,两者在本质上是一致的。但是,事实上总是先有政策,才可能有法律。因为法律不过是政策的具体化、条文化。法律的价值在于实现政策。法律的实现、法律的变更、法律的修改等,也都是为着体现党的政策。

其次,"政策的社会职能高于法律"。党的政策是经过长期实践总结出来的,它具有广泛的适用性。其一,政策的原则性强,适用范围广。在社会生活中,总有不少领域是法律未曾调节的,但是,几乎社会生活的全部领域,都有相应的政策来加以调节;其二,政策是机动灵活的,随时可以制定、修改,以适应变化了的社会生活,法律则不能自行变化以适应新的形势。

再次,"法律束缚人民群众手脚"。社会主义事业是空前伟大的事业,要靠党的领导和广大人民群众高涨饱满的热情和首创精神。特别在中华人民共和国建立初期,一切都在摸索,都在实践与总结,一切都在不断地变化着。此间,不可能制定相应的法律。因为法律的制定需要相对稳定的社会生活,需要长期的试点、总结、讨论。如果急于制定法律,这种法律就免不了背离社会生活,必然会束缚人民群众的手脚,阻碍社会主义建设事业的发展。

最后,中国共产党具有运用党的政策长期领导红色革命根据地的丰富经验,形成了一整套与这种工作方式相适应的组织管理系统。党的各级组织和领导人完全适应和习惯了这种工作方式。这种工作方式也已经被广大人民群众所接受。正如华北人民政府的一件通报所说的:"我们有政策原则,有政府命令可资遵循",只要我们"灵活地掌握政策原则",就能够做好工作。② 长期的革命斗争经验证明,我们党只要制定了正确的政策方针,只要全体干部认真贯彻执行,只要广大人民群众支持拥护和积极参与,就一定能够取得成功。"政策·干部·群众"三合一的领导方法是中国共产党的传家宝。

---

① 韩延龙、常兆儒:《中国新民主主义革命时期根据地法制文献选编》第3卷,中国社会科学出版社1981年版,第186页。

② 同上。

二、"政策法"的表现形式:法律政策·法律文件

"政策法"在表现形式上是法律政策以及与法律政策相配套的一系列法律、法令、条例、决定、通知、批复、解释、判例等法律文件。

(一) 法律政策

所谓法律政策,是指指导国家立法、司法活动的一系列方针、原则和尺度。它既不同于国家的其他政策,又比法律具体条文抽象而富有弹性。法律政策分为一般性法律政策和具体法律政策。前者指国家立法、司法活动都要遵循的原则,后者指司法活动中必须遵循的原则,又分刑事法律政策和民事法律政策。

一般性法律政策,如 1949 年 2 月《中共中央关于废除国民党的六法全书与确定解放区的司法原则的指示》所宣布的"新民主主义政策"[①]具有比一般法律、法令更高的法律地位。这是一条最重要的法律政策。又如"有法可依,有法必依";"实行党委领导下的群众路线";"正确区分和处理两类不同性质的矛盾";"实事求是,重证据、不轻信口供,重调查研究,不偏听偏信";"既要合法,又要提高效率",等等。

刑事法律政策,如"区别对待,宽严结合","惩办与宽大相结合",即:"首恶必办,胁从不问,立功者受奖";"坦白从宽,抗拒从严,立功折罪,立大功受奖";"主犯从严,从犯从宽,惯犯从严,偶犯从宽";"历史问题从宽,现行问题从严";"分化瓦解,减少犯罪";"罪刑不在大小,关键在于态度";"受蒙蔽无罪,反戈一击有功";"少捕、少杀、少管";"可杀不可杀的,一律不杀";"坚持群众路线";"反对逼供讯,禁止肉刑";"惩罚与劳动改造相结合",等等。

民事法律政策,如"调查研究、就地解决、调解为主";"首先保护国家与集体的利益。同时也要保护个人的合法权益";"对于自留地纠纷,应当根据归社员家庭使用长期不变的精神处理";处理房屋纠纷,"首先注意保护国家、集体所有的房屋不受侵犯;保护依法属于公民个人所有的房屋不受侵犯";"对于房屋租赁纠纷,应本着既保证房主所有权,又保障房客有房可住的原则处理";处理婚姻家庭纠纷,"必须坚持婚姻自由、男女平等、一夫一妻、保持妇女和儿童的合法利益、尊老爱幼的基本原则,强调巩固和改善婚姻家庭关系,提倡共产主义道德,反对资产阶级思想和封建思想,本着有利团结、生产和进步的精神,处理具体案件",等等。

(二) 与法律政策配套的法律文件

为了贯彻执行党和国家的有关政策,国家权力机关、行政机关和司法机关曾制订了大量的法律文件,包括法律、法令、条例、解释、决议、通知等。

1. 法律。中华人民共和国成立以后,制定了数量有限的法律,如宪法、工

---

① 王培英主编:《中国宪法文献通编》,中国民主法制出版社 2007 年版,第 279 页。

会法、土地改革法、选举法、婚姻法、兵役法、人民法院组织法、人民检察院组织法,等等。

2. 条例。条例的比重很大,如:惩治反革命条例,劳动改造条例、惩治贪污条例、妨害国家货币治罪暂行条例、逮捕拘留条例、保守国家机密暂行条例,等等。

3. 通知、批复。国家司法机关在审判过程中对一些具体的法律适用问题做了大量的法律解释工作,产生了相应的法律文件。如:最高人民法院、最高人民检察院、公安部《关于对少年儿童一般犯罪不予逮捕判刑的联合通知》(1960 年 4 月 21 日),最高人民法院《关于已满 16 周岁的强奸犯应否负刑事责任问题的批复》,《关于处理贪污盗窃、投机倒把案件中几个问题的批复》,等等。

4. 判例。人民法院在审判活动中,曾经注意用判例的形式来指导审判工作。最高人民法院曾经选编了一些典型的案件,经审判委员会讨论批准后,下发各级人民法院比照援用。

三、"政策法"的运行状态:最佳状态·次佳状态·不佳状态

"政策法"在实际运行中,在不同的法律实践领域呈现出不同的状态。区分这些状态的标准是:法律政策与其他法律文件(法律、法规、条例、司法解释文件、判例等)是否成龙配套,是否形成有效的良性循环。

(一) 最佳运行状态:全配套系统

"政策法"的最佳运行状态,即法律政策与其他法律文件整体配套。即,当法律政策确定之后,在一定的时期内较快地变成了法律、法规、条例等比较详细而稳定的法律规范;这些法律规范很可能还有种种漏洞和不足之处,在司法实践中会出现种种问题。当这些问题一经出现,最高司法机关便立即做出反应,用司法解释的渠道弥补遗缺,纠正偏向。有了法律政策、法律规范、法律解释文件,可以大幅度地统一全国的司法,避免出现大的失误。但是,由于上述一般来说总是抽象性的原则性的文字,不可能十分详尽、明确、包罗无遗。而且由于各地区具体情况有差别,司法人员主观见解和思想方法也不尽一致,这就给司法的质量带来问题,当这种现象出现的时候,最高司法机关便立即着手审查和选编判例,发给各级人民法院,以保证司法质量和司法统一。经过一定时期的司法实践,又会发现新问题,促使产生新的法律政策。这样,法律政策、法律规范、判例三者互为始终、相辅相成、运行畅通,是"政策法"的最佳运行状态。

(二) 次佳运行状态:准配套系统

"政策法"的次佳运行状态,即法律政策与其他法律文件局部配套而非全部配套。这又包括两种情况:一是法律政策与法律规范(包括司法解释文件)配套;二是法律政策与判例配套。两种情况分别存在于不同的法律实践领域。

比如前者表现于刑事法律部门,后者表现于民事法律部门。两者基本上并行不悖,但在微观上又有某些交叉。上述两种状态虽然可以较长时间地维持下去,但各自包含着一些弊病。比如,前者往往由于法律政策和法律规范过于抽象和富于弹性,而造成司法不平衡;后者常常因为判例繁多而莫衷一是。因此,这种运行状态是次佳的。

(三)不佳运行状态:不配套系统

"政策法"的不佳运行状态,即法律政策与其他法律文件不配套。这表现在,当法律政策确定之后,由于种种原因,既没有通过立法渠道及时制定相应的法律、法规、条例,也没有通过司法渠道形成判例法体系。这就使国家的司法活动仅仅以十分抽象、笼统的法律政策、法律原则、法律精神作依据,从而给法官的个人主观因素留下了广阔的用武之地。加之司法人员政治、业务素质差别较大,不可避免地造成司法混乱。这种法律实践状态实际上使法律实践完全处于党和国家的政策和政治中心工作的绝对支配之下,而政策和政治中心工作又是经常变动的,又常常受到领导人个人言论、讲话以及舆论的影响。这就使按法律实践活动的内在规律办事成为十分困难的事情。在这种状态下,国家法制是难于健全起来的。

四、"政策法"的两个发展趋势:人治趋势·法治趋势

"政策法"包含着两个内在的发展趋势:一个是"法治"趋势,另一个是"人治"趋势。这两个趋势是相互对立的。当前者占主导地位时,国家的法制就会迅速发展、成熟;相反,当后者占统治地位时,国家的法制就会一蹶不振、长期徘徊,甚至走向绝境。

(一)"政策法"的"法治"趋势

"政策法"是一种不稳定的欠完善的法律实践状态。但它具有一种"法治"的内在趋向。这主要表现在两个方面:一是法律政策的法律化或者说成文法化,即在法律政策的指导下,制定和颁行与之配套的法律、法规、条例等成文的稳定的具有普遍约束力的法律文件,从而完成国家法律政策的标准化、成文化、规范化和具体化,使法律政策从具体的法律实践活动中超脱出来,居于宏观指导者的位置。1954年6月14日毛泽东在中央人民政府委员会第三十次会议上发表了题为《关于中华人民共和国宪法草案》的著名讲话。1956年中国共产党第八次全国代表大会作出决议:"我们必须进一步加强人民民主法制,巩固社会主义建设秩序。国家必须根据需要,逐步地系统地制定完备的法律。"[①]中华人民共和国建国三十年当中,在宪政、国家机构、选举、社会团体、婚姻家庭、刑事、社会改革、政治运动、民政、公安、司法和司法行政、监察、人

---

① 全国人大常委会办公厅研究室编:《中华人民共和国人民代表大会文献资料汇编(1949—1990)》,中国民主法制出版社1991年版,第381页。

事、军事、民族、宗教、侨务、外事、经济计划、统计、财政、税务、金融、土地、基本建设、地质、矿产、工业、交通、邮电、林业、水利、气象、水产、粮食、商业、对外贸易、海关、保险、劳动、物价管理、物资管理、工商管理、科学技术、教育、文化、新闻、广播、卫生、体育工作制度等广泛领域都制定了相应的法律法规，初步形成了包括宪法、行政法、刑法、刑事诉讼法、婚姻家庭法、经济法、劳动法和涉及社会福利、科教文卫、军事等在内的法律体系。

另一种"法治"趋势就是"判例法"的自然萌发和发展。从某种意义上来说，"政策法"为"判例法"预备了良好的土壤和环境。在法律政策未能经过国家立法渠道及时变成法律、法规、条例时，真正指导法官进行审判活动的，莫过于判例了。1950年11月3日政务院在《政务院关于加强人民司法工作的指示》中要求："人民司法建设工作须在实践中一面澄清那些旧的反动法律的观点及其影响，一面不断总结经验，研究判例，以便中央人民政府能够逐渐制订完备的新的法律。"①判例成为法律的重要渊源，"判例法"作为一种法律样式促进"法治"的发展。

在"政策法"时代，"判例法"曾经悄悄地获得两次大发展的机会。

"判例法"获得发展的第一次机会是1956年。当时，肃清反革命分子的斗争已告一段落，司法部门对前一段以肃反为中心的审判工作进行总结。为此，最高人民法院和司法部写出了《一九五五年肃清反革命分子斗争审判工作经验初步总结》，此文件在1956年2月20日至3月7日召开的第三届全国司法工作会议上经过讨论一致同意。该文件指出："及时研究、总结处理案件的政策界限，对于克服审判案件中敌我不分、轻重倒置、犯罪与非犯罪混淆不清的错误，提高审判工作质量，具有重大的意义，对国家立法机关也可以提供重要的参考资料。各高级人民法院应该会同司法厅（局）迅速制定这项工作的规划，首先就有关中心工作的刑、民案件（如反革命案件、有关农业合作化和资本主义工商业改造的案件等），分类、分批选择典型案件，进行排队研究，划清处理案件的政策界限，编成案例汇编，及时指导工作，教育审判工作人员运用分别对待的方法正确地论罪科刑。"②

"判例法"获得发展的第二次机会是在1962年。1962年3月22日，毛泽东同志针对当时法制建设问题的情况指出："不仅刑法要，民法也需要，现在是无法无天。没有法律不行。刑法、民法一定要搞。不仅要制定法律，还要编案例。"③同年12月10日，最高人民法院制定并发出《关于人民法院工作若干问题的规定》，其中有一个标题是："总结审判工作经验，选择案例，指导工作"。现摘录如下：

---

① 参见《人民日报》1950年11月5日。
② 北京大学法律系刑法教研室编：《对敌斗争路线和政策参考资料选编》（教学参考资料），1974年，第57页。
③ 郭成伟主编：《新中国法制建设50年》，江苏人民出版社1999年版，第82页。

总结审判经验,是提高审判工作的一个重要方法,各级人民法院应当十分重视。总结的内容,除年度或季度的定期总结之外,对某一时期执行政策和适用法律的情况,执行审判制度、程序和法制宣传的经验,类型、典型案件的专题总结等,要有计划地进行。总结经验要从实际出发,务求通过各种总结提高干部的政策思想水平,改进工作方法,改进审判作风。各级人民法院的院长要亲自抓这一工作。

在总结审判工作经验的基础上运用案例的形式指导审判工作,也是一种好的领导方法。

对于案例的选择,一般要求具有下列条件:(1)有代表性,即:各种类型案件中各种情况的典型案件,如性质容易混淆的案件,刑期难以掌握的案件,政策界限容易模糊的案件,在某种新情况下发生的特殊案件等;(2)判决正确的案件,个别有教育意义的错案也可以选用;(3)判决书事实叙述清楚,理由阐明充分,论点确切,有示范作用的。

选定案例的工作由最高人民法院和高级人民法院来做,中级人民法院和基层人民法院要积极提供材料和意见。高级人民法院在选用案例时,必须反复研究,经审判委员会讨论决定后,发给下级人民法院参考,同时上报最高人民法院备查。最高人民法院应当选定其中在全国范围内有典型意义的案例,报中央政法小组批准后,以最高人民法院审判委员会决定的形式,发给地方各级人民法院比照援用。

案例一般地只在一定时期内起指导工作的作用。当阶级斗争形势发生变化,党的政策相应的转变的时候,参考、援用案例就必须考虑这种变化。高级人民法院和最高人民法院要根据新的形势和政策精神,选择新的案例来代替旧的案例。①

可见,判例的价值已在相当的程度上受到重视。尽管判例仅仅被视为"一种好的领导方法","只在一定时期内起指导工作的作用",但是,毕竟确定了创制判例、适用判例的初步工作程序。按照这一程序发展下去,"判例法"就一定会立住脚跟,而最后的结局就是"混合法"。

从某种意义上来说,"混合法"从1950年就已经初露端倪了。政务院于1950年11月3日所作的指示中明确强调:人民司法建设工作者在实践中要"不断总结经验,研究判例,以便中央人民政府能够逐渐制订完备的新的法律"。② 在司法审判中,在没有法律的时候创制和适用判例;当判例积累到一定程度之后,就把它们上升为成文法律。这种工作程序或状态,就是我们所说的"混合法"。

在"政策法"时代,"成文法"和"判例法"虽然都获得过发展的机会,但由

---

① 北京大学法律学系刑法教研室编:《对敌斗争路线和政策参考资料选编》(教学参考资料),1974年,第79页。
② 参见《人民日报》1950年11月5日。

于种种原因,"成文法"和"判例法"体系都未能真正确立起来。从1957年至1976年的二十年当中,全国人大常委会除了修订一部宪法之外,没有制定一部法律。诸如民法、刑法、民事刑事诉讼法等重要法律迟迟没有制定出来。这恐怕同当时的党和国家领导集体对法律制度的价值认识不足,在国家法制建设方面缺乏明确的长远规划,以及社会普遍轻视"法治"偏爱或习惯"人治"的传统心理有关。

(二)"政策法"的"人治"趋势

"政策法"作为一种不稳定的法律实践状态,又含有一种"非法治"的内在倾向,姑且称其为"人治"倾向。这种"人治"倾向主要表现在立法和司法两个方面:

在立法方面,由于片面强调政策的优势地位和实际价值,把法律、法规、条例视为政策的助手。这样,一方面忽视了立法的意义,使一系列重要的基本的法律、法规、条例等法律文件迟迟没有制定出来;另一方面又毫无顾忌地用新的政策去废止、搁置、修正、改变现行法律规范,大大降低人们对法律的信赖程度。刚刚出现的制度和法律还远远不具有稳定性、连续性和权威性。同时,科学的社会主义法律观还没有问世。制度的力量和思想的力量都十分脆弱,无法表现出自己的独立性。法制建设的方向无法不因领导人的改变而改变,无法不因领导人的看法和注意力的改变而改变。

在司法方面,由于成文法律、法规、条例等法律规范的欠缺,使司法审判工作在很大程度上取决于司法审判人员的主观判断。在法无明文规定的情况下,案例的审理不得不经过逐级请示、讨论的渠道,以期避免偏差。在中国幅员辽阔、各地情况差别较大,各地司法人员业务素质不尽一致的复杂情况下,只靠政策和"人"的作用来达到司法统一和审判高质量,是一件十分困难的事情。

"政策法"的"法治"与"人治"趋势是互相对立的因素。"法治"因素以法律的最高权威性、相对稳定性、广泛适用性和严肃性、准确性、公开性等,有力地制约着"人治"因素;同样,"人治"因素也以政策的最高权威性、广泛适用性、机动灵活性,无情地抑制着"法治"因素的成长和发展。当时法律实践活动的发展方向和发展程度,在很大程度上取决于"政策法"内部"法治"与"人治"因素的力量对比。于是,"政策法"始终面临着两种前途,两种结局。但是,很不幸,在特殊的历史条件和文化背景下,"人治"因素逐渐发展并且支配一切,中华民族便陷入"无产阶级文化大革命"的劫难之中。而这场劫难换来了中华民族的觉醒,中华民族终于迎来了法律文化建设的崭新时代。

第三节 "阶级本位·政策法"时代的历史遗产

"阶级本位·政策法"时代留给后世两宗遗产。一宗是负面的,另一宗是正面的。

一、"阶级本位·政策法"时代的劣性遗产:"法律虚无主义"

"阶级本位·政策法"时代以突出政治、集中管理、轻视法制、忽视公民个人权利为主要特征。"阶级本位"的法律观和"政策法"样式共同酿造了一杯苦酒,那就是"法律虚无主义"。这给国家和人民带来的损害,使每个经历过"无产阶级文化大革命运动"的人都无法忘记。痛苦使人清醒,灾难催人奋进。改革开放以后的法制建设正是在汲取"法律虚无主义"惨痛教训的基础上顺利进行的。

二、"阶级本位·政策法"时代的良性遗产:重视判例的指导作用

在"政策法"背景之下,判例的价值曾经得到极大重视。早在革命战争红色根据地时代,中国共产党就十分重视运用典型案例指导审判工作。比如,1944年6月6日,陕甘宁边区政府发出《关于普及调解、总结判例、清理监所的指示信》,要求司法工作人员认真总结典型判例,用来指导审判工作。① 中华人民共和国成立后,这一工作方法也被继承下来。1950年11月3日政务院在《政务院若干加强人民司法工作的指示》中要求:"不断总结经验,研究判例,以便中央人民政府能够逐渐制订完备的新的法律。"② 1953年5、6月间,最高人民法院通过总结各地审判实践中的典型案例,分别作出了《关于严惩强奸幼女犯罪的指示》和《关于处理奸淫幼女案件的经验总结和对奸淫幼女罪犯的处理意见》。③ 1956年最高人民法院在《一九五五年肃清反革命分子斗争审判工作经验初步总结》中要求各高级人民法院整理典型案例,编成案例汇编,及时指导工作,"正确地论罪科刑"。④ 1962年3月22日,针对当时法制建设的情况,毛泽东同志指示:"不仅刑法要,民法也要,现在是无法无天。没有法律不行。刑法、民法一定要搞。不仅要制定法律,还要编案例。"⑤ 1962年12月10日,最高人民法院发出《关于人民法院工作若干问题的规定》,强调:"总结审判工作经验,选择案例,指导工作";高级人民法院选定典型案例,"发给下级人民法院参考"。最高人民法院选定典型案例,"发给地方各级人民法院比照援用";"高级人民法院和最高人民法院要根据新的形势和政策精神,选

---

① 韩延龙、常兆儒:《中国新民主主义革命时期根据地法制文献选编》,中国社会科学出版社1981年版,第634页。
② 《人民日报》1950年11月5日。
③ 沈德咏主编:《中国特色案例指导制度研究》,人民法院出版社2009年版,第3页。
④ 北京大学法律系刑法教研室编:《对敌斗争路线和政策参考资料选编》(教学参考资料),1974年,第57页。
⑤ 郭成伟主编:《新中国法制建设50年》,江苏人民出版社1999年版,第134页。

择新的案例来代替旧的案例"。① 在司法审判中,在没有现成法律的时候,充分发挥判例的作用,待判例积累到一定程度时,再把它们上升为法律。这种工作程序或方法,就是我们所理解的"混合法"。在我们总结历史经验教训的时候,应当注意,不要把孩子同洗澡水一齐倒掉。

---

① 北京大学法律系刑法教研室编:《对敌斗争路线和政策参考资料选编》(教学参考资料),1974年,第79页。

第十章 『国家、个人本位·混合法』时代的法律文化

以1978年11月中国共产党第十一届三中全会为标志,中华人民共和国开始了新的长征。中华民族经过了深刻的历史反思之后,又迈出勇敢实践的步伐,在共和国历史上写下辉煌的三十年。就法律实践活动而言,此间的法律精神和法律样式都还处在一种动态的发展变化过程之中。尽管它们还未最终确立并清晰无误地展现在人们面前,但是,它们作为新生事物的萌芽和未来发展的大趋势,可以说已经毋庸置疑了。这就是"国家、个人本位"和"混合法"。此间,在指导思想上,以"阶级斗争为纲"的极左理论被彻底纠正,代之以"国家、个人本位"的法律观;"政策法"先是被大量的成文立法所取代,进而开启了成文法与判例制度相结合的"混合法"的新的历史性尝试。

第一节 "国家、个人本位"法律观

中华人民共和国作为新型的社会主义国家,指导法律实践活动的总精神既不是中国以往的单向的"集体本位"(家族、国家、社会),也不是西方的"个人本位"。它是双向的:既维护社会主义国家的整体利益,又维护公民个人利益。这一特征是由社会主义国家的本质所决定的。塑造这一双向本位的重心,是深刻认识并切实保障公民的个人权利。

一、"国家、个人本位"法律观与执政党新思想携手同来

实施改革开放以来的三十年,中国社会发生了巨大的变革。实现这一变革的先导,是思想理论上的拨乱反正、勇敢创新和与时俱进。中国共产党的第二代和第三代中央领导集体,坚持解放思想,实事求是,彻底否定"阶级斗争为纲"、"无产阶级专政下继续革命"的极左理论,创立了邓小平理论、三个代表重要思想和科学发展观,设计了"发展社会主义民主政治"、"依法治国"、"建设社会主义法治国家"的宏伟蓝图。

2007年10月15日,胡锦涛总书记在《高举中国特色社会主义伟大旗帜为夺取全面建设小康社会新胜利而奋斗》(中国共产党十七大报告)中指出:"科学发展观,第一要义是发展,核心是以人为本";"必须坚持以人为本";"尊重人民主体地位,发挥人民首创精神,保障人民各项权益,走共同富裕道路,促进人的全面发展,做到发展为了人民,发展依靠人民,发展成果由人民共享";"扩大社会主义民主,更好保障人民权益和社会公平正义";"人民民主是社会主义的生命。发展社会主义民主政治是我们党始终不渝的奋斗目标";"人民当家做主是社会主义民主政治的本质和核心。要健全民主制度,丰富民主形式,拓宽民主渠道,依法实行民主选举、民主决策、民主管理、民主监督,保障人民的知情权、参与权、表达权、监督权";"加强公民意识教育,树立社会主义民主法治、自由平等、公平正义理念";"尊重和保障人权,依法保证全体社会成

员平等参与、平等发展的权利"。①

中国共产党人,自从1921年中国共产党成立之际,以马克思、恩格斯《共产党宣言》打破旧世界,挣脱铁锁链的造反精神,号召工农大众起来推翻帝国主义、封建主义、官僚资本主义三座大山;到21世纪初,领导全国人民建设社会主义小康社会之际,又一次重温《共产党宣言》中关于"人的全面发展"("每个人的自由发展是一切人的自由发展的条件")的原理②,并将之概括为"以人为本",真是一个巨大的理论飞跃!

在"以人为本","构建社会主义和谐社会","发展社会主义民主政治","建设社会主义法治国家",尊重和保障人权,提倡自由、平等、公平、正义的统一理论下,公民作为个体自然人的一系列权利和利益得到前所未有的重视,并且在国家政府活动中得到更为广泛的确认,在政府执行活动中逐步得以实现。在社会主义中国的当代法律观中,"国家、个人本位"是最宏观、最高位的法观念。在这个观念当中,重视公民个人权利的意识则是最为重要的一翼。只有这个方面被巩固加强了,才能构成坚实的双向的"国、民本位"法律观。"国家、个人本位"双向法律观的巩固和发展,是三十年来中国法律文化建设的最重大的收获。可以相信,在"国、民本位"法律观的指引下,我国的社会主义法律文化建设,将会沿着科学正确的道路继续前进。

二、"国家、个人本位"法律观得到现行法律的拱卫

在经济领域,在农村,1986年的《民法通则》、《土地管理法》,1993年的《宪法》修正案,2002年的《农村土地承包经营法》,乃至2007年的《物权法》,对广大农民在经营活动中的地位、权利与自由,作了明确规定,从而使农民最终从对集体组织的变相人身依附关系中摆脱出来,成为具有法律意义的自然人。在城市,1994年的《劳动法》,1999年的《合同法》,2007年的《劳动合同法》,对城市劳动者的权利作了具体的规定。在国家行政领域,1989年的《行政诉讼法》首次赋予人民"民告官"的权利。在司法领域,1997年新《刑法》确定了"罪刑法定"原则,即"法无明文规定不为罪"。在家庭生活领域,夫妻协议离婚可直接到民政部门办理登记手续,不必经过双方所在单位的调解或证明;这不仅有利于保护个人隐私权,也使个人远离了对单位的身份依附。

在国家行政机关的日常管理中,大多数行政官员能够自觉依法办事,尊重和维护公民的合法权利。但是,也发生了极少数违法事件。2002年8月陕西延安市发生了"夫妻在家看黄碟事件"。当事人被错误地羁押4个月后释放并获得国家赔偿,有关责任人受到处分。2003年3月,广东发生的"孙志刚在看守所被殴致死事件",导致实行了21年之久的《城市流浪乞讨人员收容遣送

---

① 参见《中国共产党第十七次全国代表大会文件汇编》,人民出版社2007年版,第14、15、27、28、29、30页。

② 马克思、恩格斯:《共产党宣言》,载《马克思恩格斯选集》第1卷,人民出版社1972年版,第273页。

办法》被废止。这些事例,对行政官员群体而言是一个教训,对公民现代法律意识诚然也是一个促进。在现实生活中,公民通过诉讼手段来维护自己正当权利的事情,不胜枚举。

三、"国家、个人本位"法律观日渐深入人心

法学家们和法学教育工作者通过研究和教学活动,批判封建主义残余影响,倡导科学民主的法律思想,为下一代青年学子树立正确的法律观付出辛勤劳动。80年代中期,法学界经过"人治与法治"、"法律面前人人平等"、"义务本位与权利本位"、"法治国家"等讨论,对公民个人权利的价值有了更为清晰的共识。历时多年的全国普法工作,使亿万民众获得法律常识,知法、用法,勇敢捍卫自己的正当权利。在社会生活的各个领域,那种不懂法律,不懂人权,公然侵害公民正当权利的官僚习气,早已成了过街老鼠,不得人心。

应当注意,当我们赞美"国家、个人本位"法律观并且热情希望它真正确立时,不要忘记,这种法律观并不因为它在理论上多么正确就可以轻易诞生而是必须仰仗整个国家民族的新的道德作基础。而这种社会主义的新道德则来源于对传统道德的批判与继承。正如罗素所说:"如果这一切要得以成功,中国的道德观念要大大地变更。要用公共思想取代旧时的家族伦理观念。经营私人事业时的诚实美德要转到国家事业上来。……我们必须知道,上述的新道德是必不可少的。没有了这些新观念,任何国家社会主义制度都必将失败。"① 在农耕社会与家族伦理渐成历史的今天,社会主义市场经济的公共性与儒家的美好道德条目中的诚实性怎样结合起来,成为既超越历史同时又保存传统,既植基于当今现实生活同时又与整个人类同步行进的新式道德,是摆在全体中国人面前的伟大历史使命。因为,一个国家和民族的现代化是与物质生活和精神生活的现代化同步发展的。当然,"国家、个人本位"法律观的形成和实践,毫无疑问应当促进这一历史进程。

第二节 "混合法"法律样式

笔者把后三十年的法律样式概括为"混合法",并非认为此间"混合法"已经确立。因为法律样式的转变和确立是一个十分漫长的历史过程。其中,有许多思想认识上和制度安排上的工作需要落实。而这些工作,在今天也许尚处于"自为"的而非自觉的萌芽状态。笔者之所以用"混合法"一语,确切地讲,是因为在这个时期,既不能用"阶级本位·政策法"命名,也不能用"国家、个人本位·成文法"命名;而"混合法"最终能够开启一个新的历史时期。尽管这个时期必定十分漫长,但是,她毕竟已经长出了一瓣幼芽。

---

① 〔英〕罗素:《中国问题》,秦悦译,学林出版社1996年版,第195页。

一、成文立法空前繁荣

实施改革开放以来,国家十分重视立法工作,并取得重大成果。仅1979年一年就制定颁布了《中华人民共和国逮捕拘留条例》(1979年2月)、《法院组织法》(1979年7月)、《检察院组织法》(1979年7月)、《中华人民共和国刑法》(1979年7月)、《刑事诉讼法》(1979年7月)、《中外合资经营企业法》(1979年7月)等法律。这是建国以来所未有的情况。据不完全统计,至1985年底,共制定法律47部,行政法规400多件,地方性法规707件。到2008年底,我国共制定颁布法律337部,行政法规750件,地方性法规13090件。社会生活的各个领域都有了相应的法律和法规来调整,可谓"诸产得宜,皆有法式"。过去那种无法可依的时代一去不复返了。

二、案例指导:最高人民法院的创举

在取得立法成就的同时,我们也清醒地看到,法制建设还不完备,许多法律仍付阙如。改革开放加快了社会生活的步伐,社会生活日益多元化复杂化,使现行法律常常不适应新的形势。特别是,由于成文法自身难于克服的缺欠——既不能包揽无余,又不能随机应变;法律法规之间表现在微观上的不协调;法律条文的规定内容失之于宽泛笼统——常常给司法审判工作带来困难。为解决这个难题,最高人民法院开创了运用案例来指导审判的新办法。

最高人民法院采取的第一个措施是以典型案例指导全国审判工作。1983年,为指导各地人民法院在全国范围内开展严厉打击严重危害社会治安的刑事犯罪活动,最高人民法院先后分三批选编了75个刑事案例下发到各级人民法院,配合有关法律和司法解释具体指导审判实践;1985年,最高人民法院选编1984年度刑事案例38件、经济案例16件,下发各级人民法院指导审判;同年,又选编了徐旭清破坏军人婚姻案等4个案例,对各地人民法院适用《刑法》第181条的规定,正确审理破坏军人婚姻犯罪案件进行具体指导。① 1985年10月,最高人民法院开始在《最高人民法院公报》上定期发布典型案例。比如,1985年第3号公报上公布了以制造贩卖有毒酒致人伤亡的案例,克服了刑法无明文规定的局限性,用判例的形式创制了"以制造贩卖有毒酒的危险方法致人伤亡罪"这个新罪名和量刑标准。从1985年始至2008年底止,《最高人民法院公报》共发布典型案例718件。第二个措施是组织编辑有关案例的出版物。包括《人民法院案例选》、《中国审判案例要览》、《最高人民法院公布裁判文书》,以及各有关审判庭选编出版《案例评析》、《案例解析》之类的出版物。这些出版物常常按系统配发给全国各级人民法院,供审判人员学习参考。最高人民法院的举措开辟了用判例指导司法审判的新途径,受到整个法律界

---

① 沈德咏主编:《中国特色案例指导制度研究》,人民法院出版社2009年版,第3页。

（司法界和法学界）的普遍欢迎。典型案例的实际指导作用是巨大的。它克服了法无明文规定之缺欠，完成了法的局部再生；它使法条的笼统术语变得具体而明晰，可以操作；它还为将来的成文立法奠定了基础。比如《最高人民法院公报》公布的"有毒酒致人伤亡案"、"劫持飞机案"等案例，都被1997年国家立法机关修订《刑法》时所吸收。站在中国法律文化史的角度来看，这是继我国数千年之正宗，承上世纪六十年代之余绪的光荣伟业。

三、案例研究与教学蔚为风气

最高人民法院公报定期公布典型案例一事，给法律界带来新鲜空气。一方面，我们的法官们在讨论案件之际，在思考相关法律条文、司法解释的同时，也十分重视参考以往的案例。另一方面，学者们对判例制度的复兴与完善投入了持久的热情。据不完全统计，自1986年开始，至2003年2月，法学界共发表关于借鉴判例制度的论文（不含著作）共134篇。① 在教学和学术研究生活中，法学家和教师普遍注意用具体的案例来注释法条之所谓，并注重把握从具体到一般的思维方法，从案例当中发掘法律原则。2001年9月22日至23日，由国家法官学院和北京大学法学院联合举办的"案例研究与法治现代化高层论坛"在北京大学召开，有来自全国法院的高级法官、法学家和律师120余人出席。与会者在判例的价值等问题上形成共识。② 总之，笔者很高兴地看到，以往那种认为我国是成文法国家，判例不是法的渊源不值得过分关注的传统见解，已经大为改变。2010年8月15日，由中国法学会案例研究专业委员会和清华大学法学院主办的"中国案例指导制度的构建与应用"研讨会在清华大学进行。来自最高人民法院、最高检察院、司法部、各大学法学院以及法律实践部门的数十名专家学者，就如何借鉴判例制度实现司法统一，进行了深入的讨论。这从一个侧面反映出，不论是学术界还是实践领域，对判例制度都持以高度关注。

四、判例在人民法院的审判活动中占有一席之地

从1986年开始，全国各级人民法院普遍重视专业化分工和案件评查工作。随着审判活动的公开透明，法律文书（主要是判决书）最终成为社会的共同财产被随时检验和评判。

2002年8月，河南省郑州市中原区人民法院经过一年的试行，正式推出"先例判决制度"。③ 该制度的要义是：人民法院和法官做出的正确的生效判

---

① 参见武树臣主编：《判例制度研究》，人民法院出版社2004年版。
② 参见樊军：《加强案例研究 推进法治现代化 案例研究与法治现代化高层论坛综述》，载《法律适用》2001年第11期。
③ 参见《人民法院报》2002年8月17日、20日；《中国青年报》2002年8月19日，《工人时报》2002年8月21日等报道。

决,对尔后的同类案件的审判具有约束力。从而规范法官的自由裁量权,实现一定范围内的司法统一。2002年12月22日最高人民法院在第18次全国法院工作会议主题报告中要求:"加强案例研究,发挥案例的参考作用,不断拓宽审判业务指导的新渠道。"据悉,在最高人民法院的部署下,天津市高级人民法院曾积极在民商事审判中进行判例指导的新尝试。具体做法就是将审委会讨论通过的典型案例在杂志上公布,以指导全市的审判活动。① 北京市第二中级人民法院2003年度工作计划要求:在实行专业化分工之后,本年度作出的典型的民事判决均应加工成为"判决要旨",以便总结提高,便于查找参酌。该《判决要旨》于2004年编印出第二册。2003年6月,江苏省高级人民法院推出"参阅案例制度",四川省高级人民法院和天津市高级人民法院推出"案例指导制度"。天津、江苏、四川等十几家高级人民法院相继出台有关案例工作的规定和指导意见,编辑出版案例刊物,如江苏高院的《参阅案例》、北京高院的《指导案例》、上海高院的《案例精选》等。② 2005年10月26日,最高人民法院发布的《人民法院第二个五年改革纲要》明确提出:"建立和完善案例指导制度,重视指导性案例在统一法律适用标准、指导下级法院审判工作、丰富和发展法学理论等方面的作用。最高人民法院制定关于案例指导制度的规范性文件,规定指导性案例的编选标准、编选程序、发布方式、指导规则等。"这一意见标志着我国审判制度改革进入一个新的历史阶段。事实上,在现实审判活动中,判例始终发挥着实际的规范作用。只是因为它过于平常或烦琐而被人们忽视。北京大学法学院开发的《北大法宝》数据库和《法意》案例数据库使案例的选编和查找变得简洁而方便。

五、以"裁判自律"实现"司法公正",提升人民法院公信力

改革开放以来,判例或案例之所以被司法界重视,是因为它们在我国当今法制建设中具有理论与实践的双重价值:一是弥补成文法之不足;二是统一司法,制约法官过大的自由裁量权,即所谓"裁判自律",实现司法廉洁公正。

造成"裁判不公"的原因很多。除了法官主观因素之外,最根本性的原因是我们的成文法赋予法官太多的自由裁量权。由于成文法法条内容的原则、笼统、模糊、宽泛,法官怎么判决都不算错案,都不必然被追究。再加上以往的案例对法官没有约束力,这等于从另一个侧面保护了法官的自由裁量权。如果个别法官把自由裁量权私有化商品化,即便造成了徇私然而却并不枉法。徇了私然而并不枉法,毛病就出在成文法上面。

解决的办法就是"裁判自律"。即法官在判案时不仅要服从法律法规,还要服从法院以往的判例。换言之,即法官在判案时不仅要援引法律法规,还要援引法院以往对此类案件曾经作出而且经过核准的判例。这样做的好处有

---

① 参见中国法院互联网 http://www.chinacourt.org/2002,2002年10月17日。
② 沈德咏主编:《中国特色案例指导制度研究》,人民法院出版社2009年版,第5页。

二:首先,成文法条的宽大网格经过众多判例的编织之后变成了小网格,这就大大限制了法官的自由裁量权,有效避免同案不同判的弊端。沈阳市中级人民法院实行案例指导制度之后,"同案异判"明显减少,审判效率明显提高,法官整体素质明显提高,司法权威得到明显提升①,就是有力证明。其次,成文法条的宽大网格经过众多判例的编织之后,法律的不确定性和不可预见性大大降低,变成基本上是确定的和可预见的。当法官、律师和当事人基本知晓案件的必然结果时,案件审理工作会变得更为简洁,司法环境也会大大改善。民众对国家法律和人民法院的评价也会大大提高。②

理论总是苍白而僵硬的,而实践却永远充满着活力。如果我们囿于大陆成文法系的传统见解,把法仅仅理解为国家立法机关的产物,那么,法的发展就过于古板了。实际上,法并不只是立法家们的艺术作品,法就发端于人们的社会交往之际,定型于社会行为之中。它的生命力就在于它应当而且也能够不断被发现、发展和描述。而以法官、律师、法学家为代表的法律实践者们便充当了完成这一使命的历史角色。即使是在成文法的运行机制下,由于其自身永恒的欠缺(既不能包揽无遗又不能随机应变),使法的生命和正义不得不仰仗法官来维系。中外历史证明,法的发展和飞跃,常常靠着法官群体的默默无闻的持之以恒的工作。他们从琐碎纷乱的案牍入手,去推动法的宏观变革。从中国西汉的"春秋决狱",到美国大法官的著名判例;从中国古代的"决事比例"、"断例",到英美法系的判例汇编;从中国不绝如缕的律学,到美国法官和律师对法律的诠释,无不履行着这一历史使命。

在未来的实践中,当判例为自己找到一块坚实的领地,并同成文法并行不悖的时候,我们将看到"混合法"的真正问世。

第三节 "国家、个人本位·混合法"的理论启示

新中国建国后的第二个三十年间,我国法律实践活动正处在运动变化中,一切尚未最终确立,更远未定型。这三十年的贡献与其说是实践的,不如说是理论的;与其说是自觉的,不如说是自为的;与其说是操作的,不如说是设计的。因为它只是早熟般地展现了中国法律实践活动的发展趋势和方向。用"国家、个人本位"取代"阶级本位",用成文法与判例相结合的"混合法"取代"政策法",是中国当代法律文化发展的大趋势,并最终与人类法律实践活动同步发展。

"国民本位"的真正确立还要经过长期艰苦的努力。公民个人权利的实

---

① 沈德咏主编:《中国特色案例指导制度研究》,人民法院出版社2009年版,第134—136页。
② 参见武树臣:《法律涵量、法官裁量与裁判自律》,载《中外法学》1998年第1期;《裁判自律引论》,载《法学研究》1998年第2期;《启动裁判自律工程,探索司法改革之路》,载《武树臣法学文集》,光明日报出版社1998年版。

现不仅需要国家公权力的重新定格定位,还需要个人和个人之间的互相尊重,谁都不要把别人当作工具。当个人享用自由时,还要尊重他人的自由。民众法律观、价值观的重塑自然是一个十分漫长的过程。而国民性的改造和提升还有待于社会物质生活和精神生活的极大丰富。中国的现代化不仅需要钢筋水泥、高楼大厦、电脑网络,还需要十几亿国民内心良知、道德信仰的脱胎换骨与凤凰涅槃。但是,公民个人权利作为一种价值符号出现,在共和国的史册上,无疑是一个空前的创举。它是古老东方社会的一次壮丽的日出。"以人为本"四个字,凝聚了中华民族数千年的文化精髓,且与欧洲文明(个人的全面发展)暗合。人成为目的而非过程,人成为信仰而非工具。法律因为崇尚个人而显得优美和坚强。个人因为崇尚法律而获得自由和尊严。改革开放以来的短短三十年,在人类历史长河中,只是稍纵即逝的一瞬。它的永恒和美好之处,是开始在数千年忽视个人的荒芜的盐碱地上播种:发现人,关心人,宽容人,保护人,塑造人。这是一次伟大的播种。全世界都在守望着伟大的收获。

中国法律文化的典型成果是"混合法"。今天,当我们重新审视中国历史上的"混合法"的时候,还应当注意不要固步自封而要创新。今天的"混合法"应当更为广泛:首先,就司法领域的判例或者案例的作用而言,除了人民法院之外,还应当包括检察院。检察官适用法律及其自由裁量权的规范,也应当引进判例机制。其次,公安、工商等等诸多行政执法机关也同样存在自由裁量权的规范化问题,也应当引进案例机制。最后,除了法律规范之外,大量的非法律规范比如村落、居民区、行业协会等的自律规范,也应当发挥更大的作用。这样一来,我们的"混合法"的阵地就大大扩展了。

当我们面对世界各主要法律的时候,千万别忘记自己。中国法律文化的独特之处是成文法与判例的有机结合。曾经担任过中华民国最高法院院长、司法院院长的居正有言:"中国向来是判例法国家,甚似英美法制度","例与法之关系,至为密切,实相辅而行。法为死条,例乃活用。法一成而难变,例以渐而有加。"① 遥想春秋叔向云:"先王议事以制,不为刑辟"。(《左传·昭公六年》)战国荀子云:"有法者以法行,无法者以类举"。(《荀子·强国》)毛泽东云:"不仅要制定法律,还要编案例",皆可谓千年哲理之言也。百余年来,西方两大法系的相互吸收融合,其方向便是中国古已有之的"混合法"。中国法律文化的未来经历或许可以称之为"在勇敢创新中返回古代"。

让历史预言未来,在创新中返回历史。就是结论。

---

① 《最高法院判例要旨》居正序,大东书局1944年版。

结束语

走向东方，走向混合法

结束语 走向东方，走向混合法

一个多世纪以来，世界三大主要法律样式发生了重大变化。就西方而言，成文法的大陆法系国家不断承认判例的作用并提高法院和法官的地位，判例法的英美法系国家逐渐重视并借鉴成文法。两大法系固有的传统界限日渐模糊，两者间壁垒森严的对立已成过去。人们常常称此现象为两大法系的靠拢。然而就其实质而言，无非是出于自身内在需要的一种自我更新和自我完善。这种动向无论发生在哪个法系，也无论其程度如何，都应归结为人类法律实践活动内在规律性的必然表现。就东方而言，中国固有的混合法传统的地位显得异常重要。在这里，应当明确以下几个问题：其一，以往的比较法学家出于"法系"的偏见，宣布中国法系已经"寿终正寝"。这是不公道也不符合实际情况的。虽然自进入近代史以后，与封建专制主义政体相联系并以宗法伦理主义为精髓的中国法系已经退出历史舞台，同时也不存在几个国家组成的共同的中国法律圈（或中国法族），但是，就法律样式而言，中国的混合法型法律样式是数千年来一气呵成而未曾中绝，因此，一切客观的法学家都应当承认中国法律样式的活生生的存在。其二，持世界三大法系说（大陆法系、英美法系、以前苏联为代表的社会主义法系）的比较法学者，或者有意无意受到欧洲中心论的影响，或者对中国传统法律文化了解得尚不深入，因而排斥中国法律体系的价值。按照一些学者的论断，以前苏联为代表的社会主义法系也是源于欧洲大陆法的，这样，就俨然构成了一个世界三大法系皆源于欧洲的真理。其三，有的比较法学者宣布："世界上没有任何法不曾向三大法系吸取成分"。然而，这只是一个相对正确的命题。事实上，中国传统法律文化在不受外界（指亚洲以外）法律文化影响的自然条件下已经成长了数千年，并形成了自己独特的传统和风格。中国法受西方法文化的影响仅是近一百余年间的事情。由于中国传统文化的巨大惯性力，使得中国法律仅吸收了外国的某些能够与中国传统相容的东西，而这些东西大都是表层性的符号，而传统的价值观可以说始终未发生质变。中国固有的混合法传统也同样未曾中断，只不过在各历史阶段具体表现形式不同而已。这样说，并不是否认中国的混合法仍然有必要进一步深化、组合和完善。各国著名的比较法学者的杰出贡献之一，是发现并描述了西方两大法系的巨大变化，指出了它们共同的发展趋势。如果我们读一读著名比较法学者的著述和论断，就会相信上述判断决非出于偶然。

法国比较法学家勒内·达维德指出，大陆法系的主要国家已日渐承认和重视判例的作用。在法国，一个新的关于法律解释的理论确立于本世纪初，其标志是1904年法国最高法院院长巴洛·博普雷在庆祝民法典一百周年时的著名讲演。他宣布：

> 当条文以命令形式，清楚明确，毫无模棱两可时，法官必须从严遵守……但当条文有些含糊时，当它的意义与范围存在疑点时，当同另一条文对比，在一定程度上内容或者有矛盾，或者受限制，或者相反有所扩展时，我认为这时法官可有最广泛的解释权；他不必致力于无休止地探讨百年以前法典作者制订其条文时是怎样想的；他应问问自己假如今天这些作

449

者制订这同一条文,他们的思想会是怎样的,他应想到面对着一个世纪以来法国在思想、风俗习惯、法制、社会与经济情况各方面所发生的一切变化,正义与理智迫使我们慷慨地、合乎人情地使法律条文适应现代生活的现实与要求。①

这一演说"否定了直到那时为止在学说上无可争议地占统治地位的解释的历史方法",为法官的司法解释确立了合理的依据。

在审判中,判例弥补了成文法典的不足:"民法典的一条(第一千三百八十四条)中的几个字(可以肯定法典作者不曾赋予任何特殊意义)由判例加上了新的意义;他们用句子的这一部分,把过失的概念全部撇开,而极大地发展了物所造成的损害的责任问题。对于因机械化的推广,尤其是汽车事故的增多而在责任方面提出的问题,立法才不曾干预与有所规定,法国判例就这样补救了立法的缺陷。"②

在德国,判例的作用有时表现在将成文法条闲置起来:"德国判例在这方面提供了极好的例证。自德国民法典于1900年1月1日实施以来,德国曾为剧烈的危机所震撼,这些危机使法对情况的适应较之其他地方更为必要。为此,判例不得不代替经常无所作为的立法者。然而,由于面对的是一部新近的法典,要对法典的具体条文进行勉强的,同立法者原意明显相反的解释,它是犹豫过的。所以德国法院继续按照法典作者赋予的意思解释德国民法典的条文。但是在需要时,它们曾让德国民法典的编纂者自己提出的某些普遍原则来使上述条文失去作用。"不仅如此,"德意志联邦共和国的最高法院与宪法法院在一系列判决中敢于宣布:宪法不仅由基本法的条文,而是也由'立法者不曾在成文规范中加以具体化的某些普遍原则'所构成;另一方面还有甚至能约束宪法立法者的超成文法。"③

在大陆法系国家,判例集的编纂及其作用已经使"判例不是法律渊源"的传统提法黯然失色。"这些提法如果用在像法国或德国这样一些国家是有些可笑的,因为判例在这些国家的法的发展中在某些领域承担第一流的作用,学术著作常常只从事对判例的注释而不及其他。在学说不关心或少关心判例的国家,这些提法也是错误的,尽管表面好像不是这样。这种态度常常只是这些国家的学院与法院分道扬镳的一种标志;它丝毫也不意味法院判决不是法源。要对问题有个正确看法,不必求助于作者的提法与多考虑学术论著,而是必须注意另一因素,即判例集或汇编的存在与发展。这些集子或汇编不是为法制史学家或社会学家使用而编写的,也不是为了读者的消遣;它们是供从事实践工作的法学家使用而编写,这只能从判例是真正意义上的法源得到解释;它们的数量与质量足以说明在罗马日耳曼法系中,判例作为法源所具有的重要性

---

① 〔法〕勒内·达维德:《当代主要法律体系》,漆竹生译,上海译文出版社1984年版,第112页。
② 同上。
③ 同上书,第113—144页。

的程度。"不仅如此,法国判例的影响已越出国境,正发挥着当年民法典发挥的作用:"法国判例的重要性远非以法国国界为限;在邻近的或远方的各法语国家,以及在这些国家以外,在欧洲或欧洲以外的、属于罗马日耳曼法系并在法的某某领域特别重视法国判例的其他国家里,法国最高法院与行政法院的判决都为大家所研究,发生影响。"①

　　勒内·达维德还指出英国法系的变化:"一百年以来,特别是自从1929年战争以来,在英国展开了大量的立法运动。受统制经济论影响的法律增加了,深刻地改变着旧法,创立起英国法的整整一个新领域。所有这些以建设新社会为目的的法律——尤其是创立社会保险机构的、制订城市规划原则的、领导各种经济力量的、协调运输的、改革国民教育或卫生制度的法律——同传统体制是如此格格不入。以致就这些法律而言不可能存在维持英国的传统解释原则的问题。""如果不考虑在今天极为重要的这一新发展,就不能正确估计法律在英国所起的作用。在今天的英国,法律所起的作用不低于判例。然而在现有的情况下,英国法仍然基本上是判例型的法,这有两点原因:判例在某些仍然非常重要的领域继续引导法的发展,另一方面英国法学家习惯于判例的多少个世纪的统治,直至现在未能摆脱传统。对于他们来说,只有透过一个案件的事实,并缩小到解决一项纠纷所必要的范围,才有真正的法律规范。这种对于传统的留恋构成制定法的不利条件,使我们对于英国法律与欧洲大陆的法典及法律不能等量齐观。"正是这种英国自身独特的传统无形中塑造了成文法律的形象和功能:"确实,英国没有法典,但'成文法',在英国同在大陆几乎同样重要与同样发达。在今天的法律中不是只有对普通法的改正与补充,而是有多得多的东西;在社会生活的一些广泛领域中,法律秩序的各项原则本身应当到立法者制定的法律中去找。唯一仍然正确的只是英国立法者没有他的欧洲大陆同行所具有的传统。他不善于提出有普遍意义的法律规范;另一方面,英国法学家要适应立法者所提出的法律规范的技术仍然有一定的困难,这也是真的。英国的法律较之我们的,外表更为细致、复杂。在英国不存在像法国民法典利用波蒂埃的著作那样利用法学著作家使用的提法的问题。人们带着怀疑的眼光看待这些提法包含的不可避免的概括。英国人在我们的法律规范面前感到困惑;他们常感到这些规范是一些表达道德愿望或制定政治纲领的普遍原则,而不是法律规范。英国立法者力求尽可能立足于判例规范的水平,认为判例规范在英国法中是唯一正常的。"于是,"结果是英国法律的各项规定终于迅速地淹没在一大堆法院判决中,后者的权威取代了法律条文的权威。"②

　　勒内·达维德的上述论说告诉人们,西方两大法系各自在吸收对方的法律文化成果,而这种工作正是在保持各自传统的基础上进行的。可以这样说,

---

① 〔法〕勒内·达维德:《当代主要法律体系》,漆竹生译,上海译文出版社1984年版,第124—125页。
② 同上书,第360、361、366、357页。

传统支配着改革,而改革也影响着传统。

美国法学家约翰·亨利·梅利曼集中地探讨了大陆法系一个世纪以来的变化。他指出,在大陆法系国家,"虽然没有服从先例的正式原则,法官的活动却受到判例的影响。一个作为案件辩护人或代理人而准备出庭的律师,总是把活动重点放在对大量判例的研究上,并在辩论中加以引证。法官判决案件也常常参照判例。不管革命思想对判例的作用如何评价,在事实上大陆法系法院在审判实践中对于判例的态度同美国的法院没有多大区别。法官之所以要参照判例办案,主要有以下几个原因:第一,法官深受先前法院判例的权威的影响;第二,法官懒于独立思考问题;第三,不愿冒自己所作判决被上诉审撤销的风险。可能还有其他许多原因。这些同时也是普通法系中法官援引判例的原因。至于服从先例这种形式上的原则是否存在则无关紧要。那些设想大陆法系中司法权力毫无用处,普通法系中法官又只能死死地按判例办案,并将这两个方面作为两大法系各自特点而加以比较的人,显然对两大法系的实际情况都作了夸张。众所周知,大陆法系法院也使用判例,而普通法系法院也是有选择地使用判例,甚至推翻自己过去作出的判决。"①

由于审判机关权力的提高,已经打破了严格的分权原则并动摇了立法至上的信条:"自从十九世纪初期以来,大陆法系越来越脱离极端的法律程序的革命模式。普通法院法律解释权的扩大,就是一个开始的征兆,而在审判实践中公布并援用司法判例又进一步加速了这一进程。审查行政行为合宪性的行政法院或宪法法院的创立,则是另一个重要步骤。即使像法国那样,这种法院在历史上还只是作为行政机关的一部分,但现在无论从外观上看还是从内容上看都与一般法院没有什么两样。尽管服从先例的原则在理论上并未得到承认,可是法院实际上已在坚持同类案件同样处理的做法。这在很大程度上与一般法院的实践已经没有什么不同了。近年来,刚性宪法的出现,弥补了由于否认自然法对立法机关的牵制所造成的缺陷,同时制定了许多措施把立法机关的活动限制在宪法许可的范围之内。从立法机关到法院已经发生了权力的实际移转(还有权力从立法机关向行政机关的移转),立法至上的信条早已动摇了。法院审查行政行为的合法性、立法机关行为的合宪性的权力以及解释法律的权力,逐渐摧毁了严格的分权原则。法院释法的程序业已相当司法化。今天在整个大陆法系,判例的作用正在逐步扩大。"②

与此同时,判例成为成文法的辅助因素甚至成文立法的依据:"不同时代产生的法典,也就有它不同的解释和不同的适用方法。旧法典是历史时代的产物,它不可能反映新法典所包含的许多现实问题。如果要使旧法典适应新时代的要求,就必须出现两个主要后果:其一,旧法典将会阻碍经济和社会的变革;其二,也是更重要的,旧法典要给作为法制发展进步因素的司法解释增

---

① 〔美〕约翰·亨利·梅利曼:《大陆法系》,顾培东等译,知识出版社1984年版,第52—53页。
② 同上书,第171—172页。

加许多负担。因为社会需要与旧法典所规定的内容之间的差距愈大,就愈需要法院对旧法典的内容作出新的解释以适应这种需要。这样,判例即便不在理论上也在事实上变成了法的渊源。在这方面,拥有世界上第一部民法典的法国为我们提供了一个典型的例证。今天,法国法律的很大一部分都是从不合时宜的旧法规中通过审判创造出来的。虽然对旧法典的规定还保持着形式上的尊重,但是实际上它已不是法院办案的真实根据。企求法典为处理各种案件提供无所不能的灵丹妙药的幻想,已经随着一个多世纪以来的审判立法的发展而日益破灭。众所周知,今天法国生效的法规大部分来自判例汇编,而不是《拿破仑法典》。这一趋势,从实践上对传统的立法和司法之间的权力分工产生了巨大影响,改变了法国革命时代所形成的法律程序模式。"①

在刑事诉讼制度上两大法系的靠拢也是十分明显的:"在某种意义上我们可以说,近两个世纪以来大陆法系刑事诉讼程序的发展演变,已经脱离了对纠问制度的极端滥用。与此同时,普通法系刑事诉讼程序的改革,也已不再过分迷信控诉制度,并抛弃了它的某些陈规。换言之,两种制度正在以不同方向融汇成为一种大体相当的混合的刑事诉讼制度。"②

通过上述论述,可以看到,西方两大法系都在发生变化。其大体趋势是,走出自己的传统,不断吸收对方的营养。然而由于种种原因,两大法系的变化程度是不一样的。可以说英国法系国家的传统威力似乎更大些。勒内·达维德和约翰·亨利·梅利曼的著作发表于本世纪六十年代。此后的几十年间,情况又有了新的变化。有更多的比较法学者注意到并研究这些变化。

英国法学者 G.J.汉德和 G.J.本特利指出:"过去一百多年来,制定法对英国私法的发展,起了重要的作用。而且,在将来,在这一领域所起的作用,明显地会越来越重要。在英国公法领域,制定法所起的作用甚至更为明显。英国地方政府的整个结构是根据十九世纪的制定法作出改革的。同时,我们的大部分公共行政法是制定法";"查阅许多判例的必要性也许可能由于法典的编纂多少有些减少了,编纂法典是英国法律委员会着手进行的工作之一。另一方面,如果任何人都认识到把制定法起草得尽可能明白易懂是本身的职责,那么,我们的制定法肯定会不太晦涩难懂的";"在十九世纪,制定法逐渐开始作为一种英国法律的渊源与已判决的案例相匹敌。我们已经看到,英国司法制度和程序在十九世纪进行的改革,是制定法促成的成果,但制定法也影响法律的实质。"在私法领域,制定法有三种类型:一是"通过长期以来的一系列的法院判决而发展成为一种部门法",如《1890年合伙法》、《1893年货物销售法》;二是将某一类契约文件中普遍采用的规则加工而成的制定法,如《1881年财产转让法》、《1882年授与继承土地法》;三是为着解决某种特殊困难问题而产生的制定法,如因解决"坎利福诉布论克"一案的判决所出现的困难而起

---

① 〔美〕约翰·亨利·梅利曼:《大陆法系》,顾培东等译,知识出版社1984年版,第167—168页。
② 同上书,第148—149页。

草通过的《1877年附条件的剩余土地承受权法》,它是适应需要改变某种判例中确立的原则而法院又无法改变这一情况而出现的。"在这一领域的有一些部门法已用制定法编集成法典,而在其他的部门法中,例如财产法和国际私法,受到相当器重的是撰拟转让契据的律师的实践和法学家的意见。此外,英国的公法基本上是制定法。"①

英国法学家 J. A. 约洛维奇指出:在英国,"无疑地,在今天,关于法院只是发现和宣告原先存在的法律那个假设已被抛弃了,但同样无疑的是,在普通法领域的不同地区中,司法判决具有不同程度的权威,但在每一个普通法的管辖范围内,已经判决的案件几乎不言而喻地被视为法律的渊源。另一方面,一旦立法机关的最高权力已经确定,不论是否在宪法的限度之内,并且其立法和废除法律的权力业经公认,则似乎同时形成一种不可避免的情况,如果议会已经立法,那么所有的法院应做的事情就是弄清楚这项立法用语中所表明的意图";在法国,"通过司法判决发展法律,虽然不能说是全新的动向,但已被所有人公开承认是一种事实,当然,当法官本身要对其判决提出规范性理由的时候,他们就不在其内。今天,谁也不否认,无论对法国或是对德国来说,法律的广大领域实际上都是法院判决的成果;如果任何普通法法律家仍然设想大陆法系中不存在判例法的话,那么,他只要看一看大陆国家大量引证案例的教科书,就会很快相信自己是大错特错了";"毫无疑问,当今普通法国家和大陆法国家两者的发展趋向已使这两种法律体系的法律家的思想模式比过去更为接近。这种动向,在各处,都是比较法研究的发展所促进的。"②

澳大利亚法学者 G. 萨维尔强调:"在技术"表现方面,西方的法律一直倾向于汇聚成一个这样的混合体:其中包括法典或部分性法典、异质的专门法规以及汇编的司法判决,后者以自己的术语或通过专业的和学术的法律评注者的处理来丰富和发展基本的法律。在十九世纪,曾出现了一种可能性,即从前的罗马法系与英格兰普通法系在这方面要彻底分道扬镳,前者几乎完全依赖于由大学教师以及评注者们所发展出的一般性法典,而后者恰好相反,几乎全部依托源于司法判决并以司法判决为发展动力的非制定法型普通法。这种差异仍存在于两大法系的背景之中;不过,由于英格兰普通法系国家在一定范围内进行了部分法典编纂,而罗马法系国家则对司法判决加以汇编并求助于这种判决,另外,二者都制定了大量的专门立法,因此,法律渊源上的趋同已经发生。"③

美国法学者 R. B. 施莱辛格专门论述了大陆法系的司法判例的实际功能。他认为,"在整个大陆法系中,法院也并非从不受先例的约束"。这表现在:1. 最高法院判决案件可能偏离原有规范时,必须组成特别法庭(德国、法国);

---

① 〔英〕G. J. 汉德、G. J. 本特利:《英国的判例法和制定法》,刘庚译,载《法学译丛》1985年第1期。
② 〔英〕J. A. 约洛维奇:《普通法和大陆法的发展》,潘汉典译,载《法学译丛》1983年第1期。
③ 〔澳〕G. 萨维尔:《西方法律的几个要求》,贺卫方译,载《法学译丛》1991年第4期。

2. 宪法或法律规定:"一系列的对同一法律问题有一致认定的判决具有判例约束力"(西班牙语系国家);3. 法律规定:"法院的某些判决应具有法律效力"(德国、意大利等);4. 某些判决变成"习惯法"而具有约束力。在大陆法系国家,"众所周知,判决从不产生法律这一传统的大陆法系原则在实践中已经被突破,尽管教科书的撰写者觉得客观存在的判例法难以适用著名的大陆法原则"。在大陆法系国家,"大多有文官司法系统,它们会对低级法院执行判例施加压力,这种压力在某些时候可能与遵循先例原则对普通法系中更具独立性的初审法官的影响一样强烈。"在大陆法系国家,判例法发挥着重要作用。而在普通法系国家,"遵循先例原则也失去了其许多刚性。我们因此可以清楚地得出结论:两大法系对于判例的态度正逐渐趋同。"不仅如此,"由于大陆法系的法官们在这种法律下工作,既不受明文规定的法律束缚,也不受具有约束力的先例约束,因此他们比普通法系的同仁们有更多的创制判例法的自由。"①

　　德国比较法学者 K. 茨威格特和 H. 克茨从司法技术方面对两大法系进行比较后指出,在大陆法系国家,"在广大的法律领域里,制定法或者完全没有规则,或者只有一般性条款或纲要式规定;那么,在这些地方就是法官创制法律的领地。但更为通常的是,人们可以说,当大陆民商法典变得陈旧而失去权威和潜能时,当立法者因需要对生活中出现的新问题作出具体规定而日渐负担过重时,判例法必定会从这些缺口打入,因此,制定法正在失去它先前所具有的突出地位,正如拉贝尔所言:'现在它只不过是一种普遍确信的表达'。的确,许多法律家还没有意识到这种基本变化;法律的程序尤其是法院判决,仍耽溺于传统的风格与形式。但实际上大陆法国家法官在法律的发展中正在渐趋发挥更大的作用,这是确实不可否认的";在英美法系国家,"普通法中的某些领域,在英美的专家看来,判例法已经达到如此复杂和晦涩的地步,从而需立法机关进行干预,使之条理化。但观察敏锐的普通法法律家,现在日益认识到这样做的危险,尤其是在美国法中,长期以来一直试图在各个法律领域全面系统地修订和重新整理法律材料。……的确,诸如契约法这样的英国私法的中心地带法典化的前景似乎仍很遥远,但在英国新近的著述中对此已议论纷纷,其中议论最多的集中在'民法编纂成为法典'问题。当然,特别是通过欧洲经济共同体同大陆法的接触,已助长了指向英国关于制定法解释的传统技术的批评,戴尔断定,在这方面,英国人必须更多地向大陆法求教。这一结论是在他对立法风格和法典编纂技术进行详尽无遗的比较研究之后作出的"。这两位德国法学家宣布:"总而言之,制定法在欧洲大陆占绝对优势的时代现在已经过去了;反过来,在普通法那里,为着法律统一、合理化和简化,使用立法的趋势正在增加。在欧洲大陆,法律日益由法官加以发展,并且——随之日

---

① 〔美〕R. B. 施莱辛格:《大陆法系的司法判例》,吴英姿译,载《法学译丛》1991 年第 6 期。

益传播开来。反过来,普通法正在注意到以下需要:使法官所发展起来的规则形成系统的条理,以使这些规则易于了解和掌握。因此,有理由相信,普通法与大陆法虽然从相反的地点出发,但它们正在逐渐接近,这甚至包括它们的法律方法与技术。"①

西方两大法系发展的共同方向是成文法与判例法相结合的混合法。这种发展趋势,与其说是发现对方,不如说是重新审视自己。与其说是向对方靠拢,不如说是更加贴近法律实践活动的内在规律。人类的法律实践活动是相通的。人类法律实践活动的内在规律性是通过时间和空间来演示的。它表现在地域上和时间上的差异性是相对的而非绝对的。人类的法律实践活动不论是东方式的还是西方式的,都是其内在规律的显现。

但是,由于中华民族经历数千年文明而未曾中断,而且又是在"自然"的环境中独自行进的。因此,中华民族的法律实践活动不论从内容上还是形式上都显得异常自然、丰富而且具有规律性。从法律样式的角度来看,中国的法律样式是一个不断探索、更新的过程。其主要梗概是完成了混合法的两次轮回:第一次是从西周春秋的判例法到战国秦朝的成文法,再到两汉开始的混合法;第二次是从民国初年大理院的判例法,到以六法全书为代表的成文法,再到后来的混合法。我们现在正在经历第三次轮回。因此,在某种意义上可以说,中国法律样式的沿革史正是人类法律实践活动的一个美妙缩影。中国法律样式的精髓是判例法与成文法相结合的混合法。经过数千年实践的考验,证明它是科学的合理的和最为有效的。凡存在的都是合理的,凡合理的都是有生命力的。

我们生活在现代社会,我们都愿意崇尚法律,崇尚法治。因为我们愿意相信它们是治理国家管理社会的最佳良方。但是,非常遗憾,法律和法治本身就具有不可克服的先天缺欠。比如,成文法做不到包罗无遗、随机应变;判例法又失之过于庞杂和灵活。然而,我们仍然真诚地期待着伟大而永恒的法律。美国法学家博登海默说,只有那些既克服了自身僵硬性又克服了过于灵活性的法律才是伟大的法律。②日本法学家穗积陈重说,只有那些能够"人法兼用"即把人的作用和法的作用结合起来的法律,才堪称永恒的法律。③ 然而,他们都认为伟大而永恒的法律尚未出现。但是,笔者相信,如果当年他们有机会研究了中国古代法律,也许会改变这种看法。因为,这种"伟大而永恒"的法律在中国的汉代就已经出现。这就是中国的混合法。混合法正是中国法律样式的生命力所在。在同一时间,有效保障法律在空间上的统一性的,莫过于成文法了;在同一空间,有效保障法律在时间前后的统一性的,莫过于判例法了。

---

① 〔德〕K.茨威格特、H.克茨:《英美法的司法技术》,潘汉典译,载《法学译丛》1992年第2期。
② 〔美〕E.博登海默:《法理学——法哲学及其方法》,邓正来、姬敬武译,华夏出版社1987年版,第392页。
③ 〔日〕穗积陈重:《法律进化论》,黄尊三等译,中国政法大学出版社1998年版,第53页。

成文法关注宏观的抽象正义,判例法关注微观的具体正义。时间与空间的交织,抽象与具体的匹配,成文法与判例法的融合,必将呼唤"伟大而永恒"的法律。因此,在这个意义上可以说,世界法律样式的共同趋向是:走向东方,走向混合法。从法律样式这一角度可以预言:未来的世纪是东方的世纪。

中国法律文化大写意

后　记

　　《中国法律文化大写意》是在《中国传统法律文化》的基础上经过较大幅度的修改和增写而成的。《中国传统法律文化》是国家七五社会科学重点研究项目。1988年开始编写工作。我是该项目的负责人。全书十六章，68万字。其他撰稿人有李贵连教授（第八章）、乔聪启教授（第九章）、马小红教授（第七章第五、六、七节）、李力教授（第四章第四节、第五章第五、六节、第六章第六节）。其余部分均由我撰写，共约54万字。全书由我统稿。我对个别章节进行了较大程度的删改和改写，以力求贯彻全书中心思想和体例的统一。该书由北京大学出版社1994年8月出版，尔后多次印刷。

　　2010年初，北京大学出版社杨立范同志和李铎同志分别找我商量《中国传统法律文化》一书的修订事宜。他们建议：一、将该书缩减为五十余万字左右；二、该书最好由我一人执笔修订；三、增加新的研究成果。这样，我原先设计的由原班人马增容扩编的宏大计划，看来是不能实现了。这不能不说是一件憾事。

　　为实行上述计划，我做了以下工作：一，把书名更名为《中国法律文化大写意》。书名中之所以不用"传统"二字，并非轻视传统。而是因为一方面，中国法律文化的精神是一气呵成、无论古今的；另一方面，从逻辑上来说"传统"二字也很难涵盖史前的传说时代和当今的现代。为了压缩篇幅，同时也为了突出中国法律文化的宏观精神和基本样式，也就是中国法律实践活动的两个重要侧面——"法统"和"法体"，我"忍痛"割去法律文化基本理论、法律思想、法律规范、法律制度、法律艺术等与"法统"、"法体"无直接联系的内容；其次，我把十余年来从事中国法律文化研究的某些新成果吸收到本书中来。它们是：中国法律的产生和进化；世界三大法律样式；寻找最初的独角兽——对"廌"的法文化考察；贵族精神与判例法传统；劲士精神与成文法传统；秦改法为律的本质原因；儒学法典化与法律的儒家化；"阶级本位·政策法"时代的法律文化;"国家、个人本位·混合法"时代的法律文化;走向东方,走向混合法。

新增的内容里,即第一章第一节,我对中国古代的"判例法"的特征,和为什么仍然使用"舶来"的"判例法"一词,作了必要的说明。算是对我在《中国传统法律文化·后记》所说"中国的'判例法'同英美法系的'判例法'恐怕在许多方面都不能同日而语"这句话的进一步阐释。我认为,在面对人类文明的宏观视野之下,发现各民族之间的共性比描述他们的差异性也许更有价值。因为,理论总是灰色的,而实践之树常青。

在新增的研究成果中,包括我对古文字研究的新的见解。其中,《寻找最初的独角兽——对"廌"的法文化考察》一章,包括我对"法"字、"礼"字、"德"字、"律"字、"刑"字形成过程的全新解释。在这些古文字中,我对"礼"字的见解是比较突出的。我认为"礼"中的丰即是玉琮。玉琮是射箭时用的扳指。扳指上的神人兽面纹即是蚩尤和他们的图腾独角兽"廌"。其形亦即三代之饕餮纹。可证"礼"起源于对战胜之神蚩尤的祭祀活动。同时,我还对玉玦、玉韘的用途做出全新的解释(射箭的辅助用具);我释古"法"字是远古法官皋陶(亦以廌为图腾)以弓矢为证据进行裁判活动的记录;我释"德"字的本义是战争俘获俘虏(臣),以之祭祀祖先,即"以弓缚首,牵之以祭";我释"律"字的原型是以手执鼓槌击鼓之义,引申为战鼓的音调和节拍,即古老的军令;我释"刑"字的原型为井,它开始并非刑罚,而是文身时所用的囚具——校。文身缘于两性禁忌,是黥刑的前身。作为一个学者,通过多年的不间断的苦读积累再加上几分灵感,能够在前人研究成果的基础上,或多或少解读远古文化之一斑,亦是值得庆幸和自豪的事情。

在新增加的文字当中,在判例法的足迹部分,我重点参考借鉴了师兄杨一凡教授的《历代例考》(社会科学文献出版社2009年,与刘笃才教授合写)、《新编中国法制史》(社会科学文献出版社2005年)等著作。前不久我有幸参观了一凡文库,并且聆听一凡师兄关于中国法律史学研究的宏论。长期以来,杨一凡教授一直"默默无闻"潜心致力于中国法史基础文献资料的发掘、整理、研究、出版工作。正式出版的中国法史基础文献资料如《中国珍稀法律典籍集成》、《中国法制史考证》、《中华稀见法律文献辑存》、《中国古代地方法制文献》、《中国律学文献》、《刑案汇览》等,已足以令人叹为观止,更不必说正在出版中和正在编辑中的文献资料了。正是基于对中国法史基础文献资料的全方位深层次的把握,一凡师兄对中国法史研究提出了令人耳目一新的真知灼见。如果一凡师兄的设想最终得以实现的话,中国法史研究必将迎来突飞猛进式的大飞跃,中国法史学界才最终得以在国际国内获得令人瞩目的地位。我与一凡师兄20世纪80年代初期相识,90年代初期同在日本东京大学东洋文化研究中心一起寻找中国法史文献资料。我后来还应邀参加整理校定明代《问刑条例》。当时,我正醉心于宏观的国画大写意式的研究方法,正好像一凡师兄醉心于收集整理微观的文献资料一样。我的兴趣是宏观研究,这样可能就养成了一种习惯,容易忽视微观的基础文献资料的整理和研究。现在回想起来,十分汗颜。我现在觉得,宏观的研究方法如果没有微观的基础文献资料做基础的话,确实是十分危险的。如果我们的教材和著作只基于很小一部分文献资料,就开始构造一座大厦,就好像告诉学生们大象就像是一根柱子,这根柱子直径若干高度若干云云。这种研究成果恐怕总有一天会被人丢进垃圾箱里面去的。面对一凡师兄的为人和研究成果,我胸中不禁产生相知恨晚的情绪:吾老矣,尚能饭尔!

在新增的研究成果中,还包括对改革开放以来人民法院进行审判制度改革问题特别是案例指导制度的探讨。这就是借鉴判例机制,实行"载判自律",科学制约法官的自由裁量权,实现大体相同的案件得到大体相同的处理,以实现司法统一,以期提高民众对法律和国家司法机关的信心和信赖,加快社会主义法治国家建设的进程。

在保留的内容里面,包含曾经参考和借鉴恩师张国华先生的研究成果,这主要是《中国法律思想史新编》(北京大学出版社,1991年),以及学术同仁李贵连教授关于清末修律和礼法之争的研究成果,乔聪启教授关于中华民国时期法律文化的研究成果,还有马小红和李力教授的研究成果。特别是乔聪启教授关于中华民国时期法律文化的研究成果,这部分内容在原著《中国传统法律文化》中占有举足轻重的地位。如果缺少了这部分内容,中国法律文化就缺少了古今相连的桥梁。乔聪启教授关于中华民国时期法律文化的研究,包括孙中山、胡汉民、居正的法律思想,民国初期大理院的判例法等,都已经达到十分纯熟的境界,至今仍然受到学术界的重视。2010年6月2日我应邀到山东大学法学院讲课,得识江照信学弟,并有机会阅读他的书稿《中国法律"看不见中国"》,颇受启发。本书居正"混合法"思想的社会文化背景一节,就是在借鉴该书稿的基础上写成的。我对恩师的教诲培养永志不忘,对学术同仁的支持帮助心存感激。

本书努力总结中国法律文化的最重要的精华,这就是中国式的"混合法"。然而,我深深地意识到,这本即将付梓的所谓著作,仍然存在三个无法补救的欠缺:第一,我所涉及的中国法史领域,在某种意义上可以说,只是或主要是刑事法律。所涉及的司法,也大都是刑法范围。换句话来说,这是由历代刑法典、历代刑法志和朝廷的判例所构成的知识系统。但是,中国古代法律除了刑法之外,还有大量的行政、经济、民事、社会等领域的法律、规则和判例。可惜由于本人学力有限未曾涉足。第二,就司法活动而言,也只涉及中央即朝廷的审判实践,未涉及社会基层的诉讼活动。而事实上,大量的民事诉讼都发生并解决在基层。仅以明代为例,明太祖钦定的《教民榜文》规定:"民间户婚田土斗殴相争一切小事不许辄便告官。务要经由本管里甲老人理断。若不经由者,不问虚实,先将告人杖断六十,仍发回里甲老人理断。"所谓"一切小事"涉及"户婚、田土、斗殴、争占、失火、窃盗、骂詈、钱债、赌博、擅食田园瓜果、私宰耕牛、弃毁器物稼穑、畜产咬杀人、卑幼私擅用财、亵渎神明、子孙违犯教令、巫师邪术、六畜践食禾稼、均分水利"等。这些诉讼都不得告官,否则就是"越诉",官吏受理是违法的。"凡有奸盗诈伪人命重事,许赴本管官司陈告"。明代的"越诉"制度与秦朝的"非公室告"有些相似。《教民榜文》还对里甲老人如何裁判作出具体规定:"里甲老人徇情作弊颠倒是非者依出入人人罪论。"① 可见,大量的民间诉讼都化解在里甲基层了。实际上,这种民间诉讼活动构成了中国古代法律实践活动的主体,其中必定存在着十分丰富多彩的经验和成果。这是一个应当引起重视的学术领域。第三,在当今中国具体国情之下,我国的审判实践活动,究竟如何借鉴判例机制,尽快实现司法统一,以提升民众对国家法治的信赖,仍然值得长期的探索。2010年,具有中国特色社会主义法律体系形成。同年,最高人民法院推出案例指导制度,为这种探索划上句号,并提出新的课题。这是一件具有历史意义的事件。但是,司法改革的道路依然复杂而漫长。目前,国家在这方面还没有一个比较成熟可行的计划。由于存在前两个欠缺,拙著《中国法律文化大写意》实质上应当称为中国刑事法律文化。尽管如此,我还是试图为中国法律文化描绘一幅大写意式的图画,这就是"混合法"。我仍然相信,中国式的"混合法"是远远高于西方成文法、判例法之上的更为科学合理的法律样式。我认为,"混合法"是世界法律文化未来发展的共同趋向。也是中国当今法律文化建设的蓝图和必由之路。我对中国当今法律文化建设充满期待,那就是善待本土法律传统,从现实返回历史,从过去走向未来。

　　经历了十余年的时光,我国法制建设和法学研究都取得了长足的发展。这离不开一代法律人的共同奋斗。此间,我的恩师张国华教授、饶鑫贤教授相继离去。北京大学法律学系曾经教过我的几位老师也先后逝世。使我感受到从未有过的悲伤、凄楚和孤独。试想,当我还在黑暗中摸索之际,若没有他们的教诲和提携,吾辈如今尚不知在何处操何业以度日。愿以此书拜祭吾师在天之灵。十余年来,同仁李贵连教授、乔聪启教授仍在北京大学法学院从事教学和研究,而乔聪启教授兼职北京大学英华科技有限公司总经理,为我国法律信息化和法律职业教育做出了卓越贡献。马小红教授则从中国政法大学中经社会科学院法学研究所,又转至中国人民大学法学院继续执教。李力教授仍在中国青年政治学院执教。与我不同,他们始终在中国法史学园地辛勤劳作,春播秋收,收获颇丰。我自1997年4月调任北京市第二中级人民法院党组副书记、副院长,2005年4月兼任第29届奥林匹克运动会组织委员会(北京奥组委)法律事务部部长,2008年11月任北京市法学会副书记、副会长(补选)。此间,我继续在北京大学招收指导法律史方向博士研究生。在指导过程中,作为导师组成员的郭成伟教授、王宏治教授、乔聪启教授、张建国教授、田涛教授、马小红教授、李力教授等,曾付出许多辛勤劳动,在此特表谢意!2009年

---

① 一凡藏书馆文献编委会:《教民榜文》,载《古代乡约及乡治法律文献十种》第一册,黑龙江人民出版社2005年版,第89、90、91、95、96页。

末,北京市法学会中国法律文化研究会成立,我被选为会长,乔聪启教授和马小红教授被选为副会长。我又结识了许多新朋友。2010年11月,我被山东大学聘为人文社科一级教授。使我有机会直接接触齐鲁文化。于是,我给自己选了一个新的研究课题——"东夷法律文化"。我认为,东夷法律文化是中国法律文化的源头和灵魂。我还有一个也许不太现实的愿望或者说梦想,就是在条件成熟时,在首都北京或者山东大学建立"中国传统法律文化博物馆"或者"东夷法律文化博物馆"。其中,前者已列入北京市法学会五年工作规划。但是,我深知这是一件非常不容易办成的事情。

在本书整理修改过程中,北京大学出版社的李铎编辑,对本书的撰写和编排,付出了辛勤的劳动,提出了非常好的建议,对此深表谢忱! 在此书即将再版面世之际,我愿意继续得到广大读者的理解与批评。愿中国法史研究薪火不断,成果日增。愿我国法律文化建设事业日臻完善,业绩辉煌! 对北京大学出版社再次致以深深的谢意!

武树臣
2011 年 7 月 5 日
于北京昌平北七家蓬莱寓所